21世纪全国高等院校实用规划教材

商法总论

主　编　任先行
副主编　江合宁　史正保
参　编　李长兵　张完连　许佳胤　郑天锋
　　　　李晓玲　任尔昕　李玉璧

北京大学出版社
PEKING UNIVERSITY PRESS
中国林业出版社
China Forestry Publishing House

内 容 简 介

本书是21世纪全国高等院校实用规划教材之一。本书是商事法的总论，立足于弘扬商业、商人、商法，主要给读者提供有关商法法域中的基本理论、基本制度及一些凸现商法特性的法律制度。有关公司法、破产法、证券法、票据法、保险法、海商法等重要的商事法未纳入其中。本书在体系上分为商法的本体论、商人论、商行为论3编。第1编本体论包括商事法总论和商法史。第2编商人论包括商人通论、商人的形态及商事登记制度、商业名称、商业账簿、商事营业制度。第3编商行为论包括商行为通论、商事代理、商业买卖、商事特殊商事交易行为和商业秘密等内容。每一章由内容提要、本章主要内容、理论探讨与实务研究、推荐阅读、思考题五个模块构成。

本书可作为高等学校法学、经管类专业本科生、研究生学习商法总论的教科书，也可供对商法感兴趣的其他专业学生和社会读者自学之用。

图书在版编目(CIP)数据

商法总论/任先行主编.—北京：中国林业出版社；北京大学出版社，2007.9（2014.10重印）
（21世纪全国高等院校实用规划教材）
ISBN 978-7-5038-4887-2

Ⅰ.商…　Ⅱ.任…　Ⅲ.商法—中国—高等学校—教材　Ⅳ.D923.99

中国版本图书馆CIP数据核字(2007)第130217号

书　　　名：商法总论
著作责任者：任先行　主　编
策 划 编 辑：李　虎
责 任 编 辑：刘　丽　郑铁志
标 准 书 号：ISBN 978-7-5038-4887-2
出　版　者：中国林业出版社（地址：北京市西城区德内大街刘海胡同7号　邮编：100009）
http://www.cfph.com.cn　E-mail:jiaocaipublic@163.com
电话：编辑部83220109　营销中心83227711
北京大学出版社（地址：北京市海淀区成府路205号　邮编：100871）
http://www.pup.cn　http://www.pup6.com　E-mail:pup_6@163.com
电话：邮购部62752015　发行部62750672　编辑部62750667　出版部62754962
印　刷　者：北京中科印刷有限公司
发　行　者：北京大学出版社　中国林业出版社
经　销　者：新华书店
787毫米×960毫米　16开本　28.25印张　550千字
2007年9月第1版　2014年10月第3次印刷
定　　　价：40.00元

前　言

本书是一本教材性读物，立足于以弘扬商业、商人、商法为主旨，以期为读者提供有关商法法域中的基本理论、基本制度及其一些凸现商法特性的法律制度。由于是总论，所以只是商事法的一部分，故公司法、证券法、票据法、保险法等重要商事法未纳入其中。这些内容以单独开设专课为宜。

本书共 3 编 13 章，其主要内容包括商法本体理论、商人制度和商行为制度三大部分。

在此将一些重要观点和内容向读者作简要的介绍。

(1) 常有一种说法，写教材要遵循通说。如果要这样，那么，你这一说，他也只能这样说，就成了教材搬家和“克隆”。所以这一说法没有它的绝对权威性。尤其在商法中，有些通说已不合时宜，如“商法是民法的特别法”之说应大胆抛弃。教材也应遵循创新、发展的思路，才能符合与时俱进的要求。

(2) 为加强对商法的理性认识，本书特撰写了商法的理念和商法的基本理论等内容，目的是使读者能对商法究竟是什么和为什么有个基本了解。撰写重商主义理论是为使人们能了解商法为什么起源于中世纪的商人法；自由贸易理论能对近代商业法的兴起有所帮助；马克思流通理论是了解整个商品流通和资本运营的钥匙；市场经济理论是了解现代商法的基础。可以说不了解这些基本理论，就无法了解商法的基本根基。

(3) 现有教材对中世纪商法、近代商法、现代商法都未作严格的区分，本书对这几种商法的性质、特点及其产生的社会经济基础作了明确的区分。中世纪的商人法本质上属职业法，是建立在农业经济和简单商品经济基础之上的；近代商业法本质上属半管制型的法，是建立在商业资本主义经济基础之上的；现代商法本质上属“回应型”法，是建立在市场经济基础之上的。

(4) 在现有商法教材中，几乎都无对“商事营业”制度作专门介绍。本书以专节对此制度作了专门论述，可算填补了一个空白。

(5) 在商事组织制度方面，本书特增写了“连锁商业”这一新的组织形式。

(6) 在商行为制度之中，本书除对商行为的基本概念、特征和商事买卖作了论述外，还特意对期货交易、商事代理、分期付款买卖、拍卖、招标投标、融资租赁、信托等凸现商事活动特性的制度作了论述，从而更突出商法的特点。

(7) 在对待商法与相邻部门法之间的关系上，本书以睦邻和谐为本，不搞“霸权殖民”扩张。我们始终认为，商法与民法同属私法，是“同宗”，只不过一个是普通私法，一个是特别私法，因此是“同辈”，它们之间不是“母子关系”，更无血缘尊卑等之分。

(8) 本书对商法史作了专章论述，本着不了解商法的历史就不能很好地了解商法的基本认知出发，并坚持“以史带论”和“以论鉴史”的辩证方法。

(9) 本书注意“理和法”、“中和外”的关系。坚持论从法出，法受制于论，法论结合。无法之论，论就成了无源之水；反之，无论之法，法也就成了无魂之物。同时，因为商法具有很强的国际性，所以注意与不同社会制度下商法的比较研究，以期发现对问题的“最好解决办法”。

(10) 在体系上，本书共分为商法的本体论、商人论、商行为论三大部分。本体论是商法之魂和根，商人论和商行为论是商法的脊梁和躯干。其中各章、节、款、项等内容是脉络、是枝、是叶，从而形成有根、有干、枝叶茂盛的有机整体。

总之，商法总论是商法之魂，只有魂存，商法才有旺盛的生命力。同时，商法总论又是商法的纲，只有纲举，才能目张。

参加本书编写的几位教师都是长期从事商法学教学与研究的高校教师，编写分工如下。

任先行：第1编第1章、第2章。

任尔昕：第2编第3章、第4章。

史正保：第2编第5章。

李玉璧：第2编第6章。

李长兵：第2编第7章。

张完连：第2编第8章。

许佳胤：第3编第9章、第10章。

郑天锋：第3编第11章。

李晓玲：第3编第12章第1节、第13章。

江合宁：第3编第12章第2～5节。

初稿完成后，由任先行、江合宁、史正保统稿和审稿。教材目录和各章中的英文翻译由裴婷婷审定。

由于水平有限，编写时间紧迫，不妥之处请读者批评指正。

编　者

2007年8月

目　　录

第1编　商事法原论

第1章　总　　论

本章提示

- 本章是商法的基本理论部分，属本体论范畴，着重掌握商法是什么，商法是为什么。
- 商法的真理在于维护为客户创造价值，为股东创造价值，为社会创造价值。商法是以规范营利为目的的商事营业活动法律规范的总称，是独立的特别私法。
- 商法是追求效率与安全统一的法律制度，同时又具有国内与国际相融合的特点。
- 商法在市场经济条件下是兴商、兴市、兴德、兴国的重要法律制度，它在推动人类文明进步上占有重要地位。

1.1 商法概述

1.1.1 商法与商业的关系

商法就一般意义而言是规范商事营业关系的各种法律制度，因此商法与商总是紧密联系的。总地来讲，两者是调整与被调整的关系。商是商法的调整对象，商法是调整商事关系的法律制度。所以如无商，商法便失去调整的对象，反之，如无商法，商事活动就无规则可言。所以要了解商法，首先应了解什么是商。商业是人类一种“自然秩序”和社会分工的自然结果。商是一个多元化的概念，有辞义学、经济学、法学及文化上的不同解释，各个领域的解释也具有多元性。

1. 辞义学上的解释

(1) 中文的解释。我国《后汉书》里讲，“通财鬻货曰商”。《考工记》里讲，“商其远近，度其有无，通四方之珍异以资之谓之商”。《说文解字》中讲“埠通货、贿注行曰商”，并说“商”字从内从外，最初是用于度量衡的一种单位。总之，从我国古书中对“商”的解释可以看出，“商”字一般含有商品交换和货物买卖的意思。

(2) 外文的解释。“商”之一词，英文为“commerce”，法文为“commerce”，德文为“handelsrech”，俄文为“орГоВля”，拉丁文为“mercatoria”，日文为“商业”。根据一些权威外文词典的解释，也是泛指产品、货物的钱货交易活动。可以看出，“商”这一特定的文字符号所传达的信息中文、外文的含义基本上是一致的。

2. 经济学上的解释

经济学上是把商作为社会再生产过程中一个不可或缺的流通环节和流通部门加以研究的。它既体现为“商业的一般”，又体现为“商业的特殊”。商业的本质属性究竟是什么，经济理论界也是众说纷纭，举其要者主要有以下几种。

(1) 交换说。认为商业就是指商品或货物转换交易的方法，概指一切买卖活动。这种认识的不足是把商业只视为个别经济主体的行为，而忽视它的流通总体功能，并且只注重使用价值的交换，而忽视价值的增值，使商业的个性特征无从表现，从而将商事交换等同于一般民事交换。交换说是商业概念的朴素理论。“交换与人类历史同样古老”① 对认识商业和商法的内涵和外延十分重要，应引起重视。

(2) 再销售买卖说。认为单纯的销售或购买都不是商业。这种说法当中又分为再销售一般说、再销售购买说、商人商业说。

(3) 分配说。认为商业是把商品从生产领域向消费领域转移的分配过程。这种说法的

① [法] 布罗代尔：《资本主义论丛》，中央翻译出版社，1997年版，第2页。

特点是把商业看成是一种有组织的社会经济分配现象。

(4) 职能说。认为商业是克服经济资料中存在的自然空间的生产部门。即商业在国民经济中的意义在于进行时空媒介，使经济资料达到最高使用价值。在计划经济时代一直认为商业是沟通生产和消费的桥梁。

(5) 流通说。现代商业理论多主张流通说。认为商业是向社会提供商品和服务并获取盈利为目的的有组织的流通活动。现代商品流通主要体现为发达的商品流通即(G—W—G′)的运动形态。它是在商人介入商品流通后所形成的特殊形态。

以上这些观点的产生有它一定的历史、社会和经济背景。交换说是在简单商品经济时期，其商人在交换活动中还不占主导地位时的学说。商人说主要是在资本主义初期，商人大量兴起并确立起专营商人地位之后所兴起的学说。职能说和分配说都是在垄断资本主义时期产生的。流通说是在深刻揭示了商的盈利性本质特征后，将商业交易与普通买卖关系区别开来后所形成的。所以这些理论不是学者们任意的空想，而有其相应的客观依据，并在各自特定的历史环境中发挥着不同的历史作用。

3. 文化意义上的解释

商事活动不仅是一项复杂的经济活动，还包含丰富的文化内涵。从文化上认识商，主要是给商以人文主义关怀。首先，作为商事活动的客体——商品，它总是体现为一定物质、科技和文化的综合载体。另外在对商的理念认识上，“商”到底是以“财”为本还是以“德”为本，经商致富到底是荣耀还是罪恶；兴商到底是为国还是为民……这些人文哲学思想都关系到对商的本质的认识。尤其是当今社会，我们探究商的文化内涵，坚持文化的多元化，对构建和谐社会和反对文化“霸权主义”和“殖民主义”具有很强的现实意义。所以研究商法时，从文化层面上去探讨商业和商人的人文价值精神是不可忽视的内容。

4. 法学上的解释

(1) 定性上的认识。法学上认定商的一个基本出发点是：凡以营利为目的的事业和以营业的方式从事的行为皆可谓之商。如我国台湾地区的《商事会计法》“第2条明确规定：本法所称商业，谓以营利为目的之事业。其范围依商业登记法及公司法的规定”[①]。经1998年修改后的《德国商法典》第1条也规定经营营利事业的人为商人，此条虽是对商人的规定，但实际也是对商的规定。依此规定，凡以营利为目的事业皆可谓之商，所以在法律上有“无利非商”之说，这可说是法律对商的质的规定性最集中的概括，也体现出商事立法技术上的特色，并导致策略上的进步。

在法理上为什么要把营利和非营利作为划分商与非商的界线？这是因为，在商品经济社会，生产的目的除为了交换，同时也是为了盈利使资本增值，这既是人的欲望动机，也

① 陶百川：《新编六法全书》，台湾三民书局股份有限公司，1982年版，第980页。

是价值规律使然，这既反映了商业经济的实际，又有利于在法律上对商事主体和商行为进行规制。同时也有利于与其他法律部门区分。

(2) 定量上的认识。法律上不仅对商做出定性规定，而且对商的范围大小，即量的认识也做出了规定。如《法国商法典》第632、633条规定：法律上认为买卖之业，为任何出售商品或租赁买入商品之事，以及制造、保险、水陆运输之业，物品的供给、行纪、居间、竞卖、观场之业、金银汇兑、银行之业、一切营造船舶和船具及其买卖之业、海上保险、海上贸易等30多种皆属于商的范围，采取列举方式加以规定。又如《德国商法典》原第1条规定了9种行为为商业，现采用定义方式，即凡经营任何营利事业皆为商，这样范围更加广泛。《日本商法典》第501、502条也采取列举方式对商的范围做出规定。我国台湾地区《商业登记法》中列举了32种行业为商业，并加概括性规定。我国澳门地区《澳门商法典》在第2条和第3条中采取了定义与列举相结合的方法加以规定。如第2条规定：商业系指以持续及营利交易为生产目的而从事经济活动之生产要素之组织，并加以列举。

现在在商法学的论著中，学者们几乎已成定式地将商法中的商采取综合分类，一般概括为4类。

① 固有商和绝对商。如直接媒介钱货交易的动产和不动产买卖，有价证券买卖，在交易所进行的买卖以及商人之间的买卖等。学理上又称为“第一种商”。

② 辅助商。凡是间接媒介货物交易的行为，如货物运输、仓储保管、包装整理、居间、行纪、代办以及为商业提供资金融通、信托等。学理上又称为“第二种商”。

③ 制造商。如为工商业和消费者提供产品的制造业、加工业以及各种原始产业、经营性的农业、牧业、渔业、建筑业、出版、印刷等。学理上又称“第三种商”。

④ 服务商。指直接间接为商业为社会提供服务的广告传播、财产保险、旅游、旅馆、饭店、摄影、娱乐、浴池、各种修理以及通信服务等。学理上又称为“第四种商”。

从以上几条可以看出，法学上“商”的范围是十分广泛的。现在随着科学技术的发展，许多新兴行业，如信息产业，与贸易有关的知识产权以及其他高新技术产业都不断向商的领域延伸，所以现代社会更有“无业非商”之说。

通过以上分析，可以看出：词义分析着重于符号学意义；经济分析着重于功利、效益、经济结构中的地位及资本和商品的流通过程；法律分析侧重于法的规范性；文化分析侧重于商的价值理念。各种分析都有其局限性，因此，要对商这一社会普遍现象作本质的认识，应作综合性的考察。商业作为社会特殊的、专门的流通领域，它始终是以职业商人为基础，以营业的方式活动，以商品为媒介，有组织的、持续的商品流通活动。正如马克思所说：“商品生产，商品流通及其发展，即商业。”① 它是“在人类第三次大分工之后，

① 《马克思恩格斯全集》，第16卷，第287页。

使一部分人从生产中脱离出来，去专门从事商品交换任务。于是就创造了一个不从事生产而只从事商品交换的阶级——商人。”① 商人作为一个阶级出现，商业就成为从事商品交换的独立行业。所以商业是社会分工的一种特殊形式，它与商人的存在和商品交换的存在密不可分。商人是商业的“人格化”，是商业的基础；而商业是商人的“经济化妆”，是商人“行为的综合。”② 同样商业与交换密不可分，商人既代表所有的买者，又代表所有的卖者。商业是集所有交换之大业。所以现代商业是在商人精神文化氛围支配下以职业商人(企业主)为主体，以商品为媒介，向社会提供商品和服务并以营利为目的商品流通的发达产业。

1.1.2 商法的概念

商法概念有两大最基本特点：一是不确定性，二是多元性。

1. 概念的不确定性

关于概念问题。概念是人们对事物理性认识的表现，是属于符号学范畴。当人们对一个复杂事物的认识达到理性主义认识程度时，就要作概括性的说明，这时把它抽象化为特定的概念，并对它的本质属性——内涵和外延做出揭示，以便说明它到底是什么和为什么，这属于哲学问题。法学的许多问题都有它特定的质和量的规定性，所以法学全由概念组成，尤其一些基本概念更为重要，商法也是如此。但到底什么叫商法，至今尚未达到理性认识的成熟的高度，或统一的权威认识的高度，所以至今尚无法定义。考察各国商法典，如法国、德国、日本以及美国的商法典都未在商法典中对商法下法定定义。当然这不仅是商法，很多国家也未在民法典中对民法下法定定义，如法国、德国、日本民法典。这主要是由于事物的复杂性使人们很难达成高度统一的认识，以利于更灵活更宽泛地去适用法律，所以在立法中不下法定定义已经成为惯例。尤其英国学者认为商法是一个内涵很不确定的术语，③ 这样商法在定义上实际只有学术性定义。但商法始终是一个法律概念，因为不少国家的商事立法，不论是大陆法或英美法都使用了“商法典”这一概念。加之商法总有它确定的内容，即使是英国那样的国家，也认为商法的内容包括合同、代理、租赁、票据、保险、公司、海商以及破产等，所以我们又可以说它是不确定中的确定。

2. 概念的多元性

由于事物的复杂性，加之法律又未有确定的定义，这样就使人们可以从不同的角度去理解，这就导致商法概念的多元化问题。

---

① 《马克思恩格斯全集》，第21卷，第189页。

② 黄国雄：《现代商学通论》，人民日报出版社，1994年版，第13页。

③ ［英］戴维·M·沃克：《牛津法律大词典》，光明日报出版社，1998年版，第120页。

(1) 一维模式——又称X模式：即以调整对象和研究对象给商法下定义，如认为商法是调整市场交易关系法律规范的总称。

(2) 二维模式——又称XY模式：以调整内容和研究内容给商法下定义，如认为商法是调整商人和商行为法律规范的总称。

(3) 三维模式——又称XYZ模式：以思维方式或方法给商法下定义，如认为商法是规范商事活动的私法。

(4) 四维模式——又称WXYZ模式：以立法宗旨或研究目的给商法下定义，如认为商法是以营利为目的的追求资本增值的法律。

国外一些学者从法律形式上给商法下定义。如日本有的学者认为：商法在被确认为一个法律部门的时候，则被认为是以商法典为中心的有关法律的总称；[①] 也有从法律实质意义去认定，如认为商法就是企业关系上特有的法律的总称。[②] 有的从主观意义(即从商人)出发给商法下定义。如德国学者认为，商法是适用于商人的特别私法。也有的从客观主义(即从商行为)出发给商法下定义。如法国学者认为，商法是关于商行为的特别法。英国学者认为：商法是指与商业有关的法律，主要用来指合同法和财产法中与企业和商业惯例有关的那些内容，是一个概括性的概念；美国有学者认为，根据美国宪法的规定，商法应该是“商业交易”的法律。其实《美国统一商法典》也规定是“商业交易”的法律。

我国学术界对商法的定义如下。台湾张国健教授在《商事法论》中认为，商法是以商事为其规范对象的各种法规的总称。《中国大百科全书》认为：商法传统上是指与民法并列并与之相互补充的部门法，即是调整市场关系中商人、商业组织和商业活动的法律规范的总称。

从以上论述中可以清楚地看到商法是一个多元概念，既有形式意义的商法，又有实质意义上的商法；既有广义上的商法，又有狭义上的商法；既有国内商法，又有国际商法；在理念上既有以客观主义(商行为)为价值取向，又有以主观主义(商人)为价值取向；在立法上有的实行民商分立，有的实行民商合一。同时，在当今世界，又有人提出“现代商人法”新概念。因此，对商法的理念不同，价值取向不同，规范的对象不同，自然所下的定义也就不同。这种多元化现象为商法的比较研究提供了丰富的素材。

给概念下定义有各种途径可供选择：如历史途径，即通过对经典的商法学著作的研究，寻求商法学作为一门专门的知识科学最为人们关心和感兴趣的是什么，也可说从历史考证上寻求前人们说了些什么，又如经验主义途径，主要是寻求当代学者所最关心的是什么问题，对它的外延和内涵加以区分，就是从理性上指出它是什么；还有形式主义途径，即从有关商法典中去认识。这些选择也各有利弊。历史途径有其正确的一面，它为我们借

---

① [日] 尤田节编，谢次昌：《商法略说》，甘肃人民出版社，1983年版，第1页。

② [日] 我妻荣：《新法律学大辞典》，中国政法大学出版社，1983年，第500页。

鉴前人的智慧提供了有利的帮助。因为了解了历史背景材料之后，有利于理解问题的真谛。但历史的方法容易使人思想僵化，并不足以对付现实和将来的新问题。经验的方法固然能减少弯路，但经验往往具有局限性。分析的方法较能经受起时间的考验，被人们遵循，但随意性较大，尤其法律效力较弱。现实的方法固然法律权威较强，但它只适用于有商法典的国家，对无商法典的国家来说基本不适用。

商法所反映的是社会一种复杂现象——主要是社会商事活动，因此商法的定义应该是既要反映它的质的规定性，又要反映它的量的规定性。基此出发，笔者认为：商法是规范商事营利事业中商人和商行为规范的总称。其中商事是商法规范的本体，营利是商法的理念追求，商人和商行为是商法的核心内容。

3. 关于商法、商事法、商业法、商人法几个概念的联系与区分

商法（commercial law）、商业法（business law）、商事法（mercantile law）、商人法（merchant law）这几个概念在资本主义国家基本上通用的，如 commercial 一词，既可译成“商”，又可译成“商业”，还可译成“商事”。如现代德语中，商法、商事法、商业法都统一用“handelsrcht”。但是它们又有一定的或实质意义上的区别。从字意层面上看，commercial 泛指一般商务，而 business 侧重指商事职业和责任，而 merchant 则专指商人。从法律层面上讲，商人法是专指中世纪西欧适用于商人之间的一系列习惯和法律，商业法是指在资本主义初期具有管制性的商事法。另外，在计划经济条件下的商法一般都称商业法；商事法除与商法相通外，它更是指商业活动在法律上的一切事项的反映，是一个学理概念，而不是一个立法概念，它的中性特色更浓，而且比商法更古老。商法除具有总括的意思外，现代学者更认为它是市场经济条件下更具公平、自治的商事法，也更具现代特色。

1.1.3 商法的理念

要了解商法，还需要进一步了解商法的基本理念。理念是指理性观念，而理性是指鉴别、判断、评价、认识真理及能使人的行为适合于特殊目的的能力，同时理性不同于直觉、感觉和愿望，也不同于信仰。① 现代商法理念是在市场经济条件下对商业的本质和规律相适应的理性精神、价值体系和行为原则的综合体现，并且是一个具有多样性、层次性和动态性相结合的整体。了解商法理念实际就是探讨商法的三性：即商法的应然性、实然性和必然性，也就是商法到底是什么。这些问题构成商法的本体论，属于法哲学范畴，归根到底属于商法的价值判断。

商法的应然性实际就是追求商法的自然理性，即从人的本性和自然规律出发作为思维的起点。从这一起点出发，商人、商业、商法都是商品经济发展的产物，是人类社会分工的自然结果，是人类文明进步的硕果，是人与人、民族与民族、国与国和谐相处的要求。

---

① ［英］戴维·M·沃克：《牛津法律大词典》，光明日报出版社，1998年版，第750页。

中国传统观念总是轻商业、歧商人、排商法，其实就是在理念上对商人总是带着一种先验性的人性恶的错误假设。研究商法的应然性要超越传统、超越时空人际层面，大力转变观念，从传统误区中走出来，要善待商人、商业和商法，要确立起新的义利观、贫富观、财德观。虽然我国改革开放以来社会最大的变化是普遍商化，但对商人、商业和商法的真正的理性认识还没有完全到位。商法的应然理念可以概括为让商人、商业“按照自然而生活”。依此理念，可以把商法的基本理念概括为以下几个方面。

（1）营利观。商事活动以利为本，无利非商是商事活动最核心的理念。营利既是商品交换的本质和规律，又是商事主体的权利和动力。这一理念既具普遍性，又具有特殊性。它的普遍性是指社会一切人的活动都是为一定的利益，正如孔子所说，“富与贵人之所欲也”，这是人的本性所具有的偏好。常言说“天下之人，熙熙而来，攘攘而去，皆为利来，皆为利往”。这是对商业社会的真实写照，更是对商人心灵的深刻揭示。它的特殊性是指商事活动的求利是商人的一种专门职能。它的核心是要使自己的经营资本增值。商法的营利观从法理上讲，不是去制定教人如何营利的技术和方法，而是从法律制度上去保护营利本身这一项合法有效的事业，并规范各种营利行为，从公司、买卖、票据、保险、证券、海商、银行等方面去健全实现营利目的的各种有效机制。

（2）兴国观。商事活动不单是一项经济活动，它与国家的致富致强紧密相连。历史和现时的经验，尤其国际经验都充分证明“无商不富”。兴商能使民富国富，民富国富才能国强。商业的发展需要工业、农业、科学技术的发展，现代商品的竞争更是建立在产品质量的基础上，而这一切的发展都要建立在综合国力增强的基础上。同时，兴商还包括兴政，即建立民主政体商业的发展只能在民主政体下存在。所以要高瞻远瞩地看待商法与兴商、兴国的关系。

（3）兴德观。千百年来人们对商事活动到底应以“德”为本还是以“财”为本展开了大讨论。有些非理性的商人往往把商道看成是“邪道”。其实商道的本质是“人道”、“德道”。商品交换代替了不讲等价交换的野蛮掠夺，这可说是人类文明的开端，所以说“哪里有商业，哪里就有文明”。商品交换在形式上是钱货交换，但其实质是劳动与劳动的交换，这本身就铸就了交换的客观公平性。而且要求在利己的同时要利他，这又充分体现了权利义务的互惠性。商品交换本身也蕴含着相互的信任与信赖，这种信任与信赖在商人之间是不可缺少的信用储备。① 诚实信用是市场经济不可或缺的理念，在市场经济中必然存在商业信用和银行信用，还有各种合同信用、证券信用等，所以市场经济本身就是信用经济、道德经济。商法要用各种规则、原则及制度去严格维护公平、诚信理念。

（4）效率优先理念。商事活动要坚持以价值最大化的方式去配置和使用好各项资源，在商事活动中坚持利大大干、利小小干、无利不干的原则，这就要求要从法理上充分维护

① ［美］哈罗德·J·伯尔曼：《法律与革命》，中国大百科全书出版社，1996年版，第416页。

商人的买卖自由、投资自由、入市和退市的自由。

(5) 竞争理念。商业活动是一项高度竞争的事业。商人只有在竞争中求生存，图发展。我国商人不仅要有国内竞争的理念，更要有国际竞争的理念。商法要尽力维护商人的自由竞争，反对各种不正当的竞争。

除应然理念外，还需考察实然理念。在现实生活中商人们的实然理念也是多种多样的。如狩猎式，又称掠夺式，即一锤子买卖，这主要是一些暴发户的经营理念。尤其在初次交易和早期对殖民地贸易基本属此类型。就像猎人打猎一样，只想自己一次把山上的猎物捕光，不管下次，更不管别人是否能捕到猎物。还有的商人采取的是田耕式，又称回报式，即要有好收成，首先要有好耕耘。他们的目光看着两头，一头与供货商保持良好的联系，一头与消费者保持良好的联系。在理念上本着先利己后利他的经营观，这是多数商人的理念。有的商人是体育型——即具备竞争型理念，以追求规模效应为主。这主要是一些大型商业集团，以为投资者和企业的壮大发展为经营理念。还有的商人是社会式——强调直接的经营效应和社会效应，一些直销商和零售商多属此种理念。还有的商人是蚁马式——蚁马是南美洲一种专吃蚂蚁的动物，头尖长，嗅觉灵敏，很容易发现蚁穴。但发现后不把洞穴中的蚂蚁吃完，只吃一半就走了，再找其他洞穴的蚂蚁吃。这种不竭泽而渔的本能天性说明蚁马对于寻求食物具备可贵的理性，这也是坚持可持续发展的现代商人应具有的理念。总之，商事活动纷繁复杂，在客观上应确立起“轻重相权斯能获利，方圆相济自尔通神”的理念。

1.1.4　商法的形式与实质

商法在传统概念中，有形式意义上的商法和实质意义上的商法之分。这一区分有助于进一步掌握商法质和量的规定性。

1. 形式意义上的商法

所谓形式意义上的商法是指实行民商分离的国家，专以“商法典”命名并自成独立的系统，如法国、德国、葡萄牙、西班牙、比利时、日本、韩国、巴西、阿根廷等国。这些国家所说的商法主要就是指国家依照法定程序所制定的《商法典》。至于根据商法典或宪法所制定的单行法，如公司法、票据法等，虽未冠以商法之名，但都是把它视为商法的特别法。所以这些国家的商法专指商法典的，同时还蕴含着各种商事特别法。

2. 实质意义上的商法

主要是指一些国家虽然没有形式意义上独立的商法典，但以规范商事关系为其主要对象的法律还是不少。这些规范有些在宪法中，有的在民法、经济法、行政法和诉讼法中，有的是单独的法律，有的甚至还规定在有关的国际公法中。这些法律规范虽未冠以“商法”之名，但究其实际内容而言，皆是以调整商事关系为主旨，所以这些法律规范均视之为商法。我国目前商法主要是指实质意义上的商法。实质意义上的商法又有广义和狭义之分。广义上的商法是指调整商事关系的所有商事法规的总称，既包括国际商事法，又包括国内商事法。国际商事法主要指国际公法上关于商事的法规，如两国之间友好通商条约，国际商事公约，联合国国际货物买卖公约，船舶碰撞与海难救助统一公约，“WTO”规则、国际贸易惯例等。国内商事法又可分为商事公法和商事私法。商事公法指包括在宪法、行政法、刑法、诉讼法及海外适用法中等有关商事的规定。商事私法又有民商分离和民商合一之分。前者指商法典、商事特别法、商事习惯法等，后者指民法典中有关商事的规定，有关商事的民事特别法及有关商事的民事习惯法等。狭义的商法仅指国内商事私法。从现代各国商法内容看，商法日益呈现出国际性规范与国内规范相互交错，公法规范与私法规范日益融合的趋势，这就是商法的二元性特点。我国目前虽然尚无形式意义上的商法典，但自改革开放以来，我国已颁布了《中华人民共和国公司法》《中华人民共和国票据法》《中华人民共和国保险法》《中华人民共和国海商法》《中华人民共和国外贸法》《中华人民共和国证券法》《中华人民共和国合伙企业法》《中华人民共和国拍卖法》等一系列商事单行法。这样我国实际上已构建起了实质意义上的商法体系。

1.2 商法的调整对象

研究商法的调整对象是为了进一步了解商法是什么？商法的调整对象也具有多元性，有的以社会关系为主，有的以内容为主、形式为辅，有的以企业关系为主，有的以营业方法为主，还有的以营利目的为主。其中主要是以社会关系为基础，辅以其他有关方面。商法所调整的社会关系主要是商事关系。

1.2.1 商事关系的特点

商事关系主要具有营利性、商人性、交易性和独立性等特点。

1. 营利性

商业是以营利为目的的事业，商人是天生的营利派，所以自古以来就有“无利非商”之说。所谓营利就是使资本增值，用公式表示就是(G—W—G′)。这是商事关系最本质的特征，也是“商场”不同于“官场”的地方。

2. 商人性

商事关系的主体主要是商人(各种企业主)，即必须是“商人之间”的关系，如商人与生产者，商人与商人，商人与消费者之间的关系。这样把商事界定为商人之事，商业为商人之业。这一特点虽然使商事关系具有属人色彩，但从法律角度讲，它有利于与以家庭为基础的自然人，以自然法为基础的市民，以公法为基础的公民、官吏等人相区别。同时，商人对卖者来说代表所有的买者，对买者来说代表所有卖者，可见，它不是交换本身的一项，而是交换本身的中项。他是作为中介人出现的，而且是在商事关系中不可缺少的中介人。

3. 交易性

商事关系是纯粹的买卖关系，全由生产者、经营者、消费者组成的交易网所组成。所以马克思说，商人的职能是通过买卖来交换商品。在这些买卖交换活动中，由于要实现商品的使用价值和所有权的转移，尤其要实现商品的价值，因此每个人必然要尽量设法贱买贵卖，所以在任何一次买卖中，买卖双方在利害关系上总是绝对彼此对立的，所以商法重要的使命便是如何从法律上使这种权利让度关系在权利义务上做到公平均衡，使社会资源得到优化配置、降低交易费用、促进经济发展。美国统一商法典在立法宗旨中就明确规定："使调整商业交易的法律更加简洁、明确并适应现代要求"，这充分反映了商事关系的客观要求。

4. 独立性

商事关系本质上是商品资本关系，这种关系是一种独立化的关系。在商人阶级出现后，"商业是以商人的活动形成的一种特殊的与产业资本的其他职能分离的，因而是独立存在的业务，这是社会分工的一种特殊形式。"这种特殊性表现在"本来要在资本再生产过程中的一个特殊阶段(流通阶段)中完成的职能，现在表现为一种和生产者不同的，特别的流通当事人的专门职能"。这种分工最重要的条件是商品的销售活动从商品生产者手中分离出来，成为一种独立的事业。这种独立性首先体现在主体地位上它不依附于农业、手工业和生产业，即商品经营者已从生产者，即产业资本家中分离出来，成为独立的商事经营者，他独立投资、独立经营、独立承担风险、独立享受经营成果；其次，体现在经营上，即资本从商品形态向货币形态转化所需要的各种技术操作，如在商品上的运输、保管、分拣、包装、质量鉴定、称量、广告宣传、记账等，在货币的存藏、出纳、收付款、兑换、计算、簿记、审计等业务都已经独立化；再次，从社会资本来说，专业商品经营者，必须事先要投入货币资本，使其作为商品购买资本执行职能，这种资本有它自身特殊的独立的运动形式G—W—G′，在这个形式中它把商品资本的职能作为自己独立的职能来执行，从而形成职能说。这样从社会分工整体来说，也使商业资本和产业资本分离而独立存在。

1.2.2 商事关系的主要范围

1. 在商流过程中所发生的交易关系

这一领域主要由以下3方面的关系构成：一是商业经营者与商品生产者之间的买卖关系，也可说是实业家与实业家、组织与组织的流通关系，属于商流中的第一次循环，即通常所说的批发买卖或大宗转让，这可类比为排水和蓄水的关系；二是商业经营者与经营者之间的购销关系，主要体现为批发商与零售商之间的购销关系，属于商人内部买卖关系，这可类比为蓄水与引水的关系；三是商事经营者与消费者之间的买卖关系，这是商品价值和使用价值在最终实现中所发生的交换关系，属于商流的最终环节。这3种关系就是通常所说的商流，它集中体现为商事关系中的买卖关系，是商事法律关系中的基础关系。

2. 在物流过程中所发生的关系

物流主要是指商品实现在实体上的位移。在物流过程中所发生的关系主要是指在货物运输、配送、仓储保管、挑选、加工、包装、货运代办等过程中的关系。虽然没有商品的物理运动，商品也可以流通，没有商品流通，甚至没有直接的产品交换，产品也可以运输。但是，运输和保管在多数情况下总是与商事交易活动紧密相联的，一般很少存在完全没有运输和保管的货物买卖。在经济日益市场化和国际化的情况下，如果社会没有货物运输和保管，别说商品买卖，恐怕就连商品本身也不存在。这类关系的特点主要体现在商品买卖中为实现商品的实体运动，托运人与承运人、存货人与保管人、承揽人与定作人之间所发生的权利义务关系。这方面的活动以在物流中提供劳务和服务为主，这方面的法律制度主要是有关海运、陆运、空运、水运的货物运输、仓储保管、承揽加工等方面的法律、法规。同时，这方面的一些规则多表现为一些商事习惯和行业惯例，尤其是仓单、提单、保险单等制度，更是物流中特有的商事法律制度。

3. 在资本流通过程中所发生的商事关系

商事经营总是需要一定的资本，不可能搞“无米之炊”。商业主体在筹资过程中必然要在筹资者与投资者、债权人与债务人、银行与保险、投资公司与共同基金组织在资金借贷、证券发行、转让、票据签发使用、银行存款、付款等方面，即在现金流、票据流、证券流等过程中，发生一系列因资本运动而产生的权利义务关系，尤其在商业资本日益证券化、信用化的情况下，从而使商业资本更加人格化，这就更需要有专门法律加以调整，所以把票据、保险、银行存款与取款、证券投资等内容纳入商法调整已成国际共识。

4. 在商业服务过程中所发生的关系

所谓服务主要是指以提供活劳动满足顾客的某种需要并获取报酬的行为。随着科学技术的发展，人类已进入信息时代，这一时代的商业一个重要特征就是资本和劳动从物质生产领域向服务领域加速转移，使服务总额占整个国民经济中的比重日益增加。这就表明人们对运输、保险、银行、会计、管理、信息、咨询、旅游、餐饮、娱乐等服务业的需求与日俱增，尤其在国际贸易领域，随着服务贸易日益重要，在“WTO”中专门增加了《服务贸易总协定》的新内容，这表明在国际范围内已把服务贸易纳入商法的调整范围。

5. 商业组织关系

商事活动总是离不开一定的组织形式。现代商法日益淡化以家庭个体为本位的商自然人概念。所以现代商人多体现为各种组织体——即各种商事公司、商事合伙、合作以及独资企业等。缺少这些组织体就会造成市场主体缺位，商事经营活动也就无从谈起。营造商事组织制度不单是为了使物和人组合，而更重要的是要把这些组织的权利义务配置好，尤其把产权关系确定好，使各种商事企业真正成为市场独立的人格体。

6. 商事管理关系

由于商法具有公法属性，所以它也调整一定范围的管理关系，如商事登记、商号、商业账簿的管理以及对外贸易的管制等。这主要体现为政府对商事领域的宏观调控和制约，通过这些管理以维护市场主体合法有效的竞争，这是对商事活动进行管理最基本的出发点。在这种关系中，虽然一方是商人，另一方不是商人，但它的目的始终是为商事服务，所以在性质上仍然属商事关系，只不过具有公法色彩而已。

以上调整内容总的包括商事主体和商行为两个基本方面。这些内容都要依靠一系列具体法律制度作为它的支撑点，如商事登记制度、商号制度、账记制度、营业制度、公司制度、证券制度、买卖合同制度、信用担保制度、票据制度、保险制度、海商制度、破产制度等，从而建立起一个和谐统一的商事法律制度的整体。这些制度为市场经济提供了合理的法律供给以满足商事活动的需求。

1.2.3 商法调整对象有待探讨的几个问题

1. 关于商事关系都是平等主体之间的关系

有人认为商事关系都是平等主体之间的关系，其实未必都是如此。因为有的商事关系是平等主体之间的关系，如商人与商人之间的交易关系，而商人与非商人之间的关系，如商人与监管者之间的关系，并非是平等主体之间的关系，但本质上是平等主体之间的关系。

2. 关于商事关系是否都归商法调整

答案是否定的。商事关系主要归商法调整，但其中有的商事关系如一些商事管理关系，可能属行政法调整，有的可能适用民法调整，甚至有的还可能适用刑法调整，但这些仅是例外情况。

3. 关于确定商事关系的思维路径

确定商事关系的思维路径到底是从主体出发还是从行为出发，抑或从目的出发，从活动方式出发，以及从社会关系出发。一个复杂的概念往往具有多维因素，不是某一点能够概括周全的。如人的本质属性是既能说话，又能思维，还能使用和制造生产工具。有的学者单纯以主体类型化去确定商事关系，这恐怕有些以偏概全。同时在确定一个事物的本质属性时，在诸多因素中总有一个核心因素，如社会关系始终是商法调整的主要对象。所以有的学者认为“商法就是调整商事关系的法律”。如果再辅之以主体因素和行为因素加以具体化，使之有主有从，概念就会更加周全。

4. 关于企业说

有人认为商法调整的对象是企业。如日本学者提出："现在一般认为实质上的商法就是企业关系特有的法律的总称。"我国国内也有学者主张商法调整的对象就是企业关系，对于企业说有许多理论问题值得探讨。一是企业是不是独立的权利主体，国内外至今尚未获得统一认识，尤其尚未得到立法和审判实践的认可。二是在法律上往往把企业作为可以进行转让、出租、抵押、继承的客体来对待，这样与主体的身份自相矛盾。三是企业是一个综合复杂体，它涉及方方面面，已不单纯是哪一部法律所能调整得了的，许多法律涉及的对企业的调整，如行政法、劳动法、民法、甚至刑法，也不是单纯由商法所能调整得了的。

值得注意的，现在有的地方使用"商业企业"的概念来代替传统的商人和商行为的概念。如中国澳门 1999 年颁布的《商法典》第 2 条就将商业企业作为新商法体系中的基本概念，并认为这是以创新方式对商业企业及以商业作为标的的法律行为加以特别规定，同时在第 1 条中还使用了"企业主"的概念。德国 1998 年修改《商法典》时也使用了"企业主"概念，不过"企业主"与"企业"是两个不同的概念，当然这些改变体现了商法理念的微妙变化。

1.3 商法的基本理论

任何一种新的法律制度产生总是离不开一定的理论和政策支撑，商法的产生和发展也不例外。商法在中世纪和近代初期主要靠重商主义和政策支持。

1.3.1 重商主义

1. 重商主义的概念和产生的背景

重商主义(theories mercantilism)是 16～18 世纪末在欧洲一些国家中兴起的，以民族国家为对象，以发展商贸为指针，以金银聚敛为基础，以致富强国为宗旨，脱离神学和伦理学，代表新兴工商资产阶级利益和王权利益的一种新的经济政治理论和政策体系。可以说是古典政治经济学前的一种创新的经济论策。它的产生为中世纪的商人法和近代的商业法的产生和发展提供了强有力的理论和政策支持。

重商主义之所以在这一时期产生，是因为这一时期正是欧洲社会由封建社会向资本主义社会转型的过渡期。在这一历史时期，人类社会发生了一系列重大变革：如统一民族国家的形成，文艺复兴运动的兴起，宗教革命的胜利，罗马法的复兴，城市的广泛兴起，独立商人阶级开始形成，新大陆的发现，新航线的开通，商品、货币经济关系的大力发展，封建庄园经济的解体，新的资本主义生产方式开始萌芽，新的商业组织因素已成雏形，商业革命不断兴起……在这种政治、经济、文化、社会的大背景下，尤其民族国家形成后，摆在各民族国家面前首要的政治经济任务就是如何适应新的环境的新要求使国家致富致强。当时的政治家、政论家和实业家们纷纷发表致富强国的论策，一致主张以发展商业贸易、航运、殖民作为致富致强的三大重要国策加以实施，后来人们把这称为“重商主义”。可以说这一理论和政策是当时社会经济、政治、文化、历史的综合产物。这种国策在时间上从 16 世纪开始直到 18 世纪末一直延续推广。在空间范围上，英国、法国、德国、西班牙、葡萄牙、荷兰、意大利等国都进行了广泛推行。对重商主义推行的结果使这些国家的工业、农业、商业贸易尤其是海运业得到了大力发展，并使这些国家成为“商业帝国”。与此同时，商业资产阶级已开始走向政治舞台，由此对商业法的制定产生了重要的推动作用。

重商主义早期的代表人物主要是意大利的马基雅维里(Machiavelli，1469—1527 年)，他是一位著名的政治家，曾任佛罗伦萨共和国的外交大臣。他的代表作主要是《君王论》一书。在该书中，他将政治哲学从神学和伦理学中解放出来，他强调物质的繁荣是政治活动的基础，他追求的最高目标是通过繁荣生产和发展贸易来建立一个强有力的进步国家。这本书至今仍是欧洲十大名著之一。重商主义晚期的代表人物是英国的托马斯·孟(Thomas Mun，1571—1641 年)，他是当时英国政府的贸易委员，东印度公司的董事，又是当时英国的大商人。他著有《英国得自对外贸易的财富》(1644 年出版)，是重商主义理论的代表作。马克思曾指出，托马斯·孟这本书，在它出版之后的一百年中被看成是“重商主义的圣经”，① 并且还说，这一著作从一开始就对立法产生直接影响。② 另外，英国的尼古拉斯·巴尔本(1640—1698 年)、达德利·诺思(1641—1691 年)都出版了《贸易论》专著。这些著作有助于理解重商主义的基本观点，了解科学的政治经济学的前史。

2. 重商主义的主要内容

重商主义的主要内容包括以下几个方面。

(1) 重商主义既是一种经济政策的表述，又是一种经济理论思想论策体系。作为一种经济理论，推崇者们都一致主张要依靠发展贸易来振兴国家经济，以达到积累财富的目的，并认为当时经济民族主义的主角依然是商人而不是制造商。

(2) 把金银等贵重金属的聚敛作为致富的源泉。当货币经济确立后，他们把财富与货币等同起来，认为获得金银货币就是获得财富。金银储存得愈多，国家就越富。同时认为“货币生产贸易，贸易增多货币”，所以把发展贸易作为国家致富之源。于是这种主义被称为“重金主义”。

(3) 大力发展对外贸易，认为国内贸易是自己人赚自己人的钱，只有发展对外贸易尤其是转口贸易，才能既可大力增加输出，又可严格限制输入，努力维持贸易“顺差”，借

---

① ［英］托马斯·孟：《英国得自对外贸易的财富》，商务印书馆，1978 年，第 2 页。

② 《马克思恩格斯全集》，第 20 卷，第 253 页。

此获得更多的金银。并把此奉为"贸易顺差主义"。

(4) 鼓励发展海运，奖励造船事业，这在英国、法国、荷兰、葡萄牙、西班牙等国家最为突出。

(5) 振兴国内产业，大力发展出口产品，同时为发展产业又必须发展人口，以提供充足的劳力和兵源。

(6) 严禁金银品出口和奢侈品进口。

(7) 鼓励出口，对本国商品出口给予补贴，并实行出口退税制度。

(8) 实行特许性的殖民地贸易政策，设立独占性的殖民贸易公司，在殖民地进行独立经营，通过海运，把殖民地变成本国产品的推销地和原料供给地。

(9) 主张大力培养商业人才，并提出一个全才的贸易商人必须具备的各种品质。

(10) 推行贸易保护主义，主张国家对经济贸易进行干预，其中包括政治、经济、军事、法律等手段，这样重商主义便具有了强烈的国家主义特色。

3. 重商主义的性质

关于重商主义的性质，历来就有不同的认识。一派是单从经济层面去认识，认为重商主义属货币增值主义和贸易差额主义，这一主张以美国学者为主；另一派是从政治层面去认识，认为重商主义强调近代国家的建立，它的核心思想是怎样使一个国家致富致强，这一主张以德国新历史学派为主。不过后一认识更具有现实意义。

另外，重商主义是政府管制经济，还是个人主义经济？我们认为把重商主义说成是"管制经济是不符合历史事实的，重商主义更不是指令经济和计划好的经济，与指令经济相比，它是高度个人主义的，但它又不是无政府的"。[①] 现在有人把重商主义与统制经济、计划经济相提并论是不对的。同时，重商主义既是一种经济理论体系，又是一种经济政策体系。

4. 早期重商主义与晚期重商主义的区别

早期重商主义大约在 15 世纪到 16 世纪后期，产生于商业资本的初期，其主要的理论是"货币增值主义"和"重金主义"，认为货币金银就是财富。所以禁止货币出口，并强调多卖少买，甚至只卖不买，认为一切销售才会使货币增加，认为货币是财富的唯一形态，贸易是财富的主要源泉。

晚期重商主义大约从 16 世纪后期到 18 世纪后期，产生于商业资本主义发达时期。当时高利贷资本已很盛行，工业资本已开始产生。其主要理论是"贸易差额论"，认为闲置的货币不会带来更多的货币，只有将货币投入流通，才会使货币增值。所以禁止金银出口不利于国家经济的发展。主张既出口、又进口、多出口、少进口，实行贸易"顺差"，才是致富之道。至于发展制造业同样是为了服务于多出口的目的。所以国家不仅要对出口贸易继续保护 ，还应该扶植本国制造业的发展。

① 希克斯：《经济史理论》，商务印书馆，1987 年，第 32 页。

尽管早期、晚期重商主义有所不同，但是也有一致的地方，如在价值追求上都是以国家的致富致强为宗旨，都认为货币是财富的主要标志，都认为致富的源泉要在流通领域里实现。所不同的主要是对增加积累货币财富的手段和方法的认识有所差别。

5. 重商主义在相关国家的推行及其商事法制建设

重商主义在欧洲各国曾得到普遍推行，现以英、法、德为例进行略述。

(1) 英国重商主义的推行及其商事法制建设。英国重商主义称为麦肯迪主义(mercantilelism)，系以英文 mercantile 一词而得名，意思就是“重商”。英国推行重商主义的亮点有三：一是从开始就把切入点指向以维护新兴工商阶级的利益和推动产业的发展为主，而且使这一政策在各个领域长期坚持；二是不顾一切地推行产业政策，最典型的例子就是从 13 世纪起就大力推行“圈地”运动，并于 1760 年正式颁布《圈地法》，1790 年又颁布了《统一圈地法》，这一运动从伦理上讲是不道德的，人们常把它称为“羊吃人”运动，但它却吃出了一个发达富裕的工业国；三是英国自始至终一直坚持贸易、航海、殖民三位一体的对外扩张政策。英国由于地理原因，很早就重视航海产业的发展，并早在 1381 年、1483 年、1532 年就颁布了一系列航海法。他们把这些法统称为《商事黑皮书》，并建立起专门的海事法庭。后来为了与荷兰、法国争夺海上霸权和推行贸易保护主义，于 1650 年、1660 年、1696 年又颁布了一系列新的航海法。规定外国船只未经特许不得与英国殖民地贸易，所有从其他国家运入英国的商品，都要由英国人驾驶英国船只载运，并对进入英国的商品作了列举性的限制。英国由于航海事业强大，加之工业革命早和贸易发达，所以先后在世界范围内建立了约 70 余个殖民地保护国及托管地，所以它的海外贸易遍布世界各地。在重商主义推动下，英国制定了不少商事单行法。这些法都有一个中心思想，就是有效地贯彻落实重商主义政策——鼓励出口、限制进口、防止贸易逆差，避免货币外流，对殖民地进行控制。总之，英国由于坚定地推行重商主义，有力地促进了商品货币关系的发展，从而引领英国工业革命走在世界最前列。正如拿破仑曾说，“英国自近代以来，一直坚持残酷的商业‘寡头政治’，英国是靠发展商业——尤其是海上贸易起家的。”①

(2) 法国重商主义的推行及其立法。法国重商主义称为柯尔培尔主义(colbertism)，以法王路易十四财政大臣柯尔培尔(Jean Baptiste Colbert，1619—1683 年)而得名，他是重商主义的主要推行者。法国国王从路易十四、十五、十六，大臣从利奇流、柯尔培尔到杜尔哥都是重商主义的坚定推行者。法国的重商主义政策包括致富图强的诸多领域，如大力发展国内产业、发展对外贸易、平均租税、统一币制、统一度量衡、增进王室收入等。法国推行重商主义也有几个亮点：一是大力发展对外贸易和对外扩展，在 1774—1787 年间法国的海上贸易比英国发展快，如 1788 年波尔多的贸易比利物浦还多。这种贸易近 20

① [法] 托克维尔：《旧制度与大革命》，商务印书馆，1996 年版，第 209 页。

年增长了一倍。[①] 这一时期法国对外贸易总额增至 11.535 亿磅，超过英国。为发展对外贸易，法国大力发展各种商务公司，1642 年大臣利奇流逝世时，各种商务公司已达 22 所，活动地域包括加拿大、西印度群岛、西非沿海诸地、马达加斯加及东印度群岛。为鼓励投资办公司，政府给公司特别的津贴和奖励。凡公司运出货物每吨奖 50 镑，运进货物每吨奖 75 镑。国王曾一次赠与东印度公司 400 万镑，从而公司声威大震。同时为发展对外贸易，法国还大力发展手工工业。柯尔培尔执政时就办起大的皇家手工工场 113 个。二是推行以充实王室税收为主的政策，认为货币量代表国家的实力。如柯尔培尔在推行重商主义时，为增加财政收入，大力推行"包税制"，并在全国建立"五大包税区"。主要是把税款包给一些金融性公司，然后由这些公司转包给各地的大商人，这样使皇室收入很快增加。如 1662 年财政不仅消除了赤字，而且结余了 3 200 磅。三是公开宣称扶植第三等级，尤其第三等级中的商人。这是法国重商主义者孟克列钦推出的独特主张，也是法国重商主义的一个亮点。四是法国与英国相比，英国对外国商人采取平等对待原则，而法国则排斥外国人在法国经商。如 1450 年规定对外来商人课以重税，对本国商人则一律免税。为鼓励造船，规定凡由法国人自己造的船运入的货物每吨 5 磅，造船所需人员给予重薪。可以说，货物的出口和进口、劳动力的利用、税款的征收等无不包括在保护主义中。其指导思想就是要利用一切方法，使货物出口得多，金银出口得少；金银进口得多，货物进口得少，实现贸易顺差，以达到致富致强的目的。五是在重商主义推动下，商事立法最为发达。如在 1563 年 11 月洛洛九世就颁布了商事法院及交易的敕令。法国是世界上独立建立商事法院最早的国家。于 1578 年、1609 年安利四世时就颁布了破产敕令。最为突出的是在重商主义的干将——柯尔培尔的大力推动下，法国于 1673 年颁布了人类历史上第一部独立的商事法——《商事敕令》。同时为了管好贸易秩序，1581 年和 1597 年两次明令由财政部统一管理工商各业。17 世纪时，为衡量各项商政的实施效果，专门设立了"贸易平衡局"。到 18 世纪，还专门筹建"商业基金"。1776 年建立了一家商业证券贴现银行。为统一度量衡，1791 年颁布法令实行"米制"。法国在重商主义推动下取得了重大成就。从当时法国的人文因素、经济条件和环境来说，在欧洲产业革命中法国理应走在最前面。但由于它缺乏英国那样明确的产业政策，所以它的重商主义成效逊于英国。

（3）德国重商主义的推行与相关法制建设。德国重商主义称卡麦拉主义（cameralism），它是以 camera 一词而得名，这个词有储藏室的意义。罗马教皇的仓库就叫卡麦拉，德国重商主义以此命名，表明德国重商主义主要推行者的着重点在于国库的收入。如施罗德（Wilhelm Von Schrotter）便认为德国各区行政首长应设法改善人民生活，以增加税收，税收增加国库便可长保充实。他更主张创设一个最高的独立委员会，负责处理好税收

① ［法］托克斯尔：《旧制度与大革命》，商务印书馆，1996 年版，第 205 页。

问题，以期充实国库。[①] 由此可见，德国重商主义与法国重商主义有异曲同工之效。

德国推行重商主义除同样重视金银货币的聚敛，发展对外贸易外，其主要特点是更重视城市经济和城市经济的联合竞争。如果说英、法等国推行的是上下“合纵”，德国走的却是左右“连横”的道路。德国在13世纪时一些城市的商业经济就很发达。当时的吕贝克、不来梅、汉堡、奥格斯堡、纽伦堡、法兰克福等城市已有“帝国城市”之称。这些城市名义上属王室，但实际上它们享有铸币、建军队、立法、设立法院等充分的自主权。这些城市与欧洲各国进行了广泛的贸易活动。由于这些城市当时得不到王室的有效保护，因此他们为了保护自己的利益，在重商主义思想的推动下，便组织起城市同盟，其中影响最大的是“汉萨同盟”（Hanseatie League）。该同盟成立于1367年，成员最多时达200多个，于1667年才解体。同时在德国西部还建立起“莱茵同盟”。在多瑙河流域还建立起“士瓦本同盟”。不过正是由于德国自治城市势力强大，所以阻碍了德国的统一，致使德国形成统一的民族国家比欧洲其他国家晚。

通过以上分析，最后可以对重商主义得出以下几点基本认识。

（1）以近代国家为对象提出的富国强国的思想，不仅对当时刚刚形成的民族国家的生存和发展具有重要的历史意义，而且对正处于转型期的中国乃至一切发展中国家都具有很强的现实意义。

（2）商法的产生和发展与重商主义息息相关。欧洲国家如果没有重商主义几百年的实施和熏陶，欧洲的商人、商业和商法的地位就不能得到有效的确立。我国之所以长期轻商业、歧商人、排商法，正是缺乏重商主义的熏陶。

（3）重商主义虽还不是以国民经济为整体，也不是以公平、自由为理念，但它已经脱离神学和伦理学而论述政治经济问题，尤其它的贸易差额论、货币增减论对后世产生了重大影响。同样它对商事立法，还不是建立在公平、正义、自由、自治理念基础之上，基本上是保护主义管制性的法。但是它已是脱离宗教法而转向世俗法，脱离单纯的商人法而转向商业法，脱离习惯法而转向成文法，脱离地方法而转向国家统一立法的一个时代的飞跃。因此，从经济思想史来说，重商主义是研究近代经济思想的起点，从商事法制思想史来说，同样是研究近代商业法思想的起点。

现在我们虽然不能重新把重商主义作为治国方略，但重商主义所主张的致富强国的思想却是永远值得继承和发扬的。正是从这一基本理念出发，我们说“重商主义至今仍然活着”。

1.3.2　自由贸易理论

1. 自由贸易的基本理念

自由贸易理论（theories of free trade）是整个资本主义世界中经济贸易活动的一项基本

---

① 周否城：《世界通史》下册，河北人民出版社，2002年版，第736页。

原则，也是商事立法应遵循的重要原则，就是现在的WTO也把它作为根本的宗旨加以遵循。该理论最早是由重农主义提出的，后来由亚当·斯密(1723—1790年)和大卫·李嘉图(1772—1823年)加以系统发展，从而成为古典政治经济学的理论基础。该理论是保护主义的对称，即反对重商主义所推行的保护主义政策，主张取消一切限制内外贸易的政策，国家对进出口贸易既不能限制，也不能给予任何优惠补贴。可以说它是为新兴资产阶级发展资本主义所提供的新的锐利的思想武器和政策武器。

自由贸易理论的社会观和方法论以“人类本性”和“社会秩序”① 为基本逻辑起点。它的思维路径是——人类总是要生存在一定的土地上，并总是自然形成村庄。在这村庄内也自然需要为生产和生活服务的工匠，从而也就不可避免地产生了人类分工，有了分工也就自然地会有交换存在。随着交换的发展，有些村庄就形成市集。于是也就出现商人、商业和小业主。随着商业的进一步发展，一些大土地所有者总是把所获得的地租财货运到遥远的地方去出售，并在该地与其他地位相同的富有者过着愉快的市民生活。在这里除地主外，还有商人、工匠和各行各业的人，他们都到这里来进行生产和经营活动，于是这些地方就变成了城市。全国最大的一些土地所有者和国王及最高政府机关都住在首都。这样集市、城市和都市的存在和发展，使商品生产和商品交换自然产生，随后价值决定、市场价格、货币、对外贸易以及收入分配等问题也相继产生。② 所以这种相互依赖、互通有无、相互交易的特点，是人类共有的“本性”，也是社会的一种“自然秩序”。虽然在阶级社会中，这种“本性”和“秩序”都打上了阶级的烙印和时代的特征，这种体制主要体现为对财富的占有、利益的分配及交易的方法有所不同，但这种客观交易的需求是不可被废除的。在近代初期托马斯·莫尔在他的《乌托邦》一书中曾描绘过这样的场景，在乌托邦岛上，没有私有制，人们共同从事生产，按需和按计划进行分配，不存在交易，当然也就没有货币、商人、商业及市场。但这毕竟只是“乌托邦”神话而已，想废除商业，取消交易，在现实社会来说，其实是违反人性和自然秩序的。可以说，自由贸易理论就是建立在这种逻辑思维的基点之上。

2. 自由贸易的基本制度

自由贸易早已不是纸上谈兵，而已逐渐变为现实。现在“WTO”“欧洲自由贸易区”“亚太经济合作组织”“阿拉伯共同市场”“东非共同体”等组织都是致力于自由贸易的组织。此外，各地还建立了自由边境区、自由过境区、自由港、自由结汇等制度，尤其是“WTO”，更是把发展自由贸易和促进各国经济增长和生活水平的提高作为自己的主要宗旨。而欧盟在发展欧洲自由贸易方面更是卓有成效。

人们之所以认同自由贸易理论而抛弃贸易保护主义，是因为商事活动总是面对复杂多

---

① 鲁友章等：《经济学说史》，人民出版社，1979年版，第170页。

② ［爱尔兰］理查德·坎蒂隆等：《商业性质概论》，商务印书馆，1997年版，第2页。

变的竞争市场。有竞争就必然有选择，要由当事人根据各国各地的自然禀赋、技术水平以及市场的供需进行比较、自由决策。这样才可以提高世界资源配置的效率，增加世界性生产和消费，从而促进各国经济的发展和生活水平的提高。

同时，为发展自由贸易，各自由贸易组织都建立起一些相应的有效制度，如取消关税壁垒，实行低关税和零关税制度；取消限额制度；取消许可证制度；反对垄断、反对倾销、反对不正当竞争、反对价格歧视、反对补贴、反对搭配等；如实行国民待遇原则、最惠国原则、透明原则；在贸易协议中保留特殊条款；此外在外汇、技术保障、卫生检疫、保障、政府采购、航运等方面都要遵循惯例和自由协商制度。

3. 自由贸易原则在商法中的体现

商法本质上是私法，私法的核心精神是自治。所以商法应该是自治法、任意法，而不应该是强制法、干预法、保护主义法。如《美国统一商法典》为实现贸易自由，第1—101条就明确规定："在本法没有相反规定的情况下，本法各条的效力可以通过当事人的协议加以改变"，这可说是高度自由、自治的体现。类似这类规定在许多国家的商事立法中都得到了充分的体现。如《德国商法典》第2条对"自由登记商人"的规定、第3条对"农业和林业：自由登记商人"的规定；如《日本商法典》第16条明确规定"选定商号的自由"——商人可以用其姓、姓名或其他名称作为商号。尤其各国商法典差不多都允许商人组织形式自由、经营方式自由、经营地自由、经营规模自由、经营种类自由、业种业态自由、商号选择自由、开业歇业自由、投资自由、财产转让自由、契约订立自由等。之所以赋予商人诸多自由，主要是由于商事活动总是面对复杂多变的市场，一些商业机会往往瞬息万变，稍纵即逝。这在客观上就不允许有过多的外在干预；其次商业是个风险事业，在法律意义上对风险的承担应尽可能做到权债对称，谁享有权利，谁就应承担相应的义务和责任；另外这也是竞争的需要，只有充分的自由，才能适应激烈竞争的需要，这也是人权的需要、法制的需要。

1.3.3 马克思主义及现代流通理论

1. 商品循环与流通

马克思主义的流通理论是以资本的再生产过程为逻辑起点，而且总是把流通与生产结合起来统一研究。人类的再生产活动是一项永恒的活动，而且总是以"流通"作为媒介。什么叫流通，简单地说，商品流通是以商品循环环节交错在一起的总运动。商品流通首先是从商品循环开始的。商品循环(W—G—W)是商品流通的环节。任何一个环节都有买和卖两个阶段或两次形态变化：一是由商品形态转化为货币形态，W—G卖；然后由货币形态再转化为商品形态，G—W买。这两个阶段合起来组成一个循环，表示为W—G—W，即商品形式(W)—商品形式的转化(G)—商品形式的复归(W)。

但商品流通不是指某一个循环环节，而是指以货币为媒介的无数次的循环环节交错在一起的总的运动。如小麦所有者将出卖小麦所得的货币去购买棉布；棉布所有者又将所得的货币去购买上衣；上衣所有者又将所得的货币去买酒等。表示为 W(小麦)—G，G—W(棉布)；W(棉布)—G，G—W(上衣)；W(上衣)—G，G—W(酒)。从中可以看出，一个人的卖就是前一个人的买；一个人的买就是后一个人的卖，每一个商品循环环节既和前一个商品环节又和后一个商品环节连在一起，甚至前一环节 W(小麦)—G 的卖又是更前一环节 G—W(小麦)的买，后一环节 G—W(酒)的买又是更后一环节 W(酒)—G 的卖。马克思说："组成一个商品的循环的两个形态变化，同时是其他两个商品的相反的局部形态变化。同一个商品(棉布)开始它自己的形态变化的序列，又结束另一商品(小麦)的总形态变化。可见，每个商品的形态变化系列所形成的循环同其他商品的循环不可分割地交错在一起，这全部过程就表现为商品流通"。[①] 同时还指出："商品的形态变化，它们的运动一是在物质上由不同商品的互相交换构成；二是在形态上由商品转化为货币和货币转化为商品，即买卖构成"。[②] 并说这一整套交易行为，从使用价值看是物质交换，从价值本身看则是形式交换。这里要注意商品生产过程和商品流通过程的区分。商品生产过程是劳动过程和价值形成过程的统一，也是商品价值流通和商品实体流通的统一。

2. 商品流通过程的具体内容

从法律上讲，商品流通既是买和卖的统一，就必然要发生商品所有权或经营权的转移或让渡，以及商品在空间上的位移，这是商品流通的实际内容，也是商品流通过程内在的和质的规定性。

在商品流通过程中，总是要发生多次的交换，每次的交换都是具体的生产者、经营者、消费者之间的买卖行为。商品的所有权或经营权也要在他们之间进行转移。如以 P 表示生产者，M_1 与 M_2 表示商人，S 表示最终消费者。←---→表示交换关系，---→表示实物运动。现以图表示，如图 1.1 所示。

P ←-1-→ M_1 ←-2-→ M_2 ←-3-→ S

W ---→ W ---→ W ---→ W

图 1.1　商品流通过程的交换

从图中可以看出，在商品流通中发生了 3 次交易：第 1 次是生产者与商人(一般为批发商) 的交易(P—M_1)；第 2 次是商人与商人(零售商)的交易(M_1—M_2)；第 3 次是商人与消费者的交易(M_2—S)。每次运行都是由具体的主体来参加交易，同时商品(W)的实体也随之运动。总之在商品流通过程中，商品的价值形态的变化和实物运动是彼此相联的，价值运动是实物运动的前提，实物运动是实现价值运动的物质保证。没有商品的价值运动

① 马克思：《资本论》，人民出版社，1978 年版，第 131 页。

② 《马克思恩格斯全集》，第 25 卷，第 364 页。

就不会有商品的实物运动；没有商品的实物运动，商品的价值运动就失去保证。当然，在复杂的商事活动中也有例外的情况。如马克思所指出的："没有商品的物理运动，商品也可流通；没有商品流通，甚至没有直接的产品交换，产品也可以运转"。[①] 这说明不动产买卖或者由于商业投机造成只有商品价值运动，而无商品的实体运动；或者由于社会产品不通过商品交换而进行分配，这样就只有产品的实物运动，而无商品的价值运动。不过，在现代发达的商业经济中，商流与物流在商品流通过程中两者分离已成为商业活动中的一种趋势。

3. *在产业资本过程中的流通过程*

马克思在《资本论》第2卷中把狭义的流通过程(买G—W与卖W′—G′)和第1卷生产过程(W…P…W′)综合在一起，并着重从产业资本的形态转化对流通进行了深入的论述。

产业资本在运动中有3种形态：一是货币资本循环G—W…P…W′—G′(简写为G—G′)；二是生产资本循环P…W′—G′—W…P(简写为P…P)；三是商品资本循环W′—G′—W…P…W′(简写为W′…W′)。其实这3种循环不是3个独立的运动，而是产业资本无限运动中的3个片断。3种循环都辩证统一在产业资本的无限运动中。

(1) 货币资本循环(G—W…P…W′—G′)。这一循环其中要经过3个阶段，即购、产、销。

① 购(G—W)，它的物质内容是将预付资本(G)分为两部分，一部分用来购买生产资料W(Pm)，另一部分用来购买劳动力W(A)。这一形式除了表示(G)转化为(W)(Pm和A)这种物质分割外，还表示为各具特征的量的比例的关系。

② 产W(Pm+A)…P…W′，这是资本循环的本质阶段。首先是将购买来的商品W(Pm+A)投入生产过程并转化为生产资本W(Pm+A)…P。这个过程的主要阶段是(P…W′)，它是新的(W′)和剩余价值的形成阶段。从而最终形成W(Pm+A)…P(c+v)…W′(W+w)。其中(c)为不变资本，(v)为可变资本，W中的(W)相当于预付资本价值，(w)是剩余产品。

③ 销(W′—G′)，体现为将新生产出的增值的商品售出去，转换为增值的货币。它是资本价值和剩余价值实现的阶段，也是"商品价值从商品体跳到金体上……是商品的惊险跳跃。这个跳跃如果不成功，摔坏的不是商品，而一定是商品所有者"。[②] 综上所述，用详细的形式来表述就是：G—W(Pm+A)…P(c+v)…W′(W+w)…G′(G+g)，这充分说明两头都离不开流通。

(2) 生产资本循环(P…W′—G′—W…P)。它表明生产资本在完成生产职能以后，又

① 《马克思恩格斯全集》，第24卷，第167页。

② 《资本论》，第1卷；《马克思恩格斯全集》，第23卷，第124页。

以流通为媒介，恢复到它原来的形态。研究(P…P)的循环要注意的是：一是(P…P)形式，它批判了(G…G′)的片面性，它告诉人们，货币增值不是来自流通，货币形式的剩余价值(g)不过是生产中剩余产品的实现形式。二是(P…P)形式容易造成一种假象，好像生产不是为了使资本增值，而是为生产而生产。三是(P…P)形式同样要以流通为中介，如果(W′—G′)中断，说明商品(W′)卖不出去，如果(G—W)中断，说明市场缺货，两者都会导致生产中断。

(3) 商品资本的循环(W′—G′—W…P…W′)。它的特点是起点、通过点和终点都是商品(W)，但各自的内容和职能不同。

4. 以上流通理论对商法的影响

(1) 商品流通理论给商法奠定了“平等”交换原则的基础。任何商品交换从表面上看都是物与物或钱与物的交换。根据马克思主义理论，商品交换实际是劳动与劳动的交换。商品之所以能相互交换，除了它自身的有用性能满足人们一定的需求外，更主要的是因为它们都具有同一血统的价值灵魂，都是劳动的结晶。人的劳动都是脑力和体力的付出，没有什么高低贵贱之分。所以在商事交换关系中的主体地位只能是平等的，这有其深刻的经济根源。虽然亚里士多德早在论述法律“平等”理念时，就曾以“等同”交换作为立论的应然基础。但他所说的“等同”关系实际是什么，由于受历史条件的限制不可能发现这一点。马克思在谈到这一问题时指出：“这是因为希腊社会是建立在奴隶制劳动的基础上，因而是以人们之间以及他们的劳动力之间的不平等为自然的价值表现的秘密，即交换的诸商品能够还原为相等的是生产这些商品所耗费的劳动。只有在人类平等观念已成为国民的牢固的成见的时候才能揭示出来”。①

(2) 商事交易着重公平，这种不单是劳动与劳动的同质交换，而且是等量劳动与等量劳动的交换，这种等量还不是由交易当事方任意决定的，而是在特定历史技术条件下按社会必要劳动时间决定的。所以在交换中都必须坚持等价交换原则。只有这样人们才愿意交换，这是一条不以人的意志为转移的客观规律。这种公平、平等的理念就注定了在各项商事竞争活动中，各商事主体都在同一条件和起点下，站在同一“起跑线”上，平等参与市场竞争，才符合经济义理和道德义理。那种搞商业贿赂，以权谋私进行权钱交易，既违背等价交换原则，又与社会公平原则背道而驰。

(3) 从一般流通理论可以看出，人类只要有分工、有商品生产存在，就不可避免地有交换、有商品流通，因而也就不可避免地有商人和商业。不论是在单纯的商业资本的运动，还是产业资本的运动，或单个资本生产、资本的再生产以及社会总资本的再生产，都与流通紧密相连。从产业资本的运动看，它的两头都要依靠流通。一头是G—W(Pm+A)，一头是W′—G′。离开了买和卖，整个社会的再生产就要中断。由此也就奠定了商法

---

① 《马克思恩格斯全集》，第23卷，人民出版社，1972年版，第75页。

坚实的社会基础，也是理解商法的理论之匙。

(4) 马克思、恩格斯的有关商业的论述除了给我们许多启迪外，也留给我们一些深思的问题，如商业流通领域到底创不创造价值？传统理论认为商业的利润是由工业部门分的，又如，随着商品经济的发展、商业的发展国家是否就必然走上资本主义道路？如列宁所说，“马克思主义教导我们，以商品生产为基础并且和文明的资本主义国家发生交换关系的社会，在发展到一定阶段时，自己也不可避免地要走上资本主义的道路”。① 再如商人阶级是否就是一个“寄生虫阶级”，是否“根本不参与生产”？如过去常说，在人类第三次分工后，“它创造了一个只从事产品交换的阶级——商人。……这个阶级，它根本不参与生产，……一个寄生阶级，真正的社会寄生虫阶级就形成了”。② 这些问题既关系到我国的治国方略，又关系到对商人、商业、商法的准确定位，需要以科学发展观、与时俱进地进行深入探讨，使商事法律制度建立在科学的理论基础之上。

1.3.4 市场经济理论

商事活动不论过去、现在总是离不开市场。市场是商品经济和社会分工的必然产物，是买卖双方相互让渡其商品的交换关系的总和。人们常说，市场是配置社会资源的基础，市场既无口，也无手和腿，它怎么去配置资源？这主要是根据市场(价值)规律，尤其是市场根据提供给人们的价格信号去选择投资和买卖。可以说各种投资和买卖活动在它的背后无不受市场的供需状况所支配。尤其现代经济活动第一位考虑的是市场，有了市场需求，就可以进行社会化大生产，有了社会化大生产就能采用先进技术，有了先进技术就能开发各种资源。所以现代经营理念是传统经营理念的颠倒，即市场——技术——资源，而不再是资源——技术——市场。

市场是由各种交易关系所组成的万花筒。从客体看，既有商品市场，又有资本市场；既有物资市场，又有技术市场；既有现货市场，又有期货市场。从参与的主体看，有各类公司、企业、合伙组织、独资和个体。从空间范围看，有国内市场和国际市场。在众多的市场体系中商品市场是基础和支柱。只有商品生产的社会化，才能起到流通、分配和消费的社会化。但市场总是无数商人在充当主角。

市场的灵魂是利益驱动，这是市场活动不同于其他活动的本质所在。由于利益的驱动，所以便产生了激烈的竞争活动，哪里有利润，哪里就有竞争，因此有“市场即战场”之说，这样不正当竞争也就难以避免。同时由于市场活动是一种利益分配与再分配活动，这又要求市场行为必须保持公平、有序、守德、合法，尤其要采用经济的、行政的、法律的多种手段加以严格规范。

---

① 《列宁选集》，第 1 卷，第 540 页。

② 《马克思恩格斯选集》，第 4 卷，第 161～162 页。

市场法律制度着重要建立起市场准入和退出制度、市场主体组织制度、各项市场行为准则制度——包括商流、物流、资本流、信息流、服务流以及反垄断、反不正当竞争、保护消费权益等一系列法律制度。同时还必须建立与市场经济适应的解决市场纠纷的调解、仲裁、诉讼制度。此外，为满足国际经济、商贸交往，还必须积极参与认可有关国际条约、公约。所以从总体看，市场的灵魂是利益追逐，市场的生命是有序竞争，市场的活动内容是资源的配置与再配置和商品的分配与再分配，市场的脉络是资本的运营，市场的灯塔和保护神是法律。这些法律制度来源于市场，又服务于市场，在本质上绝大多数属商法范畴。尤其现代商法与传统商业法不同，传统商业法生根于资本主义经济，现代商法生根于市场经济①。

1.4 商法的特点和基本原则

1.4.1 商法的特点

商法作为一门独立的学科，自然有它独具的特点，研究商法的特点有助于进一步认识商法的本质，与其他法相比，商法的特点可概括为以下几个方面。

1. 营利性

在市民社会中，尤其在市场经济条件下，商事活动首先是商人从自我的利己心出发而承认他人的利己心的一种交换利益活动。也可说商事活动的出发点是当事人相互作为利己心的主体加以承认的一种交换利益关系。所谓营利就是通过生产、交换活动使投资资本增值并将其分配给投资者。营利是商事活动的基本目的，它在法律上包括 3 项内容：一是体现为在商事经营过程的投入、产出及收支平衡；二是营利要通过营业的方式实现，（营业具有 3 性，一是目的营利性，二是时间上的连续性，三是空间上的同一性），并通过营业的外部活动获取利润；三是将所获利润分配给投资者。商法的营利性具体体现在子公司的设立、股东的投资、合伙企业的成立、独资企业的设立、证券交易、海事贸易、银行借贷、餐饮服务等方面，维护营利是商品经济交换对商法的客观要求，但是必须明确商法所维护的是合法正当的营利，对于非法经营、不正当竞争不但不予保护，而且坚决予以禁止。总之，商法是“利己”法，但绝不是损人法，是营利法，但绝不是欺诈法。

2. 技术性

法律就其本身来说，是人类控制各种社会关系的一系列专门技术。就商法来说，它是为达到交易的敏捷、公平、高效和安全而设立的。其立法在谋篇布局、原则的确定、制度安排、规则设计、结构营造、资源分配、路线运行、库存控制、信息掌握、对策确定等方

① 作者注：关于商业法与商法的区分将在第 2 章中作进一步论述。

方面面都颇具技术性，与其他法和一般私法(如民法)偏重于伦理规范有着明显的不同。商法的技术性不仅体现在商行为方面，而且也体现在商事组织制度中，如公司法中的资本投资制度，资本运营制度，法人治理结构制度，揭开法人面纱制度，公司章程制度等都具有很强的操作技巧。在商行为法方面，如在货物买卖法中，从榷商谈判、发盘、受盘到契约的订立和履行等蕴含着丰富的商业技巧，尤其在票据法、证券法、保险法、海商法等法中，其技巧性更加深厚。由于商事活动具有广泛的专门技术，所以在国际上许多国家都设有专门的商事法院或法庭及专门的商事仲裁机构来处理各种商事纠纷，这也形成了商法在司法上的特点。

3. 公、私法性

商法在西方传统法律体系上属于商人自治法，在本质上属于私法，但是，随着社会经济的发展，社会正统观念的加强，国家对经济活动干预的扩展，国家公权力日益渗入到商事领域，从而出现了商法公法化的格局，即在商事法中越来越多地体现出国家公权力对商事活动干预的色彩。如商业登记制度的普遍确立，商业账簿制度的控制，反垄断、反倾销、反歧视的限制；在公司法中对公司组织形态、法定资本制、公司的兼并等规定；在保险法中对保险基金、再保险及对保险业的监管等规定；在海商法中对船舶的登记、运输单位的限制、船舶抵押权的规定等；破产法中对和解整顿、破产审查等各项规定。此外，各国都还有许多贸易管理制度，都属商事公法性质。但是，商法公法化只说明公和私相互渗透，绝不能认为商法就是公法，商法在整体上和本质上仍然以私法为主。

4. 国际性

商法的国际性特点是由商品交换本身内在客观要求所决定的。由于各国自然禀赋不同，科学技术发展不同，这就决定了各国之间必然要发生经济交往，形成我中有你，你中有我。尤其在当今世界，任何一个国家，不论国家大小，物产是否丰富，想闭关自守，万事不求人，是根本不可能的，而且随着经济科学技术的发展，国与国之间的经济交往不是削弱，而是更加紧密，这就形成商业、市场是无国界的。过去如此，现在如此，今后更是如此。这种情况反映在商事立法上，表现为商法不仅调整国内商业经济关系，而且还调整国际贸易关系。

商法国际性特点在很早以前就已存在，如古罗马法中就有市民法和万民法之分。万民法就是专门用来调整外国商人来罗马经商的法律。后来到中世纪适用于地中海沿岸各国的康索拉度法，适用于大西洋沿岸各国的奥列隆法，适用于北海波罗的海沿岸各国的维斯比法，都是国际性的海商法。《汉萨同盟》更是欧洲著名的国际性商贸条约。自 20 世纪以来，为适应国际贸易的需要，一些国际组织制定了许多国际性的统一的商事法规则，如 1931 年的日内瓦《统一票据法国际公约》、《1932 年华沙—牛津规则》、《联合国 1978 年海上货物运输公约》，1980 年《联合国国际货物买卖合同公约》。还有国际商会 1953 年制定的《贸易术语解释国际规则》《跟单信用证统一惯例》《托收统一规则》。尤其世贸组织成立后制定了一系列国际贸易统一规则。以上这些国际贸易性公约、规则和国际惯例的基本原则和规定都融入各成员国和缔约国的国内商事法律、法规之中，从而使各国的国内商事法大显国际性色彩，同时有不少发达国家所制定的商事法，往往既适用于国内又适用于国际，这更具国际性特色。所以有国际商法之说，但无国际民法之说，特别是当代社会商法已发展为“跨国法”，国际性更加突出。

5. 静态和动态相结合

静态主要是商事组织法，动态主要是商行为法，这两方面在商法中一般都相互结合。商事组织法主要是维护商事主体的法律地位，并确定其应享有的权利和承担的义务，其中更主要的是以规范主体的投资安全为主。商行为法主要是用以规范商事交易的行为规则，其中更以规范资本运作的效率为主。商法具有组织法和行为法的统一性，如公司法、合伙企业法、个人独资企业法是主要的商事组织法，但其中也有少部分属商行为的规定。另外，保险法、证券法是主要的商行为法，但其中也有关于保险机构、证券机构的规定。票据法基本属行为法。此外，就商法的整体而言，凡有商法典的国家，在商法典中总是既包括商事组织法又包括商行为法，可以说总是把安全和效率结合在一起加以考虑。从功能上讲，组织法原则上属强制性规范，行为法原则上属任意性规范。不过要注意的是，商法中的强制性和任意性不是绝对对立的。如公司法是强制性的，但投资者要组建哪种类型的公司，公司以什么方式设立，又是可以自由选择的。又如说商行为是自由的、任意的，但是公序良俗、惯例又是不许违背的，垄断和倾销更是不允许的。这种矛盾统一的状态构成了商法又一特性。如何把组织法和行为法这两种机制配置好是商法的一项重要使命。如果把这两种机制完全配置在某一方面就会产生双输的格局，如果分别配置就会产生双赢的效果。

6. 变动性

商法的变动性是由商法所调整的社会关系——商事关系所决定的。因为商事关系总是由商人、商行为、商品三大要素所组成。这些要素总是随市场的变化而瞬息万变。法律总是社会现实的反映，当客观社会现实发生变化时，法律不可避免地要与时俱进地发生变化，这是不以人的意志为转移的客观规律所决定的。这种商品经济和市场经济的发展变动必然带来商事制度、商事组织、商事行为以及商事理念的大变革。如在主体制度方面，商人从行商发展到坐商、从杂货店发展到百货公司，从封闭式经营发展到超级市场，从单体经营发展到连锁经营；在组织形态上，由独资发展为合伙，由合伙发展为各类公司；在责任制度上，由过错责任发展到无过错责任、严格责任；在商事经营理念上，由个人利益中心主义发展到社会公共整体利益主义，由狩猎式经营发展为投资回报式经营，由现货信用发展为整个商业信用体系的确立，由管制主义发展为任意主义，由禁止已婚妇女独立取得商人资格到废除这些封建性规定等，不得不促使商法与时俱进，不断发展变化，而且商法的这种变动性较之民法、刑法更具有高频率性。如《日本商法典》从 1899 年制定以来，从 1911—1975 年 64

年间先后经过25次修改。又如《法国商法典》在1807年颁布时有648条，后经无数次修改，至今继续有效的仅有140余条，其中只有约30个条款保留了1807年的行文。又如《美国统一商法典》自1952年公布以来，先后共有10次修改。这些法律今后必然还将不断修改变化。不过，变动性也不是有绝对意义的。因为法律总的要求要保持相对稳定。朝令夕改，扑朔迷离，也会使人难以捉摸。商法在变动中从总体看，它的基本体例各国都基本保持稳定。鉴于商法多变的特点，现代商事立法往往通过一些原则性、定义性的规定来指导商事活动，尤其对商行为的规范多采取富有弹性的规定，以便适应社会情况的变迁。

1.4.2　商法的基本原则

法律原则是法律诸多规则或学说的根本真理或准则，是构成其他规则的基础。法律原则是执政者法律意识规范化、具体化最集中的体现，法律原则应具有普遍性、法律性和特定性。

确立商事法原则，应注意到：一是商法原则是客观经济生活条件决定的，而最终只是以法律的形式表现了社会的经济生活条件，法律原则一经确立不仅作用于经济基础，而且在某种程度内还能改变经济基础；二是商法原则既要能科学地反映商事活动的客观规律，又要能充分反映国家在商事流通方面的方针、政策；三是商法原则应能真实、明确、全面集中反映商事活动的特殊要求，尤其在价值取向上能科学地从现有商事法律中抽象概括出商事活动共同的本质特征要能统帅商法的基本制度和内容；四是商法原则能充分反映客观经济规律的要求，使依法办事和按规律办事紧密结合；五是商法原则往往较为抽象，但为了使原则能提供明确的导向，这就要求法律原则应具有一定的形式，明确的适用性和可操作性。

按照商品交易和市场经济的要求，概括分析一些国家商事法的理论和实践，现代商法应含以下基本原则。

1. 利润最大化原则

(1) 利润最大化原则的经济学意义。商事活动从它的初始动机到最终追求目标，一般而论，总是旨在实现利润最大化。利润最大化在经济学中就是边际收益等于边际成本原则。用公式表示就是：边际收益＝边际成本，即MR＝MC。所谓边际收益是指其他生产要素投入量和价格都固定不变的条件下追加某种生产要素一个单位所增加的产量带来的收益。边际收益要受边际收益产品(MRP)的影响，而且在完全竞争和不完全竞争情况下边际收益有所不同。在一般情况下，当某种生产要素的边际收益产品等于该要素的边际成本时，即MRP＝MCP，此时，厂商可实现利润最大化。所谓边际成本是指生产者或销售者都增加一单位产品所支付的追加成本。用公式表示，边际成本＝总成本的增量/产量的增量。边际成本决定供给价格，所以厂商在决定产量时，边际成本起着关键作用。

利润最大化原则对商事活动的指导意义可以表示如下：如果边际收益大于边际成本，即MR＞MC，则增加产销量；如果边际收益小于边际成本，即MR＜MC，则减少产销量；如果边际收益等于边际成本，即 MR＝MC，则产销量不变，即处于正常水平。

(2) 利润最大化原则在商法中的表现。主要体现在如下几个方面。

① 从商法的历史发展看，商法本来源于市民法和城市法，商法最初主要就是商人之间为了获得利益最大化的交易惯例。到了中世纪商人法阶段，商法则通过确保商人所获得的利润和理性来体现该原则。而到了商行为法产生以后，商法则通过对具体商行为的规范和保护来体现该原则。如果说商人所关注的是商主体活动的结果来达到利润最大化的目的，那么商行为法则是通过事前的规范，从关注商事活动的过程来达到利润最大化的目的。

② 从商法具体的制度看，商法也是严格遵循利润最大化原则进行设计。如对商事公司只规定了最低资本数额的要求，但无最高资本数额的限制，由公司根据市场供需情况自主做出合理选择，达到边际收入等于或大于边际成本的状态，以实现利润最大化。

③ 利润最大化原则也充分表明商法鼓励竞争基本宗旨。竞争既是推动社会发展的动力，又是获取利润最大化的有效手段。维护自由竞争是商法之魂。无竞争就无商事活动，商事活动主要是通过科学技术、质量、价格、服务、品牌等一系列有形与无形的竞争活动去争夺消费者，去占领市场。谁占领市场越大，谁就能获得最大利润。商法原则上排斥对自由竞争的限制和干预，它欢迎国家为社会提供公共产品——制定法律——反对一切不正当竞争(包括垄断和倾销等)。这种私法公法化现象在一定意义上讲就是对利润最大化原则的法律矫正手段之一。

2. 经营自主原则

由于商法本质上是私法，而且各种商事主体要面对复杂的市场竞争，因此必须享有充分的经营自主权，以实现意识自治。这是一切市场经济国家所共同实行的原则，并由宪法和法律所确认。这一原则在商法中集中体现在以下方面。

(1) 商事主体首先享有自主开业权。即商事主体只要符合法律所规定的经商办企业的条件，都可以申请登记注册取得商人资格。非基于法律规定，登记机关不得拒绝办理开业登记手续。

(2) 商事主体享有营业自主权。如在经营组织形式上，是采取独资、合伙、公司或合作；在组织公司时，是设立有限责任公司，还是股份有限公司，以及组织连锁经营；在选择业种时，是经营百货、五金、副食还是其他种类；在选择业态上，是组建百货商店、还是超级市场、便民店、专卖店、物业中心等，这些都由商事主体根据自己的主客观条件和内外环境自主进行市场定位。

(3) 交易自主权。商事主体要向谁买，向谁卖，以什么价格、什么方式，在什么时间，什么地点进行买和卖，都应由商事主体自己去确定，同时交易合同必须经当事人自由协商达成一致意见才能生效。总之，作为一个商业经营主体，必须享有经营开业权、经营决策权、组织形式选择权、商品采购权、商品销售权、劳务定价权、投资决策权、资金支配权、劳动用工权、人事管理权、工资奖金分配权、进出口权、产权转让权以及对各种突然事件的处置权等，只有充分享有这些经营自主权，商事主体才能在广阔的市场海洋里自由翱翔。从商法史看，商人们为争取这些经营自主权，过去与封建专制势力，与教会势力，与行会势力，与一切不合理的政府干预行为作了长期斗争，导致了一场又一场的商业革命和法律革命。

3. 简便敏捷原则

商事交易重在简便与敏捷。简便主要是图方式的自由，敏捷主要是图时间的快速。这都是基于商事活动是以营利为目的，而且总是反复进行，今天买了，明天还要买，这就要求它与一般的民事行为要有不同的规则，所以各国商法无不把交易的简便敏捷作为重要的基本原则加以遵循。这一原则主要靠以下一些规则和制度去实施。

(1) 首先确立起自由原则。主要体现为契约自由和方式自由、行为自由，以期交易简便。如契约的内容、契约的形式由当事人自行决定，无须法定或审批。如公司法上关于公司的内部关系，票据法上，关于票据的任意记载事项；保险法上，关于保险价值的约定；又如对卖买、互易、租赁、借贷、居间、寄托等活动，只要当事人相互同意，其契约就可成立。凡此立法用意，就是极力排除烦琐的程序和方式，以求交易的简便。

(2) 在交易行为上，通常多采取固定的形式。如对各种证券——股票、汇票、本票、支票等的形式都使其定型化，以便于识别使用和积累经验。又如对有价证券的转让，只要进行交付和背书即可，还有，对一些经常反复使用的合同采用格式合同形式，尤其广为存在的是将交易客体陈列于一定场所，标明价格、商标等，作为“要约”使对方对此货物有所了解，可以迅速决定是否“承诺”。这些都是为了便于识别、迅速了结、节省时间。在定型化的同时，为使交易灵活，法律上对交易行为多采取不要式主义，以便不拘泥于一定的形式，促使迅速成交。

(3) 短期时效制度。所谓短期时效即交易所生债权的时效期间较之一般的时效期间特别予以缩短。商事法为谋求交易的敏捷多采用短期时效的规定。如卖买结算规定，如采用托收承付方式付款，买方在收到卖方的托收单之后，3 天内必须付款，若 3 天内不付款，从第 4 天起就要支付违约金，又如我国《票据法》第 17 条对票据权利时效分别规定为 2 年、6 个月、3 个月，有的国家对票据的再追索权只规定为 60 日，我国《铁路、水路货物运输合同实施规则》规定托运人请求赔偿的诉讼时效均为 180 日。这些规定都是促使债权人早日行使权力，以期迅速了结债权债务纠纷。短期时效原则是以牺牲债权人的时效利益为代价以保护债务人(弱者)和社会整体的速捷效应为主，这也体现了现代商法理念的价值取向。

(4) 权利证券化。商事法为便利权利的行使、转让和流通，设权利证券化制度。如公司股票、公司债券、仓单、提单、保险单以及票据等有价证券。这些以证券所表彰的权利，就是为适应和促使交易的迅速进行和流通，制定有专门的证券交易法，并建立专门的证券交易所。这些制度都是从整体上促使商事活动迅速了结的客观需要。

(5) 简易免责制度。如买受人对于由他地送到之物，如不及时依相当方法证明存在瑕疵，就推定其受领时无瑕疵，从而便免除交货人的责任。又如仓单契约终止后，寄托人或仓单持有人拒绝或不能移去寄托物者，仓库营业人员得定相当期限请求于期限内移去寄存物，如逾期不移者，仓库营业人员便有权拍卖该寄存物。此外，为发展简便敏捷原则，有的国家不断对自己的商法进行修改。如韩国于 1996 年 10 月 1 日施行的商法修改法律中增加了许多有利于交易便捷的规则，如把过去应签名盖章制定文件的方法改为可选择盖章或签名等。

4. 安全原则

商事交易与当事人的利益息息相关，所以尤须注意安全。为维护交易安全，各国商事法中创设了许多有效的制度，其中主要有如下几点。

(1) 信息披露制度，其主旨是增加市场的透明度。在商事交易中，为保障交易的安全，当事人必须事先获得准确可靠的信息，如了解相对当事人的法律地位、权利能力、资本状况、信誉好坏等。为此规定了各项公示制度，如商业登记制度对公司的设立、合并、分立、注销都必须公告。股份公司的招股说明书、上市公司的财务报告、公司的债权募集办法、公司的破产以及船舶的登记等都必须公告，不经公告就不发生法律效力，尤其在证券交易中，信息的披露更为核心，交易越是复杂，信息的充分性和准确性对交易安全就越是重要。还有各种告知和通知的义务，如投保人故意隐瞒事实，不履行如实告知义务的，保险人有权解除保险合同，这些公示、告知、通知等信息的披露均为确保交易安全。

(2) 要式制度，又称强制主义或干预主义。商事交易虽强调意思自治，但为了保障交易安全，又设置了许多强制性要式制度。如在商事管理方面设商业登记、商号、商业账簿等制度，并需亮牌经营。再如对公司设立法定条件的规定，公司章程内容中绝对必要记载事项的规定，对票据、提单、证券必须事项记载的规定。要式性规定日益广泛，尤其对在商事活动中使用最广泛的各种票据、提单、仓单、保险单、证券以及各种贸易术语、信用证、托收单、委托凭证的使用，基本遵循要式主义运作。这些规则都是从维护交易安全出发的。

(3) 外观制度，最早来自日耳曼法。在早期日耳曼法中，人对物的支配关系不分占有和所有。只存在占有(gewere)制度，物权变动以占有为标志，在外观事实与客观真实事实发生冲突时仅以外观事实为准。这一制度以社会为本位，重视外观事实保护动态安全。它的最高概括就是“以手护手”，但这一制度的缺点是不注重当事人的内心真实状态，为恶意者利用法律漏洞打开方便之门。于是，后世学者与罗马法中的善意取得制度相结合，汲取日耳曼法中“以手护手”原则的精髓加上罗马法中第三人取得需为善意的要件，创造出现在的外观理论，即以交易当事人的行为外观为准去确定行为的法律效果。德国学者称外观法理，日本学者称外观主义，英美法国家则称禁反言（estoppel by representation）。依外观制度，交易行为完成后，为重视信用关系，避免给当事人造成意外损害，原则上不得撤销。如公司不实登记的责任、商号借用的责任、表见经理人、表见董事，以及公司允许他人使用公司名义与第三人为法律行为，或知道他人表示为其代理人而不为反对表示的等。这些行为法律仍依其当事人行为的外观为准确认其行为所生的效力。如在物权转让上，对动产主要以占有、对不动产主要以登记制度的公信力来保护这种信赖关系。尤其对票据的文义性是外观主义的最高表现形式。因为在现代频繁快速的交易当中，不可能事事处处要求当事人去探求行为人内心的真实意思，只可能依其外观色彩的表示来做出判断，这种重视行为的外观目的在于保障交易的安全。

（4）无因性制度。无因性制度是有因性的对称。有因性理论认为原因是构成法律行为和契约有效成立的条件。这样就会导致如果原因关系（基础关系）无效，在此基础关系上的派生出来的其他关系也就无效。这样势必会影响交易的安全，所以这种理论除在少数国家外，已基本被抛弃。而无因性理论认为原因不是合同成立的唯一条件，并把基础行为与派生行为相分离。基础行为无效并不影响派生行为的法律效力。把有瑕疵的行为从活动的链条中单独抽出来另外补救，这样可保证交易安全。这一理论在德国商法的帮助下，现在已被多数国家所采用。无因性理论在票据法领域使用最广。它把票据关系和基础关系相分离，各票据关系也相互独立，某一票据行为无效不影响其他票据行为；使用票据时也不写产生票据的原因，目的在于发挥票据的流通功能和保障持票人的安全。根据无因性理论，可使在债务承担中承保人基于与债务人的法律关系所产生的抗辩权不得对抗债权人，在代理关系中，代理人与被代理人产生的表见代理不得对抗第三人；在保证关系中，保证人与被保证人所产生的抗辩事由不得对抗债权人。这些制度都在于保障交易的安全。

5. *诚实信用原则*

（1）诚实信用的含义。诚实信用原则是市场经济条件下适用最广的一项重要的法律原则，传统上把它称为“帝王法则”。它既是一项道德准则，又是一项重要的法律原则，法律之所以把它加以至尊地确认，其根本原因是因为它是人类理性的要求。它要求一个理性的商事主体应该忠实地反映自己真实的意志和客观事实。诚实信用这一概念，有的使用“诚信”一词来表述，有的使用“善意”一词来表述。何谓诚信？《布莱克法律词典》的阐释是：怀有善意，诚实地、公开地和忠诚地没有欺骗或欺诈。何谓善意？《美国统一商法典》规定：“善意”是指有关行为或交易中事实上的诚实，其实这两个概念在实质上是一致的。现在学术界对诚信原则的理解也有所不同。如有“语义说”认为诚信就是在一切民商事活动中实事求是，不弄虚作假。所谓信用就是要讲求信誉，恪守诺言。[1]“一般条款

① 佟柔：《中国民法》，北京大学出版社，1985年版，第86页。

说”认为诚信原则是不确定的、但具有强制效力的一般条款”。①“衡平说”认为诚信原则是掌握在法官手中的衡平法。②“主客观说”认为诚信分主观诚信和客观诚信。所谓主观诚信，要求行为人要有尊重他人权利的意识；所谓客观诚信，要求行为人要正当行使权力。诚信原则主要包括如下特点。

① 诚信是人类本质中一种良好的心理状态，它给人们在交往中一种信任感和安全感。

② 诚信是一种社会制度，在法律上它主要体现为各项规则，如交易规则、信贷规则、票据规则、契约规则、以及创设性、归结性和终结性规则等。

③ 诚信在时间上是一种未来预期的行为。

④ 诚信在商事活动中主要体现为一种债权，债务关系即权利性。

⑤ 在激烈的市场竞争中，诚信集中体现为商人的商誉的品牌作用日益重要。诚信的本质是以反映商品、货币关系为主要内容的债权债务关系。在市场经济条件下，诚信的核心内容是商业信用和银行信用两大体系。诚信作为一项重要的法律原则，还在于它暗含了深刻的经济义理，它能产生“睦邻效应”，能降低交易费用，能减少道德风险和成本。

（2）诚信原则在商法中的体现。现代各国商法基本上以法律确认了诚信原则。如《美国统一商法典》在其“总则”篇第1—103条一般法律原则中明确规定，“在本法没有具体条款予以排除的情况下，普通法和衡平法的各项原则，包括……禁止反言，欺诈，虚假说明的法律应作为本法的补充”。同时规定在交易中要遵循“真实”、“善意”的原则。“本法规定的善意、勤勉、合理和注意的义务，不得通过协议加以排除”。可见，美国《商法典》把“诚信”作为该法的“圣匣”加以信奉。又如《日本商法典》第18条规定，“不是公司的，在商号中不得使用公司的字样”，违反此规定的，处500以下罚款”。又如各国公司法均规定，公司设立登记后，如发现有虚假登记情况时，得撤销其登记，以及处以罚款，甚至给予刑事处罚。又如我国《票据法》第10条规定，“票据的签发、取得和转让，应当遵循诚实信用原则，具有真实的交易关系和债权债务关系”。我国《保险法》第4条也规定，“从事保险活动必须遵循……诚实信用的原则”。而且保险要求的是最大诚信原则。在《海商法》中，对托运人在提单上所记载的货物要自负其责。如故意虚报货物的性质、数量和价格等，承运人和船舶所有人对于其货物的毁损或灭失不负责任。此外，各国商法中对告知信息的规定，竞业禁止的规定、担保制度的规定，在买卖活动中对于欺诈、胁迫、乘人之危、显失公平以及重大误解等有悖于诚信原则的买卖行为，法律上被认为是无效或可撤销的行为，这些规定都直接或间接归因于诚信原则的要求。

（3）诚信原则在具体运用中要求做到以下几点。

① 债权人行使权利时，要本着诚实信用原则正当行使自己的权利。

---

① 张新宝：《民事活动基本原则》，法律出版社，1986年版，第26页。

② 史尚宽：《民法总论》，中国政法大学出版社，2000年版，第40页。

② 债务人履行义务时，要本着诚实信用原则自觉认真地履行义务。

③ 要注意对诚信原则的弹性运用。当法律规定或合同约定不周时，司法、仲裁人员可以用诚信原则作为一定的自由裁量。

④ 对内容模糊的合同或事实，可以运用诚信原则，并参照商事习惯和惯例进行解释、修改、以明确当事人的权利义务。

6. 严格责任原则

(1) 严格责任的含义。严格责任(strict liability)原则始于1868年赖兰德诉弗兰彻案。该案的被告为了给磨坊供水雇人在自己的土地上修建水库，在施工中工人们发现一些废旧的煤矿旧井，使用泥土将其填塞，但未完全填实。于是当水库注满时，水渗过库外，淹没了相邻的原告的矿井。在审理此案时，法官布莱克本提出两个选择方案。

① 认为被告绝对地负有责任而无须证明其责任。

② 承认应证明过错，但被告的责任可以依他的承建人的过失来确定。法官采用了第一个方案，他认为为其个人目的在其土地上植入集聚之物并保留任何倘若透出便可能致人损害之物者，必须自负其风险。故法官判原告胜诉。后来在1944年埃斯科拉诉可口可乐瓶装公司案中又采用严格责任原则进行审理。该案是原告将可口可乐装进冰箱时，一瓶可乐爆炸致使原告受伤，被告败诉。当时加州最高法院特诺雷法官解释说，即使被告没有疏忽，但公众普遍认为哪一方负责能减少市场上有缺陷产品对人们的生命与健康的威胁，就应当由这一方承担责任。1963年的格林曼诉尤巴电力产品公司案更是严格责任原则发展的里程碑。1965年美国法学会起草的《侵权法重述》中具体规定了严格责任的基本理论和要求。严格责任是对传统责任制度的超越。

传统责任理论认为“无过错、无责任”“无合同、无权利”，它强调的是行为人要承担责任，必须在主观上要有过错，从而形成过失理论。资本主义初期随着新兴产业的发展，许多新产品、新工具给消费者使用者造成人身、财产的伤害，本应由厂商承担责任，但为了保护新兴产业的发展，人们还是把这种损害视为是人类实现工业化和社会进步不可避免的一种社会成本，因此由社会公众承担。但当工业发展已很成熟，科技已很进步，工商界已很富裕的情况下，再把这种行为造成的损害继续由社会公众承担，显然有悖于社会公平。从而行为人的责任，也就由过失责任理论向严格责任理论发展。严格责任原则是建立在客观归责基础之上，实行无过错责任制，并采用举证责任倒置、连带责任制、事后追究责任制、惩罚性赔偿制，不以合同关系为前提，以调动厂商积极维护社会交易安全为主要目标参数的调节系统。

(2) 严格责任原则的特性。严格责任原则主要包括如下特性。

① 严格责任之诉，实行的是“无过错责任原则”。凡销售任何有缺陷的产品而给消费者或使用者带来不合理危险的人，对因此给消费者或使用者的人身伤害或财产损害均应负赔偿责任。

② 严格责任属侵权行为之诉，它不同于以合同为依据的违反担保之诉，不要求当事人之间要有合同关系。

③ 以严格责任为由起诉时，实行举证责任倒置，即原告无须证明被告有疏忽的举证责任，而只须证明：产品确实存在缺陷或不合理的危险性；产品的缺陷是生产者或销售者把该产品投入市场时就有的；正是由于产品的缺陷给使用者和消费者造成了损害。

④ 采用连带责任和事后追究制。如公司法规定：有限公司成立后，发现出资的实物的实际价格显著低于公司章程所规价额时，应由交付该实物的股东补交其差额，同时公司设立时的其他股东都要对其承担连带责任。又如股份公司的发起人，在公司不能成立时，对设立行为所产生的债务和费用负连带责任。又如票据法规定，汇票的出票人、承兑人、背书人对执票人都要负连带责任。

⑤ 在严格责任诉讼中，被告人的抗辩仅能对抗以“违反担保”为由的起诉，而不能用来对抗以“疏忽”为由的起诉。

⑥ 严格责任对损害赔偿范围广、赔偿数额高。如赔偿范围，既包括人身伤害(肢体伤残痛苦、精神痛苦、生活收入损失、过去和将来合理的医疗费等)，又包括财产损失(含财产本身损失和可期待的利益)，同时采取“惩罚性赔偿”。

(3) 创立严格责任原则的意义。

① 加重企业对社会承担的公共责任。

② 有利于保护弱势群体的利益。

③ 有利于克服过错责任制度所采用的主观归责理论的缺陷。尤其科技的发达，更有利于实行举证责任倒置。

④ 有利于鼓励和促使厂商改进产品的安全性。

现在许多国家都采取了严格责任制度。美国的《统一产品责任示范法》(1979 年)、《美国统一商法典》都采用严格责任原则。英国在 1978 年《消费者保护法》中确立了该责任原则。法国在《产品责任法》(1998 年)引入了严格责任原则。德国在《联邦德国责任法》(1989 年)确立起严格责任原则。此外，如新西兰、埃塞俄比亚等发展中国家也都正式采用了严格责任原则。还有一些国家在食品、药品等法中采用了严格责任原则。尤其是欧共体在《1985 年欧共体产品责任指令》中确立了严格责任原则，对欧共体乃至世界的影响更大。

1.5 商法的立法模式和商法的体系

1.5.1 商法的立法模式

立法模式是立法理念借助立法形式外在化的表现。商事立法在不同法系和不同国家存在不同的模式。在英美法国家，由于法律传统所致，严格说来无所谓民商合一或民商分立。在大陆法国家，从历史传统到现实都存在民商分立与民商合一的模式，即私法二元化和一元化的现实。

1. 民商分立模式——私法二元化的理念

所谓民商分立即对民法和商法分别制定法典，互不涵盖。这种情况在大陆法国家占主导地位，现在约50多个国家采用这一模式。① 形成民商分立的格局主要是由以下主要原因促成的。

(1) 商品经济的发展是民商分立的经济根源。

(2) 商法有独立的调整对象是民商分立的法律依据。

(3) 商法有独特的原则是民商分立的准则依据。

(4) 商法有独特的理论为民商分立奠定了理论基础。

(5) 实行民商分立是市场经济发展的客观要求。

(6) 从历史考察，早在罗马时代就有市民法和万民法之分。罗马法已开创了民商分立的先河。

(7) 民商法在制度上和技术上有许多不同点，如主体制度、行为制度、责任制度、代理制度、交易制度、外观形式主义、无因理论、市场准入退出制度等方面都存在许多差异。②

(8) 司法制度的特殊性，不少国家都有独立的商事法院。

(9) 有了独立的商法有利于开展商战。

这一切就构成当今世界民商分立的理论依据和实战依据。

2. 民商合一模式——私法一元化模式

所谓民商合一即将民事商事统一立法。这一模式是由意大利学者莫坦尼利(Motanels)于1847年首先推出。但是这一主张并未被意大利立法机关接受，而且当时意大利仍然制定了独立的商法典。提出民商合一的理由主要如下。

(1) 民事商事同是私事，因此应实行一元化立法。

(2) 在现代社会中，民事商事相互渗透，实难分开，合一后避免重复。

(3) 民商合一后可以减少适用法律上的困难。

(4) 商法是以保护商人利益为主的，而现在商人已不是一个独立的阶级，因此失去独立立法的必要。

(5) 在我国来说，由于历史上一直是民商合一，是遵循历史传统。

(6) 民商分立有碍私法理论的统一深入研究。

---

① 上海社会科学院法学研究所编译室：《各国宪政制度和民商法要览》，法律出版社，1986年版。

② [法] 伊夫居荣：《法国商法》，法律出版社，2000年版，第11页。

目前世界上实行民商合一的国家和地区主要有瑞士、意大利(1942年以后实行民商合一)、俄罗斯(1842年制定商法典，十月革命后因排斥商品经济废除商法典)、以色列、蒙古、老挝以及我国台湾地区。

其实民商合一实际上是貌合神离。首先，民商合一往往仅是形式上的合一，即将本属商法的一些内容硬性塞在民法典中，有的是在民法典中单独制定商法编，如《意大利民法典》在第五编中对商事法律制度作了特别规定。这样不仅使本来十分庞杂的民法更加显得庞杂，而且使民法和商法都不协调。其次，民商合一后，虽然在形式上取消了商法典，但都在民法典之外单独制定公司法、票据法、保险法、海商法、破产法等单行法。同时在理论上都有单独的商事法学，而且自成体系。这样使理论与现实产生许多新的矛盾。另外，从社会经济角度观察，实行民商合一的国家多数是一些商品经济和市场经济欠发达的国家，以及轻商的国家，尤其是未经重商主义洗礼的国家。

3. 平行模式

在民商合一的国家，一般总是以民法命名，在民商分立的国家，都是各自命名。而平行模式是用民法和商法共同命名，即将民法和商法并列。这一模式以泰国为代表，在泰国，民法和商法不分，都统一包含在1935年制定的《民事和商事法典》内，这可以算是一种独特的形式。它是从形式到内容的合一，这种合一不是谁吃掉谁，而是真正的平起平坐。

4. 单行模式

这种模式主要是在一些国家中，既无独立的民法典，也无独立的商法典，但却有大量的商事单行法群。这些国家的商法实际就是各种商事单行法而言，也可以说仅指实质意义上的商法。英国、加拿大及东欧各国基本属这一模式。

5. 我国目前的状况

我国目前的商法模式实际处于多元结构状态。

(1) 观念合一模式。就是目前有些人所主张的民商合一，这种合一实际只是观念上的合一，并非在形式上和实质意义上的合一。因为就过去民国时期和现在台湾地区所公布的民法典，并未囊括各种商事单行法。就是我国现在公布的民法典也是如此。所以这种情况下所说的民商合一，只是观念上的合一，而“我国应实行以《商法通则》为统率的实质商法主义的民法分立”。①

(2)“商事通则”模式。② 即在民法典之外单独制定“商事通则”，用以调整商事关系的共同性规则。但不追求商法典结构，而且认为商事通则与其单行商事法律都是民法的特别法。并认为这是一种超越民商合一与民商分立的模式。

---

① 石少侠：《我国应实行实质商法主义的民商分立》，法制与社会发展，2003年，第5期。

② 任尔昕：《我国商事立法模式之选择》，现代学法，2004年，第1期；王保树：《商事通则超越民商合一与民商分立》，法学研究，2005年，第1期。

(3) 法典模式。即制定独立的商法典，目前以澳门特别行政区为代表。澳门地区既有民法典，又有商法典，互不涵盖。该商法典共有4卷，除商事总则性一般规则外，还包括公司、经济利益集团、合作、合伙等组织，各种商事公司，以及债权证券(主要是票据法)。这是我国目前实行民商分立的典型。

(4) 单独法模式。就是既无独立的民法典，也无独立的商法典，但有众多的单独的商事法律、法规以及判例，这以香港地区为典型。

以上所述可以看出，目前我国内地、台湾、香港、澳门各地区的商事法模式完全呈现出不同的格局，这一格局深深刻上了历史和现实的烙印，而且这一格局将保持相当长的时间。

总之，在一个国家中究竟采取哪一种立法模式，不单是一个法律体系的编撰技术决定的，而主要取决于该国经济发展状况，以及人们是否已认识到，在经济生活中，众多的权利主体——如商人或企业，应该享有的特殊权利和应履行的特殊义务是否应受到应有的尊重，在法律技术上是否更加进步，在法律适用上是否更简便、稳定和安全可靠，在理念上是否更能推动社会和谐和进步。究竟谁优谁劣只能从不同的环境去判断。只要存在不同的环境，就会有不同的模式。社会总在发展中不断变化，在变化中不断发展，而且未来的发展变化一定比现在更好。

1.5.2 商法的体系

商法体系是将一国现有的调整商事关系的法律规范按其内容和性质所组成的有机联系的统一的整体体系。它是商事立法成果的体现，也是商事法从理论到具体实践的过程。

商法体系总的具有整体性、层次性、目的性等特点，即完备的商事法体系必须是一个统一协调、功能齐全的整体；同时在完备的体系中，应根据立法的位阶，从根本法到法律、法规、规章，从普通法到特别法划分不同层次，以便确定各层次的效力。建立商事法体系还要有明确的目的，以便适应大商业、大流通、大市场的需要，使整个商事活动有法可依，有章可循，并持续协调发展。

研究商法体系要分清商法体系、商法法规体系和商法学体系的联系和区别。商法体系是商法法规体系和商法学体系的总称。商法法规体系与商法体系实际是形式与内容的关系。商法法规体系是商法体系表现的形式，商法体系是商法法规体系具体内容的体现。商法学体系是在商法体系和商法法规体系二者的基础上建立起来的教学和科研上的知识体系。建立完备的、系统的、科学的商法体系对推动我国商事法制建设具有重要意义。

1. 商法法规体系层次结构

(1) 商事根本法。主要是在宪法中对商事的有关规定。如美国宪法第1条第8款明确规定：“国会有权管理合众国与外国和州际贸易”，“制定全国统一的海商法、破产法”等。《英国大宪章》第41条规定，“一切商人均得从陆道水道安全出入，并得免缴一切苛捐杂税。对外国商人与本国商人采取同等对待原则”。法国宪法在第一编中也明确规定：“宪法保障按规定手续转移财产的行为”，这实际是给公民、企业自由经商做买卖的权利。德国宪法第4条规定：“各种行业，包括保险在内的法规，制定海关贸易的立法，赋税的立法，规定度量衡和货币制度，海外贸易等，都由国家进行监督和立法”。我国宪法虽未对商事作直接规定，但对经济活动的规定适用于有关经济制度和权利制度的规定。

(2) 商事基本法。在民商分立国家中主要是指《商法典》，或其他具有法典性质的商事基本法。在民商合一的国家中，也可是民法典。

(3) 各种商事特别法。这是商事法体中的亚系统属商法体系内部的再分类，如公司法、票据法、保险法、海商法等。这类法不论在有商法典或无商法典的情况下都特别重要。这一层次还包括在其他法律中有关对商事的规定。

(4) 有关商事法规和规章，属商法中的子系统。这些商事规范性文件虽然层次低一些，但既有中央政府的，又有地方立法机关和政府的，它们深入到商事交易关系的微细血管，具有广泛的适用性。

(5) 各种商事习惯。

(6) 国际商事条约、公约 、惯例等。

建立这样一个有纲有目、有种有属的商事法规体系，能形成一个根深、干粗、枝叶茂盛，具有无限生命力的商事法规群。

2. 商事法学体系

商事法学体系属于商事法的理论体系。也可说是建立在商事法规体系基础上的教学和科研的知识体系。一般包括如下内容。

(1) 商法本体论部分——如商法的概念、调整对象、基本理论、原则、特点、渊源等。

(2) 商法的历史源流。

(3) 商事主体制度。

(4) 商行为制度。

(5) 有关商事特别法。

(6) 商事仲裁等。

不过有关商事法学体系各国差异性较大，尤其英、美法国家与大陆法国家的差异更大。总体而言，它都包括基本概念、基本制度、基本原则、历史沿革、基本理论与特质，以及有关商事特别法等基本范畴体系。

1.5.3 商法的法系

商法的体系制约着商法的法系，商法的体系又影响着商法的法系，所以了解了商法的体系后，还应了解商法的法系。商法法系总的分为大陆商法法系和英美商法法系。大陆商法法系又可分为法国商法法系和德国商法法系。

1. 法国商法法系

是以法国商法典为蓝本而建立起来的商事法律制度国家的总称。它的理论基础是以客观主义——即商行为理念为基础而建立起来的商事法律制度。依此制度，只有行为人的行为性质属于商行为，才是商人，才适用商法。属于这一法系的国家主要有法国、比利时、葡萄牙、西班牙、荷兰、希腊、埃及、土耳其、巴西、阿根廷、阿尔及利亚等40余国。

2. 德国商法法系

是以德国商法典为蓝本而建立起本国商事法律制度国家的总称。它的理论基础是以主观主义——即以商人理念为基础而建立起来的商事法律制度。依此制度，只有商人所为的行为才是商行为，才适用商法，非商人所为的行为不是商行为，不适用商法。它是以人的性质决定行为的性质的。属于这一法系的主要有德国、奥地利、日本以及北欧几国。

3. 英美商法法系

是以英国中世纪普通法为基础所形成的商事法律制度。主要特点是以商事判例法、商事制定法、商事习惯法为商事法渊源。英国至今无独立的商法典，美国虽有《统一商法典》，但也是制定法、判例法、习惯法并存。其他如加拿大、新西兰、澳大利亚、巴基斯坦等国都属于英美法系。

1.6 商事法与相邻法律的关系

研究商法与其他法的关系，主要是为了进一步认识商法的本质和特点。

1.6.1 商法与民法

商法与民法的关系本质上是私法的普遍性和特殊性问题。民法是普通私法，商法是特别私法。两者都是私法，是“同宗同辈”。如果说商法是民法的特别法，显然是“同宗不同辈”。商法与民法由于都是私法，所以有其共性。这样，我们在研究民商法关系时，除了必须注意它和其他各种运动形式的共同点外，尤其重要的是成为我们认识事物的基础的东西，才是必须注意它的特殊点。就是说，注意它和其他运动形式的质的区别。① 把商法说成是民法的特别法，实际只重视民、商法的普遍性，而忽视商法的特殊性。尤其人们通常所说，当今的发展趋势是“民法日益商法化”，这说明私法的普遍性在日益减弱，私法的特殊性在日益增强。但在理论上往往却又漠视这一客观现实，从而使理论与现实发生冲突。总之，商法与民法既要注意两者的联系，更要注意两者的

① 《毛泽东选集》，第1卷，人民出版社，1966年版，第297页。

区别。

1. 两者的联系

(1) 在传统法律的区分上，两者均属私法，不过民法属普通私法，商法属特别私法。

(2) 从调整对象而言，商法中所调整的商品交换关系尤其是买卖关系，往往也受民法调整。

(3) 从商事主体而言，民法中的法人制度一般也适用于商法法人制度。

(4) 从法律原则而言，有些原则，如诚信原则、公平自由原则，两者都共同适用。

(5) 从诉讼制度而言，不少国家都规定民事、商事适用同一诉讼制度。

(6) 从社会基础而言，民法商法都源于发达的商品经济基础。

2. 两者的区别

(1) 从理论基础而言，民法的理论基础是个体本位，即以个体利益为主旨；而商法的理论基础是利益本位，即以社会团体利益(如公司)和社会公共利益为主旨。

(2) 从调整对象而言，民法调整的是一般财产关系和人身关系；而商法调整的是商事经济关系，具有很强的营利性，尤其民法中的人身关系及其财产关系不具营利性。

(3) 从性质而言，民法纯属私法，商法除具有私法性外，还具有公法的属性。

(4) 从空间范围而言，民法一般属国内法，而商法还具有很强的国际性，所以商法有国际商法，而民法却无国际民法之说。

(5) 从主体资格而言，民事主体从出生就可以取得民事主体资格，既无年龄也无财产的限制，而商事主体既有年龄的要求，又有财产的要求。

(6) 从法律制度而言，民法一般适用过错原则，而商法除适用过错原则外，还适用无过错原则，以及严格责任原则。

(7) 从民事责任而言，民法一般只限于赔偿责任，商法除赔偿责任外，还包括行政处罚，以及刑罚制裁，尤其破产制度只适用于商事企业，不适用于民事个体。

(8) 从法律适用和效力而言，在商事活动领域商法优于民法，如《日本商法典》第1条规定："关于商业，本法无规定的，适用商业习惯法，无商业习惯法时，适用民法"，①这是给商法和商事习惯法的适用赋予特殊效力。

(9) 有些法律制度是商法的特有制度，如破产制度、票据制度、海商制度等。

(10) 两者虽都是私法，但民法是普通私法，而商法是特别私法。

其他区分不一一列举。

总之，在认识民商法关系上，既要注意相互的共同点，又要注意到相互的区分，同时还要注意民法日益商法化相互融合的趋势。

---

① 丁耀堂译：《日本商法典》，法律出版社，1982年版，第2页。

1.6.2 商法与经济法

商法与经济法既有联系，又有区别。

1. 两者的联系

两者主要联系如下。

(1) 从调整对象而言，两者的调整对象在整体上都属于经济关系。

(2) 从性质而言，商法和经济法都具有公、私法的兼容性，只是各自的侧重点不同而已。

(3) 从主体而言，有些主体，如企业，既可以是商法的主体，又可是经济法的主体。

(4) 从调整方法而言，两者都是多元的，既可以是经济的，又可以是行政的，还可以是刑罚的。

(5) 具有相互兼容的一面，如有人认为经济法是更新传统商法的一条途径，应把公法、刑法、社会法中与经济活动有关的规则融合到商法中，即以商法代替经济法，这一主张在比利时较为流行。另一种观点是旨在保留传统商法体系的基本部分，并使它成为经济法的核心内容。尤其以“经济法促成民商法合一而代替商法的总名称”，这一观点受到欧洲法学家的赏识。①

2. 两者的区别

商法和经济法包括以下重大的区别。

(1) 两者的基础理论不同。经济法的基础理论是社会整体本位，即着重于国民经济的全局。而商法是建立在商事主体利益本位之上的。

(2) 调整的范围不同。商法调整的是商事经济关系，即商事主体间特有的经济关系。而经济法调整的着重点是国家在协调、干预经济活动中的经济关系。

(3) 主体的范围不同。商法的主体主要是各类商人，而经济法的主体主要是国家和国家管理机关以及部分企业。

(4) 调解的机制不同。商法着重采取自律性的非权力性的机制。而经济法多采用他律性的权力性的调节方法。

(5) 从历史发展来说，商法在中世纪就已确立，而且得到较普遍的认可，是一古老的概念。经济法是20世纪初才有的新概念。而且在普通法国家很少有人使用这一概念。②

商法与经济法究竟是合是分，或谁统领谁，国内外学术界有不同的认识。一种是商法、经济法分立说。认为商法和经济法在理念上与机能上都是不同的，商法是以个别经济利益为基础，经济法着眼于超个别经济主体利益，而以国民经济整体利益为基础，因而两

① 陈樱琴：《经济法理论与新趋势》，输芦图书公司，1988年版，第275页。

② [美] 丹尼斯·特伦：《商法与经济法》，方流芳译，国外法学，1986年，第4期。

者应分为两个法域，商法应独立存在。① 另一种是商法经济法合一说。合一说又有两种情况，一是合一后以商法统领经济法，如认为商法和经济法都是以企业为对象的，两者应“合一”或“总合把握”；一是合一后以经济法统领商法，如认为经济法是促成民商合一而代替商法的总名称的法。就我国目前的情况来说，商法和经济法都属于新建的法域。在这种情况下，如何给两者做出正确定位对两者的发展都有重要的现实意义。

1.6.3 商法与行政法

商法与行政法既有联系又有区别。

1. 商法与行政法的联系

商法与行政法的联系主要表现在以下几个方面。

(1) 从性质而言，商法虽主要是私法，但也有公法属性的一面，而行政法则纯属公法。

(2) 从内容而言，商法中有一些内容属于行政法性质的内容，如商业登记与注册，商号的注册登记，保险业设立的限制，以及对商事活动的行政处罚、行政诉讼等，都涉及行政法领域。许多行政法规和规章都与商事活动有密切联系。

2. 商法与行政法的区别

商法与行政法的区别也是很明显的，主要表现在以下几个方面。

(1) 从理论基础而言，商法是建立在商人利益本位基础之上的；而行政法是建立在国家权力本位基础之上的。

(2) 从调整对象而言，行政关系是根据国家意志产生的强制性关系；而商事关系体现的是商事主体的自由意志关系，是自愿行为的结果。

(3) 从法律关系的主体而言，行政关系中的主体有一方必然是行政管理机关，甚至双方都是行政机关；而商事法律关系中，一般总是有一方是商人，甚至双方都是商人，即使政府有时也参与商事活动，但不是以营利为目的的。

(4) 从法律关系的内容而言，行政关系中权利义务具有不平等性。行政职权是国家授予的，行政职权与特定主体密不可分，而且不可任意放弃和转让；而商事关系是一种平权关系。商事关系中的权利义务是商事主体个人的意志和利益，可以自由处置。

总之，在市场经济条件下，国家干预、调整市场，市场引导企业，从而形成私法公法化的走势。因此更应注意建立商法与行政法、经济法的和谐关系。同时还必须注意，社会关系纷繁复杂，绝不是哪一个法律能单独规范的，必须由各种法律共同配合，才能使整个社会健康有序地发展。

---

① ［日］户田修三，中村真澄：《商法总则·商行为法》，日本青林书院，1984年版，第23页。

1.7 商法渊源

从商法角度研究法律渊源，与从民法角度进行这样的研究指导精神并不一样。① 从民法理性与理论的观点出发，它所探讨的是能够创立权利的过程是什么；从事商法研究的人采取的是更为实用主义的观点。商法中有些渊源起着更为独特的作用。

1.7.1 商法的一般渊源

1. 宪法

这是各国国内商法的首要渊源。

2. 商事法律

主要是各国议会和立法机关所制定的专门的商事法律——商法典和各种特别法。

3. 商事法规

主要是各国政府制定的有关商事法规。我国称为行政法规、日本称为政令、美国称为条例、法国称为法令或决定。在我国，还有地方人大所制定的地方性商事法规。

4. 商事规章

主要是国家政府职能部门和地方政府所颁布的有关商事规章。日本由省(厅)制定的称为省令，美国叫执行条例，法国称为部颁条例，我国统称规章。

5. 商事判例

在英美法系国家中，商事判例一直是商法的重要渊源；在大陆法系国家中，凡有独立商事法院的国家(如法国)，由于商事法院所做出的判决具有某种特殊性，所以也具有法律渊源的效力。

6. 学理

学理并不具有本来意义上的法律渊源，并且不具有强制价值。但权威性的学理对立法可产生影响，尤其对法律的解释可让法院接受，这样学理也就成了间接的法律渊源。

7. 一般法律原则

《联合国国际法院规约》第38条第1款规定“一般法律原则是指可以为国际法院适用的，为文明国家所承认者”。这说明一般法律原则可以被国际法院作为法律渊源加以适用。《美国统一商法典》第1—103条规定“一般法律原则应作为该法的补充”。② 泰国《民事

---

① ［法］伊夫·居荣：《法国商法》(第1卷)，法律出版社，2004年版，第20页。

② 潘琪译：《美国统一商法典》，中国对外贸易出版社，1993年版，第2页。

和商事法典》也规定“凡属法律规定范围内的条件，都适用于法律；无法律规定者，按当地习惯决定；当地无该类习惯的，类推适用最近类似情况下所适用的规定；如再无此类规定的，按一般法律原则决定”。①

究竟哪些算一般法律原则，各国都未作列举性的规定。不过一般来说，如不可抗力免责原则，默示担保原则，遵守惯例原则，信守约定原则等都可作为处理商务纠纷的依据。

1.7.2 商法的特有渊源

1. 习惯

习惯是商法中重要的渊源之一。它是流行时间久，为众所周知的，恒定的行业或地区的惯常行为及其做法。

(1) 习惯的特点。习惯上包括以下主要特点。

① 要有远久性(如英国原《斯威敏斯特法》规定，在1189年查理一世时就存在)。

② 要在一个地区、一个行业广泛实用。

③ 必须不违背常理、不违背法的基本原则。

④ 必须是确凿无疑的。

(2) 习惯的种类。习惯有约定习惯和法定习惯之分。约定习惯的权威性来自合同，这种约定的习惯具有补充性，也就是说，只有合同当事人在没有表明相反意思的情况下才适用。② 如果合同默示遵从习惯，就不必在合同中具体说明各方当事人的所有义务。法定习惯又叫习惯法，它是习俗在商法中已经被认可。它与约定习惯不同，习惯法具有强制性。

(3) 习惯和惯例比较。习惯一般指地方性的习惯，惯例一般指行业惯例。但在商事活动中两者通用，都是指被商事主体重复采用的为国家所认可的具有法律约束力的不成文的行为规范。习惯和惯例的法律效力已被许多国家的法律所认可。如《日本商法典》第1条对商事习惯法的特殊效力作了专门规定：“关于商业，本法无规定的，适用商法习惯法，无商业习法时，适用民法”。可见日本在法律适用时，商业习惯法优于民法。《美国统一商法典》也规定：“为使商业做法能通过习惯、行业惯例不断获得发展”作为制定统一商法典的宗旨之一。在美国，商事习惯和惯例更是商法的重要渊源之一，如有关流通票据、提单、海上运输等方面的习惯已成为这些法的主要内容。英国尤其是英格兰、苏格兰、北爱尔兰之间存在不同的地方习惯。法国商法也把习惯作为重要法源之一。德国由于受日耳曼习惯法影响较深，所以更重视习惯。他们认为在历史上，商法是从商人间有效的习惯和交易惯例中不断发展而来的。③ 我国在一些涉外法律中都规定，“凡我国法律未作规定的事

---

① 上海社会科学院法学研究所编译室：《各国宪政制度和民商法要览》(亚洲部分)，法律出版社，1987年版，第228页。

② [法] 伊夫·居荣：《法国商法》，第1卷，法律出版社，2004年版，第25页。

③ [德] C·W·卡纳里斯：《德国商法典》，法律出版社，2005年版，第2页。

项，可以适用国际惯例”。《国际法院规约》也规定，“能作为通例之证明被接受为法律的惯例，也是法院和仲裁机构解决商务纠纷的依据”。

2. 国际标准合同

国际标准合同也是现代商法的渊源之一。如国际商会所制定的《国际贸易术语解释通则》规定的 FOB、CIF、CFR 等价格术语。《美国统一商法典》第 2—319 条至第 2—325 条对“交换条件”和“信用证”条件作了统一规定。另外如“国际谷物和粮食贸易协会”颁布的适用于 80 多个国家的国际谷物和粮食的标准合同，“联合国经济贸易委员会”制定的货物出口一般交货条件和机器出口一般安装条件等。这些标准合同对当事人的权利义务都事先作了规定，这样有利于节省交易谈判时间，降低交易成本，以及保护弱者的利益。

3. 商业自治法

在以权利为本位的社会中，商事主体的自治权利日益增多。如商事公司、商事合作组织的章程，学界认为这类章程是投资人间对于为法律行为时所订立的共同契约条款，是一个团体的自治规程，对内对外以及第三人都具有约束力。

还有商业行会规约，是各种商业团体为实现自我约束，自求发展，自己管理自己，经共同协商一致所确立起来的自治性的行业规范。最有代表的是中世纪的“汉萨同盟”，在现代主要是国际商会所制定的国际贸易方面的有关规约。

4. 有关商事方面的专门法规和规章

这些法规和规章主要是由政府或政府的某些职能部门专门为规范某一特殊的商事活动而制定的，如我国国务院颁布的《期货交易管理暂行条例》（1999 年 9 月 1 日施行）和《直销管理条例》（2005 年 12 月 1 日施行），再如原内贸部颁布的有关《连锁经营管理规定》等。

5. 商业政策

它代表一定政党和一国政府在一定时期为实现一定的经济贸易目标而制定的行为准则，政策虽不等于法，但也不能把它对立起来。因为政策也具有国家性、强制性和规定性。尤其他的适应性、灵活性更强，更适于商事活动的需要。用政策指导商事活动，不仅在中国有，在外国也有。尤其在经济环境不断发生变化的情况下，法制不充分健全的情况下，政策是不可缺少的。

6. 国际商事条约和公约

商事活动是一种国际性贸易活动，而各国的国内法又有较大的差异，为了减少和避免国与国之间法律的冲突，往往就国家间共同关心的一些问题由一些国际组织制定成条约、公约等国际性文件，这些文件一经缔约国认可，就成为国际商事活动中重要的法源。

国际商事条约、公约就其内容可分为 3 类。一类属实体法性质的国际公约。如 1969 年《维也纳条约法》、1980 年《联合国国际货物买卖公约》、1978 年《联合国海上货物运输公约》、1931 年《统一汇票本票法公约》等。这些统一公约一旦被缔约国批准，就成为该国的国内法，就成为解决这方面国际纠纷的法律依据。第二类是为了某些特定目的而建立一些地区性、行业性或世界性的组织而签订的某些国际性协定。如为了建立“国际货币基金组织”“世界银行”和“世界贸易组织”，1944 年签订的《布雷顿森林协定》和《关税贸易总协定》、1994 年签署的《世界贸易组织总协定》等。第三类是属于冲突法领域的国际条约。冲突法存在的形式可以是国内立法，也可以是国际条约。国内立法可以是集中立法，也可以是分散立法。不少国家都有专门的“涉外法律适用法”。我国分别在《中华人民共和国民法典》《中华人民共和国票据法》《中华人民共和国合同法》等法律中作了规定。国际上统一的冲突规范有《国际货物买卖适用法公约》《产品责任适用法律公约》等。

7. 教规

在政教合一的国家中，或者在一些把某种宗教作为国教的国家中，教规往往也是法的渊源之一。

理论探讨与实务研究

1. 现在我国商法学界正在积极倡导制定我国《商法通则》，这种立法应以什么价值理念为基础？您对它的主要结构有何设想？

2. 关于商法和民法的关系，现在我国学术界有民商分立说，有民商合一说，有观念上的合一实质上的分离说，有既不能合也不能分的超越说。您对这些说法如何评价？

3. 过去有人主张以“企业”作为商法的主体，现在有人发表文章批评这种观点。您对此有何认识？

推荐阅读

1. [德] C·W卡纳里斯：《德国商法》，第 1 章第 1 节。
2. [法] 伊夫·居荣：《法国商法》，导论。
3. 王保树：《商事通则：超越民商合一与民商分立》，法学研究，2005 年，第 1 期。
4. 陈叔华：《论我国商法的基本理论》，中国商法年刊，2002 年版。

思 考 题

1. 商法的概念和调整的对象是什么？

2. 商法的基本原则及其特点是什么？

3. 民商分立与民商合一的主要理由是什么？目前有哪些国家实行民商分立？哪些国家实行民商合一？当今的发展趋势是什么？

4. 商法的利益最大化原则、诚信原则、严格责任原则是什么？

5. 重商主义与商法发展的关系是什么？

第2章 商法史

本章提示

- 要确立起不了解商法的历史就不能很好地了解商法的观点。重点掌握中世纪商法产生、发展的历史社会背景及其基本理论和制度。
- 要注意了解古代、中世纪、近代、现代商法各自的特点。
- 要掌握当代主要国家的商事法律制度。

2.1 商法的渊流

2.1.1 古代商事法律制度溯源

古代指从太古至西罗马帝国灭亡(公元476年)。现在有一种广为流传的观点，认为“古代无商法”。这是说在古代无现代意义上的独立的商事特别法和商法典，并不是说古代社会无交易法律制度。事实上过去早有人主张“商法之历史始于公元前2000余年之巴比伦。当时巴比伦法律中关于商业方面之法规极为发达，此史实昭然，毋庸或疑也”。① 这主要是因为当时巴比伦商业发达所致，这集中反映在《汉穆拉比法典》中。该法典共282条，现存247条，其中有50余条是有关买卖方面的规定。如第7条规定：“自由民从自由民之子或自由民之奴隶卖得或为了保管的金或银，或奴隶，或牛，或羊，不论何物，而无证人或契约者，是为盗贼，应处死。”② 尤其该法典对当时已存在的两种商人：塔木卡和沙马鲁作了专门规定，这是用法律认可商人的首例。所以，自来就有人认为：“巴比伦商法曾由巴比伦商人输入腓尼基及地中海诸国。”③ 又如《赫梯法典》从176～186条都是对买卖手工业者、耕牛、绵羊、衣物、土地等价格的规定。又如《摩奴法典》中规定：“在市场上当着大多数人之面买到的任何财产，即使卖者并非物主，但买者因已付该财产的代价，理应取得其所有权。”这一规定已标明法律已认可了善意取得的合法性。尤其公元前3世纪罗得岛海上贸易条例，后经公元600—800年间编纂成的《罗得海法》(rhodia of sea law)被称为是商法之祖。其中它创造了3项重要商事法律制度：一是共同海损制度；二是船长为船主的当然代理人制度；三是船长对承运人的行李、货物的“损害赔偿制”。这些制度一直为后来各国制定海商法的重要渊源。就是罗马人也把海法排除在他的政治权力之外。如罗马皇帝奥古斯吐士曾说，“朕诚为陆上之主，但海法乃海上之王”，一语道破了罗马人对海法的态度。

在希腊法和雅典法中有关商业方面的规则和制度主要由海上借贷——即以载货证券为抵押的借贷制度，已存在汇票及其他有价证券的流通制度；还有专为外国商人服务的司法制度。

罗马法虽号称是商品经济和奴隶制社会中最完备的法律。但由于罗马人在观念上轻商思想严重，认为商事活动是战败国和奴隶(农奴和手工业者)所为之事。加之当时的社会仍然是以家庭个体经济为主，所以只能提供一般的普通民事法律制度。所以从法理沿革上讲，商法与罗马法无直接的渊源关系。只有罗马法中所确定的一些重要原则以及一些法律

① ［美］孟罗·斯密：《欧陆法律发达史》，中国政法大学出版社，2003年版，第336页。
② 《外国法制史资料选编》，北京大学出版社，1982年版，第17～50页。
③ ［美］孟罗·斯密：《欧陆法律发达史》，中国政法大学出版社，2003年版，第336页。

术语和责任概念，对后来的商法产生了较大的影响。[①] 另外，罗马法中将市民法(law civile)与万民法(law gentium)加以区分，开创了民商分立的先河。

另外，在教会法中也有一些商事性规范，如规定买卖重要货物时需经僧侣做成文书，并托寺院保管。另外规定禁止放款生息、不准借款经商等。尤其是教会法中所确立的诚实信用观念、公平交易观念以及恪守协议的观念对商事活动一直产生重大影响。

2.1.2 古代商事法律制度的特点

(1) 在规范形式上主要以各种交易习惯和贸易惯例为主，就是一些成文性的规定，也是对习惯的认可。这正说明商法的原生形态是各民族从远古以来一直遵守的风俗习惯。

(2) 在内容上主要以调整集市管理规定为主，主要是有关交易行为、主体和交易对象、以及因交易而产生的债权债义、担保、赋税、集市管理等。

(3) 商事交易活动自古以来既是商品货币关系发展的不可阻挡的产物，同时又受到王权、神权、教权以及传统观念的严格限制，如等级、身份、经营范围、经营对象、经营方式、经营规模等限制。但商事活动中古代商人所信奉的习惯和原则，哪怕只是一种精神上的信仰，也表明商法在产生之初即崇尚自由、重视公平、弘扬诚信、反对尔虞我诈，为后世商法的发展确立了基本理念。

(4) 古代商事习惯和商事惯例从一开始就具有很强的国际性。当时的古罗马、古希腊、古埃及、印度、中国和地中海沿岸及中亚一些国家的商业都很发达，与连接东西方之间贸易关系的“丝绸之路”的波斯湾、中东、地中海和中亚广大地区存在着广泛的贸易联系。当时所形成的商事惯例不仅适用于国内，而且也适用于国际贸易交往。因为当时国家主权这一概念还未完全确立起来。商事交易本身具有一些共性，特别是海事规则的普遍性，所以形成普遍适用的国际商事习惯准则不足为奇。

(5) 从理论上讲，人类在第三次社会大分工之后就出现了商人。但是在古代的交易活动中还未形成独立的职业商人集团。参与交易活动的主要还是亦农亦商或亦工亦商的单个生产者。尤其在集市的初期，“这种交换是在没有商人作为媒介的情况下，在城市的集日里直接进行的，农民就在集市上卖出买进。”[②] 正如希克斯在《经济史理论》一书中所说：“在这种定期集市上进行交易的人大多数还不是专业化商人。甚至当交易已经经常化，市场也时常开放时，商人仍可能是每周到市场来一次的农民。”[③] 在这时，即使有商人也是偶然的行商，还不是坐商，而且人数极少，对社会的影响也很小。商人也不是一开始就“完全夺取了生产的领导权”，也不是一开始就“取得荣誉地位”，更未形成独立、自由的职业商人阶级。在古代，不论希腊、罗马最早的商人都是一些背井离乡的外来

① 海曼：《商法典评纂》，第53页。

② 马克思：《资本论》，第三卷，人民出版社，1975年版，第1017页。

③ 希克斯：《经济史理论》，商务出版社，1987年版，第27页。

人。正如恩格斯所说：“贸易把许多人吸引到雅典来，这些外地人是为了易于赚钱而移居这里的；按照旧制度他们既没有权利，也不受法律保护，所以尽管有传统的容忍精神，他们仍然是人民中间令人不安的异乡分子。”当时的社会政治经济状态和风俗习惯也未给商人提供一个自由发展的平台，社会也未形成商业经营理念。当时对商人还是把他当成社会普通成员对待。所以法律上对商人和商事活动都未做出单独的特别的认可，这在古罗马法中体现的最明显。总之，当时的交换活动只是物物（W—W）和简单商品交换（W—G—W）。这是古代社会无独立商法的主要原因。“因此，我们可以说，古代对商法的贡献更多属于间接贡献，而不是直接贡献。虽然说商法的基础比较古老，但其独特性直到中世纪末才确定下来。”①

2.2 中世纪商人法

从商法角度讲，中世纪主要指从西罗马帝国灭亡（公元476年）到路易十四制定《商事敕令》（1673年）这一段时期。在传统历史分期上，原本分为古代、近代、现代。后来史学家们认为这一时期很特殊，既不同于古代，也不同于近代，所以把它作为一个独立的历史时期。这一时期的西欧经历了由奴隶社会向封建社会的转变和由封建社会向资本主义社会的转变，既是一个黑暗时期，又是一个曙光黎明时期，也是商人法形成和发展的重要时期。可以说，了解中世纪的历史是了解商法的一把钥匙。

2.2.1 中世纪商人法产生和发展的历史社会背景

要了解中世纪的商人法，首先对中世纪的社会政治、经济、历史有个基本了解。中世纪在欧洲主要是神灵宗教势力占统治地位的时期，所以史学界认为是欧洲的黑暗时期。中世纪初期在西欧的政治势力主要是在西罗马帝国的废墟上由日耳曼各部落联盟建立起来的各封建化的王国，主要有东哥特王国、西哥特王国、法兰克王国、勃艮第王宫以及盎格鲁、撒克逊人在不列颠建立的封建国家，其中以法兰克王国存续的时间较长，曾一度统一了欧洲。后来法兰克王国于843年查理大帝去世后，分为3个国家，即演变为后来的法兰西、德意志和意大利。这三大地域性的政治势力虽还不是统一的民族国家，但可看出，各国已由分散走向统一。同时中世纪的势力集团除国王外，还有封建领主、教会、自治城市的行会，他们相互利用，相互斗争。商人法的发展正是在这些势力的斗争中逐渐发展起来的。

中世纪时对商人法产生重要影响的主要有以下一些重要历史因素。

（1）随着封建庄园经济的解体、新兴工商业商品经济的发展，为商法的发展奠定了经

① ［法］伊夫·居荣：《法国商法》，法律出版社，2004年版，第14页。

济基础。

(2) 重商主义思想的确立，为商法的发展提供了理论支持。

(3) 文艺复兴运动的兴起，给商法的发展确立起了理性思维观念。

(4) 宗教革命的胜利，使商业世俗活动得到宗教的宽容。

(5) 十字军东征，为东西方贸易打开了通道。

(6) 新大陆的发现和新航线的开通，为商事活动开辟了广阔的活动空间和新市场。

(7) 城市的兴起，为发展商业和商法建立了重要基地。

(8) 统一民族国家的形成，使商业和商法正式得到国家的认可和支持。

(9) 城市商事活动的广泛开展，一个独立的商事主体——职业商人阶级开始形成。

(10) 随着商业活动日益发展，商法的组织因素、技术因素逐渐产生，如合伙、公司、票据、银行、保险、海商、有限责任制度、商事代理、商事信用、银行信用、信托等制度已成雏形。尤其公司制度在16世纪末已开始建立，成为构建商事主体制度的黄金时代。总之，这一切"商业革命推动了商法的发展，而商法的发展又推动了商业革命。"①

2.2.2 中世纪商法的主要内容

中世纪商法主要是商人法(lex mercatoria or law merchant)。所谓商人法是指产生于中世纪西欧商人中间，调整他们彼此之间关系的一系列习惯和法律。② 更有代表的是德国学者拉德布鲁赫的观点，"欧洲大陆(除斯堪的纳维亚外)的商人法作为中世纪唯一的职业法，保存至我们的时代，它并非是历史的残余物而具有其他法律领域难以匹敌的更新能力和应变能力，不断为生活反复充实进而丰富了整个私法秩序。"③ 法国学者 Philppe Kahn 认为，"商人法是指商人们在其商事实践中所创立的商事习惯和惯例的总称，包括商事惯例、一般条件、合同条款和一般法律原则等。"④ 美国学者 Ferderick Pollock 认为，"商人法与其说是商人们的特殊规范，不如说是商人们之间商业交易的特殊规范。"⑤ 其实，商人法是指西欧中世纪中后期由商人们在其商事实践活动中根据自身的需要创造的专门用来调整职业商人阶级在商事交易关系中的特殊规范。它主要由商业行会规约、各地商事习惯法、商人法院的判决、城市法、海上贸易惯例以及国王、领主、教会所颁布的有关商事规范所组成。在本质上，它是商人阶级在商事交易关系中意志和愿望的客观反映。现就主要者分述如下。

---

① [美] 哈罗德·丁·伯尔曼：《法律与革命》，中国大百科全书出版社，1993年版，第409页。

② [英] 戴维·M·沃克：《牛津法律大辞典》，北京社会与科技发展研究所译，光明日报出版社，1988年版，第524页。

③ 拉德布鲁赫，《法学导论》，米健、朱林译，中国大百科出版社，2003年版，第73页。

④ 郑远民：《现代商人法研究》，法律出版社，2001年版，第26页。

⑤ Ferderich Pollock & Frederic W Maitland：The History of Eglish law Cambridge，1978，Voll，p，467。

1. 欧洲中世纪商人法首推城市法

(1) 欧洲中世纪城市的兴起和发展。从时间上看，从公元11～15世纪以经济和商业为中心的城市在各种势力不断斗争中在体制外自发性地不断兴起和发展。关于城市理论界有不同的学说。按克鲁泡特金在《互助论》中说，“西欧封建社会城市的兴起是来自民间的一种互助共济的观念和行为的产物。”① 按理查德·坎蒂隆的观点，“城市的兴起是基于‘人性’和‘自然秩序’的产物。”② 按后来亨利·皮雷纳在《中世纪的城市》一书中所说，“城市是商人围绕设防地点——城镇和城堡的聚居地。”③ 他坚持“城堡论”与“市场论”相结合的观点。古罗马古希腊的城市主要起着政治中心和教会中心的作用。中世纪的城市主要是以经济商业为中心的新的城市。在城市中居住的人主要是一些外出做生意的农奴和手工业者，还有商人。这里的商人既包括职业商人，也包括定居在城市中开设各种作坊、各种生产手工业品并出售的人，还包括海上贸易的人以及为集市贸易服务的各种人。“在西欧国家，商人(mercatores)是市民(burgenses)的同义词，1007年第一次出现在法兰西，以后传到欧洲各地。这是居住在新堡即商人城堡的居民……为自己创造了市民这个名称，并与传统公民(cives)相区别。同时在古英语文献中还出现port(市民)一词与civias(城市)为同义词。”④ 所以有一种说法，城市是由逃难的人最早建立起来的，城市是由商人(市民)所建。最典型的例子就是威尼斯。威尼斯本来是一个沼泽地，一些逃难者从各地纷纷逃到这里，聚集起来建立了城市，并在7世纪末建立威尼斯共和国，凭借优越的地理位置，威尼斯日后成为了东西方海上贸易在地中海上的一颗明珠。

随着商业和贸易的发展，在欧洲出现了许多以贸易为中心的城市，如在地中海沿岸的威尼斯、米兰、佛罗伦萨、巴塞罗那、雅典；大西洋沿岸的伦敦、利物浦、吕贝克、不来梅、汉堡、科隆、根特、马赛、布鲁日、鹿特丹、阿姆斯特丹、弗兰德尔；波罗的海和北海沿岸的哥本哈根、奥斯陆、斯德哥尔摩、赫尔辛基；非洲北部的君士坦丁、亚历山大等。至12世纪欧洲就已涌现出约5 000个城市和城镇。如在《末日审判书中》就列出100个城市。到14世纪欧洲爆发黑死病(1348—1350年)，虽夺走人口1/3，但欧洲人口仍有4 000万，其中城市人口约占10%。当时的威尼斯、米兰已有人口20万人。巴黎、佛罗伦萨都在10万人口以上。当时欧洲的商人已达100万之多。当时城市中市政当局对野蛮入侵极为害怕，但对经商民族和商人无所畏惧。如地中海沿岸一些国家曾一度奋力赶走外来入侵者，但对犹太商人却十分欢迎，并对贸易城市给予各种特许经营权的优待。城市兴起的原因，毫无疑问是社会、经济、政治、宗教和法律，尤其是商业复兴等因素共同作用

① 克鲁泡特金：《互助论》，商务印书馆，1963年版，第172页。

② [爱尔兰] 理查德·坎蒂隆：《商业性概论》，商务印书馆，1997年版，第8页。

③ [比利时] 亨利·皮雷纳：《中世纪的城市》，商务印书馆，2006年版，第36页。

④ 亨利·皮雷纳：《中世纪的城市》，商务印书馆，2006年版，第92页。

刺激了新兴城市和城镇的出现。①

（2）城市的出现对商业的影响。城市是商人的天堂，也是商法的温室。因为城市自古以来就是人口聚居之地，自然购买力强。加之城市在交通要道，又具有较好的服务机构和服务设施，而且城市多有城堡设防，交易也较安全，这自然有利于商业的发展。可以说商业与城市是相依为命、互不可分的。正如马克思所说“商业依赖城市，而城市的发展也要以商业为条件”，这是不言而喻的。特别是城市出现后，第一，从政治上说，产生了新的市民阶级，即在封建体制外产生了异己力量。自然他们在政治上就要求自由、自治、自主。所以当时许多城市在政治上都是独立的自治体，称自治市。这自然为商法的发展提供了有利的政治环境。第二，从社会层面上说，从四面八方聚到城里来的市民，虽然原来的身份等级还存在，但已经不像庄园内那样严格了。并且多数人都融入裁缝匠、漂布匠、辘轳匠、酿酒匠、五金匠、陶器匠、织布工、弓矢匠、皮革匠、桶匠、烛匠等，并不以这些职业为耻辱了。②“市民”阶级和商人正是在这些新概念下逐渐得到形成和发展的。第三，从制度层面上看，不同于古希腊、古罗马的城堡是以政治活动为中心，新的城市是以经济活动和商业活动为中心。所以与此有关的一系列新的制度陆续建立，如行会制度、外国商馆制度、城市食物分配制度、合伙制度、票据制度、商业簿记制度、银行汇兑制度、保险制度、商业信用制度、信托制度、航海法律制度、公司制度、破产制度、城市公社制度、商事法院制度等新制度逐步得到确立。商人法正是在商人阶级形成后在这些新制度的基础上形成和发展起来的。

（3）城市法的主要内容。任何新的制度最终都要由法律加以规定和规范化。所以“一个贸易的城市总是法官少，而法律多。”③ 当时的城市法主要包括：

① 习惯法。因为城市是在集市的基础上发展起来的。集市交易中长期形成的习惯规则，城市形成后继续沿用。当时的习惯法以《日耳曼习惯法汇编》为代表，它是以日耳曼4个王国制定的法典组成。如哥特王国的《尤列克法典》、勃艮第王国的《耿多伯得法典》、萨克森王国的《萨克森法典》和法兰克王国的《撒利克法典》，还有斯堪的纳维亚各王国的《裘特法典》。法国的《巴黎习惯法汇编》也是中世纪影响较大的城市法，在法属加拿大直到19世纪还在使用。

这些习惯法的内容主要包括动产与不动产的所有权的规定，契约形成及内容的要求、婚姻家庭及继承、刑法、司法组织及诉讼制度等。习惯法的突出特点是：实行“团体本位”制度，即个人行使权利义务都受团体(家庭、民族、公社)制约；“属人主义”，以民族或城市成员适用法律；实行先例原则和连带主义；形式主义，强调为法律行为时要遵循的形式、仪式、语言或动作；相同性，许多都大同小异；世俗性；司法性，法庭审理商事纠

---

① ［美］哈·罗德·丁伯尔曼：《法律与革命》，中国大百科全书出版社，1931年版，第439页。

② 鲁宾逊：《新史学》，商务印书馆，1964年版，第102页。

③ ［法］孟德斯鸠：《论法的精神》下册，商务印书馆，1997年版，第25页。

纷时，不是根据集市地区的封建法，而是根据已形成的习惯法。

② 市政当局的城市规章。一些发达城市先后制定了以调整商业贸易关系为主要内容的城邦条例。如1244年制定的《威尼斯条例》、1341年制定的《米兰条例》和1415年制定的《佛罗伦萨条例》。此外，意大利的城市法还有10世纪的《热那亚城市法》、11世纪的《皮斯托亚法》、13世纪的《比萨城市法》和西西里的《田城法》等。

德国的城市法以《萨克森市管理法》为代表，并早在波希米亚各城市就有《判决录》和《土地登记簿》。在德国的城市法中还附有讨论城市法院管辖权和诉讼程序的论文。在西班牙有1279年制定的《卡泰罗尼亚的—多托多城市法典》。在英格兰有1353年制定的《商业中心条例》。

③ 在中世纪还有同盟性的规约。主要是为了维护同盟城市的共同利益，沟通经济信息，统一管理制度。如1367年创立的《汉萨同盟》。又如《伦巴第联盟》属《日耳曼联盟》其实是意大利的城市联盟。此外还有西班牙的“城市共同体”而且这些联盟还设立了有“秘密审判庭”以维护城市的治安。直到15世纪末秘密审判庭才解体。在当时城市法院经常遇到一些案件发生冲突时，便提请城市同盟承审官联席会议进行讨论，形成共同法律原则作为以后审判的依据。

④ 城市的特许状(charter)。中世纪城市兴起后，市民迫切希望能有权建立市场，定期举办集市，自由经营各种商品、免交各种过境税，能充分获得自治权。但这些权利都是王室、领主们的特权，所以还必须经他们的特许向他们购买特许权，并签发特许状。特许状是用以证明一个城市、一个公社或一个市民已得到国王或正式法令许可从事某项或某些活动的法律凭证。特许状上一般盖有国玺，具有很高的法律效力。发特许状是一种权力象征。所以国王、领主们以向城市出售特许状作为城市取得自治权的一种权钱交易的合法行为。特许状有宪法性特许状与商业性特许状之分，如城市自治权的获得，设立城市法庭，征税、铸币权的取得，获得土地自由权等方面的特许状都属宪法性的。商人特许状主要是授予商人的特许经营权，如英国1303年授予某些外国商人的特许状，授予他们从事贸易，免征各种市政捐税，以及在非死刑案件中有要求陪审团参加诉讼的权利；授予皇家特许状后，据此，一个商人就可以一种特殊资格从事经营活动；授予经营渔具，商人就可以展示王室的纹章，作为合法的渔具供应商。只有有了这种特许状，才能通过诉讼获得救助，如现在在法国还保存下来的公元967年法兰西城市的一份特许状，其中有免受奴役的自由，允许开办技术或市场的自由。并且在1007年的特许状上首次使用bourgeois(布尔乔亚，市民)这一词传遍欧洲各地。另外在普罗旺斯城的特许状中还免除公社成员服军役的义务。

英格兰、威尔士、爱尔兰被诺曼底人征服后，有很多城镇都被赐予特许状，尤其在不列特尔市的特许状中给予的“自由权”最为显著，被誉为“微型宪法”。如规定对一些封建性的苛捐杂税(如过桥费)一律豁免，对领主所指控的犯罪行为定出了罚款限度，对过境税也固定下来而且数额适当，对市场纠纷有权在商人法庭审理受到特别保护。任何个人来到这个市镇，只要住满一年零一天，就可免受其先前主人的追捕。尤其其中第33条规定，“市民凡无力偿付债务者，均可由市镇代为偿付。以债务人的货物抵充归还”。① 此外，1127年授予圣奥梅尔的特许状“可以视为佛兰德尔市民阶级的政治纲领的终极”。② 另外，路易六世(1108～1137年)授予皮尔第的博韦城一项特许状，共17条，对公社成员的权利义务作了详细的规定。③

这些市镇特许状，它的本质特点是国王、领主承认市镇为一个整体单位，但也是一个集体附庸，城市的居民彼此平等，公社享有内部自治权。它是城市法的重要内容之一，特许状的条款不断发展着大量的习惯法、惯例和成文法的不少特权。不过特许状只确立了城市法的片段，它既不考虑顺序也不考虑体系，所以我们不可能企望如同十二钢表法演进成罗马法那样在特许状中也发现以后法律演进的基本原则。④

⑤ 行会法令。随着城市的兴起，11世纪后期起在城市中大量发展起各种行会。如商人行会、手工业者行会、海员行会等，起初这些行会都是一种具有宣誓和兄弟会性质的组织，后来已成了“不依附任何权利的自治团体”。⑤ 行会在拉丁语地区称“公会”，在日耳曼地区称“基尔特”(gild)。它虽然具有兄弟会性质，但它不是宗教组织，而完全是一种世俗组织。欧洲的行会(基尔特)于10世纪在伦敦就已出现，到12世纪在欧洲许多城市中相继出现。它们凭借自己的经济实力，争取了自治权和裁判权。每个行会(基尔特)都有自己的规章(guilds tatutes)和法令(ordinances)。尽管行会组织甚多，名称又不相同，但它们的法令在整个欧洲都有许多共同特征，如每个行会的会规差不多都规定“为了友谊，同时为了复仇，我们不顾一切永远保持团结”。

到了13世纪时，商人基尔特都规定有关产品的标准、产量、销售方法、价格、安排培训，并建立自己的商事法庭。尤其随着奴隶制在城市中被废除，劳动关系便以契约进行规范。而劳动契约的条款要严格地由行会法令和城市的习惯来规定，如规定不许罢工，认为罢工是一种严重的犯罪。

到14、15世纪，商人基尔特逐渐发展为“垄断经济组织”，⑥ 诸如学徒身份的条件、工作日程、工作质量标准、最低限度价格、有关限制行会内部竞争、禁止、限制进口等都有它的法令规定。这样基尔特很快成为非正式的公社的管理机构。基尔特的首领们事实上在每个城市中执行公社长官的职责。总之，当时的商人基尔特已发展成相当庞大、相当独

① 泰格：《法律与资本主义的兴起》，学林出版社，1996年版，第17～18页。
② 亨利·皮雷纳：《中世纪的城市》，商务印书馆，2006年版，第120页。
③ [美] 哈罗德·丁·伯尔曼：《法律与革命》，中国大百科全书出版社，1993年版，第443～444页。
④ 同①，第121页。
⑤ 同①，第117页。
⑥ [美] 泰格·利维：《法律与资本主义的兴起》，学林出版社，1996年版，第89页。

立并建有很多管辖权的多种职能机构，尤其是他们汇编的商业惯例和商事裁判案例，成为中世纪重要的商人法。

⑥ 新的法律需要新的司法审判机关。随着城市的兴起，商人行会的发展，在城市中普遍建立起新的法院——商人法院。法院的法官一般由市场或集市的商人们推选或由行会的首脑选择几名行会的商人来担任。1154 年米兰及整个意大利形成并推广了“商人领事法院制”，允许外国商人从其本国公民中选择法官。另外在欧洲各地发展出各种类型的商人法院，如英伦三岛的贸易中心城镇法院、港口海事法院等。设立商人法院后，凡涉及商事纠纷，就可到商事法院由商人运用商人法进行专门审理。这样不仅有利于保护其特殊利益，而且能使商事纠纷得到及时处理，迅速了结。商人法院由于设立在集市中心，这样一些赶集串市的商人，有了纠纷常常是泥土满足就来到法院起诉，所以把这种法院名誉之为“泥足法院”。商人法院的判决无疑是商事法院的重要渊源之一。

（4）城市法的特征。通过以上分析，可以看出城市法有以下主要特征。

① 宪法性，这主要体现为城市立法权利的渊源来源于国王的特许状或宪法性的文件，尤其自治市有权征税、铸币、设定度量衡，甚至可设立法庭，这些都是宪法性的权力。

② 公有性，城市法属共同体法，城市共同体一般被称为一个公社（commune），1077 年在佛兰德尔城首先成立了“第一个康布雷公社”，[①] 以后在大多数城市都建立了公社，它是在城市中建立起的独具特色的组织制度，是一个“社会共同体”，是一个“法人”。[②]

③ 世俗性，这主要是指这些城市法与古希腊、古罗马城市相比，它不承担维护宗教信仰的责任，在城市法中不含宗教法。不过，这不意味着市民就脱离了宗教，相反，他们认为“城市法的发展归耶稣基督”。

④ 习惯性，当时的城市法仍然以习惯法为基础。

⑤ 经济性，中世纪城市法主要是围绕着商品流通关系、土地、房屋和其他动产的买卖、租赁、抵押、借贷、代理等内容，并向商品流通自由、人身自由、经营自由方向发展。

总之，城市法属造反法，它主要是造领主、主教、王室乃至专制行会阻碍贸易自由之反。正如泰格在《法律与资本主义的兴起》一书中所说，“约在公元 1000 年左右，商人在西欧初次出现时，把他们形象地称为 piespoudreux——泥腿子。正是这些‘泥腿子’——商人充当造反派。用教皇的话来说，革命派都是所谓 burgenses——布尔乔亚。”[③]

2. 海商法

人类的活动自古以来除陆上外，还包括海上活动。中世纪欧洲的经济贸易活动主要以

---

① 亨利·皮雷纳：《中世纪的城市》，商务印书馆，2006 年版，第 113 页。

② 同上，第 115 页。

③ 泰格·利维：《法律与资本主义的兴起》，学林出版社，1996 年版，第 1 页。

地中海、大西洋和北海等水域为中心。这其中有3个主要原因：一是海上运输成本低；二是海上运输关卡少、苛捐杂税少；三是海上贸易更适应跨地区、跨城市、跨国界的需要。所以在中世纪海上贸易较发达，而且有它特殊的法律制度。

由于长期的海上贸易，自然形成许多贸易习惯和惯例。而且早在公元前3世纪就已形成《罗得海法》。后在公元8世纪初，又被东罗马帝国新编成《罗德海事法典》。到9世纪又制定了《巴西尔法典》，进一步对海事问题作了规定。意大利海岸的阿马尔菲共和国制定的海事性质的《阿马尔菲法典》被意大利所有城市共和国所承认。更为重要的是所谓"中世纪的三大海法"：一是大约1150年制定的《奥列隆法》(The Rules of Oleron)，它是以法国大西洋沿岸岛屿奥列隆市海事法院的判决为内容的汇编，主要适用于大西洋沿岸各海港城镇；二是1350年制定的《维斯比法》(The law of Wisbuy)，由于该法是在瑞典里特兰岛的维斯比城港制定的，因此以此命名，主要适用于波罗的海和北海地区；三是在公元14世纪制定的《康索拉度法》(Consolato del Mare)，该法是在西班牙巴塞罗那由康索拉度法官写成，故以此命名，主要汇集了地中海西岸海事习惯和海事惯例，主要适用于地中海沿岸。此外，英国为发展对外贸易和海外殖民，1381～1532年制定了一系列海事法，被称为《海事黑皮书》。据说是查理一世从圣地带回的《罗得法》在英国的适用，还有1591年制定的《汉萨海上规则》，主要适用于汉萨同盟成员。到17世纪，一些国家已开始制定海商法典，如1667年《瑞典克里斯蒂安十一世海商法典》、1681年法国《海事敕令》、1683年丹麦制定的《海商法典》。这些海商法典的内容主要是对船舶、船长、海员的权利义务、海上运输契约、海难救助以及共同海损等规定。总之，海商法是商法的重要渊源，如果说商法始于中世纪的商人法，不如说商法始于海商法。

3. 教会法

在中世纪欧洲有三大势力集团：一是以贵族为中心的世俗政权势力，二是教会势力，三是城市中以大工商阶级为主的行会势力。三者既相互斗争，又相互利用。中世纪的教会在经济、政治、思想上都有很大的势力。教会在政治上有严密的行政组织，在经济上拥有1/3的土地，还有征税权、立法权和司法权。在政教关系上，在公元4世纪基督教已被罗马帝国定为国教，并认为国家主要是保卫疆土、维持自安。举凡慈善事业、教育事业、财产关系、婚姻关系皆为教会职务。主教与方丈乃皇室官吏，以襄助其如何行使权利和推行政治。

教会法又称寺院法，它建立在以《圣经》为基础的一系列教律、教令和教会法院的判决所组成的法律体系上。其公认的法律渊源主要包括《新约全书》、《使徒教律》、各种教令集，如五世纪罗马教士狄奥尼修所编《教皇教令集》。12世纪初由格拉提安所编的《历代教律提要》，称为第一部寺院法典，主要是教会法院的判决。1234年教皇格列高利九世又新编《官刊教令集》，1582年又编《寺院法大全》，直到1917年统编《天主教法典》，这些都是教会法院适用教会法和研究教会法的主要依据。

教会法中的另一部分是随着7世纪阿拉伯统一国家形成的伊斯兰法，它以《古兰经》为主要渊源，它的基本信条是独信真主，它对穆斯林的教务、社会、婚姻家庭都做了规定。该法在亚、非、欧传播很广，从而形成伊斯兰法系。

教会法的内容主要包括：①教会侧重于财产——如农产品的什一税、慈善性遗赠、教会土地和建筑物的占有、使用、处分的权利。②教会的权限——任命教职人员的职位、解决教士间的纠纷。③教会与世俗的关系(含商事关系)。④犯罪——应科处的补赎。⑤婚姻家庭关系。

教会是一个以精神信仰为主的社团共同体。教会法是建立在泛灵论(神学)基础上，但又世俗化了的一种法律秩序的追求。它是社会政治经济意认形态万流归宗的必然结果。最初，教会(基督教)在精神方面，乃代表一种对旧世界日趋堕落腐化之有力反动，后来教会在蛮族国家中已成为“古代世界文化籍以直接输入近代世界所必需的桥梁”。[①] 宗教的隐喻为西方法律的隐喻奠定了基础。宗教隐喻观念认为前天的隐喻便是昨天的推理和今天的概念。西方法律体系的基本制度、概念和机制都是从宗教仪式、圣礼及学说的隐喻中衍生出来的。

教会法除坚持神灵拯救思想外，它也吸收了罗马法的一些原则。并也受自然法影响，所以教会法院适用于教会事务，又适用于世俗事务，也是中世纪重要的商事法律制度。本来商业的营利观与教会的禁欲主义是相互冲突的，但教会与世俗在事实上又相互妥协。基督教生活能与农业活动和平相处，同样它与商业活动也能和谐相处。尤其教会它能够从它自身的商业活动中获利，因而它也证明了商人阶级许多做法的合理性。[②]教会认为“建立在高尚协议基础之上的合法贸易有别于建立在贪婪基础上的非法贸易；建立在满足合法需求基础上的贸易有别于建立在纯粹自私自利或欺诈基础上的贸易；合法的收取利息有别于高利贷；公平的价格有别于不公平的价格。”[③] 尤其教会法规定：“有关买卖、赠与等法律行为须经僧侣做成文书，托寺院管理。”同时还有许多限制性规定，如严禁放高利贷，不准借款经商等。尤其教会法所确立的经济道德准则，如诚实信用观念，公平交易观念，反欺诈观念，以及恪守协议的观念等，这些都是商事活动应遵循的基本准则，后来都被商法所吸收。另外，教会契约法除了适用各教会团体之间的经济交往外，还适用教会与世俗之间、世俗与世俗之间的经济交往。教会契约法中最重要的一项原则是各种协议必须遵“信义保证”。这既是一项教规，又是一项法规，更重要的是认可了“无名契约”。如某物交换某物(do ut des)，以某物交换某事(do ut facias)，以某事交换某物(facias do des)和以某事交换某事(facias do facias)，这些规定对促进商事交往起了重要的推动作用。同时许多商事纠纷往往通过教会法院适用教会法进行审理，认为商事活动只要按教会法的原则去进行，法律就是商业活动和灵魂拯救之间的一座桥梁，这样商业也就成为拯救世俗的一条新途径。

---

① ［美］孟罗·斯密：《欧陆法律发达史》，中国政治大学出版社，2003年版，第279页。

② ［美］哈罗德·丁·伯尔曼：《法律与革命》，中国大百科全书出版社，1993年版，第410页。

③ 同上，第412页。

4. 王室法

到中世纪晚期，欧洲各独立民族国家逐渐形成，从而建立起中央集权的封建专制王国。在这之前行政区域支离破碎，国家权力基本被领主、教会和行会所瓜分，国王只是有名无实，所以各地各有自己的税收制度、货币制度及度量衡制度，甚至各有各的立法和司法制度，加之关卡林立、苛捐杂税丛生、骑士的拦路抢劫已成职业，这种情况既严重阻碍工商业的发展，又不利于统一政令的实施。当民族国家形成后，尤其新型工商业阶级更希望建立统一的中央政权。如果说领主政权的阶级支持力量是贵族阶级，那么在中世纪的专制政权的阶级支持力量则主要是新兴的工商阶级。可以说从 11 世纪开始，整个这一时期君权与商人的关系，亲密的时候可算较多，因为双方的目标都可由同一巩固的统一政策促成。① 这时，对于商人，国王成为重要的同盟；对于国王，商人成为重要的筹款工具。

这种专制王权除有阶级力量支持外，在理论上也受到鼓动。如但丁的君权神授说，马基亚维里的专制君王说，波丁的君权世袭说，还有霍布斯的君权神圣说，从而使国王成为王权的化身。加之从东方输入火药和枪炮，三箭齐发向地方主义开火，从而形成封建专制政权。如英国从条顿王朝(1485—1603 年)就建立专制政权，直到查理一世(1625—1640 年)垮台。法国从路易九世(1226—1270 年)建立君主制，到路易十四时期，专制政权达到极点。西班牙从 15 世纪民族国家建立，专制政权也已形成。专制政权建立后，政府权利大大扩张，其中法律权力的扩张更具重要意义。他们把建立全国统一法律体系和司法体制，实行统一新的立法并加以强制实施作为一种绝对权力。其中与商法有关的如下。

① 首先把征税权、货币铸造权、度量衡制定权以及经济贸易的管理权、监督权都统一集中到中央政府手里，并加以改革。

② 禁止私斗，以保护人身财产安全。

③ 把城市置于王室的控制和保护之下，免受领主和教主的侵犯。

④ 坚决保护各条商路的畅通，如在十字军东征后，意大利人广集资财，建立海上船队，从阿拉伯人手中夺回了地中海商路控制权。

⑤ 加强对商人的管理和保护，使商人不受外来竞争者的侵犯，以增加外汇收入，以此作为国际收支结算能有盈余的保证。

⑥ 在国外建立领事，以专门保护商人。

⑦ 立法使土地使用权与政治控制权分离，这是中世纪的重要问题，如法国一些地方的修道院既是土地的所有者，又是行政、司法的控制者，后从法制上使其分离，尤其在英国被诺曼底人——威廉征服后(1066 年)就把地主土地所有制与国家进一步得到分离，从而对贸易和商人的种种封建壁垒被推倒。

⑧ 设立专门的商事法庭。如英国曾在普通法院使用普通法审理商事纠纷案，很费周

---

① ［美］泰格：《法律与资本主义的兴起》，学林出版社，1996 年版，第 18 页。

折，而且还需要国王批准。所以后来国王特许批准在建立贸易大集市时，便同时批准建立“集市法庭”，专门审理国内外商人之间的纠纷。这种商人法庭在中世纪后期英国各大港口和城市普遍建立。

⑨ 英国在《大宪章》中对市民和商人阶级的利益得到宪法性的保护。在爱德华一世(1399—1485 年) 统治时期(号称是英国的查士丁尼)，进行了一系列大量改革性立法。1357 年设立“理财法院”，1368 年成立“四季法庭”，使商人利益得到进一步保护。在欧洲其他国家也都仿效英国模式，使国王与商人结成联盟。

⑩ 罗马法的复兴。随着王权的加强，工商业的大力发展，对法律的需求推出了新的要求。但原有地方法和教会法远不能满足新的经济发展的需要，从而为罗马法的复兴提供了机遇。随着罗马法的复兴，使教会法大大削弱，这更有利于商法的发展和商人的地位受到尊重。对王室来说，更能做到有法可循。

经以上措施后，国王与商人的联盟得到发展。这样商人支持国王的立法和司法权力，以期使商贸活动在广泛的地域能获得法律统一保护。商人获得利益后，便向国王报以捐税和关税，甚至在很多情况下给国王以巨额贷款。国王得到商人在财力上的各种支持后，便有利于推行对内对地方主义的斗争，对外推行军事扩张政策。这类政策推行后，又给商人开辟了许多原料供给市场和商品销售市场，如十字军东征就是最好的例证。王室与商人的结盟以苏格兰最为典型和有效。甚至发展到 1504 年苏格兰竟有法律规定，只有商人才能在市镇任公职。不过，王室及其王室法对商人的保护始终是有限的，商人作为王室的筹款工具也是有限的。当到了中世纪末期，商人阶级发展为新兴商业资产阶级的时候，他们再不愿做王室的同路人，王室法已成为商业发展的桎梏，封建王室阶级又成了商业资产阶级造反的对象，这就是历史的辩证法。

2.2.3 中世纪商法的特点

1）在价值取向上坚持属人主义

即从商人主义出发，以维护商人利益为中心。商人阶级在 11 世纪已正式形成，而且已得到法律的确认。这是商法正式在中世纪形成最重要的原因。商人作为一个集团，在法庭上以及在交易中每个成员在理论上都有援用“自己的”法律的权利。虽然在领主法、王室法中法律已由属人主义过渡到属地主义，但商人因有其特殊身份，因此商法的“个人性”特征在中世纪甚至以后一直被保留下来。

2）法律渊源的多元性

中世纪商法既有城市自治法，又有国家强制法；既有世俗法，又有教会法；既有陆上法，又有海商法；既有习惯法，又有成文法形成法律综合群。但在中世纪尚无独立的统一的商法典。

3）非系统性

中世纪的商事活动主要限于商品交易买卖，技术性、专业性还不很强，因而既缺乏完整科学的商主体法律体系，更缺乏完整科学的商行为法律体系。

4）国际性

中世纪商法一开始就具有很强的国际性，尤其是海商法律制度基本上是一些国际航行规则。

5）创新性

一系列新制度开始创建，如商事合伙、商事公司、商事代理、商业票据、商业保险、商业信用、商业簿记、仓单、提单、共同海损、海商、商事契约等制度已得到确立和进一步发展。动产与不动产已截然分开，承认口头协议的有效性和适销(marchandies loyale)默示保证制度，在票据法中创立了无因契约理论，金融证券业务已开始建立，已产生了破产制度等。由于这些商事特殊制度的建立，所以说中世纪是商法的正式形成时期。

2.3 近代商业法

史学界一般认为从1640年英国资产阶级革命到第二次世界大战结束称为近代社会。商法史上的近代商法是以法王路易十四于1673年颁布的《商事敕令》为标志，它是商事法由诸法合一走向独立的法典化的重要时期。

2.3.1 近代商法建立的历史社会背景

近代社会人类活动的主题是向“旧制度宣战”。科学技术得到突飞猛进的发展，产业革命取得胜利、资本主义制度在世界范围内普遍兴起，经济活动由以城市为中心转移到以国家为中心，人类的文明进步在各个领域取得辉煌成就，马克思主义和社会主义制度也在这时兴起，航海、贸易和殖民仍然是这一时期活动的重要内容。商事活动在经营理念、经营机制、组织形式、交易方式、活动范围、职能分工以及商业的横向联系和纵向连接等方面都发生了一系列重大变化。这样在商品流通领域就出现了由不同经营实体所组成的物流、商流、信息流和资本流各大系统，从而也就出现了大商业、大市场、大流通的新格局。这一切革命性的变革为推动商事立法的统一化、国家化、独立化和国际化奠定了基础。历史总是对过去和现在的认识，在每段历史时间内都有特定的支撑它的各种因素和转瞬即逝的因素。下面着重介绍近代商法产生的几个重要因素。

(1) 资本主义的确立为近代商法的建立奠定了政治、经济和人文环境。

史学家们认为，人类在11、12世纪就奠定了商业资本主义的基础。我国学者陶希圣甚至断定，“唐代社会是商业资本主义性质”。① “但仅有商业资本主义还不是资本主义，

① 顾准：《顾准文集》，贵州人民出版社，1994年版，第315页。

真正的资本主义是以工业革命为标志的”。[1] 资本主义是以追求私人物质利益最大化为动力，以科技为手段，以民主自由为口号，以垄断为基础，以法权为武器，在 17 世纪发展起来的一种新的不平等的上层建筑现象。形成资本主义要有 4 个基本条件：一是生产资料为私人所有；二是劳动雇佣关系得到广泛建立；三是资本能自由流通；四是资本主义要拼命依靠法律和事实进行统治和垄断。“资本”是一个动态概念，它是以营利为目的，投入到生产、经营等社会再生产过程中不断运动和增值的财产。一切不加利用，不进行增值的财产都不是资本。资本与资本家是紧密联系的。资本的流通虽然很大，它总是物，是实体。但要不断运动，尤其要把它投入到有效的经济领域，进行优化配置，还得要靠人。资本家就是把资本投入到有效领域使之增值的主持人。资本家实际是形形色色的大商人。

资本主义一般认为是在工业革命后就已出现，但资本主义这一概念最早是在 1902 年威纳尔·桑巴特的名著《论近代资本主义》中才正式出笼。[2]

资本主义是一个“经济世界”，它是由大批大商人、大实业家、大金融家编织在一起的一本万利的交易网。他们的经营活动已远远超出城邦而在世界范围内进行竞争。资本主义最大的特点是经济自由主义和贸易自由。这种经济的进步性，说到底就是交换的发展不断带动生产的发展，物质日益丰富。所以说资本主义是以形形色色的交易活动所编成的一个万花筒世界。它造就了商法发展的良好环境，它本身也更需商法来维持这一世界交易秩序。严格地说，只有资本主义自由经济的经营方式和理念最需要商法，商法也只有在民主政体和自由经济体制下才能得到有效发展。可以说商法与资本主义自由经济有着内在的必然的相依为命的关系，这是了解近代商法的一把新的钥匙。

（2）近代统一民族国家的形成进一步推动了商法的发展。

在经济世界中，一些国家逐渐由过去的以城市和农村为中心的经济，转到以民族市场和民族经济为中心的新时代，即进行了民族市场革命。在 18 世纪以前，欧洲的经济主要是受一些大城市——如威尼斯、安特卫普、热那亚、阿姆斯特丹、巴黎、伦敦等控制。如阿姆斯特丹从 17 世纪初开始成为欧洲城市和经济中心的灯塔，照亮了从安得列斯群岛到日本海的整个世界。它牢牢控制着从北方(波罗的海)运往地中海的商品，并控制着从远东运来的香料、绸缎、瓷器等产品。这种控制地位持续了 150 多年。

从 18 世纪中叶开始，被人们称为欧洲的启蒙时代和新时代，即以城市为中心统治的时代逐渐转移到以民族市场、民族经济和以国家为中心的时代。国家根据物质生活的需要，把一块政治地域改造成统一协调的经济地域，使各项活动都朝着一个方向发展。[3] 这一革命以英国为旗帜。英国从近代起进行了一系列革命——如农业革命、金融革命、工业革命以及市场革命。英格兰 1707 年与苏格兰实现了统一，于 1801 年又实现了与爱尔兰的

---

① ［法］费尔南·布罗代尔：《资本主义论丛》，中央编译出版社，1997 年版，第 15 页。

② ［法］费尔南·布罗代尔：《资本主义论丛》，中央编译出版社，1997 年版，第 85 页。

③ ［法］费尔南·布罗代尔：《资本主义论丛》，中央编译出版社，1997 年版，第 111 页。

最后统一。英格兰又率先实现民族市场革命，其中伦敦市场革命最为成功，它能根据本国大商人的需要安排英格兰市场和法律。法国在17世纪后期民族经济和民族市场也已形成，尤其在大革命后，更进一步追求法律的统一，所以率先创立了统一的《商法典》。荷兰自1565年推翻西班牙在尼德兰的统治，于1579年建立世界上第一个共和制国家后，就形成民族市场和民族经济。葡萄牙、西班牙自13世纪初推翻哥多瓦回教统治后，也形成自己独立的民族经济。

民族国家形成后，在政治上都成了主权国家。为了行使主权，便纷纷制定适合本国国情的商事法，以摆脱习惯法和教会法的约束，这可说是商法由中世纪的国际法属性向国内法发展的一个新“拐点”。同时，民族国家形成后，商业资产阶级也逐步走上政治舞台，这时的商法也以反映他们的利益和愿望为主。

总之，民族国家的形成为制定国家统一的商法奠定了国家基础。

(3) 重商主义的继续推行和新的自由贸易理论的产生，是近代商法建立和发展的理论之源，又是近代商法的政策之本。这已在1.3.1小节中作了论述，在此不再赘述。

(4) 产业革命的兴起，为商法的发展奠定了坚实的科学技术基础。

产业革命起源于18世纪60年代，这是近代社会又一重大历史事件。在人类的历史长河中追求生产力的发展从未停止过。但自18世纪以来技术革命取得了突飞猛进的发展，而且许多技术创新都引起了连锁反应，如蒸汽机的发明推动了轮船、火车、飞机、汽车等新型交通运输工具和机床机械的产生；电的发现和运用提供了新的光源和能源，从而大大降低了生产成本、扩大了市场，给工业生产最大的推动力。正如恩格斯所说，“分工、电力、特别是蒸汽力的利用，这就是从18世纪中叶起工业用来摇撼旧世界基础的3个稳定的杠杆”。产业革命的结果是：社会生产力得到大大的提高，商品的供给大大增加，城市人口大大增加，社会消费不断扩大，整个社会经济活动由以农业为中心转向以工业、商业为中心。

(5) 商人阶级的地位和作用日益提高。

早期商人对于生产方式，只纯属“外在”的关系，即单纯的买卖活动。在工业革命后，商人开始对生产直接投资，最终将制造成品的各个过程整合。[①] 从而完全夺取了生产领导权，并在经济上使生产者服从自己。……正因为如此，它在文明时期便取得了愈来愈荣誉的地位和对生产愈来愈大的统治权。[②] 同时出现了新的经济贸易理论——主要是亚当·斯密(1723年—1790年)和大卫·李嘉图(1772—1823年)建立起来的自由主义经济理论为基础的政治经济学理论。总之，近代社会为商法的法典化培植了优良的土壤和环境，是商法史上的里程碑时期。

---

① ［美］泰格：《法律与资本主义的兴起》，学林出版社，1996年版，第85页。

② 《马克思恩格斯选集》，第四卷，人民出版社，1966年版，第152页。

2.3.2 近代商法的主要国家

近代商法以法国、德国、英国的商事立法为主要代表，并形成三大商法法系，分别见表2-1～表2-3。

表2-1 法国商法法系的国家

国　别	法典名称	立法时间	立法体例	备　注
法国	商法典	1807年	民商分立	
比利时	商法典	1811年	民商分立	仿法
卢森堡	商法典	1811年	民商分立	仿法
西班牙	商法典	1829年	民商分立	仿法
葡萄牙	商法典	1832年	民商分立	仿法
荷兰	商法典	1838年	民商分立	仿法
希腊	商法典	1835年	民商分立	仿法
意大利	商法典	1865年	民商分立	1942年改民商合一
俄罗斯	商法典	1835年	民商分立	十月革命后被废止
土耳其	商法典	1850年	民商分立	仿法
伊拉克	商法典	1943年	民商分立	仿法
伊朗	商法典	1939年	民商分立	仿法
塞尔维亚	商法典	1860年	民商分立	仿法
匈牙利	商法典	1844年	民商分立	仿法
保加利亚	商法典		民商分立	1951年被废除
马耳他	商法典	1857年	民商分立	仿法
巴西	商法典	1850年	民商分立	依法
阿根廷	商法典	1859年	民商分立	仿法
智利	商法典	1867年	民商分立	仿法
秘鲁	商法典	1902年	民商分立	仿法
古巴	商法典	1885年	民商分立	仿西班牙
玻利维亚	商法典	1834年	民商分立	仿西班牙

（续）

国　　别	法典名称	立法时间	立法体例	备　　注
哥斯达黎加	商法典	1855 年	民商分立	仿西班牙
厄瓜多尔	商法典	1906 年	民商分立	仿西班牙
卢旺达	商法典		民商分立	仿比利时
多米尼加	商法典	1884 年	民商分立	仿法
海地	商法典	1856 年	民商分立	仿法
洪都拉斯	商法典	1880 年	民商分立	仿法
墨西哥	商法典	1889 年	民商分立	仿西班牙和意大利
阿尔及利亚	商法典		民商分立	适用法国商法
多哥	商法典		民商分立	适用法国商法
赤道几内亚	商法典	1889 年	民商分立	适用法国商法
津巴布韦	商法典		民商分立	适用法国商法
纳米比亚	商法典		民商分立	适用法国商法
埃及	商法典	1883 年	民商分立	仿法
伊朗	商法典	1939 年	民商分立	仿法
印度尼西亚	商法典	1847 年	民商分立	仿荷兰

表 2－2　德国商法法系的国家

国　　别	法典名称	立法时间	立法体例	备　　注
德国	商法典	1900 年	民商分立	
奥地利	商法典	1862 年	民商分立	仿德
日本	商法典	1890 年	民商分立	仿德
韩国	商法典	1960 年	民商分立	仿日
泰国	《民事和商事法典》	1935 年	民商平行	仿法、德、日
列支敦士登	《关于任何商业组织法》	1922 年	民商分立	仿德
瑞典	无独立商法典	仿德国商法制定各种单行商事法		
冰岛	无独立商法典	同上		
丹麦	无独立商法典	同上		
挪威	无独立商法典	同上		

表 2-3　英美商法法系(仅列成文法)

国　别	商法名称	备　注
英国	《航海法》	1381 年、1483 年、1532 年称“海上黑皮书”
	《航海法》	1650 年、1660 年、1696 年
	《商船法》	1854 年
	《海上货物运输法》	1924 年；根据 1924 年《统一提单国际公约》制定
	《海上货物运输法》	1971 年
	《货物销售法》	1893 年
	《公司法》	1862 年
	《票据法》	1882 年
	《破产法》	1914 年
美国	《统一买卖法》	1906 年
	《统一流通票据法》	1896 年
	《统一商事公司法》	1920 年
	《统一合伙法》	1909 年
	《美国统一商法典》	1952 年
加拿大	多种单行商事法	适用英国法
澳大利亚	同上	适用英国法
新西兰	同上	适用英国法
圭亚那	同上	同上
几内亚	同上	同上
加纳	同上	同上
肯尼迪	同上	同上
马拉维	同上	同上
尼日利亚	同上	同上
赞比亚	同上	同上
印度	《商(经济) 法》	1950 年后由英国法转换
巴基斯坦	单行商事法	受英国法影响
马来西亚	单行商事法	受英、日商法影响
阿富汗	商法典	1955 年，受英国法影响
科威特	商法典	1961 年，受英国法影响
尼泊尔	商法	受印度法影响

2.3.3 近代商法的特点和缺陷

(1) 近代商法在本质上属“商业法”，主要的还是属管制型法律，还不完全是自治型的法律。近代商法在立法理念上，主要是从自然法理念出发，按照秩序和正义的概念，将商事关系制度化和系统化。认为国家对各种活动的管制是自然的、不可改变的，甚至认为依照习俗，已婚妇女受丈夫的管辖是自然法。根据这种观念，所以法律规定，创办公司必须要经过国家特许。经商还存在许多限制和禁令，尤其存在严重的关税壁垒。

(2) 近代商法是对传统习惯进行改造，转向以成文法为主，商法已开始独立化，并出现了商法法典化的热潮。

(3) 近代商法是以资本主义经济为基础，还不是以市场经济为基础的，所以推行的是以垄断为主。虽然也存在竞争，但还不是完全的竞争和公平的竞争。

(4) 近代商法仍具有很强的商人性。只是它与中世纪商人法的属人性有所不同而已。中世纪的商人法是纯粹的属人主义的法。一是它主要适用于商人；二是主要适用于本地人或小邦国的人或本同盟的人。近代商人法的属人性主要体现为民族性和国内性，只不过是放大了的属人法而已。另外，在制度设计上，体现为主要以规范商事主体制度为主。如商事登记、商号、商业账簿、商事营业、商事组织、商业破产等。有关商行为的内容相对较弱。这样在目的和使命上，商业法仍属职业法和阶级法，同时也就免不了“有时是特权法、有时是嫌疑法，从而属主观法”。①

(5) 在功能和方法上还不是综合的，尤其是在法律观上，仍然受传统的法律规则规范性主宰。在范围上还没有把国内、国际贸易关系，公法和私法进行有机结合。在方法论上，还是以法律自身的规范性为主，而尚未转向以法律的技术性和社会组织功能为主。在适用范围上，商业法还不能满足工业、农业经营、不动产买卖，更不用说对信贷、租赁等内容。

(6) 还具有一定的殖民性和封建性。如英国的海上运输法规定，凡是运往英国和运出英国的货物，以及英国殖民地货物的运输只能由英国船只运输，否则货物一律没收。这类规定直到 1924 年颁布新的《海上货物运输法》时才被删掉。如《法国商法典》第 4 条原规定：“妇不得夫之许诺，不得为商人。”这条规定一直到 20 世纪 60 年代才被废除。我国《大清商律》中还规定：“家无男丁或本商病废”，女子方可经商。已婚妇女经商除需经丈夫准许外，还要报商部备案。这些殖民性和封建性的内容，给近代商法蒙上阴影。

2.4 现代商法

现代社会是指以第二次世界大战以后至现在，主要以美国于 1952 年公布的《统一商

① ［法］克洛德・商波：《商法》，商务印书馆，1998 年，第 23 页。

法典》为代表。

2.4.1 现代社会的重大变化

(1) 首先出现了社会主义阵营。随之，在这些国家里，商法被认为是资本主义或市场经济的法律，因而被消灭。不仅取消了这方面的法律制度，就是商法课程也被禁止开设。直到20世纪末，社会主义阵营解体后，商法才又在这些国家复兴。

(2) 殖民体系的瓦解，新的民族独立国家纷纷形成。这些国家都建立起了本国的商事法律制度，从而使商法在广阔的国际空间得到发展，闭关锁国的局面基本被打破。

(3) 现代社会经济发展的基本趋势是社会更加商业化，每个人都离不开交易，要把社会所有的人都纳入一个统一的交换经济过程之中。能适应这种“大众经济”“大众民主”需要的只能是统一的法律秩序，以减少交易摩擦，降低交易成本，从而使商贸法律制度日趋统一。尤其“世界贸易组织”的成立，进一步促进了统一发展的趋势。

2.4.2 现代商法的主要特点

1) 回应型

现代商法属回应型商法。所谓回应型是指不是把原来的近代商法全部废除，而是为了回应社会经济贸易新的需求，将原有商法进行不断修改、补充，使之与时俱进，能不断满足新的实际和需要。如我国澳门地区，在回归祖国时对原《商法典》进行修改，澳门政府在修改令中开宗名义地指出：“现核准之《商法典》系对规范商业活动之私法法律制度本地化及现代化之需要做出回应。”① 其他国家的商法莫不如此，就是美国制定的《统一商法典》还是为回应社会现实的实际需要。回应型法的目的追求在于能使法律与时俱进地进行变革。这种变革的源泉既能以原有法律秩序之内开挖出来，又能增加新的血液，并能保持法律制度的连续性。同时，回应型法既能保持国家法律制度秩序化机制，又能使民间商事习惯有序化机制得到发展。另外，从目的性讲，在法律制度的推理中，立法目的的权威性将进一步加强，使目的对制度更具有引导作用。目的既可设立批判即存制度的基准，又可缓和服从法律的义务，同时目的还可制约行政裁量，从而也可缓和制度屈服于社会“压力”的危险。总之，回应型法可以抛弃压制型法和自治型法的弊端，改变法学方法论上自然法与实证法二元对立的格局，赋予国家制度以自我修正的精神。因此，它既是一种社会变革法律的模式，又是一种法律变革的政策模式。

2) 市场经济型

前面讲过近代商法是建立在资本主义经济基础之上的法，而现代商法则是建立在市场经济基础之上的法。资本主义与市场经济既有联系又有区别。资本主义与市场经济都是近

---

① 《澳门商法典》，中国政治大学出版社，1999年版，第1页。

现代经济社会的产物。没有资本主义的肥沃土壤，也就不可能有市场经济。两者的区别主要如下。

(1) 资本主义只关心商品的交换价值；市场经济除关心商品交换价值外，还关心商品的使用价值。

(2) 资本主义交换是一种不平等的交换。虽然还有竞争，但它是一种垄断性的竞争。所以在资本主义制度下建立在平等关系基础上的交换最终导致交换的不平等。市场经济是以竞争为主导，而且追求的是一种完全的自由竞争。这样在市场经济条件下的交换是一种应然性与实然性相结合的平等交换。

(3) 资本主义是上层建筑现象，少数人现象，高海拔现象。资本主义是一种社会制度，它公开承认私有财产神圣不可侵犯。资本家始终是少数人，而且主要集中在北半球。市场经济是以追求成本和效益的均衡为己任。成本是人类选择的本质。所谓成本就是被放弃的可能性。任何经济活动都是有成本的，俗话说天下没有白吃的午餐，强调的就是成本。效益则反映人类举止的可能性。选择之后所获得的现实利益就是效益。常言说，天下没有白吃的午餐，强调的就是效益。市场经济中讲成本与效益的均衡，实际也包括利己与利他的均衡。

(4) 从游戏规则来说，资本主义的游戏规则是不平等的，因为玩游戏的熟练程度是不同的，只有极少数“玩家”才有获胜的可能；而市场经济的游戏规则是一种任何人都不占优势的规则，是站在同一起跑线上的竞争，完全凭运气决定输赢的公平游戏。①

(5) 资本主义是以国家为中心对资源进行配置；市场经济是以市场为中心对社会资源进行最优配置，所以它的法律制度更加人本化。

3) 开放型

商业和市场是无国界的，因此，反映这种要求的商法应面向世界，并对“外国人在公道上和恩德上毫无亏欠”，这是应然之理。但在过去，世界上许多国家都奉行闭关自守政策，民族之间极少交往，国与国之间毫无任何关系，人与人相聚只是打仗，相互掠夺、杀戮。随着贸易的出现，“贸易已在其发展中治好了我们那些野蛮和毁灭性偏见，它已经团结和聚合了所有各国的人。罗盘开辟了宇宙，贸易带来了文明。”② 所以现代商法为适应现实实际需要，更加国际化、开放化，并把在世界范围内实现自由贸易作为共同的盟约和宗旨，而近代商法多数刻上了民族性、国内性、垄断性、排外性、封闭性等落后的烙印。

4) 任意型

传统商法突出的属性是属商人法，而商人法在本质上属组织法。组织法往往以维护投资者的利益为主，所以在制度设计上以强制性规范为主，并具有很高的稳定性。现代商法

---

① 费尔南·布罗代尔：《资本主义论丛》，中央编辑出版社，1997年版，第12页。

② ［美］泰格：《法律与资本主义的兴起》，学林出版社，1996年版，第98页。

主要是向行为法转变，如《美国统一商法典》纯粹属行为法。而行为法要随市场的变化而变化，而市场是瞬息万变的，所以对各项制度的设计，则以任意性规范为主，就是组织法也由刚性向弹性转变。

5）效率型

传统法（含商法）主要以维护正义为主，或者以强调国家利益至上，或者以个人自由优先为主，不注意法的效率，认为效率纯粹是经济学的事，与法律无关。现代法除注重国家、个人利益和自由外，还注重维护社会整体主义和效率，使正义与自由、公平与效率得到平衡。也可说，无效率就无正义可言，实质就是使法不拘泥于形式主义。

6）多元型

传统商法主要局限于货物贸易领域，现代商法除货物贸易领域外，还扩大到对服务贸易和与贸易有关的知识产权领域的调整。除对有形财产的保护外，还加强对商誉、商号、商业外观、商业秘密等无形资产的保护。

7）技术型

现代商法技术性更强，如现代交易活动出现了网上交易、期货交易、融资交易、连锁交易、证券交易等许多新的交易领域，以及大量的国际交易，这就要求从事这些交易活动必须具有专门的知识和技能，从而这些领域的法律制度的技术含量也就愈来愈高。

8）严格型

这主要是在责任制度方面，由传统的过错责任向严格责任制度和不完全过失责任转变，如现代商业对产品责任制度、对消费者权益的保护都实行严格责任原则，在海商事领域都实行定额赔偿制。

9）自由型

在理念上现代商法更重视贸易自由，更加强调公平、公开、透明，反对歧视和差别待遇。强调国民待遇原则和最惠国待遇原则，使商法更加科学化和人性化。

2.4.3 现代商法的发展趋势

1. 统分结合的发展趋势

前面谈到在19世纪以来，在法国、德国的带动下，世界范围内出现了商法法典化的热潮。但到20世纪后期以来，随着经济的发展，社会分工愈来愈细，加之商法为适应市场经济瞬息万变的需要，其修改变动又十分频繁，所以为适应这种新的变化的需要，各国都把原来纳入商法典统一规范的内容从法典中分离出来，分别制定各种单行的商事特别法，如公司法、票据法、保险法、破产法等，从而使商法出现了分专化细的新格局，保留下来的商法典实际只具有总则或通则性质。商法这一新变化表明商法作为一个独立的部门法律体系，除商事基本法外，还包括各种相应的特别法，从而形成统分结合的新趋势。

2. 各法系相互渗透

(1) 在法律形式上相互渗透。英美法国家从20世纪以来逐渐采用成文法形式。现在英美法国家中的一些主要商事特别法，如商事合同法、公司法、票据法、保险法、破产法等都基本成文化，尤其英国的《货物买卖法》、美国的《统一商法典》等主要商事法已成文化，就是各种判例法，也通过《法律重述》使之向成文性靠近，而大陆法国家也逐渐采用"判例法"，只是各自所确立的原则和基础有所不同。

(2) 在内容上相互渗透。如在合同生效时间上，大陆法国家过去实行的是到达生效原则，而英美法国家实行的投邮生效原则。现在《联合国国际货物买卖公约》规定，统一实行到达生效原则，这样，凡承认该公约的英美法国家也遵守到达生效原则，尤其在公司法领域相互渗透的事例更多，如关于对公司资本的确立，过去大陆法国家长期实行"法定资本制"，到1937年德国在制定股份法时率先放弃了这一制度，而借鉴吸收了英美公司法的"授权资本制"，其他许多大陆法国家也都纷纷仿效。另外，英美法国家也借鉴吸收了大陆法国家的一些好经验，如英美法国家公司法规定，公司行为不能超越公司章程规定的经营目的，这叫越权原则，而大陆法国家多数无严格的越权限制。英国王座法院于1875年在一个判例中确立了废除越权原则的先例，后来美国在1943年公布的《模范商业公司法》中，澳大利亚在1895年对《公司法》的修订，加拿大在1975年的《联邦商事公司法》中都废除了越权原则，这样就减少了在国际贸易和国际投资中的法律冲突。

3. 国际化和统一化的趋势

1) 国际化趋势

商事活动自古至今就具有国际性的特点，这是因为各国在自然禀赋和科学技术上存在差异，不得不互通有无。尤其到了现代社会，由于交通和通讯工具的日益发展，更进一步促进了世界经济的一体化进程。在这种情况下，单凭一国一地的惯例和法律很难满足这种复杂的需要，即使求助一般法律冲突规则，也并非在一切情况下能取得令人满意的效果。所以现在的一些有识之士提出要制定一整套新的国际商事法规则，他们把这种法称为跨国法或现代商人法，并认为这种法既不属国内法，也不属国际公法，而属于第三种法律秩序。这种主张现在在法国、英国、德国、奥地利、瑞士和美国都展开了研究，尤其像英国法学家、社会活动家C·M·施米托夫，毕生致力于建立统一的国际贸易的理论研究和实践活动。他说："我们正在重新发现商法的国际性。国际法——国内法——国际法这个发展圈子已经自行完成。各国商法的总趋势是摆脱国内法的限制，朝着普遍性和国际性概念的国际贸易法的方向发展。"① 他的这一论断得到许多国家法学家的赞同。

---

① [美] Clive M Schmitthoffs: Select Essavs on International Trade Law, Kluwer Academie Publishers, 1988, P27.

2）统一化趋势

商法的统一化经历了中世纪的初始阶段；19世纪以来到第二次世界大战结束的形成阶段和现代社会的大力发展阶段。推动统一化发展的力量主要靠各种国际法组织，包括政府组织和非政府组织。前者如联合国贸易法委员会、国际统一私法协会、海牙国际私法会议。后者如国际商会、国际海事委员会等。尤其“关税贸易总协定”（GATT）和“世界贸易组织”（WTO）对推动国际商事法律制度的统一起了重要的推动作用。

在国际商事统一法的成就方面主要包括以下内容。

（1）在国际货物贸易方面的主要成就如下。

① 制定了进行国际货物贸易的一系列基本原则，如自然资源永久性原则、贸易自由原则、最惠国待遇原则、国民待遇原则、关税减让原则等。

② 制定较完整影响较大的货物买卖统一规则，如1980年《联合国国际货物买卖公约》。

③ 在国际货物运输方面，有《海牙维斯比规则》（1968年通过）、《联合国海上货物运输公约》（汉堡规则，1978年通过），此外，还有国际航空、国际铁路、国际公路、国际货物多式联运等方面的公约和协定。

④ 在国际票据统一规则方面，有国际联盟理事会1931年制定的《统一支票法公约》、1932年制定的《统一汇票、本票法公约》、1933年国际商会公布的《商业跟单信用证统一规则》和《托收统一规则》。1988年联合国国际贸易委员会又制定了《国际汇票和本票统一公约》。

⑤ 在国际货物价格方面，国际商会于1990年公布了《国际贸易术语解释》。

⑥ 在货物保险方面，有《伦敦货物保险条例》（1982年修订）。

⑦ 在国际货物买卖代理方面，有国际统一私法协会1983年通过的《国际货物买卖代理公约》、1988年通过的《国际保护代理公约》。

⑧ 在统一商事主体制度方面有《承认外国公司、社会和财团法律人格的公约》（海牙，1956年）、《关于相互承认公司和法人社团的公约》（布鲁塞尔，1968年）。

⑨ 在适用法律方面，有国际统一私法协会制定的《国际货物买卖适用法律公约》和《国际货物买卖合同适用法律公约》。

此外，还有适用各地区的统一规则，如关于欧洲公司的各种指令等。以上所举国际贸易方面的统一法律制度，为发展国际贸易、减少交易成本、提高经济效益、提供安全保障和信息预测起了重要作用。

（2）在服务贸易领域有“服务贸易总协定”“国际货币基金协定”“国际复兴开发银行协定”“国际金融公司”等。

（3）与贸易有关的知识产权领域有“保护工业产权巴黎公约”“专利合作公约”“世界版权公约”“商标国际注册马德里公约”“与贸易有关的知识产权协议”等。

2.5 国外主要商事法律制度

2.5.1 法国商法

1. 法国商法的历史概述

法国原来的法律制度是不统一的。在南部主要受罗马法影响并作为该地区的习惯而适用于所有人。在北部主要受日耳曼、法兰克习惯法支配。① 法兰西国家在1600年形成后，就致力于统一国家的法律制度。拿破仑民商法典的问世是这一统一追求的重要标志。在大陆法系国家中近代商法主要由法国肇起，其主要原因是：法国商品经济发展较早而且发展很快；法国又是重商主义的大力的推行者，以国王路易十四及其大臣柯尔培尔以及后来的拿破仑都高度重视法制建设；加之法国在近代产生了"第三等级"这一新的社会中坚力量，其中富有的资产阶级开始坚决要求享有单独的独立身份。法国还有较成熟的商事审判实践经验，它早在1563年就成立了专门的商事法院，并用法律把它固定下来。同时法国在商法理论研究方面起步也较早，如在1675年就有《论完全商人》的专著问世，法国又有深厚的人文主义思想底蕴。在这些诸多有利的情况下，正如孟德斯鸠所强调的，"贸易的自然效果是和平……跟随贸易精神而来的是……法律和秩序……要保持贸易精神，要让这种精神单独支配一切，不受任何其他精神阻挠，还要让所有法律有利于它"。所以在法国率先使商法单独化、独立化是内在的自然之事。因此，这种以保护商人精神、贸易自由和独立的自然之法，自建立以来，几百年经久不衰。

法国近代商法主要是从路易十四财政大臣柯尔培尔为政时期(1661—1683年)逐渐展开。柯尔培尔仿效英国和荷兰竭力推行重商主义政策，大力发展新式贸易(如兴办百货商店和殖民地公司）和制造业。这样既能使资产阶级获利，又能增强国家财政、政治和外汇的实力。路易十四曾接受他的建议，下令将一些商人惯例汇编成法典，这就是1673年颁布的《商事敕令》和1681年颁布的《海事敕令》。② 这是人类历史上最早的单独的成文的商事法。此外，还于1689年颁布了"民事诉讼法典"，1697年颁布了关于"水道和森林的法典"，这些法也使商人在商事活动中有便车可乘。

1673年的《商事敕令》共12章，122条，内容包括商人、商业登记、票据、破产、商事法院、管辖等内容。该法在适用上仍受商人习惯法支配，商事法院的法官仍由商人担任。它把1563年11月洛洛九世颁布的商事法院及交易所敕令，1578年、1609年安利四

---

① 《各国宪政制度和民商法要览》，欧洲分册（下册），法律出版社，1986年版，第117页。

② 作者注："敕令"是指由皇帝颁布的规范性文件；"法令"是指由议会颁布的规范性文件；"公告"是指由政府颁布的规范性文件。

世颁布的破产敕令都吸收在内。该法典由老商人——沙华利参与起草，所以有商人法典(code merchant)或沙华利法典(code savay)之称。它是一部专门调整陆上商事活动的法律，也是后来法国商法典的主要渊源。

1681年的《海事敕令》主要适用于海商，共5编，56章，其中海商法院共14章，海员及船舶共13章，海事契约共11章，港口警察共10章，海上捕鱼共8章。该敕令在起草中由海港商人分章调查，继由起草委员会作专门调查，经十年之久，故在路易十四颁布的法律最为完整，后成为各国制定海商法的蓝本。制定该法的主要目的在于排除《康索拉度法》和《奥利隆法》对法国的影响，加强王室对海事活动的控制，大力发展海运事业，增强海上贸易实力，以进一步推行殖民扩张。可以说起到航海、贸易、殖民三位一体共同发展的作用。

法国大革命后，为了统一法制，国会于1790年创议制定民商法典。拿破仑执政后，把制定这两个法典和与教会签订的“政教协议”(允许教会继续存在)作为他建立政权的“中流砥柱”、“花岗石块”。在拿破仑的推动下于1804年制定了《法国民法典》。另外，由执政官政府与1801年3月1日正式成立商法起草委员会，同年12月脱稿，未获通过。至1806年，由于商业萧条，拿破仑找大臣咨询对策，众臣建议，除尽快制定商法外，别无他策。于是命专员调查，积极拟定草案，经阁议7次，终于1807年9月10日通过《法国商法典》，1808年1月1日起开始实施。可以说，法国商法的问世是法国政治、经济、社会发展的必然结果，并不是有些人所说是“拿破仑一怒之下制定的”。[①] 尽管法国商法典存在一些不足之处，但它毕竟是近代资本主义国家中第一部独立的商法典。它的价值在于不仅有较先进的理论，科学的体系，更重要的是它开创了民商分立的先河，使私法二元化，并成为许多国家制定本国商法典的蓝本，从而形成法国商法法系。

2.《法国商法典》的体例

《法国商法典》共4编，29卷，648条，这是过去的旧体例。现在的新体例是以卷统编，共4卷，14编。第1卷：商事总则，共8编，包括商人、商人会计、公司、商业注册、商品交易所和证券经纪人及居商、质押和行纪商、商行为、汇票和本票。第2卷：海商，只保存了第13编——时效，只有2条，其余均另行立法。第3卷：破产和司法清理及破产的有关犯罪行为，其余也已另行立法。第4卷：商事法院，共4编，含法院的组织、商事法庭的管辖权、商事法庭的诉讼程序、皇室(上诉)法庭的诉讼程序。另外，还有专门的司法组织法典。目前原商法典中绝大多数条款已被废除或修改，如禁止已婚妇女经商已被废除。另外，有关商事公司、商业登记、海商、破产、商业银行、有价证券等内容已从商法典中分离出去，作为商法的特别法另行单独立法。所以说现在保留下来继续有效的仅140余条，其中只有约30个条款保留1807年的原文。

① [法] 克洛德·商波：《商法》，商务印书馆，1998年版，第10页。

3. 法国商法典的重要制度及其发展变化

1）商人

商法典第1条规定，从事商事活动并以其作为经常性职业者，为商人。1974年又规定，未成年人，即使解除监护的，不得为商人。1982年又规定，商人的配偶仅在其本人从事与其夫(妻)的商事活动相独立的商事活动时，才视为商人。同时规定，因刑事犯罪而受处罚的，均不得直接或通过中间人，为自己或为他人从事商业或工业职业。为了加强商人的责任，还规定商人要向商业局登记，并为第三人提供信息。第二次世界大战后又要求商人负有公平竞争的责任。

(1) 公司。1807年商法典中对公司只规定了50条，后于1867年又制定了《商业公司法》，1893年又补充了股份有限公司。1966年7月24日的法律又重订《商业公司法》，内容扩充到509条，现在的公司种类分为：合股公司、两合公司、有限责任公司和股份公司。这些公司依其形式均为商事性质公司，规定公司章程确定的公司形式不得超过99年。第6条规定，公司的登记向商事法院提出。第10条规定，合股公司的全体股东均应具有商人资格，并对公司债务负有无限连带责任。第23条规定，两合公司的无限责任股东具有合股公司股东的地位，并规定有限责任股东不得以技术出资。第34条规定，有限责任公司是由一人或数人仅以其出资额为限承担损失而设立的公司。公司的名称得加一个或数个股东的名字，并必须加上“有限责任公司”的字样，或其开头字母用“S·A·R·L”表示，最低资本为5万法郎，有限责任公司股东人数不得超过50人。第73条规定，公司资本分为股份，由以其出资额为限承担损失的股东设立的公司为股份有限公司。股东人数不得少于7人。公司向社会公开募集股份的，其注册资本至少应达到150万法郎，不公开募股的其注册资本至少应达到25万法郎。现在法国公司法要受欧共体有关公司指令的制约和影响。

(2) 合伙。在法国分为普通合伙和有限合伙。法国合伙制度最大的特点是，合伙企业具有法人资格。

2）商行为

按《商法典》第632、633条1967年法律新规定，商行为是指“旨在以原状或加工并交付使用后重新出售的动产行为”，“旨在重新出售的不动产行为”，“购买、认购或出售不动产、营业资产、房地产公司的股票或份额的中介行为”。同时还列举了诸如：动产租赁、制造、陆路水上运输等25类活动。这样既有定义性规定，又有列举性规定，比原来单纯列举有所发展。而且109条规定，对于商人，商行为得以一切方式予以证明，但法律另有规定的除外。证明一切商事活动的方式主要是以实际的和潜在的“取得”和“让与”两种行为构成。实际是同一协定相反的两个方面，目的是促进双方获利。商行为主要是以商品交易、金钱交易为基础，并在此基础上产生的各种中介交易。

(1) 商品交易。对商人来说是为卖而买的交易活动，是最主要的商行为。

制造业在法国商法中认为也是为再出售而进行的购买，所以也属商事活动。运输业也要使用劳动并借助一定的劳动工具进行活动，所以属特殊部门，亦属商事性。

(2) 金钱交易，主要是以银行为中心。银行活动也是遵循取得——让与——利润的方式进行的，也属商事活动。只是它的重要特点是这种活动是以货币为标记。

保险活动一方面要取得金钱(收取保险费)，另一方面当发生保险风险时，又要分发金钱(本金、赔金、年金)，同时承保人还要获取一定的利润，所以也属商业活动。

(3) 各种中介交易活动，如居间、行纪、代办商，虽然他们自己不买不卖，但它通过他们的活动把本来可以要买和本来可以要卖的本人结合在一起，从而赚得佣金，他们成了买卖的收缩形式，所以在本质上也是商事性的。

另外，在法国商法的交易中对合同和债的概念在认识上与民法有所不同。民法中认为债是双方(两个人)当事人真实意志的体现。而在商事活动中为迅速了结，不大强调当事人的真实意志，而以他说了什么，写了什么，做了什么为准，即更重视行为的外观(客观)意志，如票据完全以记载票据上的事项为准。在对债的观念上，民法的理想是每人自足，以不负他人的债为好。相反，商事(生意人)是各种债编成的，民法对债重债权人和债务人处以面对面的状态。商法则相反，它拒绝牺牲第三人的利益。① 如抗辩事由不得对抗汇票执票人。

3) 票据法

法国票据法主要是根据日内瓦票据公约制定的。所以在《商法典》中第 8 编的票据法只有汇票和本票，共 80 条。而支票法则于 1935 年 10 月 30 日另定统一支票和支付卡的法令。票据与股份公司一样，在现代市场经济社会中它所发挥的作用不亚于电、蒸汽机的发现和发明。由于有了商业票据，商法才达到概念化的新高度。

4) 会计法

法国商法在总则第 2 编对“商人会计”作了规定。第一，设账的法定义务。如第 8 条规定：任何具有商人身份的自然人或法人，必须设有日记账、总账和财产账，并应对影响其企业财产的活动进行会计登记。这些活动按时间顺序进行登记。第二，会计正常化的标准主要表现为必须遵循法定规则和职业规则以及各种会计准则。第三，商法上的不少规则是建立在会计规则基础之上的，如公司的资本、利润、税收、股东权益、储备金、资产、负债等。第四，会计的核心价值是为企业、政府和社会提供真实准确的会计信息。

5) 营业资产

营业资产这一观念早在 1909 年 3 月 17 日的法律就正式出现在法国商法中，主要是对营业资产的转让和担保作了规定。后来在 1956 年 3 月 20 日的第 56—277 号法律又对营业

① 沈达明：《法国商法引论》，对外经济贸易大学出版社，2001 年，第 10 页。

财产经营作了规定。“营业资产，从理论上讲是模糊的概念，但在实践中却是有用和富有生命力的概念，它弥补了法国法律的两个缺陷：对财产分配主张的抵制和对企业的不了解”。① 法国为实现企业自治，在商法领域主要创立了“营业资产”“工商无形产权”“商业营业用房续租权”三大分类制度的日益完善，以便把企业和企业主区分开来，以确保对企业自治财产的承认。但这是一项政府对个人有限责任公司预立法的内容，由于法国《民法》设置的重重障碍，再加上习惯势力和金钱方面的影响，促使立法机关不得不寻求一种别的解决方法，这就是虚拟公司。②

6）商事法院

法国商法典的特点之一是把商事法院的组织、管辖权、诉讼程序等内容规定在商法典中。

（1）关于商事法院的管辖权，第631条规定为：批发商、零售商和银行经营者之间的债务和交易争议案件；商事公司与股东之间因公司事务发生的争议案件各种人之间因商行为引起的案件。但是，当事人可在签订合同时约定，如发生上述争议，将其提交仲裁员仲裁。另外，第634条规定，有关收款员、付款员、收税员或其他公款会计做成的票据的案件，第637条规定，本票同时载有商人个人和非商个人签名的案件，均由商事法庭管辖。同时还规定诉讼标的额不超过13 000法郎的诉讼可请求做出终审判决。在未设立商事法庭的地区，有关商事案件，由大审法庭法官行使赋予商事法官的职权。

（2）关于商事法庭的组织，由《司法组织法典》作了专门规定。商事法院分初级法院和上诉法院，法官由选举产生。第一次选举任期2年，以后选举任期4年，在同法庭任职不能超过14年。

（3）关于商事法院的程序，商法典无专门规定，按民事诉讼法典执行。

（4）关于商事诉讼时效，《法国商法典》第189条对商事诉讼时效规定为：商人之间或商人与非商人之间因其商务所生之债，如不受更短的特别时效期间约束，其诉讼时效期间为10年。海商诉讼时效规定为1～5年(水手薪金支付诉讼)。

4. 法国商法典的主要特点

1）独立性

首先法国在商事立法指导思想上坚持私法二元化的原则，即对民商法实行分别立法，在法国商法是被看成与民法截然不同的一种法律。商法的这种地位在中世纪法律中就已存在，经拿破仑制定商法典把它正式确立下来。到今天，尽管学术上对于私法一元化和二元化仍有争论，但商法的独立地位在法国岿然不动。商法不仅不向民法接近，而且从立法到司法已成为独立的部门法。

2）客观性

① ［法］克洛德·商波：《商法》，商务印书馆，1998年版，第75页。

② ［法］克洛德·商波：《商法》，商务印书馆，1998年版，第77～78页。

在立法理念上采用客观主义原则作为立法的价值取向，即以商行为作为立法的理论基础，从而打破了中世纪以来商法只适用于商人阶级的传统观念。这是因为法国在大革命后在宪法中明确规定，人人在法律面前一律平等的原则。因此，不应以人的身份不同而适用于不同法律。只要是同一行为，不论什么人为之，都应适用于同一法律。只要行为人的行为属商行为，就是商人，就适用商法，这样便将传统的商人法变为商行为法，这也体现了法国商法的革命性，也被认为是第三等级的胜利。

3）变动性

法国商法典自颁布以来已作了多次修改补充，特别是颁布了不少单行商事特别法，如1867年的《公司法》、1909年的《营业财产买卖质入法》、1917年的《股份公司法》、1919年的《商业登记法》、1925年的《有限责任公司法》、1930年的《保险契约法》、1935年的《票据统一令及支票统一令》、1936年的《海上货物运输法》、1967年的《破产法修正法》、1966年的《公司法》等。并分为陆上、海上、空中不同的专门的运输法，从而使法国商法向单行法方向发展。这种与时俱进的变化虽使《商法典》只成为整个商法体系中的通则部分，但它的体系更加完备，理论更加充实，制度更加实用。

4）司法性

商事法包括法院的组织、管辖权、诉讼程序等内容，本来属公法性质，很少有在商法典中加以规定，但由于法国早在1563年就有《商事法院敕令》，所以它继承了传统法院精神，1807年制定商法典时仍把它纳入在内，而且保持到现在，这是把商事实体法与商事审判法结合在一起最突出的特点，也进一步体现了商法的公法性。

5）广泛的影响性

法国商法典在当时来说具有很多进步性，如确立了民商分立模式，采用商行主义，从而带动了法典编撰运动。如前所述，《法国商法典》颁布后，在欧洲、美洲、亚洲以及非洲将近60多个国家仿效法国商法典制定了本国商法典。法国商法典于1891年由毕例干传入我国，对我国制定《大清商律》也产生影响，可以说法国商法典与法国民法典一样遍及世界。正如拿破仑自己所言，他把这两部法典称为“圣匣”，让邻国把它看成宗教式的崇拜。所以他自豪地说，他没有用武力征服世界，但他用法律征服了世界。

法国商法典的缺陷主要表现在：理念上虽以商行为为本位，但对商行为列举并不十分周严，尤其现在对商行为的规定只有一条，这样就成了有名无实。另外，在商人和商行为概念关系上往往是循环反复。此外，陆商制度的规定不如海商制度。但从总体看，法国商法典在当时是一部划时代的法典。

2.5.2 德国商法

1. 德国商法的历史概述

德国在早期受查理帝国统治，查理大帝死后，由他的3个孙子于843年在凡尔登缔结和约，将帝国一分为三，莱茵河以东的地区归日耳曼路易，称东法兰克王国，后来发展为德意志。后经萨克森公爵亨利一世(919—936)的努力进一步为德意志奠定了基础。但真正的统一直到普法战争后于1871年建立起德意志帝国才得以实现。

德意志形成后，并未获得真正的统一，仍然是以城市为基础形成大小不一的几十个邦国，所以法律制度十分混乱，既有以罗马法、寺院法和日耳曼习惯为主要内容而汇集成的普通法，又有各邦的特别法，仅票据法就有50多种。西部的一些邦还适用法国商法，还有的邦适用的是1811年的《奥地利普通民法典》。在实现法制统一过程中，普鲁士邦起了积极作用。如在1727年制定了《普鲁士海商法》、1751年制定了《普鲁士票据法》、1776年制定了《普鲁士保险法》。更为重要的是1794年颁布的《普鲁士邦普通法》，它是德意志土地上第一部含有经整理的商法和营业法规范的法律。它虽然还不是独立的商法，但在它的第2编第8章中已采用了商法是商人的特别法这一观念来制定规则。法典中对商人的定义是："以货物或票据的交易为其主要活动的人"① 他们认为这种法律混乱的局面对发展商业是不利的。所以便着手统一法律的最初尝试，加之法学家们注书立说，如1662年德国学者马奎德的《商事主体的政治和法律地位》，18世纪中叶凯萨尔吉斯的《商法论》等。同时各地又推出了几个商法草案，如1839年的怀特门伯格的商法草案，1849年的法兰克福商法草案，1855年的奥地利商法草案，这为进一步推动商事法的统一奠定了基础。后来由普鲁士邦倡议，于1847年在莱比锡开会，成立了制定《德意志统一汇票和本票法》的委员会，该法被1848年在法兰克福召开的国民大会通过，被宣布为帝国法律。紧接着1848年临时帝国政府也着手统一商法和海商法的工作，并成立了一个专门委员会，后因帝国政府崩溃未果，接着于1857年根据联邦代表大会在纽伦堡成立了专门委员会，决定制定《德意志普通商法典》，后于1861年正式通过实施，被绝大多数邦所接收。这是德意志的第一部统一独立的成文的商法典，并由设在第比锡联邦高等商法法院来实施，后来被称为德国的旧商法典。

1871年德国统一后，既着手起草《民法典》，又着手制定新的《商法典》。由帝国司法部于1895年起草了商法草案，后经帝国议会于1897年4月7日通过，定名为《德意志帝国商法典》，被称为德国新商法典。于1900年1月1日与《民法典》同时实施，直到今天。不过德国商法典的诞生比民法典要早40年。

2.《德国商法典》的体例及其对世界的影响

德国新《商法典》共4编，31章，905条。第1编——商人的身份，共8章，包括商人、商业登记、商号、商业账簿，经理权及代理权，商业辅助人、代理商、商业居间人。第2编——商业会社(公司)及隐名合伙，共5章，包括合名会社、合资会社、株式会社、

---

① ［德］C·W·卡纳里斯：《德国商法》，法律出版社，2006年，第24页。

株式合资会社、隐名合伙。第3编——商行为，共7章，包括总则、商业买卖、行纪业、承揽运输业、仓库业、货物运送、铁路运送。第4编——海商，共11章、包括总则、船舶所有人、船长、货物运送、旅客运送、风险借贷、共同海损、海难救助、船舶债权人、海上保险、时效。

从以上内容可以看出，《德国商法典》与《法国商法典》相比，从一开始就没有把票据、破产、商事法院等内容编入商法典内，只有“海上保除”德、法两国都在海商法中作了规定。不过德国对票据、保险、破产都另立了单行法，如早在1848年就制定了《德意志统一汇票与本票法》，1871年又颁布了《票据法》，后来到1933年又根据日内瓦票据公约制定了新《票据法》，1877年制定了《破产法》，1908年制定了《保险法》，这些单行法都属商法性质。

《德国商法典》问世后，与《法国商法典》一样，得到了不少国家的效仿，如奥地利1809年、1849年、1855年虽早提出了商法草案，但均未制定成法律，后在1862年由德意志联邦制定的草案被采用了，尤其到1938年直接采纳了《德国商法典》。又如日本的旧商法典更是直接聘请德国人海尔蔓·罗思根据《德国商法典》起草的。北欧的瑞典、丹麦、挪威虽无独立的商法典，但他们于1905年、1917年制定了《票据法》和《商品买卖法》，这些法都以《德国商法典》的有关规定为蓝布。瑞士虽是首先实行民商合一的国家，先于1872年制定了《债务法》，但其内容多以德国商法典为依据。又如泰国1925年制定的《民事和商事法典》，从总则到债编及财产法、票据法都主要受德国商法典的原则所影响。中国清朝政府光绪29年(1903年)起草的《大清商律》，也直接或间接借鉴了德国商法。而且我国早在1913年就由商务印书馆翻译出版了《法国商法典》和《德国商法典》。这样在商法法林中又出现了德国商法法系。

3. 德国商法的主要内容

(1) 关于商人。德国商法的内容主要由商人和从属性的商行为这两大基本概念体系构成，德国商法是以商人的概念作为商法的基本出发点，所以商法只适用于商人。因此第1编的标题就是商人的身份，这主要是出于人类社会总是有不同的职业分工，商人是社会中一个特殊的独立的广泛的身份集团，每个集团都应有其专门的法律以适应社会需求。所以在德国素有商法就是商人之法的说法。什么是商人，《德国商法典》第1条第1款明确规定：“本法典所称的商人是指经营营业的人”。紧接着在第2款规定：“营业指任何营利事业”。这是一个举证责任倒置的规定。就是要确认其商人身份，必须自行证明其所从事的活动是以商人方式进行的营利事业。

原《德国商法典》在第4条第2款中以列举的方式规定了9种商事活动为基本商职业。凡从事这9种职业的人就必然是商人。也就是现在的第1条(必然商人)，只不过由过去的列举式改为定义式。这9种主要是购买并转售商品或有价证券、从第三人处接受物品进行加工、收费的风险保险、银行业和货币兑换业、海上、内水道和海上的客货运输业，运输代理业、商业代理人、书商、出版商和艺术品交易商、印刷商。凡从事上述任何一种业务的个人或合伙，只要自该业务活动开始时，就依法取得商人身份，就依法享有商人的全部权利，承担商人的全部义务。同时《德国商法典》把商人分为5类：即必然商人(第1条)、自由登记商人(第2条)、农业和林业自由登记商人(第3条)、拟制商人(第5条)、要式商人(第6条)，废除了小商人(第4条)。

商法除规定了商人的概念、种类外，还规定了商人的基本制度，如商业登记，商号、商业账簿、经理人、商业辅助人等，这些内容将在后面专章讲授。

(2) 关于商行为的规则。《德国商法典》第343条规定：商行为是指属于经营商人的一切行为。这里对商行为规定了两个要件，一是主体要具有商人身份；二是活动内容要属于经营商业营业。商人身份的确定应按《德国商法典》1～6条的规定。这里着重介绍德国商法典中对商行为的一些特殊规定。

① 对商行为的推定，商人在私人生活领域以私人名义签订的合同要适用商法典的规定。但由于第三人难以区分到底是私人行为还是营业行为，因此《商法典》第344条确定了一种推定，即商人交易都与职业有关，只要契约当事人有一方是商人，该契约即由《商法典》调整。而《德国商法典》第345条是要求双方当事人都必须是商人。

② 对类似商人的人，要注重商业习惯。即《德国商法典》第346条规定，在商人之间，在行为和不行为的意义和效力方面，应注重商业往来中适用的习惯和惯例。这里有两个重要标准：一是对有关的人是否可以预期对商业习惯和行为方式熟悉；二是它必须针对某相关组织。

③ 要注意《德国商法典》在某些方面改变了契约法的一般规则。作为一般规则契约的成立必须经要约和承诺。否则契约就不会成立。但《德国商法典》第362条规定，如果受要约人是商人，而且业务又涉及他的经营范围，对要约的沉默将构成承诺，同时对沉默的法律还作扩大适用。在一般情况下，对要约承诺的迟延，可能负有答复的义务，如果不答复，他的沉默将等同于对新要约的承诺。另外，对“商业确认书”也必须做出答复，沉默也将构成对该信息的承诺。

④ 在商业买卖中，《德国商法典》第377条规定，买受人收到货物后，必须对所买货物是否有瑕疵，是否符合约定标准，数量进行检验，如果怠于检验，买受人将失去赔偿请求权。

⑤ 对动产善意第三人的保护。《德国商法典》第366条规定，要求买受人相信出卖人是所售物品的所有人。但在商业买卖中，商人常有权出售属于他人的货物，如行纪代理商等。由此《德国商法典》第366条规定，那些知道出卖人并非所有权人，但善意地相信出卖人有权代表所有人处分物品的善意买售人，也应受到保护。当商人质押或商业证券时，也适用同样原则。

⑥ 商人享有特别留质权。对于债务人的到期债务金额，商人可通过正常商业往来面

向有债务人的财产或有价证券，行使留置权。

⑦ 对违约金的规定。《德国商法典》第 348 条规定，商人在经营其营业中约定的违约金，不得依《德国民法典》第 343 条的规定减少。这既是重契约自治权的体现，又是约定大于法定的体现。

⑧《德国商法典》第 349 条规定，保证对保证人为商行为的，保证人不享有先诉抗辩权。在所称的要件下，对于因信用委任而作为保证人负责的人，适用相同规定。

⑨ 对利息的规定，实行法定利率。《德国商法典》第 352 条规定，对于双方商行为，法定利息的数额，包括迟延利息，每年为 5%，对约定的利息，也适用相同规定。同时第 353 条规定，不得请求利息的利息。

⑩ 对商业交易强调方式自由，以行为外观为主。《德国商法典》第 350 条规定，对于保证、债务约定或债务承认，以保证在保证人一方，约定或承认在债务人一方为商行为为限。不适用《德国民法典》第 766 条第 780 条的规定。这一规定可以推导出，即使未留下字迹，也存在义不容辞的惯例，也就是商业交易领域存在对口头陈述的商人伦理，对自己所说过的言辞和握手承诺的事情负责。

4. 德国商法的主要特点

（1）在理论上坚持主观主义原则，即以商人为本位作为商法的基础。根据主观主义原则，同一行为，商人为之，谓之商行为，适用商法；非商人为之，不属于商行为，适用民法或其他法律，它的根本之点在于商法条文的适用以当事法律主体的人格特征——即所谓商人身份——为前提条件。即以人的(主体)性质决定行为的性质和适用的法律，人的职业性质起决定性作用，行为的性质是随人的性质而定的，是处于从属性的地位。它与法国商法所坚持的客观主义原则刚好相反，德国商法坚持主观主义立法的原因，主要有两点：一是历史原因，认为商法自古以来就是商人之法；二是职业原因，认为一个社会中不同职业构成了相互独立的身份团体，而每一团体都有其专门的法律，以维护其特殊的利益，这就是受利益说理念支配。

这里要注意两点：一是要特别注意避免一种误解，即认为主观主义标准会损害法律主体的平等性原则，这是由于，即使在商人特别法意义上理解商法，它也很少导致商人的特权，而恰恰相反，一般会导致对他们适用更严格的要求和标准；二是在有些方面，如票据、海商及对有些商行为的规定，如第 345 条也适用了客观主义标准。正如法国商法典，虽然采用客观主义标准体系，但在其中又保留了很多主观主义体系的规定。归根结底在法律规范中导致了体系的平行共存和对两者的一视同仁。

（2）德国商法典的变动性也很大。德国商法典颁布至今，其中大部内容仍然适用。但修改已达 40 多次，涉及的条款有几百处，其中比较大的修改有：1937 年将《股份公司法》和《股份两合公司法》从商法中分离出来单独立法，1953 年对代理商条款进行了修改，一是将代理商与商事辅助人加以区分，二是将商事代理人改为代理商概念，三是对代理商的权利义务重新作了规定；1976 年的修改主要是对农业、林业经营者确定起商人地位；1986 年根据欧共体指令把商事账簿从第 1 章中分离出来，另立一编为第 3 编。内容由原来的 10 条扩展为 102 条。这样《德国商法典》也就自原来的 4 编变为 5 编。值得注意的是 1998 年的修改，其修改内容主要有 3 个方面。一是简化了商人分类，将必然商人与应登记商人合二为一，并将原来对必然商人采取列举的方式改为以定义的方式进行认定，同时废除了第 4 条小商人制度，原来把商人分为 7 类，现在只有 5 类。二是改革了商号制度：其一，放松法律限制，原规定人合公司只能用人名商号(合伙人的姓名)、资合公司只能用物名商号(经营标的物)，实行差别对待，现规定所有商人都可以任意选择人名、物名或虚拟名，甚至是几种的组合作商号，实现了名称法上的构成自由原则；其二，所有商事公司都必须在商号中表明公司的法律形式，独资商人应表明其“登记商人”的字样或该字样的缩写，特别是“e・k”(男商人)、“e・kfm”(女商人)或“e・kfr”(男女)；其三，所有商人都必须在商业信函上注明商号。三是增强了人合商事公司的生命力，现规定人合商事公司在负无限责任的合伙人退伙时原则上继续存在。这使人合公司更接近于资合①公司。另外，由于德国是欧共体成员国之一，随着欧共体条约及一系列具体政策的出台，德国商法也遵循欧共体统一条约和政策的要求不断进行协调性的修改，这样，商法独立性的趋势更加明显。

2.5.3 日本商法

1. 日本商法的历史概况

日本自 1868 年明治维新之后走上了资本主义道路，使现代工业、交通、金融、贸易得到迅速发展。为适应这一发展需要，日本仿照欧洲大陆法创建了本国新的商事法律制度。

日本商法有新旧之分。最初从明治 14 年(1881 年)聘请德国人海尔曼・罗思起草商法，经 10 年之久，于明治 23 年(1890 年)4 月 27 日经元老院讨论通过公布，并决定于 1891 年 1 月 1 日开始实施。该法典分 3 篇，1064 条。第 1 篇——总则；第 2 篇——海商；第 3 篇——破产。该法的编排体例虽仿法国商法典，但实质内容则主要是承袭德国旧商法，这就是日本的旧商法。由于该法典脱离日本国情，与日本民法典也不协调，所以在国内引起争论，出现了延期施行和立即施行两派不同主张。施行派认为商事交易和商法有世界性、进步性、又能废除治外法权，因此主张立即施行；而延期派认为该法典抄袭外国法，严重脱离日本国情和商事习惯，所以主张延期施行。结果这个旧商法典经两次延期施行。第一次是将公司(第 6 章)、票据(第 12 章)、破产(第 3 篇)于 1893 年(明治 26 年) 7 月 1 日先予施行。其余部分直到 1897 年(明治 30 年)才提交帝国会议决定，于 1898 年(明

① ［德］C・W・卡纳里斯：《德国商法》，法律出版社，2006 年版，第 3 页。

治31年)7月1日起全部施行。

旧商法虽经施行，但争论仍在继续进行。同时于1893年又成立了新的法典调查委员会，负责法典的审议和起草工作。其成员均由本国著名法学专家所组成。该法典于1899年(明治32年)3月9日经帝国议会公布。于同年6月16日起施行，这就是日本的新商法典。该法典共5编，34章，689条。第1编——总则，共7章，包括法例、商人、商业登记、商号、商业账簿、商业使用人、代理商。第2编——公司，共7章，包括总则、无限公司、两含公司、股份公司、股份两含公司、外国公司、罚则。第3编——商行为，共10章，包括总则、买卖、交互计算、隐名合伙、居间、行纪、承揽运送、运送营业、寄托、保险。第4编——票据，共4章，包括总则、汇票、本票、支票。第5编——海商，共6章，包括船舶及船舶所有人、船员、运送、海损、保险、船舶债权人。

2. 日本商法的重大修改

日本商法颁布之后，为适应对内对外新的发展需要，先后进行过多次修改。在第二次世界大战以前的修改主要有两次。一是1911年(明治44年)和1938年(昭和13年)对公司法进行的修改，涉及条款一百多处，主要是防止滥用公司制度，同时还单独制定了有限公司法。另外，于1922年(大正11年)公布了《破产法》，原旧商法中破产部分同时予以废止。二是为适应参加《日内瓦票据统一公约》后，于1932年和1933年单独制定了《票据法》和《支票法》，从而将票据法的内容从商法典中分离除去。二战期间只进行了一些小修小改。

二战后，于1950年(昭和25年)对公司法进行全面修改，一改过去追随德国法的传统，采取仿美国法的立场。如实行授权资本制，无面额股份制、由股东大会中心主义转为董事会中心主义。废除过时的股份两合公司制，强化股东地位，赋予股东代表诉讼权等，这些被称为其有里程碑的修改。1966年的修改进一步列入了现代公司的财务会计制度。1974年、1981年的两次修改主要是强化公司的监察制度。1900年的修改列入股份公司最低资本金制度并提高有限公司的最低资本金，并允许设立一人公司。1997年的修改允许公司购买和销除自己的股份。1999年的修改又创立股份交换和股份转移制度，以便于设立全资公司。为适应新需要，日本法务省于2001年4月18日又公布了《商法等一部分法律修改案纲要草案》，提出4个大的方面28个课题。2003年4月1日正式通过修改法律，目的在于追求建立起新型的现代公平治理结构。

3. 日本商法的主要特点

(1) 在理论上坚持折中主义原则。即在立法原理上，既重主观，又重客观；即既重商人身份，又重商行为。如在《商法典》的第1.2编对商人制度作了详尽规定，又在第3编中对各种商行为作了规定。日本商法典在制定过程中虽以德国商法为基础，但它又吸收其他大陆法国家以及英美法的制度，尤其二战后这种倾向尤为明显。所以日本商法的二元折中的特点也较明显。

(2) 内容广泛。在日本法中，涉及商的大约有50多种，通称“商业六法”。即：宪法和公法中涉及商业的条款；独立商法典；民法中关于商业活动的规则；刑法中关于商人违法犯罪规定；税法、会计法中有关商业企业的规定；《海商法》中对海商的规定。日本除商法典外，还颁布了大量单行商事法律、法令，如《商业登记法》、《有限公司法》、《百货店法》、《分期销售法》、《商业一条街法》、《票据法》、《破产法》等，所以商法范围广泛、内容完整。

(3) 协调性强。在制度设计上既对商事组织作了较详细的规定，又对商行为作了翔实的规定。在规制各项制度时，紧紧围绕商事活动简便敏捷的特点，确立起交易自由，诚实信用、迅速了结、短期时效等基本原则，既重交易安全，又重对社会公益的维护，既重视传统商事习惯，又重视改革创新，从而使商事法律制度获得稳定协调地不断发展。

2.5.4 英国商法

1. 英国是世界上商事法律制度较发达的国家之一

英国原称不列颠，最早的居民是凯尔特人。公元5世纪上半叶盎格鲁—撒克逊人(属日尔曼人）来到不列颠，建立起盎格鲁—撒克逊王国。后相互混战，曾出现“七国时代”和“四国时代”，直到公元954年才获统一。到1043年推举法国诺曼底人爱德华为王。1066年爱德华死后，由诺曼底公国君主威廉继位，从此被诺曼底人征服，开始了英国历史新的一页。但直到1455—1485年玫瑰战争结束,① 始成统一民族国家。后来1536年英格兰与威尔士合并，1707年又与苏格兰合并，1801年最后与爱尔兰合并，从而形成联合王国。

英国是一个以判例法为主的国家，英国虽无形式意义上的商法典，但英国实质意义上的商事法律规范是十分广泛和发达的。而且“商法”的观念在人们心目中是根深蒂固的。

英国人把商法看成是一种难以确定的法。不过从中世纪以来，英国人认为商法属商人的法，是一群特定的人——商人——在国际贸易中发展起来的并被商事法院使用的一系列惯例和通则。在学术界一般认为商法主要包括：商事契约、代理、买卖、分期付款、消费信贷、合伙、商号、公司、票据、保险、破产、担保、海商、商事仲裁等。由此可见，商法范围十分广泛。

英国商法在渊源上属多元化。既有判例法，又有成文法；既有习惯法，又有国际惯例，还有衡平法。英国法虽重传统、重习惯、重先例，但是法官可用“识别之术”，做到尊重传统而不墨守成规，保守而不落后。英国法制发展史上有两个重要制度：一是14世纪由大法官发展起来的衡平法规则，从而弥补了普通法的不足和缺陷；二是资产阶级革命后制定法大量增加又进一步弥补了判例法的不足。这种法律渊源的多元化，从而使传统和

---

① 即以北部南加斯特封建家族为一方，以红玫瑰为族徽，以南部约克封建家族为一方，以白玫瑰为族徽，结果红玫瑰战胜白玫瑰，建立都铎王朝，称亨利七世。

现在处处和谐相处。这最适合商事法律制度既要与时而变，又要保持相对稳定的要求。

英国是世界上用宪法性文件保护商人利益最早的国家。如在 1215 年的《大宪章》第 41 条明确规定，一切商人，除在战时并为敌国之人外，均得遵陆道或水道安全出入，逗留或经过英国以经营商业，并得免征一切苛捐杂税，就是在开战时，如敌国商人在英国被扣留时，也不得伤其身体与货物，并实行对等原则。

英国商法的发展受重商主义的推动也很重要。英国的重商主义叫麦肯迪主义，系从英文“mercatile”一词而得名。该词的含义就是重商。英国重商主义就是鼓励和帮助大力发展对外贸易，以获取金银，增加国家财富。在重商主义的理论和政策的推动下，英国从中世纪以来一直把“航海、贸易、殖民”作为重要国策加以实施。所以拿破仑曾说，英国自近代以来，一直坚持残酷的商业“寡头政治”，英国人是靠发展商业——尤其是海外贸易起家的。在 1803—1805 年，英国输往欧洲的商品占 33%，输往美洲的商品占 27%，输往其他地区的商品占 40%①。

英国从近代以来进行了一系列革命，除农业革命、工业革命、金融革命外，还率先进行了民族市场革命，成为新的时代新的主宰。民族市场经济与传统的城邦经济是不同的，它是以国家为中心，国家根据物质生活条件的重要，把一块政治地域改造成统一的、协调的经济地域，使各项活动都朝着一个方向前进。② 英格兰率先实行民族市场革命，有它得天独厚的优势。它从 15 世纪起就已成为大不列颠的经济中心和政治中心。它根据本国大商人的需要安排英格兰的市场和法律，所以威尔士、苏格兰、爱尔兰与英格兰合并，从而形成大不列颠统一民族和统一的联合王国。

英国商业最早都是一些习惯法。这些习惯法是由一个一个法院判决为内容累积成的法律规范，而且商事案件都归海事法院管辖。直到 1606 年，爱德华·科克爵士担任高等民事法庭首席法官后，对传统商事法制度进行了抨击。他从习惯法的角度来看待法律，认为流行的商事习惯只要经过证实，就可以采用。这样普通法院也就正式越来越多的受理商事案件。并且这时英国还没有独立的商事法院。到 18 世纪初，各种商事习惯已被广泛采用。于是曼斯菲尔德(1756—1788 年)在担任王座法庭首席法官时进行司法改革，将原来的商人法整个地纳入普通法体系。所以被认为曼斯菲尔德奠定了英国现代商法的基础。不过，商事案件终归有其特殊性。所以英国终归于 1894 年成立了“商事法院”，专门管理“商业清单”的案件。其中主要是管理有关海上运输，海上保险，以及 CIF、FOB 和 CFR 纠纷案。1970 年颁布了《法院管理法》，根据该法的规定，将“商事法院”划归高等法院的王座法庭，作为王座法庭的一个分庭，专门管理商事纠纷案，同时在王座法庭内还有一个海事分庭。

---

① 新编剑桥：《世界近代史》(第 9 集)，社会科学出版社，1997 年，第 437 页。

② ［法］费尔南·罗布罗代尔：《资本主义论丛》，中央翻译出版社，1997 年，第 111 页。

2. 英国商事“制定法”

英国虽是一个以判例法为主的国家，但同时又有不少的制定法(statute law)。早在爱德华一世(1272—1399年)就制定了不少制定法，所以有英国的查士丁尼之称，为搞好制定法，曾设立过“制定法委员会”，专门对制定法进行起草、编纂。尤其自19世纪以来，制定法得到进一步发展并制定了不少单行商事法，如1862年的《公司法》，1890年的《合伙法》，1882年的《票据法》，1905年的《商标法》、1909年的《保险法》，1914年的《破产法》，1925年的《财产法》，1924年的《消费者信贷法》，1893年的《货物买卖法》。此外，还有不少海运方面的制定法。下面着重对有关制定法作简单介绍。

3.《货物买卖法》

1893年将货物交易领域的法汇集成典，名叫《货物买卖法》，1979年经修改，1995年又再经修改，是现行最重要的商事成文法。它体现了该国商事法紧紧抓住以货物买卖(合同)为中心进行立法的特点。因为它是资本主义经济在生产、流通、交换消费的核心内容，该法共7章，64条，160多款。其主要内容包括法律适用的范围，契约的订立，契约的效力、未行偿付之出卖人的权利，违反契约的诉讼、本法的实施等。

该法的立法价值取向是以贸易自由和合同自由原则为基础。它反映了19世纪贸易的基本信念，即只要不存在欺诈或错误的行为，法律就无须干预人们的交易。该法着重规定了在商品买卖中可能遇到的法律问题及其解决办法，所以很贴近市场。现就一些主要内容介绍如下。

1) 货物买卖合同的定义

根据该法第2条规定：商品买卖其基本理念是指出卖人转让或同意转让商品所有权给买受人以换取金钱对价，取得商品价值的协议。同时它把协议与契约进行区分。规定商品所有权转移在将来发生，或者在一定条件成就以后才转移的契约称为买卖协议。商品所有权即时地由出卖人转到买受人手中的契约，是买卖契约。还有当期限届满或条件成就，契约标的所有权转移到买受人手中，买卖协议变为买卖契约。然而畅易货交易，服务、租购、租赁、土地买卖，不属于货物买卖，不适用货物买卖法。

2) 所有权与风险的转移

在商品买卖契约中，商品所有权何时转移，以及是否转移，将直接涉及由哪一方承担标的货物毁损风险。该法在修改中进一步对此问题作了详尽的规定，并重申以当事人的意志表示作为确定的标准，而不是以货物交付为要件。

货物所有权的转移总的是根据标的物的类型——是特定物或种类物或特定量分别加以确定。

(1) 特定物——如一辆车牌号为L668ADD的福特蒙迪欧轿车——是指合同订立时货物已存在，已被确定化并且由双方商定的货物才是特定物，以各方当事人意图转移时发生转移。若当事各方未能明确表述所有权转移的时间，则依第18条的规定分别加以确定。

① 货物处于可交付的条件下，且不附条件，以合同订立时转移。

② 出卖人采取某些措施才能交付的，以措施已完成，买受人收到货已备妥的通知时转移。

③ 货物需要进行称重、测量、检验才能确定其价格的，以这些措施完成，买受人取得货已备妥的通知时转移。

④ 货物交付附有“看货”或“试用”条款或其他类似条款的，以买受人表示认可或接受时转移，否则为买受人交易行为默示时或保留货物超过指定退货期限时，若没有指定期限，为超过一定合理期限时转移。

(2) 种类物——指标的物末特定化纯某类物品，如 100 吨小麦。接第 16 条规定，对这类货物，只有在其已经确定化时，其所有权才发生转移。若各方当事人未明确表示欲在何时转移货物所有权，则按第 18 条规定分别确定。

① 一方当事人已将合同所约定的且处于可交付状态的货物划拨于合同项下，且另一方当事人在该划拨做出之前或之后，明示或默示地同意划拨时转移。

② 根据合同，出卖人不保留处分权将货物交付给实受人，或将货物交付给承运人以便其转交买受人，且买受人在划拨做出之前或之后，明示或默示地同意划拨行为时转移。这里所谓的划拨，通常指出卖人不仅将拟用于履行合同的货物留出，而且还将货物不可变更地附于合同项下。因此，将货物交给独立承运人以便将其运交买受人的做法是一种典型的划拨行为。相反，若运送的货物尚未具体确定交某买受人的，则不能构成划拨。

(3) 从指定大宗货物中提取特定量货物的所有权转移。如装载于“远洋”轮上的小麦中的 100 吨小麦，只有当一大宗货物已确定化时，买受人才能成为该特定货物的所有权人。在 1995 年新的《货物实卖法》第 20(1)条使得买受人有可能在一大宗货物中取得一部分的所有权，即买受人所获得的所有权是对该大宗货物中未分离出来的一部分货物所有权。这种情况只有买受人全部或部分支价金时才出现。假如买受人 A 同意以每台 2 英镑的协议价格在出买人现有的 1 000 台小机械中购买 600 台，那他对这 600 台则享有所有权。这样出卖人有义务从该批特定的小机械存货中供给买受人 600 台。

(4) 风险的转移。

① 在英国货物买卖中，风险与所有权转移原则上同时转移。如第 20(1)条中规定，风险于货物所有权转移给买受人时转移至买受人，除非有相反的约定。但有一种情况除外，即当买受人在指定大宗货物中拥有未加分割的一份所有权时适用不同的规则。

② 若因任何一方当事人的过错而导致货物迟延，则由此过错造成的任何货物灭失或损坏均由过错方承担[第 20(2)条]。

③ 若作为货物的受托人的任何一方当事人存在疏忽，则因该疏忽而造成的任何损失由该当事方承担[第 20(3)条]。

④ 当事人可约定风险由出卖人转移至买受人的时间[第 20(1)条]。

⑤ 在大宗货物中，未加分割的份额的所有权的转移：如果买受人未支付任何价金，则他不享有该宗货物的所有权，此时风险仍在出卖人一方；若买受人已支付部分或全部价值金，则他拥有该宗货物中尚未分离出来的一个份额，这时，任何意外灭失或损害均首先视为出卖人所保留的那部分货物的损失。假设大宗货物为 1 000 台小机械，其中将 200 台卖给 X，将 300 台卖给 Y，X 与 Y 均已付了货款，但二者均未提货。如果发生意外，该大宗货物有 500 台小机械被盗，则由出卖人承担全部损失。如被盗 600 台，出卖人承担 500 台的损失，X 承担 40 台的损失，Y 承担 60 台的损失。如发生意外火灾，小机械全部受到同等程度的烟熏损害，则出卖人承担一半损失，X 承担 1/5 损失，Y 承担 3/10 损失。

⑥ 所有权保留条款。该条款是为了在货物已交付买受人而买受人均未全额支付货款就已无力偿付的情况下保护出卖人的利益而设计的。设定这一条款后，能使出卖人优先予其他出贷人向已破产的买受人主张货物的权利。

3) 关于无效与落空的货物买卖合同

这里有两种情况：一是事件发生予合同订立前，如标的物为特定物，如果货物在合同订立前就已毁损而出卖人对此并不知晓，则该合同无效，(第 6 条)即该合同实际是一个无标的合同；二是事件发生于合同订立之后，如 A 公司与布莱克农场签订购买农小麦 10 吨，后该农场因遭受了不可预见的灾害而颗粒无收，这既与合同的预期背道而驰，而双方当事人又都无过错，那么该份以指定货源中未特定化的货物将会落空。即对于特定物之买卖合同，在买卖人或出卖人没有过错的情况下，若货物于合同订立之后，风险转移至买受人之前发生毁损，则合同可以撤销(第 7 条)。

4) 出卖人为非所有权人

一般规则认为，对货物无所有权而又未得到货物所有权人关于销售货物之授权的人不能将货物之完整所有权转移给其他人，此即“非已所有，不得予人”。但也有例外，即无所有权人和未经授权人转让所有权时可以提供完整的所有权。如在“禁反言”的情况下，真正的所有人声称出卖人就是所有权人或声称已得到所有权人的授权。如一辆机动车已让他持有该机动车的牌照登记证时，或买受人已占有货物(第 25 条)或出卖人已占有货物(第 24 条)，善意购买人购买了该货物时，该所有权仍转移给买受人。

但代理商要转移他人货物的完整所有权，应具备 1889 年《代理人法》第 2 条规定的条件如下。

① 代理商必须占有该货物。

② 他必须以代理商的身份取得该占有权。

③ 他必须在代理商正常营业过程中进行货物销售。

出卖人占有是指货物已经出售，但仍被出卖人占有，这就是通常所说的预付买卖。在这种情况下，买受人，尤其已支付货款的买受人将面临一种风险，即出卖人可能又将该货物出售给另一买受人。根据第 24 条的规定，如果具备规定的要件，出卖人将转移完整的货物所有权。买受人占有。在《货物买卖法》的第 25 条中作了规定。是指同意出售货物，并且于受偿前将货物交买受人的交易行为。这在我国一般称为赊销。这种买卖对出卖人也存在风险。

5）关于所有权的合同条款

在《货物买卖法》第 12 条中规定了所有权的默示条件。即出卖人对货物具有出卖权是货物买卖合同的一项默示保证条件。如果出卖人不具备此种条件，则买受人有权拒收货物并追回价金。即使买受人已从该货物的使用中获利长达数月之久，他仍有权这样做。这在英国已为“Row land V Divall 案”（1923 年）所确定。但是也许会出现这样一种情况，即出卖人在出售和交付货物之时尚不具有货物所有权，而在稍后又取得了该所有权，这时出卖人要立即将所有权传送给买受人。这在 1957 年“Butte rworth V Kingway Mofkrs 案”中已被确定。

6）关于错误陈述

所谓错误陈述是指合同订立之前，一方当事人(通常为出卖人)向另一方当事人(买方)所做的关于事实的不真实的表述，而这正是促使另一方当事人订立合同的原因之一。错误陈述有可能是过失性无辜误述，有可能是非过失性无辜误述。对错误陈述的救挤方法：对过失性陈述，可撤销合同，也可请求损害赔偿；对非过失性陈述，可解除合同，并请求侵权赔偿。

7）买卖合同中明示和默示条款

明示条款是指由各方当事人明确约定的条款；默示条款是由法律推定的条款。不论是明示条款还是默示条款，都是由条件、保证和无名条款构成的。凡能确定当事人权利义务的条款都不可构成一项条件，不能构成条件的条款称为其他条款。不能纳入条件或保证之类的条款是“无名”条款。无名条款必然是明示的。《货物买卖法》所默示推定的只是条件或保证。不论违反了何种条款，当事人都有权请求损害赔偿。

8）货物买卖中的交货与付款

交货通常是指货物(或所有权凭证)的实际交付，但也可通过交付控制货物的工具来实现，尽管其间货物本身正由某第三方占有，而该第三方承诺此时是代买受人持有该货物的。在商务合同中约定的交货时间通常具有“实质性”，即构成合同的一个条件。如果出现货物迟延交付，买受人便会因此取得拒收货物的权利。交货地点有约定的从约定，无约定的为受卖人的营业地，无营业地的为买受人的住所地(第 29 条)。交货数量不符约定，通常构成对条件条款的违反，买受人有权拒收全部货物。

付款是对价金的支付。价金可由合同规定，或根据约定的方式确定，或依当事人之间的交易习惯确定。若没有采取上术方法之一的、则买受人须支付合理的价金(第 8 条)。付款的时间如果在合同中约定，这将是实质性的条件条款。这时如迟延付款，便构成违约。

9）出卖人的救济方法

出卖人的救济方法主要分为对人的救济方法和对物的救济方法两个方面。对人的救济方法主要是对价格的请求权和对提供赔偿的请求权。根据第49条的规定，买受人如果接合同约定日期付款，而且货物所有权已发生转移，此时出卖人有权就逾期付款提起诉讼请求。按第50条规定，如果买受人正当地拒收货物并拒付价款，此时，出卖人可提起损害赔偿损失之诉。对物的救济方法主要有行使留置权、中断停运权和再售权。按第39～43条的规定，未受偿付的出卖人如果仍占有该货物，则他有权保留此种占有直至受到偿付，该权利还称保留权。按第44条规定，未受偿付的出卖人享有对于在途货物恢复占有的权利，该权利只有在买受人无力偿付时才能行使。按第48条规定，若出卖人未受偿付的又仍持有货物，出卖人可以再出售该货物。

10）买受人的救济方法

主要有强制履行、拒绝收货及损害赔偿几项权利。

① 按第52条规定，如果出卖人违反的是交付确定的物或已经确定化之货物的义务，即当货物具有独特价值或事实上具有唯一性时，即使裁定损害赔偿也不能充分补偿的情况下，法院则向出卖人发出强制履行交付货物的命令。

② 请求损害赔偿。如果出卖人违反条件条款，买受人就有权拒收货物，并追索其已给付的所有价金。在1994年以前规定，买受人拒收货物必须拒收全部，要么不拒收。若接收了货物中的任何一部分，他就丧失拒收权。同时还规定，凡违反条件，不论违反条件的行为多么轻微，都将赋予买受人的拒收权。在1994年的《货物买卖与供应法》中对原规定作了修改。

③ 损害赔偿。主要包括基于出卖人交货不能包括因出卖人违反条件买受人拒收货物，基于出卖人迟延交货，基于出卖人违反保证(包括买受人已接受货物的情况下，出卖人违反条件)，买受人都有权请求损害赔偿①。

2.5.5 美国商法

1. 美国商法产生和发展的历史社会背景

美国最初有13个州于1774年发布独立宣言，1776年正式宣布脱离英国而独立。虽然在政治上获得独立，但由于在历史上与英国存在殖民地与宗主国的关系，所以它的法律制度从总体上是承袭英国法而逐渐发展起来的。但美国在独立后也强烈反对殖民地在各方面对自己的控制，特别是在第二次世界大战后，美国的地位超过英国，因而在法律方面更进一步摒弃了英国的一些陈旧落后的制度。尤其在商事法律制度方面开辟了自己的新道路——制定了独具一格的独立的《美国统一商法典》(Uniform Commercial Code，UCC；也可简称《统一商法典》)。

---

① 最新不列颠法律袖珍读本——《商法》，武汉大学出版社，2004年版。

美国独立后，于1787年颁布了宪法，确定美国为联邦制国家。根据宪法的规定，不仅联邦有立法权，而且各州也有立法权和司法权，如国防、外交、货币、邮政、著作、发明、税收、进出口贸易、海商、国家对外贷款、州际通商、破产等方面的立法权都属联邦，有关婚姻家庭、继承、票据、保险、证券、担保、合同、公司、合伙等领域的立法权都归各州。由于各州有立法权，而各州立法的内容又各不相同，各州的司法判例也更不同。仅判例美国每年要汇编350多卷。这样州际间的法律冲突十分严重，为了顺利发展经济贸易，美国工商界早就有统一各州商法的呼声，至19世纪末逐渐形成强大的统一商法运动。

美国的统一商法运动称“法典化运动”，即以成文法典统一各州法律相互的矛盾和冲突。英国在工业革命后，议会于1882年通过了《汇票法》，1893年又通过了《货物买卖法》，英国将传统的普通法成功编纂成成文法对美国统一商法运动鼓舞很大。为统一各州立法，美国开展了统一州立法运动。在纽约州的带动下，1892年成立了全国统一州法委员会。该委员会的宗旨就是致立于统一各州的立法。该委员会成立后制定了70余部统一法范本，如1896年首先通过了《统一流通票据法》，紧接着于1906年公布了《统一买卖法》、《统一仓单法》。1909年又公布了《统一提单法》、《统一股票转让法》。1918年又公布了《统一附条件销售法》。1933年又公布了《统一信托收据法》。以上这些统一法虽然得到不少州的采纳，但各州的解释和运用仍然各不相同。这种情况引起各州商界强烈不满。1936年最大的商业州——纽约州的商业联合会发起了促进《统一买卖法》现代化运动，得到不少州商界的支持。1940年9月，“全国统一州法委员会”的主席威廉·施奈德建议，不一部一部地制定，一部一部地统一，又一项一项地修正，可以将一切相互联系的组织统一起来，制定一部《统一商法典》。他的这一建议后来在1942年庆祝全国统一州法委员会成立50周年会上获得通过，正式决议组织起草《统一商法典》，并任命哥伦比亚大学著名商法学教授卡尔·卢埃林为起草主任委员(原本任命为从事《统一买卖法》的修订工作)。随后美国法学会也参加此项工作，并任命迈阿察大学法学院院长卓娅·曼斯齐科夫教授为副主任委员。后来又得到滨州匹兹堡市福尔克基金提供25万美元的捐款，起草工作于1945年1月1日正式开始。为了做好起草工作，还成立了顾问委员会，由全国统一州法委员会和美国法学会各派3名成员组成。可以说他集中了美国当时法学界的精英，他们都是一批现实主义者。经长期努力，于1952年公布了《统一商法典》的第一个版本。该法典公布后，赞扬者有之，批评者有之。只有宾夕法尼亚州在施奈德的坐镇下顺利通过。后经修改于1958年又公布了第二个版本，到1968年除路易斯安那州对部分编章未同意外，所有49个州及哥伦比亚特区和维尔京群岛都获得通过。为对该法典进行不断修改，维护在解释上的统一，1961年8月5日专门设立了“统一商法典常设编辑委员会”。后来进行几次修改，于1962年、1972年、1978年相继颁布了新的版本。1987年又经重大修改将在美国日益发达的“租赁”制度编入《统一商法典》的第二编之二。

2.《统一商法典》的体例及其主要内容

现《统一商法典》共11篇，45章，498条，现分篇作简要介绍。

1）第1篇：总则

共2章，18条。第1章为本法的简称、解释和适用，共9条。其中最重要的是第2条中规定了本法的基本宗旨包括以下几方面。

(1) 使调整商业交易的法律更加简洁，明确并适应现代要求。

(2) 使商业的作法能通过商业的习惯，行业惯例和当事人的协议不断获得发展。

(3) 使各州调整商业的法律归于统一。同时强调本法应作灵活的解释和适用。尤其为了维护契约自由，规定在本法没有相反规定的情况下，本法各条款的效力可以通过当事方的协议加以改变。第2章为一般定义和解释原则，共9条，对诉讼、协议、提单、合同、善意、对价等46个专门概念下了法定定义。如规定协议是指当事方事实上达成的合意，合同是指当事方通过协议而承担的受本法或其他适用法约束的全部法律义务。对价是指一个人在取得权利时，同时做出其具有约束力支付义务的价值。

2）第2篇——包括买卖与租赁两部分

(1) 买卖，共7章，104条，是该法的核心内容。该篇除对商业买卖做出规定外，同时也是对美国合同法最集中的法律规范。

第1章——简称，解释原则和适用范围。根据第2—102条规定，本篇的买卖只适用于货物的交易，而且主要是“商人之间”的交易。本章中的其他各条主要对涉及货物交易中一些专门概念如商人、货物、买卖合同、期货、特定化等作了定义性的规定。

第2章——合同形式、订立和修数。关于合同形式，总的看采取不要式主义，口头或书面均可以。但第2—201条规定，合同价金达到或趋过500美元的买卖合同要采取书面形式。第2—203条规定，蜡印无效。

在该章中对要约和承诺作了专门的一些特殊性的规定。如第2—205条对不可撤销的要约作了专门规定，如果商人在签名的书面函件中提出出售或买进货物的要约，并函件保证该要约将保持有效，即使无对价，在要约规定的时间内，要约也不可撤销。不过，不可撤销的时间不超过3个月。本条旨在改变先前要求确定的要约要有约束力必须要有对价支持，而现在只要求要约要有确定的内容，并以签字的书面文件表示即可。第2—206条规定订立合同的要约和承诺。该条的主旨在于确立对要约以任何合理的方式进行承诺都是有效的，打破了传说对承诺必须以对等的方式的严格限制，现在规定，对要约的承诺，可以采取“装货”，可以采取“发货”，也可以“实际履行”，即承诺“可以当时情形下任何合理的方式或者媒介做出”。不过，要约对承诺有特定要求的除外。另外，传统法律规定承诺必须与要约的内容完全一致。现在第2—207条规定，承诺只要未对要约内容作实质性的改变，承诺依然有效，从而打破了传统的“镜合原则”。

第3章——一般义务与合同解释，共28条，是买卖篇中最长的一章。该章详细规定了卖方和买方的义务。如第2—301条规定当事方的一般义务为："卖方的义务是根据合同转让和交付货物，买方的义务是根据合同接受货物并支付价款"。本条为了对交付"货物"和支付的"条件"做出与原《统一买卖法》中有关当事方义务(duties)规定的区别，在本条中使用"obligation"一语以与"dufy"相照①，而且也取代了关于"条件"的效力的一般规定。另外，在适用本章的规定时还要考虑交易惯例、商业往来和履约过程中总的商业背景。此外，对风险的分担、价格、交货、付款的时间、地点、对货物所有权和品质的明示和默示的担保、船上、船边各种交货条件，以及试用、试销、寄售、拍卖等特殊买卖做出专门的规定。

第4章——所有权、债权人和善意购买人。《统一商法典》对所有权的转移规定的较灵活，总的是以把货物特定于合同项下时所有权发生转移；有的是以当事方明确约定的方式和条件实现转移；有的以卖方完成履行实际交货义务的时间和地点转移；有的以卖方交付所有权凭证的时间和地点转移。如缔约时货物已被买方占有，所有权于缔约的时间和地点转移。同时还规定，如买方拒收货物或者拒绝保留货物时，所有权由卖方回收。由此可以看出，美国关于货物所有权的转移与其他国家有所不同。

第5章——履约，共15条。这里着重介绍有关风险转移的规定。风险主要是指货物在生产、储存、运输、装卸等过程中所遭受的各种意外损失，如盗窃、火灾、破损、查封等。有关货物风险立法模式的选择主要有两种：一是风险随所有权转移而转移，这叫"物主风险"原则。英国商法是采取这一原则的典型。美国在起草《统一商法典》时和以后联合国起草的《国际货物买卖公约》时都抛弃了已经过时的陈旧的制度，而采取所有权与风险分别转移制度，原则上以交货时间作为风险转移的时间，这与大多数国家的法律保持一致。

美国对风险的转移主要在《统一商法典》第2—509条和第2—510条分别作了规定。第2—509条规定，"双方均未违约时损失风险的承担"，即正常情况下的风险转移。如该条1，如合同约定货交承运人时，损失风险即转移买方(FOB CIF如此)；如合同规定在特定目的地交货，以卖方做作适当提示交付，损失风险即于此时转移给买方。如该条2，当货物由保管人掌管且不需移动即可交付时，买方收到代表货物的流通所有权凭证时；货物保管人确认买方拥有货物占有权时；买方收到不可转让的所有权凭证或其他交货指示书时，风险转移至买方。

第2—510条对"违约时损失风险的承担"作了规定：当卖方提供或交付的货物不符合合同规定，致使买方拒收时，风险仍由卖方承担；如果买方正当地撤销对货物的接收，他可以就自己有效保险不足部分，由卖方承担；已特定于合同项下符合合同的货物时，如

① 作者注——obligation和dufy，虽都有义务的含义，但前者似乎更为具体，我国学者通常译为债权。

果买方在货物风险转移给他之前毁约或违约，卖方可就自己保险之不足部分，视损失风险在商业上合理的时间内由买方承担。

本章其他条款主要是对卖方提示交货，发运货物、附条件交货的规定；买方提示付款、验货付款、承兑交单等方面的规定。

第6章——违约、毁约和免卖，共16条，主要规定了卖方违约、买方违约、以及预期违约和免责的有关规定。第2—601条规定如卖方未按合同规定提示交付货物，买方可以拒收全部货物；或接受全部货物；或接受货物的任何商业单位，拒收其余。这一立法思想给予了守约方(买方)充分的选择权，这里尤其允许部分接受。不过对部分接受按惯例要受到一定限制。买方行使部分接受时必须尽诚实义务。要符合商业上合理性要求，避免对剩余货物的价值造成不当损害。另外，第2—602条规定，买方如拒收货物，应在合理时间内做出，及时验收并及时通知卖方，否则拒收无效。同时第2—603条还规定，当卖方在拒收地无营业场所或代理人时，买方如为商人拒收其占有或控制的货物后，有义务遵从对货物处置的指示，如无指示，且货物易腐或价值面临迅速下降的危险，买方有义务做出合理的努力代卖方将货物出售，买方有权获得佣金。

买方在不履行义务时即构成违约。第2—607条规定，买方必须按合同规定支付他所接受的货物的价款。买方接受货物后即无权拒收已接受的货物。当提示交付被接受后，买方在发现任何违约后的合理时间内，应将此违约通知卖方，否则无权得到任何救济。并且如果他方以侵权或类似理由提出赔偿，且买方由此违约而被诉，买方必须及时将此情况通知卖方，否则无权就此诉讼取得任何救济。同时，凡涉及已接受的货物时，证明卖方违约的举证责任由买方承担。此外，当他人以违反担保或违反其他卖方应负的义务而对买方提起诉讼的，买方可用书面形式将诉讼通知卖方。

第2—609条规定，合同当事人都有要求对方提供有关充分履约之保证的权利。如导致其不安的合理依据未能在合理的期限内消除，受损方可据此视另一方已违约。当事方收到正当要求后未能在30天的合理期限内提供当时情形下充分及时的履约保证，视为毁弃合同。

第2—610条对预期违约作了规定。预期违约(anticipatory breach of contrace)是英美合同法中特有的法律用语，这一用语来源于英国1846年Short V Sttone一案的判例。它是指合同依法成立后，在规定的履约期届满前，已有根据预示合同的一方当事人将不会履行其合同的义务。预期违约不同于实际违约，也不同于合同无效。

任何一方当事人就一项尚待履行之义务毁弃合同其所造成的损失将实质性损害合同另一方当事人的价值时，受损方可以在商业上合理期限内等待毁约方履行合同；或者寻求违约救济；以及在上述任何一种情况下中止履行其合同义务。预期违约的特点表现在公开的思想表示或行为上，如明确表示到期不履约。这种表示可以是书面的，也可以是口头的，可以说明原因，也可不说明原因。甚至可能将已出售的货物再售给他人或停止生产等。另外，预期违约并非必须使履行在事实上不能才构成毁弃合同。只要导致2—609条使当事方存在不安威胁，一方在对方合理要求对未来及时履行提供充分担保后30天内未能提供时，即自动产生毁约的后果。

第7章——违约救济，共25条，主要规定了卖方发现买方破产时的救济、卖方的各种救济、买方的各种救济。第2—702条规定，如果卖方发现买方破产，卖方可以拒绝交货，除非买方支付现金；如果卖方发现买方在破产的情况下以信用方式收到货物，卖方可以在货物收到后10天内要求收回货物。

第2—705条规定了卖方的各种救济方法，如买方拒收货物或撤销接受或未及时付款，卖方可以中止交货；或阻止货物保管人交供；对尚未特定于合同项下的货物进行处理；或转售货物并取得损害赔偿；取得拒收货物的损害赔偿，可解除合同等。如果货物为半成品，可以完成产品制造，并将其全部持定于合同项下，或停止制造将现有半成品出售；如果货物正在运输途中，卖方可以阻止承运人或货物保管人向买方交货。买方对已接受的货物价款和已持定于合同项下之货物的价款，以及附带损失，卖方均可要求付款。

第2—711条对买方的各种救济方法作了规定。如果卖方不交货或毁约，或买方正当拒收货物，买方就任何涉及的货物解除合同，买方可以收回已支付的价款；还可以“补进”货物，并取得未能交货的损害赔偿；买方还可以追取已特定化的货物；还可以要求实际履行或取回货物。卖方违约给买方造成的附带损失和间接损失都有权要求赔偿。买方可以从未付清的价款中扣除损害赔偿。

《统一商法典》中对损害赔偿额的限制。第2—718条规定，当事方可以在协议中约定事先任何一方违约的损害赔偿金额，但只能是在可预见到的或实际损害的合理金额之内。若约定的不合理的过大的数额，将被视为罚金而无效。另外，若约定不合理的过小的数额，也不利于维护受损方的利益，但要坚持公正原则。

另外，《统一商法典》中有关于诉讼时效的规定，第2—725条规定，有关违反买卖合同的诉讼，必须在诉讼原因发生后4年内提起。当事方可以在原始协议中将此期限缩至1年，但不能将此期限延长。

(2) 租赁，共3章，80条。

在《统一商法典》中增加“租赁”的原因。租赁总的讲属“商业交易”范畴。租赁交易在美国现实生活中是一种广泛存在的商事活动，如汽车、设备、工业机械以及其他各种动产租赁和消费租赁，每年的交易金额达数十亿美元。而过去调整租赁方面的法律又过于分散。一部分属动产普通法调整，一部分属不动产租赁调整，还有一部分参照《统一商法典》的第2篇和第9篇的规定。这些法律所派生出来的概念、规则并不完全适应“租赁”的需要。在这种情况下由统一商法典常设编辑委员会建议，后经全国统一州法委员会法律起草委员会草拟了独立的《统一动产租赁法》建议稿，后经修改审批，编入《统一商法典》第2篇之二，并于1987年10月1日正式公布。

租赁篇的中心思想主要集中为3点：①何谓租赁；②出租人是否为承租人对出租物作过担保；③承租人违约时出租人如何获得救济。

第1章——总则，共9条，主要是对简称、范围、租赁的定义的规定。在适用范围上第2A—102条规定，本篇适用于任何产生租赁的交易，无论其形式如何，也就是本篇调整各种不同的租赁交易。

关于对租赁的定义，在2A—103条中规定，“租赁”指为获得对价而在一定期限内转移对货物的占有权和使用权，该术语包括转租，但不包括买卖和担保权益。另外，对租赁协议、租赁合同、租赁权益、出租人承租人、货物等概念也下了专门定义。

第2章——租凭合同的订立与解释，强调书面规则和确定的要约以及明示默示的担保规定。

第3章——租赁合同的效力，主要规定了租赁合同的可强制执行性。货物的所有权与货物的占有；租赁合同中设定的担保权益要受第9篇动产交易(第9—102条)制约。但禁止在租赁合同的当事双方的权益上或者出租人的剩余货物的权益上设立或者强制执行担保权益的，不得强制执行。尤其在第4章租赁合同的履行中，规定了对不安履约的充分担保。因为租赁合同与交易行为一样，要求每一方当事人以不损害另一方对获得适当履行之期待的义务，如果就任何一方的履行而言，使另一方有感到不安的合理根据时，不安一方得以书面要求另一方提供适当履行的充分担保。在商业上是合理的，不安一方可以中止履行其尚未获得约定的履行义务，直到其收到此种担保为止。所以在租赁合同中的担保既是当事人的权利，又是当事人的义务。第5章对违约作了规定。

3) 第3篇商业票据，共8章，79条

第1章为简称、形式和解释。第3—103条对本篇适用范围作了规定。本篇不适用于金钱、所有权凭证和投资证券。本篇条款要受银行存款和收款篇(第4篇)和担保交易篇(第9篇)条款的约束。第3—104条对流通票据的形式规定为：汇票、支票、存折、本票，这是美国票据法的重要特点。因为在大陆法国家中的票据法只限于汇票、本票、支票，都不包括存折。同时大陆法国家多把汇票和本票结合在一起称票据法，而把支票单独立法。该条同时规定，汇票和支票为付款指令、本票为付款承诺，存折为债权债务关系凭证。紧接着对构成无条件承诺或指令的条件在第3—105条作了规定。另外对票据的制作也作了规定。

第2章是对票据的转让和流通的规定，其中主要是对背书权利的取得、背书的种类、背书的限制以及回头背书、背书的效力等作了明确规定。

第3章是对执票人的权利的规定，主要规定了正当执票人与非正当执票人的权利。

第4章是对当事方的责任的规定，尤其是对签名的责任作了详细的规定。

第5章是对提示、拒付通知和拒付书的规定，其中主要是对提示的时间、方式和程序、承兑和付款的时间，拒付后执票人的追索权以及拒付通知和拒付权的内容等规定。

第 6 章解除责任，其中主要是解除责任后对正当执票人的影响。

第 7 章是对国际即期汇票的议付的规定。

第 8 章其他，主要是对成套汇票、票据对基础债务的影响、票据的丢失、毁损或被盗等规定。

4）第 4 篇——银行存款和收款，共 5 章，37 条

第 1 章总则和定义。在适用范围上规定，本篇范围内的票证要受第 3 编和第 8 编约束，但本篇的效力要优于第 3 篇，但第 8 篇的效力要优于本篇。这就要求学习这 3 篇要相互结合。

第 2 章票证收款：存款银行和收款银行，主要规定了收付款的职责。

第 3 章付款银行。

第 4 章付款银行与客户的关系，主要是银行与客户之间的权利义务关系。

第 5 章跟单汇票收款。

本篇是《统一商法典》中特殊的一篇，它既反映出商业金融资本家在现代市场经济中的重要地位，又反映出现代商法对资本运营的调整的突出特点。

5）第 5 篇信用证，共 17 条

本篇主要是对信用证的意义和适用范围；信用证的形式和种类；开证人的权利和义务；信用证开立的时间和效力；兑付或拒收的时间限制；保证金，对不正当拒付和预前毁约的救济；以及转让和让与。但本篇涉及的只是部分而不是全部有关信用证的规则和作法。所以本篇中的任何规则并不排除相反之规则适用于本篇未加规定的任何人或任何情况。第 5—103 条对信用证的定义是："信用"或"信用证"是指银行或其他人应客户要求做出的本篇范围内的承诺，承诺开证人将依照信用证中规定的条件兑付汇票或其他支付命令。信用证可以是可撤销的，也可以是不可撤销的，承诺可以是一项兑付协议，也可以是一项声明，说明银行或其他人被授权做出兑付。信用证实际是在商事活动中为确保商人支付义务的实现，借助银行信誉而实施的一项特殊的商业信用制度。

6）第 6 篇大宗转让。共 11 条。本篇主要规定了大宗转让的适用范围；大宗转让的对抗效力；大宗转让的程序和运作。在该篇第 6—102 条规定，本篇所称"大宗转让"，系指受本篇约束的企业在正常业务中对原料、材料、商品、设备或其他库存之主要部分做出的任何大批量转让。大宗是与零售相对而言的，在我国通常称为批发买卖。同时在第 6—103 条规定，下列转让不受本篇约束：为履行义务之担保转让；为转让人之全体债权人利益做出的财产总让与及受让人所做出的再度转让；为结清或兑现留置权担保权益的转让；财产执行人、管理人、接收人、破产受托人或司法程序中公共官员所作的出售；公司改组或解散所作的出售；向新的商业企业所作的转让；不受民事执行之财产转让等。但以卖方式进行的大宗转让亦受本篇约束。

7）第 7 篇仓单、提单和其他所有权凭证，共 6 章，40 条。

本篇的内容既关系到陆商，又关系到海商，是商业交易中重要的篇章。它主要是对仓单、提单这类物权所有权凭证的特殊要求；开单人的义务；仓单、提单的流通和转让；以及仓单、提单被丢失、扣押的相关诉讼及与此相关的一些概念定义等内容。

8）第8篇投资证券，共4章，45条

在资本日益证券化的情况下，加之《统一商法典》中无公司法的内容，所以该篇是重要的篇章之一。本篇主要是对证券的定义、范围、证券的发行、购买、背书流通转证以及证券经纪人的规定。如第8—102条规定，本篇中的“证券”指具有下列特征的票据：以不记名或记名方式发行；并且通常在证券交易所证券交易市场买卖被公认为投资媒介；并且系一类或一系列票据之一；并且证明对某项财产或某个企业的分享、参与或享有其他权益的票据。同时“商业票据”(第3篇)仍受本篇约束，但“金钱”不适用本篇，证券可以流通。本篇所称证券主要是指股票和债券及其他流通票据。

9）第9篇担保交易、账债和动产契据的买卖，共5章，55条

第9篇主要包括以下内容。

(1) 关于担保交易的适用范围，包括任何意图在动产或不动产上的附着物，如货物；所有权凭证、票据、一般无形资产、任何账债(指应收账款)或动产契约上设立的担保权益的交易；还包括通过设立的担保权益——如质权、让与、动产抵押、动产信托、信托契书、代办人留置权、设备信托、附条件销售、信托收据以及其他通过留置权或所有权的合同所设立的担保权益(第9—102条)。

(2) 同时规定以下交易不属担保交易：受美国联邦法律约束的担保权益；地主留置权；法定留置权；对雇员的工资、报酬请求权；出售企业时随同出售的账债或动产契约；任何保险单下的权益；由法院判决所代表的权利；不动产下的租约或租金；基于侵权而产生的请求权；存款账户下的权益(第9—104条)。

(3) 担保权益成立的条件。担保权益只有符合下列条件，才能附着于担保物并可获得对抗债务人和第三方的强制执行。

① 受担保人必须与债务人达成一项担保协议，受担保方依协议占有担保物。

② 已支付对价。

③ 债务人对担保物享有权利。

④ 在受担保人(指贷款人卖方或担保权益的其他受益方)给予买方贷款者债务人(指没有担保权益的债务承担付款或以其他方式履行义务的人)对担保物的动产已购入时，担保权益正式成立。

(4) 担保权益的完善，对担保权益的完善主要通过登记进行。所有担保权益均需通过登记融资进行完善；在担保权益附着于担保物且涉及完善之各项必要步骤均已完成之后，担保权益获得完善；动产契据或流通所有权凭证中的担保权益可以通过登记获得完善，金钱或票据只有实现占有而获得完善等(第9—301条)。

(5) 担保权益的优先原则。收款银行对用于收款的票据、附属单据和收益的担保权益优于其他权利(第4—208条)；州际交易中的担保物权享有优先权；根据寄售协议交付货物，享有优于已是代销人之权利(第9—114条)；对农作物的担保权利，如果是以支付新对价使债务人在生产季节能够生产该农业物而取得，且对价是在农作物种植前3个月内支付，则享有前存的担保权益；库存中完善的担保权益，优于库存中冲突的其他担保权益等(第9—312条)。

(6) 登记，为使担保权益获得完善而进行登记，对登记的地点、时间、效力、登记官员的职责作了规定(第9—401条，第9—403条)。

(7) 对债务人的违约及其救济作了规定。

10）第10篇生效日期和废除效力，共4条

本法在获得立法机关通过后的同年12月31日午夜生效。本法的特别废除效力——凡与本法相抵触的所有类似的法律或法律中的任何部分在此被宣告废除(第10—102条)。

11）第11篇过渡性条款，共8条。

本篇在此不作详述。

3. 对《美国统一商法典》的评析

(1)《美国统一商法典》是一部充满改革精神的现代商法，具有浓郁的现实主义精神。它的根本出发点在于积极地回应社会现实的需要，力图对传统陈旧的商事制度作现实的修正，以建立起现代型的商事法律制度，尤其对英美普通法中许多不适应现代经济发展的陈旧理论，观念、做法作了革命性的改革。如英美普通法中源远流长，根深蒂固的蜡封合同(contract unfer seal)、“对价”(consider ation)制度、要约和承诺中的“镜合原则”、风险必须随所有权同时转移原则，都大胆抛弃了这些陈旧制度。对商人的概念，也抛弃了传统的职业要素中心说，而主张以在商业交易方面具有专门知识技能为主要条件，这很符合知识经济时代的要求。对国际贸易术语的运用，也不拘泥于国际的一般作法，而确定起独特的运用规则。又如在商事法律责任制度领域，淡化了传统的“过错责任”原则，而强化了“严格责任”原则。其他在租赁、商业票据、投资证券、担保交易等领域，也都做了不少大胆改革创新。在体例上对篇、章、条、款、项、目都用数字表示，用起来省时省事，这也是很大创新。总之法典的精神是现代化的。

(2)“以商业交易”为中心进行立法设计，即以单纯的商行制度作为法典的主要内容。统一商法典中虽也有商人的概念，但它只是把它作为一种交易合同的主体来对待，它没有把商人的有关整体组织法律制度像法国、德国、日本等大陆法国家那样作为商法典的主要内容加以规定。他们认为商业组织法具有强制性和公法性质，而商法属任意性法，否则会造成内部的不和谐，所以《统一商法典》的基本概念是“商业交易”——即纯商行为法。在此理念支配下，它集中反映了与商品交易有关的各项重要的法律制度。《统一商法典》的各篇都是以商业交易(商品买卖）为中心展开的。第1篇是对商业交易总的原则的规定。

其他各篇都涉及商业交易的一个阶段。它的基本构思是：尽管一项完整的商业交易包括许多阶段，但每一阶段都是一项交易活动过程的一个组成部分，它们都是围绕商业交易这一基本活动而相互联系的，因此可以用一部法典统一概括。它的逻辑结构体系是：商业交易的基本活动是买卖，所以它在第2篇首先规定了“买卖”的各项法律制度。而买卖的法律形式是合同，因此在该篇中对合同从形式到实质内容要求都作了系统的规定；而现代商业交易除买卖外，还存在大量的“租赁”交易——尤其新兴起的“融资租赁”，所以又把租赁的内容及时增加到商法典中；现代商业交易是一种以商人为主的钱货交易，这种交易的支付手段主要是票据，所以紧接着第3篇对商业票据作了规定。票据的签发、背书转让以及承兑、贴现，收款、付款都要通过银行来实现，所以紧接着在第4篇对银行存款和收款作了规定；在现代商业交易活动为增强商业信用，保证交易安全，在异地交易中普遍使用“信用证”制度，所以紧接着在第5篇对信用证作了规定；商业交易——尤其商人交易，除零售外，更主要是大量批发交易，所以紧接着在第6篇对大宗转让作了规定；货物买卖又总是要经过运输，保管储存，这就需要使用仓单，提单及其他所有权凭证，所以在第7篇又对这些单证的形式、内容、流通转证等作了规定；从事商事活动总是要有与生产经营相适应的资本，这往往需要发行投资证券来筹措，所以接着在第8篇对此作了专门规定；商业交易是有风险的，所以商业买卖特重安全，因此最后在第9篇对双方当事人应尽的担保责任作了严格的规定。所以说《美国统一商法典》各篇的体系是以商业买卖为轴心，有着内在的紧密的逻辑联系的完整的交易体系，不是一个简单的拼盘，这也充分体现了它的科学性。

(3)《美国统一商法典》在价值取向上，重“资本”运营。施来托夫在评价该法典时指出：《美国统一商法典》的诞生反映了美国已成为世界主要工业大国之一的经济地位和金融领域的领导力量①。前苏联法学教授——纳雷什金娜对《美国统一商法典》的评价时指出：美国法比英国法更重视大资本家的需要，她还认为，《美国统一商法典》与大陆欧洲国家传统的商法典不同，它只包括个别的商法制度，局限于调整商业事务，首先是银行事多(如提存、托收、信用证、有价证券业务等)，文献中称这种法典为“银行法典”绝非偶然。因为关心其创制和实施的首先是美国的大银行②。在《美国统一商法典》的8篇中有4篇是与银行关系有关的，这充分体现了在市场经济条件下，在商法中引进银行业务，重视调整资本经营，是现代商法与传统商法的重要区别之一。

(4) 灵活适用，较好地反映了历史和现实的关系。如既采用成文法的形式，又保留了实用的判例和各种公认的商事惯例。如“商业单位”，既可以是商业惯例中货物的基本销售单位，也可以是一件物品(如一台机器)，甚至是在使用中或在有关市场上被视为单一整

① ［英］施米托夫：《国际贸易法文选》，中国大百科全书出版社，1993年，第108页。
② ［苏］纳雷什金娜：《资本主义国家的商法》，中国政法大学出版社，1989年，第55页。

体的任何其他单位。又如法典第1—102条规定，本法各条款的效力可以通过当事方的协议加以改变。这充分体现了贸易自由、契约自治精神。但同时又规定，本法规定的善意、勤勉、合理和注意的义务，不得通过协议加以排除。同时还规定只要在法典没有排除的情况下，普通法和衡平法的各项原则都可作为本法的补充。总之，在统一中又强调灵活，在灵活中又注意坚持原则。

(5) 在哲学观上受实证主义和功利主义支配。实证主义者认为，法典编纂的目的是把现有的支配人类社会关系的法律规则统一为容易接受的形式。从这一基本理念出发，为了促进商业现代化，采用了实证主义策略，力图减弱不受欢迎的司法先例的约束。它反对过度地依赖演绎式抽象的概念，尽可能抛弃形式主义的旗帜，强调法官要用向前看的审判案例去改变过时的案例。他们声称已提示出法律与经济之间的深层次的关系，认为法律是一种激励机制，它是用来保证经济资源的分配能用到最大经济效益的地方。由此认为商事活动应以效益为目标，即以最大限度的满足社会需求为己任，并认为法律规则是可变的活的假设，作以体现在商法典中对一些制度和规则作了突破性的规定。正如施米托夫在评价《美国统一商法典》时说，它的成功应归动于该法典的内在质量，法典有3个显著特征：它在精神上是现代化的；处理方案是切实可行的；概念是综合性的。可以说它总结了几百年来西方资本主义商业交易的规则，成为当代资本主义世界有影响的商法典。

当然该法还存在一定的缺陷，如仅对商人下了定义，而对商人制度未作系统的规定。因为商法毕竟是商人之法。尤其现代商法理论倾向于主观标准，《美国统一商法典》同样倾向于主观论。① 既然如此，而对商人的相关制度在法典中不作专门规定、不能说不以为憾。又如该法典既然以“商业交易”一词作为中心概念，但什么是“商业交易”；既未正式下定义，也未规定它必备的要件，这样只能靠着感觉走或纯之以习惯。还有本法典的非国家性，即非联邦立法机关制定的，从而各州的解释、作法和判例也不完全相同，所以不可避免仍存在州际间的一些法律冲突。只有在发展中不断修改，不断补充，不断完善。

2.6 中国商事法

2.6.1 我国古代商事法律制度

我国由于长期商品经济不发达，加之长期受轻商思想的影响，因而长期无健全的商事法律制度。不过由于商事活动的客观存在，所以散订于其他法律中有关调整商事关系的法律规范还是不少。不过古代的商事制度多为习惯制度，如“日中为市”，“因井而市”的习惯。加之古代法律一直实行“诸法合体”、民刑不分，民商不分，致使我国长期无独立的

① [苏] 纳雷什金娜：《资本主义国家的商法》，中国政法大学出版社，1989年，第55页。

商事法律制度。但这并不等于说我国商事活动毫无规范可言。

如早在秦代的“六律”中就有《关市律》、《金布律》、《仓律》。在汉代全面推行《均输法》、《平准法》，尤其对盐、铁、酒实行专卖制度，对后世产生长期的影响。在唐代采取了重农扶商政策，更建立起各项商事管理制度，如对商业实行轻税政策，每年 8 月到长安校帖，并建立邸店制等。加之“丝绸之路”的进一步开通，使商品经济得到进一步发展。宋代对商业进行了一系列改革，如取消对市场地域的限制，尤其王安石变法制定的《均输法》、《市场法》、《青苗法》、《方田均税法》等对商业的发展产生了很大影响。元代海运、漕运沟通，统一货币制度，对盐茶的经营实行引票制度都有创新。在明代的明律中有专门的钞法、盐法、茶法、并设立了“官牙”，并推行“海禁政策”，以保护内商。同时在我国历史上还出现了像范蠡、白圭、子贡、吕不韦、猗顿、邓通等有名的巨商大贾。

中国商业和商法不发达，受观念和制度约束极为严重。首先中国人在观念上没有经历过像欧洲那样重商主义的熏陶，在行动上也没有经历过像欧洲那样大规模的历史性的商业革命运动，在法律领域也没有经历过像欧洲那样的法典化运动，加之在商事理念上观念腐化。中国人有了钱往往不是用于开商店办作坊，而往往用于买官鬻爵，向仕途发展，因为仕为四民之首，商为四民之末；或者买田置业成为封建地主；更有甚者是怕露富，把钱换成银元埋在地下，这样就埋掉了中国的商品经济和资本主义经济。新中国成立后，更确立起越穷越光荣，越富越可耻，商业是资本主义的温床，是反修防修的对象等观念。加之长期打土豪分田地，平均地权的思想使财富分散化，实际财富都被当做消费资金被消费掉了，缺乏资本的原始积累，所以从观念上和制度上阻碍了商品经济的发展。本来中国早就有了指南针，但没有把它用来发展航海事业和对外贸易，而是成了风水先生用来看地脉的迷信工具；中国有了火药，但没有把它制造成枪炮用来防御外敌的侵略，反而被列强拿去制成枪炮来攻打我们；中国的钻井技术在宋代就能钻 1 000 米深，但只会钻盐井，不会用来钻石油，就是今天我们的外贸和内贸都还落在一些发达国家之后，这一切都与商贸有关，不能不引起我们深思。

2.6.2 中国近代商事法

中国近代商事法始于清朝末期。首先是鸦片战争后，魏源在他的《海国图志》一书中首先将西方国家的公司法制度介绍到中国。后来到 1861 年京师同文馆的法国教习——毕利干将《法国商法典》翻译到中国。在这之后，英国商法，特别是有限责任赔偿制度，也普遍适用在华的轮船公司。后来随着民族资本主义的兴起，维新改良思想家们的“商律观”逐渐发展起来，他们以“全变论”出发，把商法问题置于政治改革和法律现代化的整体变革之中。与此同时于 1907 年 11 月 19～21 日在上海召开了第一次本国商法理论研讨大会，并成立商法研究会。尤其到清朝后期，光绪实行八大商政：即设立商政机关；编制商法；创立商会；提倡商业；保护华商；制定统一度量衡；提倡赛会；振兴商法。随着命戴振、伍廷芳、袁世凯制定商律，于光绪二十九年(1904 年)颁布了我国历史上第一部独立的商事法——《大清商律》。但该法只含《商人通例》9 条，《公司律》131 条。由于内容过于简略，且又多为仿德日商法而制。到宣统 2 年又重新起草《大清商律》，分总则、商行为、公司法、海船法、票据法五部分。但未及施行，清朝便宣告灾亡。

到民国时期，将清《商律》略加修改，于民国 3 年(1914 年)正式颁布实施，实行民商分立体制。直到民国 18 年(1929 年 4 月 5 日)，在胡汉民、林森的提议下，经中央政治会议 183 次会议又实行民商合一，我国台湾地区至今仍实行这一体制。不过对《公司法》、《票据法》、《保险法》、《海商法》、《商业登记法》、《银行法》、《商业会计法》、《证券法》等仍以商事单行法独立于民法典之外。所以这种合一仅是观念上的合一，并非制度上的合一。

2.6.3 中国现代商事法

新中国建立后，由于长期实行计划经济体制，自然没有商法的需求，也不可能有商法的地位。中国现代商法的兴起是在 20 世纪 80 年代，尤其是在 90 年代确立起市场经济体制后逐渐兴起后，在这一时期先后颁布的商事单行法主要有《中华人民共和国海商法》(1992.7.7)、《中华人民共和国公司法》(1994.7.1)、《中华人民共和国票据法》(1995.5.10)、《中华人民共和国保险法》(1995.6.30)、《中华人民共和国外贸法》(1994.5.12)《中华人民共和国商业银行法》(1995.5.10)、《中华人民共和国证券法》(1998.12.29)、《中华人民共和国拍卖法》(1996.7.15)、《中华人民共和国信托法》(2001.4.28)以及《中华人民共和国合伙企业法》(2002.6.29)、《中华人民共和国个人独资企业法》(1999.8.30)。此外，还有大量的商事行政法规及规章及地方法规、规章。通过对这些法律、法规、规章的制定和实施，为我国制定商事基本法奠定了雄厚的理论和实践基础。随着市场经济的发展、观念不断转变，理论研究不断深化，商法队伍不断壮大，我国商法发展的前景将更加光明。

理论探讨与实务研究

1. 学习研究商法史应注意的几点

(1) 学习研究商法不仅要注重它的理论构造，同时也要注重研究它的历史发展过程。只有了解了它的过去，才能知道现在，也才能更好地预测未来。不了解商法的历史就不能很好地理解商法。尤其要了解商人的“造反”精神，更要了解它的历史。

(2) 商法的产生、发展、变迁是在一定的历史社会背景下，即在一定的社会经济、政治、文化、科技、商品交换的条件下产生和发展起来的，不是凭空而来的。

(3) 要坚持“以史带论”和“以论鉴史”的辨证方法。尽量避免无史、无法的空洞议论。

(4) 由于商法具有很强的国际性，因此要注意比较研究。主要对不同时期(纵向的)、不同国家(横向的)、不同商法法系，以及不同社会制度下的商法进行比较，以便发现对问题的“最好解决办法”。

总之，商法的形成，正如法国丹尼斯·特伦曾经指出：“商法的系统化过程不是民法学者的传播，而是由于推行者的努力”。

2. 关于商法史的区分

对商法史的研究到底以哪种模式进行区分，学术界历来就有不同的主张。有的主张按历史编年史进行区分；有的主张按商业史进行区分；有的主张按商业自身变迁进行区分。其中又各有许多不同的划分标准。如商业史区分说中有地理沿革说、实质沿革说、体制沿革说，商法史区分说中又存在三分说、四分说、多分说等。笔者主张按历史类型并结合商法自身演变进行研究，较容易理清思路和掌握商法发展脉络路线图。

推荐阅读

1. 泰格·利维：《法律与资本主义兴起》，学林出版社，1995年。
2. 伯尔曼：《法律与革命》，中国大百科全书出版社，1993年。
3. 周谷城：《世界通史》，河北教育出版社，2000年。
4.《美国统一商法典及其正式详述》，孙新强译，中国人民大学出版社，2004年。
5. 季立刚：《民国商事立法研究》，复旦大学出版社，2006年。

思　考　题

1. 有人认为，商法的历史始于公元前2000余年的巴比伦，你对此如何认识？
2. 中世纪社会有哪些重大社会变革。对商法的发展产生哪些重大影响？
3. 简述中世纪商人法的主要内容和特点。
4. 近代商法和现代商法的主要区别？
5. 比较《法国商法典》和《德国商法典》各有何特点？
6.《美国统一商法典》有哪些重大变革？
7. 试析当代商法发展的新趋势。
8. 你对我国的《商法通则》能否提出具体构思框架？

第2编 商事主体论

第3章 商人通论

本章提示

- 本章是商法的商人通论部分，属主体论范畴，通过本章的学习，应当对商人的概念、基本特征、商人的分类进行掌握。
- 商人即商事主体，是商法中的基础性概念，但由于各国规范商人的原则不同，其商法对商人概念的规定也存在着差异。
- 同民事主体相比较，商人有明显的特征。
- 由于商事立法传统和体例的不同，各国对商人的分类也不尽一致。

3.1 商人的概念和特点

3.1.1 商人的定义

商人这一概念的发展有一定的历史沿革。在中世纪商人习惯法时代，没有形成法定的商人概念，商人被看成是专门从事商事活动的人。19世纪以前，商人被看成是不同于民事主体的特殊身份，是具有特殊地位的社会阶层。各国在概括商主体概念时，往往强调其外部特征。19世纪以后，随着立法上从商人法立场到商行为法立场的转变，任何公民都具有从事商业活动的自由，社会普遍商化，因此商人不再是社会上的特殊阶层，商人的特权也被根本动摇。各国在概括商主体时更加注重其实质性条件，主要包括：一是必须持续性地实施特定的营利性行为；二是必须以从事同一性质的营利性行为为职业；三是必须以自己的名义实施该营利性行为①。商人发展到现代，已经与传统商人有了很大的差别。现代商人与传统商人主要有何区别呢？首先，组织形式上有区别。人类社会最初的商人是采取个体商贩的形式，而后商人的组织形式慢慢多样化，出现了独资企业、合伙企业等商人形式。随着世界经济与科技的发展，特别是资本密集型产业的出现，公司这种商人形式应运而生，可以说现代商人的典型组织形式是公司。其次，规模、经营理念上有区别。传统商人由于受制于科技发展水平和市场，普遍规模不大，经营上也主要是着重营利；现代商人则具有规模化、科技化的特征(现代高科技企业、大型企业及企业集团的大量出现说明了这一点)，从事的是资本运营行为或智力经营行为。再次，传统的商人强调的是一种身份，为的是区别于民事主体。而现代商法则强调商人的素质，即商人必须具备一定资本经营或智力经营的能力。它们具有现代意识和开拓精神，掌握诸如信息技术、生物技术、新材料技术等技术。

在如何确定商主体的概念这一问题上，世界各国有3个不同的立法原则，即客观主义原则、主观主义原则和折中主义原则②。

1. 客观主义原则

又称实质主义原则。它是指商法着眼于行为自身的商的性质，并将其行为主体确定为商主体。法国大革命以后，商法从其专属于商人团体的法中解放出来，成为一般市民的法。在此背景下，商人不再是一个享有从事商行为特权的阶层。相反，一般市民都可以经商。所以，商主体的确定不应再依据其身份，而应根据其是否从事商行为。由此，规制商

---

① 徐学鹿：《商法总论》，人民法院出版社，1999年版，第188页。

② 王保树：《商事法的理念与理念上的商事法》，载《商事法论集》(第1卷)，人民法院出版社，1997年版，第23页。

主体的客观主义原则就应运而生了。首创这一原则的是《法国商法典》，该法典第 1 条明确规定：商人者，以商行为为业者。德国旧商法也采用此原则，该法典第 4 条规定，以商行为为业者是商人。特别是 1885 年的《西班牙商法典》，该法典以自己的鲜明特色向人们揭示了客观主义原则应有内涵，即重视商行为概念的基础作用，以商行为概念揭示商主体的范围，强调商主体资格对商行为的依存。

2. 主观主义原则

又称形式主义原则。主观主义原则首先确定商主体的概念，然后导出商行为的概念，在确定商主体范围时，着眼于商行为的形式，通过列举商行为(例如销售、制造、加工、运输、广告等)来确定商人的范围。德国 1897 年《商法典》即德国新商法典是采用该原则规定商主体的代表。依该法典的规定，商人是从事商事经营的人。该法典强调商主体这一概念在法律适用中的核心地位，而不是依商行为的客观性质确定商主体。《瑞士债务法》也是采用主观主义原则规定商主体的一个典型，依该法 934 条规定，从事商业制造业及其他以商人的经营方法营业并将其商号注册登记者为商人。

3. 折中主义原则

该原则是对客观主义原则的修改，它同时将商主体和商行为概念作为商法的基础，并且在规定商主体时，既注意商行为的客观性质，又着眼于商行为的形式。法国现行《商法典》是采用这一原则的代表。它以商行为概念作为规定商主体即商人的基础，但同时也在一定程度上以商人规定商行为的范围。《日本商法典》也采用折中主义原则规定商主体，它一方面以一定行为的自身性质将其视为商行为，而另一方面又列举出另外一些行为，仅在商业情况下视为商行为。在此基础上，视以商行为为业者是商人。

在上述原则中，客观主义原则注重行为的客观的商性质，从而高度概括商主体的特征。但是，这种概括往往会出现含糊不清的缺点。主观主义原则通过列举商行为确定商主体的范围。它克服了客观主义概括含糊不清的缺点，但社会经济发展迅速，列举主义很难摆脱挂一漏万的痼疾。折中主义原则将概括主义和列举主义有机结合，从而较好地确定了商主体的特征和范围。正是基于这一原因，多数国家采用此原则规定商主体。因此，我们认为商人，即商主体，是指依照商法规定，从事以营利为目的的活动并以其为经常职业，享有商事权利，承担商事义务和责任的个人和组织。简而言之，商人是具有商事能力的商事法上权利与义务的归属者。

3.1.2 商人的特点

概括说来，商人具有以下几个基本特征。

1. 商人由商法设定

商主体不同于民事主体，具有特殊的权利能力和行为能力，任何组织和个人要以商主体身份参加商事活动，并在其中享有权利、承担义务，必须由商法设定。商法是个人和组织具有商主体资格的法律依据。早期商主体主要以商事习惯法为行为依据，有很大的行业自律性。现代商主体的主要表现形态是企业，企业已经成为市场经济的主要主体，对社会、经济的发展将会产生重大影响。因而各国均通过商法对商主体特别是企业资格的取得与丧失、权利与义务、行为的范围及效果等做出详细而严格的规定。因此，商主体的第一特征就表现为其法定性。

2. 商主体的身份和资格经商业登记而取得

商主体的本质属于法律拟制，即商主体因为法律赋予其权利能力和行为能力而成为主体。同时，在程序上，这种主体身份、资格的取得必须经过商业登记。根据各国商法，设立商主体必须向注册登记机构提交规定的文件，办理商业登记手续。此外，从事金融、证券等特殊行业经营的商主体的设立还必须获得特许审批。

3. 商主体以从事营利性的营业活动为职业

商主体必须以从事营利性的营业活动为职业。职业是商主体所经常从事或赖以谋生的活动。如果偶尔从事交易行为，如农民将自留地上种的自己吃不完的菜拿到集市出卖，就不是我们这里所讨论的职业行为，因而偶尔出卖蔬菜的农民就不是商人。同时，商主体的活动总是以营业的方式进行。所谓营业是指商人以谋取利益为目的反复不断地从事同一性质的经营活动。从时间上看，这种活动可以有一定期限，也可以是无限期的，但不能是偶发的。从内容上看，这种活动是有一定范围的，而不是毫无限制的。也就是说，营业行为是在较长时期内反复实施相同类别的商业交易行为。

4. 商主体从事商行为必须具备相应的知识、信息、经验、技术和能力

随着商品经济的发展，对商主体必须具备某种知识与能力的要求会越来越高。在商品经济发展的初期，对商主体的这种要求并不突出，法律上也没有明确。但在现代商品经济条件下，缺乏相应的知识技能而能从事商业活动是不可想象的。一些国家的立法已在这方面作了具体规定，如美国《统一商法典》在界定商人时，就特别强调商主体的专门知识技术。又如，我国的《保险法》、《商业银行法》、《证券法》等法律规定，设立保险公司、商业银行和证券公司，必须有具备专业知识和业务工作经验的该机构管理人员。

3.2 商人的分类

3.2.1 国外对商人的分类

1. 法定商人、应登记商人和任意商人

依照商主体是否以注册登记为其要件，可以将商主体分为法定商人、应登记商人和任

意商人。德国采用这种方法划分商主体。

（1）法定商人。法定商人又称必然商人或免登记商人，是指从事法律规定的特定的商行为，无须注册登记即自动取得商人资格的商人。

（2）应登记商人。应登记商人是指依法经注册登记并在核定的范围内从事行为的商人。在德国商法中，法定商人以外的商事活动经营者，如果需要一种以商人方式建立起来的经营活动，即有义务在商业登记簿上登记注册。成为应登记商人应具备以下条件。

① 经营者从事法定商人所经营的业务及农林业务以外的经营，主要是原材料的生产和所有种类的服务性行业经营。这些经营必须是以营利为目的、符合商事经营基本特征的。

② 经营者必须有一套有规则的、以商人身份和组织机构建立起来的经营方式。

③ 经营者必须在商业登记簿上登记注册，否则，登记法院可以通过强制性罚款的办法来促使企业履行登记义务①。

（3）任意商人。任意商人又称自由登记商人，是指可任由主体决定是否进行注册登记、商人资格与登记无关的商人。在德国商法中，成为任意商人应当具备以下条件：

① 经营者从事农业、林业及其附属业的经营。所谓附属业是指虽然不直接从事农业和林业，但在人力、物力上与农业、林业有直接的、不可分离的联系，同时又具备一定独立性的经营。

② 经营者根据经营的范围和种类，也需要一种以商人方式建立起来的经营活动。

③ 经营者可自由决定是否在商业登记簿上进行注册登记。

2. 固定商人和拟制商人

依照商主体是以商行为为标准还是以采取企业设备和企业形态为标准，可以将商主体分为固定商人和拟制商人。日本商法采取这一分类方式。

（1）固定商人。固定商人是指以谋取利益为目的，有计划、反复、继续地从事一种或多种营业并以此为职业的人。这里的营业可以是主观意义上的营业，即商人为营业的目的而进行的活动。也可以是客观意义上的营业，即商人为了一定的营利目的而运用其全部的有组织的财产。营利性是商主体最为显著的外部特征，只要以营利为目的，不论结果如何，都不能否认主体的商人性。一般我们所言的营利是追求超出成本的收益，并将它在团体成员、各股东之间进行分配。而日本法上使用的是广义的营利概念，主体只要采取独立核算制，一般都认定其行为具有营利目的。例如公益法人在营利事业中，把盈利用于未来事业时，也被认定为商人。

（2）拟制商人。拟制商人是指虽然不以实施商行为为业，但依据法律的规定而将其视为商人。由于现实经济生活的不断发展，法定商人的范围日益显得狭窄，拟制商人正是为

---

① 赵中孚：《商法总论》，中国人民大学出版社，1999年版，第75页。

了解决这一矛盾而由法律创制的。例如，现行日本商法典第 4 条第 2 款规定，以下行为人，虽然不以实施商行为为业，也视为商人，主要包括如下。

① 依店铺及其他类似设施，以出卖物品为业者。

② 经营矿业者。

③ 依商法典公司编规定设立的以营利为目的的社团。根据德国商法的规定，如果企业已经在商业登记簿上登记注册并且正在从事经营活动，即便企业并不从事商行为，但鉴于登记的效力，该企业应当被视为商人。

3. 大商人和小商人

依商主体的规模为标准，可以将商主体划分为大商人和小商人。大商人又称为完全商人，小商人又称为不完全商人。在确立大小商人的标准上，各国不尽相同，有的以资金为标准，有的以经营范围或纳税义务为标准。比如日本将公司对外营业资金不足 2 000 日元的商人界定为小商人。当然，大商人与小商人在性质上并没有什么不同。只是立法对小商人的规制要宽松一些，比如小商人一般来说不需要建立像大商人那样严格完整的规章制度。日本商法典第 8 条规定，该法关于商业登记、商号及商业账簿的规定，不适用于小商人。德国在 1998 年以前，也将商人划分为大商人和小商人，但 1998 年德国的《商法改革法》已不再作这样的区分。

4. 一般商主体和特殊商主体

依据商主体从事的行业，可以将商主体分为一般商主体和特殊商主体。一般商主体是从事法律未加限制、市场准入没有特殊要求的行业的商人。特殊商主体是从事诸如金融业、保险业、邮电通信业等政府依法予以特别监控的行业的商人。

3.2.2 我国对商人的分类

我国自新中国成立至改革开放以来，一直实行高度集中的计划经济体制，因而对传统的经济主体的划分标准是按照所有制将其划分为全民所有制企业、集体所有制企业以及私营企业、外商投资企业等。这种划分形式随着改革的不断深入已不适应市场经济的发展。现代市场经济中各种商品流通关系愈来愈发达，也要求有更为科学的划分标准，即依组织形式或承担责任的形式将之划分为商个人、商合伙和商法人。

1. 商个人

商个人又称为商自然人、个体商人，是指依商法规定，独立从事商事活动，享有商事权利、承担商事义务的个体。在传统商法中，商个人又被称为“商个体”、“商自然人”、“个体商人”、“个体商号”。在当代商法中，商个人包括具有传统特征的自然人状态与富有现代性的单个出资的组织体形态。

在我国，商个人的表现形态主要有个体工商户、农村承包经营户和个人独资企业。

2. 商合伙

商合伙是由合伙人订立合伙协议，共同出资、合伙经营、共享收益、共担风险，并对合伙的债务承担连带无限责任的营利性组织。商合伙具有以下特征。

（1）商合伙依据商法设立，具有明显的组织特色。商合伙不同于民事合伙，商合伙是一个组织上的共同体，具有明显的组织特色，民事合伙仅是一个契约上的共同体。民事合伙与商合伙的分化，是大陆法系民商分立格局的一部分和开端（英美法中的合伙通常是指商合伙）。这种分化的结果，使得商事合伙纳入商法，民事合伙则归入民法中的债篇。

（2）商合伙由两个以上合伙人设立，是共同投资、合伙经营、共享收益和共担风险的共同经营体。商合伙的这一特征使其区别与商个人。

（3）商合伙以营利为目的。这是商合伙不同于民事合伙的主要特征。民事合伙是为民事主体的生活目的而存在，而商合伙则以生产经营活动或投资目的而设立。从这个意义上看，商合伙是商人共同进行资本经营的形式，合伙人以营利为目的，共同出资，合伙经营，共享收益。

（4）商合伙具有很强的人合性。商合伙虽然要合伙人共同出资，但在很大程度上带有人身信任性质，所以是属于人合性的组织共同体。

（5）合伙人对商合伙的债务承担连带责任。商合伙首先要以其全部财产对合伙债务承担无限责任，如果不能清偿，合伙人对合伙债务还要承担连带责任。

在我国，商合伙的主要表现形态是合伙企业。

3. 商法人

商法人是指具备法定条件，经过法定程序设立，能独立从事商事经营活动，具有独立法律人格的法人组织。商法人具有以下特征。

（1）商法人的设立受商法规范。要取得商法人资格，必须按照商法的规定，具备法定的条件，并经法定程序设立。

（2）商法人以营利为目的。商法人的全部经营管理活动都以营利为目标，其权利能力和行为能力的内容限于实施商行为。这也是商法人不同与其他法人的一个重要特征。

（3）商法人是具有独立的法律人格的法人组织。商法人作为独立的法人组织，具有独立的人格。商法人的人格独立于其设立者、内部组成人员的人格。商法人以自己的名义独立实施商行为，独立承担法律责任，商法人的设立者一般以出资为限对其债务承担有限责任。这一特征使其区别与商个人和商合伙.

商法人可以分为非公司商法人和公司商法人，而公司商法人又可以分为股份有限公司、有限责任公司。至于无限责任公司、股份两合公司是否为商法人，各国规定不尽相同。法国、日本等国认为它们具有商法人资格，英美法则将它们归入合伙。

在我国，非公司商法人主要指非依照公司法设立的全民所有制企业、集体所有制企业和具有法人资格的中外合作经营企业等。随着市场经济的不断发展，非公司商法人的形态将会由目前以全民所有制企业和集体所有制企业为主，转变为以其他形态。

理论探讨与实务研究

民法中的民事主体制度与商法中的商人制度的关系问题

在我国的民商事立法中，一直存在着“民商合一”与“民商分立”的争论。对于这一问题，学术界可以说是见仁见智。但无论是大陆法系立法，还是英美法系立法，都不能对商事主体的独立性做出根本性的否定，立法中都无可例外地对商人与一般的民事主体进行区别对待。这样就必然涉及民法中的民事主体与商法中的商人制度的关系协调问题。其实，我国的民商事立法无论是采取“民商合一”体例或是“民商分立”模式，都必须承认商人在实际生活中的相对独立性，确定其在立法体例上的相对独立性。所谓在实际生活中的相对独立性，是指商人在实际生活中以营利为目的，这是商人区别于民事主体的根本所在，也是对商人进行区别对待的出发点。商人的营利性也决定了其在实际生活中，人们为了营利而创造各种形式的组织来从事商事活动，这些不同的组织形式应当是商人的类型。但商人在实际生活中的这种独立性又是相对的，其在不同的程度上与民事主体相联系。如商人在从事商事经营时为商人，但在进行民事活动时，又是以民事主体的身份出现的。所谓在立法体例上的相对独立性，是指商人应当有自己特殊的适用法律、法规，如商事登记制度、商事账簿制度以及特殊的商事行为制度等，这些特殊的规则是商人独立于一般民事主体的具体表现。当然，这种立法上的独立性也是相对的，即对于商人的特殊规则不能与民法中的民事主体制度相冲突，如商法人制度必须以民法中的法人制度为基础，商事合伙企业制度应当与民法中的合伙制度相协调，商个人制度应当与民法中的“两户”制度保持和谐。这样方可使商人制度为特别法，而民事主体制度为一般法，当对商人的规范缺失时仍然有民事主体制度的依据。

推荐阅读

1. ［德］托马斯·莱塞尔：《德国民法中的法人制度》，中国法学，2001年第1期。
2. 王保树：《商法的实践与实践中的商法—商人法讨论大纲》，《商事法论集》（第3卷），法律出版社，1999年版。
3. 范健、王建文：《商主体论纲》，南京大学法律评论，2003年春季号。
4. 任尔昕：《论我国企业立法的宏观思路—从商事立法的角度分析》，法学，2005年第4期。

思　考　题

1. 简述各国商法规定商人概念的原则。
2. 试述商人的特征。
3. 简述商人的分类。

第4章 商人的形态

本章提示

- 本章重点阐述了商个人、商合伙、商法人、商业辅助人和商业连锁等主要商事主体制度。
- 商人的形态是指商人的具体表现形式。传统的商人形态有商个人、商合伙、商法人。现代商法经历了从商人到企业的转变，因此商事公司在商事主体中的地位越来越重要。
- 在我国，商个人主要表现为个体工商户、农村承包经营户、个人独资企业；商事合伙有普通合伙企业与有限合伙企业；商事公司包括有限责任公司和股份有限公司。
- 商业辅助人是受商事主体委任或支配，辅助商事主体从事商事经营的人，主要有经理人和代办人。随着集团经济与规模经营对经济发展作用的日渐突出，商业连锁也逐渐成为一种新的商事组织形式，并在经济生活中发挥着越来越重要的作用。我国对于商业辅助人的有关立法尚付阙如；规范商业连锁的法律和法规还很不完善。因此，建立与完善有关商业辅助人和商业连锁的法律、法规将是我国未来商事立法的重要课题。

4.1 商 个 人

4.1.1 商个人的定义

商个人又称为商自然人、个体商人，是指依商法规定，独立从事商事活动，享有商事权利、承担商事义务的自然人。

4.1.2 商个人的法律地位和特征

商个人作为一种拟制的法律主体，享有商事权利能力与商事行为能力，但不具有完全的责任能力。商个人可以在法律许可的范围内从事商事活动，但其行为能力受到法律的严格限制。商个人具有以下特征：

(1) 商个人的身份具有多重性。商自然人不同于商法人，它具有多重身份。作为市场交易的参与者，是商人；在家庭成员中，是家庭成员；作为国家成员，是公民。商自然人依不同的身份成为不同法律部门的主体。

(2) 商个人的形式具有多样性。商个人可以采取独资企业的形式，也可以采取店铺、摊点、流动的小商贩的形式。

(3) 商个人从事的行为具有营利性。商个人的经营活动以营利为目的，非营利性的行为，如消费行为，就不属于商个人的行为。当个人从事生产经营，就从消费者角色转化商个人角色，商个人的名称可以与自然人的姓名相同，也可以不同。商个人的名称只对商行为有效。

(4) 商个人的经营具有集中性。商个人在经营中，即使采取独资企业的形式，业主都是个人，业主集经营决策等经营权利于一身。

(5) 商个人的设立者对商个人的经营活动承担无限责任。即商个人的设立者对商个人的经营活动所产生的债务，应以自己的全部财产承担无限责任，而不以投入企业或营业的财产为限。商个人的设立者对商个人从事商事活动所发生的债务，个人经营的，以个人财产承担；家庭经营的，以家庭财产承担。

4.1.3 我国商个人的类型

1. 个体工商户

(1) 个体工商户的概念。个体工商户是指自然人以个人财产或家庭财产作为经营资本，依法核准登记并在法定的范围内从事非农业性经营活动的商个人的特殊形态。个体工商户可以是一个自然人，也可以是一个家庭。不管是一个自然人还是一个家庭，都称为一户。“户”的含义在此是指工商登记上的户，即工商登记上的一个注册单位。我国目前调整和规范个体工商户的法律、行政法规主要有《民法通则》(特别是第 26 条的规定)和《城乡个体工商户管理暂行条例》(1987 年 8 月国务院颁布)。

(2) 个体工商户的法律特征。个体工商户具有以下法律特征。

① 个体工商户属于个体经营的一种形态，可以是个人经营，也可以是家庭经营，其经营资本直接来自个人财产或家庭共有财产，对外以“户”的名义独立进行商事活动，财产所有者、经营者和劳动者不分离。

② 个体工商户必须依法经核准登记才能成立。个体工商户要从事商事经营，必须向工商行政管理机关提出申请，由工商行政管理机关核准后进行注册登记，领取营业执照，才可以正式营业。

③ 个体工商户进行的商事活动必须持续地、有计划地进行，即必须以营业的方式进行。持续有计划的经营指必须作为事业来经营。偶尔从事并不构成持续经营不能叫做营业。

(3) 个体工商户的资格取得与消灭。个体工商户的经营资格从经核准登记并发给营业执照之日起取得。根据《城乡个体工商户暂行条例》及相关部门规章，有经营能力的城镇待业人员、农村村民以及国家政策允许的其他人员，可以申请从事个体工商业经营，依法经核准登记后成为个体工商户。个体工商户可以在国家法律和政策允许的范围内，经营工业、手工业、建筑业、交通运输业、商业、饮食业、服务业、修理业和其他行业。个人经营的以经营者本人为申请人；家庭经营的以家庭成员中主持经营者为申请人。个体工商户登记注册的主要内容包括字号、经营者姓名和住所、从业人数、资金数额、组成形式、经营范围、经营方式、经营场所。个体工商户改变字号名称、经营者住所、组成形式、经营范围、经营方式、经营场所等事项内容，应当向原登记的工商行政管理部门办理变更登记。个人经营的个体工商户改变经营者时，应当重新申请登记。个体工商户的经营资格因注销登记而消灭。个体工商户歇业时，应当办理歇业注销登记，缴销营业执照。自行停业超过 6 个月的，由原登记的工商行政管理部门收缴营业执照。个体工商户注销时，应当向债权人清偿债务。个体工商户因故停业，应向原登记或经营地的工商行政管理部门报告，暂时缴回营业执照，在停业期间不缴纳管理费。

根据最高人民法院早先有关的司法解释，个体工商户应当在工商行政管理部门依法核准登记或有关机关批准的经营范围内从事正当的经营活动。超越经营范围或者违反经营方式所签订的合同，应认定为无效合同①。现该司法解释已被废止。根据现行法律和最高人民法院有关司法解释，个体工商户超越经营范围从事的经营活动，只要不违反法律的强制性规定，就不能被认定为无效。

① 最高人民法院《关于在审理经济合同纠纷案件中具体适用〈经济合同法〉的若干问题的解答》，该司法解释已于 2000 年 7 月 25 日废止。

(4) 个体工商户的财产责任。依照现行法律的规定，个体工商户的债务，个人经营的以个人财产承担；家庭经营的以家庭财产承担。在实践中，对于自然人个人出资，独立经营，收益归己的个体工商户，其对外所欠债务应以该自然人的个人财产承担清偿责任；对于全体家庭成员共同出资、共同经营、共同收益的个体工商户，对外所欠债务应由家庭共有财产承担清偿责任；如果是由部分家庭成员出资、经营和收益的，对外所欠债务则应由该部分家庭成员对外负连带责任；对于以家庭成员中某个人的名义申请登记，但实际上是用家庭共同财产出资、经营，而收益的主要部分供家庭使用的，其债务也应由家庭共同财产清偿；对于夫妻一方经营、其收益作为夫妻共同财产的，债务也应由夫妻共同财产清偿①。

2. 农村承包经营户

(1) 农村承包经营户的概念。农村承包经营户是农村集体经济组织的成员，在法律允许的范围内，按照承包合同的规定从事特种商品生产和经营活动的一种自然人的特殊形态，是一种集体经济经营方式的法律表现。

(2) 农村承包经营户的法律特征。农村承包经营户具有以下法律特征。

① 农村承包经营户的主体是农村集体经济组织的成员。实践中，农村承包经营户是以家庭为基础，承包土地特别是耕地的数量一般按家庭成员的数量确定，而且每个农村集体经济组织内部的成员承包土地的数量也是一样的，实践中，这种按家庭成员的数量确定承包土地的做法具有最低社会保障功能。如果家庭成员有两个或两个以上的成年人，这些成人通常都是承包合同的当事人。

② 农村承包经营户是根据承包合同的规定产生并从事经营的，不需要进行注册登记。合同的一方是承包经营户，另一方是农村集体经济组织。承包合同签订后，承包人就根据合同取得了对集体财产的承包经营权，可以直接占有、使用集体财产，即承包合同签订后，承包人自然取得经营资格。

③ 农村承包经营户从事的是独立商品的生产和经营。在农村实行承包经营之前，人民公社的社员并不是农村承包经营户，因为他们不从事独立的商品生产和经营，而农村承包经营户则从事的是独立的营利事业，进行有计划的持续性经营。

(3) 承包合同的形式和内容。承包合同一般采用书面形式，在一些地区通常采用格式合同，承包合同的性质不仅仅是民事合同，还包含行政法律关系。其内容主要包括合同的标的、承包基数、承包期、双方的权利和义务等。承包合同还包括一些不属于民事法律关系的条款，如计划生育条款、治安保卫条款、遵守乡规民约条款、纳税条款等内容。

(4) 农村承包经营户的财产责任。农村承包经营户的财产责任与个体工商户相同，即

---

① 江平主编：《民法学》，中国政法大学出版社，2000年版，第125页。

个人经营的以个人财产承担；家庭经营的以家庭财产承担。

3. 个人独资企业

(1) 个人独资企业的概念。根据我国《个人独资企业法》第2条的规定，个人独资企业是指依照《个人独资企业法》的规定，在中国境内设立，由一个自然人投资，财产为投资人个人所有，投资人以其个人财产对企业债务承担无限责任的经营实体。我国目前调整和规范个人独资企业的法律、行政法规主要是第九届全国人大常委会第十一次会议于1999年8月30日通过并于2000年1月1日起实施的《中华人民共和国个人独资企业法》。

(2) 个人独资企业的法律特征。个人独资企业有以下法律特征。

① 设立依据的国内性。个人独资企业是依照中华人民共和国法律在我国境内设立的企业组织形式。这一特征说明，个人独资企业是我国国内企业，从而明确了税收、行政管理、诉讼等方面的管辖权。

② 投资主体的单一性。个人独资企业由一个自然人投资，财产为投资人个人所有，经营所得的利润也完全归于投资者一人享有，出资者同时就是企业唯一的所有者和经营者。另外，我国的《个人独资企业法》明确排除了外国人成为这类企业的投资主体的情况①。

③ 人格的非独立性。个人独资企业不是法人组织，不具有法律拟制的独立人格，只是一个经营实体。这一点是个人独资企业与有限责任公司中的特殊类型——一人公司相区别的重要标志。

④ 企业责任的无限性。个人独资企业并不具有独立的法律人格，而是与投资自然人的法律人格两者合二为一，所以个人独资企业对外的无限责任直接归于投资自然人对外的无限责任。法律要求自然人以其个人财产对企业债务承担无限责任。与此同时，如果投资人在申请企业设立登记时明确表示以家庭共有财产作为个人出资的，应当依法以家庭共有财产对企业债务承担无限责任②。企业的性质决定了它承担责任的实质。由于个人独资企业的行为纯属投资人个人的经营管理行为，不像法人企业那样具有企业集体经营管理的行为，而单独经营管理的行为具有随意性，缺少约束性。另外，企业的财产使用与处理的公开程度也决定了承担责任的公平度。个人独资企业的所有人在使用和处理该企业的财产上，有完全的隐蔽性或不公开性，不像法人企业那样公开透明，有如股东会、董事会、监事会等相互监督的机制。个人独资企业在财产资金管理上与家庭管理模式，实质上没有什么两样，这样必然导致收支不清、盈亏不清，有的甚至债权债务不清。这种经营收支与个人日常消费的混同，是不易清楚地分清责任的。在《个人独资企业法》中虽规定了个人独

---

① 《中华人民共和国个人独资企业法》第47条规定：外商独资企业不适用本法的规定。

② 《中华人民共和国个人独资企业法》第18条规定：个人独资企业投资人在申请企业设立登记时明确以其家庭共有财产作为个人出资的，应当依法以家庭共有财产对企业债务承担无限责任。

资企业应当依法设置会计账簿、进入会计核算等，但这种企业通常让直系亲属管账、管物，缺少事实上的监督，所以法律规定个人独资企业承担无限责任，无疑是正确和公平的。

⑤ 企业的营利性。个人独资企业是商主体的一种，营利性是其固有的属性。作为商主体的表现形式之一，个人独资企业当然拥有许多自然人不具有的特殊权利，如使用商号、建立工会等，同时也要履行特定的义务，如依法登记、接受年检等。

4. 个人独资企业的利弊分析

(1) 个人独资企业的优势地位。个人独资企业作为一种简单的商事组织形式，之所以被广泛采用，是因为其具有下述几方面的优势。

① 个人独资企业所有者的单一性使得企业在经营决策等方面具有高效率性。企业为一人所有，避免了经营者之间可能出现的争执或推诿，有利于迅速把握时机，提高经营效率，从而把握市场先机。

② 个人独资企业设立手续简便，设立费用较低，便于迅速创立并进行生产经营，同时有利于扩大内需、鼓励民间投资。中国已经从传统的卖方经济转为买方经济。虽然近几年实行了降低银行存贷款利率、征收存款利息所得税、扩大出口退税力度、住房货币化、高教扩招等一系列积极的货币、财税和社会改革政策，但居民储蓄仍居高不下。如何调动民间投资成为全国上下关心的大事。《个人独资企业法》的实施为民间资金的利用打开了一个缺口，可以把闲散的民间资金和居民储蓄存款引导到投资领域，以投资拉动需求。

③ 个人独资企业的规模一般较小，对市场信息反映比较灵敏，能够较快地适应市场的变化。

④ 个人独资企业便于保守商业保密。由于企业牢牢地掌控在投资者一人手中，而国家对此类企业也没有过多的信息披露要求。因此除了所得税表格中需填报事项外，企业的其他情况，如生产工艺、财产状况等都可保密。在竞争激烈的市场经济中，个人独资企业一般不会因泄露商业秘密而被挤垮。

(2) 个人独资企业的不足之处。个人独资企业的不足之处主要体现在以下几个方面：

① 筹集大量资金的能力受到限制。个人独资企业仅有一位企业成员，在筹集大量资金方面时常显得捉襟见肘。一个人的资金总是有限的，而投资者如果没有足够的经济实力作后盾，通过借贷的方式筹集资金，也非时时能够如愿以偿。正因如此，个人独资商事组织形式不太适合谋求较大发展规模的企业。

② 投资者承担的经营风险较大。个人独资企业的成员仅有一人且要承担无限责任，一旦企业经营失败，投资者就承担较大的经营风险。我国《个人独资企业法》第31条规定："个人独资企业财产不足以清偿债务的，投资人应当以其个人的其他财产予以清偿。"第28条规定："个人独资企业解散后，原投资人对个人独资企业存续期间的债务仍应承担

偿还责任。”第18条规定：“个人独资企业投资人在申请企业设立登记时明确以其家庭共有财产作为个人出资的，应当依法以家庭共有财产对企业债务承担无限责任。”所以，投资兴办个人独资企业，如若经营有较大闪失，就有倾家荡产之险。

③ 企业寿命较短。个人独资企业的存在状况完全取决于作为企业成员一人的主客观情况。从主观看，企业成员一人的主观随意性不受其他人意志的左右，他的经营自主权在这里完全可能变为企业兴衰存亡的意志主宰。不论出于何种原因，只要投资人决定解散的，个人独资企业就将解散。从客观看，如果投资人生病卧床、死亡、被宣告死亡或因犯罪被判刑等在客观上无法经营企业的，都将导致或可能导致企业的解散。由于个人独资企业寿命较短，企业的职工和债权人往往不得不承担很大风险。为此，债权人也往往对债务偿还要求严格，如提供财产担保或人身保险等。

④ 信用能力较差。由于个人独资企业的规模很小，在现代市场经济社会中，其信用能力必然受到相对人的质疑，这反过来又进一步制约了企业的发展。

5. 个人独资企业与一人公司的区别

个人独资企业严格来讲并非传统民法上的主体，只是自然人的一种特殊形式①，是自然人的权利能力和行为能力在商业领域的延伸，因而，其主体资格是自然人而非法人，这是各国立法及实践均能接受的观点。

2005年10月28日修改通过的《中华人民共和国公司法》在“有限责任公司”一章中明确规定了可以设立一人公司。

个人独资企业与一人公司的区别有以下几点。

(1) 从法律主体地位来看，一人公司具有法人资格，个人独资企业不具有法人资格。

(2) 从设立主体上来看，一人公司的设立主体可以是一个自然人，也可以是一个法人组织。

(3) 从财产关系上来看，一人公司有独立于股东的公司财产，个人独资企业没有独立的财产，其财产与投资者个人或家庭财产混同。

(4) 从责任形式来看，一人公司股东以出资为限对公司债务承担有限责任，个人独资企业的出资者要对企业债务承担无限连带责任。

(5) 从设立条件及程序上来看，一人公司要按照公司法的规定，在资本、公司治理结构、设立程序及监管等方面符合严格的条件，个人独资企业设立的条件和程序要简便得多。

(6) 从承担的税收义务来看，一人公司及其股东分别缴纳企业所得税和个人所得税，个人独资企业自身不缴纳企业所得税，只在投资者取得投资回报时缴纳个人所得税。

---

① 甘培忠：《企业与公司法学》，北京大学出版社，2005年版，第45页。

4.2 商 合 伙

4.2.1 合伙的定义

1. 学理概念

合伙企业在许多国家和地区被直接称为合伙或商事合伙，是指有二人以上按照合伙协议共同投资、共同经营、共享收益、共担风险的企业。

2. 法律概念

合伙企业是指自然人、法人和其他组织，依照《中华人民共和国合伙企业法》在中国境内设立的普通合伙企业和有限合伙企业。普通合伙企业由普通合伙人组成，合伙人对合伙企业债务承担无限连带责任。有限合伙企业由普通合伙人和有限合伙人组成，普通合伙人对合伙企业债务承担无限连带责任，有限合伙人以其认缴的出资额为限对合伙企业债务承担责任。

我国法律对合伙企业的定义及对合伙企业成立的规定与西方国家的合伙的概念有重大区别。[①] 例如美国，合伙被定义为："两个或两个以上的人以营利为目的、以共有人的身份经营商务形成的社团即为合伙，不管当事人是否有组成合伙的意向。"但共有本身并不当然构成合伙，而共同分享利益被推定为合伙，除非法律规定不构成合伙。

4.2.2 我国的商事合伙

合伙企业在法律上被视为一种经济联合形式，企业没有独立于合伙人的法律主体地位。作为商事主体的一种重要表现形式，合伙企业与独资企业及公司企业相比较具有如下特征。

(1) 有两个或两个以上的投资主体。我国《合伙企业法》第 2 条规定："本法所称合伙企业，是指自然人、法人和其他组织依照本法在中国境内设立的普通合伙企业和有限合伙企业。普通合伙企业由普通合伙人组成，合伙人对合伙企业债务承担无限连带责任。本法对普通合伙人承担责任的形式有特别规定的，从其规定。有限合伙企业由普通合伙人和有限合伙人组成，普通合伙人对合伙企业债务承担无限连带责任，有限合伙人以其认缴的出资额为限对合伙企业债务承担责任。"可见，无论是普通合伙企业，还是有限合伙企业，都需要有两个或两个以上的合伙人投资，这些合伙人可以是自然人，也可以是法人和其他组织。但个人独资企业只有一个自然人投资；公司法也允许一个投资主体设立公司，如一人有限责任公司与国有独资公司。

(2) 全体合伙人共同经营，合伙人之间具有互为代理人的资格。合伙人作为合伙企业

① 宋立新：《关于我国合伙法律制度的若干问题》，中国商法学精萃 2002，第 173 页。

财产的共同投资人，对合伙企业有全面的管理权。合伙人在合伙企业的经营范围内对其他合伙人具有当然的代理权。合伙企业的相对人有理由信赖这种当然的代理权存在，如果合伙人内部对此代理权存在限制性的约定，该约定不得对抗善意第三人。

(3) 合伙协议是合伙企业赖以存在的法律基础。合伙协议是合伙企业的投资者之间就建立合伙企业所达成的书面协议，它对全体合伙人均有约束力，同时比较公司的章程而言又具有更多的灵活性。

(4) 合伙人对合伙企业债务承担责任的多元性。根据我国《合伙企业法》的规定，合伙人对合伙企业的债务并不是单一的无限连带责任，而要根据合伙的具体情况而定。在一般的普通合伙企业中，合伙人对合伙企业债务承担无限连带责任；在特殊的普通合伙企业中，一个合伙人或者数个合伙人在执业活动中因故意或者重大过失造成合伙企业债务的，应当承担无限责任或者无限连带责任，其他合伙人以其在合伙企业中的财产份额为限承担责任。合伙人在执业活动中非因故意或者重大过失造成的合伙企业债务以及合伙企业的其他债务，由全体合伙人承担无限连带责任。在有限合伙企业中，普通合伙人对合伙企业债务承担的是无限连带责任，而有限合伙人以其认缴的出资额为限对合伙企业债务承担责任。可见，合伙人对合伙企业债务的承担具有多元性，既有有限责任，又有无限连带责任。

4.2.3 合伙的历史

1. 合伙及合伙制度在西方国家的产生与发展

对于合伙，古罗马法中已对其有详尽规定，称其为“合意契约”，意指两个以上的人根据它相互承担义务，将物品或劳作集中在一起，以实现某一合法的且具有共同功利的目的。合伙的起源与发展首先是和贸易的兴旺、分散风险的要求联系在一起的。在中世纪的欧洲，由于商业较为发达，个体商人在经济生活中占有重要地位。商人们一般都要把自己所经营的商号传给自己的亲属、子女。亲属、子女们在得到祖传产业后要分家析产，但又不愿意歇业，于是便共同继承家族的产业，共损共利，从而形成了家族企业。这种家族企业便是合伙的前身。从陆上贸易来看，由于运输量的限制及天气的影响，陆路贸易已不能满足经济生活的需要，这促使人们开拓海上贸易。但海上贸易风险较大，又需要巨额的资本，这样船舶共有便应运而生。这种船舶共有本质上就是一种合伙关系。其中最为典型的组织形式便是康曼达和索塞特。康曼达于11世纪晚期在意大利、英格兰和欧洲的其他地方逐渐获得使用，这种经营方式调动的资金一般用于长距离海上贸易。其中一方合伙人提供资金，但待在家里；另一方合伙人则完成艰难而危险的航行任务。在索塞特中，每个合伙人都是其他合伙人的代理人，并以其全部私人财产对企业的债务负责。

在14、15世纪，地中海沿岸的一些城市已经产生了资本主义的萌芽，随着新航线的开辟和新大陆的发现，世界市场急剧扩大，商业空前繁荣。由于商业流通量的增加，传统的商业方法、手段和制度有待改进和修正。基于家庭企业的合伙登上经济历史的舞台，并在所有的生意形态上都得到了应用，从乡下店铺直到控制英美贸易的大商业银行。[①] 尽管在17世纪初就产生了股份公司，但直到19世纪中叶长达几百年的资本主义积累财富的过程中，合伙仍然扮演着最为重要的角色。这一时期，合伙法律制度逐渐完备。1804年的《法国民法典》和1807年的《法国商法典》分别规定的民事合伙和商事合伙。《德国民法典》和《德国商法典》在继受《法国民法典》和《法国商法典》的基础上规定了合伙制度。

在英国，尽管合伙法的基本规则框架是成文法，但它却是普通法的产物。[②] 1865年的《合伙法修正案》规定了合伙人权利等基本问题；1890年正式通过了对合伙进行详尽规定的《1890年英国合伙法》；随后，1907年又制定了英国有限合伙法，形成了英国初具规模的合伙法律体系。1914年，美国全国州法统一委员会颁布了《统一合伙法》；1916年又通过了《统一有限合伙法》，并在1976年和1985年对其进行了修改。

2. 合伙在中国的起源与发展

我国关于合伙的形式最早可以见诸于《史记》，其中所记载的"管鲍之交"就是合伙经营的典型。西汉时期出现了"中服共侍"的合伙契约，这种契约已经具备了共同出资、共同经营、共享收益、共担风险的现代合伙特征。到了唐代，出现了以劳务出资的合伙，这种合伙与罗马帝国时期的劳作合伙相似。明朝末年，随着资本主义开始萌芽，在发达的商业经济中，合伙经营也空前地发展起来。此一时期，出现了许多比较正规的合伙生产经营组织。[③] 清朝时期，为了明确合伙人之间的权利义务关系，合伙契约的形式和内容有了新的发展，尤其是对合伙财产的条款规定，使得合伙合同的内容更加翔实。清朝末年，由于外国资本的进入，谋求经济发展的热潮盛极一时，合伙经营工商业成为一种重要的经营形式。

旧中国的民族资本在发展的过程中，也主要以合伙形式为主。新中国成立前夕，"全国约计130多万户工商业户，除公司万余家外，均为独资或合伙组织"。[④] 建国之初，为发展经济，稳定市场，鼓励、扶持私营资本主义的发展，中央人民政府政务院发布了《私营企业暂行条例》，成为新中国第一个有关调整合伙法律关系的行政法规。合伙在这一时期得到了迅速的发展。但在20世纪50年代后期，由于开始实行高度集中的计划经济体制，与商品经济有天然联系的合伙失去了生存的土壤，合伙在我国基本上销声匿迹了。直到十一届三中全会以后，随着改革开放政策的实行，合伙重返我国经济舞台，并在商品经济观念的深入人心及市场经济大潮的带动下，如雨后春笋，蓬勃发展。1986年颁布的《民法通则》中对公民个人合伙和法人的合伙型联营的规定，构成了我国合伙的主要内

---

① ［美］小艾尔弗雷德·D·钱德勒：《看得见的手——美国企业的管理革命》，商务印书馆，1987年版，第39、40页。

② 马强：《合伙法律制度研究》，人民法院出版社，2000年3月第1版，第29页。

③ 马强：《合伙法律制度研究》，人民法院出版社，2000年3月第1版，第45页。

④ 薛暮桥：《私营企业暂行条例起草经过及其说明》，载于《民法资料汇编》，北京政法学院，1956年版，第208、209页。

容。1997年通过的《中华人民共和国合伙企业法》对合伙企业的设立、组织及运作进行了全面的规定，可以说是我国对商事合伙的主要法律。但由于当时的《中华人民共和国合伙企业法》只允许自然人设立合伙企业，且合伙企业的类型只有普通合伙一种，这些已经成为发展合伙组织的障碍性因素。因此，2006年我国对《中华人民共和国合伙企业法》进行了较大幅度的修订，确认了法人和其他组织的合伙人资格，并增加了有限合伙这一合伙类型，为市场经济的发展拓宽了投资的渠道。

4.2.4 合伙人的资格

合伙人的资格是指能够设立合伙企业，从而成为合伙人的主体条件。根据我国《合伙企业法》的规定，合伙人的资格由于合伙人种类的不同而有所区别。

1. 普通合伙人的资格

普通合伙人是指对合伙企业债务承担无限连带责任的合伙人。对于自然人成为普通合伙人，其应当具有完全的民事行为能力，因此限制民事行为能力或者无民事行为能力人不得成为普通合伙人。对于法人和其他组织的普通合伙人资格，我国的法律进行了一定程度的限制和禁止。我国《公司法》第15条规定："公司可以向其他企业投资；但是，除法律另有规定外，不得成为对所投资企业的债务承担连带责任的出资人。"由于普通合伙人要对合伙企业债务承担无限连带责任，因此，公司法人原则上不能成为普通合伙人。而只有在"法律另有规定"的情形下才可以成为普通合伙人。

我国《合伙企业法》第3条规定："国有独资公司、国有企业、上市公司以及公益性事业单位、社会团体不得成为普通合伙人。"可见，国有独资公司、国有企业、上市公司以及公益性事业单位、社会团体不具备普通合伙人资格。

2. 有限合伙人的资格

有限合伙人是指对合伙企业债务以其出资额为限承担有限责任的合伙人。相对于普通合伙人而言，法律对有限合伙人的资格限制较为宽松。对于自然人成为有限合伙人，法律并没有因为其民事行为能力的欠缺而加以限制或禁止，即允许无民事行为能力或者限制民事行为能力人成为普通合伙人。如《中华人民共和国合伙企业法》第48条第2款规定："合伙人被依法认定为无民事行为能力人或者限制民事行为能力人的，经其他合伙人一致同意，可以依法转为有限合伙人，普通合伙企业依法转为有限合伙企业。其他合伙人未能一致同意的，该无民事行为能力或者限制民事行为能力的合伙人退伙。"可见，在其他合伙人一致同意的情况下，无民事行为能力或者限制民事行为能力人是可以成为有限合伙人的。对于公司法人而言，由于有限合伙人对合伙企业债务仅以其出资额为限承担有限责任，公司又可以向外投资，所以公司自然具备有限合伙人资格。

我国禁止国有独资公司、国有企业、上市公司以及公益性事业单位、社会团体成为普通合伙人，那么这些主体是否具备有限合伙人资格呢？从法律规定来看，既然没有禁止，他们是可以成为有限合伙人的，即国有独资公司、国有企业、上市公司以及公益性事业单位、社会团体具备有限合伙人资格。但合伙企业是一种营利性的经济组织，国有独资公司、国有企业、上市公司具备有限合伙人资格，应当没有太大的疑问。公益性事业单位、社会团体设立和存在的目的并不在于营利，而且有时是禁止营利的，允许它们设立合伙企业进行营利活动，是否与其设立和存在的宗旨相违背，则不无疑问。我国的《合伙企业法》虽然没有明确禁止它们成为有限合伙人，但从公益性事业单位和社会团体的宗旨出发，它们的有限合伙人资格是值得商榷的。

4.2.5 大陆法与英美法合伙制度的比较

1. 立法体例

对于商事合伙的立法体例，有的规定在民法典中，有的规定在商法典中，有的则进行单独立法。英国没有民事合伙制度。商事合伙的法律制度主要是 1890 年的合伙法和 1907 年制定的有限合伙法，即对合伙进行单独立法。美国的合伙法律制度与英国比较接近，主要是 1914 年美国全国统一州法委员会颁布的《统一合伙法》与 1916 年通过的《统一有限合伙法》。可见，英国和美国将合伙定位为商事主体，并且区分了普通合伙与有限合伙，分别进行单独立法。

在大陆法系国家中，法国虽然实行民商分立，对商事合伙的内容主要规定在 1807 年的《法国商法典》中，但在 1804 年《法国民法典》中对民事合伙的规定，基本上涉及了合伙的方方面面。《德国民法典》和《德国商法典》在继受《法国民法典》和《法国商法典》的基础上规定了合伙制度。《德国商法典》中规定了《德国民法典》中规定的民事合伙的两种变体，即普通商事合伙和有限合伙，另外还规定了隐名合伙。[①] 可见，法德等国家并没有对商事合伙进行单独立法，而是主要规定的商法典中。

2. 合伙的法律地位

在美国，合伙是两个或两个以上的人作为共有人共同出资、共同经营、共享利润、共担风险，进行营业的团体。不论是有限合伙还是普通合伙，均不具有法人地位，但合伙企业可以以自己的名义进行经营、转让活动。英国不仅为合伙确立了企业的地位，而且将之限定为商事合伙，虽然没有赋予合伙独立的法人地位，但却强调了合伙的团体性，承认合伙的商事主体地位。

大陆法系国家中，法国和日本不仅在其《商法典》中确立了合伙企业的商事主体资格，而且将商事合伙的具体形式无限公司与两合公司均赋予了独立的法人资格；而德国在其《商法典》中承认了商事合伙的主体地位，但认为其不具备法人资格。[②]

---

① ［德］罗伯特·霍恩等：《德国民商法导论》，楚建译，中国大百科全书出版社，1996 年版，第 263 页。

② 任先行、周林彬：《比较商法导论》，北京大学出版社，2000 年版，第 303 页。

3. 法人的合伙人资格

关于合伙人的资格，最为重要的是法人的合伙人资格问题。在法人能否成为合伙人的问题上，各国存在着许可主义和禁止主义的区别。根据美国《标准公司法》的规定，公司可以“充当任何合伙、合营企业、信托或其他企业的发起人、合伙人、成员、合作者或经理”。《统一合伙法》第6条规定：“合伙是两人或两人以上作为共有人，以营利为目的而从事经营的组合。”第2条将人解释为：“人包括个人、合伙、公司及其他组合。”可见美国是承认法人的合伙人资格的。在德国，普通商事合伙的合伙人并不局限于自然人，诸如股份有限公司和有限责任公司这样的法人，以及其他普通商事合伙或有限合伙，都可以成为普通商事合伙的合伙人。① 在法国，通过注册取得商人身份的自然人、合伙、法人都可以成为合伙成员。② 这样，法国和德国也都允许法人成为合伙人。当然也有许多国家禁止法人成为合伙人。如根据瑞士《债务法》第552条和第553条的规定，法人不能成为合伙人。日本《商法典》第55条也规定：“公司不得成为其他公司之无限责任股东。”我国台湾地区公司法第13条也规定，公司不得为合伙事务之合伙人。

4. 合伙债务的清偿

对于清偿合伙债务与合伙人个人债务的先后顺序，各国的立法态度并不相同。大陆法国家早先采用合伙债权优先原则，即合伙企业的债权人就合伙企业的财产优先受偿，不足部分，与合伙人个人的债权人就合伙人的个人财产共同受偿。我国台湾地区以判例的形式确立了这一原则。但这一原则在近代以来却遭到了大陆法系国家的质疑，许多国家已经逐渐摒弃了合伙债权优先原则，转而规定了双重优先原则。英美法系等国家大都采取双重优先原则，即合伙企业的债权人优先于合伙人个人的债权人就合伙企业的财产受偿；而合伙人个人的债权人优先于合伙企业的债权人就合伙人的个人财产受偿。双重优先原则作为英国合伙法中的一项衡平法原则，首创于1715年。美国的《联邦破产法》已明确接受了这一原则，《美国统一合伙法》第40条也规定了双重优先原则。但在这一原则实施近300年后，在美国却发生了变化。根据美国1978年新修改的《联邦破产法》，合伙的债权人同合伙人个人的债权人就合伙人个人的财产平等受偿成为可能，虽然它保持了合伙债权人对合伙财产的优先受偿权，但废止了合伙人个人债权人就合伙人个人财产优先满足的特权。

4.2.6 合伙企业的财产制度

1. 合伙企业的财产构成

合伙企业的活动的目标是为了盈利。它在开展业务活动时须经登记取得国家承认、进

① [德] 罗伯特·霍恩等：《德国民商法导论》，楚建译，中国大百科全书出版社，1996年版，第268页。
② 赵旭东：《企业法律形态论》，中国方正出版社，1994年版，第149页。

行以书面合伙协议为依据的连续性与长期性的经营。为了这一活动的顺利进行，它须依法建立相对稳定和独立的财产制度，从而使其具备足以成为一种企业类型的物质基础。因此，合伙企业的财产是为经营合伙企业事务所汇集的各种财产的总和，是合伙企业设立、存续的物质条件，也是合伙企业对外获得信用、从事交易和承担责任的基础。我国《合伙企业法》第20条规定："合伙人的出资、以合伙企业名义取得的收益和依法取得的其他财产，均为合伙企业的财产。"

可见，合伙企业的财产可以分为3部分：合伙人的出资、以合伙企业名义取得的收益及依法取得的其他财产。

(1) 合伙人的出资。合伙人的出资是合伙人在设立合伙企业时，向合伙企业实际缴付的财产或财产权利，具体而言，是由合伙人在合伙协议中载明认缴或者实缴的货币、实物、知识产权、土地使用权等财产或者权利。其中，对货币以外的出资需要评估作价的，可以由全体合伙人协商确定，也可以由全体合伙人委托法定评估机构进行评估。另外，经全体合伙人协商一致，合伙人也可以用劳务出资。

(2) 以合伙企业名义取得的收益。合伙企业设立以后，合伙企业可以以自己的名义对外从事经营活动，获取利益。这种收益是合伙企业经营所得，应当属于合伙企业财产。以合伙企业名义取得的收益主要包括以下几项内容。

① 合伙企业的营业收入，即合伙企业通过与他人的交易而取得的利润。

② 合伙企业以自己的名义购买的各种财产，包括动产与不动产。

③ 合伙企业获得的赔偿，即当他人侵犯合伙企业的合法权益时，向合伙企业支付的赔偿金等。

④ 合伙企业在经营过程中形成的无形资产，如商号、商誉等。

⑤ 以合伙企业名义取得的各种知识产权等。

(3) 依法取得的其他财产。依法取得的其他财产并非指合伙企业业务经营所得收益，而是可依照法律、行政法规规定合法取得的收入，如合伙企业获得的赠与、合伙企业财产的法定孳息等。

2. 合伙企业财产的法律性质

目前法律界对于合伙财产的法律性质认识比较明确，达成的共识是合伙企业的财产属于合伙人共同共有。根据民法的基本原理，共同共有具有4个方面的特征：①共同共有依共同关系而发生；②共有人在共有财产中不分份额；③共有人平等地对财产享有权利、承担义务；④连带权利和责任的存在。

我国对于合伙财产的法律性质的认识有一个渐进的过程。

最早在《民法通则》中对合伙的财产性质本有所界定，该法第32条规定："合伙人投入的财产由合伙人统一管理和使用。合伙经营积累的财产归合伙人共有。"在这里，法律把合伙企业的财产分为两部分，并确定了不同的地位。对于合伙人投入的财产未明确其法律关系，只规定由合伙人统一管理和使用；对合伙经营积累的财产则认定归合伙人共有。

我国旧《合伙企业法》第19条规定："合伙企业存续期间，合伙人的出资和所有以合伙企业名义取得的收益均为合伙企业的财产。合伙企业的财产由全体合伙人依照本法共同管理和使用。"这是对合伙财产性质认识上形成的新的突破。这一规定在实质上突出了合伙企业的稳定性，内容更具科学性。它不再在法律地位上将合伙人投入的财产和合伙经营期间取得的收益财产作出区别对待，转而提出"合伙企业的财产"这一新概念，使这两种财产融为一个整体。从这一角度上看，合伙人个人原有的财产自作为出资投入合伙企业后，合伙人就不应当对其主张任何意义上的足以对抗其他合伙人的所有权，该财产则已经成为相对独立的合伙财产，即由合伙企业占有并使用，并且融入合伙企业所有的整体财产之中。我国新《合伙企业法》第20条规定："合伙人的出资、以合伙企业名义取得的收益和依法取得的其他财产，均为合伙企业的财产。"

合伙企业的财产在本质上界定为合伙人共有的财产，而不再是合伙人个人的财产，这也反映着合伙企业稳定经营、长期存续的良好愿望，有利于企业的发展，稳定社会经济秩序。

另外，我国《合伙企业法》第21条规定："合伙企业进行清算前，不得请求分割合伙企业的财产；但是，本法另有规定的除外。"该法还规定，除合伙协议另有约定外，合伙人向合伙人以外的他人转让其在合伙企业中的全部或者部分财产份额时，须经其他合伙人一致同意。可见，每位合伙人的权利均及于合伙财产的全部，而不是仅限于自己的"份额"，也不像按份共有人那样享有份额权，可以任意处分自己的份额。这样的权利不可能是个人所有权，也不可能是按份共有权，只能是共同共有之权利。

法律上明确规定合伙企业的财产，并形成合伙人共同共有的权利形态，这主要是因为作为合伙企业的合伙确有与其他合伙不同之处。随着社会经济的快速发展，为保障合伙企业经营活动的开展，合伙之财产必然更加趋向于独立和集中。合伙企业的高效运作，要求有相对独立的、与合伙人个人财产相分离的"公共"财产供其支配，不允许投资人随意收回投资。合伙企业财产只能受全体合伙人的共同意志而非个人意志支配。正因如此，合伙企业才能得以存在和发展，共同经营、共享权益、共担风险才有必要的财产制度保障。

3. 合伙人对合伙财产的权利

（1）合伙人向合伙企业履行出资义务后，即与其他合伙人共同共有合伙企业之全部财产。合伙人虽然不能以自己的个人意志支配投入合伙企业中的财产，但共有只是对个人财产权利主张的一种限制，并不是否定。经其他合伙人同意或在合伙企业解散时，合伙人自然可取得应属于自己的财产份额。

（2）合伙人是合伙企业存续期间以合伙企业名义取得的财产的共有人。在合伙企业解散时，合伙人可将此种积累财产按比例分配。

(3) 合伙人有权分配合伙企业每年度的经营收入，这是投资所获利益的直接回报。合伙企业的当年收益首先在扣除成本及可列入成本的开支，经合伙人会议研究确定留足发展基金、福利基金后可用于合伙人分配。合伙人从合伙企业中分得的利润应缴纳个人所得税，剩余额既可用于向合伙企业的扩大投资，也可用于其个人消费性支出。

(4) 合伙企业经营效益较好且需扩大投资规模时，合伙人有权优先投资。

(5) 合伙人经全体合伙人同意可将其财产份额转让给他人。在同等条件下，合伙人对于其他合伙人转让的份额有优先受让权。

4.2.7 入伙、退伙、解散、清算和破产

1. 入伙

(1) 入伙的概念。入伙是指在合伙企业存续期间，原来不具有合伙人身份的第三人加入合伙并取得合伙人资格的商事法律行为。

(2) 入伙的条件和程序。各国合伙法律一般均规定，接纳一个新的合伙人必须经全体合伙人的同意。但英美法系国家的合伙立法规定对合伙人加入的程序可由合伙人在合伙契约中约定。我国《合伙企业法》第 43 条规定，新合伙人入伙时，除合伙协议另有约定外，应当经全体合伙人一致同意，并依法订立书面入伙协议。订立入伙协议时，原合伙人应当向新合伙人如实告知原合伙企业的经营状况和财务状况。

(3) 新合伙人权利与义务。我国《合伙企业法》第 44 条第 1 款规定，入伙的新合伙人与原合伙人享有同等权利，承担同等责任。入伙协议另有约定的，从其约定。由上述可知，依我国法律的规定，意图加入合伙人者，须经其他合伙人之全体同意；除非协议另有约定，新合伙人同原合伙人享有同等权利并承担同等责任，主要包括：第一，新入伙人享有合伙事务决策权、合伙事务执行权、合伙企业经营监督权、合伙企业盈余分配权等权利；第二，新入伙人应当按照入伙协议的约定履行出资义务，并且按照约定或者法定的条件履行合伙事务管理义务、竞业禁止义务、分担企业亏损义务。当然，入伙协议可以对新合伙人的权利和责任另外进行约定，如入伙协议限制其进行合伙事务的执行，或对盈余分配规定某个特定的比例等。我国在《合伙企业法》第 44 条第 2 款规定，入伙的新合伙人对入伙前合伙企业的债务承担无限连带责任，由此确定了由入伙之新合伙人对入伙前合伙企业的债务承担连带责任的制度。基于此，法律上要求在新入伙人签署入伙协议前，原合伙人必须将合伙企业的运行情况和财务情况向新入伙人全面说清，以使其有足够的资料去判断是否加入合伙企业。

2. 退伙

(1) 退伙的概念。退伙是指在合伙企业存续期间，已经取得合伙人身份的合伙人退出合伙企业，丧失合伙人资格，使自己合伙人身份归于消灭的法律行为和事实。

(2) 退伙的种类。退伙主要有以下 3 种：

① 任意退伙。又称声明退伙，即依合伙人自己的意思表示而决定并于适当时期告知其他合伙人而发生的退伙行为。我国《合伙企业法》第 45 条、第 46 条对任意退伙作了规定。

合伙协议约定合伙企业的经营期限的，出现下列情形之一时，合伙人可以退伙：合伙协议约定的退伙事由出现；经全体合伙人一致同意；发生合伙人难以继续参加合伙的事由；其他合伙人严重违反合伙协议约定的义务。如果合伙协议未约定合伙企业的经营期限的，合伙人在不给合伙企业事务执行造成不利影响的情况下，可以退伙，但应当提前 30 日通知其他合伙人。

一般来说，退伙是合伙人民事权利的实现和行使方式，如合伙人因适法理由而退伙，其他合伙人不可能有绝对禁止其退伙的权力，但合伙企业不同于个人独资企业，不仅关乎一人之私利，而是数个合伙人行为和财产的组合。同时，作为商主体的一种，这种组合只有在一段时间内保持稳定才能发挥其应有的经济功能。任意退伙意味着退伙人将解除与其他合伙人之合伙关系，将对合伙的稳定性产生较大影响，更会影响合伙经济功能的发挥，为了全体合伙人的利益，对任意退伙应作一定的条件限制。

各国合伙立法一般都对任意退伙的行为根据合伙协议中有无经营期限的约定而区别对待：如果合伙协议中规定合伙期限的，中途合伙人声明退伙，原则上规定不准退伙，除非有例外情况，《日本民法典》将这种例外情况称为“有不得已事由”，《法国民法典》称为“重大事由”。这种事由主要是指其他合伙人有故意或重大过失违反合伙协议义务，影响合伙事务进行的情况。我国《合伙企业法》在第 45 条中将此种事由规定为 4 种，并规定该 4 种事由如有一种发生，合伙人就可以声明退伙，相比而言，我国关于声明退伙的限制比法国、日本之规定要宽松。《中华人民共和国合伙企业法》第 46 条规定，如果合伙协议中没有规定期限的，合伙人声明退伙，应当符合以下条件：首先，必须事先通知其他合伙人，让其他合伙人有所准备。“事先通知”，从通知发生到退伙行为产生相距多少时间，法国、瑞士、我国台湾地区民法规定为 2 个月前，日本商法规定为 6 个月前。其次，退伙要避开合伙事业的旺盛季节或繁忙时期，如合伙经营蚕丝业要避开收蚕季节。再次，合伙人退伙的要完成其负担的合伙事务，不得损害合伙企业的利益，否则要承担赔偿责任。我国规定合伙人任意退伙向其他合伙人的通知时间为 30 天，条件较宽松，这主要考虑到合伙人一旦有必须退出合伙的事由，在通知之后已无心思与其他合伙人同心协力去经营事业，维持时间过长，对退伙人、对合伙企业均无益处，并且决定退伙后还需要一定时间清结财产及债权债务。

在任意退伙不得损害合伙企业利益的前提要求上，我国与其他国家和地区的相关规定是一致的。我国《合伙企业法》第 46 条规定的“不给合伙企业事务执行造成不利影响”，已包含了避开合伙事业之繁忙季节及完成合伙企业交办事务的因素，但这种规定的解释仍要局限于合伙事业的当前执行和当前利益的实现方面，不能作扩大的解释，因为任意退伙一旦形成，毕竟对原合伙企业的生存发展的长远利益有影响，扩大解释就会使任意退伙人陷于困境。此外，我国《合伙企业法》还规定，任意退伙人违反法定义务，擅自退伙的，如给合伙企业造成损失要承担赔偿责任。这里所指的法定义务包括：退伙的理由是否适当，有无完成合伙企业交办的任务，有无在30日前通知其他合伙人等。

② 法定退伙。法定退伙是指基于法律的规定以及法定事由而当然退伙的情况。我国《合伙企业法》第48条规定，合伙人有下列情形之一的，当然退伙：作为合伙人的自然人死亡或者被依法宣告死亡；个人丧失偿债能力；作为合伙人的法人或者其他组织依法被吊销营业执照、责令关闭、撤销，或者被宣告破产；法律规定或者合伙协议约定合伙人必须具有相关资格而丧失该资格；合伙人在合伙企业中的全部财产份额被人民法院强制执行。合伙人被依法认定为无民事行为能力人或者限制民事行为能力人的，经其他合伙人一致同意，可以依法转为有限合伙人；其他合伙人未能一致同意的，该无民事行为能力或者限制民事行为能力的合伙人退伙。上述退伙以所列事实实际发生之日为退伙日。

从法定退伙所列事由看，每一事实的发生都已构成退伙，即合伙人不再为合伙协议的当事人一方。其中，作为自然人的合伙人死亡或被宣告死亡，其民事权利能力和行为能力均不存在，他的一切民事活动都要终止。如果个人丧失偿债能力，合伙人以个人财产对合伙企业债务进行的担保就不复存在，让其继续留在合伙企业中，对保护合伙企业债权人不利；并且，合伙人丧失偿债能力的，最终结果必然是用该合伙人在合伙企业中的财产份额来清偿合伙人的个人债务，这同样会使合伙人丧失其在合伙企业中的财产份额，同退伙的后果是一样的。因此，合伙人丧失偿债能力，其自然丧失合伙人资格。作为合伙人的法人或者其他组织被吊销营业执照、责令关闭、撤销，或者被宣告破产，即意味着该合伙人将被注销而丧失法律人格，或者不能进行正常的经营活动，相当于自然人丧失人格或行为能力的消灭，也应当和自然人一样丧失合伙人资格。另外，如果合伙人资格依照法律规定或者合伙协议约定是以合伙人具有相关资格为基础的，当合伙人丧失了相关资格，该基础就不复存在，合伙人当然就同时丧失了合伙人资格。如合伙制的会计师事务所，如果某一合伙人失去了注册会计师资格，自然就丧失了合伙人资格。按照《中华人民共和国合伙企业法》第42条的规定，合伙人的自有财产不足以清偿其与合伙企业无关的债务的，其债权人可以依法请求人民法院强制执行该合伙人在合伙企业中的财产份额用于清偿，此时可能会出现3种情况，一是其他合伙人购买该财产份额；二是其他合伙人不购买，但同意将该财产份额转让给合伙人以外的人；三是其他合伙人不购买该财产份额，又不同意将该财产份额转让给他人，则由合伙企业直接为该合伙人办理退伙手续。在这3种情形下，该合伙人都会非因自己的意愿而丧失合伙人资格，因此也属于法定退伙的情形。如果合伙人被依法宣告为无民事行为能力或者限制民事行为能力的，虽然其民事权利能力尚存，但无能力以自己的意思表示和行为享受民事权利，承担民事义务，这样的人在国外法律上称为禁治产人，由于合伙企业的合伙人必须是有经营能力的商人，以其智力去判断事项、管制风险、参与决策，他不同于公司企业的股东，股东可以只享受利益分配而不参与经营管理，故这类人不能继续成为承担无限连带责任的合伙人，如果经其他合伙人一致同意，可以依法转为有限合伙人，原普通合伙企业依法转为有限合伙企业；如果其他合伙人未能一致同意的，该无民事行为能力或者限制民事行为能力的合伙人当然退伙。

③ 除名退伙。除名退伙是指合伙人因有严重违反合伙协议之规定或有其他重大不轨行为，损害合伙企业利益或威胁合伙企业的生存与发展，而被其他合伙人一致决定开除的行为。我国《合伙企业法》第 49 条规定，合伙人有下列情形之一的，经其他合伙人一致同意，可以决议将其除名：未履行出资义务；因故意或重大过失给合伙企业造成损失；执行合伙事务时有不正当行为；合伙协议约定的事由。

合伙人被除名是一项对任何合伙人来讲均为严重的事情。法律规定，对合伙人的除名决议应当经其他合伙人一致同意才可成立，法律并未赋予合伙人以多数通过方式决议的权力，被除名人也可以对自己的行为进行辩解，或提出补救、改正、挽回损失的请求。除名的决议应当以书面形式通知被除名人，被除名人接到通知之日，除名生效，被除名人退伙。

除名退伙实际上是其他合伙人决议解除与被除名人合伙关系的协议的行为，被除名人如有异议，可向人民法院起诉，法定起诉时间为 30 日，法院依据被除名人的具体行为及情势审理后决定除名是否有效。

(3) 退伙后的结算。退伙应当清结财产及债权债务，称为结算。因退伙之具体情况有别，结算的方式也各自不同。我国《合伙企业法》第 50 条、第 51 条、第 52 条、第 54 条对此进行了区别规定，其主要规范内容为：其继承人不愿成为合伙人的；法律规定或者合伙协议约定合伙人必须具有相关资格，而该继承人未取得该资格；合伙协议约定不能成为合伙人的其他情形；全体合伙人未能一致同意该继承人成为合伙人的，合伙企业应当向合伙人的继承人退还被继承合伙人的财产份额。合伙人退伙，其他合伙人应当与该退伙人按照退伙时的合伙企业财产状况进行结算，退还退伙人的财产份额。退伙人对给合伙企业造成的损失负有赔偿责任的，相应扣减其应当赔偿的数额。退伙时有未了结的合伙企业事务的，待该事务了结后进行结算。退伙人在合伙企业中财产份额的退还办法，由合伙协议约定或者由全体合伙人决定，可以退还货币，也可以退还实物。

退伙人与其他合伙人因退伙而发生结算，往往情况比较复杂，在合伙财产的估价、合伙积累利益的分配、未了结事务的利益测算以及退还财产份额的形式、退还的时间上均有可能发生争议，处理这类问题的良好方式有：合伙协议中有明确、清晰的规定；聘请专业会计师及其他人员中立处理；经过诉讼、仲裁方式解决。

(4) 退伙人对退伙前的债务的承担。我国《合伙企业法》第 53 条、第 54 条中规定，退伙人对于其退伙前的原因发生的合伙企业债务，承担无限连带责任。合伙人退伙时，合伙企业财产少于合伙企业债务的，退伙人应当按照合伙协议的约定分担合伙企业亏损；合伙协议未约定或者约定不明确的，由合伙人协商决定；协商不成的，由合伙人按照实缴出资比例分担亏损；无法确定出资比例的，由合伙人平均分担亏损。

3. 解散

(1) 解散的概念。合伙企业的解散是指已经依法设立的合伙企业，因合伙协议事由或者法定事由的出现而停止企业的对外经营活动，开始企业清算，处理未了结事务并使企业消灭的法律行为。

(2) 合伙企业的解散事由。合伙企业的解散事由是指合伙企业法规定的合伙企业解散的原因及情形。我国《合伙企业法》第85条规定，合伙企业有下列情形之一的，应当解散。

① 合伙届满，合伙人决定不再经营。

② 合伙协议约定的解散事由出现。

③ 全体合伙人决定解散。

④ 合伙人已不具备法定人数满30天。

⑤ 合伙协议约定的合伙目的已经实现或者无法实现。

⑥ 依法被吊销营业执照、责令关闭或者被撤销。

⑦ 法律、行政法规规定的其他原因。

4. 清算

(1) 清算的概念。合伙企业的清算是指合伙企业符合合伙人约定或法律规定的终止、解散条件或者合伙企业出现其他客观事实状态时，清算人依法对合伙企业的财产及债权债务进行清理、清偿和分配的行为。

(2) 清算的程序。清算主要有以下程序：

① 清算人的选任。合伙企业解散应当由清算人进行清算。清算人由全体合伙人担任；经全体合伙人过半数同意，可以自合伙企业解散事由出现后15日内指定一个或者数个合伙人，或者委托第三人，担任清算人；自合伙企业解散事由出现后15日内未确定清算人的，合伙人或者其他利害关系人可以申请人民法院指定清算人。

② 清算人通知、公告债权人。清算人自被确定之日起10日内将合伙企业解散事项通知债权人，并于60日内在报纸上公告。

③ 债权申报、登记。债权人应当自接到通知书之日起30日内，未接到通知书的自公告之日起45日内，向清算人申报债权。债权人申报债权应当说明债权的有关事项，并提供证明材料。清算人应当对债权进行登记。

(3) 清算人的职责。清算人在清算期间执行下列事务。

① 清理合伙企业财产，分别编制资产负债表和财产清单。

② 处理与清算有关的合伙企业未了结的事务。

③ 清缴所欠税款。

④ 清理债权、债务。

⑤ 处理合伙企业清偿债务后的剩余财产。

⑥ 代表合伙企业参加诉讼或者仲裁活动。

(4) 合伙财产的清偿顺序。合伙财产一般按下列顺序进行清偿。

① 合伙企业财产优先支付清算费用。

② 合伙企业所欠招用的职工工资和劳动保险费用。

③ 合伙企业所欠税款。

④ 合伙企业的债务。

⑤ 返还合伙人的出资。

合伙企业财产按上述顺序清偿后仍有剩余的，应当按照合伙协议的约定分配；合伙协议未约定或者约定不明确的，由合伙人协商决定；协商不成的，由合伙人按照实缴出资比例分配；无法确定出资比例的，由合伙人平均分配。合伙协议不得约定将全部利润分配给部分合伙人。

(5) 注销登记。清算结束，清算人应当编制清算报告，经全体合伙人签名、盖章后，在15日内向企业登记机关报送清算报告，申请办理合伙企业注销登记。清算报告一般包括合伙企业解散的原因和时间；清算人的名单及其职责；清算步骤和具体安排；合伙企业债权债务及其处理；清算方案及其执行情况；清算人履行职责情况；其他需要说明的内容。

5. 破产

合伙企业不能清偿到期债务的，债权人可以依法向人民法院提出破产清算申请，也可以要求普通合伙人清偿。合伙企业依法被宣告破产的，普通合伙人对合伙企业债务仍应承担无限连带责任。这样就保障了债权人不会由于选择破产清算而导致债权受损。这里承担无限连带责任的合伙人仍然仅限于普通合伙人，有限合伙企业中的有限合伙人以其认缴的出资额为限对合伙企业债务承担责任。

4.3 商事公司

4.3.1 公司的概念

公司是资本主义生产关系的产物，是世界性的经济组织。由于各国法律文化及公司制度的差异，对公司概念的表述不尽一致。

1. 大陆法系公司的概念

大陆法系国家和地区公司立法通常规定公司的定义，只不过具体做法不尽一致而已。第一种做法是在相关法律中对公司统一定义。如《日本商法》第52条规定："本法所称公司，谓以实施商行为为目的而设立的社团。依本编规定设立的以营利为目的的社团，虽不以实施商行为为业，也视为公司。”《日本有限公司法》第1条规定：“本法所称有限公司者，指依本法设立的，以实施商行为或其他营利行为为业的社团。有限公司为法人。”我国台湾地区《公司法》第1条规定：“本法所称公司，谓以营利为目的，依照本法所组织、登记成立之社团法人。”《法国民法典》第1832条规定：“公司由两人或数人通过契约约定将其财产或技艺集于一共同的企业，以分享由此产生的利润和自经营所得的利益而设立。公司得在法律规定的情况下依一人的意志而设立，股东负分担损失的义务。”第二种做法是没有对公司下统一定义，而是对各类公司分别下定义。如《意大利民法典》在第2291条、第2313条、第2325条、第2462条、第2472条分别对无限公司、普通两合公司、股份公司、股份两合公司、有限责任公司的概念作出了明确的规定。第三种做法是既不对公司下统一的定义，也不对各类公司分别直接下定义，而是规定各类公司设立的目的、性质，人们可以从中概括出公司的定义。如《德国股份公司法》第1条规定：“股份公司是具有独立法人资格的公司。公司以公司的财产对公司的债务负责。股份公司具有一份划分成股份的基本资本。”第3条规定：“股份公司被视为商业公司，即使企业本身不经商。”我们可以从这两条规定中概括出股份公司的概念。《德国有限责任公司法》第1条规定：“有限责任公司可以依照本法规定为了任何法律允许的目的由一人或数人设立。”第13条规定：“有限责任公司本身独立具有其权利和义务；它可以取得所有权和不动产的其他物权，可以在法院起诉和被起诉。对于公司的债务，以公司财产向公司的债权人承担责任……。”从上述两条规定中，我们也可以概括出有限责任公司的概念。

2. 英美法系公司的概念

英美法系国家和地区公司法一般没有对公司下法律定义，但这并不妨碍理论界对公司概念的界定。如美国公司法理论通常将公司作如下界定：公司是由商业公司法或条例所调整的法人；或者，公司是以营利为目的而从事商业冒险的法人①。Barron's law Dictionary对公司所下的定义是“公司是股东的联合体(在一个股东的情况下也是如此)，它是根据法律和法规由法庭模拟的人，就如同个人一样，它是与组成它的个人完全分离的法律实体，它能够存在、存续，能够作为法人取得、持有和转让财产，能够起诉和应诉，并行使法律赋予的其他权利”。

3. 我国公司的概念

(1) 我国公司概念的历史考察。在我国，“公司”作为一个有独立意义的合成词，最早见于康熙23年(1684)年福建总督王国安上奏皇帝的奏章上。19世纪上半叶，随着西方经济开始在中国渗透，人们渐渐在商事组织的意义上使用“公司”一词。学者魏源在其《筹海篇四》中写道：“西洋互市广东者十余国，皆散商无公司，惟英吉利有之。公司者，数十商凑资营运，出则通力合作，归则计本均分，其局大而联。”可见，魏源将商人间的

① 孔祥俊：《公司法要论》，人民法院出版社，1997年版，第28页。

合资、合力经营定义为公司。现代意义上的公司一词应当肇始于清末的公司律。《公司律》中规定，凡凑集资本共营贸易者为公司，清代学者王孝通在其所著《公司法》中认为："公司者，多数之人以共同经营营利事业之目的，凑集资本，协同劳力，互相团结之组织体也。"可以说，从魏源的《筹海篇四》到1904年的《公司律》和早年的公司法著作对公司的认识均处于质朴状态。但我们也不难概括出其基本含义，即不同主体为实现共同目的及从事共同事业之结社，这种通常为经济目的的结社在现代受到法的调整和严格规范。民国时期《公司法》中对公司概念的规定可以说是旧中国对公司概念最成熟的认识了。该法第1条规定："本法所称公司，谓以营利为目的，依照本法组织登记成立之社团法人。"有学者将其特征概括为：①公司是一种社团法人；②公司是一种以营利为目的的社团法人，这是公司的实质上的特征；③公司是依公司法组织登记成立的社团法人，这是公司形式上的特征。

(2) 新中国公司概念的演变。新中国成立后，为了对旧中国遗留下来的公司进行公私合营之类的社会主义改造，国家颁布了一些涉及公司的法规。1950年12月29日通过的《私营企业暂行条例》中规定的公司包括无限责任公司、有限公司、两合公司、股份有限公司和股份两合公司，并规定企业非系公司组织者不得使用公司名称。显然，这是按照旧中国公司法确定的公司种类，而不是新中国要发展的对象。随着社会主义改造的完成，它们也就退出了历史的舞台。

从国民经济恢复时期到十一届三中全会期间，我国曾组建过各种专业性公司、工业托拉斯等公司，但它们同时实际上都是行政管理机关，与市场经济条件下的公司完全不同。1985年8月14日经国务院批准的《公司登记管理暂行规定》第2条规定："本规定所称公司指依本规定程序设立，有独立财产、自主经营、自负盈亏，依法承担经济责任的从事生产经营或服务性业务的经济实体。"这一界定与民法通则对企业法人的界定以及《全民所有制工业企业法》对全民所有制工业企业的界定并无实质性差别。

2005年10月27日修订的《中华人民共和国公司法》第2条规定："本法所称公司是指依照本法在中国境内设立的有限责任公司和股份有限公司。"这说明我国公司包括有限责任公司和股份有限公司。第3条又规定："公司是企业法人，有独立的法人财产，享有法人财产权。公司以其全部财产对公司的债务承担责任。有限责任公司的股东以其认缴的出资额为限对公司承担责任；股份有限公司的股东以其认购的股份为限对公司承担责任。"这一规定指出了公司是企业法人的一种，股东承担有限责任。可见，我国公司法未对公司概念作统一的界定，公司的含义包含在以上各条款中。根据这些规定，我们可将公司定义为：公司是指依据公司法设立，股东以其认缴的出资额或认购的股份为限对公司承担责任，公司以其全部财产对公司的债务承担责任的企业法人。与英美法系国家和大陆国家相比，我国公司有以下特征。

① 公司都具有法人资格，没有不具备法人资格的公司。

② 股东承担有限责任，我国公司中不存在无限责任股东。

③ 公司对公司财产享有法人财产权，这种法人财产权并不都是法人所有权，这与大陆法系和英美法系所承认的公司对公司财产享有的所有权不同。

4.3.2 公司的法律特征

由于各国法律文化及公司制度的差异，公司概念的表达方式和内容均有区别，公司的法律特征也略显不同。但无论是大陆法系还是英美法系，都普遍认为公司有以下法律特征。

1. 公司是以营利为目的的经济组织

公司是一种经济组织，必须考虑投入产出，进行成本效益分析，因此，公司具有营利性的本质特征，即以营利为目的从事经营活动，以实现投资人的利益。公司的营利性主要表现在以下几方面。

（1）目的的营利性。公司是由投资人设立的，任何投资者设立公司的目的都是为了谋取超出投资的利益，尽管有不少公司以营利为目的而开始，以经营亏损乃至于破产终结，但这并不能使公司丧失目的的营利性。

（2）经营活动的持续性与固定性。公司作为以营利为目的的经济组织，必须连续不断地进行经营活动，且其从事的经营活动须有固定的内容。公司的营业必须连续不断地进行，一次性的营利行为不能称为营利，这使得公司与那些偶尔从事营利行为的组织相区别。没有固定的经营内容，没有确切的经营项目的，不能称为公司。

（3）公司依法将所得盈余分配给股东。公司是股东获取利润的一种工具，也即公司不是为其自身而存在，而是为股东而存在的，股东的利益是公司的终极关怀。我国《公司法》第167条规定，公司弥补亏损和提取公积金所余税后利润，有限责任公司按照公司法的规定分配，股份有限公司按照股东持有的股份比例分配。因此，那些虽以营利为目的但不将所得分配于其成员的组织都不能算是公司。公司的这一性质使之与我国曾大量出现的“行政性公司”区别开来。

总之，公司的营利性不仅指目的的营利性，而且还包括经营活动的持续性与经营内容的固定性，并且依法将所得盈余分配给股东。全面地强调公司的营利性特征，一方面是为了突出公司的经济属性，另一方面则是为了否定那些作为行政机关附属物的行政性公司。但在西方国家，并不是所有的公司都具有营利性。如美国的一些公司，具有政府的某些职能，作为一种独立的机构，有权制定规章。又如日本依民法设立的少量民事公司并不以营利为目的。所以，为了确切表明公司的性质，西方国家将具有营利性特征的公司称为商事公司。可见，我国的公司相当于西方国家的商事公司。

2. 公司须依法成立并从事经营活动

在现代社会，公司均应依法设立并运作，这不仅是为了公司自身发展的需要，更是现代法治经济的内在要求。这说明公司具有法定性，主要包括以下几方面内容：

(1) 公司形态法定。指公司法明确规定准予设立的公司类型，使之定型化，当事人在设立公司时，只能从法定类型中作出选择，而不能任意创设出新类型的公司形态。这是为了维护交易安全而采取的一项原则。因为各种公司的特性和作用各异，承担着互不相同的市场主体角色，只有使其定型化，方能使法律预先规定公司的组织结构，以便于当事人选择适于自身需要的公司组织形式，第三人与企业交往时也可预知对方的法律性质，由此巩固公司的交易基础，维护市场交易安全。我国《公司法》第 2 条规定："本法所称公司指依照本法在中国境内设立的有限责任公司和股份有限公司。"这表明，公司法只允许设立有限责任公司和股份有限公司，禁止设立其他形式的公司。

(2) 公司设立原则法定。对于公司的设立，公司立法史上曾奉行过特许主义、核准主义、自由主义、准则主义和严格准则主义等设立原则。现代各国公司法对各种形态公司的设立都规定了相应的设立原则，其中大多采取准则主义。我国由于正处在向市场经济过渡的特殊时期，因此公司法在吸收国际惯例的同时仍照顾了经济现实，对大多数有限责任公司和股份有限公司的设立采取严格准则主义，对特殊行业必须审批的，才采取审批主义。

(3) 公司的标准具有法定性。世界各国公司立法的宗旨都是为了规范公司的组织和行为，因此，设立公司必须依照公司法对各种公司标准的相应规定。公司的变更、终止和清算也要根据公司法所规定的条件和程序进行，否则不仅不会发生相应的法律效力，还要承担一定的法律责任。

(4) 必须在法律许可的范围内从事经营活动。公司是为了一定的目的而设立的组织体，其权利能力须受法律许可的公司目的范围的限制，公司只能在法律、公司章程和有关机关的核准的宗旨范围内活动，否则就可能会引起违法后果。也就是说，公司的能力要受到法律许可的经营范围的限制。但这种限制是对公司权利能力的限制，还是对行为能力的限制，公司超出经营范围的行为是否有效，在传统公司法中，公司的权力受公司目的事业范围的限制。但这在现实中，这一做法严重窒息了公司谋求自身发展的生机与活力，限制了公司事业发展的空间。于是，现代各国理论界与立法纷纷改弦更张，普遍取消了公司经营范围对公司权利能力的限制，承认越权行为相对有效。

3. 公司具有独立的法人地位

世界各国的公司法都赋予公司以法人地位。公司乃是法人的典型形态，法人性是公司的本质特征之一。我国《公司法》第 3 条第 1 款规定，"公司是企业法人，有独立的法人财产，享有法人财产权。"

(1) 公司拥有独立的财产。公司的财产来源于股东的投资。股东出资一旦投入公司，即丧失了对其投入公司的财产直接占有、使用、收益、处分的权利，不能再独立支配这部分出资财产，股东依其出资份额享有股权；在公司存续期间，股东无权抽回投资于公司的财产。我国《公司法》第 36 条规定："公司成立后，股东不得抽逃出资。"只有当公司终止解散后，股东才能取得剩余的财产。而公司则对股东出资聚合而形成的财产享有法人财产权，可以直接占有、使用、收益、处分。

(2) 公司独立承担民事责任。公司拥有独立财产是公司独立承担责任的基础，公司独立承担民事责任是法人资格的最终体现，主要包含以下内容：

① 公司以其全部资产对公司债务承担责任。这里的全部财产不仅包括由股东出资形成的公司的全部资本，而且还包括资本在运营过程中所形成的增值。

② 股东不对公司的债务直接承担责任，而仅以其出资额或所持股份为限对公司承担责任。股东的有限责任是现代公司发展的动力之一，股东对公司债务承担有限责任是各国公认的公司法原则。在坚持这一原则的前提下，许多国家的公司法在某些特殊情况下否认股东的有限责任，揭开公司独立人格的“面纱(veil)”，直接追索公司背后股东的责任，这就是“揭开公司面纱”理论。这种理论在美国首开先河，德、法、日在判例中也适用了这一理论。须明确的是，“揭开公司面纱”理论并不是对公司法人性特征的否认，而恰恰是对公司法人人格本质的维护。如我国《公司法》第20条规定“公司股东滥用公司法人独立地位和股东有限责任，逃避债务，严重损害债权人利益的，应当对公司债务承担连带责任”；第64条规定：“一人有限责任公司的股东不能证明公司财产独立于股东自己的财产的，应当对公司债务承担连带责任。”

③ 公司对它的法定代表人和其他工作人员的经营活动，承担民事责任。我国《民法通则》第43条规定：“企业法人对它的法定代表人和其他工作人员的经营活动，承担民事责任。”公司作为企业法人，当然适用这一规定。

④ 公司既然必须独立地以其全部资产承担债务，那么当公司不能清偿到期债务时，就应依法宣告破产。

法人性特征是公司的本质特征之一，是公司区别于合伙企业的主要标志，明确公司的这一特性，对我们认识公司的本质，在理论上和实践上均有重大意义。

当然，由于各国的历史传统和法律的渊源不同，对法人内涵的规定也有所不同。如许多大陆法系国家，并不将“独立承担民事责任”作为法人的必备要件，这为无限责任公司成为法人创造了空间。

4. 公司是组织体

无论从公司在西欧中世纪的萌芽，还是从近现代公司制度的形成和现状来看，公司是一种相对于自然人的团体或组织体。这说明，公司是多人基于一定的经济目的而形成的组织体，它独立于其成员，有自己独立的人格，有健全的组织机构。

(1) 公司是一个组织体。公司的本质是法人，即作为权利能力者的组织体。它既有自己的名称、场所，还有健全的组织机构。公司是人的有机集合体，健全的组织机构是其团体意志得以形成并实现的组织保障。各国公司立法对公司的组织机构都作了详细的规定，主要有公司的权力机关、业务执行和监督机关等。

(2) 公司具有永续性。公司作为一个组织体，有自己健全的组织机构，其人格、责任独立，因此，在符合法律规定条件的前提下，公司成员的变更不影响公司的存在和活动，即它的存续不受自然人生命的限制，具有所谓的“永续性”。

(3) 大多数公司都具有社团性。按照传统公司法，公司一般由两个或两个以上的成员联合而成。这里的“成员”既可以是自然人，也可以是法人，因此，传统公司是自然人与自然人、自然人与法人、法人之间的联合。按照大陆法系对公司的划分，法人依成立基础不同分为社团法人和财团法人，公司以成员的组合为其成立基础，属社团法人。从这个意义上说，公司具有社团性。但一人公司的出现对公司的社团性造成了强大的冲击。所谓一人公司(one - man company)是指股东只有一人，公司股份全部由一人持有的公司。就目前各国公司法的规定来看，大多数国家在立法上承认了一人公司。如我国《公司法》明确规定，允许设立和存在只有一个自然人股东或一个法人股东的有限责任公司。各国公司法对一人公司的普遍承认，使得公司的社团法人性逐渐弱化。但是，并不能因一人公司的出现而彻底否认公司的社团性。大多数公司仍然具有社团性。可以这样说，正是公司的社团性或股东多元性特征，才决定了公司作为企业组织形态的存在，并由此决定了公司法丰富多彩的内容。

总之，一个规范的法律意义上的公司，原则上必须同时具有以上 4 个特征。若欠缺其中任何一个特征，即使该组织有公司之名，也无公司之实，即不是真正法律意义上的公司，不受公司法规制和调整。

4.3.3 公司的基本类型

公司作为一种最主要的企业组织形式，其自身的形态各异，种类繁多。人们依照不同的标准，可以对其作不同的分类。公司的种类有法律上的划分，也有理论、学说上的划分，同时，在不同法系、不同国家、不同的法律中亦有不同的划分。尽管对公司种类的划分标准颇多，但目的都是一致的，即都是为了明确各种公司的法律地位，确定公司与股东的法律关系，规范公司的组织结构，指导各类公司的行为，维护社会经济秩序。

根据各国法律所确定的法定分类标准以及公司法理论研究中所公认的其他标准，公司主要有以下几种分类。

1. 无限公司、两合公司、股份有限公司、股份两合公司、有限责任公司

这是大陆法系国家根据股东对公司所负责任的不同对公司进行的分类。法国、德国、日本、瑞士以及我国台湾地区的公司法均采用这种分类。

1) 无限公司

亦称无限责任公司，是指由两个以上股东组成的，股东对公司债务承担无限连带责任的公司。无限公司仅由无限责任股东组成，是典型的人合公司，公司的所有权与经营权并不发生分离，因此，每个股东都有权执行公司业务。与其他公司类型相比较，无限公司有

以下特征。

（1）股东人数的复合性。即无限公司的股东人数必为两人或两人以上，且股东一般以自然人为限。

（2）股东责任的无限性。即无限公司的股东对公司债务的责任，不以其出资额为限，而是承担无限责任。

（3）股东责任的连带性。即当公司资不抵债时，公司的债权人可以就公司财产不足以清偿的那部分债务，向无限公司的任何一个股东请求全部清偿。偿还公司债务超过自己应当承担数额的股东，取得向其他股东的追偿权。

（4）公司组织的稳定性。即无限公司以信用为基础，是典型的人合公司。股东可以用信用和劳务出资，公司的所有权与经营权合一，出资转让受到严格限制，因而组织较为稳定。

（5）内外关系的合伙性。即无限公司的内外关系具有浓厚的合伙性，因此，无限公司在各国的法律地位不尽相同。法国、意大利等国法律承认无限公司是法人，而德国、瑞士等否认法人人格，仅以其为合伙之一种，准用有关合伙的规定。

无限公司组织简单、信用可靠，但股东风险大，集资困难。因此，无限公司虽有久远的历史，但规模始终不大，多为中小型企业采用。我国公司制度发展的历史比较短，已有的公司尚有诸多不规范之处，规定无限公司的条件尚不成熟，况且在其他国家人们对无限公司尚有许多争议，因此，我国公司法并没有对无限公司作出规定。当然，这并不排除在将来适当的条件下，对其作出法律上的安排。

2）两合公司

是指由一个或一个以上的无限责任股东与一个或一个以上的有限责任股东共同组成，无限责任股东对公司债务负无限责任，有限责任股东以其出资额为限对公司债务承担责任的公司。

两合公司是大陆法系国家的公司形式之一，而英美法系视之为有限合伙，日本称两合公司为合资公司。在两合公司中，无限责任股东的地位与有限责任股东地位不同，有限责任股东不得以信用和劳务出资，无限责任股东拥有公司的业务活动管理权，而有限责任股东不得参与管理，只具有一般的监督权或监察权，不得对外代表公司。有限责任股东死亡时，股东地位可依法继承，但不得退股。两合公司本身的法律地位与无限公司相同，承认无限公司法人地位的国家，同样地承认两合公司的法人地位；否认无限公司法人地位的国家也同样否认两合公司的法人地位。

两合公司的出现是在无限公司之后，中世纪意大利海岸国家出现的康孟达组织是其早期雏形。相对无限公司而言，两合公司更容易吸收资本。两种股东，每种股东应至少有一人，否则公司应解散或变更为其他企业形式。两合公司虽有资合因素，但在公司法理论上仍被视为人合公司。一般来讲，法律对两合公司的某些方面未作规定的，准用无限公司的规定。

在大陆法系国家，两合公司对商人的吸引力已越来越小，基本上处于萎缩阶段，我国公司法未规定两合公司这一形式。

3）股份两合公司

是指由一个或一个以上无限责任股东与一个或一个以上有限责任股东所组成的，资本分为若干等额股份的公司。其特点主要有以下几方面。

（1）股份两合公司的资本分成均等的股份，负有限责任的股东，以认购股份的方式出资。

（2）股东会不是公司的最高权力机关，它只代表有限责任股东，其所作出的决议对无限责任股东没有约束力，如要执行则必须经无限责任股东同意。

（3）股份两合公司不设董事会，只设业务执行人，德国法规定只有无限责任股东才能当选为业务执行人。

（4）股份两合公司设业务监察人，业务监察人只能从有限责任股东中选任。严格说来，股份两合公司是两合公司的一种特殊形式。

与两合公司和无限公司相比，它既有无限责任股东以增强公司的信用，又可以将公司资本分成等额股份，发行股票以吸收社会上的小额分散资本。但其缺点也很明显，如无限责任股东责任过重，而有限责任股东由于无权参与公司管理事务，其地位远不及股份有限公司的股东。在立法上，法国、德国均规定有股份两合公司，但因其绝大多数事项准用无限公司和股份有限公司的规定，法律条文并不多。日本商法和我国台湾的公司法中原也有股份两合公司的规定，但鉴于商人很少采用，后来都已废除了。由此可见，股份两合公司事实上已是处于被淘汰状态的企业形式，所以我国公司法也没有确认这种公司形式。

4）股份有限公司

是指由一定人数以上的股东组成，公司全部资本分为若干等额股份，股东以其所认购的股份为限对公司负责，公司以其全部财产对公司债务承担责任的公司。股份有限公司是典型的资合公司，与有限责任公司一样，都具有责任有限性的特征，即股东仅以其所持股份为限对公司负责。当然，在股东人数、股份发行、组织机构、股权转让、规模大小等方面，它与有限责任公司还是有比较大的区别。股份有限公司是唯一可以发行股票的公司，是股份制企业的典型形式。在我国，股份有限公司有上市公司和非上市公司之分。股份有限公司的股票在证券交易所里挂牌交易，称为“上市”，该公司也就叫上市公司。上市公司实际上是一种“公众公司”，社会上的所有投资者都可以购买它的股票而成为其股东。

5）有限责任公司

是指股东以其认缴的出资额为限对公司承担责任，公司以其全部财产对公司债务承担责任的公司。在我国，有限责任公司包括一般有限责任公司，一人有限责任公司、国有独资公司和外商投资有限责任公司 4 种形式。

2. 总公司与分公司

公司依据其组织管辖系统，即是否具有从属关系，可划分为总公司和分公司。我国《公司法》第14条第1款规定：“公司可以设立分公司，设立分公司应当向公司登记机关申请登记，领取营业执照。分公司不具有法人资格，其民事责任由公司承担。”

(1) 总公司。亦称本公司，是指在组织上统辖其系统内所有分公司的具有法人资格的公司，对所属分公司的经营、资金调度、人事安排等进行管辖和统一指挥。总公司的资格要在公司章程中加以确认，并经公司登记机关核准登记，根据我国法律规定，总公司必须下设3个以上分公司。

(2) 分公司。是指总公司在其住所以外依照法定条件和程序设立，并受其统辖的从事经营活动，不具备法人资格的分支机构。世界上大多数国家都对公司的分支机构有所规定，通常是，公司在其住所地以外另有营业地点时，对这些营业地点应按商业登记的规定办理登记。在德国，公司可以设立分支机构，分支机构不是法人，但必须进行商业登记，分支机构与其所属的公司适用同样的法律。

根据现行法律规定，分公司具有以下法律特征。

① 分公司是公司的分支机构，是总公司为在地域上拓宽营业范围、增加经营的灵活性等所设立，它本身是公司的组成部分，而不是独立的公司形态。首先，分公司没有自己的名称和章程，只能以总公司的名义进行活动，但可以在总公司的名称之后加上“×××分公司”的字样；其次，分公司没有自己独立的财产，其实际占有的财产全部属总公司，并列入总公司的资产负债表中；此外，分公司没有自己的董事会，而只有业务管理人员。由此可见，分公司实质上是总公司的一种代理机构，只不过其代理权限是直接通过营业执照规定的。

② 分公司具有营业资格。分公司需办理营业登记并领取《营业执照》，《营业执照》是经营单位取得合法经营权的凭证，是其对外交往的法律根据，也是认定分公司的外观标志。在这一点上，分公司与公司的职能部门不同。公司的职能部门是在公司内部履行特定的职能但不能对外以自己的名义从事经营活动的机构，如科室、车间以及公司的各机关等。公司的职能部门必须以公司的名义对外交往，以自己的名义实施的行为一律无效。在经济实践和司法实践中，分公司与公司职能部门在外观上的区分标志就是有没有《营业执照》。

③ 分公司没有法人资格。根据我国《公司法》第14条的规定，分公司没有法人资格，不能独立承担责任。这一特征是分公司与子公司的区别标志。子公司是受控于母公司而具有法人资格的公司，是一个独立的法人。

3. 母公司和子公司

按照一个公司对另一个公司的控制与依附关系，可以把公司分为母公司与子公司。

(1) 母公司。也称为控股公司，是指通过掌握其他公司一定比例以上的股份或通过协议的方式，从而能够在实际上控制其他公司营业活动的公司。母公司有时称控制公司，有时又称控股公司，但控制公司与控股公司是有区别的。凡拥有另一公司的股份已达到控股程度并直接掌握其经营活动的公司，是控制公司；凡拥有另一公司的股份已达到控股程度而并不直接参加该公司业务活动的公司，则是控股公司。根据我国《公司法》第 217 条的规定，一个公司拥有的出资额占有限责任公司资本总额 50%以上或者持有的股份占股份有限公司股本总额 50%以上的，或者出资额或者持有的股份比例虽然不足 50%，但依其出资额或者持有的股份所享有的表决权已足以对股东会、股东大会的决议产生重大影响的，该公司为控股公司(股东)。

(2) 子公司。是指受母公司实际控制，但在法律上具有独立法人资格的公司。我国《公司法》第 14 条规定："公司可以设立子公司，子公司具有法人资格，依法独立承担民事责任。"因此，子公司的主要法律特征如下。

① 其股份的一定数额为某一公司股东所有，且该公司股东凭此持股额可以对其加以控制。

② 子公司具有法人资格，是一个独立的法人。这一特征是子公司与分公司的本质区别。

母子公司关系表现的是公司与公司间的控制与依附关系，反映着公司相互间联合或联系的紧密程度。但就母子公司的法律地位而言，二者都是具有独立主体资格的法人，依法独立承担民事责任。一般说来，一个母公司控制了 3 个以上的子公司，即可能形成集团公司或企业集团。因此，母公司也是实现企业垄断和企业联合的常见法律形式。

4. 本国公司与外国公司

这是按照公司的国籍标准对公司所作的一种分类。但世界各国对公司国籍的认定有着各种不同的标准，主要有以下几种。

(1) 设立准据法主义，即依公司设立所依据的法律为本国法还是外国法来确定公司的国籍。

(2) 股东国籍主义，即以公司股东的国籍或过半数出资者的所属国为公司的国籍。

(3) 设立行为地法主义，即依公司设立登记行为所在地为本国还是外国来确定公司的国籍。

(4) 住所地国籍主义，即以公司住所所在地的国家为其国籍。对于何为公司住所，也有不同的规定和理解，如有营业中心地说、总公司所在地及事实上总公司所在地说等。

我国对公司国籍的认定，兼采设立准据法主义和设立行为地法主义。凡依照我国公司法在我国境内登记成立的公司，即为我国的本国公司。凡依照外国法律在中国境外登记成立的公司，均为外国公司。外国公司可以在我国境内设立分支机构，从事生产经营活动。《中华人民共和国公司法》第 196 条规定："外国公司在中国境内设立的分支机构不具有中国法人资格。"实际上，各国公司法对外国公司的成立和活动，大都有专门的规定，允许外国公司在其境内开展业务活动，享有与本国公司相同的权利能力和行为能力，但对其业务范围加以必要的限制。因此，外国公司在中国境内从事生产经营活动，必须遵守中国的法律、行政法规和规章，否则就要承担相应的法律责任。

5. 人合公司、资合公司及人合兼资合公司

这是大陆法系按照公司信用基础的不同，对公司所作的一种学理上的分类。

（1）人合公司。是指以股东的个人信用为基础的公司。股东的个人信用包括股东个人的能力、财力、声望和信誉等。无限公司是最典型的人合公司。在人合公司中，股东承担无限连带责任，当公司资不抵债时，股东应以个人全部财产清偿公司债务。因此，这种公司对外交往时，对方不是根据公司本身的财力而产生信任，而是基于股东的信用进行判断。法律也并不规定其最低注册资本额，公司对股东的入股方式也不加以限制，无论是财产还是劳务、信用出资，都在所不限。公司不能独立承担民事责任，股东的财产要作为这种对外债务的一般担保。公司的人格与股东的人格实际上没有彻底地分离，是一种低级形态的公司。

需明确的是，我国前些年大量出现的股份合作制企业（公司）也有人合性，但是它的信用基础是公司的资本，其人合性主要体现在合作属性上，与上面所指的人合性并不相同。

（2）资合公司。是指以公司的资本作为公司的信用基础的公司。公司的资本越多，在对外交往中就能得到越大的信用。公司的财产作为其对外负债的一般担保，股东个人对公司债务不负任何责任。因此，对于这种公司，法律对其资本基础有着严格的要求，如对出资种类进行限制，不能以劳务和信用出资，权利出资不得超过一定限额。

一般而言，股份有限公司和有限责任公司都是资合公司，其中尤以股份有限公司最为典型，但有限责任公司，尤其是规模较小的有限责任公司，也兼有人合性质。有限责任公司除了股东可以依法承担有限责任外，还在公司的经营上依赖股东间的相互信任，所有权和经营权一般也不分离，公司资本或出资的流动性较小，小的有限公司在对外交往尤其在获得银行贷款时要靠股东个人的信用，这与合伙和无限公司有些相像，在允许自然人一人设立有限责任公司的国家或地区，其人合性质就更为显著。

（3）人合兼资合公司。是指兼以公司资本和股东个人信用为公司信用基础的公司。两合公司和股份两合公司属于人合兼资合公司。在这种公司中，部分股东承担无限连带清偿责任，部分股东以其出资或所持股份为限承担有限责任。因此，无限责任股东个人的能力和信用与有限责任股东的出资或所持股份成为公司的信用基础，资合与人合由此结合在一起。我国目前没有这些公司形态，但有限责任公司具有人合公司的一些特征。

6. 封闭式公司和开放式公司

这是英美法系国家根据股权分散的程度及股权转让方式的不同而对公司所做的基本分类。

(1) 封闭式公司。(英称 private company，美称 close corporation)，亦称为少数人公司、不上市公司、私人公司或非公开招股公司，公司的资本全部由设立该公司的股东所拥有，不能对外发行股份，股东的出资证明不能在股票市场上自由流通。这类似于大陆法系国家中的有限公司。

(2) 开放式公司。(英称 public company，美称 share corporation)，又称多数人公司、上市公司、公众公司、可公开招股公司，是指可以公开招股，股票可在股票市场公开进行交易的公司。这类似于大陆法系国家中的股份有限公司。但若译为上市公司，则只能与大陆法系国家中其股票获准上市的股份有限公司相对应。

封闭式公司与开放式公司的主要区别如下。

(1) 在股东人数上，封闭式公司的股东人数一般较少，而开放式公司的股东人数则相对较多，因而其股权也较分散。美国加利福尼亚州的公司法规定，股东人数超过 35 人就为开放式公司，否则就为封闭式公司。英国 1967 年《公司法》规定，封闭式公司股东人数不得超过 50 人(该限制于 1980 年被废止)。由于封闭式公司股东人数较少，因而公司股权易掌握在少数股东手中。而开放式公司的股东人数相对较多，其股权也较分散。

(2) 封闭式公司对公司股份的募集与转让限制较多，不允许公开募股，也不允许公司股份上市交易；而开放式公司可以公开发行股份，股票可以在公开市场上自由流通。由于开放式公司可以公开募集资本，因而其规模比封闭式公司一般要大得多。

在英美法中，区分封闭式公司与开放式公司的法律意义主要在于其法律适用上。在美国，开放式公司在适用各州公司法的同时，还要符合美国 1933 年《证券法》和 1934 年《证券交易法》的有关规定，如资产超过 500 万美元，并且公司的普通股份为 500 名以上股东持有的公司，须遵从 1934 年《证券交易法》的有关规定，包括对其股份进行注册并提交定期财务报告等。

在英国，封闭式公司与开放式公司在法律适用上主要有以下区别。

(1) 封闭式公司注册为法人社团后，即可进行营业，而不必取得“贸易证明书”(trading certificate)；而开放式公司只有在取得政府颁发的贸易证明书后才可营业。

(2) 开放式公司在取得贸易证明书后的 1～4 个月内召开全体股东大会，即法定会议(statutory meeting)，在法定股东会议召开前 14 天内，董事会必须发给每一位股东一份法定报告；而封闭式公司可不遵守上述规定。

(3) 开放式公司的最低股东人数为 7 人，且至少应有 2 名董事；封闭式公司的最低股东人数为 2 人，只需有一名以上董事。

(4) 封闭式公司的董事一般没有强制退休的年龄限制；而开放式公司的董事的法定退休年龄为 70 岁。

(5) 封闭式公司的股东代理人可以在股东会议上发言；而开放式公司的股东在股东会

议上无发言权。

(6) 封闭式公司无须遵守有关公开招股的规则；而开放式公司公开招股时，须公布招股章程并遵守有关公开发行股份的一系列规定。

由此可见，法律对开放式公司的限制比对封闭式公司的限制要多得多。

4.3.4 公司的立法模式

1. 大陆法系国家公司立法模式

法国属于民商分立的国家，法国公司法属于商法范畴，最早于1673年的《商事条例》中的商人部分规定了公司的有关条款。1807年的《法国商法典》在第一编中对公司进行了专章规定。但是该章只有2节共29条，很快就因为过于简单而不能适应日益发展的市场经济和公司的需要，于是又陆续公布了一些单行的公司法规，作为商法典的补充。其中最主要的是1867年的《公司法》，它规定了除有限公司外的所有公司形式，对商法典中股份有限公司的旧规定作了全面修改。1952年法国又制定了《有限公司法》，至此形成了较为完善的公司法律制度。后为意大利、比利时、西班牙、埃及、伊朗、叙利亚以及南美洲等大陆法系国家公司法所仿效，形成了法国公司法系。① 20世纪60年代，戴高乐政府在借鉴德国、日本、美国、英国等国家公司立法经验的基础上，以《欧洲统一公司法草案》为样板，在1966年颁布了新的统一的《商事公司法》，过去有关公司的法律予以废止。

德国也是实行民商分立的国家，最早的公司法见于1861年颁布的《商法典》中有关商事公司专门的部分——《有限公司法》。到了1880年，该法才作了一次大的修改，允许一人可以组建有限公司。以后于1897年新的《德国商法典》中，设立专编规定了有关无限公司、两合公司、股份有限公司和股份两合公司等4种公司制度。1937年德国又颁布了《股份及股份两合公司法》，简称《股份法》，代替了1897年《商法典》中对这两种公司的有关规定，从此确立了德国的公司法制度。受德国影响，奥地利、瑞士、瑞典、挪威、丹麦等国都先后制定了类似的公司法制度。第二次世界大战后，德国联邦政府在1965年又通过了新的《股份法》。

2. 英美法系国家公司立法模式

英美两国虽都属于判例法国家，但其有关公司的规定多表现为成文法的形式，同时辅之以判例原则。英国最早于1720年颁布实施了有关公司制度的《布伯尔法》，该法案一直到1825年才予以废止。此后英国颁布了一系列单行的公司法规，如1835年的《贸易公司法》、1844年的《共同股份法》、1855年的《有限责任法》、1907年的《有限责任合伙法》、1908年的《公司合并法》等。1948年，英国把过去历年的公司法加以整理修订，颁布《1948年公司法》，共462条。英国现行公司法就是在该法的基础上经多次修订而成

---

① 郑玉波：《公司法》，台湾三民书局，1996年版，第9页。

的。另外，1972年的《欧洲共同体法案》也是英国公司法的主要渊源。此外，英国公司法的一个重要特点是其调整范围比较广泛。英国破产法没有规定公司的破产，只规定了商号或个人的破产，公司的破产由公司法规定，这是与其他国家的公司立法和破产立法的不同之处。

在美国，联邦议会不享有公司立法权，公司立法权属于各州议会，因此美国没有统一的全联邦适用的公司法，各州均有自己独立的公司法。1950年美国全国律师协会的公司法委员会制定了《示范公司法》（又译作《模范公司法》或《标准商事公司法》）。它仅供各州议会参考，其本身没有法律约束力，但它对各州公司法的制定有很大的影响，该法的大部分内容已为绝大多数州所采用。美国各州的公司法以特拉华州、加利佛尼亚州、纽约州最为著名。其公司立法体系基本上分为三大部分：商事公司法、责任有限公司和非盈利公司法。如纽约州将公司分为商事公司、责任有限公司和非盈利公司，并分别制定商事公司法、责任有限公司法和非盈利公司法。加利佛尼亚州则分为公司、非盈利公司、责任有限公司和特别目的公司四大部分。特拉华州分为公司和专业服务公司两大部分。

在各国公司立法中，德国公司立法以条文严谨、论理精密见长，而英美国家公司立法则以切合实际为特点，并以丰富的判例法为背景，法国公司法立于二者之间，其内容上则与德国法相近。在大陆法系公司立法中，值得一提的是日本的公司立法。在2006年新的《日本公司法》生效以前，日本的公司法律主要见于1938年公布，并经1981年最后修订的《日本有限公司法》和1899年公布，并经1990年修订的《日本商法》之中。日本公司法原属德国法系，借鉴的是德国公司立法，但二战后转而采纳美国法制，已非纯粹的德国法系，而是德国法系与英美法系的融合产物。根据《日本商法典》以及《日本有限公司法》的规定，日本的公司被划分为人合公司、资合公司、股份公司和有限公司。但是2006年5月1日开始实施的《日本公司法》沿袭了传统的人合公司、资合公司、股份公司等类型的同时，创设了“合同公司”的新公司类型，废除了《日本有限公司法》。也就是说，日本现在不能再设立新的有限公司，对于既存的有限公司在《日本公司法》实施之后，只被视为《日本公司法》上的股份公司继续存在。

4.3.5 公司制度的理论与实践

西方国家公司法发展到现在经历了一个较为漫长的历史过程，它在原有公司法的基础上不断更新，最终形成了系统化、科学化的立法格局，呈现出了一些新的发展趋势。首先是从恪守公司的社团性发展到允许一人公司的设立。其中最典型的是德国在1980年对《有限公司法》的修改，允许设立一人公司。随着各国经济的发展和公司实践的丰富，特别是有关法人理论和制度的不断完善，现代公司法不再恪守公司的社团性，先是承认“实质上的一人公司”，尔后又允许设立“一人公司”。西方国家所称的一人公司有“实质上的一人公司”和“形式上的一人公司”两种含义。前者是指公司的真正股东只有一人，其余股东仅为持有最低股份的挂名股东；后者是指公司的股东仅为一人，全部资本由一人拥有的公司。西方国家公司法制发展的第二个趋势是从规范单个公司发展到既规范单个公司，也规范关联公司。单个公司是指从事生产经营活动，以营利为目的，实行自主经营、自负盈亏、独立核算的独立公司；关联公司是指两个以上的单个公司因相互间具有控制、从属或相互投资关系而形成的公司群体。为适应经济发展的需要，增强公司的竞争实力，分散投资风险，关联公司这种经济现象应运而生。因为关联公司形成的关联关系，避开了国家法律的限制，不仅协调了公司之间的竞争关系，而且确保了关联公司之间均衡利益的实现。但如果监管措施跟不上，也会带来一些消极因素。为了使关联公司兴利除弊，保护从属公司、子公司和被控股公司的合法权益，维护社会正常的经济秩序，现代西方公司法不仅强化了单个公司的规范，而且增加了关联公司的规定，加强对关联企业的监管。如德国、法国等都有关联公司的相应规定。我国台湾公司法也对称为关系企业的关联公司进行规范。西方公司立法的另外一个趋势是公司立法开始向统一化、国际化方向发展。如欧共体的《欧洲统一公司法草案》，联合国跨国公司委员会于1982年起草的《联合国跨国公司守则》等。

4.4 商业辅助人

4.4.1 商业辅助人的概念

商业辅助人是指在商事交易活动中从属于商事主体，受商事主体委任或支配，辅助商事主体从事商事经营的人。从商事主体的独立性来讲，商业辅助人本身不是独立对外的法律关系主体，但在对外商事活动中，他以商事主体的名义从事法律行为，其行为后果由商事主体承担。

商业辅助人相对于商事主体而言，基于一定的法律关系而存在。一般来讲，这些法律关系有委任关系和雇佣关系两类。在委任关系中，商业辅助人由商事主体授予其代理权，委托其代理商事主体从事商事行为。基于这种法律关系产生的商业辅助人主要有代理商、居间商等。在雇佣关系中，商事主体与商业辅助人之间不存在授予代理权的基础关系，他们之间仅仅是劳务雇佣关系。这种商业辅助人一般包括经理、职员、学徒等。由于基于雇佣关系而产生的商业辅助人受劳动法规范，因此商法中所讲的商业辅助人主要是指基于委任关系而产生的商业辅助人。

4.4.2 商业辅助人的分类

1. 经理人

经理人是指以其所享有的、由商事主体授予的经理权为基础而产生和存在的商法中的商业辅助人。在西方发达国家的商事立法中，一般都有对经理人和经理权的专门规定。经理人被认为是一种商事职业。商法中关于经理人或经理权的规定是公司企业法中关于组织机构的经理制度的基础，确立了公司等企业制度中经理的法律性质、地位和权限范围，是其他法律法规中有关经理制度的立法依据。相比较而言，我国商事立法中没有对于经理人的这种基础性制度。公司法中对经理的规定仅仅是从公司组织机构的角度出发，进行的一种治理结构的制度设计，而缺乏从商人的角度进行职业的定位，更不是从经理权的角度对经理人进行规范。西方国家商法将经理人所享有的经理权定位为一种特殊的代理权，这种代理权以民法中的代理权为基础。这种经理人和经理人所享有的代理权又不同于民法中的代理人和代理权，有着商事法上的特殊性，具体体现在以下几方面。

(1) 作为商业辅助人的经理人，是由商事主体通过商法中规定的特殊的方式授予经理权的人，其以被代理商的名义从事商事行为。而民法中的被代理人是通过一般的委任方式将代理权授予代理人的。

(2) 经理人在行使权利时，必须将自己的签名附加在商号上，并且在这个签名上附有标明经理权权限的标记，以使经理人的代理行为与他的个人行为相区别。

(3) 经理人的主要权限在于为商事主体管理事务，并为商号签名。

(4) 在经理权的授予上，一般只有完全商人能授予经理人以经理权，小商人不能成为经理权的授予人，即经理人经理权的产生只能基于完全商人的授权，而不能是小商人的授权。

(5) 在经理权的生效上，仅在商事登记部门进行登记并不能使经理人被授予经理权的行为产生商事法上的效力。经理人必须由商事主体通过“明示”的授权，再履行商事登记手续，经理权授予方能生效。

(6) 经理人所享有的经理权，在权限范围上受到多方面的限制。在实际商事活动中，商事主体在授予经理人以经理权时，从多方面加以限制。但这种限制只是商事主体内部的管理行为，除非第三人已经明知经理权受到限制，否则对第三人不产生效力。另外，法律也有时对经理权的权限范围进行限制，如为了保证商事主体对企业财产核心部分的处分权，除非该商事主体特别授权，否则经理人不得处置不动产等重大财产。

(7) 经理人所享有的经理权不具有单一性和排他性，一个商事主体可以同时聘用几个经理人，授予他们相同的经理权或者经理权的一部分。

2. 代办人

代办人是指以其所享有的，由商事主体所授予的代办权为基础而产生和存在的商法中的一种商业辅助人。在西方国家，代办人是商事活动中普遍存在的一种现象，商法也主要从代办人主体角度或代办权行为角度出发对其进行规范。我国对于代办人的立法至今尚付阙如。

与经理人相比，代办人的代办权是一种源于代理权但区别于经理权的特殊权能。商事主体一旦授予经理人以经理权，他便由此承担相应的风险和责任，经理人在经理权这种比较广泛的权限范围内进行的法律行为直接对授予经理权的商事主体有效。但从保护商事主体利益的角度出发，商法中所规定的由商事主体授予代办人的代理权——代办权是一种被商事主体限定的，可以对第三人发生效力的代理权。这种代办权的权限范围应当与代办人所代理的商事经营活动所需要的权限相一致。因此，同样是由商事主体授予商业辅助人的代理权，代办人的代办权与经理人的经理权存在着以下几方面的差异：

(1) 经理权的权限范围比代办权更为广泛。许多国家从保护商事主体利益的角度出发，对代办权的权限范围进行了较为严格的限定，如代办人不享有不动产的转让与抵押、汇票、本票债务的接受、消费贷款的接纳等代办权，除非代办人获得了这方面的专门授权。经理权虽然也会受到商事主体授予代理权时和法律上的限制，但要比代办权受到的限制要少得多。

(2) 在授予商业辅助人以代理权上，只有完全商人可以聘用经理人，授予经理人以经理权，小商人不可以聘用经理人，授予其代理权；但小商人可以聘请代办人，授予其代办权。

(3) 经理人的经理权必须由商事主体亲自授予；而代办人的代办权不仅商事主体可以亲自授予，他的代理人也可以授予代办权。

(4) 在代理权的授予方式上，经理权必须通过明示的方式来授予，因此不存在隐示经理权和容忍经理权；代办权可以通过默示的方式授予，所以在商事代办权中有容忍代办权和表见代办权。

(5) 在商事活动中，除非法律另有规定，经理人对于其所经营的商事拥有比较广泛的代理权，交易第三人对此一般认识即构成善意，商事主体不得以自己对经理人代理权的内部限制对抗不知情的善意第三人；但除非代办人能证明自己拥有这样的权限，否则第三人对代理人权限的这种认识不构成善意，商事主体可以以自己对代办人代理权的限制对抗第三人。

(6) 经理人的签字可以附有标明经理权的附加标记；而代办人的签字只能附有表明代理关系的标记。

(7) 由于经理人的代理权——经理权涉及范围比较广泛，它必须履行工商登记；但代办人的代办权由于已经被限定在一定范围内，一些国家的商法规定其不必进行工商登记。

(8) 在种类的划分上，经理权可以被分为共同经理权和分经理权；代办权可以被分为全权代办权、种类代办权、特种代办权、总代办权等。

4.5 商事连锁

4.5.1 连锁的含义

就各国连锁立法的情况看，对“连锁”的定义，有法定定义，有学理定义，有总定义和分定义之分。日本在《关于访问销售等法律》(1976 年 6 月 4 日第 57 号法律)的第 3 章“连锁销售交易”中规定，“本章所谓连锁销售业，是指以能得到特定利益(指进行商品再销售的其他人提供交易费和其他通商产业者令规定要件的利益的全部或一部分)来引诱进行销售目的物——物品(商品)的再销售者，与他们以特定负担(指按政令规定的标准购买其商品或提供的交易费)为条件进行商品销售交易(包括该交易条件的变更，以下称连锁销售交易)的物品销售事业”。这虽是一个蹩脚的概念，却是一个在法律上有用的概念。① 韩国在《批发、零售业振兴法》(1986 年 12 月 31 日)中对连锁业定义为：“连锁化事业，是指直接经营某些同一业种的零售店部或按与同一业种的零售业者签订之合同连续供给商品并指导经营的事业。”② 法国将连锁定义为：“连锁店是商业集团或企业，它至少拥有 5 个商店，形成商业网络，实行相同形式经营。”③ 美国对连锁没有形成统一的法定定义，而只是对正规连锁、加盟连锁等分别进行了定义。美国连锁协会妇女连锁公司总裁苏珊·P·科利奥斯 1995 年 10 月来中国讲学时认为，“连锁店，又称联号商店，是由总公司或总部管辖下的许多分店组成，它往往具有行业垄断性，利用资本雄厚的特点，批量购买、低价销售、专业化分工、规模经营、规范管理，具有很强竞争力的现代商业组织”。英国在《简明不列颠百科全书》中将连锁定义为：“连锁商店，又称联号，具有统一管理和储存中心两个以上的零售单位的联合。”这个定义虽然简单，但已指出连锁应具备的基本条件。

我国在 1997 年 3 月颁布的《连锁店经营管理规范意见》中对连锁店定义为：“连锁店指经营同类商品，使用同一商号的若干分店，在同一总部的管理下，采取统一采购或授予特许权的方式，实施规模效益的经营组织形式。”另外，对各种类型的连锁店如正规连锁、特许连锁等，则分别有不同的定义。在学理上，对连锁的定义更是“百花齐放”。总的讲，连锁经营是以资本、特许权或契约为纽带，经营同类商品或服务，采用多种业态，并由若干零售门店联合组成，并使用同一商号，在统一总部的管理指导下，采取统一进货，分别销售，实施规模经营，规范管理的现代商业组织形式。

4.5.2 连锁的理念

1. 关于连锁理念的几种观点

(1) 借鉴论。对于连锁的理念，诸多观点认为，“连锁经营是把现代工业大生产的原理应用于商业流通领域”。④ 这种借鉴论并不是连锁店的主要理念。现代商业流通既然是一种独立的产业，就应有自己独立的理论。虽然在流通领域也运用其他领域的一些经验或

---

① 谢次昌译：《日本访问销售等法律》，国外法学，1986 年第 4 期，第 74～78 页。该法译自 1976 年 12 月 3 日起施行的日本《六法全书》。

② 国内贸易部政策法规司：《商业连锁经营资料汇编》(上册)，1995 年 9 月版，第 71 页。

③ 李飞：《法国连锁经营》，国外法学，1986 年第 4 期，第 89 页。

④ 国内贸易部政策法规司：《商业连锁经营资料汇编》(上册)，1995 年 9 月版，第 2 页。

理论，但正如物理学中要运用数学原理一样，物理学的理论基础毕竟不是建立在数学理论基础之上。连锁经营既然是现代流通领域一种新的运营方式和组织形式，自然有它的理念，即它独特的哲学观和价值取向。任何组织形式和经营方式的变革，以及经营机制的转换，都是基于内在因素和外在环境的不同，而必然促使它发生变革。如社会化大生产必然要求建立大流通以适应大生产的需要。但大众的消费又总是分散的，而且千差万别，颇有个性，这是一个很大的矛盾。

流通与生产虽有紧密联系，但是流通企业又不同于生产企业。生产企业可以在一个地方办一个工厂，然后让商人把商品运到各地去销售。但流通企业不能在一个地方办一个大商店，让消费者都到那里去购买。流通规模过大，过于集中，必然给消费者带来高成本、低效益。连锁经营的成功较好地解决了规模与分散，效益与便民之间的矛盾，所以可以说连锁经营是现代流通事业内在矛盾发展的必然结果，即通过连锁经营实现了现代流通的规模与分散的统一，效益与便利的统一。这就要求流通业不仅要规模大，而且要个性化、分散化。所以必然要求对传统流通组织进行变革。如百货公司以提供的商品的广度而著称，但在商品的深度上则不如专卖店，在便利消费方面又不如超市和便民店，在价格方面又不如折扣店和“平价俱乐部”。这就需要从品种利益、价格利益、地理位置利益多方面去考虑创新商业组织。可见连锁经营有其自身活动的特点和理论要求。就是在连锁经营中也运用分专划细的原理，但在内容和运作机制上与工业生产是根本不同的。如在工业企业中就不设配送中心，更不必设过多的分店。尤其借鉴论始终把流通业置于生产部门的附庸地位，这不符合现代流通主导型的实际；同时这种借鉴论也导致连锁经营方面的法律照搬工业企业法、工厂法，从而使商事主体法界限模糊、内容混同，不利于连锁事业的发展。

(2) 变迁流通组织理论。在国外的变迁组织流通理论中，影响较大的是“零售之轮”理论，它是由 Mcair 于 1958 年提出的。对这一理论的研究很多，所以也出现很多派别，其中主要有环境论、循环论和冲突论。环境论认为，根据黄金法则，适者生存，不适者淘汰，商业零售组织越能适应环境变迁就越能得到生存发展。根据市场竞争原则，零售业要受“物竞天择”理论支配。对环境变迁的分析，主要是采取分析经济变数对零售组织变化所产生的影响。循环论认为，零售机构像风琴一样随时演变将其产品线随时变宽而后变窄，如此循环不已。这种观点也被称为零售风琴理论。还有观点认为，零售机构首先应以低价低成本进入市场，然后慢慢增加服务项目、广告、信用等使价格和成本提高。最后这些零售商皆成为不以价格竞争为主的零售形态。与此同时，也就有采取低价低成本的新机构进入市场，这种理论被称为“零售之轮”理论。还有生命周期论，以产品的生命周期来解释零售机构的演进。还有的认为零售组织存在两极化现象，如超级市场强调的是以多样化为其利益，而方便店是以高度便利消费为利益，把这种情况称双极原理。冲突理论则认为，零售机构间的冲突是促使零售机构进行变革和追求进步的原因。

变迁流通组织理论中的一些观点对现代商事立法，尤其对连锁经营的立法产生了很大的影响。如环境变迁理论，它强调商事活动一定要适应客观环境的变化，以求适者生存。这就要求在立法上给商事主体以充分的自主权，以便迅速作出决策选择，以适应客观环境瞬息万变的需要。在“零售之轮”理论下建立起来的连锁店，如超级市场、百货店，都强调以商品的多样化为其利益，以充分满足各种物质和文化生活消费的需要。所以在立法上除了从政治和社会公序良俗的角度出发，对极少数商品作了限制和禁止流通外，对绝大多数商品实行自由流通，真正实现货畅其流。

2. 连锁的“整体本位”理念

连锁经营从哲学观和逻辑起点上讲，它是以“整体本位”为理念的。这种理念与传统商业——单体经营所信奉的“个体利益本位”思想是对立的。如果连锁经营是流通领域里的一次新的革命，它所革的正是“个体本位利益”思想和把核算单位划得越小越好的改革思路。

整体利益本位思想具体在连锁商业领域里的运用，主要是“倍增市场理论”，即把数学中的“几何级数原理”和物理学中的“链式反映原理”运用于商业营销。它主要是通过加盟方式和自我业务扩张，使营销活动既规模化，又个性化。尤其是它利用连锁网络建立起一整套激励网络扩张的机制，以实现高效经营和有效竞争，因而可以称连锁理论的根基为“网络市场学”。

连锁的整体利益本位理念还体现在它是一个使生产者、经营者、消费者、政府和社会都能获益的商事经营组织形式。从生产者和经营者的角度来说，他们都能获得利益的最大化；从消费者的角度来说，其能获得效用的最大化；对政府而言，由于连锁经营一般效益都较好，所以能获得较多的财政收入；对社会来说，由于连锁经营规模大、网点多，其能为社会提供较多的就业机会，同时，由于连锁经营的效益好，企业破产和下岗人员少，这对保持社会稳定和经济持续发展都有好处。

连锁经营的整体本位思想还表现在对资源的利用上，它奉行资源用尽原理。传统商业在资源利用上，重有形资产、轻无形资产，重要素资源、轻品牌资源，重商品资源、轻服务资源。这就使许多名优产品和优质服务、商业秘密及专利权、商标权等一系列无形资产长期得不到合法的保护和充分利用。在当今科技信息日益发达的社会，以专利、商品品牌为核心所形成的无形资产，已形成新的经济领域——知识经济，在竞争中日益发挥着重要的作用。过去我们对这些宝贵的商业资源，有的像黄金一样埋在地下，有的只是墙内开花墙外香。尤其可悲的是曾一度把一批名优品牌当成“封修资”的东西加以排斥。这种不重视、不会利用和破坏商业资源的行为，可以说是我们流通领域里的制度性恶症。要发展连锁经营，是医治这种病症的良药。如荷兰的“万客隆”商业集团，与我国进行合资经营，它们就是以其著名的商号进行投资。

连锁经营还运用聚集与扩散原理，在宏观与微观上建立起以主导企业为依托，以名优产品或服务为核心，按专业协作的经济合理原则，由若干事业者自愿联合组成。成员聚集在生产经营较好的名优企业周围，组成一个利益共同体，共同利用优良商誉的知名度、先进技术、先进管理经验、良好的基础设施，共同批量进货的好处，在组织制度上实行分权制衡体制，从而获得组织现代化、经营集约化、管理规范化、回报高效化的产业群体体系。连锁经营还利用“无差别营销”理论，进行制度创新。它总是把某一产品或服务的整体市场作为目标市场，并通过“无差别营销”，如以同一产品、同一服务、同一店名、同一装饰、统一进货、统一广告促销，甚至统一价格，以便在自己的商圈内对消费者树立起“超级产品”、“超级服务”的形象，尽可能多地吸引顾客。这样除适合同质市场外，还更适合大生产、大销售、大规模、大众化的消费需要。

连锁的理念指导着连锁立法，而连锁法律制度可以说就是这些理念的化身。这在各国商业连锁法律制度中都不乏其例。如各国连锁法中一般都规定，各种类型的连锁集团都必须有最低分店数的要求，却无上限的限制。如现在最大的连锁集团——“麦当劳”已有15 000多个分店。现在还没有一个工厂有一万个分厂。又如连锁店还有一条帝王法则，都由总部统一采购。此外还实行统一广告促销、统一店容店貌、统一的标牌，统一的格式连锁合同，统一的宗旨、统一的经营管理制度，尤其不受部门、地区和行业的限制。对连锁商场门店的面积和经营品种的数量都有统一的规定。如美国要求，百货店如建在市外，要以3层建筑型为主，如在闹市区，要建5～7层。如综合商场要在3 000坪以上，超级市场、食品场400～450坪，非食品场150～3 500坪。我国《连锁店规范意见》中也规定，超市一般要在500平方米以上。同时还规定，超市、便民店和综合商场必须使用电子收款机，并建立时点销售(POS)系统、电子订货(EOS)系统和完善综合信息管理网络(MIS)系统，条形码的使用率要达到90%以上。这些制度都是在整体理念的指导和制约下建立起来的有效的行为准则。

4.5.3 连锁的分类

连锁商业根据不同的标准有不同的分类。如果以连接纽带为标准，连锁可以分为正规连锁、特许连锁、自愿连锁和合作连锁。由于连锁经营总是通过一定的连接纽带，按一定的规则把众多分散的单体店联成一体，并按规则的要求进行运作，所以这种分类是连锁最基本的分类。如果按所有权为标准，可以把连锁业分为一体型连锁集团，即所有权统一，如正规连锁；另一种是联合型连锁集团，这种集团所有权不统一，如特许连锁、自愿连锁和合作连锁。此外，连锁还可按地域分为地区连锁、全国连锁和跨国连锁。在上述连锁的分类中，以连接纽带为标准进行的分类是最为基本和重要的分类。

1. 正规连锁

正规连锁在美国称为“联号商店”、“公司连锁”、“直营连锁”，在欧洲国家一般称“一体型零售集团”或“多支店商店”。美国商务部将正规连锁定义为“以单一资本直接经营11家以上商店的零售业或餐饮业的企业形态”；日本通商产业省定义为“处于同一流通阶段，经营同类商品和服务，由同一经营资本并在同一总部集中管理统一领导下，进行共同经营活动(由6个以上单位店铺组成)的组织化的零售企业集团”；法国定义为“拥有多分店的商场，至少应该有5个以上的销售店，每个店向消费者提供食品或非食品等最终产品，并直接向生产者进货或自行加工生产，形成商业网络，实行相同形式的经营”；国际连锁协会定义为“以单一资本直接经营11个商店以上的零售业或饮食业”。美国的沃玛特、凯玛特、本尼，德国的梅托，法国的家乐福，日本的大荣、伊藤羊华堂，香港的惠康，上海的华联等，都是正规连锁。

正规连锁在产权上以资本为连接纽带，即以同一资本(同一投资主体、同一所有者)投资开办分店；在管理经营中高度集中统一，即把公司的重大决策权都集中在总部，把采购与销售的职能分开，采购由总部统一进行并统一配送，分店只负责销售；组织体系上一般采取科层制，在公司内往往设立独立的总部，作为决策中心和管理中心，下设各种事业部，有的还设地区事业部，基层是各零售门店；在经营环节上都处于同一流通阶段，如都从事批发业务或零售业务，不能有的搞批发，有的搞零售；正规连锁在经营内容上，一般都是同类商品或服务，同类经营，有利于做到统一化和标准化；在组织形式上，一般都是以公司的形式去组建，这样在内部主要是总公司与分公司、总店与分店的关系，各分店是总部的直营店，不具备独立的法人资格；正规连锁的内部主要靠公司章程和内部管理规章进行规范，在法律适用上主要受公司法和商法调整。

正规连锁能统一调动公司的财力、物力和人力，统一进行经营决策。由于资本同一，有利于新技术和新产品的开发，有利于信息、物流的现代化管理和人才的培养，也有利于与金融和其他厂商发展业务交往。正规连锁由于效力雄厚，而且分店又深入消费腹地，从而能较快地占领市场，增强竞争实力，在宏观上更容易发挥整体优势。但要建立和发展正规连锁，需要庞大的自有资本，这就势必影响其发展速度和规模；而且分店的经营自主权较少，这样就不易调动分店的积极性与主动性；尤其是对于一些大型的正规连锁公司，由于其规模较大，管理层次多，容易产生官僚行为，从而增加管理成本，降低公司的效率。

正规连锁作为当今世界各国连锁经营的主要形式，更适合以公有制为主体的经济制度和国有资本在连锁业中的运作。在我国发展正规连锁，更有利于建立健全现代企业制度。

2. 特许连锁

特许连锁又叫加盟连锁或合同连锁，它以著名商店为盟主，把自己开发的产品或服务所取得的特许经营权有偿地以营业合同的形式转让给经销商，让其在规定的区域和时间内享有该特许经营权的连锁组织形式。国际特许连锁协会认为：“特许连锁是特许权拥有者将自己开发的产品或服务系统有偿转让与加盟者，保证按协议规定享有营销权和承担规定义务的经营组织”。①

---

① 姚战海：《连锁业经营与管理》，中国社会科学出版社，1994年6月版，第318～319页。

特许连锁有一个特许权拥有者，是特许连锁的盟主和权力主体，其作为一个已经拥有成功业务模式的公司，将运营方法总结之后，授权他人以其名誉和方法从事同样的业务，以获取盈利；特许连锁盟主以出售、转让已获得的特许权，主要是某种商品、商标、商号、专有技术或某一服务方式等权利客体，这也是特许连锁最本质的特征；在盟主与盟员之间，主要是纵向联合体企业，并有一定的强制性和技术系统特色，特许权出售人对经销商的操作方法享有重要的控制权或给予重要的协助；各加盟经销商虽受控于盟主，但在财产上和法律地位上是独立的，是独立的经营主体和法律主体；盟主和盟员之间的权利义务关系，主要通过加盟合同来确定；加盟者要加入特许连锁，须向盟主交付一定的费用，包括一次性加盟费和以后按销售额或毛利提取的特许权使用费。

特许连锁就其本身而言，有利于用有限的资金和人员，迅速发展业务，扩大经营，占领市场；可以利用特许权的转让获得加盟费和特许权使用费，从而为自己筹措资金；可以利用连锁经营体系所带来的规模效益，连锁规模愈大，实际成本愈低，总部所获得的特许权使用费也就越多。对加盟者来说，由于它加入的都是一些著名商店，它使用的都是一些驰名商标、商号，所以不需要自己费力去创新“品牌”，从而有助于降低商业风险，增加成功的机会；加盟者还可以等到总店在资金、经营管理、物流采购、技术操作、服务方式、信息的获取、人员培训等一整套帮助和丰富的经验，从而有利于加盟店的持续经营；另外，由于加盟店具有独立的产权，所以与正规连锁的分店相比，具有相对的独立性。从消费者来说，由于特许连锁经营者所提供的商品的质量比较稳定、可靠，价格统一，因此在消费者的心目中，它比一般独立店更值得信赖；另外，特许连锁在选点上多设在消费集中区，尤其是一些方便店，更贴近消费，这样给消费者带来许多方便，可省钱、省时，降低了消费成本；同时，由于特许连锁有较完善的管理系统、物流系统和服务系统，经营人员一般都训练有素，这样可使消费者获得优质服务，从而在经济上和精神上都能获得较好的满足。从知识经济的角度来说，特许连锁的知识性、技术性含量高，更能发挥知识经济的优势。

3. 自由连锁

自由连锁又称自愿连锁、志同连锁、任意连锁，它是由一个或几个批发企业为盟主，联合众多的小零售商自愿组成的一种商业联盟。自由连锁在西方国家中主要以批发企业为核心进行连锁，而在日本，主要以大型零售企业为核心组成连锁；这种连锁商业组织模式以经营食品为主，其他在五金、家庭用品、药品、文具等行业也较普遍；其有一个核心企业为骨干企业；在产权关系上各成员店的所有权、经营权和核算权都独立的，各成员店都是独立的权利主体，批发商只控制零售商向总店购买商品的种类、数量、价格，而不控制整个经营，所以是一种松散型的联合；在组织体系上属批零一体化系统，主要由批发商或大型零售企业发起，通过签订合同由若干独立的零售商自愿参加组成，各零售商必须从总部组购货，由总部统一采购、加工、包装、配送；与特许连锁以特许权为连接纽带不同，自由连锁主要以批零结合为契机。

自由连锁的优势在于，成员店自主权较大，容易调动各成员店的积极性和创造性；由总部集中管理指导，容易提高成员店的经营水平；批零结合，容易获得规模交易所带来的效益，增加其竞争力。但由于自由连锁的联结纽带不紧密，组织不稳定，发展规模受到限制，成员店的建议度也差。为克服这种弱点，日本自由连锁协会提出了所谓“四原则”，即成员间的“非竞争性原则”和“平等原则”，总部对成员的“经济利益性原则”，全系统的“共同合作原则”。美国则强调加强总部的职能，强化其集中统一的管理和指导，以克服自由连锁松散所带来的缺陷。

4. 合作连锁

合作连锁是由众多独立的零售商通过自愿协商、共同出资兴办合作连锁总店，并通过章程组建连锁组织，为各成员店提供共同的事业服务。①

合作连锁与自由连锁有相似之处，如两者都由规模不等的零售商联合，成员都保持经营和产权上的独立性，都实行集团统一采购，都是在自愿协商的基础上所组成的连锁组织。但在组织体系上，合作连锁却独具特色，它没有像特许连锁和自愿连锁那样必须事先有一个核心企业作为盟主，而是由参加合作连锁的各会员店共同投资组建一个新的合作连锁总部，并以此为依托组建连锁集团，同时成立理事会，理事会由全体零售商选举产生。在连接纽带上，合作连锁有双重纽带：一是共同出资的资本纽带，即参加合作连锁的会员必须向合作连锁总部购买一定数量的股份；二是章程纽带，即以章程来确定总部与成员店之间的权利义务关系，这与自由连锁中以合同来确定总部与分店的权利义务关系不同。在分配制度上，合作连锁总店所实现的利润归每个成员所有；它实行“以购定分”的分配原则，即根据每个成员店每年从合作连锁总店中所购货物的总额进行分配。合作连锁的成员店既是总店的股东，以股东的身份享有公益权和私益权，同时又要接受总店的指导，承担相应的义务，如向总部购买确定数额的货物。成员与总部的这种双向关系，使得合作连锁在连锁商业中更具特色。合作连锁集合作制、连锁制、股份制于一体，既有横向联合，又有纵向合作；既有资合性，又兼具人合性。因此，合作连锁凝聚力也强，也更有利于民主管理、联合竞争和共同事业的发展。

在合作连锁的经营模式下，合作总部集中为成员店订货、选择供应商、建立共同的仓库、配送商品、研究供求、建立系列品牌、集中广告宣传、组织培训和经验交流、指导援助有关经营管理事宜和其他促销活动。而合作成员享有广泛的特权，如使用集团统一的标记、商标营业，能获得总部的广告宣传效果，能享受专业化的指导援助，能获得稳定价格的商品供应，还能得到对事业资金的援助，得到培训，能参与总会、委员会和其他集会行使经销权等众多权利。同时合作连锁成员还有一定的自由购买权。

---

① 赵尔烈：《连锁经营的意义、分类和基本特征》，财贸研究，1996年第2期，第6页。

4.5.4 连锁的历史

1. 美国的连锁商业

美国一般被认为是连锁业的发源地。美国南北战争后，铁路网在全国范围内形成，这推动了国内统一市场的形成和工业革命的发展，并把殖民地时期的自给自足的自然经济转到商品化和专业化的轨道上来。这些为美国连锁商业的发展提供了有利条件和环境。

1859 年美国第一家连锁公司——“大西洋及太平洋茶叶公司”在纽约创立。1865 年美国第一家特许连锁店——“胜利缝纫机公司”成立。1887 年美国第一家合作连锁组织“巴尔的摩杂货批发公司”成立。随后，许多商业连锁组织相继成立，奠定了美国商业连锁组织的雏形。至 20 世纪 30 年代，美国的连锁商业得到了迅速发展。然而在 30 年代后，由于爆发了经济危机和第二次世界大战，加之政府以反垄断为由，曾掀起一股“反连锁商店运动”的逆流，并从立法上加以限制。公众对公司的权力过于集中也表示关注，一些消费者也责备连锁商店做特价广告，此时连锁店的数量呈下降趋势。1936 年颁布的《鲁宾逊·帕得曼法》规定了一些旨在保护传统单体商业免于非法限制和垄断的条款，以此来对抗和限制连锁店的发展。

另外美国还在税收方面采取严厉的手段对连锁业加以限制。这种情况在 20 世纪 50 年代后大为改观。由于美国高速公路网的形成，汽车业也得到大力发展，在批零业就集中了约有 200 万辆载重汽车。先进电子技术的广泛运用也为连锁业的发展创造了极为有利的条件和注入了新的活力。美国政府在这一时期也意识到发展中小企业的重要性，在政策和立法上对中小企业采取了一系列保护措施。这样又使自由连锁和特许加盟连锁中的大量具有独立法人地位的小型商业企业也得以生存和蓬勃发展，这就从另一方面促进了连锁业的迅速发展。到 20 世纪 80 年代以后，美国连锁业进入到广泛的零售和服务领域，并迈向国际化的新时期。

2. 英国的连锁商业

英国也是世界上连锁店发展较早的国家之一，尤其是它有较长的合作经济发展史，如 1844 年英国的纺织工人在罗虚代尔创办了世界上第一个消费合作社。1863 年在北英格兰又成立了批发合作社。1862 年伦敦建立了“无酵母面包股份制公司”，紧接着约克郡和米德兰等郡都仿效组建了“无酵母面包公司”，从此拉开了英国连锁商业的序幕。到 20 世纪 80 年代以来，英国连锁业得到大力发展。目前，英国拥有 3 万多家连锁店，其中大型连锁店有 1 200 多家，营业额占整个零售业的 69%。

3. 法国的连锁商业

法国可以说是世界上消费潮流和商业变革的先锋，其第一家连锁店建立于 1852 年，由兰斯经济联合互助会创办的食品连锁店。这家连锁店的成功在法国起到了示范作用。紧接着于 1898 年创办了 3 家连锁公司，很快扩展到全法国。到 1938 年法国的连锁店发展到了3万多家。1948年，连锁公司在城市中心办起了第一家自选商场。这一时期法国连锁业中的食品连锁店都转向以自选超市为主。鞋店、服装、运动用品、家用电器都转向专卖店。到20世纪70年代后，法国的连锁业得到了很快的发展。如超级市场发展到1 026个，特级市场发展到142个。只有迷你超市，由于集中办大店，一些小店被合并，因而在数量上有所减少。

法国的连锁业以正规连锁为主，但合作连锁和特许连锁也具有相当实力。如1990年分销店营业额排行前两名的都是合作社；欧洲50%的特许连锁在法国。法国的特许连锁主要在零售、服务和建筑三大行业。法国为规范和发展特许连锁，于1972年制定了第一部有关特许连锁义务的法典。

4. 德国的连锁商业

德国的连锁商业起步虽晚，但由于德国人在观念上重视商业，又由于居民消费水平较高，国内信息、交通、物流技术条件较好，商事法律制度也比较健全，连锁商业发展速度很快。在1964年，连锁业在所有商业企业中的比重仅占11%，而到1997年，连锁经营的销售额已占商业零售总额的60%以上，并形成了众多的大型连锁集团。在1995年的世界十大超市排名中，德国就有麦德龙、天格曼、瑞威、艾德卡4家入围。

5. 日本的连锁商业

日本于1953年在东京青山创办了“纪国屋”，这是日本的第一家自选商场。随后在山口县创办了“主妇之店”，而且迅速扩展到全国。这一时期，日本从美国引进了连锁经营，取得了高速发展，并引起了一次新的“流通革命”。这些商店都以廉价经营为主并与美国超级市场结合起来，形成具有日本独特风格的大型综合正规连锁。到20世纪80年代，日本进入后工业时代，这也是日本连锁业大力发展的时期，连锁营业总额每年以10%的高速增长。这一时期，日本的超市连锁、特许加盟连锁、自由连锁都得到快速发展，同时大型连锁集团纷纷兴起。如大荣公司、伊藤羊华堂公司、“7－11”公司，西友公司等，这些大型连锁集团的出现把日本连锁业推向一个新高峰。由于日本国内市场趋于饱和，日本连锁业逐渐向海外发展。有的则直接输入国外名牌商品，有的与外国合资、合作，有的直接在海外开办连锁店。这不仅是日本连锁经营的特点，也是整个日本经济的特点。

4.5.5 我国商事连锁的现状

1. 我国连锁业的兴起与发展

我国的连锁业起步较晚，就是香港和台湾地区也是在20世纪60年代才开始兴办连锁店。大陆于改革开放后1990年在广东东莞才办起第一家连锁店——“美佳超市店”。此后由于社会主义市场经济的快速发展，连锁业开始在城市兴起，且发展迅速。到1998年底，各种连锁公司达到900多家，拥有各种类型的直营店和加盟店2万多个。其中上海华联超市公司、上海联华超市商业公司的门店总数早在1996年就超过100个。同时，许多外国的连锁公司已在我国登陆，这些公司大都与我国的有关公司联合兴办连锁店，取得了较好的效果。而我国国内的一些连锁公司，虽然开办时间不久，但也开始走出国门。如天津“狗不理包子”连锁集团、北京“全聚德烤鸭”集团，已在海外办起了连锁分店。兰州“金鼎牛肉面”集团公司已将制作牛肉面技术转让到加拿大。

2. 我国连锁业的特点

我国连锁经营的业种形态主要有以下类型：一是以食品、日用百货为主的超市连锁；二是以经营粮油、副食品、小杂货为主，面积小、营业时间长，渗入居民区的便民连锁店；三是以中外名牌为主的精品专卖连锁店；四是大型综合商场连锁店；五是以提供标准化、系统化、大众化的快餐连锁店；六是以五金工具、机械零配件为主的生产资料销售连锁店；七是以照相、洗染、修理等服务业为主的连锁店；八是以美容、健身、娱乐为主的连锁店。

从发展阶段上看，我国的连锁业尚处于初创阶段，相当于西方国家的起步阶段。我国的连锁经营体制和市场经济体制可以说是同时起步，尤其是市场经济很不完善，发育也不成熟，各种要素市场正在建立，各种有形的无形的壁垒和新旧体制的摩擦还很严重。因此，我国虽然已经具备了兴办连锁经营的基本条件，但同美、欧等国家相比，还处于发展的初始阶段。

从规模上讲，我国的连锁商业的经营规模还很小。经济发达的西方国家都已建立了不少大型连锁集团，如美国的沃尔玛、德国的麦德龙、日本的大荣等。美、英、日等国的连锁商业的销售额已占零售业的60%，法国、德国、意大利的连锁业销售额已占零售业的40%。而我国在1996年最大的上海华联超市公司和上海联华超市商业公司的年销售收入也仅为9亿元人民币和8亿元人民币，就全国而言，连锁店的销售额也仅占零售额的3%。

我国连锁经营的规范化程度也较差。规范化是连锁经营的灵魂和本质所在，也是连锁经营的永恒主题。西方发达国家在发展连锁经营中已建立起一整套系统的规范化管理制度。尽管各国的具体做法有所不同，但都有一些基本的规则。如对店铺最低数量的要求，实行五统一或六统一，坚持店容店貌外观一致原则，实行购销分离原则，坚持标准化、专业化、简单化的经营管理原则，对连锁企业的三大组织——总部、店铺和配送中心的职责进行严格的规范，对加盟总店和成员店的权利义务作出严格的规定等。而我国现阶段连锁商业，不仅国家法律不健全，企业的规章制度也不完备，连锁协会在规范促进连锁业发展中的作用还没有充分发挥。

3. 我国目前规范连锁商业的政策和规范性文件

我国的连锁经营处于初创阶段，急需以政策和法律加以扶持、保护和规范。目前扶持与规范连锁业主要包括如下的政策：

(1) 坚持“为民、利民、便民”的宗旨，这是搞好连锁经营的根本出发点。

(2) 坚持从实际出发，既要尽力而为，又要量力而行。目前主要是全国各大城市和沿海经济发达的中等城市中兴办，待区域性连锁网络基本形成时，再进一步发展合同性连锁组织。

(3) 要正确处理好借鉴与国情的关系。既要借鉴国外的先进经验，又要适合我国的实际情况。学外国连锁经营的先进经验，一定要做到“形神兼具”，而不能是“貌合神离”。

(4) 在业种业态的选择上，重点以发展超级市场方便店、快餐店等连锁业态为主。针对我国目前的消费水平，在业种上以“米袋子”、“菜篮子”大众化商品为主。

(5) 充分利用好原国有企业商业网点的基础，以节省投资、降低售价、稳定市场。

(6) 鼓励采用联营、兼并入股、租赁等经济手段组建连锁店，打破行业行政隶属关系和所有制等方面的限制，发展跨部门、跨所有制的自愿连锁和特许连锁。

(7) 积极创造条件发展外向型连锁店。既要积极吸引外资和技术与外商合资、合作和加盟兴办连锁店，同时又要创造条件到海外去兴办连锁店。

(8) 政府在连锁业审核、经营主体资质审查，以及税收、贷款、审批手续、人员培训、信息提供等方面对连锁企业进行扶持、规范和引导。

我国目前规范连锁经营的规范性文件，一是与连锁经营有关的法律、法规，如《中华人民共和国民法通则》、《中华人民共和国公司法》、《中华人民共和国票据法》、《中华人民共和国合同法》、《中华人民共和国价格法》、《中华人民共和国反不正当竞争法》等。二是专门适用于连锁经营的一些规章，如原国内贸易部颁发的《连锁店经营管理规范意见》、《全国连锁经营发展规划》，原国内贸易部与中国工商银行联合发出的《关于共同做好连锁商业发展工作的通知》等；还有与国家工商总局、对外贸易经济合作部、国家经贸委等部门的联合通知；此外还有各省(自治区、直辖市)人民政府有关发展连锁商业的通知等。三是连锁协会的章程，这些章程属自治自律性规范，对各成员店都有约束力。四是国际性连锁惯例，这对中外合资、合作连锁组织，尤其对国际特许加盟连锁具有约束力。总体而言，我国目前专门用于调整连锁商业的法律规模相当薄弱，尤其对自由连锁、特许连锁的专门规范还是空白点，实践中主要以反不正当竞争法及相关的行政规章加以间接调整。

理论探讨与实务研究

1. 关于农村承包经营户和小商人的商业登记问题

农村承包经营户的经典定义是：“农村集体经济组织的成员，在法律允许的范围内，按照农村承包合同的规定，使用集体所有的土地和其他生产资料，独立从事商事经营活动的，由一户或多人组成的农户。”农村承包经营户的本质特征则是：一方面，他必须是农村集体经济组织的成员；另一方面，他又必须按照“承包合同”从事商事经营活动。因此，农村承包经营户的设立、变更、终止无须进行专门的商业登记，而仅仅是按照“承包合同”进行即可。基于这样的基本特征，应当将农村承包经营户称为任意商人。这主要是指从事农业、林业的场主及附属行业的经营时，如果他们需要以商人方式进行商事活动时，可以进行注册登记；如果他们不需要以商人方式进行商事活动时，则无须注册登记。

关于从事小商品买卖的人。一般认为，这些从事小商品买卖的人是指无须建立一套完整的商事机构，亦无须一整套保护经营权利的措施且经营规模和范围都比较小的商人。常见的有：走街串巷的“货郎”，手艺匠人（如农村中比较普遍的铁匠、木匠、泥匠等），街头临时设点的“摊商”，晚间摆“地摊”的下岗和失业人员等。这些从事小商品买卖的人到底是否属于严格和实质意义上的“商人”，他们是否应该进行商业登记，国内学者对这个问题的看法不尽相同，我国立法对此也不是非常明确。在国外，尤其是大陆法系国家，把这些人称之为“小商人”，但对于以什么标准来界定小商人，各国的规定又不尽相同。如日本法律规定，在公司以外的资金不足2 000日元的商人称为小商人。同时，《日本商法典》第8条规定，商业登记不适用于小商人；德国以经营范围的大小和纳税义务来确定是否属于小商人，如果没有纳税义务，还可以其他的标准来确定。同时，《德国商法典》第4条亦规定，商业登记不适用于小商人。同时，德国在其1998年商法典的修订中，甚至还取消了小商人的概念，规定小规模经营者可以通过自愿登记取消商人资格；我国民国时期的法律规定，资金在1 000元以下的为小商人。我国台湾地区现行的《商业登记条例》亦规定，对于沿门沿街的叫卖者、于市场外设摊营业者、家庭农林渔牧者、家庭手工业者及其他主管机关所规定的小规模经营者，可免除商业登记。我们认为，这些小商人亦应该借鉴典型大陆法系国家关于“小商人”的规定，将其称为“临时商人”，对于此类商人，无须登记，只需要纳税即可。

2. 关于我国建立隐名合伙制度的问题

所谓隐名合伙是指当事人双方约定一方对于他方所经营的事业出资而分享其利益并分担损失的合伙。其中，出资人为隐名合伙人，经营人为出名合伙人。隐名合伙因其具有减轻投资风险和短期内迅速集资的作用而为许多国家所确认。我国2006年8月27日颁布的《中华人民共和国合伙企业法》规定了普通合伙企业和有限合伙企业两种形式，而没有规定隐名合伙。但从融通资金，有效配置生产资源的角度考虑，我国有必要在将来建立隐名合伙制度。

3. 股东能否以债权、股权、劳务及信用出资的问题

我国《公司法》第27条规定：“股东可以用货币出资，也可以用实物、知识产权、土地使用权等可以用货币估价并可以依法转让的非货币财产作价出资；但是，法律、行政法规规定不得作为出资的财产除外。”可见公司法规定的股东的出资形式有货币、实物、知识产权、土地使用权和可以用货币估价并可以依法转让的非货币财产共5种形式。因此，股东能否以债权、股权、劳务及信用出资，关键在于能否以货币估价和能否依法转让。从实际可操作性和经济现实来看，用债权和股权出资已经在公司实践中存在。而用劳务和信用出资由于可操作性不强，且劳务和信用很难用货币估价，故暂时不宜作为出资的形式。

推荐阅读

1. 甘培忠：《企业与公司法学》，北京大学出版社，2001年。
2. 马强：《合伙法律制度研究》，人民法院出版社，2000年。
3. 赵旭东：《公司法学》，高等教育出版社，2006年。
4. 任先行、周林彬：《比较商法导论》，北京大学出版社，2000年。

思 考 题

1. 简述我国商个人的表现形式及特征。
2. 简述我国《合伙企业法》规定的合伙企业的种类及合伙人对合伙企业债务的承担责任。
3. 试述公司的法律特征及基本类型。
4. 简述商业辅助人的概念及种类。
5. 简述商业连锁的种类及其特征。

第5章　商事登记制度

本章提示

- 商事登记制度是现代商事法律制度的重要组成部分。它与商业名称、商业账簿、商事营业构成商事法律制度的四大基本制度，本章主要阐述商事登记制度。通过本章的学习，熟悉商事登记制度的基础知识与理论，掌握我国先行商事登记制度的主要内容。
- 世界各国都有商事登记制度的规定，但是，不同的国家，由于历史渊源、文化传统、社会制度等原因，各国有关商事登记的立法体例、商事登记的功能不完全相同。
- 商事登记的机构、商事登记的主体、商事登记的内容、种类、商事登记的程序等是商事登记制度的主要内容，世界各国的商事登记制度都作了明确的规定。
- 商事登记有何效力，这是商事登记制度的一个核心问题，也是商事实践的一个重要问题。
- 商事登记是登记主管机关对商事主体及其经营活动进行有效行政管理的重要法律制度，因此，世界各国都有商事登记的监督管理制度，这也是商法具有公法性质的体现之一。

5.1 商事登记制度概述

5.1.1 商事登记的概念和特征

1. 商事登记的概念

何谓商事登记，目前在我国并没有一个统一的概念，学者们从不同的角度对商事登记概念进行阐述。有学者将其界定为一种“管理制度”[①] 或“法律制度”。[②] 大多数学者将其界定为一种“法律行为”。[③] 我们认为，商事登记又称商业登记，是指商事筹办人为了设立、变更或终止商事主体资格，依照商事登记法律、法规的规定，按照法定程序和实体的要求，将法定登记事项向登记机构提出申请，经其审查核准，登载于登载簿并公告的法律行为。

2. 商事登记的特征

商事登记具有以下特点。

(1) 商事登记是确认商事主体设立、变更或终止的法律行为。按照多数国家的法律规定，特定商事主体资格的取得及其有无商事能力、特定商事主体能力发生变化和商事主体资格的消灭取决于商事登记行为生效的时间。因此，作为商事登记的主要法律效力在于确认商事主体取得、变更或终止其商事权利能力和商事行为能力。

(2) 商事登记是一种要式法律行为。各国立法要求商事登记采用书面形式或规定的电子形式，商事登记机关不接受口头申请；同时，对商事登记申请书一般有规范的格式要求，申请人提交的商事登记申请书不符合法定要求的，即为形式不合格。商业登记注册的内容和事项往往由商事特别法以强行性规范的形式规定并具体列明。商事登记必须按照法定要求程序将法定商事登记事项向法定的登记主管机关办理。

(3) 商事登记是申请人的申请行为与商事登记机关审查核准行为相结合的复合法律行为。商事登记一般依申请人提出申请为前提，是一种依申请的行为，同时，选择何种商主体类型也出于申请人意思表示；但商事登记并不仅仅由申请人意思表示即可，申请人的申请行为需经商事登记机关依法审查核准后，才能产生商主体资格确立、变更或终止的法律效果。因此，商事登记是申请人的申请行为与商事登记机关审查核准相结合的复合法律行为。

(4) 商事登记是一种公开法律行为。商事登记的依据和程序应向社会公开，使申请人

---

① 任先行、周林彬：《比较商法导论》，北京大学出版社，2000 年版，第 236 页。

② 王妍著：《中国企业法律制度评判与探析》，法律出版社，2007 年版，第 50 页。

③ 范健：《商法》(第二版)，北京大学出版社、高等教育出版社，2002 年版，第 258 页；覃有土：《商法学》，中国政法大学出版社，1999 年版，第 59 页；赵中孚：《商法总论》，中国人民大学出版社，2003 年，第 192 页；赵万一：《商法学》，法律出版社，2001 年版，第 152 页。

了解商事登记的法定条件和要求；商事登记机关将登记事项记载于商事登记簿，允许社会公众查阅，商事登记结果以公告方式向社会公开，使公众知晓相关的登记信息。

5.1.2 商事登记法的概念

商事登记法是指规范商事登记行为，确定商事登记主管机关、登记内容、登记程序等事项，调整商事登记关系的法律规范的总称。商事登记法可以分为形式意义上的商事登记法与实质意义上的商事登记法。所谓形式意义上的商事登记法，是指以商事登记为名的统一成文法。所谓实质意义上的商事登记法，是指一切调整商事登记行为的法律规范的总称。既包括以商事登记为名的统一成文法，也包括散见于其他各种法律、法规之中的与商事登记相关的法律规范，甚至还包括关于商事登记的法律解释、判例、习惯法等。

5.1.3 商事登记制度的沿革与发展

由于商事登记法，尤其是系统的商事登记法，并不是自有商业以来就有的，因此，商事登记也不可能是自商业发展以来就有的。商事登记制度的形成经历了一个漫长的过程，并且由于中西方文化的差异，存在一定的差距。

1. **西方**

在西方，商事登记的历史可以追溯到很久以前。古罗马时代，商人设店经营须悬挂“看板”、“贴札”或“引札”等招牌，以公示营业状况，[①] 这可以说就是商事登记制度的雏形。13世纪以后，意大利及地中海沿岸各国，商业繁兴，商人行会大量涌现。行会的主要功能之一是要保持行会成员在本城市对本行业的垄断地位。若不加入行会，就不能在本城市从事该行会所经营的行业。根据商人行会自治法，凡欲取商人资格者，必须登记于组合员名簿，除组合员姓名外，组合员所用的营业牌号，辅助人及学徒等均应记载。后又更其组合员名簿之意义，而改为公示商人营业上的状态，嗣后逐渐进化，遂成为今天的企业登记制度。[②] 中世纪意大利和地中海沿岸的商人组合制度，实际上就是早期形态的商事登记制度，是商人行会的自治法，其具有浓厚的身份法和习惯法属性。

随着16、17世纪西方各国进入资本主义社会后，封建主和教会的势力逐渐衰落，世俗国家纷纷成立，原来自治城市及城市中自治的行会受到巨大的冲击，源自商人习惯法中的商事登记规则相继为各国商法或成文法所采纳。如1666年颁发的《法兰克福贸易法》、1673年颁发的《法国陆上商事敕令》不同程度地吸收了中世纪的商人登记法则。这一时期欧陆各国的商业登记制度实质上仅仅是对中世纪商人习惯法的确认，是早期习惯法成文化的过程。

法国1807年颁布的《法国商法典》打破了中世纪以来商法只适用于商人阶层的传统

① 任先行、周林彬：《比较商法导论》，北京大学出版社，2000年版，第236页。

② 张国键：《商事法论》，三民书局，1970年版，第85页。

而采取客观主义(商行为主义)立法原则，并对商业登记作了规定。1919 年 3 月 18 日制定的《关于商事及公司登记簿的法令》(商事登记法)对商事登记做了专门的规定，1984 年又发布了新的《关于商事及公司登记簿的法令》，该法令共设序编和 6 个部分。另外，法国还制定了《有限公司法》(1925 年)，修改了《公司法》(1966 年)，其中都有关于商事登记的规定，从而弥补了《关于商事及公司登记簿的法令》的不足。

德国是近现代商事登记制度发展较早的国家，德国历经 30 年战争(1618—1648)，商人道德及信用随之发生动摇，到 18 世纪初，为维护商人道德和信用，为确认公司的内部与外部关系，便设了公司登记簿、代表人登记簿、商号登记簿。1794 年《普鲁士普通法》首次规定了公开的、每个人都可以查阅的登记簿，其相关条款被视为商事登记簿规则的前身。德国于 1861 年颁布的《普通德意志商法典》(旧商法典)首次将商事登记制度系统加以详细规定。1897 年颁布、1900 年实施的《德国商法典》(新商法典)采取主观主义(商人主义)立法原则，对商业登记做出了明确详细的规定，形成了一套完善的商事登记制度。《德国商法典》创制的商事登记制度遂成为后世各国商事登记立法的典范。1998 年修订后的《德国商法典》保留了商事登记制度的内容，并增设了大量有关商事登记自动化的规定，以符合商业现代化趋势。另外，19 世纪以来，德国的公司飞速发展，使公司法逐渐从商法典中脱离出去，德国先后颁布了《有限责任公司法》(1892 年)和《股份公司法》(1965 年)，有限责任公司和股份公司等资合公司的商业登记制度也被镶嵌其中。在 1998 年 6 月对两部公司法修订以后，有关资合公司的商业登记制度遍及公司设立、变更、破产、清算各程序，囊括了登记的申请、内容、形式、审核及公告，还针对公司金融工具和资本市场设置了有价证券发行及公司兼并的登记规定。

日本 1890 年颁布的《商法典》(旧商法典)，在第 1 篇第 3 章专章对商业登记作了规定，同时又在第 4 章商号、第 5 章商业账簿等内容中进一步补充规定了相应的商业登记规则。为保持商业登记制度的系统化，在商法典之外另设专门的商业登记法，日本在 1963 年颁布的《商事登记法》，就商事登记所涉及的登记以及登记户、登记簿、登记手续、登记变更及登记撤销，以及电子信息处理等作了详细规定。

实行民商合一的意大利和瑞士在《民法典》中对商事登记作了规定。意大利将商业登记制度集中于《民法典》第 5 篇“劳动”的第 2 章“企业劳动”中的第 3 条“商业企业与其他应当登记的企业”。意大利民法典把商业登记的内容归结为企业的登记，而小企业主和农业企业的登记则被排除于商业企业登记簿之外；专门的商业企业登记制涵纳了企业登记的一般规定、登记义务等内容。①《瑞士民法典》之《债务法》第 33 章对商事登记制度作了一般规定。

属英美法系的英国、美国在 18、19 世纪无成文而统一的商法典，也未制定专门的商

---

① 费安铃、丁玫译：《意大利民法典》，中国政法大学出版社，1997 年版，第 519～550 页。

事登记法，而是将商事登记立法纳入相关主体法领域。关于公司登记制度比较完备，而独资企业与合伙企业的登记制度显得过于粗糙。总体而言，英美等国采取了较为自由的商事登记制度，商事主体的登记注册相对较自由，其中尤以美国最为突出。

2. 中国

对于我国最早的商事登记，学者们几乎众口一词，均认为是始于清末。有学者认为：中国的商事登记源于清末官商解禁时期的特许制度。① 有学者认为该制度可以溯源于清末的某种商业必须报部领帖，方准开办的规定，1904 年 1 月 21 日颁布的大清商律中的商人通例始有商业注册登记之规定。但内容极其简单，不具有实质性立法意义。② 但是也有学者认为在中国清末以前也存在商事登记制度，认为以营利为目的交易活动——商事活动可以追溯到夏商时期，夏商时期商人阶层就已浮现，但是并不意味着在夏商时代就出现了商事登记，从商事登记制度是国家对商事活动的干预为出发点分析，我国最早的商事登记应在清末以前就存在了。我国自汉代采纳“轻重论”对工商进行国家控制开始，就会有商事登记出现的可能，而历史学者也的确证实了此种可能性的存在。汉朝设市令长，主管市场事务，其主要职权为维护市场秩序，征收市税和掌管市籍。其中，所谓市籍就是商贾要取得在市区合法的居住权和经营权，必须在官府登记列入市籍。无市籍而经商被认为是非法的。在南北朝时期也有“经商必须到官府登记为‘一甲’”的律令。③ 在唐代规定经商必须于每年八月十五到京都领帖，方能经营。④

综观中国古代的商事登记，还只是仅有其名而无其实的，其商事登记制度与西欧有很大的不同，西欧最早的商事登记主要是为了公示其营业，到近代后商事登记才具有国家对商事活动进行控制或干预的手段，而我国在“重农抑商”、“以农为本”的信条下，商事登记从产生之初就是对商事活动进行控制、抑制的手段，因此，它自然欠缺诞生于中世纪之商事登记制度的维护商人利益的品格。

民国初期有关商事登记的立法是在清末的基础上进行的，1914 年 9 月 1 日正式实施的《商人通例》在第 3 章专章规定了“商业注册”，对商事登记机关、程序及效率等做出了较为详细的规定。⑤ 国民党政府曾于 1928 年颁行商业注册暂行规则，共 35 条。1937 年正式制定了《商业登记法》，共 29 条，对经营商业者保护与监督并重，这是中国具有真正意义的商业登记法的开始。

新中国成立后，比较重视各类企业的登记管理，有关商事登记的制度散见于相关的法

① 董安生：《商法总论》，吉林出版社，1994 年版，第 164 页。

② 张国键：《商事法论》，台湾三民书局，1980 年版，第 85～87 页。

③ 张秀全、金东辉：《中国商事登记法律制度探源》，郑州工业大学学报（社会科学版），2001 年第 2 期，第 47～48 页。

④ 周林彬、任先行：《比较商法导论》，北京大学出版社，2000 年版，第 237 页。

⑤ 季立刚：《民国商事立法研究》，复旦大学出版社，2006 年版，第 73 页。

律、法规及其规章中。1950 年我国颁布的《私营企业暂行条例》是新中国成立后颁布的第一部企业登记法规。十一届三中全会后，我国实施改革开放政策，先后制定了一系列商事登记专门法规。有关商业登记的专门立法首推 1980 年 7 月 26 日国务院发布的《中外合资经营企业登记管理办法》。此后又陆续出台了《企业法人登记管理条例》(1988 年 7 月 1 日施行)、《企业法人登记公告管理办法》(1990 年)、《公司登记管理条例》(1994 年发布、2005 年修正)、《合伙企业登记管理办法》(1997 年发布)、《个人独资企业登记管理办法》(2000 年发布)、《企业法人登记管理条例实施细则》(2000 年发布)、《企业经营范围登记管理规定》(2004 年发布)、《企业登记程序规定》(2004 年发布) 等有关商事登记的专门规范性文件。我国除了专门的商事登记立法外，还在实体法中对商事登记作了规定，如《中华人民共和国民法通则》、《中华人民共和国中外合资经营企业法》、《中华人民共和国公司法》、《中华人民共和国合伙企业法》、《中华人民共和国个人独资企业法》、《中华人民共和国商业银行法》等法律法规之中也有关于商事登记的规定。

综观新中国有关商事登记制度还存在很多不完善之处，比如，至今尚无统一的商事登记法，现有的立法形式分散，层级较低，立法上重复、空白处多等，因此急需制定一部适合我国国情的《商事登记法》。

5.1.4 商事登记制度的功能

由于历史渊源、文化传统、社会制度等原因，各国对商业登记制度功能的定位有所不同，一般情况下，商业登记制度的功能主要体现在以下 3 个方面。

(1) 商事登记是商事主体取得合法资格，保障合法权益的重要法律制度。

商事主体只有具备从事经营活动的资格和承担经营义务的能力，才能够参与到具体的经济活动中去，而通过商业登记就可以使其取得合法的商事主体资格，登记后即具有在法律规定和确认的范围内独立从事商事活动的主体资格。同时，商事登记要求登记事项具备合法性和真实性，根据外观主义的原则，凡是已登记的事项，除有确凿的证据证明属于虚假以外，均推定属于确定事实，商事主体可依其登记事项对抗善意第三人，使自己的合法权益受到法律保护。

(2) 商事登记是保护商事交易相对人和社会公众利益，维护正常社会经济秩序的重要法律制度。

现代社会经济交往范围的急剧膨胀和交易频率的几何增长，使得许多交易在互不相识的当事人之间发生，但仅凭交往中掌握的相对人不充分的信息进行交易，必然产生交易风险和不安全感，不利于保护交易人的合法权益和社会公众利益；而商事登记要求将商事主体的组织状况和营业状况登记于商事登记主管机关，并以法定的方式将其有关信息公告于社会公众，使商事主体的营业信息和信用状况一目了然，这有利于对方当事人在商事交易中做出正确判断，为从事商事交易活动提供决策依据，便于公众更加明智地选择和决定自己的交易对象和交易行为，有利于提高交易的成功率和安全率。

(3) 商事登记是登记主管机关对商事主体及其经营活动进行有效行政管理的重要法律制度。

商事登记是登记主管机关代表国家意志，以国家赋予权力对商事主体地位和其营业状态的法律确认，同时也是国家对商事主体进行监管、管理的有效手段。通过商业登记，能为国家实施宏观经济管理提供基础资料，从而实现国家对经济的宏观调控，而且也为国家依法对各类不同商事主体的市场行为监管和进行税收征纳提供主要的依据。

5.1.5 商事登记的立法体例

商事登记的立法体例是各国选择特定的立法形式来规制商事登记法律制度而形成的。由于世界各国的经济、文化、历史、法律渊源、立法传统和制度安排的习惯不同，商事登记的立法模式也不完全相同。从世界范围看，主要有以下几种模式：

1. 民法典模式

即在《民法典》中规制商事登记的模式。意大利和瑞士采取这种模式。意大利将商业登记制度集中于民法典第5篇“劳动”的第2章“企业劳动”中的第3条“商业企业与其他应当登记的企业”。瑞士的商业登记也主要体现在民法典中，但具体的设置却不同于意大利，它由债法对商号、商业登记、商业账簿、公司等内容做出规定。

2. 商法典模式

即在商法典中规制商事登记的模式。德国和日本最初采取这种模式。1897年颁布的新《德国商法典》在第1编第2章专章对商业登记做出了明确详细的规定，还在有关商人、商号、商事代理及各类商业组织的规定中大量涉及商事登记。1998年修订后的《商法典》涉及商事登记的主要有第1编“商人的身份”和第2编“商事公司与隐名合伙”，并增设了大量有关商事登记自动化的规定。《日本商法典》在第3章专章对商业登记作了规定，同时，又在第4章“商号”、第5章“商业账簿”等内容中进一步补充相应的商事登记规则。目前，德国已过渡为商法典与公司法相结合的模式，日本过渡为商法典与商事登记法相结合的模式。

3. 商事登记法模式

有学者将商事登记法模式称为单行法模式。即单独制定商事登记法，在商事登记法中规制商事登记的模式。我国香港特别行政区采取这种模式。商事登记的法律规范统一由香港商事登记条例规定。香港商事登记条例把一般商业与公司(乃至非营利的会社)一并纳入其中。根据香港商业登记条例的规定，凡经营任何业务的人士，必须在业务开始后的一个月内向税务局辖下的商业登记署办理其业务的“商业登记证”。当然，由于香港法属判例法系，因此还有一些判例性的规则作补充。

4. 商法典与商事登记法相结合的模式

即在商法典中规制商事登记的同时，另行颁布商业登记法规制商事登记的模式。目前的日本采取这种模式。日本商法典对商业登记作了专门规定，在商法典之外又制定专门的《商业登记法》，日本《商业登记法》保留了商法典中的有关内容，但单行的商业登记法也明显地把重心内容置于公司的登记制度。

5. 商法典与公司法相结合的模式

即由商法典和公司法分别就不同的商事主体的登记做出规定。目前的德国采取这种模式。在商法典确立商业登记制度的德国，由于公司及其相关的必要登记事项的繁多和专门化，以致传统的商法典无法把这些内容囊括，正像公司法从商法典中分离出来一样，将公司商事登记规定在公司法中。

6. 商事登记法与公司法相结合的模式

即由商业登记法和公司法分别就不同的商事主体的登记做出规定，立法明确将公司登记制度脱离于传统的商业登记制度。法国和我国台湾省采取这种模式。法国在1919年和1984年制定的《关于商事及公司登记簿的法令》规定了商事登记，另外在《有限责任公司法》和《股份公司法》中也有关于商事登记的规定。我国台湾的《商业登记法》只调整以营利为目的的独资或合伙事业，公司登记纳入《公司法》，在《公司法》第8章“公司之登记及认许”中作了规定。

7. 企业法或公司法及其附属法令模式

即由相关的企业法或公司法规定商事登记制度。这种情况主要存在于英美法系国家，以英国、美国为代表。英国、美国并不存在商事登记制度的专门立法，也没有在商法典中加以规定，而是在相关的企业法中予以规定，英国规定在公司法中，美国规定在社团法中。

8. 中国大陆的特殊模式

从立法的模式看，我国商事登记法尚不属于上述境外任何一种立法模式，而是属于按照商事主体的不同类型分别立法的多足鼎立的多元模式。关于规制商业登记的规定主要表现为专门的登记立法，如《企业法人登记管理条例》、《公司登记管理条例》等专门性的登记法律文件，也表现为分布于实体性法规中。如《中华人民共和国公司法》、《中华人民共和国合伙企业法》、《中华人民共和国个人独资企业法》等法律法规之中也有关于商事登记的规定。多元的商事登记规则，其弊端是显而易见的。有学者提出，若要改革我国商事登记法的多元化和不统一编纂模式，兼顾商事主体登记的效率和安全，我国选择单行的一元管辖的商事登记法较比其他类型的商事登记法更适应市场经济发展的要求和我国的具体国情。①

① 朱慈蕴：《我国商事登记立法的改革与完善》，国家检察官学院学报，2004年第6期，第18页。

5.1.6 商业登记的立法原则

纵观世界各国的商业登记制度，主要有以下几个立法原则。

1. 强制登记原则

强制登记原则是指商事主体要取得商人资格必须登记，非经商业登记不得从事任何商事活动；在采取强制登记原则的国家，任何商事主体非依商业登记，不能取得商法上的权利能力和行为能力即商事能力，不能以商事主体的资格进行营利性营业活动，不能参与商事法律关系。因此，商业登记是商事主体资格取得的必要前提。与强制登记原则相对应的是任意登记原则。任意登记原则强调任何商事主体原则上亦须履行商业登记注册义务，但商业登记并非从事营利性营业活动的必需条件，并有两个方面的补充和制约：其一，偶尔从事非连续性营利活动的可不进行商业登记，其二，从事营利性活动的当事人可先行开业，继而再进行商业登记，但未经商业登记而从事的营利性营业活动通常不具有对抗善意第三人的法律效力。在法国、瑞士、意大利、日本等国以及现在的欧共体各国普遍采用强制登记原则。德国在1998年修改《商法典》后，却从强制登记原则过渡到任意登记原则。我国大陆长期实行强制登记原则，规定凡从事商事活动必须事先进行商事登记，严禁无照经营。

2. 全面登记原则

全面登记原则是指商事登记主管机关对商事主体提出的登记申请，必须完全依据法律规定的核准登记标准，对必要登记事项依法采取形式审查和注册备案制度或实质性审查和批准备案，对符合规定的予以登记，对不符合规定的不予登记。其审查内容主要包括经营项目是否符合法律规定；经营管理人员是否有经营能力；审查资本是否符合规定的最低限额；审查机构是否健全；审查公司的名称是否符合要求等。

3. 登记公开原则

登记公开原则是指商人登记后，不论是开业登记、变更登记或注销登记，所有登记事项都要向社会公开，做到众所周知，并且每个人都有权阅览、复制登记簿上的内容。登记公开要通过以下渠道进行：其一，要在指定的报刊上由核准的法人公告；其二，在股东大会公开公司的经营状况；其三，登记机关要向公众提供咨询服务。

5.2 商事登记的对象和登记主管机构

5.2.1 商事登记的对象

商事登记的对象为所有的商事主体，但哪些商事主体必须履行商事登记，以及履行何种商业登记，世界各国的法律规定并不完全一致。多数国家法律规定，只要行为人从事了以营利为目的的营业活动，即商行为，并且符合商事登记条件的，就必须进行商事登记。但有的国家对必须进行商事登记的主体进行了限制。完全商人必须履行登记手续，而对不完全商人(主要是小商人)则任由自己选择。

现代各国法律均明确列举出哪些商事主体无须登记，即从反面来规制商业登记的范围。例如在澳大利亚、新西兰规定商贩不要求进行商业登记。日本《商法典》第8条规定："本法关于商业登记、商号、商业账簿的规定，不适用于小商人。"① 韩国《商法典》第9条规定："本法中有关经理、商号、商业账簿及商业登记的规定，不适用于小商人。"② 我国台湾地区的《商业登记法》及其实施细则规定，"小规模经营，不适用商业登记法关于登记之规定。所谓小规模经营，乃指资本不满1 000元之商业而言，主要包括沿门沿路叫买者，商场外临时性设摊经营者，家庭农、林、渔、牧业者(以自己经验或虽雇佣员工而仍由自己操持者为限)、交通手工业者等"。③ 下面以具有代表性的德国和法国、中国内地的立法情况说明商业登记范围的不同。

1. 德国

1897年的《德国商法典》强调了"商人"这一概念在法律体系中的核心地位，根据经营规模的不同将商人分为大商人和小商人，规定只有完全商人，即有自己商号的商人才履行商事登记，小商人或不具备商人条件但偶然从事了商行为者不必履行商事登记。德国《商法典》还根据商事主体资格的取得是否需要履行相应的注册要求的不同将商人分为3类，并对3类商人的商事登记规定了完全不同的要求。第一类是从事基本商营业(《商法典》第1条第1款所列的9类营业)的经营者，即法定商人。法定商人依据其营业活动自然地成为商人，而不论登记与否。因此，其免予登记。第二类是未从事《商法典》第1条第1款所列的9类基本商营业，但根据其营业种类和规模需要以商人方式进行营业者(《商法典》第2条)，即注册商人。注册商人只有在商业登记簿上登记后才能取得商人资格，对他们实行强制登记。第三类是林场主和农场主，即任意商人。他们根据经营方式和规模需要采用商人方式设立经营(《商法典》第3条)，对他们实行自由登记，这类主体可以通过商业登记取得商人资格，也就是说，商业登记不是其义务，而仅是一种选择。

1998年修订后的商法典改变了过去对商人的三分法，规定经营营业的人即是商人，除非其依种类或规模需以商人方式进行营业(新《商法典》第1条)。④ 这就是说，无论自然人或法人，只要从事商营业就是商人，登记虽是一项义务，但不是取得商人资格的前提条件。在修订过程中还取消了小商人这一概念，规定小规模经营者皆可通过自愿登记取得

① 王书江、殷建平译：《日本商法典》，中国法制出版社，2000年版，第4页。

② 吴日焕译：《韩国商法典》，中国政法大学出版社，1999年版，第4页。

③ 张国键：《商事法论》，三民书局，1970年版，第64～65页。

④ 杜景林、卢谌译：《德国商法典》，中国政法大学出版社，2000年版，第260页。

商人资格，在取得商人资格后，可以通过申请注销登记而放弃商人资格。

2. 法国

法国1984年5月30日第84—406号《关于商事及公司登记簿的法令》明确规定，如下商业主体必须在商业及公司登记簿上进行登记：具有商人身份的自然人，即使应于“职业登记一览”上已经进行登记，亦应申报登记注册；住所设在法国一个省内的公司及依《民法典》第1842条或者依1967年9月23日第67—821号关于经济利益合作组织的法令第3条的规定具有法人资格的经济利益合作组织；住所设在法国设一省之外，但在该省内设有机构的商事公司；具有工、商性质的法国公营机构；由法律或法规规定应进行注册登记的其他法人；设立在法国一个省内的外国国家、机关或公共机构的商事代表处或商务办事处等。①

3. 中国内地

目前，在我国内地，所有的商事主体必须进行商事登记，具备法人条件的企业和不具备法人条件的企业及经济组织分别适用不同的法律、法规进行登记。

(1) 具备法人条件的企业。包括公司企业法人和非公司企业法人，公司企业法人和非公司企业法人在登记时适用不同的规定。公司企业依据《公司法》、《公司登记管理条例》进行登记。非公司企业法人包括具备企业法人条件的全民所有制企业、集体所有制企业、私营企业、联营企业、在中华人民共和国境内设立的中外合资经营企业、中外合作经营企业和外资企业、依法需要办理企业法人登记的其他企业，它们依据《企业法人登记管理条例》及其施行细则的规定按农、林、牧、渔、水利和其他服务业、工业、地质普查和勘探业、建筑业、交通运输业、邮电通信业、商业、公共饮食业、物质供销业、仓储业、房地产经营业、居民服务业、咨询服务业、金融保险业、其他行业申请企业法人登记。另外，实行企业化经营、国家不再核拨经费的事业单位和从事经营活动的事业单位和科技性社会团体，具备法人条件的也应按上述所列行业或按公用事业、卫生事业、体育事业、社会福利事业、教育事业、文化艺术事业、广播电视事业、科学研究事业、科技服务事业申请企业法人登记。

(2) 不具备法人条件的企业及经济组织。包括不具备法人条件的联营企业、企业法人所属的分支机构、从事经营活动但不具备法人条件的事业单位和科技性社会团体设立的经营组织、外商投资企业设立的从事经营活动的分支机构及办事机构、其他从事经营活动的单位(包括个体工商户、个人独资企业、合伙企业、但不包括农村承包经营户)，它们虽然不具备法人资格，按照有关登记管理规定也应进行商事登记。

5.2.2 商事登记的主管机构

商事登记的主管机构是指按照商事登记法的规定，接受商事登记申请，并具体办理商

① 罗结珍译：《法国公司法典》(下)，中国法制出版社，2007年版，第588页。

事登记的国家主管机构。

1. 商事登记的主管机构模式

世界各国关于商事登记主管机构的规定并不完全一致，从各国的立法和实践来看，主要有以下4种模式。

(1) 法院主管模式。即法律规定法院为商事登记的主管机构，由法院负责商事登记的管理。德国、日本、韩国采取这一模式。在这些国家，一般商事登记和公司登记的机构均为地方法院。德国于1861年颁布的《普通德意志商法典》第12条规定，商事登记簿由商事法庭设置和管理，1897年颁布的《德国商法典》第8条规定，商事登记簿由地方法院履行。德国1892年颁布的《有限责任公司法》第7条也规定，公司应向公司所在地有管辖权的法院申报，以登记入商业登记簿。在实践中，几乎所有的商业登记活动都在德国地方法院进行，因而事实上，地方法院是商业登记的主管机构。在地方法院内部，商事登记事务又主要由法官助理员办理，极少由法官亲自办理。① 日本商法典规定商事登记的主管机构是法院，法院不仅承担公司登记的审查，而且对公司设立中的事项选派检查员。② 依据韩国1998年12月修改后的《商法典》第34条规定，商事登记的主管机构为营业所在地的管辖法院负责商事登记。

(2) 行政主管模式。即法律规定特定的行政机构为商事登记的主管机构，由其负责商业登记的管理。英国、美国、中国内地、香港、澳门及台湾地区均采取这一模式。在这些国家和地区，一般商事登记和公司登记的机关均为特定的行政机关。英国由商业部管理，美国各州是由州务卿秘书处负责管理商业登记。我国台湾地区《商业登记法》第7条规定，商业登记的申请，由商业负责人向营业所所在地的主管机关为之；其委托他人办理者，应附委托书，该项所称主管机关分别为经济部、建设厅和县(市)政府。③ 具体而言，我国台湾地区的商业登记机构为“经济部”、建设厅及县(市)政府。我国香港由税务局辖下的商业登记署负责商业登记，1952年香港立法局制定的《商业管制条例》规定，凡依该条例办理登记而经营任何商业的人士，或开始经营任何新商业的人，均必须依规定的方式向香港税务局一长提出申请。我国澳门由商业登记局负责管理商业登记。④ 我国内地的《公司登记管理条例》、《企业法人登记管理条例》、《合伙企业登记管理办法》等规定，国家工商行政管理总局和地方各级工商行政管理局为企业登记管理机构。

(3) 法院和行政机关双重主管模式。法国采取这一模式，法国最初采取与德国类似的模式。1919年3月18日以特别法规定在地方商事法院或民事法院设置“地方商业登记簿”，由该法院书记官办理一般商业登记，但是，在1935年10月30日又命令增设“中央

① 范键：《德国商法》，中国大百科全书，1993年版，第136页。

② 卞耀武，付黎旭、吴民，译：《日本商法典》，法律出版社，2001年版，第38页。

③ 张国键：《商事法论》，三民书局，1993年版，第82页。

④ 王春旭、罗斌：《港澳台民商法》，人民法院出版社，1993年版，第136页。

商业登记簿”。规定在公司的设立问题上，法院书记官于受理登记后一个月内，应当另将原申请书件一份，移送到全国性的工业产权研究院，办理商业登记。因此，其商业登记实际上是由法院和行政机关分别办理和管理。

(4) 民间自治模式。即商事登记既不由法院管理，也不由行政机关管理，而是由非官方的专门的注册中心或商会负责商业注册。瑞士、荷兰采取这一模式。瑞士的《债务法》、《商事注册条例》规定，各州都设有专门性的商业注册机构，其中包括州的中心注册机构和设在各区的单独注册机构。荷兰《商事注册法》规定，商会为商事登记的主管机关，商业注册文件由当地商会保留。实行这种管理体制的国家认为商人不具有特殊的地位，商业登记仅仅是为公众提供有关商事主体基本经营状况信息来源的渠道，因此，在具体制度的设计上，他们弱化了商事登记制度的公法功能，排除了政府机构的介入和管理。

上述几种模式各有特色，无论是法院，还是行政机关，亦或专设的专门的注册中心，这些机关的功能在于促成登记机关和社会对商业主体的监督，尤其是为相关交易主体了解对方提供信息及为法院解决纠纷提供证明。我们认为由法院或专门设立的注册登记中心履行登记的责任会更有利。

2. 我国内地的商事登记主管机构及权限

(1) 商事登记主管机构。我国内地的登记主管机关是国家工商行政管理总局和地方各级工商行政管理局。《企业法人登记管理条例》第4条规定，企业法人登记主管机关是国家工商行政管理总局和地方各级工商行政管理局。各项登记主管机关在上级登记主管机关的领导下，依法履行职责，不受非法干预。

(2) 商事登记主管机构的权限。工商行政管理机关实行分级登记管理原则，不同级别的工商机关独立行使职权，但上级登记主管机关有权纠正下级登记主管机关不符合国家法律法规和政策规定的行为。我国《企业法人登记管理条例》第5条规定，经国务院或者国务院授权部门批准的全国性公司、企业集团、经营进出口业务的公司，由国家工商行政管理总局核准登记注册。中外合资经营企业、中外合作经营企业、外资企业由国家工商行政管理总局或者国家工商行政管理总局授权的地方工商行政管理局核准登记注册。全国性公司的子(分) 公司，经省(自治区、直辖市)人民政府或其授权部门批准设立的企业、企业集团、经营进出口业务的公司，由省(自治区、直辖市)工商行政管理局核准登记注册。其他企业由所在市、县(区) 工商行政管理局核准登记注册。

《公司登记管理条例》第6条规定，国家工商行政管理总局负责下列公司的登记。

① 国务院国有资产监督管理机构履行出资人职责的公司以及该公司投资设立并持有50%以上股份的公司。

② 外商投资的公司。

③ 依照法律、行政法规或者国务院决定的规定，应当由国家工商行政管理总局登记的公司。

④ 国家工商行政管理总局规定应当由其登记的其他公司。

第7条规定，省(自治区、直辖市)工商行政管理局负责本辖区内下列公司的登记。

① 省(自治区、直辖市)人民政府国有资产监督管理机构履行出资人职责的公司以及该公司投资设立并持有50%以上股份的公司。

② 省(自治区、直辖市)工商行政管理局规定由其登记的自然人投资设立的公司。

③ 依照法律、行政法规或者国务院决定的规定，应当由省(自治区、直辖市)工商行政管理局登记的公司。

④ 国家工商行政管理总局授权登记的其他公司。

第8条规定，设区的市(地区)工商行政管理局、县工商行政管理局，以及直辖市的工商行政管理分局、设区的市工商行政管理局的区分局，负责本辖区内下列公司的登记：

① 本条例第6条和第7条所列公司以外的其他公司；

② 国家工商行政管理总局和省(自治区、直辖市)工商行政管理局授权登记的公司。前款规定的具体登记管辖由省(自治区、直辖市)工商行政管理局规定。但是，其中的股份有限公司由设区的市(地区)工商行政管理局负责登记。

近年来，由于工商行政管理登记在进行登记过程中出现了一些问题，理论界对我国的行政模式提出了质疑，提出从我国的实际来看，由法院或专门设立的注册中心履行登记职责会更有利。① 我们认为这种观点具有一定的合理性和可行性。

5.3 商事登记的内容和种类

5.3.1 商事登记的内容

商事登记的内容即商事登记的事项，也称为商事登记注册事项，是指商事登记申请人依照商事登记法规必须在登记主管机构予以登记的和可以选择登记的有关商事主体的各种信息和情况。根据这一定义，商事登记的内容可以分为绝对登记事项和相对登记事项。绝对登记事项是指法律规定当事人必须予以登记的信息和情况。对绝对登记事项当事人负有登记义务，未登记，将不产生商事登记的效力，即不能对抗第三人。相对登记事项是指在法定必须登记事项外，由当事人自行决定是否登记的事项。相对登记事项法律一旦登记同样产生法律效力，如我国个体工商户的字号就是相对登记事项。

1. 西方各国

由于绝对登记事项所具有的法定性和强制性，所以各国商事登记立法一般都有明确的规定，但在具体的登记事项上，西方各国商事登记立法的规定不尽一致。德国《商法典》

① 王书法：《外国企业登记制度的几点启示》，中国工商管理研究，2003年第1期，第60页。

规定，开始经营的基本商事业务、商号、企业地址及其变更、分支机构的开设、商号或其所有人的变更、特别商事代理权的授予和撤销，以及股份有限公司和有限责任公司的组建等事项，必须在商事登记簿中进行登记。此外，德国《股份公司法》和《有限责任公司法》还规定，股份有限公司和有限责任公司的组建也必须进行相关事项的登记。法国1984年5月30日第84—406号关于《关于商事及公司登记簿的法令》明确规定，在注册登记的申请书中应申报下列事项：一是有关人身方面的事项，二是有关活动与机构方面的事项。日本《商事登记法》规定需要办理商业登记的事项有商号登记、未成年人登记、监护人登记、支配人登记等。意大利《民法典》第2196条规定，企业主在申请登记时，在申请书中应当载明下列事项：一是企业主的姓名、出生地和出生日期、国籍；二是商号；三是企业经营范围；四是企业的住所；五是经营管理人或者代理人的姓名。在澳大利亚和新西兰，公司注册证的主要事项有公司名称、公司编码号、企业类型(有限责任公司还是无限公司)、生效日期以及批准人。

纵观西方各国关于商事登记事项的规定，一般将名称(商号）、住所、资本额、投资人、业务范围、公司执行人等作为登记事项。

2. 中国

我国台湾地区的《商业登记法》规定，商业开业前，应将如下各事项申请登记：一是名称；二是组织；三是所营业务；四是资本额；五是所在地；六是负责人姓名、住所或居所、身份证统一编号或其他经“政府”核发之身份证明文件字号、出资种类及数额；七是合伙组织者，则应登记合伙人姓名、住所或居所、身份证统一编号或其他经“政府”核发之身份证明文件、字号、出资种类、数额及合伙契约副本；八是其他经主管机关规定的事项。

该法还同时规定，商业分支机构开业前，应将下列各款事项向分支机构所在地的登记主管机关申请登记：一是分支机构名称；二是分支机构所在地；三是分支机构经理人姓名、住所或居所、身份证统一编号或其他经“政府”核发之身份证明文件字号；四是其他经主管机关规定之事项。① 可见我国台湾地区关于商事登记内容的规定比较详细。

我国内地现行登记法律法规是针对不同类型商事主体分别制定的，相应的对商事登记事项也是按不同类型商事主体分别规定的。《企业法人登记管理条例》第9条规定，企业法人登记注册的主要事项包括：企业法人名称、住所、经营场所、法定代表人、经济性质、经营范围、经营方式、注册资金、从业人数、经营期限、分支机构。《企业法人登记管理条例施行细则》(以下简称细则）第20条规定，外商投资企业登记注册的主要事项有：名称、住所、经营范围、投资总额、注册资本、企业类型、法定代表人、营业期限、分支机构、有限责任公司股东或者股份有限公司发起人的姓名或者名称。新《公司登记管

① 梁宇贤：《商事法论》，中国人民大学出版社，2003年版，第33页。

理条例》第9条规定，公司的登记事项包括：名称、住所、法定代表人姓名、注册资本、实收资本、公司类型、经营范围、营业期限、有限责任公司股东或者股份有限公司发起人的姓名或者名称以及认缴和实缴的出资额、出资期限、出资方式。《合伙企业登记管理办法》第7条规定，合伙企业的登记事项应当包括：合伙企业的名称、经营场所、经营范围、经营方式和合伙人的姓名及住所、出资额及出资方式。合伙企业确定执行合伙企业事务的合伙人或者设立分支机构的，登记事项还应当包括执行合伙企业事务的合伙人或者设立分支机构的情况。《个人独资企业登记管理办法》第8条规定，个人独资企业的登记事项应当包括：企业名称、企业住所、投资人姓名和居所、出资额和出资方式、经营范围及方式。《城乡个体工商户管理暂行条例》第8条规定，个体工商户应当登记事项包括：字号名称、经营者姓名和住所、从业人员、组织形式、经营范围、经营方式、经营场所。

从上述规定可以看出：我国分别对公司、非公司企业法人、合伙企业、个人独资企业、外商投资企业的登记事项进行了规定，并且不同的企业登记事项有所不同，同一性质的企业同一登记事项在表述上也有所不同。这些规定存在以下3个突出的问题：其一，由于各项规定比较分散，相互之间缺乏必要的统一和协调。比如，有的规定了“经营方式”，有的没有规定。对同一事项称谓也不一致。比如，有的称“营业期限”，有的称“经营期限”。其二，有的登记事项的适用范围较为狭窄，需要作新的、统一适用的界定。比如“住所”即如此。其三，对有的事项的登记原则没有做出明确规定。比如对“经营范围”和“经营方式”应当如何核定，现行法规并没有明确，实践中一直沿用的做法已引起了争议。[①] 因此，在制定商事登记法时应当认真研究上述问题，并作妥善处理。有学者提出，我国商事登记事项过于繁杂，应适当简化，在立法中应统一登记事项，取消经营场所、经济性质、经营方式、从业人员、投资总额、外资企业的副董事长、总经理、分支机构等不必要的事项。但有学者认为商事登记事项的多少并不是最重要的问题，如果我国在登记审查的程序上采取折中审查制，那么登记事项如果详细一些对市场经济的繁荣是有好处的。[②] 我们认为，可以确定以下事项为各类商事主体共同适用的登记事项：商事名称、投资人、商事主体类型、注册资本和实收资本、经营范围、经营方式、住所、经营场所、经营期限、分支机构等。

5.3.2 商事登记的种类

关于商事登记的种类，由于各国立法对其规定的差异和理论研究的角度不同，商事登记有多种分类标准。

根据商主体的不同，商事登记划分为商个人登记、商法人登记和商合伙登记等类型。

---

① 文杰：《商事登记的事项》，中国工商管理研究，2003年，第19期，第50页。

② 王妍：《中国企业法律制度评判与探析》，法律出版社，2007年版，第50页。

对于同一类型的商主体而言，法律规定的商事登记一般条件和程序基本相同。该种分类方法不考虑申请人本身的具体情况导致的登记内容差异，而是以商主体的种类属性为基本依据的。

根据登记内容的不同，商事登记分为共通事项登记和特定事项登记。其中，共通事项登记包括分支机构登记、变更登记、迁移登记、停业登记、歇业登记等，特定事项登记一般为限制行为能力人登记、法定代理人代营商业登记、经理人任免及调动登记、商业或商业负责人特别印章登记等。这一划分方法既顾及了登记的具体事项，又考虑到相关商事主体的特性。

根据登记的事由不同，商事登记分为设立登记(开业登记)、变更登记、注销登记及其他登记。设立登记通常要求向主管机关申报营业部类、资本数额、负责人的姓名、住所等事项。变更登记是由于商主体运作过程中重大事项发生变更，已登记的内容发生变化，须向登记机关申报该变化的登记。注销登记则是在登记后营业终止时须申请的登记。其他登记一般是指商主体分支机构的登记。

我国目前虽然尚未制定统一的商事登记法，但已通过分散立法对各类商主体的登记予以明确规定，我国商事登记立法实践中采用的是第三种分类方法。《企业法人登记管理条例》及其施行细则规定企业法人的登记种类包括开业登记、变更登记、注销登记。《中华人民共和国公司法》、《公司登记管理条例》规定的公司登记种类包括设立登记、变更登记、注销登记、分公司的设立登记。其他商事主体的商业登记散见于其他有关法律、法规、条例之中，其登记种类与此大体相似。另外，企业法人(包括公司)还包括名称预先登记。

下面主要以中国大陆有关企业法人、个人独资企业、合伙企业和公司等商事主体登记的立法为例对我国商业登记的种类予以介绍。

1. 设立登记(开业登记)

(1) 设立登记的含义。设立登记是指为使商事主体成立并取得商事主体资格，由申请人向登记机构提出登记申请，由登记机构依法核准登记并公告，从而取得商事主体资格的法律行为。由于商事主体开业于成立之时，设立登记也被称作开业登记。设立登记是所有登记中最基础、最重要的登记类型。

(2) 设立登记的申请人。我国有关商事登记的法律法规针对不同的商事主体对申请人作了不同的规定。城乡个体工商户，个人经营的，以经营者本人为申请人；家庭经营的，以家庭成员中主持经营者为申请人。个人独资企业以投资人或者其委托的代理人为申请人。合伙企业由全体合伙人指定的代表或者共同委托的代理人为申请人。企业法人以企业的组建负责人为申请人。中外合资经营企业、中外合作经营企业以组建负责人为申请人，外资企业以外国投资者为申请人。有限责任公司以全体股东指定的代表或者共同委托的代理人为申请人，国有独资公司以国务院或者地方人民政府授权的本级人民政府国有资产监督管理机构为申请人；股份有限公司以董事会为申请人。

(3) 设立登记提出的时间。由于是否从事商事活动是一种私活动，因此对何时申请设立登记，许多国家立法一般不作规定。我国立法对城乡个体工商户、个人独资企业、合伙企业，有限公司没有规定申请设立登记的时间，但是，法律、行政法规或者国务院决定规定设立时需要报经批准的，有时间要求。即设立外商投资企业的，应当自接到批准证书之日起 30 天内向工商行政管理机关申请登记。有限责任公司必须报经批准的，应当自批准之日起 90 日内向公司登记机关申请设立登记。以发起方式设立股份有限公司的，对设立登记的时间没有规定；以募集方式设立股份有限公司的，应当于创立大会结束后 30 日内向公司登记机关申请设立登记。

(4) 设立登记的原则。设立登记的原则是指一个国家在法律上对商事主体设立所采取的基本态度，即以怎样的程序来规范商事主体的设立。从国外商事主体发展的历史看，商事主体的设立原则经历了特许设立原则、自由设立原则、核准设立原则、准则设立原则和严格准则设立原则。

① 特许设立原则也称特许主义原则，是指商事主体的设立必须由国家元首颁发特别命令或者由国家议会制定特许法令的形式予以特许。前者为“元首特许主义”，后者为“法律特许主义”。

② 自由设立原则也称自由主义、放任主义原则，是指商事主体的设立完全听凭当事人的自由意愿，国家不作任何干预与限制，也无须经历法定程序，商事主体一经成立便获得合法的地位和法人资格。

③ 核准设立原则也称行政许可主义或审批主义原则，是指设立商事主体除必须符合法律规定的条件外，还须事先取得政府行政主管机关的审核批准。

④ 单纯准则设立原则又称登记主义原则，是指国家对商事主体设立的必要条件事先制定一个统一的法律准则，欲设立商事主体的创办人，仅需按照法律准则所规定的条件，向主管机关申请登记即可，不必在商事主体设立前先向立法机关和行政机关申请审核批准，公司即可设立。这一原则由于以法律形式为商事主体设立创设了准则，因而与自由设立不同。

⑤ 严格准则设立原则又称严格准则主义，是指各国在单独准则主义的基础上，以法律进一步严格规定公司设立的要件并加重发起人的责任，同时加强法院及行政机关对公司设立的监督。这种设立原则既不像特许主义与核准主义那样繁琐严格，限制商事主体发展；又不像自由主义和单纯准则主义那样放任自由，造成滥设商事主体。

我国商事主体设立的原则也经历了一个演变过程，在计划经济时期，我国实行核准设立原则。随着改革开放的深入和市场经济进程的推进，我国对商事主体的设立原则进行了重大改革。目前，绝大多数商事主体设立实行严格核准主义原则，个别商事主体设立实行核准主义原则。这表明，我国确立了以严格准则设立原则为主，核准设立原则为补充的格局。

(5) 设立商事主体的条件。《中华人民共和国企业法人登记管理条例实施细则》第15条规定，申请企业法人登记(不含外商投资企业)应当具备下列条件。

① 有符合规定的名称和章程。

② 有国家授予的企业经营管理的财产或者企业所有的财产，并能够以其财产独立承担法律责任。

③ 有与生产经营规模相适应的经营管理机构、财务核算机构、劳动组织以及法律或者章程规定必须建立的其他机构。

④ 有必要的并与经营范围相适应的经营场所和设施。

⑤ 有与生产经营规模和业务相适应的从业人员，其中专职人员不得少于8人。

⑥ 有健全的财会制度，能够实行独立核算，自负盈亏，独立编制资金平衡表或者资产负债表。

⑦ 有符合规定数额并与经营范围相适应的注册资金。

⑧ 有符合国家法律、法规和政策规定的经营范围。

⑨ 法律、法规规定的其他条件。

《中华人民共和国企业法人登记管理条例实施细则》第16条规定，外商投资企业申请企业法人登记，应当具备下列条件。

①有符合规定的名称；②有审批机关批准的合同、章程；③有固定的经营场所、必要的设施和从业人员；④有符合国家规定的注册资本；⑤有符合国家法律、法规和政策规定的经营范围；⑥有健全的财会制度，能够实行独立核算，自负盈亏，独立编制资金平衡表或者资产负债表。

(6) 设立登记时应提交的法定文件。不同类型的商事主体要求提交的法定文件不完全相同，下面分而述之。

① 个体工商户。申请设立个体工商户，申请从事工商业经营的，申请人应当持户籍证明，向户籍所在地的工商行政管理所提出申请；另外，从事某些业务的经营须经审批(许可)的，在申请设立时，还必须向登记机关提交有关部门的批准文件证明。请帮手、带学徒的，还应当报送与帮手、学徒分别签订的合同副本。涉及人身健康和生命安全的，应出具保险凭证。

② 个人独资企业。申请设立个人独资企业，申请人应当向登记机关提交以下法律文件：设立申请书；投资人身份证明；企业住所证明；国家工商行政管理局规定提交的其他文件。法律规定某些业务的经营须经审批的，在申请设立这些业务领域的个人独资企业时，必须向登记机关提交有关部门的批准文件。由委托代理人申请设立登记的，应当提交投资人委托书和代理人的身份证明或者资格证明。

③ 合伙企业。申请设立合伙企业，应当向企业登记机关提交下列文件：全体合伙人

签署的设立登记申请书；全体合伙人的身份证明；全体合伙人指定的代表或者共同委托的代理人的委托书；合伙协议；出资权属证明；经营场所证明；国务院工商行政管理部门规定提交的其他文件。法律、行政法规规定设立合伙企业须报经审批的，还应当提交有关批准文件。合伙协议约定或者全体合伙人决定，委托一名或者数名合伙人执行合伙企业事务的，还应当提交全体合伙人的委托书。

④ 企业法人。申请企业法人开业登记应当提交下列文件、证件：组建负责人签署的登记申请书；主管部门或者审批机关的批准文件；组织章程；资金信用证明、验资证明或者资金担保；企业主要负责人的身份证明；住所和经营场所使用证明；其他有关文件、证件。申请营业登记应根据不同情况提交下列文件、证件：登记申请书；经营资金数额的证明；负责人的任职文件；经营场所使用证明，其他有关文件、证件。

⑤ 外商投资企业。外商投资企业申请企业法人登记应提交下列文件、证件：由董事长、副董事长签署的外商投资企业登记申请书；合同、章程以及审批机关的批准文件和批准证书；项目建议书、可行性研究报告及其批准文件；投资者合法开业证明；投资者的资信证明；董事会名单以及董事会成员、总经理、副总经理的委派(任职)文件和上述中方人员的身份证明；其他有关文件、证件。外商投资企业申请设立分支机构或者办事机构应当提交下列文件、证件：隶属企业董事长签署的登记申请书；原审批机关批准的文件和原登记主管机关的通知函；隶属企业董事会的决议；隶属企业的执照副本；负责人的任职文件；其他有关文件、证件。

⑥ 有限责任公司。申请设立有限责任公司应当向公司登记机关提交下列文件、证件：公司法定代表人签署的设立登记申请书；全体股东指定代表或者共同委托代理人的证明；公司章程；依法设立的验资机构出具的验资证明；股东首次出资是非货币财产的，应当在公司设立登记时提交已办理其财产权转移手续的证明文件；股东的主体资格证明或者自然人身份证明；载明公司董事、监事、经理的姓名、住所的文件以及有关委派、选举或者聘用的证明；公司法定代表人任职文件和身份证明；企业名称预先核准通知书；公司住所证明；国家工商行政管理总局规定要求提交的其他文件。法律、行政法规或者国务院决定规定设立有限责任公司必须报经批准的，还应当提交有关批准文件。

⑦ 股份有限公司。申请设立股份有限公司应当向公司登记机关提交下列文件、证件：公司法定代表人签署的设立登记申请书；董事会指定代表或者共同委托代理人的证明；公司章程；依法设立的验资机构出具的验资证明；发起人首次出资是非货币财产的，应当在公司设立登记时提交已办理其财产权转移手续的证明文件；发起人的主体资格证明或者自然人身份证明；载明公司董事、监事、经理姓名、住所的文件以及有关委派、选举或者聘用的证明；公司法定代表人任职文件和身份证明；企业名称预先核准通知书；公司住所证明；国家工商行政管理总局规定要求提交的其他文件。以募集方式设立股份有限公司的，还应当提交创立大会的会议记录；以募集方式设立股份有限公司公开发行股票的，还应当

提交国务院证券监督管理机构的核准文件。法律、行政法规或者国务院决定规定设立股份有限公司必须报经批准的，还应当提交有关批准文件。公司申请登记的经营范围中属于法律、行政法规或者国务院决定规定在登记前须经批准的项目的，应当在申请登记前报经国家有关部门批准，并向公司登记机关提交有关批准文件。

(7) 登记主管机关核准。登记主管机关受理设立申请后，应当对申请人提交的申请书、文件、证件进行审查，核实开办条件，对不符合开办条件的，做出不予核准登记的决定，对符合开办条件的，做出予以核准登记的决定，并由登记机关发给《企业法人营业执照》(法人企业) 或《营业执照》(非法人企业)。《企业法人营业执照》表彰两个方面的内容：一是《企业法人营业执照》持有人具有法人资格；二是《企业法人营业执照》持有人具有从事生产经营活动的主体资格。而《营业执照》只表彰一个方面的内容，即表明《营业执照》持有人具有从事生产经营活动的主体资格。《企业法人营业执照》或《营业执照》签发日为商事主体成立日期(关于成立日期，我国目前有"签发"、"发给"、"领取"、"核准登记"等立法的细微差别)。商事主体取得法人营业执照或营业执照后商事主体的设立才算得到法律的确认，商事主体的设立程序才正式完成。商事主体成立后即可凭登记机关核发的《企业法人营业执照》或《营业执照》刻制印章，开立银行账户，申请纳税登记。

2. 变更登记

(1) 变更登记的含义。变更登记是指已成立商事主体，在其存续中出现已登记的法定变更事项发生变化后，在法定期限内向原商事登记主管机构提出申请，由原商事登记主管机构对变化后的状态再登记的法律行为。

(2) 变更登记的原因。在我国，不同的商事主体，立法规定变更登记的原因并不完全相同。个体工商户变更登记的原因有改变字号名称、经营者住所、组成形式、经营范围、经营方式、经营场所等内容，以及家庭经营的个体工商户改变家庭经营者姓名。个人独资企业变更登记的原因有企业名称、住所、经营范围、经营期限等方面所发生的改变。合伙企业法和合伙企业登记管理办法对合伙企业变更登记的原因没有专门规定，我们认为应包括在设立时在登记主管机关登记的事项发生的改变。根据《企业法人登记管理条例》的规定，企业法人变更登记的原因有：改变名称、住所、经营场所、法定代表人、经济性质、经营范围、经营方式、注册资金、经营期限、增设或撤销分支机构，以及企业的分立、合并、迁移等。根据《公司登记管理条例》的规定，公司变更登记的原因有公司改变名称、住所、法定代表人、注册资本、经营范围、公司类型、有限责任公司的股东、股份有限公司发起人姓名或名称等。有关外商投资企业的立法对其变更登记的原因没有专门规定，主要体现在《企业法人登记管理条例》。

(3) 变更登记提出的时间。关于个体工商户申请变更的时间，我国立法未规定具体的时间。个人独资企业发生变更的，应当在做出变更决定或发生变更之日起 15 日内向原登记机关申请变更登记。合伙企业登记事项发生变更的，依据新合伙企业法第 13 条规定，执行合伙事务的合伙人应当自做出变更决定或者发生变更事由之日起 15 日内，向企业登记机关申请办理变更登记。企业法人申请变更登记，应当在主管部门或者审批机关批准后 30 日内，向登记主管机关申请办理变更登记。公司变更名称和法定代表人的，应当自变更决议或者决定之日起 30 日内进行变更登记。公司变更实收资本的，应当自足额缴纳出资或者股款之日起 30 日内申请变更登记。公司变更经营范围的，应当自变更决议或者决定做出之日起 30 日内申请变更登记；变更经营范围涉及法律、行政法规或者国务院决定规定在登记前须经批准的项目的，应当自国家有关部门批准之日起 30 日内申请变更登记。公司的经营范围中属于法律、行政法规或者国务院决定规定须经批准的项目被吊销、撤销许可证或者其他批准文件，或者许可证、其他批准文件有效期届满的，应当自吊销、撤销许可证、其他批准文件或者许可证、其他批准文件有效期届满之日起 30 日内申请变更登记或者办理注销登记。有限责任公司股东转让股权的，应当自转让股权之日起 30 日内申请变更登记，有限责任公司的股东或者股份有限公司的发起人改变姓名或者名称的，应当自改变姓名或者名称之日起 30 日内申请变更登记。公司登记事项变更涉及分公司登记事项变更的，应当自公司变更登记之日起 30 日内申请分公司变更登记。公司减少注册资本及公司合并、分立的，应当自公告之日起 45 日后申请变更登记。

(4) 变更登记时应提交的法定文件。不同类型的商事主体在进行变更登记登记时要依法提交相关文件，具体要求详见我国相关法律、法规的规定。

(5) 登记主管机关核准。登记主管机关应当自收到符合规定的有关全部文件后，在规定的时间内作核准变更或不予以变更登记的决定。

3. 注销登记

(1) 注销登记的含义。注销登记是指当商事主体出现法律规定的应当予以终止的原因时，商事主体向原登记机关申请办理消灭其主体资格登记的法律行为。

(2) 注销登记的原因。当商事主体出现法律规定的应予撤销的情况时，商事主体应当向原登记机关申请办理注销登记手续。不同类型的商事主体，注销登记的原因不完全相同，下面分而述之。

① 个体工商户。《城乡个体工商户管理暂行条例》第 10 条规定，个体工商户应当每年在规定的时间内，向所在地工商行政管理机关办理验照手续。逾期不办理且无正当理由的，工商行政管理机关有权收缴营业执照。第 11 条规定，个体工商户歇业时，应当办理歇业手续，缴销营业执照。自行停业超过 6 个月的，由原登记的工商行政管理机关收缴营业执照。

② 个人独资企业。《中华人民共和国个人独资企业法》规定，个人独资企业有下列情形之一时，应当解散：投资人决定解散；投资人死亡或者被宣告死亡，无继承人或者继承人决定放弃继承；被依法吊销营业执照；法律、行政法规规定的其他解散情形。

③ 合伙企业。新合伙企业法第 85 条规定，合伙企业有下列情形之一的，应当解散：合伙期限届满，合伙人决定不再经营；合伙协议约定的解散事由出现；全体合伙人决定解散；合伙人已不具备法定人数满 30 日；合伙协议约定的合伙目的已经实现或者无法实现；依法被吊销营业执照、责令关闭或者被撤销；法律、行政法规规定的其他原因。

④ 企业法人。《企业法人登记管理条例》第 20 条规定，企业法人歇业（企业法人领取《企业法人营业执照》后，满 6 个月尚未开展经营活动或停止经营活动满 1 年（《公司登记管理条例》规定为 6 个月）的，视同歇业）、被撤销、宣告破产或者因其他原因终止营业，应当向登记主管机关办理注销登记。

⑤ 外商投资企业。中外合资经营企业的终止的原因主要有：合营期限届满；企业发生严重亏损，无力继续经营；合营一方不履行合营协议、合同、章程规定的义务，致使企业无法继续经营；因自然灾害、战争等不可抗力遭受严重损失，无法继续经营；合营企业未达到其经营目的，同时又无发展前途；合营企业合同、章程规定的其他解散原因已经出现；企业无力偿还到期债务的，企业债权人可以向法院要求宣告该企业破产；企业也可以自行申请破产。中外合作经营企业可以因中外合作者合作期满而终止，也可以依法提前终止。终止的原因主要有：合作期限届满；合作企业发生严重亏损或因不可抗力受严重损失，无力继续经营；合作一方或数方不履行合作企业协议、合同、章程规定的义务，致使企业无法继续经营；合作合同、章程所规定的其他终止原因已经出现；违法被依法关闭。外资企业终止的原因有：经营期限届满；经营不善，严重亏损，外国投资者决定解散；因自然灾害、战争等不可抗力而遭受严重损失，无法继续经营；破产；违反中国法律、法规，危害社会公共利益被依法撤销；外资企业章程规定的其他解散事由已经出现。

⑥ 公司。《公司登记管理条例》第 43 条规定，有下列情形之一的，公司清算组应当自公司清算结束之日起 30 日内向原公司登记机关申请注销登记：公司被依法宣告破产；公司章程规定的营业期限届满或者公司章程规定的其他解散事由出现，但公司通过修改公司章程而存续的除外；股东会、股东大会决议解散或者一人有限责任公司的股东、外商投资的公司董事会决议解散；依法被吊销营业执照、责令关闭或者被撤销；人民法院依法予以解散；法律、行政法规规定的其他解散情形。

(3) 注销登记提出的时间要求。关于个体工商户注销登记提出的时间，我国立法未专门规定。关于个人独资企业，依照《中华人民共和国个人独资企业法》第 26 条规定解散的，应当由投资人或者清算人于清算结束之日起 15 日内向原登记机关申请注销登记。关于合伙企业，《中华人民共和国合伙企业法》第 90 条规定，清算结束，清算人应当编制清算报告，经全体合伙人签名、盖章后，在 15 日内向企业登记机关报送清算报告，申请办理合伙企业注销登记。关于企业法人，《企业法人登记管理条例》和《中华人民共和国企业法人登记管理条例实施细则》都未规定具体时间。关于外商投资企业，《中华人民共和国企业法人登记管理条例实施细则》第 51 条规定，外商投资企业应当自经营期满之日或者终止营业之日、批准证书自动失效之日、原审批机关批准终止合同之日起 90 日内，向原登记主管机关申请注销登记。关于公司，新的《公司法登记管理条例》第 43 条规定，公司清算组应当自公司清算结束之日起 30 日内向原公司登记机关申请注销登记。

(4) 注销登记时应提交的文件。不同类型的商事主体在进行注销登记时要依法提交相关文件，具体要求详见我国相关法律、法规的规定。

(5) 登记主管机关核准。商事主体向登记主管机关提出办理注销登记后，经登记主管机关对提交的文件核准后，收缴《法人营业执照》或《营业执照》及副本，收缴公章，并将注销登记情况通知开户银行，商事主体依法终止。

5.4 商业登记的程序

商事登记须依照一定的程序进行。商事登记的程序是指法律所规定的在办理商业登记时，申请登记的申请人和商业登记机关所应共同遵守的法定实施步骤。

我国现行商事登记法对商事设立登记程序的规定不统一。根据《企业法人登记管理条例施行细则》第 55 条和《公司登记管理条例》第 45～48 条的规定：企业法人和公司的设立登记程序包括受理、审查、核准、发照和公告 5 个程序，但未包括审批和申请两个程序。而根据《合伙企业登记管理办法》第 6～10 条和《个人独资企业登记管理办法》第 7～10 条的规定，合伙企业和个人独资企业的设立登记程序包括申请、受理、审查、核准和发照 5 个程序，但未包括审批和公告两个程序。一般认为，商业登记的程序应包括下列 4 个阶段：申请和受理、审查、核准发照、公告。

5.4.1 申请和受理

申请和受理是商事登记程序的起始阶段。在商事登记中，商事主体的申请人是与商事登记主管机关的受理紧密结合在一起的，商事主体的申请人提出申请是商事登记主管机关受理的前提。

商事登记的申请是指商事主体的申请人向商事登记主管机关提出的设立商事主体或变更已登记事项或终止商事主体登记请求的行为。商事登记的申请是整个商事登记程序的起始阶段。商事登记的申请必须采取一定的形式并提交相关的文件和证件。现代各国立法通常要求申请采用书面形式，并对书面形式的具体格式做出规范。如日本 1963 年的《商业登记法》第 16 条规定，登记之申请，除法律另有规定之场合外，当事人或其代理人必须前来登记所提出；第 17 条规定，登记的申请须以书面进行，在申请书中必须记载申请人之姓名及住所、登记之事由、应登记之事项、登记之年月日等事项，并由申请人或其代表人或代理人记名盖章。但是有些国家的立法对此则要求更为严格，如《德国商法典》第 12 条第 1 款规定，在商事登记簿上履行登记之申请和用于法院保存的签字，必须公证后递交。这表明只有经公证之后，这类申请材料才有法律效力。同样，委托他人代为申请的，登记申请的代理权也必须经过公证。立法上的这些严格要求有利于保证申请登记的严肃性和真实性。我国新《公司登记管理条例》第51条规定，申请公司、分公司登记，申请人可以到公司登记机关提交申请，也可以通过信函、电报、电传、传真、电子数据交换和电子邮件等方式提出申请。通过电报、电传、传真、电子数据交换和电子邮件等方式提出申请的，应当提供申请人的联系方式以及通信地址。

登记主管机关收到申请人提交的符合法律规定的全部文件后要根据规定及时向申请人发出受理或不受理通知书。

5.4.2 审查

审查是商事登记程序的第二个阶段，是指商事登记主管机关受理申请者的申请后，在法定期限内对申请者提交的申请文件、证件依法进行审查的活动。各国立法均要求商事登记主管机关接受商事登记申请后，登记机关工作人员应详尽地记录申请人提供的申请及各种材料，并在规定的时间内应对其进行审查，经过审查后，登记机关可以依法做出驳回申请和同意登记的决定。

登记主管机关决定受理登记申请后，就要对登记申请书及有关文件进行审查，但是登记主管机关应就何种程度进行审查，在各国立法与学说上存在3种主张。

1. 形式审查主义

形式审查主义即登记机关只对商事登记申请人提供的商事登记申请材料是否齐全、是否符合法定形式进行审查，至于所提供的文件、申请登记事项实质上是否客观真实，一般不负审查责任。商事登记申请材料齐全、符合法定形式的即予以登记。日本、瑞士、比利时、意大利等国家采取此立法例。英、美国家也多采用形式审查，在美国许多州规定公司的章程要经公证。目前，北欧各国的公司注册制度规定，登记机关对公司申请材料，只进行形式上的审查，材料的真实性由股东、董事、经理承担责任，由会计师、律师承担连带责任，明确权利与义务的一致。形式审查的优点是简单便捷，效率较高，也方便商事主体；缺点是公信力较弱，即使已经登记注册，也很难证明其为真实可信的，容易产生商业欺诈行为。

2. 实质审查主义

实质审查主义即登记机关不仅从形式上审查登记申请书、申请文件是否合法，而且还必须对申请登记事项的真实性、合法性加以审查。法国采取此种立法例。实质性审查一般包括对3个方面的内容审查：其一，对申请人资格审查，各国一般要求申请人必须具备民事行为能力，能够独立承担民事责任，有的国家规定具有特殊身份的人不得作为申请人，如我国规定公务员不得投资经商办企业，公务员不得成为申请人；其二，对商事登记申请书及有关文件、证件审查，审查提交的商事登记申请书是否符合法定要求，内容填写是否规范，相关文件、证件是否齐全；其三，对商事登记事项的实质要件进行审查，商事登记机关对商事登记申请书载明的登记事项进行实质审查，既要审查是否符合法律规定，是否具备法定条件，又要对申请登记事项的真实性进行审查，对申请登记事项调查核实，审查是否与实际情况一致，对提交的相关文件、证件联系发证机关或相关组织证实其真伪。实质审查的优点是公信力较强。凡是已经登记之事项，就有证明其真实性的效力，可以防止商业欺诈行为；缺点是登记机关要审查很长时间，承担较多的工作量，花费极大的人力与物力，实际操作难度较大，效率相对低，延缓商事登记的进程。

3. 折中审查主义

折中审查主义即商事登记机关对一般登记事项进行形式审查，有选择地对商事登记事项进行实质审查，也就是说仅对重点事项或有疑问的登记事项进行实质审查。对哪些事项进行实质审查，一般由商事登记机关依职权确定。即主张登记主管机关有实质审查的职权，但没有必须实质审查的义务。申请人的申请只要形式适法，主管机关就不得拒绝登记，但登记不能作为推定已登记事项真实的基础，其证据力如何，仍须由法院的裁判来决定。折衷审查主义正好集前两种主义之所长，较好地克服了二者之所短，因而为许多国家所采用。

5.4.3 核准登记

核准登记是商事登记程序的第三个阶段，是指商事登记机关对申请人的登记申请经过审查后，在法定期限内将审核结果(核准登记或不予登记的决定）及时通知申请人，对核准登记的，将商事登记事项记载于商事登记簿，并颁发有关证照的商事登记行为。

在我国，由于商事主体在申请登记时已经提交了填报的登记注册书，登记主管机关对这些登记注册的事项内容进行审查核实后，做出是否核准登记的决定。对于核准登记的，应当从核准登记之日起15天内通知申请人领取有关证照。国外立法例这方面的规定与我国不同，往往要求商事主体在申请时只提交商事登记申请书，经登记主管机关审查核准后，方依规定格式将应登记事项登记于商业登记簿中。

各国立法为限制商业登记机关滥用职权，保证登记机关及时履行登记职责，大多对登记机关的核准有一定的时间要求，即登记主管机关必须在规定的期限内对登记申请做出核准或不予核准的决定。我国台湾地区的《商业登记法》第22条规定，主管机关办理商业登记案件的期间，自收件之日起至发证之日止，直辖市不超过15日，县不得超过20日。但通知补正期间不计在内。法国立法对此规定则更为严格，如法国1984年《关于商事及公司登记簿的法令》规定：法院书记官在收到申请的5个工作日之内应进行登录。

我国针对不同的商事主体，规定了登记机关做出登记决定的不同的时间期限。个体工商户、外商投资企业等商事主体设立、变更、注销登记的，一律适用30日的规定，即登记主管机关应当自收到申请人规定提交的全部文件之日起30日内，做出核准登记或者不予登记的决定。个人独资企业设立、变更、注销的，企业登记机关应当自收到申请人规定提交的全部文件之日起 15 日内，做出核准登记或者不予登记的决定。设立合伙企业的，申请人提交的登记申请材料齐全、符合法定形式，企业登记机关能够当场登记的，应予当场登记，发给营业执照。除此之外，企业登记机关应当自受理申请之日起 20 日内，做出是否登记的决定。予以登记的，发给营业执照；不予登记的，应当给予书面答复，并说明理由。旧的公司登记管理条例规定，对公司设立、变更、终止的，企业登记机关应当自收到申请人规定提交的全部文件之日起 30 日内，做出核准登记或者不予登记的决定。新的公司登记管理条例规定，公司登记机关对决定予以受理的登记申请，应当分别情况在规定的期限内做出是否准予登记的决定。

5.4.4 公告

公告是商事登记程序的最后一个阶段，是指登记主管机关在法定期间内，对已核准登记的事项，以规范的格式通过一定的媒体发布出来，让公众周知的商事登记行为。公告有 3 个目的：一是可以保障商事主体合法权益不受侵犯，商事登记的事项除虚假事项外，一经登记即具有法律效力，便能对抗任何第三人；二是可以使一般社会公众都能了解该登记商事主体的内容及经营状况，便于进行交易；三是可以发挥社会的监督作用，如有登记不实的情况，能及时反馈信息，于登记主管机关依法查处。正是由于商事登记事项公开，便于公众和监管部门知晓商事主体的相关信息，起到维护交易安全、增进交易效率和规范交易秩序的目的。因此，多数国家商事登记立法规定，商事登记事项经核准登记后，必须及时予以公告。

(1) 发布公告的主体。公告通常由商事登记机关发布，如德国商法典规定，发布公告主体为法院。日本商法典规定，营业所在地的登记所为发布公告主体。我国对有关发布公告的主体规定不统一。我国《企业法人登记管理条例》第 23 条规定，企业开业、变更名称、注销由登记主管机关发布企业法人登记公告，未经登记机关批准，其他单位不得发布企业法人登记公告。《企业法人登记公告管理办法》第 13 条规定，企业法人变更登记事项或终止，经登记主管机关批准，由该企业法人或其主管部门在登记主管机关指定的报纸上刊登变更或终止通告。企业法人因不及时通告，而使利害关系人遭受重大损失，应承担民事责任。新《公司登记管理条例》取消了旧《公司登记管理条例》有关股份有限公司自己发布公告的规定，仅规定公司登记机关应当将登记的公司登记事项记载于公司登记簿上，供社会公众查阅、复制。吊销《企业法人营业执照》和《营业执照》的公告由公司登记机关发布。由此可见，发布公告的主体在我国在立法上不统一，存在一定的矛盾。今后立法应对该问题统一。

(2) 公告发布的方式。公告通常在商事登记机关指定的媒体发布，但各国因其立法例及商业习惯各异而各有不同。有的规定应在专门设立的公告场所予以公告；有的规定在当地的商业报纸上予以公告；有的规定应将登记事项登载于政府的官方公报上。各国商事登记簿逐步采用纸质式和电子式两种形式，为适应信息化发展的趋势，电子形式趋向成为主要形式，如根据欧盟法律要求，自 2007 年 1 月 1 日起，欧盟国家将全部采用电子登记并实行电子公告。各国商事登记簿向社会公众无障碍开放，公众根据需要可自由查阅，商事登记机关不得拒绝。我国《企业法人登记管理条例实施细则》第 56 条规定，企业法人登记公告，由登记主管机关通过报纸、期刊或者其他形式发布。《企业法人登记公告管理办法》第 6 条规定，企业法人登记公告的基本形式为期刊式，刊名为《中国企业法人登记公告》，规格式样和组织发布时间由国家工商行政管理局统一规定。《公司登记管理条例》对公告的方法未做具体规定。实践中多通过登记主管机关指定的报纸、期刊或其他方式进行公告。

(3) 公告的内容。公告的内容是与商事登记有关的事项，与商事登记无关的事项不予公告。我国《企业法人登记管理条例实施细则》第 56 条规定，企业法人登记公告分为开业登记公告、变更名称登记公告、注销登记公告。开业登记公告的内容包括名称、住所、法定代表人、经济性质或者企业类别、注册资金或者注册资本、经营范围、经营方式、注册号。注销登记公告的内容包括名称、住所、法定代表人、注册号、注销原因、负责清理债务的单位。在这里，有关变更登记公告只规定了变更名称登记公告，对其他重要事项变更是否公告没有规定，这是很不科学合理的。因为其他商事变更事项的重要性绝不低于名称的变更，如注册资金的增减关系企业规模、偿债能力和信誉；经营范围的变更关系企业的权利能力和行为能力；法定代表人的变更关系到企业是否承担责任等。这些商事事项的变更理应进行公告，才能维护交易的安全。因此，建议将变更名称登记公告修改为变更登记公告，以涵盖所有应登记公告事项的变更。另外《公司登记管理条例》对吊销《企业法人营业执照》和《营业执照》由公司登记机关发布公告做了规定，对其他事项是否公告也没有规定是不合理的。

(4) 公告的效力。由于公告对商事交易相对人的权益保护和交易安全具有重要意义，因此，许多国家商事登记立法将公告与登记的效力联系在一起，但各国在立法上存在一定的差异。我国目前对公告的效力没有规定。如我国《公司登记管理条例》第 48 条规定，登记公告的内容应与核准登记的内容一致；对于不一致的，登记机关有权要求公司更正。这种规定的缺陷是，并未对不实公告的效力作出明确规定。另外，实践中，公告内容较登记内容简单，且不太统一。例如，一些由登记机关统一发布的开业登记公告和变更登记公告，没有公司的成立日或者变更时间。严格地讲，这种没有成立日、变更日的公告没有公示意义。我们认为，商事登记事项的公开是商事登记法律制度实现价值的重要条件，既有利于申请人，也有利于保护第三人的利益，因此，在我国商事登记立法中应选择德国模式，对公告做出强制性规定，并对公告与登记内容不一致时如何确认其效力做出明确规定。

5.5 商事登记的效力

5.5.1 商事登记效力的概念

商事登记的效力是指登记事项经过登记后所产生的法律上的拘束力。由于我国现行法律、法规对商事登记的效力未作完备的规定。因此，商事登记具有哪些效力，我国学者有不同的说法，目前并未形成无统一的观点。有学者将商事登记的法律效力从对登记人的效力和对第三人的效力两方面进行了分析①。有的学者将商事登记的法律效力从发生创设法律关系的效力和免责效力两个方面进行了分析②。有的学者将商事登记的法律效力从发生创设法律关系的效力、免责效力和公示效力3个方面进行了分析③。许多学者将商业登记的法律效力分为一般效力和特殊效力，对一般效力进一步分为积极效力和消极效力，但对特殊效力的划分不完全一致。有学者分为创设性效力和强化性效力。④ 有学者分为创立效力、弥补效力和免责效力⑤。有学者分为创立效力、弥补效力、宣告效力和免责效力⑥。有学者将商业登记的法律效力从一般效力、特殊效力、不实登记的效力、怠于登记的效力4个方面进行了分析，对一般效力进一步分为积极效力和消极效力，对特殊效力分为排他的效力、创设的效力和弥补效力⑦。有学者将商业登记的法律效力从积极效力、消极效力、特殊效力、情况不实登记的效力、关于创设效力和公示效力5个方面进行了分析⑧。由此可见，在我国，对商业登记的法律效力问题无统一的观点。

5.5.2 商事登记的一般效力和特殊效力

商事登记与否、登记是否真实以及登记的特殊目的都会导致不同的法律后果，对于登记人和第三人会产生不同的效力。下面我们从一般效力和特殊效力分析商事登记的效力。一般效力指对抗效力；特殊效力指除对抗效力外的其他效力，例如创设效力、免责效力等。之所以将对抗效力视为一般效力，其他效力归为特殊效力，其理由有：其一，对抗效力具有普遍性，而创设效力具有限定性，即任何商业登记都有公示力，但登记是否有创设效力，要取决于法律的规定和合同的约定；其二，效力依据不同，对抗效力为法定的公信

---

① 赵万一：《商法学》，法律出版社，2001年版，第167～169页。
② 徐学鹿：《商法总论》，人民法院出版社，1999年版，第223～224页。
③ 赵中孚：《商法总论》，中国人民大学出版社，2003年版，第209页。
④ 官欣荣：《商法学》，中国检察出版社，2004年版，第122页。
⑤ 王晓川：《商事法学》，对外经济贸易大学出版社，2003年版，第42～43页。
⑥ 郭富青：《论商事登记制度的若干法律问题》，甘肃政法学院学报，2002年第6期，第32页。
⑦ 董惠凝、赵敏燕：《论商法中商事登记的效力》，东北财经大学学报，2005第1期，第59～71页。
⑧ 任先行、周林彬：《比较商法导论》，北京大学出版社，2000年版，第244～245页。

力，而创设效力、免责效力需要专门规定和约定；其三，拘束对象不同，创设效力是对特定当事人，即对登记申请人有约束力；而对抗效力的对象是不特定的第三人。①

1. 商事登记的一般效力

商业登记只有进行了登记并公告才发生效力。也就是说，应登记事项在未进行登记并公告时，不得以此对抗善意的第三人，即便进行了登记和公告，只要第三人有正当理由而不知时，同样不得以此对抗之②，这就是商业登记的一般效力。具体地讲又有消极效力和积极效力两种情况。

(1) 消极效力。德国称之为消极公示主义，即应登记事项在未登记或已登记但尚未公告前，仅可以以此对抗恶意第三人。多数国家法律规定，应当在商事登记簿上登记的事项未予登记或已经登记还未公告的，任何该登记事项的行为人都不能用该事项来对抗第三人，除非第三人已经了解该事项的真实情况。这一规则的目的是为了保护善意第三人。例如《德国商法典》第 15 条第 1 款规定："在应登入商业登记簿的事实尚未登记和公告期间，在其事务上应对此种事实进行登记的人，不得以此种事实对抗第三人，但此种事实为第三人所知的，不在此限。"《日本商法典》第 12 条亦有类似规定。

(2) 积极效力。德国称之积极公示主义。即凡商事登记应登记事项业已登记或公告后，除第三人由于不可抗力而对此尚不知悉外，不论该第三人善意或恶意，均能对其产生对抗力。一般而言，对于已经登记、公告的事项，法律可以推定第三人已经知悉。尤其是在对商主体的经营活动采取强制登记主义和对登记事项采取实质审查的情况下，凡已登记事项具有对抗第三人的普遍效力。例如，《瑞士债务法》第 933 条第 1 款规定："登记之法律效力开始后，针对第三人的不承认登记的请求不予接受。"《德国商法典》第 15 条第 2 款规定："已经对此种事实进行登记和公告的，第三人必须承受事实的效力。"为防止积极效力对第三人不利，该条款补充规定，对于在公告后 15 日之内实施的法律行为，第三人如能证明其既不明知也不应知已公告事项，则已公示事项对该法律行为不产生约束力。《日本商法典》第 12 条亦有类似规定。

2. 商业登记的特殊效力

商业登记的特殊效力是相对于一般效力而言的。是在一般效力之外又赋予的特殊效力，即通过登记能明确一定的事实和法律关系。商业登记通常只有公示的效力，因为在登记前相关的事实和法律关系已经存在。但是，登记还会产生一些特殊的效力，这种登记有的会产生新的法律关系，有的会使其受到有力的保护。

(1) 创设效力。创设效力是指商事登记具有创设新的法律关系的效果，例如公司的成立、名称权的取得等。具体如下。

---

① 石惠荣：《商事制度研究》，法律出版社，2003 年版，第 8～9 页。

② 《日本商法典》第 12 条前段。

① 创设商事主体的效力。即商事主体通过商事登记取得商事主体资格。商事登记与商事主体资格的获得是何种关系，当代各国存在着不同的规定，由于对两者的关系规定不同，因而创设效力存在一定的差异。就两者的关系而言，主要有以下3种模式：其一，非登记成立要件主义，即规定不以商事登记为商主体资格取得的必要条件。只要履行公证及其他法定手续，商主体自动取得主体资格，而商事登记则是商主体成立后依法须履行的义务，即商主体成立在先，登记在后。若未经商事登记，行为人实施了商行为，同样可以享有商人的权利并履行商人的义务。非成立要件主义产生于19世纪末自由贸易时代。在这种模式下，商事登记的作用仅在于保护商号和商主体的商标等其他与商主体相关的特殊权利，而不具有创设商事主体资格的效力。荷兰、比利时等国即属此例。其二，部分登记成立要件主义，即规定商事登记是商法人成立的必要条件。未经登记及公告的，商法人不能取得商法上的主体资格，其行为亦不得被视为商行为。但是，对于商个人和商合伙而言，商事登记仅仅具有宣告性，只意味着法律对其主体资格的认可；若未经登记即从事商事活动，则不享有商主体所享有的权利，但必须履行商主体应履行的义务。部分成立要件主义的出现与现代经济贸易秩序的建立有关。该模式的优点在于：它虽对商法人提出了强制登记的要求，但申请人只需提供法定文件和证明，登记机关只对这些材料进行记录与存档，并不进行审批，因此不会造成对商法人设立的妨碍；商法人成立前所为的行为、未经登记的商个人和商合伙的行为，不受商法保护，这有助于交易安全。在这种模式下，商事登记对商法人具有创设商事主体资格的效力，对商个人和商合伙不具有创设商事主体资格的效力。即对商法人而言，商事登记具有创设效力和宣告性，对于商个体和商合伙而言，商事登记仅具有宣告性，是其商人身份的法律认可；目前，德国、法国、瑞士等多数国家奉行此种模式。其三，完全登记成立要件主义，即规定商事登记是各类商主体成立的必要条件。凡未经商事登记，行为人即使从事了商事活动，也不得享有商主体的权利，也无须履行商主体的义务，其所为行为不适用商法的规定。在这种模式下，商事登记对所有商主体具有创设商事主体资格的效力。①

我国采取完全登记成立要件主义。我国法律规定，商事登记既是商法人取得法人资格的前提条件，也是不具备法人条件的商主体取得商事营业资格的前提条件，未经登记，不具有商主体资格。《企业法人登记管理条例》《中华人民共和国公司法》《公司登记管理条例》等法律法规中，更进一步将“核准登记”与“营业执照的签发”共同作为确认商事主体资格的必要条件。营业执照的签发日期，为商主体的成立日期。从营业执照签发之日起，商事主体即依法享有商事权利能力和行为能力，能够以自己的名义进行商事活动，未经商事登记的无证照经营行为均属于违法行为范畴。

② 创设营业资格的效力。即商主体通过登记取得营业资格。有些国家将主体资格登

① 李新天：《商事总论》，东北财经大学出版社，2007年版，第272～273页。

记与营业资格登记分开，申请人要在不同的登记机关分别进行商事主体资格登记和营业资格登记，才能获得主体资格与营业资格。在这些国家，商事登记除了具有创设商事主体资格的效力外，还具有创设商主体营业资格的效力。有些国家的商事登记制度将主体资格登记和营业资格登记合一。商主体获得主体资格的同时，也获得营业资格，我国即属此例。

我国现行企业登记法不仅强调商事登记是各类商主体成立的必要条件，而且将主体资格登记与营业资格登记混同。商事登记因而具有双重意义：一方面，赋予登记对象以商主体资格；另一方面，又使其具有营业资格。营业执照既是商主体资格的凭证，又是商主体营业资格的凭证。这种被学者称为“统一主义”的立法模式，虽简化了行政程序，但却混淆了商事登记的两种不同效力。

根据现代商法理论，取得主体资格与取得营业资格的法律效果是不同的。以公司为例，取得法人资格后，公司具有商事权利能力和行为能力。公司权利能力的终止应在其法人资格被注销之时，但公司行为能力的终止不一定与权利能力的终止同时发生。例如，公司被主管机关吊销营业执照或被法院宣告破产，在接下来的清算阶段，公司应终止营业活动或原则上停止其营业行为。此时，其营业资格或营业能力消灭，但公司的主体资格仍然存续，其权利能力和营业以外的行为能力仍然存在，公司仍能以自己的名义处理未了结事务、清理债权债务关系、处置剩余资产或进行诉讼活动，待其清算程序结束并办理了注销登记后，公司的主体资格方归于消灭。当代商事登记立法的通例也将主体资格和营业资格相区别。核准登记确认的是商主体在法律上的存在，营业执照确认的是商主体从事特定营业的能力。例如，美国法律规定，合伙和个人业主企业不需要登记就可以营业；公司设立登记是主体登记与营业登记的合一，但目前美国所有州的公司法都已取消了对公司经营范围的限制，法律推定公司可以进行任何合法的营业活动，营业资格无须另外颁发证照加以确认。只有为特定目的而成立的公司才须在注册证书中予以说明。

在我国台湾地区，公司须先由“经济部”准予成立并发给执照，再由市县当局发给营利事业登记证，以取得税籍。若营利事业证被撤销，公司不得继续营业，但公司仍然存在；若执照被撤销时，公司不能营业，公司亦不复存在。我国香港法律规定，取得公司注册证书，公司即合法成立，但之后还须取得商业登记证，方能从事营利性活动。值得注意的是，对于注销登记是否适用“统一主义”，我国商事登记主管机关与司法机关存在争议。《国家工商行政管理总局关于企业法人被吊销营业执照后法人资格问题的答复》（工商企字［2002］第106号）认为：根据《公司登记管理条例》第3条和《企业法人登记管理条例》第2条和第25条的规定，企业法人营业执照是企业法人凭证，申请人经登记主管机关依法核准登记，领取企业法人营业执照，取得法人资格。因此，企业法人营业执照被登记主管机关吊销，企业法人资格随之消亡。而最高人民法院一直认为，工商行政管理机关发放、收缴企业法人营业执照的行为，不具有绝对的确立或消灭企业法人资格的效力。最高人民法院法经［2000］23号函、法经［2000］24号函明确指出，吊销企业法人营业执照是工商行政管理局根据国家工商行政法规对违法的企业法人作出的一种行政处罚。企业法人被吊销营业执照后，应当依法进行清算，清算程序结束并办理工商注销登记后，该企业法人才归于消灭。因此，企业法人被吊销营业执照后至被注销登记前，该企业法人仍应被视为存续，可以自己的名义进行诉讼活动。工商登记机关注销登记前，吊销营业执照的法律效果只是取消营业部分的资格，清算活动却并未随之终止，清算期间法人的主体资格仍存在。①

③ 创设商号专用权的效力。商事主体在营业中使用的商号一经登记注册便取得专有权，任何人均有不侵害其商号的义务。商号是商主体用以表明其法律地位和法律人格，并在其营业活动中用以代表自己的特有标志。世界各国大都在商事登记立法中对商号权进行了保护和限制。尤其在像荷兰、比利时承认商人有特殊地位的国家，注册并非一定是取得商人身份的必要构成要素，但要保护商号、名称和商标就必须要注册。

法律保护主要是通过两个效力来实现的，其一，排他效力。即指商号经登记后，在法定的一定范围内，有排斥他人进行同一商号登记的效力。例如，《德国商法典》第29条规定，任何一名商人均有义务将其商号向其营业所在地法院申报登记，经过登记注册的商号具有排他效力。其二，请求赔偿的效力。即商号经登记后，法定的范围内如有他人冒用或以类似的商号进行不正当竞争时，已登记该商号的商事主体可以请求其停止使用，造成损害的还可以要求损害赔偿。如《日本商法典》第19条规定："在同一市镇村内，不得经营同一营业，而登记他人已登记的商号。"第20条规定："已登记商号者，对于以不正当竞争为目的使用同一或类似商号者，可以请求其停止使用该商号。但是，这种请求不妨碍损害赔偿请求权。在同一市镇村内，因经营同一营业而使用他人已登记的商号者，推定其为以不正当竞争目的而使用者。"有学者认为商事主体一旦登记注册，其商号亦作为商号权受法律保护，会产生更强的效力，达到社会公示效果，这种效力可称为强化性效力。②

(2) 宣告效力。即某些登记事项经注册并公告后仅能证明其客观存在的法律状况。在实行非成立要件主义模式下，商事登记只具有宣告效力。在实行部分要件主义模式下，对商个人和商合伙不具有创设商事主体资格的效力，对商法人而言，商事登记具有创设效力和宣告性，对于商个体和商合伙而言，商事登记仅具有宣告性，是其商人身份的法律认可。如在德国固有商人其商事主体资格的取得无须登记，固有商人对其营业种类和范围的登记仅具有宣告效力。

(3) 免责效力。即伴随着商事登记，可以免除有关当事人一定责任的效力。免责效力主要是基于变更登记或废止登记而言的，即根据商事主体的变更和注销登记，商事主体将部分或全部免除责任。例如，退伙登记、退伙人对退伙后的合伙企业的财务不再承担责

① 李新天：《商事总论》，东北财经大学出版社，2007年版，第273～274页。

② 官欣荣：《商法原理》，中国检察出版社，2004年版，第123页。

任。另外，以登记的时间为基准的禁止一旦被解除，往往产生免责的效力。我国新《中华人民共和国公司法》规定，发起人持有本公司股份，自公司成立之日起一年内不得转让。

(4) 弥补效力。即登记产生弥补原有瑕疵行为的效力。对于通过设立登记而成立的公司，即便法院作出设立无效或取消设立的判决，既存的法律关系也不受判决的影响。还有，公司一经设立登记，股东关于股份认购无效或取消的请求将受到限制，这种情况下的登记具有补全瑕疵的效力，这就是所谓的商业登记的补全效力。从《日本商法典》第110、135、142、415、428条看来，如果公司成立或公司合并的效力发生后被法院判决设立、合并无效，或者判决设立撤销，该判决没有溯及力。再如，公司设立登记后，认股人不得以错误、欺诈、胁迫为由撤销认购。《日本商法典》第191条规定："认股人于公司成立后，不得以错误或欠缺认股书要件为理由，主张其认股无效，也不得以受诈欺或胁迫为理由，撤销其认股。出席创立全会行使其权利时，亦同。"同时在新股发行中，这一规则也予以确认。在经过规定的期限之后新股认购人也不得以错误、证书缺少或诈欺胁迫为理由撤销认股，同样产生弥补瑕疵行为的效力。《日本商法典》第280条之12规定："新股认购人自新股发行而进行变更登记的登记期日起经过一年后，不得以错误或认股书、新股认购权证书缺少为理由，主张其认购无效，也不得以诈欺或胁迫为理由，撤销其认股。就股份行使权利者，亦同。"再如《韩国商法典》第320条规定："公司成立之后，认股人不得以认股书上的要件不全为由主张其认股无效，或者以欺诈、胁迫为由取消认股。出席创立大会已行使其权利的人在公司成立之前，亦同。"①

上述商业登记的一般效力和特殊效力都是以登记事项与事实相符合为前提条件的，若登记本身不真实或怠于登记的效力又另当别论。

5.6 商事登记的监督管理

商事登记的监督管理一般包括登记主管机关的监督管理和社会公众的监督管理两种方式。狭义上专指登记主管机关的监督管理。

5.6.1 社会公众的监督管理

社会公众的监督管理主要是通过登记主管机关公告商事主体的登记内容和社会公众查阅商事登记簿以及相关资料对商事主体的经营状况进行监督。因此，多数国家法律都规定有公众对商事登记事项的参与权，以保障社会公众对商事主体经营活动的监督。例如，德国就规定公众享有免费查阅注册簿、发布证书和声明以保证其参与权，瑞士规定公众行使参与权的方式是对注册处的查问和对发布证书的阅读，法国则通过对文件缩本式证书的传

① 董惠凝、赵敏燕：《论商法中商业登记的效力》，东北财经大学学报，2005年第1期，第70页。

递和政府商业公告的发表来保障公众对注册事项的参与。我国《公司登记管理条例》第57条规定："公司登记机关应当将登记的公司登记事项记载于公司登记簿上，供社会公众查阅、复制。"

5.6.2 登记主管机关的监督管理

下面主要介绍我国登记主管机关的监督管理。

根据我国《公司登记管理条例》《企业法人登记管理条例》及其施行细则的规定，登记主管机关的监管包括以下主要内容。

1. 登记事项管理

开业登记是公司、企业开展经营活动的前提，而公司、企业发生变更事项或终止时必须履行变更登记或注销登记。因此，登记主管部门应监督企业、公司是否办理开业登记、变更登记和注销登记。

2. 对经营活动的监管

各级登记主管机关均有权对管辖区域内的商事主体进行监督检查，各商事主体应积极配合检查，提供检查所需的文件、账册、报表及其他有关资料。

3. 年度检验

年度检验，简称年检，是指登记机关按年度对登记人的登记事项及有关情况进行审查，以确认其是否具备继续经营的资格的制度。该制度的目的是要确保登记注册的真实性、有效性。

(1) 年检的对象。年检的对象主要为企业。根据规定，需要参加年检者为领取各种营业执照的有限责任公司、股份有限公司、非公司企业法人和其他经营单位。当年设立登记的企业，自下一年起参加年检。年检对象应当在规定的时间内向登记主管机关提交年检报告书、营业执照副本、资产负债表和损益表、其他应提交的材料(如公司和外商投资企业应提交年度审计报告)。

(2) 年检的时间。年检实行集中年检。年检起止日期为每年1月1日至4月30日。外商投资企业则在每年的5月底以前办理年检。新公司登记管理条例第59条规定，每年3月1日至6月30日，公司登记机关对公司进行年度检验。

(3) 年检的主要内容。主要包括以下几项。

① 企业登记事项执行和变动情况。

② 股东或者出资人的出资或提供合作条件的情况。

③ 企业对外投资情况。

④ 企业设立分支机构情况。

⑤企业生产经营情况。

(4) 年检结果。登记主管机关对年检符合者，签署通过年检的意见，并在企业法人营业执照或营业执照正本上加贴年检标识和在副本上加盖年检戳记。通过年检的企业，分为A、B两类：A级为遵守工商行政管理法规情况良好的；B级为有违反工商行政管理法规行为的。通过年检的企业取得继续经营的资格，但B级企业的经营能力将受到一些限制，如不得办理增设分支机构和增加经营范围的变更登记，不得投资设立有限责任公司或股份有限公司等。登记主管机关对不予通过年检的企业，依照有关规定进行处罚。企业未参加年检不得继续从事经营活动。登记主管机关对年检截止日期前未参加年检的企业法人进行公告，自公告发布之日起30日内仍未申报年检的，吊销营业执照。对于年检中发现的违法、违规行为，登记主管机关将依法给予警告、罚款、没收非法所得，直至吊销营业站执照的行政处罚。

4. 证照管理

这里的证照是国家登记机关颁发的各种营业执照的统称，在我国有《企业法人营业执照》和《营业执照》。它们是商事主体取得法人资格和合法经营权利的资格凭证，具有公示、证明和以备查验的作用。例如，企业以此可以刻制公章、开立银行账户，企业法人可以以自己的名义从事经营活动，非企业法人可以在核准的范围内开展经营活动。登记主管机关核发的《企业法人营业执照》、《营业执照》有正本和副本之分。正本和副本虽然记载内容相同，效力相同，但在使用上仍有一些区别。正本为悬挂式，副本为折叠式，正本应悬挂在主要办事场所、工业区、营业所，办理税务登记必须提供正本，不能用副本替代等。商业执照的有效期为一年。向有关部门提交执照复印件的，应经原登记主管机关同意并在执照复印件上加盖登记机关的公章。根据规定，任何单位和个人不得伪造、涂改、出租、出借、转让营业执照。当事人遗失营业执照，必须登报声明后，方可申请补领。营业执照作为登记主管机关核发的一种法定凭证，除登记主管机关依照法定程序可以扣缴或者吊销外，其他任何单位和个人不得收缴、扣押、毁坏。登记机关对需要认定的营业执照，可以临时扣留，但扣留期限不得超过10天。

5. 登记档案管理

登记档案是反映公司、企业登记状况的基础资料，也是登记主管机关和其他政府部门对公司、企业进行管理的基础信息，因此登记主管机关必须加强登记档案管理。《企业法人登记管理条例》及其施行细则规定，各级登记主管机关应当建立企业法人登记档案和登记统计制度，掌握有关企业法人登记的基本信息，引导主管部门进行宏观调控。社会公众借阅、抄录、携带、复制登记档案资料的，应当按照规定的程序办理；任何单位和个人不得修改、涂抹、标注、损毁登记档案资料。

5.6.3 对违法行为的处罚

根据我国《企业法人登记管理条例》及其他法规的规定，如果商事主体有下列情形之一的，工商登记主管机关有权依据不同情况对商事主体采取警告、罚款、没收违法所得、责令停止营业、责令停业整顿、吊销营业执照、扣缴执照等行政处罚。

(1) 未经核准登记擅自开业从事经营活动。

(2) 申请登记时隐瞒真实情况，弄虚作假。

(3) 擅自改变注册登记事项，不按规定办理变更登记。

(4) 超出核准登记的经营范围和经营方式，从事经营活动或从事非法经营。

(5) 不按规定申请办理注销登记。

(6) 伪造、涂改、出租、出借、转让、出卖执照。

(7) 不按规定填写年检报告书，提交资金平衡表或者负债表。

(8) 拒绝监督检查，在接受监督检查过程中弄虚作假等。

商事主体对登记主管机关的上述处罚不服的，可以在收到处罚通知后 15 日内向上一级登记机关申请复议。上级登记主管机关应当在收到复议申请之日起 30 日内作出复议决定。申请人对复议不服时，仍可以在收到复议通知之日起 30 日内向人民法院提起行政诉讼。

理论探讨与实务研究

1. 关于商事登记的性质

商事登记是申请人意思表示与商事登记机关审查核准相结合的行为。基于对商事登记所包容的两种行为认识的侧重点不同，在我国法学界关于商事登记的性质存在着 4 种不同的观点。其一，公法行为说。该说认为商事登记本质是一种公法行为。多数国家总是将其纳入行政法的范围，我国商事登记属于“依申请”而为的行政行为。① 商事登记，从本质上说，它是国家利用公权干预商事活动的行为，是一种公法上的行为。② 它与商事主体所从事的多以表意为特征的民事行为不同，商业登记行为主要体现的是一种国家意志，在性质上属于以公法为主要内容的行政法律行为或行政经济法律行为。③ 认为其属于行政法律行为，它须由行政相对人的申请登记行为和行政主管机关的审核登记注册行为组成，又称为“依申请”的行政行为。④ 也有学者认为其属商组织法的范畴，商组织法有明显的强制性规定，因而属于公法范畴。⑤ 其二，双重行为区别说。商法理论所要阐述的乃是商事行为意义上的商业登记，对商事法律行为意义上的商业登记与国家管理监督意义上的商业登记，必须明确区分。前者属于私法范畴，而后者属于公法范畴⑥。其三，双重行为融合说。商业登记既具有明显的私法意义上的功能，又具有强烈

① 赵中孚：《商法总论》，中国人民大学出版社，2003 年版，第 193 页。
② 范键：《商法》，高等教育出版社、北京大学出版社，2003 年版，第 58 页。
③ 覃有土：《商法学》，高等教育出版社，2004 年版，第 60 页。
④ 董安生：《中国商法总论》，吉林人民出版社，1994 年版，159～160 页。
⑤ 徐学鹿：《商法总论》，人民法院出版社，1999 年版，219～220 页。
⑥ 寇志新：《商法学》，法律出版社，1996 年版，第 64 页。

的公法意义上的功能。① 其四，私法行为说。设立行为是一种旨在创设私法主体的民事法律行为。商业登记非依行政命令产生。因其意思表示涉及他人利益，需行政机关领受方可生效，应属于民事许可。②

我们赞同第三种观点。第一种观点仅单纯的强调了国家意志和行政行为在商事登记中的主导地位，却忽视了商事主体人格创制这一基本法律事实，更没有看到商事主体为维持其营业所为的变更、终止等事项的私人意思自治的空间，因此，将商事登记的性质仅归结为公法行为有失偏颇。第二种观点虽然认识到商事登记性质的二重性，但主张将商事登记中创办申请人的商事私法行为与登记机关的行政审查、登记注册的公法行为截然割裂开来，难以揭示商事登记的本质属性。第三种观点主要从商事登记的功能来探究商事登记的性质。同时反映了商法的私法和公法融合的性质。第四种观点与第一种观点刚好相反，过分强调私法主体的意思表示，对行政机关的行为未能予以肯定。

2. 关于我国对登记审查采取的方式

我国对登记审查采取的方式，由于立法没有明确专门的规定，因而，学者有不同的看法，主要有以下 *7* 种观点。第一种认为我国采取的是形式审查。③ 从我国现行的登记及司法机关对登记行为的司法审查实践看，登记机关仅仅对文件种类是否符合法律的规定，即文件是否齐全、文件记载的登记事项和条件是否符合法律规定进行审查。审查的是文件的法律真实，而非客观真实。至于文件的签字和印章的真实性登记机关是缺乏审查手段的。也就是说，登记行为作为行政机关的具体行政行为，如果所依据的证据(当事人提供的申请材料)不合法，不齐全，那么登记行为就经不起司法审查。从司法实践看，不论什么原因导致登记不实，都会被人民法院撤销登记。因此，至关重要的是立法应明确登记机关的审查范围和申请文件虚假的责任归属，以利于当事人在司法救济途径中分清各自的责任。第二种认为我国采取的是实质审查。依照我国有关法律规定，登记主管机关须审查商事登记申请提交的文件、证件及填报登记注册的真实性、合法性和有效性，并核实有关登记事项和开办条件，可见我国采取的是实质审查。但是，实际中登记机关仅采取书面审查，缺少必要的调查，因此使实质审查流于形式。④ 第三种认为我国目前采取的是以形式审查为主，实质审查为辅的原则。⑤ 第四种认为我国采取的是折衷审查。⑥ 第五种认为，我国的企业登记制度在《企业登记程序规定》发布之前和《公司登记管理条例》修改之前，采取的是实质审查，之后确立了折衷审查制度。这可以从《企业登记程序规定》和新的《公司登记管理条例》的规定可以得到佐证。⑦ 第六种认为不能笼统地对我国商事登记采取何种主义简单评判。应该看到，我国在社会主义市场经济体制改革目标确立之前，我国采取实质审查主义，之后在实际中有所变迁，各地审查做法不一，可以说我国商事登记审查总体上呈多元混合模式。如海南省采取直接登记制，奉行形式审查，北京市的商事登记由审批登记改为备案登记，实质上是一种折衷审查主义，而在内地大部分地区仍沿袭实质审查主义。⑧ 第七种认为，在我国，审查有受理前与受理后的审查之分，受理前的审查为形式审查，其内容是审查申请文件是非符合法律规定。登记机关收到申请人提交的符合条件的申

---

① 覃有土:《商法学》，中国政法大学出版社，1999 年版，第 26 页。
② 蒋大兴:《公司法的展开与评判——方法、判例、制度》，法律出版社，2001 年版，第 374 页。
③ 李永才:《建设统一商事登记法律制度设计》，中国工商管理研究，2004 年第 6 期，第 193 页。
④ 樊涛、王延川:《商法总论》，知识产权出版社，2006 年版，第 247 页
⑤ 赵旭东:《商法学教程》，中国政法大学出版社，2004 年版，第 58 页。
⑥ 徐学鹿:《商法总论》，人民法院出版社，1999 年版，第 225 页。
⑦ 王妍著:《中国企业法律制度评判与探析》，法律出版社，2007 年版，第 71、77 页。
⑧ 官欣荣:《商法原理》，中国检察出版社，2004 年版，第 118 页。

的申请后，发给《受理登记通知书》。若申请人提交的文件不符合法律规定的，不予受理。受理后的审查为实质审查。根据规定，登记机关要对申请的真实性、合法性和有效性进行审查。这种审查一般为书面审查，即仅审查申请人提供的文件、证件和有关的证明材料。登记主管机关认为必要的，也可以进行实地查验。①

推荐阅读

1. 张国健:《商事法论》，台湾三民书局，1980 年。
2. 任先行、周林彬:《比较商法导论》，北京大学出版社，2000 年。
3. 赵中孚:《商法总论》，中国人民大学出版社，2003 年。
4. 李新天:《商事总论》，东北财经大学出版社，2007 年。

思　考　题

1. 简述商事登记的概念和特征。
2. 简述商事登记的对象和主管机构。
3. 商事登记的主要内容有哪些?
4. 简述商事登记的程序。
5. 简述商事登记的效力。

① 石慧荣:《商事制度研究》，法律出版社，2003 年版，第 5～6 页。

第6章 商业名称

本章提示

- 商业名称是指商事主体在营业活动中所使用的用以表彰自己独特法律地位的名称，属商法主体论范畴。
- 商业名称是一种特殊的权利和市场资源。商号体现着商事主体的活动地域和营业特征，标志着商人的经营资格和行为能力，是商人信誉的载体。
- 商号是一种工业产权，代表着企业的形象，是商事主体重要的无形资产，具有重大的经济价值，可以被转让，也可以用于投资。
- 本章的学习重点为商业名称的特点和构成要素，商号权和商誉权的性质与效力，商号权和商誉权的关系，商业名称的转让。

6.1 商业名称的概念与特点

6.1.1 商业名称的概念与构成要素

1. 商业名称的概念

商业名称是指商事主体在营业活动中所使用的用以表彰自己的独特法律地位的名称或名号。换句话说，商事主体在营业上为法律行为，或与第三人发生交易时，用于表明自己身份的名称，就是商业名称。商业名称与商号系同义语。① 商人使用名称的意义在于区分不同的市场交易主体，使市场交易主体特定化、个性化。② 商业名称是代表商人的文字符号，是商人制度的重要组成部分。商业名称除具有称谓意义外，还标志着商人的经营资格和行为能力，是商人信誉的载体，具有实际的经济意义。③ 同时，商号也是商人无形资产的重要内容。

2. 商业名称的构成要素

依照现代商法的一般规则，一个规范的商业名称应由以下四大要素构成。

(1) 商人的注册地或营业地。即首先要冠以商人注册或营业的地区名称，通常是用商人注册地或营业地的省、市、县行政区划名称④。

(2) 字号。字号是商业名称中的核心要素，同时也是商业名称中商主体唯一可以自己创设的要素。字号应当符合下列3个要件：第一，字号应当由两个以上的字组成；第二，字号应当具有显著特征；第三，不得违反禁止性规定。商号与字号的关系类似于自然人的姓与名的关系，不同的自然人可以有相同的姓，但名则应有所不同。

(3) 行业或经营特点。行业是商事主体经营活动所属的国民经济的工业或者商业的类别。商事主体应当根据其主营业务及国家行业分类标准，在商业名称中标明所属行业或经营特点。这部分主要是为了辨别商人所从事的行业或经营中的特色，如石油、化工、纺

---

① 在我国，商业名称与商号的涵义是否相同，立法上无统一规定，学理上也有不同认识。有学者认为两者涵义相同，有学者认为商号仅指商业名称中的一个要素，两者不能等同。还有学者认为商业名称和商号是种和属的关系，商业名称是“种”，商号是“属”。参见王保树：《中国商事法》，人民法院出版社，1996年版，第64～67页；赵万一：《商法学》，法律出版社，2001年版，第184页；任先行、周林彬：《比较商法导论》，北京大学出版社，2000年版，第247页；姚新华：《论商号权》，《政法论坛》，1994年，第1期。我们认为，商号是商业名称的别称，商业名称中的核心要素应称为字号，这样既可理顺目前我国在商业名称立法上的矛盾与冲突，同时与大陆法系的传统保持一致，也有利于商事对外交往。

② 顾功耘：《商法教程》，上海人民出版社，2001年版，第52页。

③ 任先行、周林彬：《比较商法导论》，北京大学出版社，2000年版，第246页。

④ 过去我们的企业常以其行政所属级别来划分企业的等级地位，这种做法有背企业在市场交易中的法律地位平等之规则。参见任先行、周林彬：《比较商法导论》，北京大学出版社，2000年版，第246页。

织、机械、汽车、粮油食品等。

(4) 组织形式。组织形式反映了商事主体的组织结构和责任形式，对交易相对人组织形式的了解，对于商事主体从事交易活动来说意义重大，商事主体应当将自己所采用的组织形式在商业名称中标明。例如采用有限责任公司形式的，应当在商业名称中标明“有限责任公司”字样；采用股份有限公司形式的，应当在商业名称中标明“股份有限公司”字样。

一般说来，商号的构成公式可以表示为：“商号＝注册地＋字号＋行业或经营特点＋组织形式”，如兰州金土地粮油食品有限责任公司，“兰州”属地理名称，表明注册地或营业地；“金土地”是该商人的字号；“粮油食品”体现该商人经营的行业范围；“有限责任公司”是该商人选择的组织形式，“有限”表示投资者对公司和公司对外承担债务责任的限度。

在构成商号的诸要素中，只有“字号”属于商人可享有专有权的核心要素，是商号个性化、特色化的体现，其他几个要素虽为商业名称中不可缺少的组成部分，但它属公用性质，商人只有使用权，而无垄断权，所以把这些要素称为添加。同时，在诸要素中，有些商业名称可以不冠地名。①

6.1.2 商业名称的特点

作为商人在商事活动中所使用的名称，它具有以下特点。

1. 标识性

商号不等于商人，商号本身并不能成为法律上的权利和义务的承受者。商号是商人的指称，它依附于商人而存在，是商人相互区别的外在标志。为了使商人的营业活动具有个性，并将商人的“家计”(商人为自己和家庭谋生的活动)与“营业”(商人追求营利的活动)相区别，各国法律都要求商人必须使用自己的商号，以增强社会公众的识别力。

2. 专属性

商号与商人不可分离，具体的商号总是对应于特定的商人。商人不能没有商号，商号不能脱离商人而存在，商人的商行为必须以自己商号的名义进行。

3. 关联性

由于商号是与特定的商人紧密联系在一起的，而每一个商人都有其经营对象和经营范围，因此任何商号都与特定的经营活动联系在一起。同时，商人在长期的实践中亦会形成一定的商誉，而这些商誉在一定程度上又直接与商人的名称相牵连，商号是商人信誉的

---

① 商业名称中的地名使用在我国有一些特殊规定。如经国家工商行政管理机关批准，商业名称中可以不使用行政区划，该特殊情况包括：(1) 经申请并获同意在企业名称中使用“中国”、“中华”或者冠以“国际”字样的企业；(2) 历史悠久，字号驰名的企业；(3) 外商投资的企业。

载体。

4. 价值性

商号是商人的一种重要资源和无形财产。商号能够维系和表彰商人的商业信誉，具有一定的经济价值。商号价值的大小可随商人经营状况的优劣、信誉的好坏而变化，没有一个恒定量。

6.1.3 商业名称与相关名称的比较

1. 商业名称与姓名

姓名是自然人所具有的表明自己身份的符号，由文字组成。受法律保护的姓名不仅仅指身份证明上所记载的姓名，还应包括曾用名、笔名、艺名，即所谓的“字”、“号”。①姓名与商业名称最大的区别在于，姓名作为表示自然人身份的符号，法律在保护时，是将其作为一种人格权看待的，因此自然人的姓名权不得转让，而商业名称作为表示商事主体的符号，法律在保护时，不仅将其作为一种人格权加以保护，更多的是将其作为一种财产权加以保护，因而商业名称可以转让、拍卖等。

2. 商业名称与商标

商标是生产经营者在其商品或服务上使用的，由文字、图形、字母、数字、三维标志和颜色组合，以及上述要素的组合构成的，具有显著特征、便于识别商品或服务来源的标记。商标的基本功能在于将不同商人生产或经销的相同商品或类似商品(或提供的相同服务或类似服务)区别开来，因此商标必须与特定化了的商品或服务相联系。而商业名称最重要的职能就是在营业交易上明确表现它的主体——经营者。从这个意义上看，商业名称是营业本身的标志，它并不一定与一种特定的商品或服务相联系而存在，商业名称往往与经营主体紧密联系。在形式上，商业名称必须由文字组成，而商标作为一种标志，可以由文字组成，也可以由图形、字母、数字、三维标志、颜色等要素组成。在注册上，商业名称采用强制注册原则，一个商人只能有一个商业名称；商标则采用自愿注册与强制相结合的原则，一个商人可以同时拥有多个商标，而有的商人则可能没有一个注册商标。

3. 商业名称与商业招牌

商业招牌是指商人在其营业所前作为标志的牌子②。商业招牌往往具有表示商人住所和宣示商人的广告作用。以前所谓的“金字招牌”，其含义即在于此。商业招牌可以采用商业名称，但很多情况下会采用与商业名称具有一定联系的字、词、符号、图案等作为商

---

① 有学者认为，从法律上讲，公民的姓名应指身份证明上的姓名，不包括雅号、艺名、笔名、曾用名等。参见官欣荣：《商法原理》，中国检察出版社，2004年版，第132页。

② 赵中孚：《商法总论》，中国人民大学出版社，1999年版，第174页。

业招牌。

6.1.4 商号的起源

1. 商号的起源

人类自进入文明社会以来，为区分万事万物，便开始对各种事物冠以不同的名称，这是人类认识社会可喜的进步。很难想象，如果每个物、每个人没有特定的名称，人们的思想就很难表达，社会将呈现出无序状态。现代商业名称起源于欧洲。中世纪时期，意大利及地中海沿岸各个城市共和国商业繁荣，出现了各种商业组织，公司便是其中的一种。为了区别，公司多采用股东之姓名作为“商号”，这就是现代商业名称的鼻祖。1794 年《普鲁士普通法》和 1807 年《法国商法典》正式承认了公司组织的商号具有排他效力。随后为各国的立法效仿，且将公司的商号扩大到独资、合伙等商事主体。1883 年《保护工业产权巴黎公约》正式将企业名称作为一种工业产权进行保护。亚洲国家商业名称的演化轨迹与欧洲有较大差异。在亚洲，商业名称首先是由商个人和商业合伙组织使用的，到近代公司组织形态诞生之后，商业名称的使用才延伸到公司组织领域。可见，亚洲国家对商业字号的使用比欧洲国家要早。在我国，据《辞源》解释，所谓号者，名称也。《周礼·春官大祝》有语：“辩六号”，注曰：“号，谓尊其名，更为美称焉”。后在宋魏泰的《东轩笔录》中又有“字号”的记载。该录谓：“京师置杂物，置内所需之物，而内东门复有字号，经下诸行市场，以供禁中。”近年来，学界为与公司名称保持一致，逐渐将商号改用“商业名称”。我国台湾地区的立法目前仍沿用过去的“商号”一词。

2. 有关国家商号制度的比较

随着社会的发展，尤其是随着商品经济的发展，各种商事主体大量涌现，为维护竞争，也为便于对商号的设立、使用和保护，现在许多国家都制定了这方面的专门法律。

在英美法中，与“字号”相对应的词为“firm name”，它通常指合伙组织的商业名称。商业名称在英文中称为“business name”“trade name”或“commercial name”，其中英国法常常使用“business name”，美国法则多用“trade name”或“commercial name”。商业名称包括自然人的姓和姓名，合伙字号，以及制造商、实业家、商人、农民等用来表示其所从事的商业、行业、职业的商业名称。[①] 同时美国许多州的法律规定，有限公司名称中应有“incorporation”或“corporation”一词。

与英美法比较，德国法上使用的“商号”概念相对而言定义较为准确，概念结构较为严谨。依《德国商法典》第 17 条规定，“商号”是商人的特定名称，商人以“商号”的名义对外从事营业活动，用“商号”签字。在德国，商业名称与商号是同义语，商号既可用于自然人，也可用于法人。瑞士法和德国法十分相似，商号既可用于独资企业，也可用于

① 赵万一：《商法学》，法律出版社，2001 年版，第 185 页。

公司企业。各国法律中对于调整商业名称的规定往往没有系统立法，而是根据其作用的不同，在不同的法律中分别予以规定。一般来说，公司企业商业名称由公司法或合伙法等特别法加以规定，而商业名称的基本规则则由有关的普通法予以规定。如日本商法典第1编专设“商号”一章。在瑞士，商业名称则与商业登记制度连为一体。《瑞士债务法》第4编的标题便是：商业登记、商业名称、商业账簿。在德国，关于商人的一般法律地位和商业资产两部分中均有对商业名称的规定。在西班牙，商业名称规定在1929年的工业产权法中，该法第196条规定“凡从事商业、个人职业或其他各种商业事务的个人、公司或其他组织所使用的祖先名字、商业名称、合伙字号，均可看作商业名称”。1883年的《巴黎公约》在修订以后，亦已将其保护范围从专利、注册商标扩展到了商业名称。在英国，商业名称同商标规定在一起，而加拿大则与不公平竞争法规定在一起。

我国没有统一的商业登记法，关于商业名称的法律规定，散见于不同的法律和行政法规之中。《民法通则》第26、33条分别有个体工商户、个人合伙可以起字号的规定。《民法通则》第99条规定了法人有权使用和依法转让自己的商号。经国务院批准，1985年国家工商行政管理局颁布了《企业名称登记管理暂行规定》，这是关于商业名称的专门性行政法规，对工商企业商业名称的有关法律问题作了详细规定。1988年国务院通过的《企业法人登记管理条例》以及随后国家工商行政管理局制定的条例实施细则，对企业法人商业名称作了一些补充规定。除此之外，其他一些法律法规，如《私营企业暂行条例》，亦有关于商业名称的条文。

最后需要说明的是，各国对商业名称的法律调整体系各不相同。有的国家在合伙法中加以规定(如英国)，有的国家在商标法中加以规定(如美国)，有的国家在商法典中加以规定(如德、日等国)，有的国家在公司法中加以规定(如法国)，有的国家在企业登记法中加以规定(如中国)。①

6.1.5 商业名称的选定及其原则

1. 商业名称选定的要求

各国商法大多规定，商主体应以其商业名称从事营业活动。基于维护交易安全和交易秩序的考虑，从理论上讲，法律应保证商业名称和交易主体的一致性，应保证商业名称能如实地反映和代表商事主体。为此，在选择商业名称时，应着力避免商业名称为他人所误解，防止商业名称被混同。这也是商业名称选定的基本要求。② 纵观各国立法中关于商业名称选定的法律规定，无不以这两项基本原则为出发点。如非公司企业不得使用“公司”字样，公司企业必须注册公司种类等规定，即出于避免商业名称为人误解的要求，而在一

① 任先行、周林彬：《比较商法导论》，北京大学出版社，2000年版，第253页。

② 李玉璧：《商法原理》，兰州大学出版社，2000年版，第96页。

定范围内不得使用与其他企业相同或类似名称的规定以及商主体不得以不正当目的使用他人已注册的商业名称的规定，则是为了防止出现商业名称混同的需要。

2. 商业名称选定的原则

从立法政策上讲，商号制度既是一项人身权制度，又是一项财产权制度。它既关系到社会公共利益，又关系到商人的切身利益。[①] 从各国的法律规定看，关于商业名称选定的原则，主要有真实主义原则和自由主义原则两种。

(1) 真实主义原则。该原则亦称严格原则，是指商人所使用的商业名称必须能够真实反映商人的基本营业情况和权属情况。依照真实主义原则，对商业名称的选定必须严格加以限制，商业名称必须与商事主体的姓名、营业种类、经营范围及资金状况等相符，否则禁止使用。采用此种原则的国家主要有德国、法国、瑞士等欧洲大陆法系国家。德国《商法典》第 18 条规定，自然人的商人必须以姓名为商业名称，禁止附加使人误解其营业种类或范围以及其营业主人的文字。法国 1966 年《商业公司法》第 25 条规定，合伙企业的商业名称应当包括各合伙人的姓名。德国公司法关于无限公司的商业名称亦有类似规定。在我国台湾地区采用的也是真实主义原则。

凡是采用商业名称真实主义的国家，为了保证商事主体经营带来的商誉的传承，往往还有一项原则，即“商号连续原则”。[②] 即当一个人如果购买或继承了某个商事主体的业务，或者根据租赁契约经营他人的业务，他可以在原来业主或其继承人同意的情况下，继续保留和沿用原来的商业名称。通过这种方式，新的业主可以从原商业名称所具有的商业信誉中获利。因此，在此时，商业名称真实主义让位于商业名称连续原则。

(2) 自由主义原则。该原则是指商事主体选用何种名称作为其商业名称，完全取决于其自由意志，法律原则上不加以限制。依照自由主义原则，商业名称是否与商事主体的姓名、营业种类、经营范围相符合，法律不予过问。采用此种立法主义的国家主要是英美法系国家，属于大陆法系的日本也采用这一原则。

事实上，作为商业名称选用中的两种不同的立法主义，其价值追求是不同的，对其进行探讨有重要价值。但从客观而言，这两种立法主义的差异仍是十分微小的。商业名称真实主义对于商业名称的选用也赋予了有很大的自由空间，而商业名称自由主义对商业名称的选用依然有很多的限制。我国在商业名称的选定问题上奉行何种立法主义，法律没有明文规定，学者之间也观点不一。[③] 我们认为，我国原则上采用的是自由主义，但立法仍然

---

① 任先行、周林彬：《比较商法导论》，北京大学出版社，2000 年版，第 254 页。

② 赵中孚：《商法总论》，中国人民大学出版社，1999 年版，第 175 页。

③ 有学者认为我国商业名称选用采取真实主义原则。参见江平：《法人制度论》，中国政法大学出版社，1997 年版，第页。范健：《商法》（第二版），高等教育出版社，2002 年版，第 74 页；赵万一：《商法学》，法律出版社，2001 年版，第 192 页。也有学者认为我国商业名称选用采取自由主义原则。参见官欣荣：《商法原理》，中国检察出版社，2004 年版，第 135 页；赵中孚：《商法总论》，中国人民大学出版社，1999 年版，第 176 页。

对其作了许多限制。根据《企业名称登记管理规定》，商业名称的选用有以下限制。

① 单一性原则的限制。为维护商事交易的正常秩序，商事主体原则上只准使用一个商业名称。在一般情况下，不允许一个商事主体使用或变相使用一个以上的商业名称。但是，如有特殊需要，经省级以上工商行政管理机关批准，商事主体可以在规定的范围内使用一个从属商号。

② 不得违背公序良俗。《企业名称登记管理规定》第9条规定，企业名称中不得含有有损于国家、社会公共利益的内容。

③ 不得使用不具有唯一性或可识别性的商业名称。《企业名称登记管理规定》第9条规定，企业名称不得含有下列文字：可能对公众造成欺骗或者误解的；外国国家(地区)的名称、国际组织的名称；政党名称、党政军机关名称、群众组织名称、社会团体名称、部队番号；汉语拼音字母(外文名称中使用的除外)、数字；其他法律、行政法规规定禁止使用的。

④ 禁止以不正当目的使用商业名称。使用人不得以不正当目的使用可能使人们误认为是他人营业的商业名称。

此外，商事主体设立分支机构的，商事主体及其分支机构的名称应当符合下列规定：在商业名称中使用“总”字的，必须下设3个以上分支机构；不能独立承担责任的分支机构，其名称应当冠以其所属的商事主体的名称，缀以“分公司”、“分厂”、“分店”等字样，并应标明该分支机构的行业和所在地区行政区划名称或者地名，但其行业与其所从属的企业一致的，可以从略；能够独立承担责任的分支机构，应当使用独立的名称，并可以使用其所从属企业的名称中的字号；能够独立承担责任的分支机构再设分支机构的，所设立的分支机构不得在其名称中使用总机构的名称。

联营商事主体的名称可以使用联营成员的字号，但不得使用联营成员的名称。联营商事主体应当在其名称中标明“联营”或者“联合”字样。

6.2 商业名称权

6.2.1 商业名称权的性质和特点

1. 商业名称权的性质

商业名称权又称商号权，是商业名称合法使用人基于商业登记而对其使用的名称所享有的排他性专有使用权。商号权属私法上的一种绝对权，其性质如何，是人格权还是财产权，抑或是人格权兼财产权，在学说上有不同主张，[①] 主要有如下3种观点。

① 郑玉波：《商事法论文选辑》(下)，台湾五南图书出版公司，1992年版，第356页。

(1) 人格权说。根据人格权说的观点，商业名称权是公民姓名权在商人领域的延伸，其权利属性为人格权之一种。认为商业名称权同商事主体本身紧密联系在一起，是商事主体在营业上用以表彰自己的名称，商业名称权与商事主体的存在相始终；商业名称权一经取得，即在一定区域内排斥其他商事主体使用相同或类似的商业名称，与财产无关。这些特点符合人格权的基本要求。所以，商业名称权本质上是一种人格权。具体来说，其理由有两点：一是商业名称权系指商事主体在营业上用以表彰自己的名称，商业名称权在实质上与公民姓名权、公司名称权并无实质差别，而后者被认为属于人格权的范畴；二是商业名称权系指商人使用商业名称的权利，并可以对其他商人使用相同或类似商业名称者排除其使用，该项权利的行使与财产无关，因此不具有财产权的属性，而只能划入人身权的范畴。由此可见，既然商业名称权仅能因非财产的原因而产生，因此应划入人格权之列。

(2) 财产权说。此说主张，商号一经商事主体登记后享有专有使用权，此权利与商誉的维护息息相关，商誉包含一定的经济价值和社会价值，属于无形资产，此项权利可以转让、继承，而作为人格权的名称是不能作为转让或继承的标的。

(3) 折中说。该说认为，商号权一方面有姓名权的排他效力，另一方面又可作为财产权进行转让和继承，因而兼具人格权与财产权的特性①，其理由在于：一是商号作为表示自己名称之用，是具有独立人格之基础，所生之权具有人格权之特征；二是商号和营业商誉等联系在一起，具有财产价值，可成为转让、继承之物，在这个意义上，商号权又归属于财产权。因此无论将其划入人格权或是财产权都有失偏颇。

上述第三种观点无疑比较符合商业名称权的实际情况。

国内有学者还认为，商业名称权的性质，在登记前后，其效力是不同的。未登记的商业名称只具有人格权，无排斥他人的使用的效力。但一经登记，即取得专有权利，而为无形财产的一种，既可转让或继承，又可排斥他人的使用。②

2. 商业名称权的特点

商业名称权是知识产权的一种，具有工业产权的一般特征，同时也与工业产权存在差别。商业名称权具有以下重要特点。

(1) 严格的区域限制。商业名称一经登记即具有排他效力和救济效力。商事主体取得该商业名称的专有使用权，其他任何企业或个人不得假冒。各国法律普遍规定，商业名称登记的效力受一定区域范围之限制。除全国驰名的大企业的商号可以在全国范围内享有专

① 有学者认为："国际公约上把商号权视为知识产权的一种，而知识产权通常被认为兼具人格权与财产权的性质，因此，将商号权定位于人格权与财产权相结合的一种权利是有道理的。"参见官欣荣：《商法原理》，中国检察出版社，2004 年版，第 137 页。我认为这一说法很不妥当，因为国际公约中通常是将商号权作为工业产权来看待的，而工业产权仅是一种财产权，不具有人身权属性。

② 任先行、周林彬：《比较商法导论》，北京大学出版社，2000 年版，第 256 页。

有使用权外，其他商事主体的商号只能在其所登记的某一地区，如省(自治区、直辖市)、市、县等范围内享有专有使用权。

(2) 公开性。商业名称必须登记注册，登记注册的目的之一便是使商业名称公之于世，为人所知。日本、我国台湾地区商业登记法均规定，商业名称变更、转让、继承等，未及时办理登记者，不得对抗善意第三人。我国相关法律规定，企业的印章、银行账户、文件、会计报表、审计报表以及所订立的合同、所开出的票据、票证等，都应公开载明自己的商业名称，不得故意隐瞒或使用其他商业名称，给人造成误解。

(3) 可转让性。由于商业名称权中具有一定的财产权性质，因此商业名称权可以转让和继承。各国立法对商业名称权的转让所持态度不一，大致有两种立法主义。一是不可单独转让。此种立法主义认为，商业名称主要是区别不同商事主体营业活动的一种手段，因此对商业名称的转让必须严加限制。商业名称只能跟营业一起转让，而不能单独转让。瑞士《债权债务法》第953条规定，一个已存企业的受让人必须为该企业重新选定名称。但如果经转让人明示或默示同意，受让人可保留原商业名称，只是得增加表明他是原企业的受让人的字样。《德国商法典》第23条规定，商业名称除非随营业一起转让外，不得单独转让。意大利也有类似规定。二是允许单独转让。这种立法以法国法为典型。法国立法认为，商业名称为商业资产的一部分，可以自由转让，但规定商业名称转让后不得用于签名。

在我国，根据现行的立法商号可以转让，但一般应与商事主体的经营同时转让。

(4) 时间上的无限性。商业名称无时间上的限制，只有在商业名称所有人营业终止未转让商业名称的情况下，商业名称才绝对终止，而专利权、商标权等工业产权均有一定的时间性。

6.2.2 商业名称权的内容

商业名称权以登记注册为法定要件。商业名称权的内容主要包括使用权、排他权、转让权、变更权等。

1. 专有使用权

专有使用权是商事主体对其登记注册的商业名称享有充分支配和完全使用的权利。商号权人在其登记注册的地域范围内使用其商号，他人不得妨碍，商号权人因使用其商号而产生的利益应归于商号权人，他人不得分享。专有使用权是商业名称权的核心内容。

4. 排他权

商业名称经登记注册后，在法律上具有排他效力，即有禁止他人未经许可擅自使用的权利。商号权人享有的禁止权与其专有使用权在效力范围上是不同的，即商事主体在商事活动中只能按照其已注册登记的商号来使用，不能随意改变；而商号权人在禁止他人未经许可的擅自使用方面，却可以禁止他人使用相同商号和类似商号。也就是说，商号权人享有的“禁”和“行”的权利是不对称的，“禁”的权利大于“行”的权利。商号权的这一排他原理与商标权相同。

3. 许可使用权

商业名称权人有许可他人使用其商业名称的权利，即权利人可以“出借”或者“出租”其商业名称的使用权。

4. 变更权

商业名称经核准登记注册后，具有稳定性，不得擅自变更。但商事主体因生产经营需要，有权按法定程序申请变更原登记商号的全部或一部分，否则不能对抗善意第三人。

5. 转让权

商业名称转让是商业名称财产权属性的反映。商业名称权人可以转让其商业名称，但多数国家规定商业名称不得脱离营业而单独转让。

6.2.3 商业名称权的效力

商业名称一经登记，商事主体就取得该商业名称的专用权，从而发生排他效力和得到法律救济的效力。

1. 排他效力

商业名称权是一种绝对权、对世权，具有一定的排他效力。商业名称一经登记，则在一定区域内发生排斥他人为相同或类似的商业名称的登记或使用该商业名称的效力，其他任何企业或个人均负有不得假冒其登记或使用之效力。各国立法对于商业名称登记的排他效力一般都有明确规定。《日本商法典》第 19 条规定，在同一市、镇、村内，不得为经营相同营业而登记他人已登记的商号。《瑞士债权债务法》第 946 条规定，商业名称一经登记，商事主体即取得专有使用权。《德国商法典》第 30 条规定，商业名称必须与在同一地区已登记的商业名称有显著区别。我国台湾地区商业登记法亦有商业在同一县市，不得使用相同或类似他人已登记的商业名称经营同类业务的规定。我国《企业名称登记管理条例》规定，在登记主管机关辖区内不得使用与已登记注册的同行业企业名称相同或者相近似的商业名称。

商业名称登记对其他商业名称产生排他效力，须符合两个条件：一是必须是名称相同或近似，判断商业名称的相同没有什么问题，但在判断商业名称的近似时，往往容易产生分歧，此时应当按照社会一般见解，即是否会在具体的商业交易中使人误解为标准；二是必须是同一行业，如果非同一行业，则不得排斥使用。

对于连锁店商业名称的使用，按照连锁店的一般做法，允许各连锁店采用同一商业名称，而不管其是否在同一市、县。这主要考虑连锁店经营应当看作是一个集团，该集团对外使用同一商业名称，理应准许。

2. 救济效力

商业名称因登记而取得专有使用权，商事主体可据此排斥他人使用相同或类似商业名称为同一性质的营业行为。在同一区域内，如果其他商事主体冒用其商业名称，或以不正当竞争为目的使用时，商业名称的专用权人可以请求其停止侵权行为，造成损害的，权利人可请求损害赔偿。《日本商法典》第20条规定，已登记商业名称者，对于以不正当竞争为目的而使用同样的或类似的商业名称者，可以请求其停止使用，并且不妨碍提出损害赔偿请求。我国《企业名称登记管理规定》对商业名称登记的救济效力作了明确规定，擅自使用他人已经登记注册的企业名称或者有其他侵犯他人名称专用权行为的，被侵权人可以向侵权人所在地登记主管机关要求处理。登记机关有权责令侵权人停止侵权行为，赔偿被侵害人因侵权行为所遭受的损失，没收非法所得并处以一定数额的罚款。对于侵犯他人企业名称专用权的，被侵权人也可以直接向人民法院起诉。

6.3 商 誉 权

6.3.1 商誉权的概念

人类进入20世纪以来，商品经济关系得到了极大的发展。从消费品、生产资料、房地产等有形商品，到技术信息、产权等无形商品，市场触角延伸到一切可以作为财产看待的物质与非物质对象，商品化的结果是财产权利的扩充。在无形财产权体系中，经营性资信权是与创造性成果权、识别性标记权相联系而又有区别的重要权利。其中，商誉权作为一种正在开发中的无形财产，日益受到人们的重视。①

1. 商誉的内涵

商誉是商业信誉的简称，是指商事主体在与其他商事主体进行商业交往过程中逐步累积而形成的良好信誉。② 商誉是商品经济发展到一定阶段的产物，它是商品生产经营者即商誉主体在其生产过程和对外经济交往过程中，逐渐形成的一种反映社会公众对其总体情况进行综合性评价的观念性指标。商誉评价的内容并非是针对商事主体的某一个领域，而是涉及市场主体的生产、经营、产品、销售、服务、合同履行等各个方面，即评价内容具有广泛性。由于商誉本身是一种带有综合性的社会评价指标，反映的是商誉主体总体的商业形象，因此决定了商誉表现形态上的特殊性、多样性和复杂性。

商誉的特点主要表现在：

(1) 商誉的载体是一种处于信息状态的社会评价，它不占据空间，而且难以把握和控

---

① 吴汉东：《论商誉权》，《中国法学》，2001年第3期。

② 赵万一：《商法学》，法律出版社，2001年版，第200页。

制，且处于一种不稳定状态。

(2) 良好的商誉具有完美性和创造性，是商誉主体创利获益的关键所在。

(3) 商誉的形成具有长期累积性，但其丧失则具有即失性。

根据社会公众与商誉主体接触方式和接触程度的不同，可将商誉区分为内在表现形态的商誉和外在表现形态的商誉两种。前者反映商誉主体内在表现形态和内在商誉质量的综合性指标，主要指的是商誉主体的经营规模、经营对象、经营方式和管理水平。这种内在表现形态的商誉是外在表现形态的商誉的基础和前提。后者是指通过一些可以为社会公众所直接感知的指标反映出来的商事主体的信誉。相对于内在表现形态来说，外在表现形态的商誉与社会公众的接触比较直接，社会公众可以直接进行感知，这种外在表现形态的商誉主要通过商业道德、商品质量、服务质量、资信、价格等因素来体现。

2. 商誉的性质

对于商誉的性质，理论界涉及甚少，有些学者将商誉和名誉相混同，认为商誉和名誉一样属于没有财产内容的纯人格范畴。商誉虽然与特定商事主体的人身有密切联系，但从其本质来看，商誉主要表现为有一定财产内容的无形财产，凝聚了使用人的劳动智力成果。从创造商誉的目的来看，商誉主体之所以愿意花费金钱、时间和精力刻意创造商誉，就在于良好的商誉能使拥有人创造出比同行更多的利润。尽管各国态度不一，但总的趋势是，商誉作为无形财产日益得到法律承认。

3. 商誉权的概念

所谓商誉权是指商誉主体依法对其创造的商誉所享有的专属权和不受他人非法侵害的权利。主要包括如下特征①。

(1) 商誉权的权利内容具有复合性。即商誉权既可以直接体现为财产利益，具有财产内容，同时商誉权又具有人格属性，总是和具体的商品生产者或经营者联系在一起，离开了具体的商品生产者或经营者，就无所谓商誉权。

(2) 商誉权的内容具有可变性。商誉权的权利内容并不是一成不变的，也不是只能被一次或数次使用的权利，而是经常地、持续性地产生效益。这与实物商品和技术商品都有明显不同。实物商品在同一时间内只能售给一个买主，对出卖者而言只能产生一次经济效益。技术商品虽然可以多次转让，多次使用，并因此而产生多次经济效益，但技术商品效益的实现仍然是以具体的技术转让为条件的。而商誉则具有抽象性，对商誉的拥有也不是生产过程的终结，即商誉不具有最终形态性，而是始终处于不断优劣变化的循环圈之中。从经济效益来看，商誉也不是一次或多次简单地产生经济效益，而是经常性地、持续不断地产生效益。

(3) 商誉权的取得具有特定性。在实物商品领域中，所有权或经原始取得或由继受取

① 赵万一：《商法学》，法律出版社，2001 年版，第 202～205 页。

得，在技术商品领域中，所有权即专利权或商标专用权是经申请、授权而取得，而商誉权的取得均与此明显不同。商誉权具有与生产者、经营者的人身密不可分的属性，因此伴随着商誉主体商事活动的开展，商誉就随之产生。商誉的不断自我发展的循环性，又决定了商誉权不可能像技术商品那样可以通过申请而加以固定化。因此商誉权通常是通过商誉主体的生产经营行为而自然产生的。当然，由于在一段合理的时间内某一具体商事主体的商誉具有一定的相对稳定性，所以可通过专门的评估机构用科学的评估方法对商誉权的财产价值进行量化处理。

6.3.2 商誉权的属性

商誉权作为一种民事权利，已为法学界所认同，但该权利究竟归类于何种权利范畴尚存分歧。概括起来，有关商誉权的法律属性，主要有以下两种学说。

1. 人格权说

该理论将商誉权归类于人格权，以区别于具有经济内容的财产权。在这一学说中，又有单一人格权和特别人格权两种不同主张。

2. 复合权利说

该理论一般都承认商誉权具有财产权与人格权双重内容，但在商誉权的具体归类方面却有人格权兼知识产权说和知识产权说两种不同主张。前者将知识产权视为单一的财产权，后者将知识产权看做是“一体两权”，但这两种观点都认为商誉权是一种复合性权利。

人格权说的理论缺陷是忽视乃至否认了商誉权的财产性，这在现代市场经济发展中越来越强调商誉作用的今天，将商誉权看成仅是一种人格权显然是很不合时宜的观点。

复合权利说中的“人格权兼知识产权说”的理论缺陷是：其一，关于人格权与知识产权的基本分类缺乏理论与法律根据，在民事权利体系中，财产权与非财产权是最基本的分类，知识产权是一种混合型权利，知识产权范畴中的著作权、商号权即是“一体两权”；其二，人格权兼知识产权说认为商誉权兼具人身权(即人格权）和财产权(即知识产权)，侵害商誉权的行为不仅侵犯了权利主体的知识产权，同时也侵犯了其人格权。这种侵权行为是一种竞争侵权，其侵犯的客体有两个，一是商品，表现为侵犯商品声誉；二是商誉主体，表现为侵犯商业信誉。当侵犯的客体主要是商业信誉，而竞合侵犯商品声誉时，则商誉权表现为一种人格权。在这种情况下，商誉侵权视为名誉侵权。反之，商誉权表现为知识产权。关于侵犯商誉权是竞合侵权的观点，在理论与实践中难以成立。①

众所周知，作为权利客体的商誉利益，其内涵十分宽泛，包括但不限于商业信誉和商品信誉，它们都来源于对有关特定主体的积极性、综合性的社会评价，因此不能将其简单分割而规定以不同的属性。同时应该看到，在商誉利益构成中，商业信誉不等于精神利

① 吴汉东：《论商誉权》，《中国法学》，2001年第3期。

益，财产利益也不仅是商品信誉，这样，在所谓商誉权的“竞合侵权”中就难以判断什么是侵犯人格权，什么是侵犯知识产权。即使在理论上勉强作出这种区分，将会因侵权类型的差异而适用不同法律，从而使得部分侵犯商誉权的案件只能适用人身权法的有关规定。这对于制裁侵权行为，保护名优企业的合法权益是极为不利的。

商誉权无论就其性质还是就其内容来看都与知识产权非常类似。“知识产权说”认为商誉作为人的脑力、智力的创造物，与各种各样的信息有关，而且这些信息又与各种有形物质相结合，这符合知识产权的固有特征。① 从内容上说，商誉权具有人身性和财产性的双重内容，这与专利权、商标权、版权的权利内容极其相似。因此，商誉权应属于知识产权的范畴。② 我们认为，“知识产权说”所持观点较为符合商誉权的本性。

商誉权虽然属于知识产权的范畴，具有客体非物质性的本质特征，但与著作权、专利权、商标权等传统知识产权相比而言，该项权利还具有非确定的地域性、非法定的时间性、非恒定的专有性等显著特点。③

6.3.3 商誉权与商号权的关系

1. 商誉权与商号权的联系

从理论上讲，商号权与商誉权都属于知识产权范畴，它们在商事主体从事营业活动过程中都扮演着十分重要的角色。商誉权与商号权作为一种特殊的知识产权，具有人身权和财产权双重属性。商誉权和商号权的无形性决定了两者之价值非经评估而难以量化。商号权和商誉权之关系是“标”与“本”、“流”与“源”的关系，两者互为表里，并统一于商事主体的营业之中。

商誉表现为一种社会评价，处于一种信息状态，其流量和强度难以为人所控制，同时商誉作为商事主体整体素质的反映，又具有高度的抽象性。商誉必须找到其赖以存在的载体，否则人们无法感知商誉的存在。正是由于商誉的无形性和抽象性，工商业标记(包括商号)天然地成为商誉所依附的主要载体。但从本质上看，工商业标记(包括商号)不过是商誉价值所依附的符号，而非价值本身，工商业标记的价值只是商誉价值的反映。基于商誉和商号本身所产生的商誉权和商号权之关系在原理上也与此相同。商号权是“标”、“流”、“表”，商誉权是“本”、“源”、“里”。商誉权和商号权从原初意义上讲，都是商事主体在长期的经营过程中积累和提炼出来的，它们共存于商人的营业之中。

---

① 梁上上：《论商誉与商誉权》，《法学研究》，1993年第5期。

② 但也有人认为商誉权并不符合知识产权的基本特征，例如商誉权不能转让和继承，也不能许可他人使用，商誉权不能直接应用于生产经营领域等。因此商誉权并不属于严格意义上的知识产权，而是属于兼具财产权和人身权双重属性的新型权利。参见赵万一：《商法学》，法律出版社，2001年版，第204页。

③ 吴汉东：《论商誉权》，《中国法学》，2001年第3期。

2. 商誉权与商号权的区别

商誉权和商号权的不同主要表现在：

(1) 权利的产生方式不同。商号权必须要由商事主体履行登记注册手续才能产生，而商誉权不是商事主体向特定机关申请获得的，而是随着经营实践中商誉的形成而产生的，也可以说是天然或自然产生的。

(2) 权利的效力范围不同。商号权的效力范围受严格的地域限制，一般以商号登记注册的主管机关所管辖的地域范围为限。商誉权因产生无须登记，因而也就不存在地域性限制问题。一般说来，商誉权应在商事主体经营所及的一切范围都是有效的。

(3) 权利的公开性不同。商号权必须登记注册，登记的目的之一便是使商号公之于世，为人知晓，因此，商号登记具有宣示性。商誉权却是一种隐含性权利，既不需登记，也不需公示，而是安静地蕴藏在商人的经营之中的，而且良好的商誉具有超强的收益能力和沟通能力，可使商人与消费者之间产生一种亲和力。

(4) 权利的许可性与转让性不同。商号权可以许可(如出借、出租)他人使用，也可转让(尽管有单独转让与连同营业转让之别)他人，从而获取利益。而商誉则是特定的商人在长期的经营过程中不断积累起来的一种无形财产，具有专属性，它直接附着在商人的营业之中，不具有相对的独立性，商誉一旦离开它附着的载体，就会消失殆尽。因此，商誉既不可能作许可使用，也不可能让与他人。①

6.3.4 商誉权的效力

商誉是自然形成的，商誉权不能通过登记注册而产生的，但作为一种权利，它必须得到法律的承认。在国际上，知识产权曾被称为“以权利为标的物权”或“诉讼中的准物权”。根据物权法定主义原则，商誉权作为一种现实中存在的具体无形财产权，必须由民法予以确认。我国《民法通则》没有确认商誉权，仅仅从法人人格权中推导出商誉权，并将这种权利归类于非财产权，这一立法缺陷应予以修正。②

从理论上讲，商誉权属于一项独立的知识产权，该项权利也应是一种复合性权利。商誉权不仅是人格权，同时也具有独占权性质。

基于上述认识，商誉权的效力可以理解为如下几点。

1. 独占效力

由于商誉是特定商人基于良好的经营而取得的商业信誉，它以各种工商业标记为载

① 有学者认为，由于商誉的载体是多种多样的，即使商誉权与商业名称等工商业标记权和营业一起转让，通过转让商誉权转让出去的只能是商誉的一部分而绝对不可能是全部，这有点类似于自然人转让身体器官、血液并不使自然人丧失身体权，所以商誉权的转让并不会使转让主体的商誉完全丧失。

② 吴汉东：《论商誉权》，《中国法学》，2001年第3期。

体，天然地依存于商人的营业活动之中，因此，法律所确认的商誉权也只能为该特定的商人所独占。该商人完全可以根据自己的意志，运用其商誉去拓展市场，实现利益的最大化。

2. 排他效力

这是商誉权独占效力的必然结果，独占本身就意味着排他。排他是指排除他人的干扰和侵犯，自主地实现对权利的利用。商誉权的排他效力是指他人不得利用特定商人的商誉来为自己谋利。商事经营要依靠自己的诚信与技能去获利，不能将谋利建立在他人信誉之上。经济学中所说的"搭便车"行为为法律所不提倡的。

3. 救济效力

商誉侵权在现实生活中大量存在。商誉权人有权对他人诋毁、贬损其商誉的行为依法请求行政保护，也可提起侵权之诉，要求司法保护。

6.4 商业名称的登记、使用、转让与出租

6.4.1 商业名称的登记

商业名称是商人信用的外在标志，商业名称的登记制度旨在防止他人滥用其商业名称，从而影响其商业信誉。商业名称选定后，非经登记不受法律保护。商业名称一经合法登记，使用人对该商业名称即取得专有使用权。不仅如此，商业名称经登记而获公示效果，这也是出于维护交易安全和交易秩序的客观需要。根据我国有关法律规定，企业名称是企业登记的法定事项，非依登记不能取得商业名称专有使用权。因此，商业名称的登记是取得商业名称权的法定要件。

按照登记的原因和目的不同，商业名称的登记可分为以下几种类型：

1. 商业名称创设登记

商业名称创设登记是指商事主体创立时商业名称的登记，它是商事主体创立的必经程序。只有履行了创立登记的商业名称才能成为商事主体的名称，才能对外产生效力，才能用以对抗善意第三人。

2. 商业名称变更登记

商业名称变更登记是指商事主体在经营存续期内变更原登记商业名称的全部或一部分，而在登记机关所履行的登记。商事主体若变更其商业名称，在未履行变更登记前使用了新商业名称，该新商业名称的使用不得对抗善意第三人。

3. 商业名称转让登记

商业名称经登记后，商事主体取得商业名称的专有使用权，这种专有使用权是工业产

权的一种。因此，商业名称可以转让，可以与营业一起转让，或在营业终止时单独转让。同样，进行商业名称的转让时，必须到登记机关办理转让登记。

4. 商业名称废止登记

当商事主体终止营业而废止商业名称的使用时，应及时向登记机关办理歇业登记。非经登记不得对抗善意第三人。

5. 商业名称撤销登记

商业名称撤销登记是指当某些法定事由发生时，主管机关可依职权撤销商事主体的经营资格，此时商业名称无所依附，则一并予以撤销，并依法进行的登记。

6. 商业名称继承登记

商业名称继承登记是指业主死亡，由继承人继承其经营，依继承事由所办理的登记。这种登记主要是业主变更所导致的产权主体变更，它同时包含了商业名称财产权主体的内容。

最后需要强调的是，我国法律规定，商业名称的登记在时间上分为两种情况：一是商业名称与商事主体的创设同时办理，内资企业一般实行这种登记程序；二是商业名称可以在商主体正式登记之前办理预先登记，外资企业和有特殊情况的内资企业实行这种登记程序。同时我国法律还规定，法人的商号必须登记，非法人组织体和商自然人的商号登记与否由自己决定。

6.4.2 商业名称的使用

商业名称登记的目的在于商业使用。许多国家的法律都规定，商事主体在营业活动中所为的法律行为，均应以商业名称来署名、标示。商事主体营业外的行为，则不应使用其商业名称。假如商人以自己的姓名作为商业名称，应当添加字样以示区别，实践中往往是使用表明其营业性质的字样，如玉盛祥眼镜店、张小泉剪刀铺等。

商业名称既然是商事主体在营业上所使用的名称，那么在法律上，商事主体应当以此名义享有权利承担义务。所以如果商事主体出借商业名称，或者明知他人使用而不加以制止或提出异议时，根据诚实信用原则，商事主体应当承担相应的法律责任，即对于把借用人误认为实际营业主而与之交易者，因该项交易所产生的一切债权债务及相应责任，应由该商业名称所有人与实际为商业行为者承担连带责任。

在刑事诉讼中，原则上商业名称不能作为受刑主体参加刑事诉讼。根据刑法的一般原则，法人不能作为受刑主体，因此除非法律有特别规定，法人不能为犯罪行为，也就不能成为刑事诉讼的主体。①

---

① 赵中孚：《商法总论》，中国人民大学出版社，1999年版，第171页。

6.4.3 商业名称的转让

商号尤其是驰名商号凝结着商人的心血，是商人精心培育的结晶，在社会上享有很高的声誉，是商人重要的无形财产。商号的财产性特征在现代市场经济时代得以充分体现。商号作为一项财产的可转让性是毋庸置疑的。但是，商号应当如何转让，是像一般财产一样可以自由、单独转让还是必须与营业一起转让，这在理论和立法上存有分歧，主要有以下两种观点。第一种观点认为商号与营业一体转让。《德国商法典》第23条规定，商号不得与使用此商号的营业分离而让与。《日本商法典》第24条规定，商号只能和营业一起让与或在废止营业时转让。《韩国商法典》第25条规定，商号只有在废止营业时，或与营业一并进行时方可转让。对于这种立法观点，学术界称为“绝对转让主义”。该理论认为，商号转让应当与营业同时转让，或者在营业终止时转让，商号转让以后，转让人不再享有商号权，受让人独占该商号。第二种观点认为商号单独转让，也叫“相对转让主义”或自由转让主义。认为商号可以单独转让的代表国家为法国。法国法认为，商业名称主要是商业资产的一部分，商业名称可以自由转让。但法国法规定，商业名称转让后，不得用于签名，因此即使在可单独转让的国家，对于商业名称的转让也是有限制的。

在商事立法中究竟选择何种转让原则，是由特定的立法背景决定的，近代的德、日商法典时期，商品经济不如现在异常发达，营业转让也不如现在频繁发生，人们更多地关注了商号的人格权属性，以商号来表征、涵盖营业转让制度；而在21世纪的今天，无论是市场经济活动中的实践者，还是制度层面的理论研究者，都更多地关注营业本身的诸多问题，也就是一切以营业为核心。① 于是，越来越多的国家在立法中规定商号必须与营业一体转让或在营业终止时转让。

在我国，根据《中华人民共和国民法通则》的规定，法人、个体工商户、个人合伙享有名称权。企业法人、个体工商户、个人合伙有权使用、依法转让自己的名称。同时根据《企业名称登记管理条例》的规定，企业名称可随企业或本企业的一部分一并转让，企业名称只能转让给一户企业，企业名称转让后，转让方不得继续使用已转让的企业名称，企业名称的转让方与受让方应当签订书面协议，并经原登记机关核准。从法律的这些规定来看，我国采用的是不得单独转让主义，即商业名称的转让，必须与商事主体本身一起转让。

综上所述，商业名称的转让一般应符合以下要求：一是只能与营业一起转让或在废止营业的情形下转让；二是除双方意思表示一致外，还必须办理登记，否则不得用来对抗第三人；三是转让方和受让方应签订书面转让协议；四是转让生效后，转让方应停止使用。

值得注意的是，商业名称转让涉及第三人利益时，如果新商事主体在继续沿用原商业

---

① 任尔昕、张宪连：《论营业转让与商号转让》，《甘肃社会科学》，2007年第2期。

名称，对于原商事主体提供过信贷或享有对抗原商事主体的其他权利的善意第三人，各国立法均规定新商事主体必须对原商业债务承担法律责任。①

6.4.4 商业名称的出租

商业名称的出租是指商事主体将商业名称使用权部分或全部让与他人的行为。商业名称出租的效力是借用人通过出租协议依法取得对他人商业名称的使用权，出租人仍然保留商业名称的所有权，但不保留或部分保留商业名称的使用权。

商业名称的出租现象在现实生活中普遍存在，如企业“挂靠”、“连锁经营”、“特许经营”等。商业名称出租的原因，既有出于借助他人较好商誉的考虑，也有税收减免和突破经营范围的动因。商业名称出租的方式一般以合同约定，但对第三人的效力一般以履行工商登记为前提。商业名称出租可以是有偿的，也可以是无偿的。

多数国家法律承认商业名称出租的合法性，并在法律上明确规定了商业名称出租的法律效力和法律责任。我国现行法律对商业名称出租未作出十分明确的规定。

6.5 商号权与商誉权的法律保护

6.5.1 商号权的法律保护

1. 商号权的法律保护方式

商业名称是商事主体经营活动的代表，是商事主体产品(服务)的代表，是商事主体信誉的标志，保护商业名称，就是保护依附于商业名称上的信誉。而商业名称上的信誉又是商事主体通过自己的努力和营销策略实现的，是吸引顾客的力量。② 如果准许一方谋求私利而盗用别人通过正当努力建立的信誉，对于维护工商业秩序是非常有害的。法律为了保护商业名称所具有的这种社会价值和经济价值，特别赋予商业名称以专有使用的权利，称其为商业名称权。法律对商业名称的保护主要通过这种赋予专有权的方式实现。

从目前的商事生活来看，侵犯商业名称权的主要方式是擅自使用他人的商业名称，或者使用与该商业名称相近似的商业名称，从而引起公众的误认。因此，法律对于商业名称权的保护主要体现在两个方面：一是同一商业名称登记的排除，即在商业名称的登记机关辖区内，不得再登记与已登记的同行业商业名称相同或者近似的商业名称；二是同一商业名称或类似商业名称使用的排除。未经商业名称权人许可，擅自使用他人商业名称或者使用类似商业名称的，为侵权行为，商业名称权人可以请求停止侵害，并赔偿损失。而且权

① 官欣荣：《商法原理》，中国检察出版社，2004年版，第138页。

② 赵中孚：《商法总论》，中国人民大学出版社，1999年版，第179页。

利人还可依据反不正当竞争法的规定，请求行为人赔偿损失。

由于商业名称权保护不仅涉及商事主体自身权益，而且关涉商事流转秩序、国民经济发展，所以对商业名称权的具体保护模式上，各国一般都采用多管齐下，私法和公法并用的立法手段加以综合保护，如民法、商事特别法、商业登记法、反不正当竞争法、国际法等，形成了一个较完整的商号权保护体系。①

目前，我国还没有形成一个完整的商业名称法律保护体系。从实践上看，我国商业名称法律保护中存在的主要问题是：一是有关商业名称保护的法律规定过于零散、粗疏、笼统、不统一，缺乏可操作性，我国对于商业名称权的保护规定散见于《企业名称登记管理规定》《中华人民共和国民法通则》《中华人民共和国反不正当竞争法》《中华人民共和国产品质量法》和《中华人民共和国消费者权益保护法》中，各法律之间还不够协调与统一，没有形成合力，保护水平亟待提高；二是分级注册制度导致企业商业名称权效力范围不同，造成了企业竞争的不公平；三是商标和商业名称的管理都由国家工商行政管理机关负责，同属知识产权范畴，但在具体的实践中则分属不同的主管部门，由不同的法律调整，从而导致了不必要的冲突发生。因此，我国非常有必要制定一部统一的商业名称登记与保护的专门法律，以此来推进我国商业名称法律保护体系的建设。

2. 商号权与商标权的冲突

在商业名称法律保护问题上，我们还要关注“商号权与商标权冲突”这一社会现象。客观而论，这一现象的产生主要是由于我国现行法律法规不完善，存在法律真空造成的。我国现行《商标法》未明确禁止将他人的商业名称作为商标注册，《企业名称登记管理规定》也未明确禁止将他人的注册商标(驰名商标除外）作为企业名称的字号登记。因此，相同文字的商标(商号）被依法核准注册为商号(商标）是不可避免的。而且随着市场竞争的日趋激烈，钻法律空子，搭便车，傍名牌等不正当竞争行为就会大量出现。商标权与商号权冲突就是在商号登记与商标注册条块分割这一背景下出现的。

商号权与商标权的冲突主要有两种表现形式：一是擅自将他人商业名称的“核心字号”作为自己的商标注册使用；二是擅自将他人的商标作为自己商业名称中的“核心字号”登记使用。

如何解决这一冲突，我们认为，应从以下思路入手：② 一是协调处理好商标注册与商号登记的地域效力范围问题。如果这一问题在理论上和立法上不能很好地协调，解决商号与商标的冲突就十分困难；二是将商号权归入知识产权之范畴，使用反不正当竞争进行兜底保护；三是可以将商标和商号的驰名程度作为一个重要因素加以考虑，运用驰名商标、

① 参见官欣荣：《商法原理》，中国检察出版社，2004 年版，第 138 页。

② 在处理商标权与商号权冲突这一问题时，学术界也曾有人提出过一些有价值的建议，如依诚实信用原则、保护在先权利原则、禁止混淆原则等进行处理。我们认为，这些思路仍是在现有的法律框架内考虑问题，虽有较大的实用价值，还仍不能从根本上解决这一冲突。

驰名商号特殊保护原理进行处理。

由于商号与商标都具有识别功能，凝结着商事主体的商誉，对企业的宣传作用与对消费者的指引作用是相同的，因此，在立法上对商号与商标实行一体化保护将是一个必然的发展趋势。而且，将商号直接作为商事主体的主导产品的商标进行注册，可以获得更广泛的更高层次的保护。①

6.5.2 商誉权的法律保护

商誉侵权直接损害他人对生产经营者的信赖程度与生产经营者的社会评价后果，从而致使商誉主体原有民事权利的缺失。根据国际公约及国内外立法例的通行规定，侵害商誉权行为应为一种特殊的侵权行为，这种特殊侵权行为主要是通过商业诽谤行为进行的。

1. 商业诽谤行为的含义

所谓商业诽谤行为是指不法行为人通过捏造、散布虚伪事实等不正当手段，损害他人商誉、侵犯他人商誉权的行为。具体而言，它是指经营者自己或利用他人，通过捏造、散布虚伪事实等不正当手段，对竞争对手的商业信誉、商品信誉进行恶意的诋毁、贬低，以削弱其市场竞争能力，并为自己谋取不正当利益的行为。

2. 商业诽谤行为的构成要件

从侵权民事责任构成要件来看，认定商业诽谤侵权行为须考虑以下几个因素。

(1) 侵权主体。商业诽谤的行为主体必须是经营者，即从事商品经营或者营利性服务的法人、其他经济组织和个人，并且通常都是竞争对手。在多数情况下，经营者都是自己直接实施对竞争对手的商业诽谤行为，但在某些情况下，经营者也可能是利用他人例如会计、审计、质量检验等机构及其工作人员、政府机关及其工作人员以及消费者个人等实施此种行为。如果这些组织或个人与经营者之间就实施商业诽谤行为有过共谋，即存在主观上的共同故意，他们就应与该经营者一起对该行为承担连带法律责任。

(2) 侵权违法行为。商业诽谤行为主要表现为捏造虚伪事实或对真实事件采用不正当说法，损害竞争对手商誉的行为。根据世界知识产权组织关于反不正当竞争示范法所作出的解释，凡是对某些企业的产品、服务或商业活动提出虚假或不正当的说法，都是违反公平原则，损害他人商誉的行为。

(3) 侵权损害事实。商业诽谤侵权行为的损害事实，是因为侵权行为的实施而导致关于权利主体的社会评价降低，并由此造成了商誉的实际损害。损害事实认定的前提条件在于判断特定主体在某一特定区域内是否建立了自己的商誉。

(4) 主观过错。商业诽谤侵权行为的成立应以故意为条件。行为人实施商业诽谤行为，是以削弱竞争对手的市场竞争能力，并谋求自己的市场竞争优势为目的，这种主观故

① 李玉璧：《商法原理》，兰州大学出版社，2000年版，第100页。

意性具有明显性和确定性。

3. 商誉权的法律保护方式

我国目前对商誉权的保护大抵采取间接保护的方式，即对侵害商誉的行为，或确认为侵害法人人格权的行为，或视为不正当竞争的行为。间接保护方式不是完备的独立的权利保护制度，从司法实践中的操作看也多有不便。为此建议我国对商誉权的保护采取直接保护方式，即直接确认商誉权及其侵权责任。同时形成商誉权保护的法律体系，即从民法典(基本法)——知识产权法、反不正当竞争法、消费者权益保护法、产品质量法、广告法等(特别法)——单行条例(专门法规)等不同层次对商誉权保护问题做出规定。①

对侵害商誉权的民事责任问题，应在民法中明确加以规范，同时在反不正当竞争法中加以具体化。侵权民事责任的主要承担方式是赔偿损失，对于受害人来说，这是救济其损害的最佳途径。损害赔偿的范围包括受害人因商誉损害造成的经营损失、为调查商誉损害行为所支出的合理费用、为恢复商誉而支出的必要费用以及提起侵害商誉权诉讼所支出的相关费用。关于受害人的实际经营损失，如果难以计算的，可按照行为人在侵权期间因侵权所获的利润来确定赔偿范围。侵害商誉权的民事责任，除损害赔偿外，还包括除去侵害的责任方式，即停止侵害、恢复商誉、消除影响、赔礼道歉。上述责任方式与损害赔偿均为民事救济之方法，可以单独适用，也可以合并适用。

理论探讨与实务研究

1. 商誉的构成要素②

根据现有文献，“商誉”一词最早出现于16世纪中后期。商誉最初是作为商业上的词汇出现的，但商誉问题却是最先引起了法庭的注意，所以最早关于商誉的定义既非经济界所下，也非会计界所下，而是由法官所下。这其中最有影响的当属1859年英国一件法庭案例中司法官对商誉所下的定义：“商誉是指旧企业在从事经济活动中所取得的一切有利条件，包括地理位置、商号等有关的一切，以及与企业经营有联系，并由于它们能使企业受益的一切有利条件。”这个概念在英国法庭一直沿用到20世纪初。从这个古老的定义中可以看出，早期人们认为商誉的构成要素包括了能使企业受益的一切有利条件。

商誉问题引起理论界，尤其是会计学术界的普遍关注和广泛讨论，是19世纪末的事。当时工业革命已取得很大成就，资本主义经济有了长足的发展。企业要想获得丰厚的利润，必须依靠企业内部的各项优秀素质，如企业的信誉卓著、生产工艺精湛、推销富有策略、组织管理有方等。这样，企业便能吸引较多的顾客购买其产品，企业与顾客之间亦能建立起良好的相互信任关系，如果这种良好的关系能够一贯保持下去，企业就能源源不断地获取较多的未来收益。此时，商誉普遍地被理解为能使企业获得更多收益的与顾客之间的友好关系。

① 吴汉东：《论商誉权》，中国法学，2001年第3期。

② 参见常华兵：《商誉构成要素探究》，南京财经大学学报，2005年第2期。引用中对该论文的内容进行较大的删改，特此说明。

20世纪初，社会经济更加发达，企业之间的竞争也日趋激烈，企业的优势已不完全取决于业主与顾客之间的良好关系，而要从内部管理、生产组织、销售环节等各方面努力。因此，当时便将能导致一个企业比其他企业获得更多(超额)利润的一切因素，统称为商誉。如20世纪20年代中期，会计学大师杨汝梅先生在其《无形资产论》一书中指出："凡足以使一企业产生一种较寻常收益为高之收益者，均得称之为商誉矣。"20多年后，美国会计学家佩顿(W. A. Paton)也有相似的论述："商誉一词最先仅限于现成的顾客群所具有的价值，后来则逐渐被用来描述企业可以归因于销售、制造、理财和政治等各方面良好关系的那一部分价值。"大约同一时期，J. M. Yang(1927)将商誉分为顾客商誉、雇员商誉和债权人商誉3种类型，这是会计学上对商誉构成进行分类研究的雏形。

会计学上对商誉构成要素的系统研究和列示是从20世纪30年代末开始的。其开始的标志是Gabriel A. D. Prenreich于1937年的一项具有里程碑意义的研究成果。他认为，商誉可能由下列要素构成：商业关系的价值、现行顾客继续购买的可能性的价值、持续经营态势的价值、商业信誉的价值、与利润有关的利益或优势的价值、获得高于一般利润能力的价值。自此以后，众多会计学者从不同角度对商誉的构成要素进行了系统研究并进行了详细列示。具有代表性的观点如下：

R. H. Nelson在1953年10月的《会计评论》上发表的"商誉的动量理论"一文中认为，商誉由下列要素构成：顾客列表、组织成本、开发费用、商标和商品名、秘密工艺和配方、专利权、著作权、许可权、特许经营权、超额盈利能力。

H. C. Edey(1962)认为，商誉的经济学含义是组织的代名词，商誉的价值是指一个持续经营的主体与一个新建立的主体相比较由于：在所有市场已建立的关系；同政府部门和其他非商业组织已建立的关系；私人关系而获得的经济利益。……这些要素不能脱离经营实体而存在，因而不能像厂房和设备那样单独出售。

G. R. Catlett、N. O. Olson在《美国注册会计师协会会计研究》1968年第10期"商誉会计"一文中认为商誉的构成要素有15个。

(1) 优越的管理队伍。

(2) 杰出的销售经理或群体。

(3) 竞争对手的管理层存在缺陷。

(4) 有效的广告。

(5) 秘密的生产工序。

(6) 良好的劳务关系。

(7) 已建立的正直声誉创造出优良的信誉等级，使得以有利利率进行举债经营的能力提高了。

(8) 为雇员提供的第一流的培训计划。

(9) 通过公司高级职员对慈善活动的捐赠以及对公益活动的参与，在公众中创造了高声望。

(10) 竞争对手经营发展不利。

(11) 与另外一个公司保持了良好关系。

(12) 战略定位。

(13) 对才能或资源的发掘。

(14) 有利的税务状况。

(15) 有利的政府管制。

M·G·特尔雷在1973年7月的《会计工作》上发表的"商誉会计：一个现实的方法"一文中认

为，商誉由5个要素构成。

(1) 完成一个特定的市场目标。

(2) 为进入新领域节约时间。

(3) 获得管理经验和技术能力。

(4) 实现产品的多元化。

(5) 实现综合目标。

H. Falk、L. A. Gordon在1977年4月的《公司财务和会计》上发表的“不完全市场及商誉的性质”一文中认为，商誉由4类因素构成：增加短期现金流量——生产经济效应、筹集更多资金、降低筹资成本、减少存货持有成本、避免交易成本、税收利益；稳定性——确保原材料供应、减少波动、良好的政府关系；人力因素——管理才能、良好的劳资关系、良好的培训计划、组织化结构、良好的公众关系；独特性——使用工艺技术、商标名。

美国财务会计准则委员会(FASB)(1999)认为，商誉可描述为由以下6个要素构成。

(1) 被收购企业净资产在收购日的公允市价大于其账面价值的差额。

(2) 被收购企业未被确认的其他净资产的公允市价。

(3) 被收购企业存续业务“持续经营”(going concern)要素的公允价值。

(4) 收购企业与被收购企业净资产和业务结合的预期协同效应的公允市价。

(5) 收购企业由于计量收购报价的错误而多计量的金额。

(6) 收购企业多支付或少支付的金额。

其中(3)、(4) 两项被称为“核心商誉”(core goodwill)。

由此不难看出，人们在商誉构成要素上的分歧是相当大的。同时也说明，人们对商誉问题的认识尚处于模糊阶段。

讨论：

(1) 商誉的构成要素究竟应如何界定？

(2) 经济学界和法学界对商誉构成要素的关注角度是否有差别？如果有，这种差别对立法和司法实践会产生什么影响？

(3) 商人可否用商誉投资？如果可以？该商誉的价值应如何确定？

2. 商标权与商号权的冲突

北京沸腾鱼乡餐饮有限公司(下称北京沸腾鱼乡)2001年1月11日向国家工商行政管理总局商标局申请注册“沸腾鱼乡”图与字的组合商标，2002年5月7日被核准注册在服务分类第42类“餐厅、餐馆、饭店”使用。北京沸腾鱼乡以自行开设或者特许加盟的方式，在济南、沈阳、杭州等地相继开设了7家餐厅，并统一使用“沸腾鱼乡”注册商标。但是，北京沸腾鱼乡却发现仅在天津河西区就有两家名为“沸腾鱼乡”、主营水煮鱼的餐饮公司——天津市河西区沸腾鱼乡酒楼和天津市沸腾鱼乡餐饮有限公司。这两家企业分别于2001年8月24日和2002年7月5日依法成立，其主要股东均为胡某一人。两家企业经营过程中，在店门牌匾、菜谱、筷子套、订餐卡等处大量、突出使用“沸腾鱼乡”字样。鉴于此，北京沸腾鱼乡把天津沸腾鱼乡诉至天津市第二中级法院。

一审法院认为，被告天津市河西区沸腾鱼乡酒楼业主胡某在先取得企业名称权，有权继续使用自己的名称，虽然客观上与原告商标的文字部分相同，但原告无权禁止他人合理使用自己的字号。法院驳回了原告的诉讼请求。二审中，上诉人辩称，被上诉人在同行业中以“沸腾鱼乡”为字号登记企业名称的目的是为了搭乘上诉人的便车，显然具有恶意，被上诉人使用的“沸腾鱼乡”与上诉人的“沸腾鱼乡”商标属于近似商标，侵犯了上诉人的商标专用权，损害了上诉人的商誉，请求法院撤销原判，判令被上诉人停止侵权行为，并给予相应赔偿。天津市高级法院经二审审理，判决被上诉人天津市沸腾鱼乡餐饮有限公司立即停止将“沸腾鱼乡”字样作为企业字号或者在其他经营活动中单独或突出使用，并赔偿上诉人北京沸腾鱼乡餐饮有限责任公司经济损失7万元；对上诉人同时提起的诉天津市河西区沸腾鱼乡酒楼业主胡某一案，则维持原审法院判决，认定被上诉人胡志强在天津市河西区沸腾鱼乡酒楼中使用“沸腾鱼乡”字号为合法使用，不构成侵权。

北京“沸腾鱼乡案”的焦点是典型的商标权与商号权冲突问题。该案的一审、二审结果完全相反，而且非常有趣的是，上诉人在二审诉讼中的相同请求在一个案件中胜诉，而在另一个案件中败诉，法院的判决是有其道理的，从这一胜一败之间让我们看到解决商标权与商号权冲突的复杂性和难度。

讨论：

(1) 法院在本案审理中是如何适用法律的？

(2) 本案对我国立法有何启示意义？

(3) 你认为商号权和商标权的冲突应如何妥善解决？

推荐阅读

1. 姚新华：《论商号权》，政法论坛，1994年第1期。
2. 吴汉东：《论商誉权》，中国法学，2001年第3期。
3. 梁上上：《论商誉与商誉权》，法学研究，1993年第5期。
4. 杨玉熹：《商号与商标：权利冲突与解决》，现代法学，1999年第4期。
5. 张守文：《商号及其法律保护》，知识产权，1995年第2期。
6. 任尔昕、张宪连：《论营业转让与商号转让》，甘肃社会科学，2007年第2期。

思考题

1. 简述商业名称的特点及构成要素。
2. 商业名称登记具有何种法律效力？
3. 简述商誉权的特点。
4. 简述商号权与商誉权的关系。
5. 试论商业名称的转让。

第7章 商业账簿

本章提示

- 本章着重介绍商事主体在商业活动中的一项重要法定义务，即依法制作商业账簿。要求掌握商业账簿设置的原则、意义及有关制作要求。
- 商业账簿是商事主体用以记载其营业活动和资本运营状况，依据会计准则，依法制作的书面簿册。
- 商业账簿是商事主体记载自身营业及财产状况的重要法定文件；是其他利害关系人选择交易对象和投资渠道、维护自身权益的重要依据；是政府主管部门监督检查商事主体的经营状况和征收税款的主要依据。
- 商业账簿立法的几项基本制度假设有会计主体、持续经营、货币计量、会计期间及权责发生制。
- 商业账簿要严格按照法律要求的基本原则和记账要求进行制作，并且根据需要还要编制会计报表。

7.1 商业账簿概述

7.1.1 商业账簿的概念

商业账簿是商事主体用以记载其营业活动和资本运营状况，依据会计准则，依法制作的书面簿册。商业账簿有形式和实质之分。形式商业账簿又称狭义的商业账簿或必备商业账簿，它专指按会计法或商业会计法所必需制作的账簿，这是商人制作账簿的形式义务。实质商业账簿又称为广义的商业账簿，是指商人设置的反映商事主体活动的一切账簿，既包括根据会计法、公司法或其他会计特别法设置的账簿，也包括根据商人自己的自由意志或商业活动实际需要而设置的账簿。实质性商业账簿在内容上不仅包括正式账簿，还包括各种会计报表、年度决算报告及各种财产债务清册。在当今各国商事活动中，有关会计立法多采用广义概念。

依法制作账簿是商人的一项法定义务，所以也是商人制度中一项重要的法律制度。商业账簿是商事实践活动的产物，商业账簿制度的产生与商事经营活动本身有着内在的必然联系。商事活动首先是一种以营利为目的的活动，为了考核其的营利状况和财产状况，必须借助账簿这一工具。

我国是世界上建立账簿制度最早的国家之一，早在西周时就有了簿记制度。不仅用于考核官厅的岁入岁出，而且也被商人用来考核自己的成本和盈亏，并设立专门的账房先生。在欧洲，商业账簿起源于10世纪的海商贸易。随着海商贸易的发展，商船主因运输及海事的需要而在商船上设立了“书记”专司记账之职，对营业及相关事项作册记载，遂形成了商业账簿的最初形态。[①] 在繁荣的简单商品经济条件下，商业账簿虽然有一定的发展，但仅由商人自便采用，而法律尚无强制性要求。后来随着行会的兴起和商业联盟的扩展，商事管理日趋成熟和规范，商业账簿也随之完善和制度化。随着商事活动的日趋复杂，商人之间的联系日渐密切，客观上要求商人编制商业账簿，借以维护自身利益和社会公共利益，确保商事交易的安全和有序。为了适应这一客观要求，各国立法逐渐确认和建立了商业账簿制度，对商业账簿的内容和编制规则予以规范，使之由商事习惯走向了法制化轨道，并形成了当代商法中的一项十分重要的制度。当今世界各国大多都有独立的商事会计法律制度。尤其现代社会由于商事活动愈益国际化，调整商业账簿的行为规范，不仅有各国的国内法，而且还有一系列的国际会计准则。联合国还专门设立了国际会计特设组织，用以协调各国之间的会计标准，从而使得商业簿记制度日趋国际化。我国目前没有制定专门的商业账簿法，有关商业账簿的法律规定，主要体现在《中华人民共和国会计法》、

① 任先行、周林彬：《比较商法导论》，北京大学出版社，2000年版，第259页。

《中华人民共和国审计法》、《企业会计准则》、《企业会计通则》以及《中华人民共和国公司法》，尤其是上市公司财务管理的规定等法律法规中。

7.1.2 商业账簿的设置原则

依法设置商业账簿虽是一项重要的法律制度，但各国商法对于商事主体是否必须设置商事账簿，采取不同的立法原则。归纳起来，各国法律对商事主体设置商事账簿的要求大致有以下 3 种。

1. 自由主义原则

所谓自由主义原则是指法律不直接规定商人必须设立账簿，是否设立账簿由商人自由决定。英美国家一般采取这一原则，如《美国统一商法典》中对商人是否设立账簿未作强制性的规定。但是美国在 1921 年由国会颁布的《预算和会计法》具有强制执行的性质，而且英美国家还有由会计职业团体和学术团体制定的会计准则，这对商人的账簿设立也是有约束力的，加之商事主体出于纳税、考核盈亏、破产清算、诉讼上举证责任的需要以及向社会公布账目，特别是破产时债权债务的清算时，簿记资料更是主要的依据。因此，这些国家的商人实际都有详细的商业账簿，不过这些国家的商业账簿是由国家法律、会计准则和国际会计准则共同调整的。

2. 强制主义原则

采取强制主义原则的国家，在其立法中明确要求商人必须设置账簿，并对商业账簿的内容和记账方法做出详尽的规定，并由国家主管机关对商业账簿制作及其内容进行审查与监督。大陆法国家多采取这一原则，如《法国商法典》第 8 条规定："一切具有商人身份的自然人或法人，均应对影响其企业财产的活动进行会计登记。"① 该法典第 2 编"商人会计"对于商业账簿的内容和记账方法做出具体的规定。《德国商法典》在原第 1 编第 4 章从 38～47 条对商业账簿做出了规定，各商人均负一定义务，应备账簿。并要实行整体账簿原则，即既要明确记载自己的商行为，又要明确地记载自己的财产状况。后来德国加入欧共体后，为适应欧共体关于协调公司法和会计核算的有关政策的要求，于 1985 年 12 月 19 日对商法典进行了重大修改，对商业账簿的有关规定从原第 1 编中划出，与资产负债表的有关规定合并，将商业账簿单独列为一编，并明确规定了商人在簿记中应履行的义务。

3. 折中主义原则

有些国家法律上仅规定商事主体有置备商业账簿的义务，但并不规定商业账簿的记载内容、形式和方法，也未规定国家主管机关对商业账簿的监管。此外，从事小规模商事交

① 金邦贵译：《法国商法典》，国际文化出版公司，1995 年版，第 11 页。

易活动的商个人，一般均不要求制作商事账簿。日本是此原则的典型，《日本商法典》第32条第1款规定："商人应制作会计簿册及资产负债表，以明了营业上的财产及损益状况。"但对其记载内容和方法，则规定"解释有关制作商业账簿的规定时，应斟酌公正的会计惯例"，法律对此没有硬性规定。

我国关于商业账簿的立法采取的是强制主义原则，法律要求各类商事主体制作或繁或简的商业账簿。我国《会计法》第2、3条规定，国家机关、社会团体、公司、企业、事业单位和其他组织办理会计事务必须遵守本法。会计机构、会计人员必须遵守法律、法规，按照本法规定办理会计事务，进行会计核算，实行会计监督。按照《中华人民共和国会计法》的规定，我国"实行统一的会计制度"，即由国务院财政部门统一制定关于会计核算、会计监督、会计机构和会计人员及会计工作管理的制度，单位的会计凭证、会计账簿、会计报告以及其他会计资料必须符合国家统一会计制度的规定。我国《公司法》第6章对公司财务、会计作了专章规定。在财政部2006年新修订并发布的《企业会计准则》中则进一步对企业编制财务会计报告内容、形式和方法等企业财务会计制度作了强制规定，明确了企业编制财务会计报告的基本义务。

随着经济的发展，自由主义和折中主义的弊端日益显露，采取该种立法原则的国家也对此予以修正，对商业账簿的编制方法、内容进行积极规范，以适应加强对日益社会化的商事组织的监督需要。强制主义立法对商业账簿作了较为严格的规范，适应了现代经济生活的需要，因而逐渐成为各国立法的趋势。但即使是采取强制主义原则的国家，法律一般也不强制所有的商事主体都设置商业账簿。哪些商事主体必须设置商业账簿，哪些商事主体不必设置，以及不必设置全部还是部分商业账簿，法律根据营业规模的大小，征税的便利及保障等，做出明确的规定。例如我国台湾《商业登记法》第69条规定，"小规模的合伙和独资商业，沿门沿街叫卖者、在市场外设摊经营者、家庭农、林、渔、牧业者、家庭手工业者和其他小规模营业者，不适用商事账簿的规定"。日本《商法典》第8条规定，"本法中关于商业账簿的规定，不适用于小商人"。我国《会计法》也规定，个体户无设立账簿的义务。

现代各国除了在专门的商事法律中对商事账簿制度进行规定，还采取颁布会计准则的方法对商事账簿建立过程中的具体细节问题予以明确，并且出现了会计准则国际化的趋势。1973年成立的国际会计准则委员会，迄今为止共颁布了30多项国际会计准则。

7.1.3 商业账簿的意义

在当今世界各国商业活动中，商业账簿已经成为管理商业及整个经济活动重要的工具。现代各国商法之所以对商人的商事账簿制度做出明确的规定，是因为商事账簿制度具有重大的功能和价值。有学者对商事账簿的价值和功能从商人、社会和国家3个方面进行了归纳。对商人本身而言，商事账簿制度既是商人准确地了解自己商事经营状况的重要手段，又是商人精确地分析自己产品的成本和价格的必要工具，也是商人监督自己的商事辅助人是否忠实地和全面地履行自己职责的重要根据；对社会公众和第三人而言，商事账簿制度是社会公众和第三人了解商人经济状况和财务状况的重要手段，第三人可以利用商人的商事账簿制度来反击和对抗商人的诉讼请求权的依据；对国家而言，商事账簿制度首先是国家了解和掌握国家宏观经济发展状况的重要手段，为国家制定正确的宏观经济政策提供理论根据，其次，商事账簿制度是国家税务机关依法对商人征收税款的根据和国家物价机关制定物价的重要根据。① 综合理论界的主要观点，结合我国经济发展的实际，设置商业账簿的经济和法律意义主要可概括为以下几方面。

（1）商业账簿是商事主体记载自身营业及财产状况的重要法定文件。

法律之所以规定置备商业账簿是商事主体的法定义务，目的是为了确保会计资料和会计信息能够得到真实、准确、完整而又合法的反映。而对于商事主体自身而言，通过置备的商业账簿，可以全面知晓自己的经营状况和财产状况，计算盈亏、分配利润，也可以通过对其商业账簿的分析，及时制定和调整企业的经营方针、发展计划和决策战略。如《日本商法典》规定，商人为了解营业上的财产和损益的状况，应当制定会计账簿和资产负债表。《德国商法典》也规定，设置商业账簿是为了明了地记载自己的商业行为及自己的财产状况。我国《会计法》规定，财务会计主体(包括商事会计主体)均需按规定设置账簿。2006 年《企业会计准则》第 4 条规定："企业应当编制财务会计报告。财务会计报告的目标是向财务会计报告使用者提供与企业财务状况、经营成果和现金流量等有关的会计信息，反映企业管理层受托责任履行情况，有助于财务会计报告使用者做出经济决策。"

（2）商业账簿是其他利害关系人选择交易对象和投资渠道、维护自身权益的重要依据。

对于商业账簿设立主体以外的其他商事主体来讲，通过商业账簿可以了解账簿设立人的经营状况、资信情况、经济实力和发展潜力，以便做出是否与其交易、是否向其投资的决定，从而维护第三人的利益和交易的安全。对商事主体的债权人来说，特别是当企业破产时，商业账簿更是清理债权债务的主要依据。对股份公司来说，商业账簿又是股东行使权利的主要依据，特别是股东分取股息、红利、剩余财产及计算股票账面价格的主要依据。尤其是大公司，经营财务状况的公开更为人们所关注。

（3）商业账簿是政府主管部门监督检查商事主体的经营状况和征收税款的主要依据。

对于政府主管部门而言，无论是对商事主体进行营业的年度检验、物价的检查、财务的审计，还是对税款的征收和税务的稽查，无不依赖于商事主体依法编制的商业账簿。

（4）商业账簿在民事诉讼中具有重要的证据效力。

---

① 张民安：《商事账簿制度研究》，当代法学，2005 年第 2 期。

由于商业账簿是商事主体依法对其营业状况和财产状况的真实、全面而又系统的记载和反映。因此，商业账簿是具有法律效力的事实依据，是当事人在诉讼中最为有利的证据材料。商业账簿的证据效力在各国立法中都得到充分的肯定。如《法国商法典》第17条规定："依法编制的账目可以被法院接受作为商人之间商行为的证据。账目未依法进行编制的，其编制人不得为自己利益作为证据予以引用。"①《德国商法典》第258条规定："在诉讼进行中，法院可以依申请或依职权命令提示当事人一方的商业账簿。"②《日本商法典》第35条规定："法院可以依据申请或依职权，命令诉讼当事人提供商业账簿的全部或一部分。"③ 在我国，商业账簿如果依法制作且内容属实，则是具备证据效力的一种书证，而且比其他证据具有更强的证明力。商业账簿的证据效力意味着当事人可以要求以商业账簿作为举证材料，法院也可以要求商事主体在诉讼过程中出示该商业账簿。

7.2 商业账簿的立法模式

7.2.1 两大会计体系之比较

商业账簿作为观念形态的总结，它的立法模式受社会经济、政治、文化以及对会计功能的认识和偏好等诸多因素的制约和影响。当今世界是一个以市场经济为主导的多元经济结构，与这种总的经济模式相适应，各国在会计立法模式上的选择也出现了多元化的格局。

在考察商业账簿的立法模式之前，我们有必要先弄清楚两大会计体系的区别。在会计发展的历史长河中，形成了两大不同的家族。一是官厅会计——即政府会计；一是民间会计——即企业会计(商业会计)。从而在会计立法上也形成了两大基本体系。它们既相互独立，又相互促进，共同推动着会计事业的发展。

政府会计是以国家时政预算资金收支过程中的资金运动及其结果所进行的核算和监督的管理活动，主要是指各级财政部门和行政事业单位的会计。由于它与国家预算紧密联系，所以又称预算会计。它是以预算资金的来源、运用及其结存为核算对象的一种专业会计。

企业会计(商业会计)是指各类企业在生产经营中对其经营资本及其运动采用货币计量和专门的方法进行核算和监督的管理活动。它的核算和监督对象主要是企业在再生产过程中以货币表现的各类经济活动。如资本取得所形成的资产、负债、所有者权益、成本费用、收入、利润及分配。它的方法主要是对各项经济业务及其成果采用价值数量予以记录

① 金邦贵译：《法国商法典》，国际文化出版公司，1995年版，第12页。
② 杜景林译：《德国商法典》，中国政法大学出版社，2000年版，第69页。
③ 丁耀堂译：《日本商法典》，法律出版社，1982年版，第6页。

确认、计量、核算并及时、系统、全面地提供会计信息。

这两种会计虽有其共性，如都使用货币计量，都采用同一会计期间，都有相同的记账规则和程序等，但是这两种会计也存在很大的差别。

1. 二者产生的历史和社会背景不同

政府会计是基于国家对公共资金，即国家预算资金管理的需要而逐渐发展起来的。它的收支都是国家方针政策的反映，所以进行严格的会计管制是绝对必要的。在这方面中国较之其他任何国家早有认识，并且早在古代就把管理政府财政收支作为政府的重要职能和评价官员政绩的重要内容。所以我国的官厅会计早在西周就很发达①。作为民间会计，人类有生产活动就有会计活动。如马克思在对人类历史进行考察时就曾指出，在印度不同的地区存在不同的公社形式……除了从事同类劳动的群众以外，我们还可以看到一个首领，一个记账员，登记农业账目，登记和记录与此有关的一切事项。在过去，它主要计算生产经营中的得失债权债务关系。企业会计是商品经济发展的产物，它是随着现代企业的产生和发展逐步形成的。企业会计有一套系统的理论、原则、科学的记录计量的方法和缜密的核算监督体系。它的开始形成是在中世纪——资本主义时代即将到来的前夜，尤其是1494年意大利卢卡·巴其阿勒的簿记论的问世，标志着现代会计的诞生。可以说，企业会计不论其过去和现在都带个体性(组织体)，不具有国家性。概而言之，政府会计产生的基础是国家，企业会计产生的基础是发达的商品经济。

2. 二者的理论基础和调整的法律不同

从立法的理论来讲，政府会计立法的理论基础是权力本位论，它是国家行政权力预接在行政上的运用。可以说，如果不与行政权力联姻，就没有行政会计，如没有一级政权，就不可能有一级预算，也就不可能有一级预算会计和单位会计。它的预决算方案都必须经同一级国家权力机关批准，才具有法律效力。因此，它的活动具有很强的国家意志性。在管理上强调行政隶属关系，并实行首长负责制。因此主要属行政法和经济法调整。

企业会计立法的理论基础是权利本位论。企业的活动主要同市场行为，所以政府一般不做过多的干预。企业会计立法主要以保护投资人、债权人和企业本身利益为主。同时为满足企业适应客观经济情况瞬息万变的需要，必须赋予企业以充分自由活动的空间，以利于企业在组织上自治、在权利上自主、在行为上自律、在责任上自负、在地位上客观、中立、超然。所以企业会计法律制度在价值取向上以自然权利观为出发点。

3. 二者的核算原则不同

在核算上，由于政府会计以预算资金为核心，所以实行基金制，收付实现制。而企业会计由于以利润为中心，所以实行经济核算制和权责发生制。

① 王中立：《比较会计制度》，中国审计出版社，1992年版，第166页。

4. 二者的资金运动方式不同

以资金运动来说，政府会计资金运动主要体现为资金的取得(税收、领款)、资金的使用、报销，而不存在资金循环和周转的概念。而企业会计的资金运动、资金来源主要靠投资人的投资和举债。并从货币资金开始——变为储备资金——再变为生产资金——经过销售，最后又变成货币资金。使资本持续不断地循环和周转，并在运动中追求资本的增值。

7.2.2 商业账簿的立法模式

由于这两种会计从理论、原则及核算方式到具体制度都存有很多差异，加之由于各国会计立法环境因素不同，所以形成了不同的立法模式。①

1. 综合立法型

所谓综合立法就是把企业会计(商业会计)法与其他相关法律混合，其中主要有以下几种模式。

(1) 商法模式。是指把企业会计法律制度规定在商法典中。世界上许多国家都采取这一模式。根据有关资料，世界上最早进行企业会计立法的国家是西班牙。在公元8世纪，西班牙的卡朗提利亚市颁布了有关商行应设置账簿和进行登记的法律。该法于1549年经修改后又重新颁布。后来法国于1673年颁布了世界上第一部独立的商法——《商事敕令》，在该令及其注释中对会计工作作了较明确具体的规定。如规定企业两年编制一次资产负债表，并规定左方为借方，右方为贷方，这是会计标准化最早的先例。尤其法国在1807年制定商法典时，在第1卷第2编专门规定了商人会计。德国、日本在制定商法典时，都以专章规定了商人会计。后来其他许多国家，如卢森堡、比利时、西班牙、葡萄牙、希腊、土耳其、埃及、阿根廷、乌拉圭、墨西哥、秘鲁等国在制定本国商法典时，都在商法典中规定了商业账簿的内容。瑞士在制定债务法时(1872年)，也在其中规定了商业账簿制度。瑞典、挪威、丹麦在制定买卖法时，也在其中规定了商业账簿制度。这就形成了商法典型的企业会计制度。

这些国家在商法中对企业会计进行规制，究其原因，主要是在重商主义理论支配下，认为商事活动是以营利为目的的经营活动。在这种生产经营过程中必然伴随着价值运动，并必须借助货物计量加以反映，通过记账、算账、报账、用账等手段，对生产经营过程中的财务收支、资金运动变化及其经营成果进行全面、系统、综合的记载、核算和监督。这样既有利于准确计算盈利，加强内部管理，同时又有利于对外提供会计信息，扩大联系，建立信誉，也使政府征税和进行监督有所依据。另外，这种模式也源于商业惯例。早期人们通常认为，商业是业主的私事，商业账簿是商人的秘密，可以不公开，就是政府对账簿的检查，也只检查其真实性。商人对会计方法的选择、报表的制作是很自由的。到10世

① 任先行、周林彬：《比较商法导论》，北京大学出版社，2000年版，第264～267页。

纪前后，随着欧洲贸易的发展，往返于地中海的商船设专人做书记，专门从事商务活动的记账工作，从而建立起了商业簿记制度的雏形。后来随着商业同业行会的兴起，商业联盟的扩大，商事管理日益严格，商事簿记制度也日益法制化，所以许多国家遵循俗成把会计在商法中加以规定，这样也就形成了会计是商业语言之说。

(2) 民法模式。是指有的国家在民法中对企业会计进行规制。如荷兰的企业会计制度原来主要在《公司法》中作了规定。后来于 1975 年把《公司法》纳入民法，这样它的企业会计就由民法调整。另外，瑞士原来是将企业会计制度在《债务法》中作了规定，后来瑞士于 1911 年将债务法并入民法作为第 5 编，这样瑞士的企业会计也就归民法调整。归纳这些国家把企业会计纳人民法调整的原因，主要是由于企业会计本身要求有较大的选择空间，由民法调整，可使会计工作从核算方法——账簿组织——财务报告有较大的宽容度。同时在理论界，早在 1552 年西班牙会计家法学派的创始人——卡斯基洛就曾提出，会计法规不应属行政法所辖，而应属民法的范畴。可是这种卓见直到 20 世纪末只有在荷兰、瑞士被用于实践，同时，荷兰还是世界至今唯一独立设立会计法院的国家。

(3) 公司法模式。是指企业会计在公司法中进行规定。这主要由于公司是现代企业的主要形式。公司是投资人、债权人、经营者、生产者以及国家利益的共同载体。所以把公司财务会计规范好，至关重要。如英国最早把企业会计规定在《破产法》中(1825 年)，后来在颁布《公司法》时(1862 年)又对会计制度作了专门规定。现在凡有独立公司法的国家，差不多在公司法中都定有“公司财务会计”的专章。我国也是如此。尤其是英联邦国家的企业会计制度，基本上以公司法为基础。

(4) 证券法模式。是指把企业会计规定在证券法中。这主要是一些股份制企业较发达的国家认为企业会计的主要使命在于保护投资者的利益，为达此目的须通过设置账簿、账户进行核算和监督，并提供准确的会计信息。这一模式以美国为代表，它在 1933 年的《证券法》中特别是 1934 年的《证券交易信息法》中对企业会计制度都进行了规定。

(5) 税法模式。是指在税法中规定有关企业会计的内容。主要原因是由于税收直接关系到投资人和国家切身利益，加之企业会计数据是征税的主要依据，并由于各国税收制度愈来愈复杂。所以，现在许多国家在税法中对企业会计做出专门的规定，并专设税务会计。其中有代表性的国家是法国和德国。

2. 单独立法型

单独立法型有两层含义：一是指整个会计法律制度从诸法合一中分离出来，单独制定《会计法》，这在当今世界普遍存在；二是在会计法律体系内部对政府会计和企业会计又实行分别单独立法。如我国早在 1914 年北洋政府时期就单独制定我国历史上第一部独立的《会计法》，以后国民政府于 1935 年又制定了单独的《会计法》。新中国成立后，于 1985 年又制定了《中华人民共和国会计法》。这 3 部法律虽然都是会计法，但它们除本质上不同外，在调整范围、立法原则上也大不相同。如民国时期的会计立法实行的是“政企”分离原则。所以它在《会计法》第1条规定，“本法适用的对象为政府及其所属机关办理的各项会计事务”。[①] 而对私人经营的商业事务，则依国际惯例，另立《商业会计法》。而《中华人民共和国会计法》则采取“政企”合一的原则，即政府会计和企业会计统一由《中华人民共和国会计法》进行调整。如该法第2条规定：“一切国家机关、社会团体、企业、事业单位、个体工商户和其他组织办理会计事务，必须遵守本法”。这在调整范围上是超密型的，囊括了一切公司业务。在外国也有不少国家单独制定了《会计法》。如美国1921年颁布了《会计和审计法》，1974年颁布了《会计总署法》。日本除商法典中规定了会计制度外，还于1947年颁布了《会计法》，1948年颁布了《公认会计师法》。瑞典、冰岛也都颁布了《会计法》。不过这些会计法都是专门用来规范政府会计特有的法律。法国于1947年还专门制定了《会计总方案》，不过它主要适用于企业会计。南斯拉夫于1959年颁布了《社会簿记条例》，并设簿记局，它把会计工作从单位中分离出来，更是别具一格。苏联于1946年颁布了《各企业和经济组织的会计凭证和记账条例》，1982年又制定了《会计工作组织总条例》，也是实行“政企”分离原则。

3. 准则型

当今的会计法制除国家立法外，还有由会计职业团体制定的会计准则。它是对会计工作中一系列概念进行定义性特定“语言”规则，是规范会计实务重要的行为规范。它包括基本准则和具体准则。它集中体现了会计政策、会计假设、一般原则、会计报表以及对特殊行业的基本要求和具体规定。其目的在于规范财务会计方法，保证会计信息的质量。会计准则主要由会计职业团体进行制定。从严格意义上讲，它只属职业道德规范或自治规则，不具有法律的约束力。它只有经会计主体认同之后才具有实际的约束力。当今世界之所以较普遍的采取这种模式对会计工作进行规范，主要是在传统观念上认为会计是企业自己的事。特别是经济活动瞬息万变，政府不应过多地干预，更不必事事用法律手段作强制性的规定。加之，会计工作是一项经济技术性很强很具体的工作，实务性很强，有许多财务会计规程不便于用法律规范进行确立。同时，会计工作业务性强，制定会计规则必须精通会计业务，所以由会计职业团体根据实际需要制定一些会计准则去进行规范，以便使会计工作实现自治自律。这些准则虽不具有法律的强制力，但它的制定往往是经政府部门的授权，加之制定会计准则一般都是由会计职业界的专家学者拟定的，从而有很高的权威，成为会计工作的信条。这样会计主体也都能自动认同。因此，从20世纪末以来，许多经济发达国家都成立了会计准则委员会。如英国于1970年成立了“会计标准筹划委员会”，美国于1973年成立了“财务会计准则委员会”，荷兰于1970年成立了“三方会计准则委员会”（即雇主、雇员相会计师），日本于1948年成立了“企业会计评议会”等。这些组织成立后制定了不少会计原则和会计准则。如美国的“公认会计原则”，法国的“会计总

① 陶百川：《最新六法全书》，台湾三民股份有限公司，1981年版，第813～822页。

方案”，英国的“会计原则推荐书”，德国的“体系化簿记原则”，日本的“企业会计原则”，荷兰的“年度报告指南”等。这些会计准则的效力根据它们的授权而有所不同。如美国会计准则的权威来源于“证券交易委员会”的授权，它的适用范围主要是上市公司。法国会计准则的权威主要来源于行政权力，所以它的适用范围几乎覆盖所有大中型企业。

我国对财务会计概念框架的研究起步较晚，会计准则的建设尚处于初级阶段。从目前的会计准则体系来看，财政部于 1992 年颁布的《企业会计准则》，1997 年起陆续公布的具体会计准则。前者又称基本会计准则，是制定具体会计准则所依据的基本会计规范，就其功能来说，类似于西方国家的财务会计概念框架；后者即为国际会计惯例所指的会计准则。2006 年 2 月 15 日，财政部颁发了新《企业会计准则》，要求自 2007 年 1 月 1 日起在上市公司范围内施行，并鼓励其他企业执行。新准则的出台，标志着与国际会计准则趋同的中国会计准则体系正式建立，这在我国会计发展史上将成为新的里程碑。

随着国际经济贸易的发展，特别是跨国公司的出现，经济日益国际化，加之由于各国的会计准则存在一些差异，于是便产生了制定国际会计准则的必要。为此，1973 年 6 月由澳大利亚、加拿大、美国等 9 国的主要会计职业团体在伦敦集会，成立了国际会计准则委员会(IASC)。目前，其成员已发展到包括 104 个国家的 143 个会计职业组织。迄今为止，IASC 已发布了 30 多个国际会计准则，并公布了一系列“征求意见稿”。这些会计准则对该会成员国具有约束力。同时，由于这些准则集中反映了各国公认的会计惯例和一些基本原则，所以对各国会计都产生一定影响。经过 IASC 的努力，国际会计准则日益完善，并得到各国会计界的支持与认可。我国目前已经加入该委员会。

从以上分析可以看出，会计法律制度从诸法合一到单独立法；从政府会计到企业会计；由主要依靠强制法发展到既依靠法律又依靠自治法规；由国内立法发展到国际性会计准则，这充分反映了经济越发展，会计越重要这一基本法律事实。同时也说明用法律和准则来规范会计制度已成为当今世界中普遍的趋势，所以形成“会计是个法律语言”之说。

7.3 商业账簿立法的几项基本制度假设

7.3.1 会计主体

要进行商事簿记活动，必须要有许多前提条件，其中首要的就是要有明确的会计主体。所谓会计主体是指在经营上或经济上具有独立性或相对独立性的单位。如果是营利性经济组织，就是一个企业或企业的一个部门；如果是非营利性的单位，就是一个事业、机关、团体单位。会计主体假设把会计处理的数据和提供的信息，严格地限制在这一特定的空间范围，而不是漫无边际的，同时也从根本上确认了会计信息系统立足于微观，主要为微观经济服务的属性。

会计主体假设要求会计所提供的信息，只能反映该信息系统的某个特定会计主体的经济状况和经营成果，既不应同任何其他主体相混淆，也必须同主体的所有者的资产、负债或其他经济问题划清界限。企业单位的会计只核算企业单位范围内的经济活动。这样才能正确反映会计主体的资产、负债和所有者权益的情况，才能正确提供反映企业单位经营情况和经营成果的会计报表，才能提供会计信息使用者所需要的信息。也正是会计确定了它的核算范围，企业的投资者、债权人才可能从会计记录和会计报表中得到有用的信息。

一个会计主体不仅与其他会计主体相分离，而且在所有权和经营权相分离的情况下，会计主体还独立于业主之外。唯有如此，才能恰当地核算和报告公司所拥有的资产和所承担的债务，准确地计算出经营成果，为投资者提供有价值的信息。在此，要明确会计学中的会计主体与会计法律关系中的主体是不同的。会计学中的会计主体虽也是借鉴法学的主体理论而形成的，但它又与会计法律关系中的主体有所区别，会计法律关系的主体是指参与会计活动，受会计法律规范所调整，享有权利和承担义务的组织和个人。会计主体只有在为法律行为时才是会计法律关系的主体。同样有些会计关系中的主体——如个人并不一定就是会计主体。商业账簿主体属会计法律关系主体，也就是在法律上负有义务制作商业账簿并依法进行商事核算和监督的商人。由此可见，并不是所有的会计法律关系的主体都是商业账簿主体。也就是说，并不是所有的会计主体都负有制作商业账簿的义务，商业账簿主体也是以特定的人为对象的。如《日本商法典》规定，“商人应当制作会计账簿”，但日本商法把商人分为固定商人、拟制商人和小商人三大类。而《日本商法典》第8条规定，“本法中关于商业登记、商号和商业账簿的规定，不适用于小商人”。① 所以小商人没有制作商业账簿的义务。只有固定商人和拟制商人才有制作商业账簿的义务，才是商业账簿制作的义务主体。《德国商法典》规定，任何商人在法律上都负有制作商事簿记的义务，而小商人、表见商人和拟制商人在法律上不负制作商事簿记的义务。② 对应登记商人从登记义务产生之时起就负有制作商事簿记的义务。

7.3.2 持续经营

持续经营假设是指如果不存在明显的反证，会计主体的经营活动在时间上将持续下去。这里的“反证”指那些表明企业的经营将在可以预计的时刻结束，如合同规定的经营期满、企业资不抵债而濒临破产清算等。之所以要对企业的持续经营做出假定，一个主要的原因是，如果缺乏这项假设，会计核算的许多原则如权责发生制、划分收益性支出与资本性支出等将不能够应用。另一个原因是在持续经营中企业拥有的资产将逐渐被消耗和出售，它所承担的债务也将会得到清偿。会计准则、会计方法和会计程序在正常持续经营中

---

① 丁耀堂译：《日本商法典》，法律出版社，1982年版，第6页。

② 杜景林译：《德国商法典》，中国政法大学出版社，2000年版，第71页。

能得到恰当的贯彻，从而能提供可以信赖的数据。这是商业账簿赖以存在的又一个重要的前提条件。

7.3.3 货币计量

货币计量假设是指商业账簿要以货币作为计量单位来量度一切经济业务，换句话说，账簿的记录、汇总、分析和报告的资产、权益、收入、费用，要以货币作为统一的价值尺度，以货币作为计量本位币。之所以要做出货币计量假设，主要是由于商业账簿上所提供的信息主要是定量信息。在商品经济条件下，一切商品只有转变为货币，它的价值才能实现。这就决定了会计在提供数量化信息时主要应当以货币作为计量单位，而且这种货币在价值上应该是稳定的。在货币价值不稳定时，以货币计量的会计信息，其可信赖的程度就大大下降。如何处理、消除货币贬值对会计信息的影响是会计理论和实践上有待于研究的问题。

7.3.4 会计期间

企业的经营活动总是持续不断的，但不可能等待企业全部经营结束时才结算账目进行考核。为了及时提供财务信息，人们便将企业持续经营的活动人为地划分为一个个等距离的“区间”，以便能够及时地核算与报告有关企业财务状况、经营成果与财务状况变动的信息。会计期间通常为一年，称为会计年度。但会计年度的确定各国规定不一。有采用历年制，有采用营业年制的。而营业年制，有的采用 4 月制(如日本)，有的采用 7 月制(如英国)，有的采用 10 月制(如美国)；还有的国家规定出企业自己决定，不过多数国家采用历年制。我国规定会计期间采纳公历年度，即从 1 月 1 日至 12 月 31 日。在信息时代的今天，考虑到信息提供的及时性，会计期间也呈现出逐渐缩短的倾向，如以半年、季度和月作为会计期间。

7.3.5 权责发生制

权责发生制是指凡属当期已经实现的收入和已经发生或应当负担的费用，不论款项是否收付，都应作为当期的收入或费用处理；凡不属于当期的收入和费用，即使款项已经在当期收付，都不作为当期的收入和费用。这是 2006 年《企业会计准则》新增加的企业设置会计账簿的要求，该准则第 9 条规定：“企业应当以权责发生制为基础进行会计确认、计量和报告。”因此，权责发生制也是商事主体设置账簿的基础要求。与权责发生制相对应的是收付实现制。收付实现制是指凡是在本期收到的收入和支出费用，不论是否属于本期，都应作为本期的收入和费用处理，反之，即使收入取得或费用发生，没有实际款项的收付不作为当期的收入和费用。即只要收到或支出了款项，就作为当期的收入或费用，而只要没有实际款项的收入，则一律不作为本期的收入或费用。和权责发生制比较，收付实现制处理方法比较简单，而且对各期损益的确定不够合理，因此一般适用于行政事业单位。

7.4 商业账簿的会计核算

7.4.1 会计核算的一般原则

会计核算的一般性原则是会计核算的基本规律，它体现着社会化大生产对会计核算的基本要求，反映着商品经济条件下会计核算的基本规律，是会计核算基本规律的高度概括和总结。根据2006年新颁布的《企业会计准则》，我国会计核算的原则包括8项，它是我国会计核算工作应遵循的最基本的原则性规范，是对我国会计核算工作的基本要求。它在我国会计准则体系中居于指导性地位，它为整个会计准则提供指导思想和理论基础，对具体会计核算行为具有指导作用。

1. 客观性原则

该原则是指会计核算必须以实际发生的经济业务及证明经济业务发生的合法凭证为依据，如实反映财务状况和经营成果，做到内容真实、数据准确、资料可靠。客观性要求是对会计核算工作的基本要求。它包括下面3层含义：一是会计核算应当真实反映企业的财务状况和经营成果，保证会计信息的真实性；二是会计核算应当准确反映企业的财务情况，保证会计信息的准确性；三是会计核算应当具有可检验性，使会计信息具有可验证性的特征。

2. 可比性原则

该原则是指会计核算必须符合国家的统一规定，提供相互可比的会计核算资料。《企业会计准则》要求，不同企业发生的相同或者相似的交易或者事项，应当采用规定的会计政策，确保会计信息口径一致、相互可比。

3. 一贯性原则

该原则是指同一会计主体不同时期发生的相同或者相似的交易或者事项，应当采用一致的会计政策，不得随意变更。确需变更的应当在附注中说明。一贯性原则要求同一会计主体在不同时期尽可能采用相同的会计程序和会计处理方法，便于不同会计期间会计信息的纵向比较。可比性原则强调的是横向比较，一贯性原则强调的是纵向比较。从总的方面来说，两者都属于可比性的要求。一贯性原则并不否认企业在必要时对所采用的会计程序和会计处理方法作适当的变更。

4. 及时性原则

该原则是指会计核算工作要讲求时效，要求会计处理及时进行，以便会计信息及时利用。企业对于已经发生的交易或者事项，应当及时进行会计确认、计量和报告，不得提前或者延后。

5. 明晰性原则

该原则是指企业提供的会计记录和会计信息必须清晰、明了，便于财务报告使用者理解和使用。

6. 重要性原则

该原则是指企业提供的会计信息应当反映与企业财务状况、经营成果和现金流量等有关的所有重要交易或者事项。

7. 谨慎性原则

该原则是指企业对交易或者事项进行会计确认、计量和报告应当保持应有的谨慎，不应高估资产或者收益、低估负债或者费用。会计人员对某些经济业务或会计事项存在不同会计处理方法和程序可供选择时，在不影响合理选择的前提下，以尽可能选用一种不虚增利润和夸大所有者权益的会计处理方法和程序进行会计处理，要求合理核算可能发生的损失和费用。

8. 实质重于形式原则

该原则是指会计主体应当按照交易或者事项的经济实质进行会计确认、计量和报告，不应仅以交易或者事项的法律形式为依据。

7.4.2 商业账簿的会计等式和复式记账

1. 会计等式

商事主体从事经营活动，首先要筹集一定的资本。资本的投入者为保持投资的安全，既要对投入的资产表示一定的权益，还要对投入的资产获得一定的利益。另一方面，投资者将资产投入企业后就形成法人财产。企业运用法人财产进行经营还要获取一定的利润，这些财产和利润统称为企业的资产。而投资者对这些资产都享有请求权、索取权、分配权以及最终的所有权。这些权利在会计学和法学中统称为权益。这样有多少资产就有多少权益。并且这种权益都是以资产的金额来表示的，所以在任何时候总是“资产＝权益”。而且始终是恒等的。这种资产与权益的关系体现的是投资者与会计处理主体(企业)的物质利益关系和法律关系。这种平衡等式之所以能成立，是因为权益体现了资产的来源，资产体现了权益存在的形式。所以资产总额总是等于权益总额。

此外，会计主体在经营活动中，总是要向银行借款，有的还要发行债券，在与供货单位的往来中往往要赊欠货款。这样就形成各种债权债务关系。从企业来说，它属于债务或负债，同时也体现了债权人的权益。

另外，投资者投入到企业的资财，以及企业在经营过程中获得的积累，这些投资都属于所有者权益。也就是企业的总资产在扣除负债后等于净资产，在会计学中称所有者权益。这样，资产、负债和所有者权益就构成企业财务状况的3个重要的会计要素，并形成等式：

资产＝负债＋所有者权益

所有者权益＝资产－负债

建立这样的会计等式，它明确了资产、负债和所有者权益三者之间的关系，是会计中设置账户、复式记账和编制会计报表的依据。

2. 复式记账

复式记账是相对于单式记账法而言的，是指会计主体在经济业务发生时，对每一笔经济业务都要以相等的金额在两个或两个以上有关账户中作相互联系的登记的一种记账方法。它是以价值运动和会计等式为理论基础。如会计主体收到投资者交来的股款50 000元，存入银行。这笔业务就要记入借方“银行存款50 000元”，贷方“实收资本50 000元”；这样可以清晰地反映资本运动的来龙去脉。

现在复式记账法多采取借贷记账法。借贷复式记账法是目前世界各国通用的一种复式记账法，也是我国普遍采用的记账方法。“借”和“贷”是两个专用记账符号，借(debit，De)，贷(credit，Cr)。使用借贷记账法，在各账户中一律用“借方”和“贷方”作为记账符号。但是它要根据账户的性质来确定其增加数或减少数。如资产类账户，其“借方”表示增加，其“贷方”表示减少。而负债和所有者权益账户则正好相反，“借方”表示减少，“贷方”表示增加。

借贷记账法的规则是：有借必有贷，借贷必相等。根据这一规则，它要求任何一笔经济业务都至少要在一个或几个账户的借方进行登记，同时也要记入另一个或几个账户的贷方。记入借方的金额必须与记入贷方金额相等。这样可以清晰地反映每笔经济业务的来龙去脉。

3. 会计分录

每笔经济业务发生之后，应根据原始凭证编制会计分录。会计分录的主要作用是将每笔经济业务应借和应贷的账户及其金额先写入记账凭证，然后根据记账凭证的记录，分别记入日记账和分类账的有关账户。编制会计分录必须根据经济业务的内容确定应借、应贷的账户及其金额。会计分录是记账的依据，对它编制的正确与否直接影响到账簿的记录和整个会计信息的质量。

会计分录有单式分录和复式分录之分。单式分录是只有一借一贷的对应关系。复式分录是一借多贷和一贷多借的对应关系。

编制会计分录应注意分录格式。一个完整的分录应有借方和贷方的记账符号、账户名称及其金额，并有简要说明。同时，借方记录在上行，贷方记录在下行，并向右留一空格。

7.4.3 商业账簿和会计报表

1. 商业账簿的种类和记账要求

账簿是由账户构成的，账户是账簿的实质内容。账户既是会计科目在账簿中设置的具体户名，又是自身账页格式结构的体现。会计科目是根据会计核算和经营管理要求，按资本运动的经济内容分为资产负和债两大类。从会计科目的纵向相互关系又分为总分类科目和明细科目。会计科目的设置有的国家规定由企业根据需要自行设置；有的由会计准则规定；有的国家由中央财政部或主管部门统一规定。账户要设在账页上，账页格式有一栏式、双栏式、三栏式、多栏式。一般自由选定。

1）商业账簿的种类

账簿按其用途一般分为序时账、分类账和备查登记簿。

（1）序时账。习惯上又称为日记账，它是按照经济业务完成时间的先后顺序登记的账簿。登记日记账必须要有原始凭证，并根据会计部门收到凭证的先后顺序制作会计凭证并进行编号，凭会计凭证进行记账。设置日记账有利于对每天发生的经济业务进行核算和监督，也有利于检查各项经济业务在账簿中的记录是否正确和完整。日记账一般分为现金日记账、银行存款日记账和转账日记账。转账日记账要根据转账凭证逐日逐笔按顺序登记。并在“账户名称”栏写明应借和应贷会计科目的名称。同时，以此作为进入分类账的依据。

（2）分类账。是将各项经济业务按照总分类账户和明细分类账户分类进行登记的账簿。分类账又可分为总分类账（又叫总账）和明细分类账（又叫明细账）。分类账可以分别反映各个会计要素构成的内容及其增减变化情况。

（3）备查登记簿。是对某些事项在日记账和分类账中未能记载的事项进行补充登记的账簿。它可以对某些经济业务提供必要的辅助资料，如代销商品登记簿、受托加工材料登记簿等。

2）商业账簿的设置要求

为了保证商业账簿的质量，对账簿的记载，必须遵守会计原则、记账规则、会计方法和记账程序。

（1）对账簿记账内容的要求。如《日本商法典》第33条规定，“商业账簿应当整齐、清楚地记载下列事项：商人在开始时和每年一次于一定的时间关于营业上的财产及其价格；涉及交易及其他营业上的财产事项；商人和公司在成立时和每个决算期应当根据会计账簿制作资产负债表”。[①] 尤其是日本商法对财产的计价作了特别规定。它主要按固定资产、流动资产、金钱债权分别做出规定。规定固定资产应以原价为标准，应扣除折旧和损耗额进行计价；商品、制品、原材料等流动资产，无论是按原价，还是按市价，原则上都

① 丁耀堂译：《日本商法典》，法律出版社，1982年版，第8页。

是可以的；对金钱债权的计价额不能超过从债权中扣除估计不可能收回的金额的余额。另外，对股份公司财产的计价也作了详细的规定。如对流动资金，原则上按“原价主义”。对固定资产采取“折旧主义”。对公司债和股份的计价，原则上和金钱债权相同。但对超过一年以上的长期保有的具有固定资产性质的，和在一年以下短期保有的流动资产性质的，其共同计价的原则，均按交易所行市的情况分别确定。

在我国对商品价格的核算中，批发和零售有所不同，对批发商品一般采取按进价进行核算；对零售商品则采取售价进行核算。《德国商法典》规定，账簿上要明确记载商人的商事活动和他的财产状况。账簿必须这样制作，即帮助业务上第三人获得一定时间内的业务实情和企业状况的概况，企业实情必须包括业务的产生和进展情况。我国《会计法》第7条规定，“凡款项和有价证券的收付；财物的收发和增减；债务、债权的发生和结算；基金的增减和经费的收支；收入、费用、成本的计算；财务成果的计算和处理等，都必须进行会计核算”。同时，许多国家对股份公司和有限责任公司在制作账簿内容上一般还有特殊要求，如盈亏计算书及其附属说明书。并且在公司清算、破产的情况下还必须制作财产目录，这些都要列入账簿。

（2）账簿必须根据规定的制作原则制作，如客观性原则、权责发生制原则、及时性原则等。为保证账簿记录的合法性，明确记账责任，每个账簿启用时，必须在账簿内列表载明会计单位名称、启用日期、账簿页数，记账人员和会计主管人员姓名，并加盖公章和名章。《法国商法典》还规定，“日记账和存货明细账由商事法院的书记官在该商人注册的注册簿上，按一般方法免费进行编号、画押，每一账簿拥有书记官在专门注册簿上编排的辨认号码”。①

（3）账簿必须根据记账方法记载。如记账必须按规定设置会计科目，记账时必须严格地根据经过审核过的会计凭证准确地填列会计科目，记账后应将记账凭证的编号记入账簿内，并在记账凭证上注明账簿页数。每一账页完毕时，应加计总数和结出余额，并注册“过次页”，在新账页第一行要将前页总数和余额转入，并注明“承前页”字样。记账必须连续记载，不准隔页隔行。记账发生错误，必须按规定的更正错误的方法更正，如画线更正法，红字冲止法。记账必须用蓝黑墨水书写，同时要正确运用会计核算形式，即要正确进行账簿组织、记账程序和记账方法相互结合的方式，一般包括汇总记账凭证、凭单日记账、科目汇总表、记账凭证、日记总账5种会计核算形式。此外，还要正确运用会计方法，包括会计核算方法、决策方法、成本计算法以及各分析方法和检查方法等。

（4）要遵守记账程序。所谓记账程序是指从审核原始凭证，编制记账凭证，制作会计分录，登记账簿，编制报表的过程和步骤。确定会计程序能使会计核算有条不紊地进行，以保证会计核算的质量。此外，现在许多国家法律规定，账簿的记载可以用人工书写，也可以用计算机进行数据处理。但对数据的储存装置要特别加以保管，并保证数据可以备查

---

① 金邦贵译：《法国商法典》，国际文化出版公司，1995年版，第12页。

阅、使用。

总之，商业账簿是记载商人的财产和经营活动并依法制作的书面簿册。根据商业账簿提供的资料，既可查阅商人的财产和资本是否合法，又可了解商业成本、费用及其利用情况，从而对整个经营活动进行分析，同时又是编制会计报表的主要依据。所以商业账簿是商事经营管理的重要内容，也是商事立法的重要内容。

2. 商业会计报表

1）商业会计报表的含义

商业会计报表是以货币为计量单位，通过一系列经济指标，反映商事主体在一定时期的资产和负债总括性的书面文件。商事主体的经营活动中的财产状况本来在商业账簿中已作了记载和反映。但是账簿都是按会计科目所作的明细记载的，因此比较分散，不能集中概括地反映经营活动及其成果总的面貌，所以系统地整理这些资料，并据以编制会计财务报表，对整个经营状况进行集中反映，是整个会计工作不可或缺的一项主要内容。按规定编制和报送财务报表是各国商人必须履行的法定义务之一。如《德国商法典》规定，“商人必须从其商事经营之始，以及于每一个营业年度之结束编制一份表明其财产和债务关系的结算账”，并规定“资产负债表和损益表构成年度报告”。①《法国商法典》亦规定：“商人每年造自己之动产、不动产及其资金负债的目录，并手署其姓名，且每年抄载其目录于别设之簿册”。② 我国《会计法》规定，“各单位按照国家统一的会计制度的规定，根据账簿记录编制会计报表，报送财政部门和有关部门”。可以看出，依法制定财务会计报表是当今世界各国的通例。

2）编制财务报表应遵守的原则

编制财务报表应遵守以下原则。

(1) 连续性原则。即在会计的质量和填报方法上均保持前后会计期间的一致性，尤其与上一年度决算报表的价值评估方法不能有较大的出入。

(2) 以账簿为根据的原则。编制财务会汁报表虽不是账簿记载的简单复制，但必须以账簿的记载为根据，如《中华人民共和国会计法》、《日本商法典》对此作了明确规定。

(3) 真实性原则。编制财务会计报表必须做到及时、客观、准确、可靠、真实有效地为使用者提供可靠的会计信息。任何篡改报表数据、弄虚作假的行为都是不允许的。而且反映的财务状况要清楚明确，不致使人产生误解。所以《德国商法典》明确规定，“资产项目不得与负债项目、收入不得与支出、地产权不得与设定于地产之上的权利同时计算”。③

(4) 公开性原则。财务报表虽然有对外公开和供内部使用的两类，但就现在来说，现

① 杜景林译：《德国商法典》，中国政法大学出版社，2000 年版，第 71 页。

② 金邦贵译：《法国商法典》，国际文化出版公司，1995 年版，第 11 页。

③ 杜景林译：《德国商法典》，中国政法大学出版社，2000 年版，第 71 页。

代商业企业多数属于公司。而公司法所规定的财务报表事项是要向股东、债权人、证券交易所、公司登记机关以及政府有关机关公开发表或报送的。特别是股份有限公司的财务报表更要向社会公众公告，以便让社会监督了解。对此各国法律都有规定。如德国于1969年8月15日专门颁布了《营业报告及年终决算公开法》，规定以资产总额达1.25亿马克以上；年度销售总额达2.5亿马克以上；劳工人数超过5 000人的公司负有义务定期向社会公布其有关簿记资料。

3）财务报表编制的方法

有关财务报表编制的方法，有的国家也作了法定性的规定。如《德国商法典》规定，“年度决算必须以德语和德国马克作为编制语言和计算货币”，“必须由商人签署日期和姓名。如果存在多元无限责任合伙人，他们则必须全体签字”。[1] 在其他有关法律中都有这类规定。如我国《会计法》规定，“会计核算以人民币为记账本位币”，“会计报表由单位领导人和会计机构负责人、会计主管人员签名和盖章。设置总会计师的单位并由总会计师签名或盖章”。

4）财务报表的种类

典型的财务报表从内容到形式已经形成，主要的有以下几种。

(1) 资产负债表。是反映企业(商人)在某一特定日财务状况的表册，属静态报表。它通常分左右两栏，左栏(借方)反映资产的存量状况，右栏(贷方)反映资产的负债和资本状况。企业的资产总额总是恒等于企业的负债总额加所有者权益，即资产＝负债＋所有者权益，因而左栏必须等于右栏，所以人们又称资产平衡表。资产负债表的结构包括表首部分、基本内容部分和附注部分。表首部分主要写明报表的名称、编报单位、编报时间等内容。基本内容部分是指资产负债表的核心。分左右两栏，左栏为资产，分为流动资产、长期投资、固定资产、无形资产及待处理财产损益等；右栏为负债和股东权益，分为流动负债、长期负债和股东权益等。附注部分是为了满足报表阅读者的需要，弥补基本内容的不足所作的附带说明。资产负债表见表7－1。

表7－1 资产负债表

编制单位：×××有限责任公司 2006年12月31日　　　　　　　　　　(单位：元)

资　　产	行次	年初数	期未数	负债及所有者权益(或股东权益)	行次	年初数	期未数
流动资产：				流动负债：			
货币资金	1	51 494	70 683	短期借款	33	23 300	41 000
短期投资	2			应付票据	34	20 164	41 462

[1] 杜景林，译：《德国商法典》，中国政法大学出版社，2000年，第71页。

（续）

资　　产	行次	年初数	期末数	负债及所有者权益（或股东权益）	行次	年初数	期末数
应收票据	3	25 636	51 454	应付账款	35	27 820	36 171
应收股利	4			预收账款	36	29 444	16 543
应收利息	5			应付工资	37		
应收账款	6	37 563	33 157	应付福利费	38	195	192
其他应收款	7	28 726	17 046	应付股利	39	29 731	22 298
预付账款	8	7 809	16 703	应交税金	40	1 567	10 351
应收补贴款	9			其他应交款	41	473	72
存货	10	63 365	112 860	其他应付款	42	1 269	1 473
待摊费用	11	119	24	预提费用	43	1 220	9 127
一年内到期的长期债券投资	12			预计负债	44		
其他流动资产	13			一年内到期的长期负债	45		16 000
流动资产合计	14	214 712	301 927	其他流动负债	46		
长期投资：							
长期股权投资	15	97 387	130 839	流动负债合计	47	135 183	194 689
长期债权投资	16			长期负债：			
长期投资合计	17	97 387	130 839	长期借款	48	29 701	47 000
固定资产：				应付债券	49		
固定资产原价	18	409 356	548 852	长期应付款	50	1 684	1 684
减：累计折旧	19	122 635	144 864	专项应付款	51	5 640	2 851
固定资产净值	20	286 721	403 988	其他长期负债	52		
减：固定资产减值准备	21	8 843	8 876	长期负债合计	53	37 025	51 535
固定资产净额	22	277 878	395 112	递延税项：			
工程物资	23	790	786	递延税款贷项	54		
在建工程	24	159 538	40 429	负债合计	55	172 208	246 224

（续）

资　　产	行次	年初数	期末数	负债及所有者权益（或股东权益）	行次	年初数	期末数
固定资产清理	25						
固定资产合计	26	438 206	436 327	所有者权益（或股东权益）：			
无形资产及其他资产：				实收资本（或股本）	56	148 656	148 656
无形资产	27			减：已归还投资	57		
长期待摊费用	28			实收资本（或股本）净额	58	148 656	148 656
其他长期资产	29			资本公积	59	311 351	311 351
无形资产及其他资产合计	30			盈余公积	60	45 441	65 562
递延税项：	31			法定公益金	61		
递延税款借项	32			未分配利润	62	72 649	97 300
				所有者权益（股东权益）合计	63	578 097	622 869
资产总计		750 305	869 093	负债和所有者权益合计		750 305	869 093

（2）利润表。是反映公司在一个财务年度内盈亏状况的会计报表，即反映一个公司在一定日期内的收入、成本、费用及其盈亏情况。利润表与资产负债表不同，它主要反映一定时期内资本的流量情况。有人认为二者的关系是电影和影片的关系。一个是流动的，一个是静止的。利润表属于动态会计报表。另外利润表通常不分左右两栏，而是按具体项目排列。一般分为营业收入、成本费用、盈亏状况。利润表主要是把一个会计期间内营业收入与成本费用进行配比，从而求出当期的净利润或净亏损。营业总收入表明公司的总成本，总费用表明公司的整个人力、物力、财力的总消耗。净利润表明公司所取得的经营成果。因此编制利润表的目的在于判明公司经营的好坏，有利于为投资者提供全面的信息。

利润益表分单步式和多步式两种。单步式是将本期收入加在一起，然后将所有费用和支出加在一起或者相抵减，一次计算损益。多步式是将经营业务构成情况、利润构成情况、损益情况从上到下依次排列。一般以多步式为主。利润表见表7－2。

表 7-2 利 润 表

编制单位：×××有限责任公司 2006 年 12 月 31 日　　　　　　（单位：元）

项　目	行　次	上年数	本年数
1. 主营业务收入	1	723 715	585 668
减：主营业务成本	2	631 304	482 909
主营业务税金及附加	3	4 196	3 467
2. 主营业务利润(亏损以“—”填列)	4	88 215	99 292
加：其他业务利润(亏损以“—”填列)	5	787	46
减：营业费用	6	3 872	4 663
管理费用	7	5 769	4 433
财务费用	8	2 490	3 758
3. 营业利润(亏损以“—”填列)	9	76 871	86 484
加：投资收益(损失以“—”填列)	10	42	1 731
补贴收入	11		
营业外收入	12	455	12
减：营业外支出	13	38	8 860
4. 利润总额(亏损以“—”填列)	14	77 330	79 367
减：所得税	15	10 259	12 948
5. 净利润(亏损以“—”填列)	16	67 071	66 419

(3) 所有者权益变动表。是反映企业在某一特定日期股东权益增减变动情况的报表。该表全面反映了企业的股东权益在年度内的变化情况，便于会计信息使用者深入分析企业股东权益的增减变化情况，进而对企业的资本保值增值情况做出正确判断，从而提供对决策有用的信息。

所有者权益变动表包括表首、正表两部分。其中，表首说明报表名称、编制单位、编制日期、报表编号、货币名称、计量单位等；正表是主体，具体说明所有者权益增减变动表的各项内容，包括股本(实收资本)、资本公积、法定和任意盈余公积、法定公益金、未分配利润等。每个项目中又分为上年年末余额、本年年初余额、本年增加变动金额、本年年末余额 4 小项，每个小项中又分别具体情况列示其不同内容，见表 7-3。

表7-3 所有者权益(股东权益)变动表

编制单位：　　　　　　　　______年度　　　　　　　　(单位：元)

项目	行次	本年金额						上年金额					
		实收资本(或股本)	资本公积	减：库存股	盈余公积	未分配利润	所有者权益合计	实收资本(或股本)	资本公积	减：库存股	盈余公积	未分配利润	所有者权益合计
1. 上年年末余额	1												
加：会计政策变更	2												
前期差错更正	3												
2. 本年年初余额	4												
3. 本年增减变动金额	5												
(1) 净利润	6												
(2) 直接计入所有者权益的利得和损失	7												
可供出售金融资产公允价值变动净额	8												
权益法下被投资单位其他所有者权益变动的影响	9												
与计入所有者权益项目相关的所得税影响	10												
其他	11												
(3) 所有者投入和减少资本	12												
所有者投入资本	13												
股份支付计入所有者权益的金额													
其他													
(4) 利润分配													
提取盈余公积													
对所有者(或股东)的分配													

（续）

项目	行次	本年金额						上年金额					
		实收资本（或股本）	资本公积	减：库存股	盈余公积	未分配利润	所有者权益合计	实收资本（或股本）	资本公积	减：库存股	盈余公积	未分配利润	所有者权益合计
其他													
（5）所有者权益内部结转													
资本公积转增资本													
盈余公积转增资本													
盈余公积弥补亏损													
其他													
4. 本年年末余额													

7.4.4 商业账簿资料的管理

商业账簿资料又称会计档案，包括会计凭证、会计账簿、会计报表等会计核算专业资料，它是记录和反映各项经济业务重要的史料和证据，充分利用这些资料，对于总结工作经验、指导经营管理、查证经济业务问题都有重要作用。因此，各国法律都规定，商人负有对簿记资料在一定期间内要妥为保管的义务。在有效期限内具有法律证据效力，不许销毁。关于会计资料保管期限各国规定不同，不过多数都采取确定期限制，如德、意、法、比、日等国均规定为 10 年。西班牙为 5 年，荷兰为 30 年。但也有采取不定期限的，如智利以营业继续期限为准。巴西以债权时效消灭以前为准。我国也采取确定期限制，不过又采取分别确定原则。财政部和国家档案局 1984 年制定的《会计档案管理办法》对会计档案的范围、立卷、归档、保管、借阅、交换、保存期限以及销毁都作了规定。该管理办法规定，会计档案分为永久和定期两种，因账簿种类的不同而有所差别。永久会计档案如涉及外事的会计凭证、年度决算报表永久保存，各种账簿和凭证至少保存 10 年，月报、季报保存 3～5 年。在保管期限内，商事主体应当按照国家有关规定建立档案，妥善保管有关商业账簿，不得销毁、损坏和遗失。如果商事主体未尽妥善保管义务，将被追究严格的法律责任。造成严重后果的，还将追究有关人员的刑事责任。而且根据《中华人民共和国公司法》规定，公司不仅应妥善保管商事账簿，而且还应按照法律或公司章程的要求及时向公司股东提供商业账簿。

理论探讨与实务研究

如何加强会计账簿的监管

近年来，造假账、编假表、报假表等现象时有发生，会计信息失真严重干扰了经济发展和改革的顺利进行。更有甚者，债务人任意毁损会计资料以掩盖企业的违法行为。尽管我国已在相关的法律中制定了规范会计账簿的监管的规定，对各种违法行为也规定了处罚办法，但还存在以下问题：

首先，监管主体不明确。《中华人民共和国会计法》规定是县级以上人民政府，其职能十分广泛。对于其辖区内的每个企业的账簿保管问题由其监督不太现实。

其次，责任主体不明确。公司在存续期间内，可以根据该规定进行监督管理。在解散、破产时，法律规定就不十分明确。此时如要求企业的会计主管人员或者会计人员显然不太适合。因为，企业进入破产清算时，对于大多数中小私营企业，其工作人员大多已经解散，会计人员也不会留守到清算完毕。

再次，《中华人民共和国民事诉讼法》仅规定了清算组织负责破产财产的保管、清理、估价、处理和分配，而未规定企业破产后的账簿管理责任。新《中华人民共和国企业破产法》在15条规定了债务人保管账簿的义务和管理人接收账簿的职责，但对于具体的法律责任仍有待于进一步明确。

会计账簿反映的资料是否真实、完整，不但直接影响国家和投资者、债权人、社会公众的利益，而且影响着国家宏观经济决策的正确性和资源配置的有效性，影响经济的有序运行和社会稳定。而上述问题的存在，表明会计账簿监管立法仍不尽完善，通过立法来进一步规范对会计账簿的监管已刻不容缓。

推荐阅读

1. 刘燕：《会计法》，北京大学出版社，2004年。
2. 李晓钟：《商事账簿的制度价值与其制度保证》，《经济师》，2005年第12期。
3. 张民安：《商事账簿制度研究》，《当代法学》，2005年第2期。
4. 王显伟，乔丽艳：《加强会计账簿管理的若干建议》，《财会月刊》2002年第9期。

思考题

1. 简述设置商业账簿的重要意义。
2. 简述商业账簿立法的几项基本制度假设。
3. 简析复式计账方法。
4. 会计报表有哪些种类？

第8章　商事营业制度

本章提示

- 营业制度是商法总论中重要制度之一，内容主要包括营业、营业所、营业财产、营业活动原则与营业转让制度。
- 研究营业制度需从营业的概念着手，营业有多种定义方式，有内涵式定义，也有外延所指。
- 营业权是在营业基础上产生的一项权利，可以分别从宪法和民商法角度予以探讨。
- 营业转让制度是营业制度中一项非常重要的内容，在营业转让过程中主要涉及债权债务关系、竞业禁止和劳动合同的继受等问题。

8.1 营业概述

8.1.1 营业的概念

“营业”一词有多种含义，在不同的研究领域或不同的学科所指不尽一致，一般在经济领域出现得较多，在经济学上的“营业”一词等同于我们日常生活中所使用的营业概念，“营业”即经营、运营的意思。在法学领域，营业作为一个比较规范的基础性概念经常出现在商法中。《德国商法典》第1条规定：商人指经营营业的人，而营业指任何营利事业，这是一个举证倒置的定义。营业是商法的基本制度(商人和商行为)的核心概念。

德国学者卡纳里斯认为，“营业是指一种独立的、有偿的，包括不特定的多种行为的、向外公示的行为，但是艺术、科学的活动和那些其成果需要高度人身性的自由职业不包括在内”①，即“一个营业的经营必须是一个独立的、持续的、有计划的活动，并且应在市场上为人知悉、不能违背法律和善良风俗”。这种对营业的定义是以“行为”为核心词的，一个内涵意义的名词化概念。这一表述方式已受到一些学者的质疑，外延式的定义方式得到一些学者的应用。

日本学者松波仁一郎认为，“于营业，有取含财产集合意味之客观意义者，有取含业务之主观意义者”。② 龙田节先生也认为：“营业这个概念有时指商人为营业的目的而进行的活动(主观意义的营业)，也有时指商人为了一定的营利目的而运用全部有组织的财产(客观意义的营业)。这两者是互相紧密联系在一起的，营业活动所以能够进行，是以有组织的营业财产为基础的，而营业财产也由于营业活动而不断使其组织达到更高的程度”。③

我国著名法学者谢怀栻先生也沿袭了“营业具有主客观性”的定义方式，认为“营业”一词有两种含义：一为主观意义，指营业活动，即以营利为目的而进行的连续的、有计划的同种类的活动(行为)；一为客观意义，指营业财产，即供进行营业活动之用的有组织的一切动产以及在营业活动中所形成的各种有价值的事实关系的总体。④ 受其影响，我国当代的许多商法学者都承接了这一对“营业”的表述方式。⑤

我们认为，从概念学的角度讲，德国学者的定义超越了营业的具体表象而从中抽象出

① ［德］C·W·卡纳里斯著，杨继译：《德国商法》，法律出版社，2006年版，第36页。

② ［日］松波仁一郎著，郑钊等译：《日本商法论》，中国政法大学出版社，2005年版，第42页。

③ ［日］龙田节编，谢次昌译：《商法略说》，甘肃人民出版社，1985年版，第22～23页。

④ 谢怀栻：《外国民商法精要》(增补版)，法律出版社，2006年版，第257页。

⑤ 王保树：《中国商事法》，人民法院出版社，2002年版；李黎明：《商法教程》，首都经贸大学出版社，2002年版；顾功耘：《商法教程》，上海人民出版社，2002年版；张民安：《商事法学》，中山大学出版社，2002年版。

营业最核心的特征，即营业是一种特定的行为，这是一种严谨的法律术语的解释；而若要准确、全面地把握营业所指，从不同的路径分析之也不失为一种良方。①

8.1.2 营业的特征

从以上定义可以看出营业具有以下主要特征。

1. 目的的营利性

这是营业的主观特征。就是在从事经营活动时，在目的和动机上必须是以营利为目的。凡非营利的活动都不是营业活动。至于经营结果是否营利，以及营利多少，营利是为公或为私与此无关。尽管对这一特征有争议，但越来越多的观点支持这种要求。②

2. 地位的独立性

主要指从事经营营业的主体具有独立自主的营业权，尤其体现为自由支配营业活动和自由决定其工作时间。

3. 时间上的连续性

主要是指营业活动是一种有计划的，原则上指向不确定的大量行为，若仅偶然从事独立的有偿活动，则不属营业经营者。③ 这主要体现为营业活动是一种持续经营活动。

4. 空间上的同一性

这主要是指在经营范围上要有相对的同一性，如大众汽车公司始终以经营汽车业为主。

5. 内容的财产性

营业总是要依赖特定的财产，无特定的动产、不动产业及各种事实关系，营业活动就成了无米之炊。所以营业总体现为一种资本的整体运营活动。因此，法律上便要求各营业主体要设置专门账簿进行核算。具备各种营业财产是进行客观意义上的营业所具备的物质条件。

6. 活动的公开性

即营业活动应对外显示，禁止暗箱操作和幕后操纵。对经营的范围、经营时间、经营地点、经营主体都要向公众公示。

7. 非自由职业性

一些国家（如德国）从法律上把自由职业排除在营业范围之外。

---

① 也许真正有价值的是后者，就像我们知道“人”也是个需定义的概念，但很少人会关注它，我们可能更愿意关注自然人的各种行为能力、监护、婚姻、继承等制度。

② ［德］C·W·卡纳里斯：《德国商法》，法律出版社，2006年版，第35页。

③ ［德］C·W·卡纳里斯：《德国商法》，法律出版社，2006年版，第32页。

综上所述，营业是商事主体为以营利为目的，独立的、持续的、同一的、公开的一种资本运营整体行为。

8.1.3 营业权

建立在营业基础之上的营业权，正如营业的含义一样，也有多种维度。纵观我国目前的教科书和学者的观点，营业权的表述有以下几种情况："营业自由权"、"建立和运营工商企业权"、"企业所有权"等。这些不同的称谓其实来自不同的法律部门，这里分别做出介绍，并尽可能地给出建议。

1. 宪法意义上的营业权

考察各国宪法，在营业权的表达方式上有4种不同的模式。

(1) 自由权吸收方式。这是早期资产阶级革命时期的理论，它从"天赋人权"的思想出发，主张自由权和追求幸福权，而营业自由权和财产自由权等在内的一切自由权利均包含其中。

(2) 经济与财产自由包含方式。营业是特定主体对其财产的使用处向的一种自由处分，把财产用于其营业范畴并加以经营，是财产所有人之不可剥夺的权利。

(3) 从业选择自由概括方式。营业自由属于从业自由的重要组成部分，因此肯定了公民享有从业自由，就同时赋予了公民营业自由的权利。

(4) 营业自由表达方式。在这种范式下，把营业权的核心"营业自由"作为公民的基本人权以明确列举的方式规定，以期达到保护公民营业权的目的。①

这4种不同的营业权表达模式也体现了在不同的历史时期、不同的国家在宪法上对营业权定性的差异。自由权吸收方式以"天赋人权"思想作为出发点和归宿点，但是太抽象，在现实生活中并不能给人们带来太多实际意义；经济与财产自由包含方式认为营业是利用个体的财产并对财产进行增值的过程，所以应把营业权作为财产自由的一种附属权利，这种定性有其真实的一面，但营业一旦启动，它本身最核心的是对财产的运营及运营方式，法律层面也是以此为保护重点的，而法律上对财产权的保护主要体现为对静态财产的保护，二者大相径庭；从业选择自由概括方式认为任何一个公民都有劳动的权利，劳动权是劳动者利用自己的与其人身不可分离的劳动潜能，而营业权是营业主体利用其身外之物"财产"进行运营，二者截然不同另外，从现代意义上讲，在营业权的运行过程中必然包括了劳动权的行使或者说劳动权的实现，可以说，劳动权的实现只是营业权实行的一个要素；营业自由表达方式"是把营业权(营业自由)作为一项独立的宪法性权利规定，即明确地把营业自由作为一项独立的权利予以提出，在营业权的立法例上具有划时代的意义。最典型的是《德意志联邦共和国宪法》(1973年)第12条第1款规定："所有德国人都有

① 肖海军：《论营业权入宪》，《法律科学》，2005年第2期。

自由选择他的营业、职业或专业，工作地点和受培训地点的权利，进行营业、职业或专业活动由法律规定或依法予以规定。并由此构成了自由经济秩序的基础。”①

营业权是产生和获取这些财产和权利的原权利与基础性权利，这种应然性资格和权利必须能够法律化和具体化，② 从宪法上给营业权独立的地位和充分的保护。

营业权作为一种宪法性权利，从财产的角度讲，它也被认为是一种所有权，因为宪法意义上的所有权，其客体不仅仅是物、无形财产、版权，还包括集合物、财团以及企业（营业）。③ 但是，所有权的具体内容是由民法来规定的，接下来就探讨一下在民商法领域的营业权究竟是一种什么样的权利。

2. 民商法意义上的营业权

从传统民法上讲，“所有权只存在于单个的物之上，而不能成立于聚合物之上。比如对一所货栈或一座图书馆之集合体，不得成立所有权”。④ 据此理解，企业主是企业所有的单项权利的拥有人，如对企业所有的土地、机器、办公用具、专利、债权等有所有权。但是我们知道，企业的价值并不仅仅限于企业所属的那些单项权利和标的的价值。企业有特定的市场地位，它要保持连续不断的交易关系，它为其产品发挥着持续的广告作用，它构成一个以营利为目的的组织。

企业是受到组织规划的营利机会，而恰恰是这种营利机会不是指把企业所述的单项权利加在一起就可以包容得了的。⑤ 再者，营业作为商法上的客体范畴，不能用民法的思维来理解，因为它超越了民法物权的特定原则，比如在营业转让时，企业中的动产与不动产较好操作，但企业内核即商誉、商业经验、商业秘密与客户关系等如何转让却难以处理。介于此，V·吉尔克氏将企业称为“特殊的特别财产”，克劳泽氏认为企业是“扩大的所有权”，戈丁氏认为企业是“类于所有权的权利”，施密特等又将企业当作“组织化的经济单位”。⑥

鉴于企业(营业)的这种特殊性及实践中对此保护的必要性，德国帝国法院超越了民法典的体系结构，通过司法判例又设计了另外一项权利，即“建立和运营工商企业权”，也称为“企业权”、“营业权”。这项权利在性质上也被视为绝对财产权。⑦

值得注意的是，《澳门商法典》对“商业企业”做出了明确的规定，其中第95条规定，企业主除有权处分构成企业之每一财产外，对企业本身亦拥有所有权；第96条规定，企业主除享有法律对构成其企业之每一财产所给予之特别保护外，对企业亦享有法律给予所有权

① ［德］N·霍恩著，罗莉，译：《法律科学与法哲学导论》，法律出版社，2005年版，第30页。

② 肖海军：《论营业权入宪》，《法律科学》，2005年第2期。

③ ［德］鲍尔·施蒂尔纳著，张双根，译：《德国物权法》，法律出版社，2006年版，第518页。

④ ［德］鲍尔·施蒂尔纳著，张双根，译：《德国物权法》，法律出版社，2006年版，第515页。

⑤ ［德］迪特尔·施瓦布，郑冲，译：《民法导论》，法律出版社，2006年版，第247页。

⑥ 同⑤，第621～622页。

⑦ 施瓦布书中认为视为绝对财产权的有：所有权；其他的物上权利；特定范围内包括对物的占有；所有对创造性成果的经济上的利用权；名称权；商标权；建立和运营企业权。

之一般保护。即《澳门商法典》用立法的形式确立了一项“企业所有权”。它突破了传统民法的所有权概念，体现了市场经济对制度创新的要求，同样也会促进经济的快速发展。

8.1.4 营业财产

营业财产由积极财产和消极财产构成，反映在资产负债表中，积极财产即为资产，消极财产即为负债。

1. 积极财产

积极财产如各种不动产、动产、无形财产，另外还有一项特别的所谓“事实关系”,① 包括如技术秘密、商业秘密、信誉、顾客关系、销售渠道、地理位置、创业年代等，这种事实关系不同于一般的积极财产。一是它的取得方式不同于一般的财产。一般的财产是企业通过买卖、交易即可取得它们的所有权，供自己支配和使用，而事实关系是一个企业经过数十年、甚至数百年的全体成员努力奋斗积累、沉淀下来的企业内核，不是单纯用金钱就可以买到的东西。二是这些财产在企业中的地位不同于一般的财产。在企业开业之际一般的财产如厂房、原材料、机器等是必不可少的，有了这些基础性的财产企业才可以运转起来；但是在企业存续过程中，真正能给企业带来利润，能使此企业不同于彼企业或在竞争中立于不败之地的因素实则是这些看不见的事实关系，它是企业真正的核心所在，在企业运行中，它给企业带来的价值是其他财产远远不能比的。三是营业作为整体予以转让而不同于一般财产单个转让意义也在于此，营业作为财产的集合体，它的价值大于单个财产的简单组合之一就在于其中包含这些“事实关系”。

2. 消极财产

消极财产指各种负债，这些财产增加了企业的负担，对企业而言负债越少越好，但任何企业都不可能没有负债，负债的方式有很多种，如发行公司债券、向银行贷款等。在现代市场经济条件下，没有负债的企业肯定是规模较小且没有潜力的企业。从经济学上讲，一个企业要发展有很多筹措资金的渠道，如自身积累、银行贷款、发行债券等。相比较而言，自身积累速度太慢，而后两种则可以使企业抓住时机快速地发展起来，如何有效地利用外来资本来发展自己是现代企业的应有之意。比如说利用银行贷款，由此产生的贷款利息可以在税前利润中扣除，从而减少了企业所得税，变相增加了企业的利润，这是运用财务杠杆的效果。所以，我们不能戴着有色眼镜看企业的负债，当然，负债不能过重，超过企业偿债能力会给企业带来潜在的风险。

界定哪些财产属于特定的营业财产是个很重要的问题，因为营业财产在法律上有着很重要的意义。首先，营业财产是商事主体进行营业的基础，这是它最重要的法律意义，因

---

① 谢怀栻：《外国民商法精要》（增补版），法律出版社，2006年版，第257页。

为商事主体所有的经营活动无一不是围绕着营业财产展开的。① 其次，营业财产是租赁、担保等无权处分行为的对象。再次，营业的特别财产可以成为侵权行为的对象。对营业特别财产的任何一部分财产的不法侵害，都构成对商事主体的侵权。② 最后，营业财产是强制执行和破产的对象。

8.1.5 营业所

1. 营业所的含义

“营业所者，营业之事务所”。③ “它是营业活动的中心场所，也是商人从这里进行营业指挥、统一营业活动成果的场所”。④ 商人不可不设营业所于某场合。“法律有积极的使命为营业所之设置者，以商人之商业登记，不可不与营业所之裁判所致登记簿为之，故无营业所不得为登记”。⑤

2. 营业所的意义

商事主体营业所的确定在法律上具有非常重要的意义。

(1) 营业登记地。营业所所在地即为商事登记管辖地，这是国家工商行政部门管理的需要。

(2) 债务履行地。商事主体营业所所在地就是其因商事行为所生债务的履行地。

(3) 税收缴纳地。在企业交纳企业所得税及其他税款时，是由商事主体营业所所在地的相关部门收取的。

(4) 司法管辖地。若在诉讼中，该商事主体成为被告，一般应以营业所所在地的法院受理管辖。

(5) 文书送达地。诉讼中法院送达商事主体的各种诉讼文书，送到该商事主体的营业所为送达。

(6) 法律适用地。在国际私法中，经冲突规范的指引，需援引商事主体营业所所在地法律时，营业所成为确定准据法的重要依据。

3. 营业所的确定

“是否成为营业所，既非取决于其冠名，也非取决于商人的主观意图，而是取决于其在客观上、实质上所起的作用”。⑥ 即关键是看该场所是否为商事主体营业活动的中心。营

---

① 王晓川：《商事法学》，对外经济贸易大学出版社，2003年版，第50页。

② 王保树：《中国商事法》，人民法院出版社，2002年版，第62页。

③ [日] 松波仁一郎著，郑钊等译：《日本商法论》，中国政法大学出版社，2005年版，第34页。

④ [日] 龙田节编，谢次昌译：《商法略说》，甘肃人民出版社，1985年版，第24页。吴建斌：《现代日本商法研究》，人民出版社，2003年版，第89页。

⑤ [日] 松波仁一郎著，郑钊等译：《日本商法论》，中国政法大学出版社，2005年版，第35页。

⑥ 吴建斌：《现代日本商法研究》，人民出版社，2003年版，第89页。

业活动具体千差万别，而具体的营业活动场所因性质不同甚至出于便利、偶然性而有所不同，它们不是营业活动的中心。那么如何区分中心场所与非中心场所呢？中心场所是起主导作用、占支配地位的场所，如指令发出地、营业成果归属地，它不仅仅是内部的统筹地，还具有外部的表彰功能。非中心地如仅仅是合同签订地、货物保管地、或交易货物的履行地、货款支付地、商品制造地等，它们可能是具体营业活动的场所，但不是营业所在地。

商事主体的营业所因主体种类不同，有不同的确定方法。如是商法人的情况，营业所以公司注册登记时登记的营业所为准，即以其主要办事机构所在地为住所，这时住所和营业所是一致的，既没有住所以外的营业所，也不存在营业所以外的住所。如是自然人作为商事主体，情况则有所不同。因为自然人作为民事行为的主体可以有住所，在作为商业活动的主体时又可以有营业所，二者一致自然好办，若二者不一致，那么个人的住所是否为营业所，应以其是否为营业活动中心这一标准做出判断。①

4. 营业所的数量

商事主体可以有一个营业所，也可以有数个营业所，在有数个营业所的时候，主营业所为总部，其他的为分店。总部是统一管理所有营业活动的营业所，它是整个企业的中心，是企业对全部商事经营活动实施规划与管理、进行统一领导的场所，而分店是指在一定程度上具有独立性，在空间上与总部相分割的，对一部分属于企业的商事经营活动予以管理和领导的地方和机构。②《德国商法典》第13条对分店(分营业所)作了详尽的规定。分店的营业所还有其特殊的法律效力：一是它还适用分店登记的特别规定；二是该分店所生债务的履行场所；三是分店经理人依特别规定登记；四是可以成为独立的营业转让对象。从中可以看出，分店也非决然附属于总部，它具有相对独立性，特别是可以脱离总部成为营业转让的标的，更显示出分店的一体性。

8.2 营业活动的基本原则

8.2.1 营业自由原则

营业自由为资本主义社会的原则，在中世纪，由于受行业制度的限制，营业是不自由的，法国大革命后于1791年即以法律宣布营业自由原则。③ 在现代它是市场经济国家所普遍承认的基本准则，若抛开各个国家在立法体例上的差别，营业自由多被规定在宪法中。如《日本宪法》第22条第1款：在不违反公共福利的前提下，任何人均有居住、迁

---

① 王保树：《中国商事法》，人民法院出版社，2002年版，第69页。
② 范健：《德国商法：传统框架与新规则》，法律出版社，2003年版，第126页。
③ 谢怀栻：《外国民商法精要》(增补版)，法律出版社，2006年版，第257页。

移以及选择职业的自由。选择职业的自由是日本宪法上基本人权中自由权的一种，其中当然包括营业自由；[①] 再如《大韩民国宪法》(1981年)第119条第1项规定："大韩民国的经济秩序以尊重个人与企业的经济自由与创意为基础。"

营业自由作为营业活动的最重要原则，包括开业自由、停业自由、交易自由，[②] 这3项自由构成营业自由的全部，是营业自由原则最充分的体现，但是在现代国家里，营业自由不再是绝对的，它就像"私法自治原则"受到人们的质疑一样，已不再成为营业活动最核心或唯一的原则，人们又发展了营业活动的其他原则如合法原则、公平竞争原则、公开原则等三大原则，这三大原则与营业自由原则一起成为营业活动需遵循的基本原则。[③]

8.2.2 合法原则

合法原则指营业活动必须符合国家法律、行政法规的规定，不得与国家的强制性规范相冲突。

1. 法律对营业主体的限制规定

从应然法角度讲，任何人都可以成为营业活动的主体，但从实然法的角度来分析，每个人的情况是不同甚至是千差万别的，所以对一些特殊的人群给予在营业活动时的限制是法律的必然选择。

(1) 职业限制。如国家公务员、法官、检察官等不得从事任何营利活动，因为公职人员是代表国家(全体民众)履行公共管理义务，而营业行为是追求个人私利的私人行为，二者的价值取向完全相悖，如果允许国家公职人员从事营业行为，必然会使公务行为和营业行为难以兼顾。[④]

(2) 竞业禁止。各国商法典均规定，营业转让中的转让人在一定时间和一定地域范围内不得从事与原营业相关的营业；另外，各国公司法也规定，公司的董事、高级管理人员等未经股东会、股东大会同意，不得自营或者为他人经营与所任职公司同类的业务。

(3) 行为能力的限制。自然人作为营业主体的情况下，有些自然人如被宣告为无民事行为能力人或限制民事行为能力人，基于他们的年龄、智力及精神状况不及正常人，若赋予独立从事营业活动的自由，恐怕其权益难以得到充分的保护，所以对他们独立从事营业

---

① 吴建斌：《现代日本商法研究》，人民出版社，2003年版，第83页。

② 谢怀栻：《外国民商法精要》(增补版)，法律出版社，2006年版，第257页。

③ 很多学者在撰写这部分是采用了这样的体例：以营业自由为原则，进而又指出对营业自由的限制，如对营业形成的限制和对营业形式的限制(如王保树：《中国商事法》；王晓川：《商事法学》)；公法上的限制和私法上的限制(谢怀栻：《外国民商法精要》)；对营业活动本身和对营业活动方式的限制(吴建斌：《现代日本商法研究》)。我们认为，随着私法自治原则在现代社会受到越来越多的冲击，传统商法中奉行的"个人利益至上"的观点已逐渐被人摒弃，契约自由甚至营业自由已不再是商法的绝对原则，而其他对营业自由原则的限制也越来越凸现其重要性，所以我们采用了一种新的体例，将对营业自由的限制作为与营业自由并驾齐驱的其他原则提出，作为一种全新的尝试。

④ 肖海军：《论商事主体的营业能力》，2006年中国法学会商法年会论文集，第629～643页。

活动做出限制。

(4) 刑余之人的限制。如作为营业主体的自然人因刑事犯罪而被剥夺人身自由，就当然不能从事营业活动。①

2. 法律对特定行业的限制

(1) 被绝对禁止的行业。如制造、运输、销售毒品；印刷、销售、传播淫秽书画、音像制品；制造、运输、销售、私藏武器(枪支弹药)等，这些行为对于私人而言是绝对禁止的，它们大多被规定在刑法典中，若实施了以上行为，一般被认定为犯罪；另外还有些行为如走私、开设赌场所也是被禁止的。

(2) 某些行业的营业禁止。② 出于国家财政上的考虑，国家对某些行业实行垄断经营。在该种行业，不允许国家以外的人从事营业活动，如我国对烟草、盐业实行专卖制度；再如中国人民银行法规定，人民币由中国人民银行统一印制、发行等。在这些行业，上述法律规定以外的人的营业是不能成立的。

(3) 营业的行政核准、许可。缘于公共安全、卫生保健、危险预防等方面的考虑，这些行业(如文物买卖、当铺经营、饮食业、炸药等易爆物品等)须核准许可才能营业；还有些行业是由于社会、经济的政策需要而采取核准经营的，如银行业、信托业、保险业、证券业、电力业、煤气业、电讯业等③。

法律主要从营业主体和营业行为角度，对特殊主体、特定行业基于一定的理由给予一定营业限制，任何商事主体都要遵守这些法律规定。

8.2.3 公平竞争原则④

公平、自由竞争是市场经济的内涵、精髓所在，也是判断是否为完全市场经济的标准之一，要发展国民经济，政府必须倡导同时采取措施保证营业主体在市场中有一个公平竞争的环境，它主要有两种。

1. 对不正当竞争的禁止

不正当竞争是指经营者在市场竞争中采取了反不正当竞争法中规定的禁止行为，目的是为了谋取不正当竞争利益和损害其他竞争对手的合法利益，扰乱社会经济秩序的行为。不正当竞争行为的类型主要有：

(1) 采用假冒或仿冒等混淆手段从事市场交易的行为。

---

① 在历史上还曾出现过因人身而导致的营业活动限制，如我国民国期间颁布的商法中有规定：“为人妻者，不能独立为各种法律行为，也不能独立而由自己经营营业；除非得到其夫的允许。”(张家镇等：《中国商事立法理由书》，中国政法大学出版社，2003年版，第21页。)

② 王保树：《中国商事法》，人民法院出版社，2002年版，第66页。

③ 吴建斌：《现代日本商法研究》，人民出版社，2003年版，第84页。

④ 王保树：《中国商事法》，人民法院出版社，2002年版，第67～69页。

(2)虚假的广告宣传行为。

(3)商业贿赂行为。经营者利用财物或者其他手段进行贿赂以销售或购买商品。

(4)侵犯商业秘密的行为。

(5)不正当有奖销售行为。

另外，还有诋毁他人商誉行为，如经营者捏造、散布虚伪事实、损害竞争对手的商业信誉、商品声誉等。

以上这些行为均是反不正当竞争法所禁止的。

2. 对限制竞争的禁止

限制竞争是指经营者改变竞争条件，使其他经营者难以进入市场的行为。如公用企业或者其他依法具有独立地位的经营者，限制他人购买其指定的经营者的商品、以排挤其他经营者的公平竞争；经营者以排挤竞争对手为目的，以低于成本价格销售商品；经营者违背购买者的意愿搭售商品或者附带其他不合理的条件；投标者串通投标，或者投标者和招标者互相勾结，排挤竞争对手等。

对不正当竞争和限制竞争的以上行为，法律一般是予以禁止的，对于这部分规定，反不正当竞争法和反垄断法有详细规定，此处简单介绍。

8.2.4 公开原则

营业活动还必须体现公开原则，营业的活动和内容必须能够被他人了解或知晓，如果行为人的意图仅仅藏于内心，而不能为他人认知，这种活动则不能被当作商法的营业活动来看待。德国学者卡纳里斯也认为，“公开性”是构成内涵式营业概念的一个重要要素，体现为营业活动应对外显示。缺乏这一特征的一个普通例子就是银行客户固定在证券市场投机买卖。他虽然买卖证券并获得报酬，也不缺乏独立性和计划性，但从语言的意义和交易的视角上看，应否定其营业身份。①

总之，营业者在经营中必须遵守上述四大原则，才能保障营业活动顺畅、高效地进行。

8.3 营业转让

8.3.1 营业转让概述

1. 营业转让的概念

营业转让是指通过签订合同将客观意义上的营业的全部财产或部分重要财产作为一个有机的组织体进行转让的活动。

---

① [德] C·W·卡纳里斯著，杨继译：《德国商法》，法律出版社，2006年版，第32页。

营业转让从广义上讲包括两种情况，一种是将企业所有权终极转让给他人，即一般意义上的营业转让；另一种是指将企业所有权暂时移转于他人，如营业租赁、营业担保等。营业租赁是指企业主把其营业的全部或一部分租赁给他人而收取租金的合同关系。承租人以自己的名义经营企业，营业上的盈亏归于承租人，出租人只收取租金。① 营业担保是指将客观意义上的营业财产作为一个有机整体设定担保的行为。② 在各国立法上，以企业财产整体设定担保的，有两种不同的制度：一为浮动担保制度；一为财团抵押制度。③ 狭义的营业转让仅指第一种。在没有特殊指明的情况下，"营业转让"一词仅指狭义上的。

2. 营业转让的种类

营业转让大致有 3 种情况：一是全部营业；二是部分营业；三是企业重大部分。不论是哪一种情况，被转让标的本身可以作为一个整体来运作，是为实现一定的营业目的而组织化了的、被作为有机一体的机能性财产。

3. 营业转让的性质

关于营业转让的性质，目前主要有以下几种观点④：

（1）营业财产转让说。该说认为，营业转让就是概括转让包括财物、权利等由事实关系组织起来的营业财产。

（2）营业组织说。该说认为，营业转让的核心是营业组织及营业上固有的事实关系。

（3）地位交替继承说。该说认为，营业转让的本质在于经营地位的交替与继承。

（4）地位财产转移说。该说认为，营业转让是经营者地位的继承与营业财产的转移这两个要素合二为一的行为。

著名商法学者服部荣三认为第一种说法比较妥当。他认为营业转让是以概括移转营业财产为目的的债权契约行为。而作为转让对象的企业财产，不仅包括物和权利，而且是附带所有事实关系的组织化了的财产。这种财产转移效果使受让人能够利用该财产进行企业活动，并且与转让人有相同的经营者的地位。上述第(3)(4)种学说都是重视经营者地位的转移，但这实际上是营业财产转移的结果。营业转让是以在特定营业目的下组织化的财产为标的的转让。

我们认为，营业转让行为不仅仅是一种买卖契约行为，若把此作为营业转让的最重要的特征，那就无法把它与一般商品买卖区别，就掩盖了转让的整体性及在转让过程中涉及的企业的经营人员尤指一切专业人员的劳动合同的继受等问题；营业转让所转让的是一组权利或一束权利，在这一组权利中含有所有权、转让权、经营权(控制权)、收益权等。

---

① 谢怀栻：《外国民商法精要》(增补版)，法律出版社，2006 年版，第 259 页。

② 吴建斌：《现代日本商法研究》，人民出版社，2003 年版，第 97 页。

③ 高在敏、王延川、程淑娟：《商法》，法律出版社，2006 年版，第 88 页。

④ 李黎明等：《商法教程》，首都经济贸易大学出版社，2002 年版，第 45 页。

营业转让是通过订立营业转让合同来实现的，营业转让合同在性质上属于买卖合同(是转让人与受让人就转让营业而订立的债权合同)，不同于一般的买卖合同的是它的标的是包含事实关系在内的组织化的财产集合体，这些财产部分是有体物，部分是无体物，它的价值不是独立存在的，而是依附于某些有体物，是以它物为载体的。

在履行合同时，企业的各个组成部分则必须根据各自的权利属性和财产状况，通过单个的处分行为，分别借助不同的法律形式来转让给继续经营者。如企业的土地所有权必须到相关登记部门办理变更登记；其他动产、客户资料等则通过交付转让；企业的商业秘密通过传授的方式交付等。在转让过程中，若不具有合同所约定和保证的质量，也就是出现权利瑕疵或物之瑕疵时，买受人可以依法提出赔偿请求权。

从终极意义上讲，把企业作为一整体转让与单个生产要素(如劳动力、生产资料、技术、资金等)的转让是不同的其一，营业转让不同于单纯的营业财产的转让，单纯的营业财产转让程序简便、钱货两清即告终结，而营业转让是个复杂的过程，它涉及商号转让、债权债务关系、竞业禁止、劳动合同的继受等问题；而且受让人接受了单纯的营业财产后并不能直接利用这些资产开展业务，而必须与其他要素相结合，通过重新组织方能营业。但在受让营业后就可以直接营业。其二，从系统论的观点出发，系统是要素和结构的统一，使得整体的价值大于组成整体的各个部分的价值总和。当各个部分(要素)按照一定的规律和内在逻辑(结构)有机地组合在一起时，它的价值及发挥的作用就增大了。企业经营机制作为整体，其性质和功能应不是各个要素或子机制功能作用的简单相加。系统的整体性特征要求在设计和构造新型企业经营机制时，应着眼于强化有机整体的功能和效益。① 所以说，保持其组织的整体性在经济上是有好处的。在市场经济条件下，营业转让的主要机能在于当商事主体欲转为经营其他行业或欲停止营业时，不需解体既存客观的营业，从而能最大限度地发挥既存营业的作用，以达到最大的价值。② 换个角度讲，商事主体若采取分别转让营业财产的方式，这样他的收益定会减少。因为这样就会浪费企业已积累的事实关系(如企业文化无法传承；在商号不能单独转让的情况下，商号的价值得不到体现；以及顾客关系、销售渠道等)，这于己于人于社会都是损失。其三，如果把企业还原为数个单一生产要素，然后这些生产要素再进入市场由市场来配置，这必然损失掉企业在当初组合这些生产要素时所进行的投入，当然，前提是企业的组合是有效率的。这样企业的所有人就造成了双重损失。同时，对于想投资的主体来讲，它要么选择购买一企业，要么创建一个企业，如何权衡利弊呢？选择购买企业作为投资方式的优点在于：

(1) 迅速进入。采用购买企业的方式可以大大缩短项目的建设周期或投资周期，特别是对制造业而言，购买方式省掉了建厂时间，使企业在目标市场迅速获得现成的管理人

---

① 谷书堂：《社会主义经济学通论》，高等教育出版社，2000年版，第225页。

② 李黎明等：《商法教程》，首都经济贸易大学出版社，2002年版，第45页。

员，从而可以避免对当地情况缺乏了解而造成的种种麻烦。

(2) 获得被出卖企业的市场份额、减少竞争。

(3) 获得企业发展所需的技术、专利和商标等无形资产。

所以，以企业产权为单位的财产流转是一种高效率的财产流转①。它对于大力发展市场经济、培养经济增长的新脉点有着不可低估的作用。

8.3.2 营业转让与相关制度比较

法律中的很多规则就来源于市场经济，如营业转让、公司合并、资产转让等。从经济学上讲，企业产权变动的形式多种多样，如合并、收购等聚变型产权变动；剥离、出售、分立等裂变型产权变动；交换发盘、股票回购等股东结构变动型产权变动。② 营业转让及其他相似制度都是在这一范畴下展开的，因为这些行为引起的经济上的后果都是产权的变动。但它们又是不同的，下面分别论述。

1. 营业转让与公司合并

营业转让与公司合并最大的不同是：营业转让所遵循的是以契约自由为主，以法律的相关规定为辅；而公司合并就是“概括承继原则”这种最根本的不同恰好也是它们种属关系的体现。具体而言，主要有以下几个方面的不同。

(1) 合同的性质不同。③ 营业转让的合同为普通合同，属于买卖交易法的范畴。它本质上是买卖行为；而公司合并是企业组织法的范畴，本质是公司人格的合并。因此，营业转让合同无效时依据民法的一般原则处理，而公司合并无效时，因为往往已经办理了合并的登记手续，合并的效力也已产生，需要对涉及多数人的法律关系进行统一处理，所以在法律上限定股东等在一定的范围内溯及既往的效力。

(2) 合同标的和标的的移转手续不同。营业转让的标的可以是商事营业的某一部分(如其中一个连锁店)④，而公司合并必须是整个企业。在营业转让时，即使通过一个合同转让作为组织的营业，对于转让标的所涉及的各个权利义务关系，也必须逐一接受权利和义务，在公司合并时，因合并吸收或消灭的公司的权利义务，当然被因合并存续或者新设的公司所概括承继，除了对抗第三人外，不必一一办理有关的潜在义务转移手续。

(3) 组织法上的效果不同。营业转让的是作为组织的营业，股东不转让，公司也不解

---

① 王卫国：《产权的法律分析》，载王保树的《商事法论集》(第3卷)，法律出版社，1999年9月版，第42页。

② 夏乐书等：《资本运营理论与实务》，东北财经大学出版社，2003年版，第349页。

③ 吴建斌：《现代日本商法研究》，人民出版社，2003年版，第497页。

④ 这种情况应当与公司分立相区别，公司分立也是经过作为组织的统一体的营业财产的转移。它们之间最显著的不同是：(1) 营业转让是买卖法上的问题，而公司分立是组织法上的问题。营业转让合同的无效适用民法、合同法的一般原则；而公司分立则适用公司法。(2) 营业转让时，营业的转让与员工之间的劳动合同不当然延续；而公司分立的情况下，前述劳动关系当然延续到分立后的各公司。(3) 营业转让不产生股东接受问题；而公司分立则会相应导致股东权利的分割、承受等问题(摘王瑞：《公司分立制度研究》，江西社会科学，2002年第9期，第142页)。

散；而企业合并中被合并公司的股东当然被合并公司所继受，原公司解散。

(4) 债权债务关系是否移转不同。营业转让情况下，债权债务是否移转需双方协商确定，双方可就某些债特别约定不转移；而企业合并下被合并的公司消灭，其权利义务由合并后存续的企业或新设企业概括承继。

(5) 营业转让可以在个体商人之间、个体商人与企业之间进行；而公司合并只能在公司间进行。

(6) 内部劳动合同关系不同。在营业转让时，营业转让人与其商业使用人等之间的雇佣关系或者劳动合同，通常不是必然由营业受让人继受。而公司合并由于所有的权利义务都由公司概括承受。当然，无论是营业转让还是公司合并，雇主一方不能因此而解雇雇员，而必须保证他们的就业权。

(7) 营业转让的一方在业务转让后将全部或部分退出市场，不参与受让一方的继续经营。公司合并的情况下，合并方与被合并方都将程度不同地参与存续公司或新设公司的营业。

2. 营业转让与资产转让

对于营业转让与资产转让(资产收购)的关系，很多学者认为二者系指一物。在我国以“营业转让”为题写文章的人不多，而“资产转让”、“资产收购”则提的人很多。笔者认为，对“资产转让”的定性应当重新审视，从该词的词义看，“资产转让”即转让的是公司的资产。不管是制造企业还是商业企业，都有供自己运转的专有财产，由于资产的有形损耗和无形贬值，公司为了扩大生产、提高效率或改进技术会购置新的资产，这样对于旧的资产往往会变卖掉，也即公司出售不是正常销售的属于自身的产品，这应该叫“资产转让”。资产转让一般不涉及协议转让的资产以外的要素，如人员的安排、债务的偿还、商号的转让等问题。而营业转让要比资产转让所涉范围、程度复杂得多。另外，营业的转让不仅是结合财产的转让，而且是与结合财产有密切联系的经营业务的转让。营业转让的后果一般是企业还照原来模式运转，原企业的经营范围、业务种类不会有太大的变化；而受让方在接受所转让的资产(可能是大批资产，马上组织人员也可以运营)后，与转让方就没有任何瓜葛，他对这些资产的利用与转让方没有关联。

3. 营业转让与企业转让

“营业转让”与“企业转让”在现实中的混淆最为严重，很多学者甚至把它们作为一种制度，可以互换使用。但实际上二者是有区别的，[①] 不仅内容不同，而且体现的理念也

① 对这些概念予以细致的考察，是因为法律概念作为法学研究的基石，“它是以一种简略的方式辨认那些具有相同或共同要素的典型情形的工作性”，“没有限定严格的专门概念，我们便不能清楚地和理性地思考法律问题。没有概念，我们便无法将我们对法律的思考变成语言，也无法以一种可理解的方式把这些思考传达给他人。”(博登海默：《法理学》，中国政法大学出版社，2001 年 5 月版，第 484、486 页。)

不同。

(1) 营业转让与企业转让的标的不同。营业转让的标的可以是全部企业，也可以是企业的独立运作的一部分(如分店、一条完整的生产线)，还可以是企业的重要组成部分；而"企业转让"，顾名思义，仅指企业整体转让。如果从这个角度讲，营业转让包含企业转让。

(2) 即使在企业全部转让的情况下，从商法上讲用"营业转让"来指称这一行为比"企业转让"更贴切、更精确。众所周知，"企业"一词在现实生活中人们更多地把它作为"组织体"对待，更强调它的主体性，比如在经济法中，我们更愿意称这种商事组织为"企业"而非"营业"；但在商法中，我们是把企业(营业)作为客体看待的，"营业"一词不仅避免了人们对企业定性的无所适从，而且它还赋有其他很多内涵。"营业"作为商法总则中的核心概念，很多制度都是以它为中心展开的，如商事营业主体、营业行为、营业所、营业财产、营业转让，这样在概念上一脉相承。

(3) 在我国的国有企业改革中，曾把出售国有小型企业(产权)作为搞活企业的一项制度，但结果不令人满意。在这一制度的运作过程中，人们认为"企业"仅是一种静态组织，出手了就可以了，于是，国有企业改制不是着眼于企业的长远发展，而是"甩包袱"、"一卖了之"。出现这种问题关键就在于人们的理念不同。而我们用"营业转让"来指称这一制度就是为了贯穿这样一种理念：出售不是目的，促进企业的良好、有效运转才是根本。因为"营业"中更含有一种动态的连续活动之意，它在转让过程中不仅强调转让的组织性、整体性，还强调转让后企业仍应有效地运转。"转让"或"出售"只是手段，产权转让作为企业的一种改组方式，须有利于企业经营改善和经济效益提高，有利于调动和发挥职工积极性，有利于经济结构的调整和优化。

8.3.3 营业转让的内容

营业转让属于买卖行为，在营业转让合同中，除了涉及企业的一般财产(如动产、不动产等)外，买卖双方还需考虑其他一些比较重要的问题：债权债务问题、竞业禁止、劳动合同继受等。下面逐一论述。

1. 债权债务问题

营业主体在转让自己的营业时，其对第三人享有的债权和对第三人承担的义务是否一并转让，对此，有3种不同立法例。

(1) 自由协商说。该说认为营业转让时，与营业相关的债权债务并不依然随营业而转让，营业转让不包括其债权债务转让，除非当事人对此有明确约定。采用这种立法的国家以法国为代表。

(2) 商号使用决定说。由商号是否被继续使用来决定债权债务是否移转给受让人。《德国商法典》、《日本商法典》、《韩国商法典》对此都有规定，而且几乎如出一辙。如果受让人继续使用该营业，对原所有人在营业中设定的一切债务负责任，如果另行约定的，另行约定只有公告或告知第三人时才有效；如果受让人不继续使用原商号，只有通过公示才承担原营业的债务。令人置疑的是，为什么商号的继续使用就意味着企业的债务随之转移？对此，学者们进行了各种各样的解释，如“受到公开意思表示学说的影响”、“权利外观责任”、“资产负债一致性”、“作为企业法原则的责任延续”等，但是，这些解释都不是无懈可击的，致使这一规定成了一个缺乏明了的、正当内涵的、脱离系统的规范。① 它经常给原债权人带来他根本不相配的意外之喜，而对缺乏法律专业知识的企业受让人将布置责任陷阱，还会对迄今为止尚健康的企业带来重整的障碍甚至毁灭，所以，从应然法的角度讲，应废止之。②

另外，《德国商法典》第 26 条规定，出让人也对该债务负责，但限于债务从受让人登记之日起 5 年内到期并且已经对他在法庭上提出请求权的情况。且不说这些规定是建立在前一已令人置疑的规范之上，就单从这一规定来看，它明显地是对长期债权的债权人(相对于短期债权人，特指 5 年内到期的债权)的一种歧视，而这种歧视是单纯的事实造成的，明显有悖公平；而且它成了某些出让人有目的的免责战略的手段，使企业的长期债权人处于严重不利的地位，所以，这一规定也是欠妥的。《日本商法典》第 29 条和《韩国商法典》第 45 条规定，营业转让人的责任经过两年的除斥期间消灭。最新的《日本公司法》(2005 年修订)第 22 条也规定：受让公司承担清偿转让公司债务的责任时，转让公司对在转让事业后两年内未提出请求或请求预告的债权人的责任，在该期间经过时消灭。这么规定的目的是为了督促债权人及时行使债权。

对于原债权，受让人继受了被转让营业的商号，如果原债务人基于善意且无重大过失向受让人偿还了该债务的，该偿还有效；受让人没有继受被转让营业的商号，营业受让人原则上不受让债权，但若其已作了继受债权的声明或表示的，债务人的受让人所作的清偿应有效。

(3) 概括转移说。该说认为，营业的债权债务属于商事营业的构成要素，营业的转让必然就包括其构成要素的转让，所以在没有特别声明下，债权债务一并转移给受让人。我国《澳门商法典》第 112、113 条对企业转让时引起的债权债务关系变更作了规定。对于企业在转让前因经营而发生的债务，企业取得人在载于必备账簿内的承担责任；同时转让人需承担责任，但债权人明示同意免除其责任者除外；企业受让人在承担了债务后对转让人有求偿权。即转让人与受让人共同对企业债务负责，而且最终承担债务的仍是转让人，因为此债务乃是转让人的经营行为所致(若双方没有特别约定)。对于被转让企业的债权自动让与受让人，这种转让是因企业转让引起的，无须通知债务人。当然，债务人在不知情

---

① [德] C·W·卡纳里斯著，杨继译：《德国商法》，法律出版社，2006 年版，第 167 页。

② 同上，第 224 页。

的情况下向转让人做出偿付，则可以免责。另外，《意大利民法典》第2559、2560条也有类似规定。

我国《深圳经济特区商事条例》规定，营业转让的转让人与受让人应当以合同形式确定在营业转让前转让人所付债务的承担方式：如果未约定的，受让人未使用商号但公告承担此债务的，债权人可以向其请求；受让人对此债务负责的，债权人应当在营业转让生效或公告一年内请求偿还。这表明：首先，双方应当对此协商确定，这充分尊重当事人的意思表示；其次，从整体内容来看，立法者认为营业转让前所生债务不应有受让人承担，即使由其承担，债权人应当在一年内提出请求。这体现了对受让人的保护，而德、日商法中的相关规定体现的是对转让人的保护。当然，《深圳经济特区商事条例》对此规定不全面，比如转让方如何承担责任，再如受让人使用原商号的情况等。另外，在《最高人民法院关于审理与企业改制相关的民事纠纷若干问题的规定》(2003年2月1日实施)第26条规定："企业售出后，买受人将所购企业重新注册为新的企业法人，原有企业法人被注销的，所购企业出售前的债务应由新注册的企业法人承担。但买卖双方另有约定，并经债权人认可的除外。"显然，这一规定更接近概括转移说。它更好地保护了债权人的利益，却让受让人有了更重的债务负担，也不利于促进营业的转让。

对此，我们认为，营业转让时企业的债权债务应先尊重当事人的意思自治，若双方对此没有约定，应随营业一并转让，因为作为债权实现的营业载体已发生了转移。

2. 竞业禁止

在营业转让中，转让方还须承担一项独属于他自己(相对于受让人而言)的义务，这就是竞业禁止，即转让人在转让营业后，不得在一定的期限内和一定的区域范围内从事与所转让营业相同或相似的经营活动。在《日本商法典》、《韩国商法典》、《澳门商法典》和《意大利民法典》中都有相关规定，目的为了保护营业转让的实效，保护营业受让人的利益。其内容主要包括如下方面。其一，未经当事人特别约定，营业让与人在一定的地区和一定的年限内不得从事相同的营业。对"地区、时间"进行限制是为了平衡转让人与受让人的利益，具体各国法律规定不尽相同，但大致相当。在此基础上，双方也可以协商约定，但必须在法律允许的范围内。《日本商法典》第25条规定：转让营业时，当事人若无另外意思表示，则转让人在20年内不得于同一市镇内或相邻市镇内经营同一营业。转让人不经营同一营业的特别约定时，该约定只在同一府县内及相邻府县内，在不超过30年的范围内有效。最新的《日本公司法典》(2005年修订)第21条也有类似规定。《韩国商法典》第41条也有相关规定，只是时间相应缩减了10年。《澳门商法典》第108条规定：自转让日起最多5年内，商业企业转让人不得自行、透过第三人或为第三人经营另一能因所营事业、地点或其他情况而使被移转企业之顾客转移之企业。由于与转让人之个人关系能使被移转企业之顾客转移之人，亦须遵守同样义务。若要订立比前所定限制更广之不竞业约定，不得超过该款所定之时间上限，且不得使转让人不能从事任何与企业相关或不相关之职业活动。《意大利民法典》第 2557、2596 条也作了类似的规定。其二，《澳门商法典》第 109 条规定，如转让人违反不竞业义务，受让人有权要求立即终止损害其权利之情况并可请求赔偿；若转让人违反不设立新商业企业之义务，受让人在法律允许的范围内在知悉情况的 3 个月内可向法院提出关闭该企业的请求。相比较而言，澳门商法典的规定更为科学、灵活和全面。首先，期间较短。如果期限较长，也不利于保护转让人的从商自由，会妨碍商业的繁荣与发展。其次，这种竞业禁止义务可按双方当事人免除，更体现私法自治。最后，还规定了违反竞业禁止义务的法律后果和受让人提起诉讼的时限。

3. 劳动合同的继受

一个企业要正常运转，必不可少的要素是资金和人力，在营业转让的过程中，就必然涉及转让人与劳动者订立的合同是否也转让给受让人的问题。

《德国民法典》第 613a 条规定：如果企业或企业的一部分通过法律行为移转于另一所有人，受让人因此享有并承担企业移转时即已存在的、基于劳务关系而产生的权利和义务。就德国法律而言，立法对于劳动者的权利保护要强于对企业债权人保护力度。因为企业的债务是否移转首先要遵守当事人的约定；法律上提供的保护也区分商号是否被继用的情况，而对劳动者的保护，法律明确因劳务契约所产生的劳工权利和义务随企业转让的同时转让给受让人，而不考虑商号是否继续使用①。同时还规定若此义务在移转当时已存在并在移转后一年内到期或在符合移转当时分配的时间已过的范围内，转让人需承担连带责任。这无异于对劳动者的权益提供了更充分的保障。

《澳门商法典》第 111 条也规定了“劳动合同的继受”。企业受让人继受转让人与企业员工订立的劳动合同(当然转让人与受让人之间约定员工继续在另一企业为转让人提供服务的除外，这对于劳动者的利益没有多大影响)；对受让人的特殊责任体现在：对企业移转日到期的劳工债务即使这些劳工债务所涉及的劳动合同在企业移转前已终止(需利害关系人在移转前提出给付要求)，受让人仍需承担连带责任。也就是说，受让人不仅须继续为劳动者提供劳动机会，还须为劳动者给转让人提供的劳务所产生的债务负责任。对于转让人而言，因转让企业而使劳工免除，转让人须承担因劳动关系而生的债务。《意大利民法典》第 2112 条也作了相似的规定。第 2112 条规定：在企业转让的情况下，劳动关系将与受让人继续存在，并且提供劳务者保留在企业的一切权利；转让人与受让人一同对转让时提供劳务者享有的全部债权承担连带责任。提供劳务者可以按照《民事诉讼法》有关规定的程序，同意解除转让人承担的产生于劳动关系的债务。在集体契约和企业转让时有效的企业契约到期以前，受让人承担给予提供劳务者上述契约中规定的经济待遇和其他待遇的责任，上述契约由受让人企业适用其他集体契约取代的情况不在此限。

从微观经济学上讲，企业是由物的要素和人的要素组成的生产单位，只是一套有组织

① 范健：《德国商法：传统框架与新规则》，法律出版社，2003 年 10 月版，第 129 页。

的资产本身不能构成企业，还必须包括运用该资产的劳动力因素，即职工。那么，营业转让既然是作为一个有组织的整体(而非孤零零的财产)的转让，原本就应含有人的要素(职工）的转让，否则企业转让中的“企业”只是一堆资产的买卖而已。从宏观经济学上讲，从来任何一个国家都把充分就业作为政府的第一目标，这反映在立法中就是国家应尽量确保劳动者的就业权，这是一项宪法原则。

劳动合同的完全承继是处理这一问题的基本原则，但并不是唯一的做法。因为营业转让人可以给雇员别的安排而不必由受让人承担这项责任。

理论探讨与实务研究

1. 营业权是一项宪法性权利，这在很多国家宪法中都有体现，但以营业自为核心的营业权受到侵犯如何进行保护？

2. 在营业转让过程中，如何更好地保护劳动者的利益，同时也能兼顾转让方与受让方的利益？

推荐阅读

1. ［德］C·W·卡纳里斯著，杨继译：《德国商法》，法律出版社，2006年版。
2. 谢怀栻：《外国民商法精要》（增补版），法律出版社，2006年版。
3. 王保树：《中国商事法》，人民法院出版社，2002年版。
4. 吴建斌：《现代日本商法研究》，人民出版社，2003年版。

思　考　题

1. 如何理解营业权？
2. 营业财产由哪些财产构成？
3. 营业活动应遵循哪些原则？
4. 比较营业转让与公司合并的区别。
5. 比较营业转让过程中对债权债务关系、劳动合同的不同处理。

第3编　商事行为论

第9章　商行为通论

本章提示

- 商行为一般是指商主体以营利为目的而从事的营业行为，具有主体的商人性、行为目的营利性、经营性、技术性、体现商事交易特点等基本特征。
- 商行为可以按照不同的标准，分为绝对商行为和相对商行为、双方商行为与单方商行为、基本商行为与辅助商行为、固有商行为与推定商行为、一般商行为与特殊商行为等。
- 商行为由于其不同于民事法律行为的本质特征，需要在商事物权行为、商事债权行为、商事代理、商事时效等方面由商法对其进行特殊的规制。
- 基于商行为的理念与民事法律行为制度有所不同，有商法学者提出了商行为的独立性问题，即认为商行为应该是独立于民事法律行为的一项制度，应该另行构建统一的商行为制度，而不能仅仅是作为民事法律行为的一种特殊现象。

9.1 商行为的概念和特征

9.1.1 商行为的概念

商行为又称为“商业行为”，是大陆法系民商法中特有的概念。一般认为是指商主体以营利性营业作为行为的目的而从事的行为。这一概念体现了大陆法系重视逻辑推演的传统理念，而以经验主义为原则的英美法系则不重视对商行为的概念进行抽象归纳。

但就是在大陆法系国家，对其确切含义，不同国家也有不同的界定。

1. 主观主义原则

以《意大利民法典》为代表，商法理论以商人概念为前提推导出商行为。根据该法典的规定，商行为是由商主体从事的任何以产品生产、加工、流通、管理和妥善保管为目的或以提供服务为目的的经济活动。采用这一原则的国家，往往强调商人的经营方法在确定商行为中的意义。如德国新的《商法典》将商人作为商行为的核心，商人经营的不同形式，也成为区分商行为类型的标准。瑞士债法同样注重经营方法在确立商行为上的意义。

2. 客观主义原则

《法国商法典》基于商行为法的立场，认为商行为是任何主体以营利为目的的行为。这一原则着眼点在于行为的客观性质并以此确定商行为。采用这一原则的结果是，商事法依据行为的客观性质确定一定的行为为商行为，商人的概念在揭示商行为的作用中并不重要。西班牙商法也采取这一原则。

3. 折中主义原则

以日本为代表的大多数大陆法系国家或地区实行的是折中主义原则，规定商行为的概念既包括任何主体从事的营利性营业行为，也包括商主体从事的任何营业活动。

通过以上各国概念的比较，可以看出现代社会确定商行为的标准已不能固守单一的理论，而应从行为本身的内容、形式及行为的实施人等方面结合起来确定行为的性质。各国商法有关商行为的定义，均吸取了主观主义与客观主义的长处，而避其不足，即使各国商法出于不同的立法理念支配，在有关商行为的界定上存在形式上差异，但本质上是一样的，即均采用客观主义与主观主义两种立法模式。因此，商行为的客观体系和主观体系（折中主义，从本质上更接近主观主义）之间的差别没有很大的实际意义。另外，从理论上讲，商行为属于推定法律行为，在商法实践中往往要借助于法律推定规则。

许多国家的立法就明确规定，只要是商主体实施的行为，就可推定为为其营业实施的行为，从而成为商行为。界定商行为概念的价值在于确定适用的法律规范，即适用商法规范和民法规范。这在民商分立的国家自不待言，即使在民商合一的国家中，民事规则与商事规则也有较大差别。例如，实行民商合一的《意大利民法典》就是将民事代理与商事代理分别规定的。但是，基于各国商事立法及司法的实践，商法所承认的股份有限公司的一切法律行为都被认为是商行为。以此类推，其他各种商业合伙实施的法律行为也是商行为。因此，从本质上讲，法律行为的商业评价性实际上只是对个体商人实施的法律行为有重要意义。

在我国，由于没有商法典和类似于形式意义上的商法典，商行为并非法定概念。长期以来，人们往往用民事法律行为来代替商行为，未将商行为与一般民事法律行为予以区分。对商行为的内涵与外延准确界定，对于一个国家商法的定位关系重大。对我国而言，更是关系到商法及商法典的存在价值这一历来备受关注的重大理论问题。需要指出的是，在《法国商法典》、《日本商法典》、《韩国商法典》、《澳门商法典》等商法典中均对其确定立法或对其外延加以界定，从而满足商人和商事司法实践的客观需要。对此，我国将来的商事立法应予以借鉴。

9.1.2 商行为的特征

作为营利性营业活动，商行为不同于一般民事活动的本质特征在于其行为的营利性质，按照商法理论的一般认识，商行为的法律特征主要表现在以下几个方面。

1. 商行为是以营利为目的而实施的行为

营利性是商法的基本特征，同时也是商行为的基本特征之一。商行为这一特征主要着眼于商行为的目标，而不在于行为的结果。因此，行为的结果是否赢利并不能成为判断商行为成立与否的依据，商法实践中，判断某一行为是否属于商行为，主要是借助推定的原则来进行的。当行为主体为商人时，通常认为其具有营利性，属于商行为。如《韩国商法典》第 47 条规定："将商人为营业而进行的行为视为商行为；将商人的行为推定为是为了营业而进行的行为。"当行为主体为非商人时，则必须根据其行为的客观目的和商事习惯来加以判定。

2. 商行为是经营性(营业性) 行为

所谓经营性是指行为人的营利性行为具有反复性，不间断性和计划性的特点，它表明主体至少在一段时期内连续不断地从事某种性质相同的营利活动，因而具有职业性。由于经营性活动是一种重复的、经常性的活动，已经被纳入国家专门管理的范围。按照多数国家的商法规定，一般民事主体偶尔从事的营利活动不属于商行为，也不运用商事特别法的控制规则。从理论上讲，现代商法中有关商主体登记规则、商事账簿规则、商业税收规则、商行为统制规则和商人责任规则主要着眼于对经营性主体的经济活动加以控制，对于非经商事登记的一般民事主体间断的经营性活动之控制只具有从属性意义。

3. 商行为一般是商主体所从事的行为

从各国商法的规定来看，商主体与商行为经常表现出互为因果的关系。但在以法国为代表的客观主义立法例与以日本为代表的折中主义立法例，商行为并无特定的主体限制，即商行为与商主体之间的关系并严格意义的互为结果。客观上讲，基于不同的商事立法理念的支配，商行为立法体制有多元性。在采取严格商人立法理念的国家中，民事主体欲从事合法的商行为首先须履行商事登记程序；而在采取严格商行为自由主义原则的国家中，商法实际上认可民事主体在民事行为能力之外，同时具有商事行为能力，因而非经商事登记的主体从事的营利性营业行为也应受到商法规则的支配。

4. 商行为是具有较高技术性要求的行为

现代商事活动的技术性要求越来越高，所以《美国统一商法典》把具有专门知识和技能作为商人应具有的一个重要条件。尤其是票据行为、保险行为、期货交易行为、证券交易行为、网上交易行为的技术性要求更高，这些不仅要求行为人要熟悉法律规定，而且要精通操作技术，严格按照规定活动，这与普通民事法律关系中的“任意性”规定显然不同。

5. 商行为是体现商事交易特点的行为

商行为要求简便、快捷、行为定型化、重外观，强调公知性，采取严格责任制度等。

9.2 商行为的分类

在商法中为弥补对商行为内容概括的不足，往往要对其进行具体的列举，而这种列举要以商法理论中对商行为的合理分类为基础。对于商行为的分类，依据不同的标准，主要有以下几种。

9.2.1 绝对商行为和相对商行为

绝对商行为和相对商行为是以行为的客观性质和是否附加条件为标准进行的分类。

绝对商行为又称客观商行为，是指依照行为的客观性质，由法律直接规定的商行为。绝对商行为是当然商行为，它不以行为主体是否为商人或行为本身是否具有营利性为要件，而仅仅以行为的形式为认定要件。在许多国家，票据行为、证券交易行为、融资租赁行为、保险行为、海商行为等均为绝对商行为。绝对商行为通常由法律采用列举的方式加以明确规定，不得作类推性的解释，这给司法实践带来极大的便利。

相对商行为又称主观商行为、营业商行为，是指依行为的主观性和行为自身的性质而认定的商行为。它以行为主体是否为商主体和行为是否具有营利性为认定条件。这就是说，相对商行为概念依不同国家的立法政策仍可有内涵上的差别。它可以是在法律列举的范围内，仅商人实施方可构成商行为的行为，也可是仅基于营利性营业目的方可构成商行为的行为；还可是仅由商人基于营利性营业目的实施方可构成商行为的行为。相对商行为的基本特征在于其性质具有相对性和条件性。此类行为并非当然具有商行为性质，只有在行为主体或行为目的符合法定条件时，该行为方构成商行为，并适用商法的特别规定；而在行为主体或行为目的不符合法定条件时，其行为仅构成一般民事活动，适用民法的一般规定。如《日本商法典》第502条即以“营业的商行为”为题，将12种行为确定为相对商行为。

这种分类的法律意义在于，明确了商行为的范围，便于适用法律。另外，这一区分也体现了民法与商法的不同理念，明显体现了民法与商法的区别。

9.2.2 双方商行为与单方商行为

双方商行为与单方商行为是依据交易的双方当事人是否都具有商人资格所作的分类。

所谓双方商行为是指交易的双方当事人都具有商人资格所实施的法律行为。单方商行为则是指交易的当事人中，一方是商人，而另一方为非商人时所从事的交易行为。例如，商业银行与普通市民之间的存、贷款行为，零售商向消费者出售日用品的交易行为，服务性企业为顾客提供服务的行为等，均属此种情况。对于双方商行为，大陆法系国家和英美法系国家均规定适用商法的规定；但对于单方商行为的规定则不相同。大陆法国家商法通常规定，只要行为人中有一方是商人，则其交易双方都应该适用商法。而英美法国家的商法则规定，当行为人中一方为商人时，该商人适用商法，另一方非商人则不适用商法。①

这种分类的意义在于，判断当事人的行为是否适用商法的有关规定。如果当事人的一方不属于商人，那么，在对其商行为的效力进行解释时，可以考虑其经济上的弱势地位及对商行为的无知，从而给予一定的法律保护，以实现双方当事人在实质意义上的公平。

9.2.3 基本商行为与辅助商行为

基本商行为与辅助商行为是以商行为在同一营业活动内所起的作用和所处的地位不同进行的分类。

所谓基本商行为是指直接从事营利性经营活动的商行为，如买卖行为等。辅助商行为则是指其行为本身并不直接达到商主体所要达到的经营目的，但却可以对以营利为目的的商行为的实现起到辅助作用，如广告行为、代理行为等。辅助商行为是一种从属性商行为，它是相对于主商行为而言的。从本质上说，它也是商主体以营利为目的而实施的行为。

这种分类的法律意义在于，使商行为法律制度更加适应复杂的经济生活。但是，在社会分工越来越具体、详细的现代社会，此类分类也越来越模糊。

9.2.4 固有商行为与推定商行为

固有商行为与推定商行为是依据法律对商行为的不同确认方式为标准进行的分类。

所谓固有商行为是指直接依据商法的列举性规定就可以确认其商行为性质的法律行

① 范键：《商法》，高等教育出版社，2000年版，第40页。

为。而所谓推定商行为则是指拟制商主体所实施的经营性商行为。这种商行为常常不能根据法律的规定来确认其商行为的性质，而需要根据该行为本身的性质来推定其商行为的性质，如非商主体所实施的信息咨询等。

9.2.5 一般商行为与特殊商行为

一般商行为与特殊商行为是依据商法对商行为之特别调整的共性与个性的角度来进行的分类。这是我国学者在商法学研究中经常使用的一个概念。

一般商行为是指在商事交易中具有共性的并受商法规则调整的行为。它可以涉及商法上的债权行为、商法上的物权行为、商法上的交互结算行为、商法上的给付行为、商事交易中的谨慎责任等。

所谓商法上的债权行为是指对在商事交易中发生的债的行为，民法提供基本原则，商法则根据商事交易的特点做出特殊的规定，这些特殊规定在法律效力上优先于民法的相应规定。商事债权的特殊性主要包括在商事合同缔结过程中的要约与承诺的特殊性、对意思表示的缄默和缄默错误的特殊规定等。

所谓商法上的物权行为在内容上主要涉及商事交易中的财产所有权的取得、让与；公司法上的财产权、股东权；商事交易中的动产质权和商事留置权等，各国商法均做出了不同于民法的规定。

商事交互结算是各国商法所普遍采取的一种商行为，它实际上是一种活期账户的结算方法。它通过双方的约定，以结算结果和结算后所产生的余额的确定来实现债务的了结。各国商法均对交互结算的概念、方法、原则、交互结算形成的条件、交互结算的效力、交互结算的担保以及交互结算关系的解除等作了明确的规定。

特殊商行为是相对于一般商行为而言的，它是指在商事交易中具有个性的并受商法中的特别法或特别规则调整的商行为。特殊商行为产生的基础是商事交易内部的特殊性以及商法对不同类型商事交易法律调整的特别需求。随着现代商事交易的发展和交易规模的扩大，与传统商事交易相比，现代商事交易无论是交易手段、交易方法，还是交易标的，都变得纷繁复杂，如交易的方法不仅有直接交易，而且有间接交易；交易的标的不仅有有体物，而且有无体物；交易的种类不仅有生产型和贸易型的，而且有服务贸易型和信息咨询型的，这些均构成了特殊商行为的基础。

特殊商行为类型很多，这里只介绍几种常见的特殊商行为。

(1) 商事代理。在大陆法系国家，代理行为在立法上分为民事代理和商事代理，并且分别规定在民法典和商法典中。商事代理是最基本的商行为之一，它以民事代理为基础，但在主体、客体和内容上又有别于一般民事代理。在以商主体为立法中心的国家特别强调代理商的资格；而以商行为为立法中心的国家则强调代理行为的营利性。在我国，由于没有严格区分民事代理和商事代理，《中华人民共和国民法通则》虽然对民事代理作了专章规定，但商事代理仍然是个空白。在我国司法实践中，商事代理行为通常是参照《中华人民共和国民法通则》的规定来处理的。

(2) 商事买卖。商事买卖是商法中最重要、最常见的特殊商行为。在各国商法中，商事买卖以民事买卖为基础和出发点，同时又对商事买卖做出了一系列特殊的规定，主要包括商事买卖中迟延责任、买卖标的物的瑕疵责任等问题。我国虽然在《合同法》中专章规定了买卖合同，但由于我国《合同法》并未区分商事买卖和民事买卖，因而也未专门针对商事买卖做出有别于一般民事买卖的特殊规定。这在立法上是不完善的。

(3) 商事行纪。商事行纪是指商主体以自己的名义为他人购买或者销售货物、有价证券，由此取得报酬，并以此为职业性经营的行为。从商行为的角度研究行纪与从商主体的角度研究行纪，其侧重点是不同的。从行为的角度考察，行纪行为是大陆法国家商法中一种典型的商行为。它同代理和居间不一样，在民商分立国家，只有商法典才规定行纪商或行纪商行为，民法典中没有关于行纪的规定，因此，它是独立于民法典的典型商行为。

(4) 商事居间。商事居间是指商主体为获取一定的报酬而从事的为委托人与第三人订立合同提供缔约机会或者进行介绍，以促成合同订立的行为。从行为的角度研究居间和从主体的角度研究居间，同样存在侧重点上的差异。与代理一样，商事居间以民事居间为基础，但两者在主体、客体、内容等方面都存在着明显的差异。这种差异产生的根本原因在于，作为商行为，商事居间的营利性特征导致其在行为的构成、行为的有效性和行为的后果等方面有别于民事居间的特殊性。

(5) 商事信托。信托最初是英美法上的概念，但现已被大陆法系国家的商法所普遍接受。它是指委托人将其财产移转给受托人，受托人以自己的名义依照委托人的指示，为受益人的利益或特定目的，管理或者处理财产的行为。信托可分为民事信托和商事信托，民事信托是以安排个人资产移转、继承等为目的的民事行为；商事信托是以获取商业利益为目的的商事行为。商事信托种类繁多，它涉及社会经济生活的许多方面。常见的商事信托主要有投资基金信托、附担保的公司债信托、贷款信托、融资担保信托、公司股东表决权信托、雇员受益信托等。我国已于 2001 年专门颁布了《中华人民共和国信托法》。

(6) 商事信用。商事信用是在英美法国家商法中使用的一个概念，它是指在商事活动中，商品销售、提供服务、提供贷款等交易中取得商品、接受服务的一方，同意在将来规定的日期内支付货款、服务报酬、贷款本息的一种承诺。这种承诺代表了一种保证，实际上体现了信守诺言的行为。西方社会流行的记账买卖就是一种简单的商事信用。不过，为了更好地维护商人的利益，目前的商事信用更多地与信用担保联系在一起。

(7) 商事期货交易。商事期货交易是商事买卖的一种特殊形态，它是指按照期货交易所的规定，由期货买卖双方在交易所内预先签订产品买卖合同，而货款的支付和货物的交割要在约定的远期进行的一种买卖行为。由于期货买卖具有投机性，它常常从物的交易变成了期货合约的交易，因此，它不同于一般的货物买卖。我国已于 1999 年由国务院颁布了《期货交易管理暂行条例》，并于2007年修改为《期货交易管理条例》。

(8) 融资租赁。融资租赁是在传统民事租赁基础上发展起来的一种商行为。它是指出租人与承租人双方约定，由出租人出资，向承租人选定的第三人(供货方)购买承租人选定的物品，然后将其租给承租人长期使用，以承租人支付租金的方式来回收投资的一种商行为。融资租赁实际上是将传统民商法中的买卖行为、租赁行为和金融信贷行为三者结合成一体而创造出来的一种新的商行为，它在一定程度上代表了特殊商行为在当代的发展。现代西方国家对此均有专门的立法。我国有关融资租赁行为的规则主要规定在《中华人民共和国合同法》中。

(9) 商事仓储。商事仓储是指由商人所从事的仓库经营，即货物储存和保管的商行为。在大陆法系国家的商法典中，商事仓储是典型的商行为。我国《合同法》中也有关于“仓储合同”的规定。

(10) 商事货运。商事货运是以特定的标的物为运输对象的特殊运输商行为。这种商行为是一般运输行为的基础，并与其他的运输商行为保持着密切的联系。商事货运与旅客运输是不一样的，商事货运是典型的商行为，而旅客运输由于涉及旅客的人身权利问题，因而在许多国家.它不仅由商法调整，更多地涉及民法的规定，我国《合同法》对货运和旅客运输没有做出严格的区分，而是将这两方面的问题统一规定在“运输合同”一章中。

9.3 商行为的特殊规制

9.3.1 商事债权行为的特殊规则

1. *法律行为的形式*

根据民法典的规定，一般认为保证和债务的承认只有在具有书面形式时方为有效，但口头的保证或者承认债务对商人却有约束力。《德国商法典》第350条规定，对于保证、债务约定或债务承认，以保证在保证人一方、约定或者承认在债务人一方为商行为为限，不适用《民法典》第766条第1款、第780条和第781条第1款的规定。①

2. *意思表示的解释*

法律行为是以意思表示为要素的，商行为作为一种法律行为，也包含意思表示。商主体在从事具体的商行为时，必须将自己内心的意思表达于外部。那么内心的意思和表达于外部的意思就可能不一致，这就是一个对于意思表示的解释问题，有主观主义、客观主义和折中主义3种解释方法。主观主义是指探寻当事人的内心真实意思来解释意思表示；客观主义是指以表达于外部的行为的内容来解释意思表示；折中主义是指以意思主义为主辅

① 《德国民法典》的这3条规定都是关于书面形式的规定。

以表示主义解释或者以表示主义为主辅以意思主义来进行解释。现在民法学上较为有力的学说是折中主义。商行为的意思表示的解释通说认为应采客观主义，即所谓的外观主义，以交易当事人行为的外观为准，来认定行为产生的法律效果，目的是保护交易安全。

3. 报酬约定不明时的推定

民事合同中就报酬和利息等约定不明或者没有约定时，一般推定不支付报酬或者利息。例如，我国《合同法》中第366条规定，当事人对保管费没有约定或者约定不明确，依照本法第61条的规定仍不能确定的，保管是无偿的。第211条规定，自然人之间的借款合同对支付利息没有约定或者约定不明确的，视为不支付利息。《德国商法典》第354条规定：在从事其营业时，为他人处理事务或者提供劳务的人，即使无约定，仍可以就此在该地点为通常的数额请求佣金，并在涉及保管时，请求仓库使用费。《日本商法典》第512条规定，商人在其营业范围内实施某行为时，可以请求相当报酬。

4. 默示

在民法中，默示作为未作反应的行为，基本上不具有意思表示的效果。我国《合同法》第22、26条对此做出规定，原则上，承诺应以通知的方式做出，默示一般不够成承诺。但根据交易习惯或要约表示可以以默示方式作为承诺的不在此限。由于商行为均以营利为目的，主体理应对其行为负担更加严格的义务和责任，对于商人来说，他负有答复要约，或者明确表示不打算接受这一要约的义务，因此在《德国商法典》、《韩国商法典》、《日本商法典》均有类似规定，以保护交易迅速进行，维护商业信用。

5. 标的物瑕疵的通知义务

《德国商法典》第377条规定，买卖对当事人双方均为商行为的，买受人应在出卖人交付后不迟延地对商品进行检查，但以此举依通常的营业可能为限，并在出现瑕疵时，不迟延地向出卖人进行通知。买受人不进行此项通知的，商品视为被承认，但瑕疵在检查时不能辨识的不在此限。在以后出现此种瑕疵的，必须在发现后不迟延地进行告知；否则，即使存在此种瑕疵，商品仍视为被承认。为保持买受人的权利，及时寄发通知即可。出卖人恶意不告知此种瑕疵的，其不得援用此种规定。此条规定了买受人的及时通知义务，目的是保护货物的出卖人不因买受人的沉默或懈怠而受损害。《德国民法典》规定的民事买卖没有这一规定。《日本商法典》第526条规定，在商人间的买卖，买受人受领标的物后，应从速检查。发现瑕疵或数量不足而不即向出卖人发出通知时，不得因瑕疵或不足而请求解除契约、减少价金或赔偿损害。如买卖标的物有不能当即发现的瑕疵，买受人于6个月内发现时，亦同。

6. 保证人的先诉抗辩权

民法上的保证分为一般保证与连带责任保证，其区别就在于债务人到期不履行债务保证人是否享有先诉抗辩权，又称为检索抗辩权。一般保证的保证人在债权人到期为就债务人的财产到法院诉请强制执行并且仍然不足以偿还债务之前，有权拒绝债权人要求其履行承担保证责任的请求。而连带责任保证的保证人没有此项权利，一旦债务人到期没有履行债务，债权人有权要求债务人或者保证人中的任何一个承担全部责任。在当事人在保证合同中就保证的性质是一般保证还是连带责任保证没有约定或约定不明时，推定承担一般保证。也就是说，除非明确约定属于连带责任保证，一般情况下保证人都享有先诉抗辩权。这一点与我国《担保法》的规定恰好相反。但是，商法典的规定与民法典并不相同。《德国商法典》第349条规定，保证对于保证人为商行为的，保证人不享有先诉抗辩权。在所称的要件下，对于因信用委任而作为保证人负责任的人，适用相同规定。

7. 约定违约金的效力

依照民法典的规定，一般来说当事人事先约定的违约金过高或者过低的，事后当事人可以向法院申请要求适当地减少或者增加。我国《合同法》第114条第2款规定，约定的违约金低于造成的损失的，当事人可以请求人民法院或者仲裁机构予以增加；约定的违约金过分高于造成的损失的，当事人可以请求人民法院或者仲裁机构予以适当减少。《德国民法典》第343条规定，处罚的违约金过高的，经债务人申请，可以判决减至适当的金额。在对违约金是否适当作判决时，应考虑债权人的一切合法利益，而不只是考虑财产上的利益。已支付违约金的，不得再要求减少。而《德国商法典》第348条规定，商人在经营其商业中约定的违约金，不得依民法典第343条的规定减少。之所以作这样的区别，是因为立法者认为商人比普通的市场主体更清楚交易的风险，对于违约的后果应该能够预见到，因此不允许减少。

8. 严格的违约责任

在大陆法系，许多国家《民法典》规定，当当事人约定的违约金过高时，可以要求法院适当减少。如我国《合同法》第114条的规定，这一规定对于那些缺少经验或因一时草率、疏忽而匆忙订约的人来说，其利益得到一定程度的保护，从而增强交往的安全性。而在商事交易中，商人则不可因缔约时的疏忽或其他原因而提出处分的减免。例如《德国商法典》第348条规定，商人在经营中约定的违约金，不得以《民法典》第343条的规定减少。商法之所以对商人的违约责任规定的如此严格，主要基于谨慎义务，因此，商人们在订立契约时就应该能够正确预见违约处罚的实际结果，应该以比一般民事行为更高的责任感来从事商行为。

9.3.2 商事物权行为的特殊规则

1. 动产的善意取得制度

动产善意取得的要件之一就是动产的买受人是“善意”的。对于何谓“善意”，依民法学的一般理解，就是指不知情，即买受人不知道出卖人没有处分权。《德国民法典》第

932 条的规定要求买受人相信出卖人是所售物品的所有人。但是在商业活动中，商人常常有权出售属于他人的货物，如行纪代理商等。因此，《德国商法典》第 366 条规定，那些知道出卖人并非所有权人，但善意地相信出卖人有权代表所有权人处分物品的善意买受人，也应得到保护，从而适用《德国民法典》关于善意取得的规定。这一规则同样适用于动产的质押的善意取得和证券化权利的善意取得。

2. 商事流质契约

所谓流质契约是指当事人在质押担保合同中约定，当债务人到期不能履行债务，质押标的物的所有权即归质权人所有。民法上一般都禁止流质条款，即质押合同中如果有流质条款的，该项条款视为没有约定，不能发生法律效力，但是不会影响质押合同中其他条款的效力。之所以民法要进行这样的强行性规定，是因为质押担保中的债权人也就是质权人往往利用担保人或者债务人急需用钱的紧迫心理，而使其不得不接受这种极不公平的条款。其结果是导致显失公平，因为质物的价值可能远远超出被担保的主债权的数额。但是在商业担保的情形就不适用这一规则了。《日本商法典》第 515 条规定，民法第 349 条的规定不适用于为担保商行为债权而设定的担保。这一点在我国现实生活中也不少见，当铺(营业质)的经营就是承认流质契约的效力的。

3. 商事留置权

商事留置权在以下 3 个方面与民法中规定的留置权不同。

(1) 留置权是一种法定担保物权，其发生不需要当事人之间的担保合同，只要具备了法律规定的成立要件就可以产生留置权。其中一项成立要件就是留置的标的物应该与被担保的主债权存在牵连关系。学术界对于何谓牵连关系认识不一，按照我国《担保法》及其司法解释的规定，所谓牵连性应该是指同一合同关系。有学者认为，我国法律关于留置权的规定过于严格以致留置权适用范围过窄，这一批评不无道理，但主要所指不是牵连性的同一合同关系，而是指我国《担保法》规定的留置权仅仅适用于保管合同、运输合同和加工承揽合同再加上《合同法》规定的行纪合同而言。基于商业往来而发生的商事留置权，关于牵连性的认定比民事留置权较为宽松。《德国民法典》第 369 条规定，只要是属于正常商业往来而由债权人占有的债务人的动产，债权人均可以行使留置权。例如，承运人与托运人之间第一笔运费没有支付，承运人的此项债权可以对第二、第三笔运输业务交付给承运人的货物行使留置权。《日本商法典》第 521 条也有类似规定：在商人之间，因双方的商行为而产生的债权到期时，债权人在未受清偿之前，可以留置因商行为而归自己占有的债务人的所有物或有价证券。

(2) 民法上的留置权的行使要求债权人的债权履行期已届满。而有的国家的商法典中规定了特别留置权，在履行期到来之前就可以行使留置权。《德国商法典》第 370 条规定，在下列情形中，也可以因未到期的债权主张留置权：债务人已开始进入破产程序的，或债务人已停止其支付的；尝试强制执行债务人的财产无效果的。

（3）民法上的留置权源于古罗马法上的恶意抗辩制度，原本不具有变价受偿的权能，债权人只能留置债务人的动产而不能变价优先受偿。而商事留置权不仅可以留置动产，而且可以在宽限期之后变价处分该动产以所得的价款优先受偿。

9.3.3 商事时效的特殊规则

时效制度的最重要的价值就在于维护社会经济秩序的稳定和保护交易安全。商业活动比民事活动更加强调效率价值和交易的安全，这就决定了商事时效与民事时效相比时效期间普遍偏短。例如，按照《日本民法典》第167条的规定，债权因10年间不行使而消灭；债权或所有权之外的财产权因20年间不行使而消灭。但依《日本商法典》第522条的规定，因商行为而产生的债权，除本法另有规定外，5年间不行使时，因时效而消灭。但是，其他法令中规定了较5年为短的时效期间时，从其规定。我国《民法通则》规定的一般诉讼时效期间是2年，但是商事单行法规定了许多特别的短期时效期间。例如，依《中华人民共和国票据法》第17条的规定，持票人对支票出票人的权利，自出票日起6个月不行使而消灭；持票人对前手的追索权，自被拒绝承兑或者被拒绝付款之日起6个月不行使而消灭；持票人对前手的再追索权，自清偿日或者被提起诉讼之日起3个月不行使而消灭。

9.3.4 商事代理的特殊规制

商行为可由本人实施，也可通过代理人实施，但商事代理有自己的特点。

1. 非显名主义

在民法上，代理行为以显名为必要，如代理人没有对相对人表明是为被代理人而进行的，则被视为代理人是为自己进行的行为。但在各国商法中均确认这样的原则：商行为的代理人在实施商行为时，虽未表明是为本人（被代理人）进行，但其行为对本人和对方当事人仍发生效力。同时，一些国家商法也确认：本人的对方当事人不知道代理人的行为是为本人进行时，也可请求其代理人履行。这样，对方当事人就能得到双重保障。在迅捷、易变的商事领域，这一规则无疑会提高交易的安全系数，更好地保护第三人的利益。

2. 代理人的权限范围较广

在民法上，代理人应在代理权限内，处理代理事项，超出授权的行为，只有经过被代理人的追认，被代理人才承担责任。在商事代理中，为了便于代理人临时处理事务，代理人的权限要比民事代理的权限宽。许多国家的商法都确认这一原则：商行为的代理人在不违背被代理人授权本意的范围内，可以实施未被直接授权的行为。

3. 商事代理是有偿代理

民事代理可以分为有偿代理和无偿代理。有偿代理的被代理人（本人）应该向代理人支付代理费；无偿代理的被代理人不向代理人支付代理费。按照《中华人民共和国民法通则》的规定，未成年人的父母是未成年人的法定代理人，此种代理就是典型的无偿代理。

商事代理是一种商行为，以营利为目的，代理人一般都是依法成立的代理商，其目的就是通过完成代理事项而获得代理费。因此，商事代理都是有偿代理。《德国商法典》第87条规定：代理商对在合同关系期间成立的、应归因于其从事的活动的或与其作为客户为同一种类的交易争取到的第三人成立的交易，均享有佣金请求权。这一点决定了商事代理的代理人应该尽到商人应有的注意义务，而且对于代理费，债权代理人可以向本人行使留置权。这一点在《日本商法典》中也有相似的规定。

4. 本人的死亡不影响代理权的存续

在民法上，代理是建立在本人与代理人的相互信任基础之上的，因此，代理权的存在以本人的存在为要件。商行为的代理则不同，委任商行为的代理权，不因本人死亡而消失，这样，既可避免由于停止营业而造成的经济损失，也符合商法保护交易安全的要求。

9.4 商行为的独立性

9.4.1 商行为的理念

商行为之所以不同于民事行为，就在于其有规制自身的理念，这成为商法存在的根本。商行为的价值理念主要表现于如下方面。

1. 追求交易之迅捷

商人的营利目的驱使交易迅捷和灵活，以降低交易成本。这是由商行为的本质所决定的。因此，商行为制度顺应商人的这一要求，其理念之一就是追求交易的迅捷，要求交易方式简化、节约交易成本，交易结果确定。具体而言，体现在以下几个方面：

(1) 要式主义与不要式主义的并用。要式主义是指商行为要符合特定的形式，不能采用口头方式。不要式主义是指商行为既可以采用口头形式也可以采用书面形式。为追求交易之迅捷，商法对于交易行为采取不要式主义，以便不必拘泥于一定的方式，而可以自由地成立各种契约；但另一方面，因商事交易大都属于集团的、大量的，因而若使其定型化，不但不妨害交易的迅捷，反而具有使交易迅捷与确定两大功能。如各种票据、提单、保险单等商业证券，都要有一定的款式，也就是采用要式主义，以便于辨认，而是交易迅捷、确定。因此在商行为上要式与不要式并不冲突。

(2) 交易定型化规则。交易定型化包括交易形态的定型化与交易客体定型化两个方面。① 交易定型化是指商法通过强行法规则预先规定若干类型的典型交易方式，使交易方式定型化。它使得任何个人和组织，无论何时从事购买，均可获得同样的法律效果。交易客

① 张国键：《商事法论》，台湾三民书局，1980年版，第40页。

体的定型化是指交易对象的商品化与证券化。交易的客体若是有形的物品，则使之商品化，予以统一的规格和特定的标记，使用在交易上能大量供应同一品质的物品。交易的客体若为无形的权利，则使之证券化，如公司债务、各种票据、保单、提单等均为证券化的典型。

(3) 短期时效。短期时效也是商行为追求迅捷化的表现之一。商事债权适用民事普通时效更短的特别时效，目的是促使权利人积极行使自己的权利，尽快结束商行为法律后果的不确定状态。关于这一点在后面关于商行为的特殊规则中会有详细的论述。

2. 保护交易安全

(1) 公示主义。公示主义是指商事主体对涉及利害关系人利益的营业事实负有公示告知的义务。公示主义是保护交易安全的首要制度，在商事诸法中都有体现。如公司登记的公示；上市公司信息的公示；公司债券募集办法的公示；船舶登记的公示等。而在票据法中，各种票据行为均以行为人的签名为要件，行为人的签名即为其意思的公开表示。公示制度从以下3个方面为交易提供了安全保障：一是交易者可通过权利登记簿或公示查明相对人是否有权利能力和行为能力；二是交易者可通过登记簿或公告了解公示人的资信状况、财务状况、相关重大信息、履约能力，从而做出正确的决策，减少盲目性；三是公示制度的公信力使善意行为人本着对公示的信赖而为的交易行为与法律后果受法律保护，并可借此对抗第三人和真正权利人。

(2) 外观主义。外观主义是指以交易当事人行为的外观为准，而认定其行为所产生的法律效果。也即公示于外的事实，如与该事实的实际情形不符时，则对于信赖该外观事实而有所作为的人应加以保护，以维护交易的安全。德国学者称其为外观法理，日本学者称其为外观主义，英美法系则称其为禁反言。商法在许多方面贯彻了这一精神，并用具体制度加以落实。如公司法规定公司不得以其对经理职权的限制对抗善意第三人；非股东的行为如使善意第三人信其为股东行为时，应负与股东同样的责任；票据的文义性及背书连续性的证明力等规定，大都是为谋求交易之安全，而赋予行为外观的优越效果。在英美票据法和日本判例中，也确认了如果票据上记载的出票日期及出票地同真实出票日期及出票地不相符时，不影响票据行为的效力。这就是所谓票据外观解释原则。

(3) 严格责任主义。为保护交易人的合法利益，各国的商法都实行严格责任主义，以强化商人的责任。这一原则主要体现为：一是连带责任主义；二是无过错责任主义；三是责、权、利、效相结合，强调自负盈亏。

9.4.2 商行为的独立性

基于商行为的理念与民事法律行为制度有所不同，有商法学者提出了商行为的独立性问题，① 即认为商行为应该是独立于民事法律行为的一项制度，应该另行构建统一的商行

① 任尔昕、石旭雯：《商法理论探索与制度创新》，法律出版社，2005年版，第136～149页。

为制度，而不能仅仅是作为民事法律行为的一种特殊现象。这些区别表现在：

1. 行为不同于民事法律行为的经济本质

随着社会经济的发展，商行为越来越表现出不同于民事法律行为的经济本质，包括交易主体从自然人为主转为以公司为主；交易客体从以特定物为主转为以种类物为主；交易目的从对标的物的实际利用转为专卖谋利；交易过程从为买而卖转为为卖而买；交易对价从等价转为不等价；交易链从短到长，交易条件从任意到定型化等。

2. 商行为与民事法律行为的价值取向不同

民事法律行为以意思自治实现公平价值，商行为以营利为目的追求效益至上。民事法律行为对应的是商品经济条件下的伦理人，而商行为对应的是市场经济条件下的经济人。市场经济是高度发达的商品经济，是以市场机制调节社会资源配置和调节市场行为的一种经济运行方式或经济运行模式，经济人是有理性的尽力追求自己利益最大化的人。

3. 商行为与民事法律行为的生效要件不同

依民法之法理，民事法律行为一般生效要件包括：一是当事人须有相应的行为能力；二是意思须表示真实；三是标的须合法；四是标的须可能和确定等。但是，商法为促进交易的迅捷、安全，对民法上的个别要件作了变更，主要体现在两个方面：一是行为能力；二是意思表示。① 关于行为能力，商法重视对商主体的资格审查，特别是商事营业能力的审查。对于商主体的法律控制关系到社会交易安全和第三人利益的维护，现代各国商法一般都设有大量的强行法规则对商主体资格予以严格控制，形成了商主体严格法定原则。但对于民法所强调的年龄、智力等因素在商行为上所起的作用予以限制，以保护交易安全。关于意思表示。表示者对善意的相对人及第三人可以主张意思表示的无效或撤销。但商行为以经济效用为主要目的，其规定带有明显的技术性，为维护交易的迅捷与安全，交易行为的效果以交易当事人的外观为准，无须探求实质和真意。商行为完成后，原则上表意人不得以意思表示瑕疵为由主张行为之撤销或无效。

综上所述，我们认为，由于商行为所具有的不能为一般法律行为制度所包含的特殊性，即由于商行为规则不能为一般法律行为所包容，只能在一般法律行为之外，另行设立商行为制度，方能科学地调整基于商行为而发生的商事法律行为。

理论探讨与实务研究

商行为的独立性问题

许多国家的商法典都是围绕商行为的概念展开的，商行为的概念不可避免地成为商法的核心概念。

① 钱玉林：《商法的价值、功能及其定位》，《中国法学》，2001年第5期。

而在我国，学者们对于商行为研究的投入远不如商事主体法那样来得热烈。在商行为的性质、种类等一些基本问题上，学者们存在着分歧。一些商法学者提出商行为的独立性问题，认为商行为在价值取向、生效要件等方面与民事法律行为存在本质的不同，因此应该独立于民事法律行为，设立专门的制度。同时应对一般商行为的具体构成、判断标准、特殊适用予以明确。而多数民法学者认为此举纯属多余。在本书中我们支持商法学者的观点。

参考书目

1. 樊涛、王延川：《商法总论》，知识产权出版社，2006年版。
2. 李新天：《商法总论》，东北财经大学出版社，2007年版。
3. 任先行、周林彬：《比较商法导论》，北京大学出版社，2000年版。

思 考 题

1. 商行为具有哪些特点？
2. 商行为有哪些特殊理念？具体表现是什么？
3. 商行为相对于民事法律行为有哪些特殊规则？

第10章 商事代理

本章提示

- 商事代理是指商事代理人以营利为目的，以被代理人的名义或以自己的名义，代理被代理人与第三人进行商事活动，其法律后果直接归属于被代理人，并由被代理人向代理人支付报酬的一种经营活动。
- 商事代理是代理商事主体实施商业活动的行为，因此，商事代理主要产生于委托人的委托，即属于委托代理或者意定代理，基本上排除了上述意义上的法定代理与指定代理的可能性。商事代理权的行使也不同于普通的民事代理。
- 在商事代理法律关系中，商事代理人的权利可以分为一般权利和特别权利。在义务的承担上分为委托人对第三人的义务、委托人对代理人的义务、代理人对第三人的担保义务、代理人对委托人的义务。
- 国际代理法公约主要有：国际私法协会起草的《国际私法关系中的代理法统一公约》、《国际货物买卖代理合同统一法公约》、《国际货物运输代理人代理合同公约》以及罗马统一私法协会起草的《国际货物销售代理公约》。

10.1 商事代理概述

代理制度随着商品经济的发展而逐渐发展起来，成为民法和商法中的重要制度。尤其在商事活动中，由于它能省时、省事、省钱，节约流通费用和交易费用，所以被广泛应用于国内外货物买卖、运输、保险、支付、证券等各项交易活动中。

代理制度在大陆法国家中的立法上早有商事代理和民事代理之分，许多国家分别在民法和商法中确立了有关代理制度的规定。在商法框架下形成的商事代理制度体现的是商法精神，适应了商事活动的需要，这种代理制度的分立，也是民商分立的重要内容，同时也是当今代理制度在立法上的重要特征。

10.1.1 商事代理的概念

商事代理(commercial agency)是指商事代理人以营利为目的，以被代理人的名义或以自己的名义，代理被代理人与第三人进行商事活动，其法律后果直接归属于被代理人，并由被代理人向代理人支付报酬的一种经营活动。

在德国、日本等民商分立的国家，在商法典中对商事代理有专门的规定。我国是民商合一的国家，因此，在立法上没有区分民事代理和商事代理，我国《民法通则》只承认以被代理人名义进行的直接代理，不承认以自己名义进行的间接代理。我国《合同法》第402、403条规定，受托人可以以自己的名义，在委托人的授权范围内与第三人订立合同，在第22章规定了“行纪合同”。行纪业务也是一种代理业务。

10.1.2 商事代理的特点

商事代理的特点主要有如下几种。

1. 商事代理关系中的代理人具有商人性

商事代理人(commercial agent/business agent)是指专门从事各种商务代理活动的独立的职业商人，其以从事商事代理业务为职业，因此，代理人必须首先取得经营代理业务的资格才能从事商事代理业务。

在此，我们应将代理商与商业辅助人区别开来。商业辅助人是指通过聘请和雇佣关系，从属于特定的营业主或法定代表人，在企业组织内部服从营业主和法定代表人的指挥和命令，在外部商事事务上以代理人的身份辅助营业主和法定代表人与第三人从事业务活动的人。[①] 这些人员所实现的代理属于职务代理或业务代理，是建立在雇佣关系上的，其代理权限的产生是基于法律的规定的，属于法定代理。他们虽然也从事商行为，以商业为

---

① 任先行、周林彬：《比较商法导论》，北京大学出版社，2000年版，第218页。

职业，但他们不是以自己的名义从事商行为，不具有独立性，所以不是实质意义上的商人。在许多国家的法律中对职务代理与专门的代理商制度进行区别对待，尤其是德国在1953年对商法典中的商事代理进行了重大修改，明确将代理商与商业辅助人和雇员区别开来，并将原来使用的商事代理人改为代理商。现在日本、法国的商法典中都使用“代理商”这一概念，并指出代理商是非商业使用人，不受雇佣合同的约束。从而，将商事代理人专业化、商人化。①

商事代理中的被代理人也可称为本人或委托人，但是否为商人在所不问。也就是说，虽然实践中商事代理中的被代理人以委托商为主，但被代理人如果为非商人，同样不影响商事代理的成立。例如，证券、期货经纪商代理证券、期货业务，其所代理的客户大多是一般社会公众，但这并不妨碍他们之间的代理关系的建立。②

2. 商事代理具有营业性

商事代理本身就是一种商事行为，具备商事行为的营业性特征。商事代理的这种营业性特征体现为两点：一是其行为以营利为目的；二是其行为以代理为职业。

商事代理行为的营利性主要表现为：商事代理是一种有偿代理，代理人从事代理业务也是为了获取利润，其利润主要体现为报酬或者佣金。如保险代理人从事保险代理业务就是为了取得佣金收入。经理人获得的则是报酬。

“以代理为职业”是指商事代理人以代理业务作为自己的业务。这种业务的经营具有固定性、持续性的特征。譬如，作为商业银行业务的重要构成部分的许多中介业务实际上就具有代理业务性质。在这些中介业务关系中，商业银行实际上就是以代理人的身份出现的。企业的经理人也是一种职业代理人。

3. 商事代理形式具有灵活性

既坚持显名主义，又坚持隐名主义；既有直接代理，又有间接代理；商事代理权既可是实际代理权，又可是特别代理权；既可是明示授权，又可是默示授权；既可是事前授权，又可是事后授权。这反映了现实经济生活的实际需求，是商法对传统代理观念的突破和扩展。

10.1.3 商事代理与民事代理的差异

商事活动与代理制度的产生有着历史的亲缘关系。最原始意义的商人就是商品买卖双方的代理人，所以，没有商人的代理，民事代理无从产生和发展，应该说，大陆法出现商事代理与民事代理的划分，更多只是基于人为的归纳和设计。二者的关系可以用一句话概括——商事代理，即营利性的民事代理，事实上商事代理的发展为民事代理提供了经验。

---

① 任先行、周林彬：《比较商法导论》，北京大学出版社，2000年版，第396页。

② 施天涛：《商法学》（第二版），法律出版社，2004，第111页。

从另一个方面说，商事代理与民事代理是相互交叉和包容的，民法的开放性使民事代理制度并不排斥商业活动中特殊的代理规则，从归属意义上来看，商事代理突破民事代理的一些规则实际上直接反映了商法本身的要求。①

商事代理与民事代理主要有以下差异。

1. 对代理人的资格要求不同

民事代理人只要求具有完全民事行为能力。

商事代理人除了具有完全行为能力以外，还必须是商人，是专门从事各种商事代理活动的职业代理商，而被代理人则可以是商人，也可以是一般公众，如证券、保险经纪商所代理的主要是一般公众，这并不影响他们之间代理关系的成立。

2. 代理权产生的根据不同

民事代理权的产生有3种情形：法定代理——基于法律直接规定而产生，指定代理——基于法院或有关机关的指定行为而产生，委托代理(或称意定代理、授权代理)——基于被代理人的授权而产生。

商事代理权主要产生于被代理人的授权，属于委托代理或者意定代理。在特殊的情况下，可以根据法律规定产生，如英国法规定的“必要代理”的情况便可适用。

3. 代理人实施代理行为的目的不同

民事代理有的是无偿代理。在民事代理中，代理人实施代理行为不一定是为了获得报酬，法定代理和指定代理本身就是无偿代理。在委托代理中，法律没有禁止代理人进行有偿代理，那么，有偿还是无偿可以由被代理人和代理人约定。

商事代理都是有偿代理，商事代理是以营利为目的的，代理人实施代理行为就是为了获取佣金或报酬，各国法律均规定代理人有权按交易的数量和价值抽取佣金。商事代理人又被称为抽佣商人。

4. 代理的形式不同

民事代理要坚持以“显名主义”为原则，代理人必须以被代理人的名义从事活动。《德国民法典》、《中华人民共和国民法通则》对间接代理都没有规定。

在商事代理中，商事代理行为的有效不以是否“显名”为必要，代理人可以显名，既说明本人的存在，又指出本人的姓名；也可以隐名，只说明本人的存在，但不指出本人的姓名；或者既不说本人的存在，又以自己的名义实施代理行为。

5. 对自己代理和双方代理的限制程度不同

民事代理中，为保护本人和第三人的合法利益，一般都规定“自己代理”和“双方代理”是滥用代理权的行为，滥用代理权的行为通常为无效的行为。

---

① 江帆：《代理法律制度研究》，中国法制出版社，2000年版，第204～205页。

商事代理中，有的国家对此没有限制。对于这一问题有3种不同的学说。一是否定说，英美法上采用这一学说。根据我国工商行政管理局1985年颁布的《关于确认和处理无效经济合同暂行规定》，我国也采用这一学说。二是肯定说，这一学说被德国民商法、瑞士债务法、意大利法所采用。三是折中说，它允许代理人享有此项特殊权利，但仅以从合同、贸易习惯或惯例中可以推定者为限，主要被瑞典采用。

6. 代理人的独立性不同

在民事代理中，代理人在代理权限内，根据代理活动的具体情况，充分考虑被代理人的利益，独立决定如何向第三人为意思表示或是否受领第三人的意思表示。代理人在民事代理中具有一定的独立性。

商事代理中，代理人的独立性表现为：有独立的经济利益——他是一个独立的经营体；独立的权利——独立自主地决定自己的生活方式和自由支配自己的工作时间；独立的商号、营业所、账簿，并独立进行商业登记；可以以自己的名义与第三人为代理行为；从责任制度来说，代理人对第三人有独立的责任，根据“优势责任原则”，当第三人的合法权益受到损害时，第三人可以选择向本人求偿或向代理人求偿。商事代理人可独立行使代理权，特别是在间接代理和隐名代理的情况下，第三人对本人的存在并不十分关注，而主要根据所获信息是否对代理人产生独立信赖。

7. 代理的内容不同

民事代理既有财产关系的代理，又有非财产关系的人身代理。

商事代理的内容是代为实施商行为，有如下特点是。

(1) 以营利为目的。

(2) 表现形式是营业。

(3) 体现为特定形态的商业活动。

10.1.4 商事代理的意义

商事代理在现代国家的商业活动中已成为一种广泛运用和不可或缺的法律制度，尤其是在市场经济高度发达国家，它对于活跃市场、提升管理，促进经济发展有着极为重要的意义。商事代理的这种意义主要表现为：

(1) 代理商事主体实施商事交易，从事商业活动，开拓国内、国际贸易业务。现代社会商业发达，贸易频繁，远非商人们个人独立所能应付。事实上，在现代商业交往中，人们更多地看到的是商事代理人出入其中，各种各样的商业活动几乎都是由代理人来完成的。

(2) 商事代理的作用不仅仅在于帮助商事主体实施商业行为，更为重要的是，代理活动的发达有利于促进商品的流通和人才的流动、活跃市场、转换企业经营机制、改善企业经营状况、提高经济效益，从而为整个社会经济的发展创造了条件。

10.2 商事代理权

10.2.1 商事代理权的产生

一般民事代理可产生于3种情形：一是基于委托人的委托而产生，是为委托代理或者意定代理；二是基于法律直接规定而产生，是为法定代理，如根据我国《民法通则》的规定，未成年人的监护人为其法定代理人；三是基于有关国家主管机关指定或者法院的命令而产生的代理，是为指定代理。

商事代理是代理商事主体实施商业活动的行为，因此，商事代理主要产生于委托人的委托，即属于委托代理或者意定代理，基本上排除了上述意义上的法定代理与指定代理的可能性。但这一论断并非绝对，在特定情况下，商事代理权也可能基于法律规定而产生。这主要是针对紧急情况的必要性而产生的代理。譬如，在某一当事人根据其他法律关系受托管理他人财产的情况下，如果发生了为保护该财产而必须代理的情况，在该当事人与财产所有人之间依法产生代理关系。这种代理在英国法上称为“必要代理”(agency of necessity)。①

10.2.2 委托授权

委托代理是基于委托人的授权而发生的代理。这种授权可以是明示行为，也可以是默示行为；可能是事先授权，也可能是事后追认。

明示授权(express authority)主要基于当事人之间的委任合同而产生。明示授权的方式可以是口头，也可以是书面。但法律规定采用书面形式的，应当采用书面形式。书面协议是代理权成立的证据。如果是口头协议，则需要另行举证。

《中华人民共和国民法通则》第65条规定，书面委托代理的授权书应当载明代理人的名称、代理事项、权限和期间，并由委托人签名或者盖章。委托书授权不明的，被代理人应当向第三人承担民事责任，代理人负连带责任。

委托人虽然没有明示授权，但是如果他的行为和语言中包含了他默许另一人代表其实施某种行为的意思，应推定他与后者之间存在着代理关系。默示代理权(implied authority)还可能根据当事人之间的身份关系或者合作行为而推定产生。如，根据合伙法的规定，合伙人之间实行相互代理原则，其中任何一个合伙人依照合伙协议对其他合伙人均有默示代理的效力，其内部对某一合伙人的代理权的限制同样不得对抗善意第三人。

正常情况下，授权都是事先的明示行为。但有时也可能是事后的，这种特殊的授权叫

① 董安生等编译：《英国商法》，法律出版社，1991年版，第190～192页。

做“追认”（ratification）。譬如，在发生无权代理或者越权代理的情况下，其行为原则上不具有代理效力。但是如果委托人事后以明示或者默示的方式追认了该种行为，该种无权代理或者越权代理即可因委托人的事后批准而成立代理。

10.2.3 代理权的行使

1. 在代理权限内实施代理

商事代理产生的基础为委托人的授权，因此，代理人必须在委托人的授权范围内实施商事代理。这说明，代理人实施代理行为必须首先获得委托人的授权，没有获得授权或者代理权终止后而实施的行为称为无权代理。无权代理不发生代理的效果，即该种行为不能拘束被代理人而由行为人自负责任。同时，代理人行使代理权不得超越其所获得的授权范围，否则为越权代理。越权代理人应就其超越部分自己承担责任。

《中华人民共和国民法通则》第66条规定，没有代理权、超越代理权或者代理权终止后的行为，只有经过被代理人的追认，被代理人才承担民事责任。未经追认的行为由行为人承担民事责任。被代理人知道他人以本人名义实施民事行为而不作否认表示的，视为同意。

2. 独立实施代理权

代理人在为代理行为时，是独立地实施代理行为。当代理人在与第三人发生交易关系时，代理人有权在其代理权限范围内根据具体情况来选择交易相对人，或者决定是否与之发生交易以及如何发生交易。如果被代理人事必躬亲，或者每一具体事项均须请示被代理人，代理的功能必将不能充分发挥。

当然，代理人的这种独立的意思表示能力受到其代理权限的限制。也就是说，其独立实施代理行为的能力的大小取决于其代理权的大小。有的代理属于特定事项的代理，委托人的授权范围较小，代理人的代理权也就较小。而在有的代理中，委托人授权的范围较大，代理人的代理权限也就较大。譬如，在独家代理、总代理或者全权代理中，代理人的代理权限就相当大。而行纪商的代理权又总是大于普通代理商的代理权。

3. 不得滥用代理权

委托人授予代理人以代理权的目的是为了让代理人代理自己办理特定事项，因此，代理人取得代理权后，在行使代理权时，应当维护被代理人的利益，不得滥用代理权。

滥用代理权（abuse of authority）是指违背代理的宗旨和代理的基本准则，损害被代理人利益的行为。

滥用代理权的构成要件包括如下。

（1）须有有效代理权存在。如代理人根本没有代理权或者超越代理权，滥用代理权则无从谈起。

（2）须代理人实际行使代理权。代理人虽然取得代理权，但尚未实际实施代理，则不可能构成代理权的滥用。

(3) 须违背代理宗旨和代理准则。如滥用代理权的形式通常表现为自己代理和双方代理，或者代理人与第三人恶意串通。

(4) 须损害被代理人的利益。滥用代理权可能导致代理无效，如因此行为而给被代理人造成损失的，应当承担损害赔偿责任。如《中华人民共和国民法通则》第66条规定，代理人与第三人恶意串通，损害被代理人的利益的，由代理人和第三人负连带责任。

4. 违法事项不得代理

代理人应当依法行使代理权，既不得进行违法事项的代理，也不得利用代理权实施违法行为。因为这是违反公共政策的。对此，《中华人民共和国民法通则》第67条专门规定，代理人知道被委托代理的事项违法仍然进行代理活动的，或者被代理人知道代理人的代理行为违法不表示反对的，由被代理人和代理人负连带责任。

10.2.4 商事代理权的消灭

商事代理权可以基于如下原因而发生消灭。

(1) 代理期限届满或者代理事务完成。

(2) 委托人取消委托或者代理人辞去委托。

(3) 代理人死亡。

(4) 代理人丧失行为能力。

(5) 作为被代理人或者代理人的法人终止。

10.3 商事代理法律关系中的权利和义务

10.3.1 商事代理人的权利

商事代理人的权利可以分为一般权利和特别权利。

1. 商事代理人的一般权利

商事代理人的一般权利主要包括两项：一是佣金或者报酬请求权；二是合理费用或者损失补偿请求权。

商事代理本身就是一种有偿代理，因而，商事代理人享有向委托人请求支付佣金或者报酬的权利。委托人有义务依照合同的约定向代理人支付佣金或者报酬。

此外，对于在正常的代理活动中所支出的合理费用和遭受的损失，代理人有权向委托人请求支付或者给予补偿。

2. 商事代理的特别权利

商事代理人的特别权利表现为，商事代理人有权在委托人拒绝支付佣金或者报酬，或者拒绝支付合理费用或者拒绝支付损失补偿时，对占有委托人的财产实施留置，即所谓的代理留置权。我国法律只在合同法中规定了行纪合同中的行纪人的留置权。根据该法第422条规定，行纪人完成或者部分完成委托事务的，委托人应当向其支付相应的报酬。委托人逾期不支付报酬的，行纪人对委托物享有留置权，但当事人另有约定的除外。实际上代理留置权适用于所有代理情形，如《日本商法典》第51条规定，代理商于其因充任交易的代理或媒介而产生的债权已届清偿期时，在其未受清偿前，可以留置为本人占有的物或有价证券。

此外，代理商有权要求委托人对自己的代理活动予以支持，特别是代理商可以要求委托人为自己所代理的业务提供必要的资料和情报，同时，对于代理商所介绍的业务，以及代理商在未被授予代理权的情况下所缔结的业务，企业主必须及时做出接受与否的答复，否则，由此造成的损失由委托人承担。

10.3.2 商事代理人的义务

1. 代理人对委托人的义务

商事代理人的义务主要表现为代理人对委托人负有受信义务(fiduciary duties)。这种受信义务的基本内容是，商事代理人应保证自己的代理行为是善意地、忠实地为被代理人谋取利益，包括注意义务和忠实义务。

(1) 代理人的注意义务。代理人的注意义务(duties of care)是指代理人在实施代理行为时，应当以专业技能和应有的注意来完成代理任务。譬如，在代理人受托出售货物的情况下，他有义务尽可能替被代理人取得最好的价格。注意义务还包括代理人应当积极履行代理职责。如果代理人没有履行职责，也构成注意义务的违反。如《民法通则》第66条第2款规定，代理人不履行职责而给被代理人造成损失的，应当承担民事责任。

(2) 代理人的忠实义务。代理人的忠实义务(duties of loyalty)是指代理人应当将被代理人的利益置于自己利益之上，不得使自己的利益与委托人的利益相冲突。代理人的忠实义务主要表现在如下几个方面。

① 代理人除向委托人收取佣金或者其他代理费用外，不得从代理中获取任何利润，不得接受贿赂。

② 有的国家规定代理人不得为自己代理或者为双方代理。

③ 代理人不得与第三人秘密交易或者与第三人恶意串通而损害被代理人的利益。

④ 代理人不得将自己的利益置于与委托人的利益相冲突的地位，代理人不得从事自我交易或者从事与委托人营业相竞争的业务。

⑤ 代理人在其代理活动中，应当尽量维护被代理人的利益，不得作不利于委托人的表述或陈述。

⑥ 代理人原则上不得转委托，只有在法律有规定的情况下才可以转委托。根据我国

《民法通则》第68条的规定，代理人只有在两种情况下才能转委托：一是事先征得被代理人的同意，事先没有取得被代理人的同意，事后应当及时通知被代理人，如果被代理人不同意，则由代理人自己承担责任；二是在紧急情况下，为了保护被代理人的利益。

⑦ 代理人应当根据委托人的要求向其汇报或者结算账目。

⑧ 代理人不得将委托人交付给他的文件或者其他秘密信息泄漏给他人。

(3) 服从指令的义务。代理人在进行代理业务时，必须服从委托人的一切合法指令。在委托人无法直接下达指令的情况下，或服从委托人的指令必然导致委托人遭受损失时，代理人可以用自己的意见代替，但前提是代理人的意见是正确的。如果代理人不服从委托人的指令使委托人受到损失的，代理人要承担赔偿责任。

(4) 管理的义务。代理人在代理活动的日常事务中而产生的管理义务，具体包括：代理人记账的义务、向委托人汇报账目的义务、向委托人移交所收款项的义务、代理关系终止时提交有关文件的义务等。

2. 代理人对第三人的担保义务

代理人在行使代理权时，不仅对委托人负有代理义务，而且对第三人负有默示担保责任。这种默示担保责任主要有两项：一是对第三人担保自己享有合法而无瑕疵的代理权；二是担保其所代理的委托人具有完全的缔约能力和履约能力。如果代理人没有代理权或者超越代理权，又或者委托人没有缔约能力或者履约能力，无权代理人应当对第三人因此而遭受的损失承担赔偿责任。

10.3.3 委托人对代理人的义务

(1) 支付佣金和其他酬金。

(2) 让代理人核查其账目。这是大陆法的规定，代理人可以要求他自己或会计师审核委托人的有关账目或其他文件，以便确定委托人付给自己的佣金是否准确。

(3) 委托人对代理关系的解除有事先通知义务。为保护代理人的利益，大陆法国家大多规定了对代理人的保护，如德国法规定，3年内终止代理合同应提前6周通知，3年以后的应提前3个月通知，并规定当事人不得约定更短的通知期限。

10.3.4 委托人对第三人的义务

委托人应履行因代理行为而发生的契约义务或其他民事责任。

10.4 商事代理的类型

根据不同的标准，商事代理有不同的分类形式。在商务实践中，由于商务本身的复杂多样，以及人们对代理的不同需要，商事代理呈现出不同的类型。

10.4.1 两大法系的传统分类

大陆法系根据代理人是以本人的名义还是他人的名义，分为直接代理和间接代理。英美法系根据代理人是否公开本人的姓名和身份，将商事代理分为显名代理、隐名代理和不披露本人的代理。

1. 直接代理和间接代理

1）直接代理

即狭义的代理，是指代理人以被代理人的名义实施的代理，或者说，是公开了被代理人身份和代理关系的代理。

（1）直接代理是以被代理人的名义进行的代理。直接代理相当于英美普通法上的显名代理。显名代理(named principal)是指代理人在实施代理行为时对相对人公开被代理人身份，并以被代理人名义与第三人发生交易的代理。显名代理实际上就是直接代理。

（2）直接代理的后果直接归属于被代理人。代理的本质在于被代理人通过代理人的行为来实现自己的目的，因此，由代理行为所产生的后果也就归于被代理人。也就是说，代理人基于其代理行为所取得的权利由被代理人享有，代理人基于其代理行为所产生的义务也由被代理人承担。

（3）直接代理的业务包括商业代理业务和特种代理业务。前者如代理商在代理委托商销售其产品货物时就是以委托商的名义进行的一种代办商业务。后者是指针对特殊业务所实施的代理，如保险代理、票据代理、税务代理、专利代理、商标代理、广告代理等在内的特种商事代理。另外，像证券公司或者投资银行所从事的代销式承销业务亦属于直接代理。

2）间接代理

间接代理是指代理人以自己的名义实施的代理行为。间接代理与直接代理的区别在于：一是间接代理是以代理人自己的名义进行的代理。二是间接代理的后果的处理方式与直接代理有所不同；三是间接代理包含了两层法律关系。

（1）间接代理是代理人以自己的名义进行的代理。在与第三人进行交易时，如果是直接代理，代理人是以被代理人名义与第三人发生交易的；如果是间接代理，代理人则以自己的名义与第三人发生交易。间接代理实际上是包括了行纪在内的一种代理。应当注意的是，我国合同法使行纪代理的业务仅仅限于“从事外贸活动”，并使之成为单独一类的合同。但是，实际经济生活中的行纪代理的范围甚为广泛，不仅包括我国的进出口公司所从事的外贸代理，而且像诸如证券、期货经纪商代理客户买卖证券、期货等均属于行纪业务。再者，即使是普通商业业务也可以构成行纪业务。间接代理也包含了像英美普通法上的隐名代理。隐名代理是指代理人在实施代理行为时没有向相对人公开被代理人的身份，而以自己的名义与第三人发生交易的代理。

为什么会发生代理人以自己的名义进行代理的需要的呢？基本原因有两点。一是为了隐名需要。在某些情况下，委托人可能不愿意公开自己的身份，这在商业社会实属平常，也属于人之常情。如某人委托代理商购买一处房屋，而他又不希望包括相对人在内的其他人知道，他可能要求代理人在代购房屋的过程中替他保守秘密，不要公开他的身份。在这种情况下，代理人就只好以自己的名义将该房屋购买下来，然后再将该房屋转移给真正的买主。二是基于法律要求，如证券法规定，只有取得证券交易所会员资格的证券商才能上场进行交易，其他任何人不能进入交易所直接交易，所以非交易所会员的商人或者其他社会公众投资者只能依法委托有会员资格的证券经纪商代理交易。再如，我国的许多企业没有直接进出口的权利，只有委托外贸公司并以外贸公司的名义办理进出口业务。

(2) 间接代理的后果归属。直接代理中，代理人所实施的代理后果直接归属于被代理人。譬如，代理人代理被代理人购买一批货物，尽管该交易是由代理人负责实施的，但真正的交易当事人却是委托人和相对方，所以，由代理人所购买的该批货物自然直接归属于被代理人，与此同时，被代理人也负有支付该批货物价款的义务。而在间接代理中，则存在着如下3种情形，并分别产生不同的效果：

① 由被代理人直接承受代理后果。《中华人民共和国合同法》第402条规定，受托人以自己的名义，在委托人的授权范围内与第三人订立的合同，第三人在订立合同时知道受托人与委托人之间的代理关系的，该合同直接约束委托人和第三人，但有确切证据证明该合同只约束代理人和第三人的除外。这说明，如果第三人知道代理人与委托人之间存在代理关系，即使是代理人以自己的名义订立的合同，其所实施代理的后果也直接归属于委托人，代理人不承担合同责任。但该条规定有一个例外，即有确切证据证明该合同只约束代理人和第三人的，则应当由代理人直接承担合同责任。

② 由代理人承受代理后果，但委托人可以行使介入权，第三人可以行使选择权。《中华人民共和国合同法》第403条规定，受托人以自己的名义与第三人订立合同时，第三人不知道受托人与委托人之间的代理关系的，受托人因第三人的原因对委托人不履行义务，受托人应当向委托人披露第三人，委托人因此可以行使受托人对第三人的权利，但第三人与受托人订立合同时知道该委托人就不会订立合同的除外。受托人因委托人的原因对第三人不履行义务，受托人应当向第三人披露委托人，第三人因此可以选择受托人或者委托人作为相对人主张其权利，但第三人不得变更选定的相对人。这里规定的情形就是上面所说的隐名代理的情形。在所谓的隐名代理的情况下，原则上该种行为的后果由代理人自己承担，即将代理人直接作为合同的当事人对待，由代理人承担合同责任。但即使在这种情况下，代理人负有披露的义务，委托人可以行使介入权，第三人可以行使选择权。代理人披露义务的意义在于，如果因为第三人的原因不履行义务，便于委托人行使介入权。委托人介入权的意义在于，本来该种合同就是为了委托人的利益而签订的，当然，最好是尽量使该种合同的后果直接归属于委托人。但委托人介入权的行使有两个条件：一是第三人不履行义务；

二是假定第三人在订立合同时如果知道该委托人还会继续与该委托人订立合同，否则，委托人不能行使介入权。第三人选择权的意义在于赋予第三人更大的灵活性。第三人选择权也有两个条件：一是委托人不履行义务；二是其行使权利的对象一经选定，即不得变更。

③ 直接由代理人承担交易后果。如《中华人民共和国合同法》第421条规定，行纪人与第三人订立合同的，行纪人对该合同直接享有权利、承担义务。第三人不履行义务受到损害的，行纪人应当承担损害赔偿责任，但行纪人与委托人另有约定的除外。

(3) 间接代理的两层法律关系。间接代理的情形比较复杂。从上述关于对间接代理的后果处理方式来看，实际上揭示出了间接代理中存在着两层法律关系。第一层关系是委托人与代理人之间的关系。事实上，委托人与代理人之间必定存在着代理关系，代理人才会与第三人发生交易。如果没有委托人的委托，则属于无权代理，须按无权代理处理。第二层关系是代理人与交易第三人之间的关系。在直接代理中，代理人并不是交易的当事人，因而并不存在第二层关系。而在间接代理中，由于代理人是以自己的名义签订合同，从而使得代理人在形式上成为合同的当事人而获取从该交易中所取得的权利和承受基于该交易所产生的义务和责任。

在间接代理中，代理人直接承担交易后果。从代理的角度来看，这只是一种形式要求，主要是为了保护交易的安全。既然委托人不是交易的当事人(委托人隐名)，如果代理人又不承担责任，第三人的权利必将失去保障。但另一方面，间接代理毕竟也是代理，代理人实施交易行为不是为了他自己，而是为了委托人利益。所以，法律在其后果归属的处理方式上是尽量考虑如何对二者进行平衡。其结果就导致了上述的复杂性，即有时使委托人直接承担交易后果；有时使代理人直接承担交易后果；有时则进行折中处理。

然而，即使是在法律规定由代理人承担交易后果的情况下，在代理人对第三人承担了责任后，代理人则可以依照他与委托人之间的委托代理关系，将该交易的后果转移给被代理人，并从被代理人处获取报酬或者佣金。所以说，间接代理也是一种代理，因为在终极意义上代理人所实施交易的后果归属于被代理人。

2. 显名代理、隐名代理和不披露本人的代理

(1) 显名代理。显名代理是指代理人向第三人既公开本人的存在，又公开本人的姓名。在这种情况下，代理人既不享有合同的权利，也不承担合同的义务和责任。

(2) 隐名代理。隐名代理又称为半公开代理，是指只公开代理关系的存在，但不公开本人的姓名，但代理人必须在合同上写明“代表本人”字样。这种情况下代理人对合同也不承担责任。

(3) 不公开本人身份的代理。不公开本人身份的代理在享有实际授权的代理人与第三人订立合同时，既不说明代理关系，也不说明本人的身份和姓名，而是以自己的名义订立合同。

这种代理虽然与大陆法的间接代理相似，但又存在很大的差别，首先，在间接代理

中，本人无直接的介入权，而在这种代理中，本人享有直接的介入权，可以向第三人直接行使请求权，甚至起诉权；其次，在间接代理中，第三人不能直接向本人主张权利，并无选择权。而在不公开本人身份的代理中，一旦第三人发现本人的存在，他可以选择由代理人履行义务，也可以选择由本人履行；最后，不公开本人代理的第三人享有抵消权，而间接代理的第三人不享有。①

10.4.2 根据有无订约权的分类

根据有无订约权，分为媒介代理和缔约代理。这种分类来自德国商法和日本商法。②

(1) 缔约代理。是指缔约代理商不但代理委托商进行商务活动，而且有权以委托商名义替委托商缔约。缔约代理商代理缔约时，一般在合同上载明“委托商某某，代理商某某”字样。

(2) 媒介代理。是指代理商只有媒介交换、促进交易的权利，没有代表厂商签订交易的权利。③ 所以，媒介代理商并不真正享有代理商的权限，在合同上一般不显示媒介代理商的身份。

10.4.3 根据代理权限划分

根据代理权限划分，分为独家代理、一般代理和总代理。这种代理主要使用在商务实践中。

(1) 独家代理。是指在指定地区和一定期限内，享有销售某种指定商品的专营权的代理，一般有缔约代理权。“一旦被代理人授予代理商独家代理权，被代理人就不能在授权契约的范围内再与他人订立代理契约。”④

(2) 一般代理。又称为普通代理，是指代理商不享有专营权的代理。在通常情况下，一般代理仅为被代理人招揽、洽谈生意，买卖合同由被代理人签订，代理商只按照成交额的比例收取佣金。这种代理实质上是一种媒介代理。⑤

(3) 总代理。又称全权代理，是指代理商在指定地区和一定期限内，作为被代理人的全权代理，既享有专营权，又可以代表被代理人从事各种商事活动的代理。

(4) 单一商号代理。是指仅为一个单一的企业主从事代理活动的代理。这一代理的特点是，代理商的经营效益首先取决于企业主提供的业务情况，代理商对企业主有很大的依

---

① 任先行、周林彬：《比较商法导论》，北京大学出版社，2000年版，第429页。

② 段亚林：《商务代理》，中国经济出版社，1995年，第27页。

③ 段亚林：《商务代理》，中国经济出版社，1995年，第27页。

④ 任先行、周林彬：《比较商法导论》，北京大学出版社，2000年版，第429页。

⑤ 李黎明、于颖：《商法教程》，首都经济贸易大学出版社，2002年版，第150页。

赖性。①

(5) 区域代理。区域代理是指在一定区域或一定的消费集团内从事的代理活动。它与独家代理的不同之处在于，区域代理的成立并不排除企业主自己在该地区内缔结交易或由第三人促成交易的可能性与合法性。②

10.4.4 根据代理商代表的对象不同划分

根据代理商代表的对象不同，代理可以分为生产代理、销售代理和采购代理等。③

(1) 生产代理。是指代理商专门经营某一种商品或与该种商品互补的商品的代理。生产代理一般代表两个或两个以上的生产企业进行商品销售活动。这些代理商往往是某一领域的专家，他们熟悉每个生产企业的产品种类、规格以及生产流程和特点，同时又有着广泛的社会关系，因此，当他们在接受被代理人的委托后，可以根据其业务范围广泛、业务渠道多的优势来为生产企业的产品寻找销路。充当生产代理商的多为中小型企业，其业务范围也大多集中在服饰、家具和电器等行业。④

(2) 销售代理。又称卖方代理，是指代理商根据合同的约定代理销售某一生产企业的所有产品的行为。在国际贸易中，销售代理商主要是为国外出口商和制造商在当地的销售提供服务，这些服务包括介绍客户、收集订单、签订合同以及进行广告宣传、提供售后服务等。从目前的情况看，销售代理主要集中在汽车、化工、金属、燃料及工业机械设备等行业。

(3) 采购代理。又称为购货代理或买方代理，是指代理商基于与委托商长期的业务往来关系，代理委托商进行采购，同时也为委托商负责收货、验质、储运等商事行为的代理。

(4) 保险代理。是指接受保险人的委托，以保险方的名义代为订立或媒介订立保险合同的代理。

除此而外，还有广告代理、知识产权代理等。

10.5 国际代理法公约制度

由于世界各国各自特殊的社会环境、历史文化背景，致使各国立法都有很大差异，这种现象同样体现在代理制度中，这样就给国际代理业务造成很大不便。为此法学界和商务界都致力于建立统一国际代理法制度，并取得了一定的成果。这些成果主要体现在 3 方面：一是国际商会制定了《商业代理合同起草指南》；二是致力于传播介绍各国代理法，如英国贸易署出版的《关于外国代理立法与实践》一书就专门介绍了各国的代理法律制

① 任先行、周林彬：《比较商法导论》，北京大学出版社，2000 年版，第 429 页。

② 任先行、周林彬：《比较商法导论》，北京大学出版社，2000 年版，第 429 页。

③ 徐学鹿：《商事代理法》，人民法院出版社，2000 年版，第 38 页。

④ 吕鹤云、彭真明：《商务代理通论》，经济科学出版社，1998 年版，第 45 页。

度；三是制定国际代理公约。现已制定了5个公约：一是《国际私法关系中的代理统一法公约》；二是《国际货物买卖代理合同统一法公约》；三是《国际货物运输代理人代理合同公约》；四是《国际货物销售代理公约》；五是《关于代理的适用法律公约》。

下面着重对代理指南和代理公约作简要介绍。

10.5.1 《商业代理合同起草指南》

《商业代理合同起草指南》(以下简称《指南》是国际商会1960年在其出版物上公布的。它试图通过合同条款的标准化，规范本人与代理人之间的内部关系。《指南》着重对以下方面提出要求。

(1) 代理合同要采用书面形式。

(2) 鉴于代理人营业地所在国的税收状况与当事人之间合同关系密切，因此还应听取有关法律和财政方面的咨询意见。

(3) 要求在代理合同中指明代理人所索取的订单对本人是否有约束力，也就是委托人对代理人索取的订单可以接受，也可以拒绝，但拒绝时必须通知代理人。

(4) 为避免发生纠纷时产生法律上的冲突，建议双方当事人应就法律选择条款在合同中做出规定。

(5) 由于某些国家的强制的保护性的规定而导致合同的终止，代理人有权得到补偿。

(6)《指南》强调商事代理人在代理权限内所为的行为对委托人有约束力，而且此项代理权是明示的，也可以是默示的，并且合同应按该国法律解释并受该国法律保护。

(7)《指南》还指出要注意委托人可能在代理人所在国承担纳税的情况。

《指南》问世以来，虽得到商业界的广泛应用，但它毕竟只注重委托人与代理人之间合同的标准化，而未能从实质上努力统一国际代理法，所以国际法学界还将进一步从制定国际代理统一法公约方向努力。

10.5.2 国际私法协会起草的3个代理公约

(1) 1961年公布的《国际私法关系中的代理统一法公约》(简称《代理统一法公约》)。

该公约给代理所下的定义是："代理人是代理他人和以他人名义为法律行为的人。"这样它实际是以大陆法的代理理论为基础，并以调整直接代理关系为使命的，即只调整委托人与代理人之间的关系。本来公约的起草者们最初的设想是想像英国法那样，也调整委托人与第三人的关系。但这个方案被拒绝，理由是它将与不适用普通法的国家产生矛盾，因此，把"代理"限制在直接代理的范围。

在适用上，《代理统一法公约》第2条第1款规定："本法适用于代理人代理行为地与本人的营业地位于不同国家的情况；如本人无营业地，则适用于本人惯常居所地位于不同国家的情况。"即在法律的规定上采用一标准制，只以当事人的营业地为标准。而抛弃了

“货物应从一国境内转移到另一国境内的标准”。

其所以如此，是因为订立代理合同的双方在合同订立时往往还不知道该合同将在国内还是在国外履行。

另外，《代理法统一公约》对紧急必要代理作了含蓄的规定，《代理法统一公约》第10条规定，“代理人由于他所处的地位而具有代理权的情况下该代理人拥有以本人名义去做那些由于他所处的地位通常可以去做的法律行为。”

总的来看，《代理法统一公约》主要是对各国法律制度没有争议的问题作了规定，目的在于减少法律冲突的可能性，同时可使冲突法规则在国际代理领域内发挥作用。

(2) 1961年公布的《国际货物买卖代理合同统一法公约》(简称《代理合同统一法公约》)。

该公约主要是调整间接代理关系。它所指的间接代理关系主要是指佣金代理人，并规定：“本法中的佣金代理人，指任何以自己的名义但代表他人(本人)从事货物买卖并以此为职业的人。”就是该代理人必须是以佣金代理为职业，而且还必须是从事货物买卖活动。

在适用范围上规定：“本法适用于依本法第5条规定的营业地，如无营业地，则为惯常居所地位于不同国家的本人与代理人之间订立的代理合同。”

佣金代理制度属德国法律中的代理制度。德国法只承认公开代理，即代理人必须以本人的名义，为他人(本人)的利益而活动，并以佣金代理为职业，同时以买卖商品为主。这样与英国法的佣金代理制度有所不同。英国法上佣金代理人既可以用自己的名义，也可以用本人的名义为代理行为，另外，对代理人在职业上的要求，既可从事商品买卖活动，也可从事其他职业活动。

但《代理合同统一法公约》又承认本人与第三人之间的直接合同关系。如《公约》第19条规定：“假如在买卖合同中或签订合同时的情况下可以看出，买方或卖方的身份是佣金代理人……本人即可以向作为第三人的买方或卖方行使请求权。但该请求权须从属于第三人可以向佣金代理人提出的一切抗辩。”

《代理合同统一法公约》与《代理统一法公约》在价值追求上也有所不同。前面已谈到《代理统一公约》主要是对一些没有争议的问题形成统一的规则；而《代理合同统一法公约》则主要是对一些有争议的问题提供一些可行的解决方案，如代理人能否以自己的名义与本人订立合同，这在理论上和实践上都是有争论的，并形成不同的学说。公约采取了英美法上采用的“否定说”，即禁止代理人以自己的名义与本人订立合同，认为这有悖于代理制度的信托性质。

《代理合同统一法公约》还对代理人对本人的货物所享有的特权作了规定，如规定“代理人对本人的货物享有转售权”。“只要代理人没有收到本人偿付的款项，他就可以行使这项权利。这些款项是代理人代表本人或本人应对此承担货款责任的代理交易而应向该代理人支付的款项。“还规定佣金代理人可利用位于另一国的佣金代理人所提供的服务。

总的看，《代理合同统一法公约》虽意欲解决国际代理中的难题，但它却未能协调好大陆法系和英美法系之间的分歧，所以未能得到商业界的广泛认可，所以该公约也未能实施。

(3) 1967年公布的《国际货物运输代理人代理合同公约》。

由于该公约专业性强，适用范围窄，加之也未实施，故不作阐述。

10.5.3 《国际货物销售代理公约》

由于以上3个公约未得到国际范围的采纳，为促进国际代理业务的发展，罗马统一私法协会便着手起草新的公约，即《国际货物销售代理公约》(简称《代理公约》)①，这是最重要的国际代理公约。1981年公布了文本，1983年2月17日正式通过文本。目前已有意大利、法国、瑞士、智利、摩洛哥、南非签署加入了该公约。但该公约第33条规定，”本条约自第十份批准书、接受书、核准书或加入书交存之日起12个月后第一个月第一天起生效。“由于目前批准加入的国家还不到10个，所以公约还未生效。但该公约由于制度较完备，所以在国际上产生了较大的影响力。

该公约共5章，35条，从总则、适用范围、代理权的设定、代理行为的法律效力、代理权的终止作了全面的规定。

1. 适用范围的规定

(1) 对当事人代理行为适用范围的规定。《代理公约》第1条规定：代理人有权代理另一个——本人，与第三人订立货物销售合同时，以及有关履行该合同所从事的任何行为，适用本公约；另外，本公约只适用涉及以本人或代理人为一方与以第三人为另一方之间的外部代理关系，而不适用于代理人与本人之间的内部关系；此外，该公约特别规定，代理人无论以他自己的名义或以本人的名义实施行为，均适用本公约。这样该公约巧妙地协调了两大法系的差异。其调整范围既包括直接代理，也包括间接代理。它摒弃了大陆法非经合同转让本人不能与第三人直接发生权利义务关系的做法，变通采用英美法本人可与第三人直接发生权利义务关系的规定，这是代理公约的重大进展。

(2) 对适用地域范围的规定。《代理公约》第2条规定：本公约仅适用于本人与第三人在不同国家设有营业所，而且代理人在某一缔约国内设有营业所，或者国际私法的规则规定要适用某一缔约国的法律；第三人订合同时不知道，也不能知道代理人是以代理人身份订约时，只有在代理人和第三人在不同国家设有营业所并符合本条第1款的要求时，才适用本公约；决定适用本公约时，不应考虑当事人的国籍，也不考虑当事人或销售合同的民事或商事性质。

(3) 对代理业务适用范围的规定。公约所适用的业务范围总的规定是国际货物销售代理。但在具体业务范围上采取排除法。《代理公约》第3条列举了不适用的代理业务有：

---

① 《法学译丛》，1985年第1期，第76～80页。

证券交易所、商品交易所或其他交易所之交易商的代理；拍卖商的代理；家庭法、夫妻财产法或继承法中的法定代理；根据法律上的或司法上的授权发生的对无行为能力人的代理等。但本公约不影响对保护消费者的规定。

（4）有关代理人的规定。公约规定代理人是有权或声明有权代理他人与第三人订立货物销售合同的人。但《代理公约》规定："公司、社团、合伙或其他实体——无论其是否具有法人资格的机关、职员或合伙人只要是根据法律或该实体的设立文件的授权，在其本身职权范围内活动，就不视为该实体的代理人"。

由此，可以看出，职务代理不属公约调整的范围。另外规定，"受托人不视为信托人、创立信托关系的人或受益人的代理人。"

（5）对公约的解释要求必须考虑本公约的国际性。考虑国际私法所依据的一般原则，遵守诚实信用原则——即冲突法则，遵守国际惯例原则。

2. 代理权的设定和范围

对代理权的设定《代理公约》第9条规定，"本人对代理人的授权可以是明示的，也可以是默示的。"对授权的形式第10条规定，"授权无需要用书面形式，也无需有书面证明，亦不需受其他任何形式要求的限制。"不过《代理公约》规定，允许加入国对此规定声明保留。

3. 对代理人行为的法律效力

《代理公约》第3章对代理人实施的行为的法律效力作了较全面的规定。

（1）代理人的行为只约束本人和第三人。即代理人于其权限范围内代理本人实施行为，而且第三人知道或理应知道代理人是以代理身份实施行为时，代理人的行为使本人与第三人相互间受到约束。这实际是对直接代理的规定。

（2）代理人行为只约束代理人和第三人。如第三人不知道，亦无从知道代理人是以代理人身份实施行为；或者代理人实施该行为只对自己发生约束力(如行纪合同)。在这种情况下，代理人的行为对本人无约束力。这是对间接代理的规定。

（3）对代理人行为的法律效力的限制。一是当代理人无论是因第三人不履行义务或是因其他理由而未履行或无法履行其对本人的义务时，本人可以对第三人行使代理人代理本人所取得的权利，但应受到第三人可能对代理人提出的任何抗辩的限制。二是当代理人未履行或无法履行其对第三人的义务时，第三人可以对本人行使该第三人对代理人所有的权利，但应受到代理人可能对第三人提出的任何抗辩以及本人可能对代理人提出的任何抗辩的限制。三是当出现如果第三人在签订合同时知道本人的身份就不会签订该合同的情况时，本人就不能行使对第三人的权利，这是对本人权利的限制。

（4）上述各项权利只有在意欲行使这些权利的通知视情况送达代理人与第三人或本人时才可行使。一旦第三人或本人收到通知，就不得再与代理人交涉而解除自己的义务。

代理人负有在出现本人违反义务或第三人违反义务时向本人或第三人通知对方名称的义

务。可见，公约折中了两大法系的规定，在间接代理中，本人与第三人可直接发生权利义务关系。但只有在代理人与第三人合同未履行时，且第三人无选择权时才能如此。这样就避免了英美法中本人介入但第三人选择代理人使本人与第三人仍不能直接产生权利义务关系的情况。

(5) 代理人遵照本人的明示或默示，可与第三人约定不适用本条第 2 款之规定。

公约这样规定比较符合间接代理的实际。如甲委托乙代购一台彩色电视机，乙到商店买彩电时并不公开自己代理人的身份，而是以自己的名义替甲购回彩电，交给甲使用。但后来甲发现彩电有质量问题。在这种情况下甲能否直接向出售彩电的商店提出请求权，按大陆法的规定，甲是无权直接向商店提出请求权，因为他与商店无直接的合同关系。只有乙向甲出具了权利转移证据后，甲才有权向商店提出请求权。按英美法的规定，甲可直接向商店提出请求，但第三人有选择权，若选择乙为合同当事人，则甲仍无直接请求权。按公约的规定，甲可直接向商店行使请求权。这样有利于直接保护本人的利益。

(6) 当代理人未经授权或超越授权范围而为某种行为时，其行为对本人和第三人无约束力。

但是，若本人的行为使第三人合理地并善意地相信代理人有权代理本人为某种行为，并且相信代理人是在该项授权范围内为某种行为时，本人不得以代理人无代理权而对抗第三人。

第三人若在代理人行为时不知道，也不能知道该代理人未经授权，并且在追认通知发出后拒绝追认时，即对本人不负责任。

若第三人知道或理应知道该代理人未经授权或其所作的行为已超越授权范围时，代理人不承担责任。

同时，代理人的无权或越权代理可由本人追认，一经追认与开始时授权一样具有同等效力。

4. 代理权的终止

《代理公约》第 4 章规定，代理权在下列情况下终止：依本人与代理人间的协议终止；为之授权的一笔或数笔交易已经完成；本人撤回代理权或代理人辞任；代理权亦可依适用的法律的规定而终止。

代理权的终止不影响第三人，除非第三人知道或能知道代理权的终止或造成终止的事实。

代理权虽已终止，但代理人仍有权代表委托人或其继承人实施必要的行为。

5. 最终条款

主要是对有关《代理公约》的保管、签字、生效、保留以及批准、加入的一些规定。如规定瑞士政府为本公约的保管者；公约对所有国家实行开放签字；本公约不优先于业已缔结的或可能缔结的载有适用本公约事项的实体法条款的任何国家协定；缔约国拥有一个中央和其他地方当局的行政、司法和立法权分立的政府制度的情况下，该国对本公约的签字、批准、核准、加入，依所作的声明不影响其内部的权力分配；本公约除明示准许的保留外，不得作任何其他保留等内容。

10.5.4 国际代理法律的适用

国际代理法律的适用是指受理代理案件的法院或仲裁机构在与案件有联系的当事人(委托人、代理人、第三人)之间国家的法律发生冲突的情况下，依法院或仲裁的冲突规则的指引及《代理的适用法律公约》的规定，确立应适用其中哪一国的法律。

代理关系一般是以合同确立起来的，所以国际代理法律的适用也就是国际代理合同的法律适用。在这一领域各国和有关国际条约都有专门的规定。

(1) 美国在《冲突法重述》第 291～293 节中从 4 个方面对代理合同的法律适用作了规定。

① 关于《委托人与代理人的关系》的规定，“委托人与代理人相互间的权利和义务，决定于涉及特定问题，依第 6 节陈述的原则，与当事人和交易具有重要联系的州的本地法。该法通过适用第 187～188 节的规则进行选择”。所陈述的选择原则主要是保护当事人正当期望的原则和权衡有关州的利益的原则。

② 关于《委托人对第三人的合同义务》的规定，主要决定特定争议的性质、陈述的原则与当事人和交易有最重要联系的州的本地法。“依代理人与第三人交易的州的本地法。”但在进行法律选择时，应注意代理人的行为是否经授权，这种授权在某一特定州之间是否已被第三人知道，是否授权在某一州活动，授权是否已被解除以及委托人与某一特定州是否有合理的联系等。

③ 关于委托人对代理人行为的认可，“规定或依第 6 节陈述的原则与当事人和交易有最重要联系的州的本地法，也可依代理人与第三人进行交易的州的本地法是有效的，该认可通常是有效的”。尤其要遵循保护当事人正当期望的原则。

④ 关于代理人与第三人之间的合同的效力和当事人双方的权利义务，适用《冲突法重述》规定的一般冲突规则。

(2) 英国对代理关系的法律适用分别创立了不同的冲突规则。

① 如果委托人在自己的营业地委托了代理人，该代理关系成立地法将支配双方的权利义务关系。如 1920 年，在盎格鲁与奥地利银行案中，一家德国银行用德文与一名代理人订立了一份合同，任命他为该银行在伦敦分行的经理，英国法院确认，该合同受德国法支配。然而，也有的判例主张，如属证券交易，则属证券交易所地的法律支配。

② 涉及委托人与第三人之间的关系，按英国的判例法，受代理人与第三人订立合同的准据法支配，委托人撤销代理权也按此规定。

③ 如果代理人与第三人订立的合同规定适用某一特定国家的法律，而该法律与该合同又无密切联系，为保护委托人的利益，这种选择对委托人无约束力。

④ 根据英国法院的判例，委托人、代理人与第三人之间的合同关系，受他们所订立的合同的准据法支配，而不受委托人与代理人之间订立的合同的准据法支配。

⑤ 关于不动产的代理合同，受该不动产所在国的法律支配。

(3) 法国把代理合同视为劳动合同的一种，所以保护劳动合同的法律规则也被用来调整委托人与代理人之间的关系。同时规定代理合同的当事人不能通过选择其他国家的法律排除对法国劳动法中规定的适用。如法国 1958 年颁布的一项法令，如果委托人单方解除合同，代理人有权要求委托人赔偿由此遭受的损失。法国的这种规定主要是为实现社会公共政策的需要。

但若代理人在一个以上的国家与第三人订立合同时，也可适用委托人机构所在地法。

(4)《瑞士联邦国际私法法规》第 126 条规定：如果代理是基于一个合同而存在的，则委托人与代理人之间的关系由适用于该合同的法律调整。

(5)《奥地利联邦国际私法法规》规定，对委托人与代理人的内部关系，在当事人未做出法律选择时，法院应推定代理人的惯常居所地法，或订立合同有关的常设的营业所所在地法及与代理合同有“最强联系”的法。

对代理人与第三人外部关系的合同，可依该委托人以第三者明显可见的方式所指定的法律；如适用的法律未予指定，则依代理人按委托人为第三者明显可见的意旨而在其中行事的国家的法律。

(6)《1980 年的罗马公约》(该公约为前联邦德国、丹麦、比利时采用)规定，在当事人未做出选择时，对委托人与代理人之间的关系，通常应适用代理人的属人法；对代理人与第三人之间的关系，依其特殊性质，适用特征履行方的属人法。

(7) 我国最高人民法院《关于适用〈涉外经济合同法〉若干问题的解答》第 6 条规定，对代理合同，在当事人未选择法律适用时，适用代理人营业所所在地法律。但又规定，当合同明显地与另一国家或者地区的法律具有更密切的关系时，人民法院应以该另一国家或地区的法律作为处理代理合同争议的依据。

(8)《关于代理的适用法律公约》的规定①。该公约又称《海牙代理公约》，是由海牙国际私法会议起草，于 1978 年 3 月 14 日在外交会议上通过的。

现已有法国、葡萄牙、荷兰、阿根廷等国批准了该公约。《公约》共 5 部分：公约适用范围；委托人与代理人的关系；委托人与第三人的关系；一般规则和最后条款。

① 公约的适用范围。是那些具有国际性的代理关系。即代理人有权代表另一人(委托人)行为，或意在代表另一人行为而与第三人交往所产生的关系带有国际性时，由《公约》确定这种关系所适用的法律。《公约》规定，即使代理人的作用是代表另一人收受或转达提议或进行谈判，也无论代理人是以自己的名义行为，还是以委托人的名义行为，无论这种行为是经常的，还是偶尔的，均适用《公约》。但《公约》不适用以下情况：当事人的行为能力；对形式的要求；家庭法、夫妻财产法或继承法中的法定代理；按照司法或准司法机关的判决，或由这种机关直接指定的代理；有关司法性质的诉讼代理；行使船长本身

---

① 海燕：《海牙代理公约简介》，《法制日报》，1998 年 8 月 1 日，第 8 版。

职权的船长代理。

② 对代理关系的法律适用。即委托人和代理人的关系而言，《公约》允许当事人根据意思自治原则选择任何一个国内法。当事人来做出选择时，适用法律应是在代理关系确定时，代理人设有营业机构的国家的国内法。

③ 关于对代理外部关系的法律适用。《公约》也允许根据意思自治原则选择国内法。在缺乏选择的情况下，对于委托人和第三人之间的关系，代理人权利的存在和范围以及代理人行使或意在行使其权利的效力，应受代理人行为时设立营业机构的国家的国内法管辖。但有下列情况之一时，应适用代理人行为地国的国内法：委托人在该国设有营业机构，如无营业机构，以其惯常居住的国家；第三人在该国设有营业机构，如无营业机构，其惯常居住的国家；代理人在交易所或拍卖行内行为；代理人没有营业机构。

另外，如果代理人是委托人的雇员，这样代理人无独立的营业所，应适用委托人营业地法。

此外，对越权代理或无权代理所产生的法律适用，《公约》规定，凡适用于委托人与代理人之间的规定，也适用此种关系。

当然，该《公约》的规定也有不足之处，如对间接代理的救济、第三人损害赔偿的请求权、替代责任和信托关系等，《公约》未作规定，因此，对《公约》的解释和完善也就显得非常必要。

关于委托人与第三人之间的关系，公约在适用法律上作了详尽的规定。原则上在本人和第三人之间代理权的存在，范围所生之效力，应依代理人实施有关行为时的营业所所在国的国内法。但是在以下情况时，应依代理人行为地国家的国内法：如本人在该国境内无营业所，或仅有居所，而且是以本人的名义进行的活动；如第三人在该国境内仅有居所，而无营业所；代理人在交易所或拍卖行进行的活动。

另外，如果代理人是委托人的雇员，这样代理人无独立的营业所，应适用委托人营业地法。

对于委托人与第三人之间的代理权，以及越权代理或无权代理所产生的代理关系的法律适用，《公约》规定，凡适用于委托人与代理人之间关系的规定，也适用于代理人与第三人之间的关系。

10.6 我国的商事代理制度

10.6.1 我国有关代理制度的法律规定

我国现行代理制度主要在《中华人民共和国民法通则》第 4 章第 2 节中作了规定。如第 63 条规定：“公民、法人可以通过代理人实施民事法律行为。代理人在代理权限内，以被代理人的名义实施民事法律行为，被代理人对代理人的代理行为承担民事责任。”前面讲过，代理涉及三方面的法律关系——即代理人与委托人的关系；代理人与第三人的法律关系；委托人与第三人的关系。我国《民法通则》实际上只对直接代理作了规定，即代理人只能在其代理权限内，以本人的名义所为的法律行为，本人才承担法律责任。那么，如果是间接代理，即代理人在其权限范围内以自己的名义所为的法律行为，本人对此承不承担法律责任，目前在我国还没有充分的法律依据。

另外，对代理的种类、代理的形式也作了规定，第64条对代理的种类规定为委托代理、法定代理和指定代理。第65条规定，“民事法律行为的委托代理，可以用书面形式，也可以用口头形式。法律规定用书面形式的，应当用书面形式。”①

同时，对代理权的产生、终止、无权代理、代理人与本人和第三人的责任等问题都做了规定。如第66条规定：“没有代理权、超越代理权或者代理权终止后的行为，只有经过被代理人的追认，被代理人才承担民事责任。未经追认的行为，由行为人承担民事责任。本人知道他人以本人名义实施民事行为而不作否认表示的，视为同意。”“代理人不履行职责而给被代理人造成损害的，应当承担民事责任。代理人和第三人串通，损害被代理人利益的，由代理人和第三人负连带责任。第三人知道行为人没有代理权，超越代理权或者代理权终止还与行为人实施民事行为给他人造成损害的，由第三人和行为人负连带责任。”第67条规定，“代理人知道被委托代理的事项违法仍然进行代理活动的，或者被代理人知道代理人的代理行为违法不表示反对的，由被代理人和代理人负连带责任。”

第68条对转托代理作了规定，“委托代理人为被代理人的利益需要转托他人代理的，应当事先取得被代理人的同意。事先没有取得被代理人同意的，应当在事后及时告诉被代理人，如果被代理人不同意，由代理人对自己所转托的人的行为负民事责任，但在紧急情况下，为了保护被代理人的利益而转托他人代理的除外。”另外，《中华人民共和国合同法》第22、23、47、48、49条也对代理制度做出规定。

此外，我国《票据法》第5条对票据代理作了规定：“票据当事人可以委托其代理人在票据上签章，并应当在票据上表明其代理关系。没有代理权而以代理人名义在票据上签章的，应当由签章人承担票据责任；代理人超越代理权限的，应当就其超越权限的部分承担票据责任。”这些规定为我国代理关系确立起了基本准则。总地来讲，在国内代理制度中只规定了直接代理制度。

10.6.2 关于我国涉外商事代理制度

我国一直实行统一对外贸易政策，而且又实行内贸外贸分离制。享有独立从事外贸经营权的，除专属外贸企业和少数经政府有关部门批准，获得进出口配额和许可证的企业，

① 王怀安：《中华人民共和国法律大全》，吉林人民出版社，1989年版，第320页。

依法享有进出口经营权外，其他多数企业虽享有进出口权，它们不能直接对外从事贸易活动，它们的进出口业务都委托有关外贸公司进行。

10.6.3 我国目前国内商事代理状况

随着市场经济的发展，市场主体多元化的形成，社会分工越来越细，各专业领域所需要的各种专门知识和技能的要求越来越高，这样就促使各种商事专业代理活动得到发展。如除在专利、海事、保险、税收、诉讼等传统领域开展代理业务外，从1995年开始，经国务院批准，由国家经贸委、体改委、内贸部、冶金部、机械部联合在全国推行钢材和汽车的代理配送制，并把推行商事代理制作为流通工作三大改革项目之一。从试点企业情况看，取得了良好的成效，如1997年25家钢材试点企业，其中代理销售钢材650多万吨。汽车代理销售量22万辆。分别占试点生产企业产量的1/4以上。其中鞍钢的钢材代理销售量达到总产量的1/3，上海桑塔纳汽车的代理销售量占总产量的30%。代理配送制度作为一种行之有效的市场营销方式，已经产生了良好的社会影响，逐渐得到工商企业的认同。现在许多试点企业本着“优势互补、互惠互利、面向市场”的原则，将委托代理关系发展为长期合作关系。一些非试点流通企业也在钢材、汽车、煤炭、轮胎、塑料、玻璃、机电产品等生产资料，以及部分生活资料方面也广泛进行代理配送制的实践。如陕西省轻化总公司为天津碱厂的独家代理商，1996年销售纯碱1.2万吨。吉林省燃料公司1996年在全省推行煤炭代理销售业务，共代理销售1 400万吨，占全省煤炭消费量的58.3%。无锡、石家庄、沈阳、洛阳等11个城市，还在散装水泥、商品混凝土、钢材加工、民用爆破器材等与27 600多家企业建立了代理配送制。有的企业还开展了采购代理业务，如一些钢厂与一些再生利用公司签订了收购钢铁的采购代理协议，效果良好。一些政府主管部门为积极扶植商业代理制的发展，从多方面给予政策帮助。如财政部为解决佣金代理制遇到的财务管理困难，特制定了《物资代理制财务管理若干问题的暂行规定》。国家税务总局对代理制试点企业税负也进行了调整。中国工商银行为给钢材代理企业在流动资金贷款和银行承兑汇票结算方面给予支持，与内贸部、冶金部签署了《支持钢材代理制合作协议书》。河北省也制定了决定把发展代理配送制作为流通体制改革重要内容的措施。浙江省制定了《钢材、汽车代理制试点实施方案》，所有这些都为推行商事代理配送制的健康发展提供了有力的保证。

10.6.4 尽快完善我国商事代理制度

(1) 代理制度的核心问题是代理权的问题。无论是大陆法的“区别论”，还是普通法上的“等同论”，都涉及这个根本性的问题。从理论上讲，在代理权限的范围内，代理人无论是以本人的名义还是以他自己的名义与第三方订立合同，也不论他在订立合同时是否公开本人的存在，只要代理人的行为是在其代理权限内进行，其后果最终都应归责于本人。反之，如果代理人的行为超出了他的代理权限，即使代理人是以本人的名义与第三人订立合同的，本人对代理人超出其授权范围所为的法律行为也不承担责任。从这个意义上讲，各国代理制度在代理权限这一本质问题上的规定是一致的。我国有关民商事代理制度的立法，也应该以代理权这一根本性的问题为出发点。在此基础上建立起来的代理制度应该是统一的。

（2）为保护代理人的合法利益，应规定本人在解除代理关系时，提前通知的合理期限。同时，还应规定，在代理关系终止后，如本人继续利用代理人所建立起来的良好商誉，代理人应有获得公平补偿的权利。此外，对各种专业商务代理，如总代理、独家代理、专项代理、保付代理、经纪人代理、房地产代理等应做出专门规定，以充分满足日益增多的现实经济生活的需要。

理论探讨与实务研究

商事代理的概念

对于商事代理的概念，主要有两种观点。一种认为，所谓商事代理是指商事代理人以营利为目的，在代理权限内代理商事主体实施商事行为，法律后果直接由被代理人承担的一种特殊商行为。① 另一种观点认为，所谓商事代理是指代理人在代理权限内以被代理人的名义与第三人从事商事行为，而行为后果直接由被代理人承担。② 我们认为商事代理不同于民事代理，以非显名为其特点，既可显名，也可隐名，这在其他一些国家商法中有明确规定，而我国《民法通则》坚持“显名主义”。我们认为第一种观点更为科学。

推荐阅读

1. 任先行、周林彬：《比较商法导论》，北京大学出版社，2000 年。
2. [法] 伊夫·居荣：《法国商法》，法律出版社，2004 年。
3. [德] C·W·卡纳里斯：《德国商法》，法律出版社，2006 年。

思考题

1. 商事代理的特点是什么？
2. 简述代理人的义务。
3. 民事代理与商事代理有哪些区别？
4. 我国商事代理发展的现状如何？

① 柳经纬、刘永光：《商法总论》，厦门大学出版社，2004 年版，第 186 页。
② 张艳：《商事代理法》，人民法院出版社，2000 年版，第 22 页。

第11章 商业买卖

本章提示

本章属于商法中商行为的有机部分。商业买卖是最为典型的商行为，是导致最为典型、最为普遍的社会现象——商品买卖及其法律关系变动的最为主要的法律事实。

- 买卖是当事人约定一方将商品的所有权或处分权转移给他方，他方按约定支付价金的一种钱货交易、互为补偿的行为。商业买卖是买卖的一种，但商业买卖有着自己的特殊性。商业买卖不但有其自己独有的内容和原则，而且就其立法体例而言，不同国家及其所在法系也有不同。
- 买卖的形式总是表现为契约或合同。买卖合同作为合同中最有代表性的一种，其成立和有效按最抽象的法理表述为合意与合法性原则，但买卖合同的内容、尤其是买卖合同中的瑕疵担保更多地体现了买卖合同的特殊性。
- 买卖合同中的所有权转移与风险责任转移是买卖合同中的重要内容，因这些是涉及买卖双方切身利益的重大问题，因此，各国有着不同的立法体例。我国在此问题上基本上采用交付主义，不但以交付的完成作为标的物所有权移转的标准，而且也以交付的完成作为风险责任转移的标准。
- 交互计算、居间和行纪是商业买卖中的几种特殊形态，它们有着不同于一般民事法律行为的内涵和效力，也有着在市场经济条件下的独特作用。

11.1 买卖法概述

买卖(sale)是人类社会经济流转中通过移权、易物形式实现商品价值最普遍、最经常、最基本的一项重要的法律行为，是最基本的商业流通形式。它是人类以文明方式取得财产的最原始、最本质、最主要的商行为。商业买卖是商法中最重要、最常见的商行为之一，是一种特殊而专门的商业交易形式。在各国商法中，商业买卖以民事买卖为基础和出发点，但是商事买卖与民事买卖并不可相提并论。民商法中关于买卖的概念、性质、对象以及原则不尽相同。在欧洲大陆法系国家，在民法典之外的商法典中，都有对商事买卖行为的特别规定，这些规定一般是从商事交易的迅速、明确、安全角度出发所提出的，主要涉及商业买卖中的迟延责任、商业买卖中给付标的物的瑕疵责任的特殊性问题。我国没有专门的商法，也没有专门的买卖法，《中华人民共和国合同法》第9章“买卖合同”可以被视为我国现行法律中关于买卖的专门规定。但是，《中华人民共和国合同法》中关于买卖的规定，没有区分民事买卖和商业买卖，没有对商业买卖做出有别于一般民事买卖的特殊规定，就我国商业买卖活动的法律规制而言，合同法是不充足、不完善的。

11.1.1 商业买卖的立法体例

1. 两大法系买卖法的差异

西方资本主义国家的法律制度，主要分为两大法系，即以法国、德国为代表的大陆法系(civil law system)和以英国、美国为代表的普通法系(common law system)。

各法系的资本主义国家，就买卖法所采用的形式及其内容而言，并不完全相同，甚至就两大法系而言，有关买卖的立法体例差异甚大。

(1) 大陆法系。大陆法国家在传统理念支配下，总认为买卖是民事主体的私人事务，立法上更多体现和贯彻私法自治的理念，并与商事买卖不加严格的区分。所以许多国家有关商业买卖的立法体例采用二元模式，即大陆法系国家大都把有关买卖的法律编入民法典之中，作为民法典的有机组成部分，如法国、德国、意大利、日本等国都在民法典中有专门针对买卖的一般规定。但对买卖中的一些特殊规则，尤其是涉及商业买卖特殊问题的法律，又在商法典或商事特别法中加以规定。如《德国商法典》从第373～382条都是对有关商事买卖的特殊规定。《日本商法典》在第3编第2章中专章对特殊商事买卖做出规定。从法典化运动来说，表现为除民法典而外，还有商法或商事特别法典，形成民商分立的立法形式。

二元化的立法模式形成了在买卖法律或规则适用上的分而治之的适用格式，即以民法规定买卖的一般活动，以商法规范商事活动的特殊活动，商法作为民法的特别法，在规则适用方面遵循特别法优先于普通法的原则。这反映出民法调整的是买卖的一般关系，商法调整的是买卖的特殊关系。

但较新的大陆法法典，如《意大利民法典》实行民商合一体例，只有民法典，而没有商法典，有关买卖的法律全部在民法典中予以规定。

上述特征表明，大陆法系没有专门规范买卖活动的、统一的买卖法。

我国作为深受大陆法影响的成文法国家，既不存在独立的买卖法，也没有用于专门规范特殊商行为或商组织的形式商法典。①

(2) 英美法系。英美法国家没有民法典与商法典的区分，鉴于买卖行为的普遍性和重要性，它们采取了与大陆法国家截然不同的作法，对买卖关系主要采取独立立法，有关买卖的法律大都是以单行法规的形式出现。其代表是英国1893年《货物买卖法》(Sale of Goods Act)。这部法律是在总结英国法院数百年来有关货物买卖方面判例的基础上制定的，用于专门调整商事买卖关系，它为英美法系各国制订各自买卖法提供了样板。在1893年《货物买卖法》的基础上，1979年又经修改制定出新的英国《商品买卖法》。1967年还制定了《联合王国国际买卖统一法》。1994年再经修改又制定出《1994年货物销售和提供法》。

美国也早在1906年仿英国《货物买卖法》制定了《统一买卖法》，被36个州采用。直到1952年在制定《美国统一商法典》时，又把该法的第2篇定名为“买卖篇”，并以7章104条庞大的篇幅对商事买卖作了更全面更科学的规范。其他各篇也是紧紧围绕以“买卖为中心”而制定的。所以《美国统一商法典》就实质内容而言，是一部最典型、最系统的买卖法，从而构成美国商法最大的特点和优点。

从英美法系有关商业买卖的立法形式可以看出，有关商业买卖的法律其主要采用了独立立法的模式。

(3) 两大法系有关买卖立法内容上的主要差异：大陆法国家和英美法国家不仅买卖立法体例有所不同，就是在理论和内容上也存在许多差异。如对买卖合同的成立，大陆法遵循和强调罗马法中的“约因”(cause)。如《法国民法典》1131条规定：“凡属无原因的债、基于错误原因或不法原因的债，都不发生任何效力”，所以法国的契约法坚持约因论。《意大利民法典》在1325条、1343条也把“原因”作为契约成立的要件规定下来。德国法、日本法虽没有把约因作为合同成立的必要条件，但在不当得利制度中，“原因”仍是这一制度的主要理论依据。

英美法则以“对价”(consideration)作为买卖行为独特制度。所谓对价，《元照英美法词典》解释如下。

① 合同成立的诱因。

② 致使缔约方缔结合同的原因、动机、代价或强迫性的影响力。

---

① 任先行、周林彬：《比较商法导论》，北京大学出版社，2000年版，第454页。

③ 一方当事人获得的权利、利益、利润或者好处，或另一方当事人所遭受的损失或承担的义务。

这是有效合同存在并对当事人有法律约束力的基本且必需的要素。① 如在买卖交易中，卖方承诺交货是因为有买方同意付款的对价(卖方受损而买方得益)；反过来，买方同意付款，又是因为有卖方承诺交货的对价(买方受损而卖方受益)。这样，一旦一方受了损，他方就可请求对方履行承诺。《美国统一商法典》在1—201条第44款也对“对价”作了专门规定：对价必须是提供信用尚待履行的有约束力的义务，对价必须是真实的，并具有支付简易合同的价值；根据取得的权利作为行使请求权的依据；对价须由受允诺者提供。概括地说，对价是“我给你是为了你给我”的关系。不过，为适应现代商业发展的需要，《美国统一商法典》第2—209条又规定，关于改变现存合同的协议即使没有对价也具有约束力。同时又建立起“不得悔言”的原则。即如果允诺人在做出允诺时，应当合理预料受允诺人会信赖其允诺而做出某些实质性的行为或放弃去做某事，并在事实上引起这种结果，只有强制执行该允诺才能避免不公平交易，那么即使缺乏对价，该允诺也应予强制执行。在一些社会主义国家(如我国)，合同法强调的是“原因”，尤其强调买卖关系要坚持依法成立的“合法性”原则。②

另外，在对买卖合同生效的时间上，大陆法国家和英美法国家也有所不同。大陆法国家坚持“到信主义”，即承诺的意思表示要到达要约人支配的范围内合同才生效；而英美法国家则坚持“发信主义”，即承诺的意思表示以书信表示者，只要将书信投入邮局承诺即生效力。另应注意，有关买卖标的物所有权和风险的转移的制度，各国更呈现纷繁复杂的情况。

2. 有关商事买卖的国际公约

由于商事买卖具有很强的国际性，加之各国在买卖法方面存在着差异性，为缓和这种矛盾，所以许多国际组织都致力于制定统一的国际性的买卖公约，尤其是国际统一私法协会制定了一系列有关国际货物买卖方面的公约。如1964年的《国际货物买卖统一法公约》、1964年的《国际货物买卖合同成立的统一法公约》、1983年的《国际货物销售代理公约》、1988年的《融资租赁公约》、《国际保付代理公约》、1994年的《国际商事合同通则》等。更为重要的是联合国为统一国际买卖法制度，于1980年制定了《联合国国际货物买卖合同公约》，紧接着国际私法协会于1986年又制定了《国际货物买卖合同法适用公约》。可以说现在已建立起了以《联合国国际货物买卖合同公约》为中心的较完备的国际买卖法公约体系，这些公约是买卖法的重要法律渊源。

3. 商务惯例

遵守惯例是买卖行为的重要原则。惯例有国际惯例、国内惯例和地方惯例。其中最重

---

① 《元照英美法词典》，法律出版社，2003年版，第289页。

② 参见我国《合同法》第44条第1款。

要的是国际商会所公布的国际商务惯例，也是国际货物买卖重要的行为规范。主要有《国际贸易术语解释通则》（INCONFORMS，1990）、《跟单信用证统一惯例》（UCP，1993）、《托收统一规则》（URC，1995）。

从以上规范可以看出，调整商事买卖关系的行为规则，既有各国的国内法，又有各种国际买卖公约，还有各种国际商务惯例和商事习惯。可以说有广泛的法律渊源，呈现出多元化的格局，也显示出商业买卖法律制度的复杂性。①

11.1.2 买卖的定义

大陆法国家多在民法典中对买卖进行定义。如《法国民法典》第1582条规定："买卖，为一方承担交付标的物，而他方承担支付价金的义务的契约"。②《意大利民法典》第1470条规定："买卖是旨在移转物的所有权或移转其他权利并获得价金的契约"。③《德国民法典》第433条规定："（1）根据买卖合同，物的出卖人负有向买受人支付其物，并使其取得该物的所有权的义务。权利的出卖人负有使买受人取得该权利的义务，如果因该权利而有权占有一定主物时，亦负交付其从物的义务。（2）买受人负有向出卖人支付约定的价金并受领买卖物的义务。"④《日本民法典》第555条规定："买卖，因当事人相约，一方移转其财产于相对人，相对人对之支付价金，而发生效力"。⑤

英美法国家都在商法中对买卖下了定义。如英国《商品买卖法》规定，"商品买卖契约是指出卖人转让或同意转让商品所有权给买受人以换取金钱对价，取得商品价值的协议"。《美国统一商法典》第2—106条规定，"买卖（或出售、销售）指卖方在取得价款的条件下将货物所有权转移至买方"。

《中华人民共和国合同法》第130条从合同角度对买卖加以定义，即："买卖合同是出卖人转移标的物的所有权于买受人，买受人支付价款的合同"。

对上述买卖法定义进行比较分析的一般结论是，买卖是当事人约定一方将商品的所有权或处分权转移给他方，他方按约定支付价金的一种钱货交易、互为补偿的行为。

1. 买卖的一般特征

（1）权利的转移性。买卖最重要的特征是转移财产的所有权或处分权。在以上的定义中，不论是大陆法或英美法都体现出这一特点。这也是买卖不同于租赁和借用的地方。

（2）对价。买受人要取得财产的所有权或处分权，必须向出卖人支付约定的价款为对价，这是买卖行为不同于赠与和易货的特征。

---

① 任先行、周林彬：《比较商法导论》，北京大学出版社，2000年版，第455～457页。

② 马育民译：《法国民法典》，北京大学出版社，1982年版，第294页。

③ 费安玲译：《意大利民法典》，中国政法大学出版社，1992年版，第392页。

④ 郑冲、贾红梅译：《德国民法典》，法律出版社，2001年版，第84～85页。

⑤ 曹为、王书江译：《日本民法典》，法律出版社，1986年版，第111页。

(3) 双务性和有偿性。由于买卖行为的对价性，决定了买卖行为既是双务的又是有偿的。所谓双务有偿是指买卖双方互负一定的义务，如卖方必须向买方交货，买方必须向卖方付款。一方的义务就是另一方的权利，一方的权利又是另一方的义务。买方不能无偿取得对方的财产，卖方也不能无因取得对方的价款。

(4) 诺成性。买卖关系除法律另有规定外，只要当事人之间意思表示一致，买卖关系即可成立，并不以实物交付为成立的必要条件。这也是买卖合同不同于实践性合同的地方。

2. 商业买卖的特征

商业买卖在现今买卖活动中起支配作用和占统治地位，它除具有买卖的一般特征外，还有自身独具的以下特点。

(1) 职业特征。在商业买卖中，商品只是价值的媒介。如果只是单纯的买或单纯的卖，就不成商业。这是商业买卖不同于单纯的生产者和消费者的买和卖的核心。这种核心的基本内容就是以营利为基本特征的买卖行为，即商行为。

(2) 主体特征。商业买卖的主体主要是各类商人，即必须是"商人"的买卖，如商人与生产者、商人与商人、商人与消费者之间的买卖。总之，商业买卖法律关系中的主体必须有一方是商人。

(3) 客体特征。商业买卖的标的固然很多，但主要是"货物"。所以又把商业买卖称为"货物买卖"。关于什么是"货物"，许多国家在法典里以及在国际公约里都作了界定。我国合同法中"买卖合同的标的物"，主要是指动产和不动产的有形物，即狭义的物。不包括无形财产。但从社会经济发展趋势看，买卖的范围日益扩大。可以说一切有形财产和无形财产，只要不受法律所禁止都可以买卖。最突出的是乌拉圭最后文件，通过了《与贸易有关的知识产权协议》和《服务贸易的总协定》，把知识产权和除实施政府职能所提供的服务以外的任何服务都纳入国际贸易领域，从而大大拓宽了商业买卖领域。

(4) 时间上的特征。商事买卖特别重视其及时性。所以根据这一要求在商法中规定了一些商事买卖的特别规则。这些特别规则具体表现为关注非真正权利人对特定买卖标的物的持续占有和真正权利人对其权利不及时行使的外观显示制度，以及赋予非真正权利人的抗辩权制度，加之有关商品买卖交付和质量索赔的短期时效制度等，达到保护交易便利和安全的双重目的，这在德、日、美等国的商法中都有体现。

(5) 法律责任特征。商业买卖对当事人的法律责任一般采取对等原则。但现在有些国家，如美国则采取区别对待原则。由于商业买卖关系到当事人的切身物质利益和人身安全，为保障交易的安全，多采取严格责任原则，如现代大多数国家的买卖法都实行无过错责任原则、严格的明示和默示的担保责任原则等。

(6) 国际特征。国际交通的日益发达，使国际商事交往日益密切与频繁。按照联合国国际货物买卖合同公约，只要营业地分属不同的国家，其间所进行的买卖都是国际买卖，而不问买卖当事人的国籍相同与否，也不问其间买卖的货物是否跨越了国界，更不过问其间的合同到底是商事合同或民事合同。

11.1.3 商业买卖的原则

概括分析各国买卖法的相关理论，商业买卖除遵守合同的一般原则外，还有自身特有的原则。

(1)“三公”原则。即公平、公正、公开。“商品是天生的平等派”，它要求买卖当事人的地位平等、权利平等、意志平等、协商一致。公正主要是对在买卖关系中所采取的激励制约机制要一视同仁。如不能搞价格歧视和其他差别对待，更不准搞垄断和超经济行为。公开主要是给购买者提供均等的竞争机会，做到看样识货、明码标价，反对幕后交易和暗箱操作，让广大购买者有自由选择的机会。

(2)“五自”原则。就是参与的主体要自愿、权利要自立、行为要自律、责任要自负、形式要自由。只有这样才能保证生产要素合理流动，资源合理配置。

(3) 诚实信用原则。这是买卖活动所遵循的一项最高准则，所以把它称为“帝王法则”。它既是一项道德标准，又是被各国普遍认可的一项法律原则。它要求当事人的意思表示必须是真实的，不能有任何欺诈和弄虚作假的行为，要信守约定。英美法国家规定禁反言、真实、善意都是诚信原则的体现。同时该原则是法官手中的衡平器。

(4) 担保责任原则。这一原则在法律上的集中体现，就是卖方对出卖的货物要负瑕疵担保责任。保证对所出卖的产品的质量、品种、数量等除符合合同的规定外，还要承担默示担保责任，即要保证出卖的货物符合法律规定，要具有贸易惯例所要求的商销性和适用性，而且在权利上无瑕疵。如提供了与担保责任相悖的产品，要承担赔偿责任。

(5) 遵守买卖习惯原则。商业买卖习惯具有悠久的历史，为商人长期遵守使用，所以许多国家的商事立法以及一些国际买卖公约都规定，商法有规定的从商法，商法无规定的从习惯。

11.2 买卖合同基本制度

买卖合同是一种以买卖为目的的双务合同。合同一般有两个当事人，一方是卖方，另一方是买方，双方在享有合同权利的同时都要承担一定的合同义务。在买卖合同中，卖方的交货义务以买方支付价款为对价(或约因)，买方的付款义务则以卖方的交货义务为对价，除合同另有规定外，卖方的交货与买方的付款为对流条件(concurrent condition)，买卖双方应同时履行自己的合同义务。在买卖合同制度中，主要解决的问题包括买卖合同的有效成立、合同的履行、合同让与和合同消灭等等问题。在此问题上，两大法系差异甚大，对其研究构成比较合同法学的范畴，本节仅以我国合同法规定为依据，从适用的目的出发对合同有效成立、买卖合同的效力、违约责任及其救济等的问题予以比较分析。

11.2.1 买卖合同的成立

1. 合同成立的概念

(1) 合同的概念与性质。“合同是合同法的调整、规范对象，是引起合同法律关系的最主要法律事实。”① 作为合同法调整对象的合同有时亦称作契约，《中华人民共和国合同法》第2条第1款规定：“本法所称合同是平等主体的自然人、法人、其他组织之间设立、变更、终止民事权利义务关系的协议。”

从性质上讲，合同是两个或两个以上民事主体以设立、变更、终止民事权利义务关系为目的的法律行为。

(2) 合同成立的概念及其要件。合同成立是指合同当事人通过要约和承诺就合同内容达成一致，并因符合一定的法律要件而被法律认可的客观存在。合同成立是人们对合同当事人就合同条款经过磋商达成意思表示一致的客观事实判断，即合同成立只表明当事人之间已形成或达成合意，但不能确切表明合同是否具备法律效力。

合同成立也不同于合同订立。合同订立强调当事人达成协议的方式和过程，它体现或反映合同成立的动态过程，即要约和承诺方式的运用，而合同成立强调当事人缔约目标的实现，即合同订立的成功，它体现或反映的是合同订立的静态结果。就二者关系言，合同成立制度从属于合同订立制度，但订立合同的基本目标就是成立合同，所以，合同成立是合同订立的核心，是合同订立的最终归属。

合同成立一般包括如下要件。

① 存在双方当事人。合同是一种双方民事法律行为，因而合同的成立须存在双方当事人。

② 当事人对合同的内容达成了合意。合同成立的根本标志是当事人意思表示的一致，即达成了合意。合意乃由要约和承诺两个意思表示构成。

此外，合同的成立有时尚需满足特殊成立要件的规定。合同成立的特殊要件是指依照法律规定或以当事人特别约定，合同成立应特别具备的条件，如要式合同的成立须满足法定的或约定的特定形式，实践合同须依照法律规定，交付标的物时合同才成立。

2. 合同的效力

(1) 合同生效的概念和合同的效力状态。所谓合同生效是指合同所产生的法律上的约束力。所谓合同所产生的法律上的约束力一般来讲包括如下内容。一是合同所产生的法律上的约束力，主要是对合同双方当事人来讲的，合同一经生效，合同当事人即享有合同中所约定的权利和承担合同中所约定的应当履行的义务。这具体体现了买卖合同的对内效

---

① 李兴江、付音、郑天锋：《经济法概论》，经济科学出版社，2005年版，第162页。

力。同时，合同产生法律效力以后，与合同有必然联系的第三人，比如缔约当事人以外的合同的受益人、相关的保证人，与合同一方当事人串通损害享受权利一方当事人利益的第三人等也受合同的约束，对其也产生一定的约束力。二是合同一旦产生法律上的约束力即受法律保护，任何单位和个人均不得对于合同当事人进行非法干涉。这则体现了合同的对外效力。

合同的效力状态是指合同成立后能否引起当事人预期的民事法律效果的不同状况。《中华人民共和国合同法》就合同的效力状态规定了有效合同、效力待定合同、可撤销合同、无效合同和合同条款的部分有效部分无效 5 种情形。[①]

(2) 合同生效的条件。合同属于双方的民事法律行为，即合同是否具有法律效力，还要看是否符合合同生效要件的法律规定。

资本主义各国关于合同有效成立的要件主要有以下几项：当事人间应有协议，这种协议是以要约(offer)与承诺(acceptance)的方式成立的；当事人必须具有订立合同的行为能力；合同须有对价(consideration)或约因(cause)；合同的标的必须合法；合同必须符合法律规定的形式要求；当事人的意思表示必须真实。

根据我国《民法通则》第 55 条的规定，民事法律行为应当具备下列 3 个条件：行为人具有相应的民事行为能力；意思表示真实；不违反法律或者社会公共利益。此外，合同标的的确定和可能也是其有效要件之一。我国《合同法》虽没有从正面规定合同的生效要件，但结合《中华人民共和国合同法》第 3 章的规定，以及合同法属于民法特别法的关系，一个有效的合同的判定标准同样应当遵循上述条件。

作为民事法律行为之一的合同，应当在同时具备上述条件之后才能有效。

(3) 合同生效的时间。《中华人民共和国合同法》第 44 条规定："依法成立的合同，自成立时生效。法律、行政法规规定应当办理批准、登记等手续生效的，依照其规定。"根据《中华人民共和国合同法》的这一规定，合同生效时间包括两种情况：

① 依法成立的合同，自成立时生效。依法成立的合同，自成立时生效。这是关于合同生效的一般规定，即只要是符合法定条件所订立的合同，自合同成立时就产生法律上的约束力。根据《中华人民共和国合同法》第 25 条的规定，承诺生效时合同就成立。有些合同不一定就是成立时就生效，有的还需要一定的时间，也有的成立后不一定生效。

② 法律、行政法规规定应当办理批准、登记等生效手续，依照其规定。法律、行政法规关于批准、登记等手续是否为生效的必备条件，要根据法律、行政法规的规定办理，即法律、行政法规规定自办理批准、登记等手续时生效，合同生效时间就是办理批准、登记等手续完毕的时间；如果法律、行政法规规定批准、登记等手续不是生效必备条件，则应执行该法律、行政法规和《中华人民共和国合同法》的规定。

---

① 参见我国《合同法》第 44、47、48、51、54 和 52 条具体规定。

(4)《中华人民共和国合同法》规定的有特殊生效条件的合同。《中华人民共和国合同法》第44条第2款规定，法律、行政法规规定应当办理批准、登记等手续的，自批准、登记时生效，体现了合同生效时间的法律限制。而合同的附条件和附期限则是体现合同法适用意思自治原则，允许当事人通过意思表示，对合同生效时间加以人为限制，从而使合同主体在经济活动中的各种特殊需要能够得到充分的满足。

(5) 合同成立与合同生效的区别与联系。合同成立与合同生效是两个不同的概念，合同成立是合同生效的前提条件，但是，二者的区别更为明显。

① 合同成立是解决合同是否存在的问题，属于事实判断，它主要体现或反映着合同当事人的意志，体现合同自由原则。合同生效是解决合同的效力问题，它体现了国家对合同关系的肯定或者否定的评价，反映着国家对合同关系的法律干预。

② 合同成立的效力与合同生效的效力不同，合同成立以后，当事人不得对自己的要约与承诺再行撤回，合同生效以后当事人必须按照合同的约定履行。

③ 合同不成立的后果仅仅表现为当事人之间产生民事赔偿，这种责任一般为缔约过失责任，而合同无效的后果除了要承担缔约过失责任以外，还可能表现为产生行政上的和刑事上的责任。

④ 对于合同不成立的问题，因其涉及至合同当事人的合意问题，若当事人不主张合同不成立，国家不会主动干预。而对于合同无效是否构成的问题，在一些情况下，如合同的内容违法，即使当事人不主张合同无效，国家也会主动干预。

根据《中华人民共和国合同法》第44条的规定："依法成立的合同，自成立时生效。"这表明我国现行合同法在合同成立和合同生效问题上采用相同原则——合法原则。

① 合同必须依法，不依法的合同说不上成立与生效，只有对依法的合同，才能进而确定其成立与生效。

② 只有依法的合同，才能对当事人产生法律约束力即发生法律效力，也只有生效的合同才能叫做合同的成立，当事人应当依合同行使权利、履行义务，即合同的成立与生效应当发生在同一时点。

③ 不依法的合同当然没有生效，同时也未成立，因为不生效的合同对当事人如同废纸，对已成立而未生效的合同法律也不允许履行，这说明合同的成立和生效不应当分离。

但是，应当注意，未成立、未生效的合同并不都是无效合同，其中内容违反法律、行政法规强制性规定的合同是无效合同，有法律瑕疵且可补救的是可撤销、可追认的合同，在补救后仍然可以成立和生效。同时，合同法还规定了合同法定形式的欠缺应以实际履行确定其效力的原则等。

《中华人民共和国合同法》第44条规定的例外情形是："法律、行政法规规定应当办理批准、登记等手续生效的，依照其规定。"这意味着，有些合同是依法成立在先，生效在后。但是，对于登记，应当区分核准性登记和备案性登记，属于核准性登记且规定为登记生效的，依法的合同是先成立、后生效。属于备案性登记的，其登记与合同的成立和生效无关，因为备案性登记的目的是使行政机关“知道了”，并不是要行政机关行使公权利、做出具体行政行为。即使规定了经批准、登记才能生效的合同，合同未经批准、登记，对该合同也不能都确认为无效。对于其中内容合法的合同，审判机关或者仲裁机构应当尽量挽救，确认其未生效，让当事人补办登记、批准手续，补办以后仍应确认为有效。

3. 合同成立的时间和地点

合同成立的时间关系到合同权利义务的起算，当事人的权利义务自合同成立时起开始享有和履行；合同成立的地点关系到合同诉讼的管辖法院和适用于合同的法律，合同成立地点的法院有可能成为合同纠纷的管辖法院，涉外合同中，合同成立地的法律有可能成为适用于该合同的准据法。根据《中华人民共和国合同法》的规定，按照如下原则确定合同的成立时间和地点。

(1) 承诺生效时合同成立。根据采取方式的不同，分为以下几种情况。

① 当事人采用合同书形式订立合同的，自双方当事人签字或者盖章时合同成立，在签字或者盖章之前，当事人一方已经履行主要义务并且对方接受的，该合同成立。

② 当事人采用信件、数据电文等形式订立合同的，可以在合同成立之前要求签订确认书，签订确认书时合同成立。

③ 当事人以直接对话方式订立的合同，承诺人的承诺生效时合同成立；法律、行政法规规定或者当事人约定采用书面形式订立合同，当事人未采用书面形式但一方已经履行主要义务并且对方接受的，合同成立。

④ 当事人签订要式合同的，以法律、法规规定的特殊形式要求完成的时间为合同成立时间。

(2) 承诺生效的地点为合同成立的地点。采用数据电文形式订立合同的，收件人的主营业地为合同成立的地点；没有主营业地的，其经常居住地为合同成立的地点。但当事人另有约定的，按照其约定。当事人采用合同书形式订立合同的，双方当事人签字或者盖章的地点为合同成立的地点。合同需要完成特殊的约定或法律规定的形式才能成立的，已完成合同约定的形式或法定形式的地点为合同的成立地点。

11.2.2 买卖双方的权利义务

买卖合同是典型的双务合同。一切双务合同的共同特征是当事人双方互相享有权利和承担义务，且权利义务互为对价，即一方的权利就是他方的义务，一方的义务就是他方的权利。因此，我们只需介绍双方当事人的义务，各方的权利也就在其中。另一方面，双方当事人所负担的合同义务也同时体现着买卖合同的对内效力。

1. 卖方的义务

卖方的主要义务是按照买卖合同的规定交货或预交付。按照有些国家买卖法的有关规定，所谓交付是指自愿地移转货物的占有，即把对货物的占有权从卖方手中移转到买方的手中。卖方在履行交付义务时，会遇到一系列法律问题，须承担一系列法律义务。

(1) 向买方交付标的物并转移标的物的所有权。这是卖方最基本的义务。交付是指出卖方将标的物交给买受方占有，即占有的转移。交付分为现实交付和拟制交付。所谓现实交付是出卖人将标的物的事实管领力移转于买方，使标的物处于买受人的实际控制之下，由买受人直接占有标的物。所谓拟制交付是出卖人将对标的物占有的权利移转于买受人，以代替实物交付。拟制交付又分为简易交付、指示交付和占有改定。所谓简易交付是指在买卖合同订立前，买受人已因其他原因而实际占有标的物时，则买卖合同一经成立即视为交付完成。所谓指示交付是指在标的物由第三人占有时，出卖人将向第三人请求返还的权利让与买受人，以代替标的物的实际交付。所谓占有改定是指买卖合同中约定，标的物所有权移转于买受人，但标的物仍由出卖人实际占有，买受人取得的是间接占有。

卖方履行交付义务，必须在约定的地点、期限，按照约定的数量和品质标准交付。其中一项不符合要求，就要承担违约责任。

出卖人交付标的物，在标的物有从物时，当事人若无另外的约定，从物应当随同交付。

出卖人交付标的物的义务可以亲自履行，也可以由第三人履行。在第三人代为交付时，对交付中出现的违约情形，第三人不负违约责任，而仍应由出卖人承担违约责任。

出卖人应当按照约定的质量要求交付标的物。出卖人提供有关标的物质量说明的，交付的标的物应当符合该说明的质量要求。当事人对标的物的质量标准没有约定或约定不明确的，可以协议补充；不能达成补充协议的，按照合同有关条款或者交易习惯确定；仍不能确定的，出卖人交付标的物，应当具有同种类物的通常标准或者为了实现合同目的该物应当具有的特定标准。

出卖人应当按照约定的期限交付标的物。约定交付期间的，出卖人可以在该交付期间内的任何时间交付，但应当在交付前通知买受人。出卖人提前交付标的物的，应取得买受人的同意，否则买受人有权拒收。当事人未约定标的物的交付期限或者约定不明确的，可以协议补充；不能达成补充协议的，按照合同有关条款或交易习惯确定；仍不能确定的，可以随时交付，但应当给买受人必要的准备时间。

出卖人应当按照约定的地点交付标的物。当事人未约定交付地点或者约定不明确，可以协议补充；不能达成补充协议的，按照合同有关条款或者交易习惯确定；仍不能确定的，适用下列规定：第一，标的物需要运输的，出卖人应当将标的物交付给第一承运人以运交给买受人；第二，标的物不需要运输的，出卖人和买受人订立合同时知道标的物在某一地点的，出卖人应当在该地点交付标的物；不知道标的物在某一地点的，应当在出卖人订立合同时的营业地交付标的物。

出卖人应当按照约定的数量交付标的物。出卖人多交付标的物的，买受人可以接受或者拒绝接收多交付的部分。买受人接收多交付部分的，按照原合同的价格支付价款；出卖人少交付标的物的，除不损害买受人利益的以外，买受人可以拒绝接收。买受人拒绝接收标的物的，应当及时通知出卖人。买受人怠于通知的，应当承担因此产生的损害赔偿责任。但出卖人交付的标的物数量在合理的磅差或尾差之内的，应为交付的数量符合约定的标准。合同中约定分批交付的，出卖人应按照约定的批量分批交付。出卖人未按照约定的时间和数量交付的，应就每一次的不适当交付负违约责任。

出卖人应当按照约定的包装方式交付标的物。对包装方式没有约定或者约定不明确的，可以协议补充；不能达成补充协议的，按照合同有关条款或者交易习惯确定；仍不能确定的，应当按照通用的方式包装，没有通用方式的，应当采取足以保护标的物的包装方式。

依我国《合同法》第133条的规定，标的物的所有权自标的物交付时起转移，但法律另有规定或者当事人另有约定的除外。

就动产而言，除法律有特别规定的以外，所有权依交付而移转。但当事人可以约定出卖人先行交付标的物，在买受人未履行支付价款或者其他义务的，标的物的所有权仍归出卖人所有，以担保买受人合同义务的履行，这就是所谓的所有权保留制度。所有权保留作为一种新型的担保制度，在交易实践中，经常与分期付款买卖结合在一起。在保留所有权的分期付款买卖中，买受人在条件成就前，享有所有权的期待权，该项权利为物权化的债权或效力扩张的债权；出卖人基于其所保留的所有权享有取回权。

不动产和法律有特别规定的动产（如车辆、船舶、航空器等），所有权的转移须依法办理所有权的转移登记手续。

依据《中华人民共和国合同法》的规定，出卖具有知识产权的计算机软件等标的物的，除法律另有规定或当事人另有约定的以外，该标的物的知识产权并不随同标的物的所有权一并移转于买受人。

（2）出卖方的权利担保与品质担保。权利担保和品质担保在买卖法或买卖合同中，统称为瑕疵担保，是指出卖人对买卖标的所负有的一般担保责任。瑕疵担保属法定担保，它与合同当事人的意志无关，但瑕疵担保不具有强制性，即买卖当事人可以通过特约对该担保责任予以免除、限制或者加重。

所谓权利担保是指卖方保证对其出售的货物享有完全的权利，任何第三者不得就该项货物向买方主张任何权利，也没有侵犯任何第三人的权利。换言之，卖方的权利担保包括3个方面的内容。

① 卖方保证对出售的货物享有所有权。

② 卖方保证在所交的货物上不存有任何担保权益，如抵押权、留置权或其他负担等。

③ 卖方保证出售的货物没有侵犯他人的权利，如商标权和专利权。

根据各国法律的规定，对货物的权利担保是卖方的一项法定义务，英美法称为默示义务(implied undertaking)，意思就是说，即使在买卖合同中对卖方的权利担保没有做出规定，但卖方依法仍须承担此项义务。在这个问题上，必须注意以下两点：

① 如买方在订立合同时已经知道卖方对货物的权利有瑕疵，而仍然愿意购买时，则卖方可不负权利担保的责任。在这种情况下，货物的价格一般亦低于卖方拥有完全权利时的价格。

② 如果卖方所出售的货物是根据买方提出的规格或样品加工制造的，则买方必须向卖方保证他所提供的规格或样品没有侵犯第三人的权益，例如，没有侵犯他人的商标权或专利权。如果卖方由于按照买方提供的规格或样品进行生产或销售而侵犯了第三者的利益，买方应对卖方负责。这种情况在来样加工、来料加工和装配出口业务中都有可能发生，所以需要特别加以注意。

所谓品质担保，大陆法系也称之为物的瑕疵担保，是指卖方应保证所出售的货物应无瑕疵。关于卖方对货物品质的担保责任，各国法律都有一些具体的规定。一般来说，如果买卖合同对货物的品质已有具体规定，卖方应按合同规定的品质交货；如合同对货物的品质没有具体加以规定，则须按各国法律的有关规定办理，卖方所交的货物必须符合有关国家法律规定的要求。

如《德国民法典》第459条规定，卖方应对买方担保其所出售的物在风险责任移转于买方时无灭失或减少其价值，或降低其通常的用途或合同预定的使用价值的瑕疵。并规定，卖方应担保货物在风险责任移转于买方时确实具有他所担保的品质；但是，如果买方在订立买卖合同时已经知道出售的标的物有瑕疵者，卖方可不负瑕疵担保的责任。

美国《统一商法典》把卖方对货物的担保义务分为明示担保(express warranties)与默示担保(implied warranties)。所谓明示担保是指卖方直接地对其产品做出保证。明示担保是买卖合同的一个组成部分，并且是买卖双方达成交易的基础(basis of the bargain)。默示担保不是由双方当事人经过交易磋商订立的，而是法律规定应当适用于买卖合同的，只要买卖双方在合同中没有相反的规定，这种默示担保就依法适用于他们之间的买卖合同。

《国际货物买卖合同公约》第35条规定，卖方交付的货物必须与合同所规定数量、质量和规格相符，并须按照合同所规定的方式装箱或包装。公约所强调的是，卖方所交的货物必须与合同的规定相符。具体来说，除双方当事人另有协议外，货物除非符合下列要求，否则即认为是与合同不符。

① 货物应适合于同一规格货物通常使用的用途。

② 货物应适合于订立合同时曾明示或默示地通知卖方的任何特定的用途，除非情况表明买方并不依赖卖方的技能和判断力，或者这种依赖对卖方来说是不合理的。

③ 货物的质量应与卖方向买方提供的样品或模型相符。

④ 货物应按同类货物通用的方式装箱或包装，如果没有此种通用方式，则按照足以保全或保护货物的方式装箱或包装。但是，如果买方在订立合同时已经知道或者应当知道

货物有不符合合同的情况，卖方就无需承担上述与合同不符的责任。

因标的物品质的瑕疵不仅会成为违约责任产生的原因，而且在当其致人人身或财产损失的，卖方要以产品责任承担侵权损害赔偿责任；因卖方对标的物系无权处分或标的物上设有抵押、质押等担保物权，从而使买受方不能完全地享有所有权时，出卖方必须承担违反权利瑕疵担保义务的责任，支付违约金或赔偿受害方的损失等。

(3) 交付有关单证和资料。出卖人还应当按照约定或者交易习惯向买受人交付提取标的物单证以外的有关单证和资料。该项义务系属出卖人在买卖合同中所负担的从合同义务，该项义务辅助主合同义务，以实现买受人的交易目的。

除负担前述主合同义务和从合同义务外，出卖人还应遵循诚实信用原则，根据合同的性质、目的，负担通知、协助、保密等附随义务以及其他法定义务。

借鉴和吸收其他国家以及国际公约、国际惯例的规定，结合我国传统以及适应我国市场经济发展的需要，我国《合同法》同样规定了出卖人的合同义务。例如，在该法第135条规定了出卖人的基本义务，即出卖人应当按照约定交付标的物或者交付提取标的物的单证，并转移标的物的所有权的义务。第136条规定了有关单证和资料的交付，即出卖人应当按照约定或者交易习惯交付提取标的物单证以外的有关单证和资料。第137条就知识产权的归属予以明确规定，出卖具有知识产权的计算机软件等标的物的，除法律另有规定或者当事人另有约定的以外，该标的物的知识产权不属于买受人。在第138条规定了交付的时间，在第141条规定了交付的地点。《中华人民共和国合同法》第153条和第148条规定了标的物的瑕疵担保责任，出卖人应当按照约定的质量要求交付标的物。出卖人提供有关标的物质量说明的，交付的标的物应当符合该说明的质量要求。因标的物质量不符合质量要求，致使不能实现合同目的的，买受人可以拒绝接受标的物或者解除合同。买受人拒绝接受标的物或者解除合同的，标的物毁损、灭失的风险由出卖人承担。第150条则规定了标的物权利瑕疵担保，出卖人就交付的标的物，负有保证第三人不得向买受人主张任何权利的义务，但法律另有规定的除外。

2. 买方的义务

买方的主要义务是支付价金和受领货物。一般地说，买方应当按照买卖合同的规定支付约定的价金，并受领约定的货物。这是买方的基本义务。如果合同对某些事项没有做出明确的规定，就要按照有关国家法律的规定办理。

大陆法国家有关买方义务的规定，主要见诸民法典或债务法典。如《德国民法典》第433条规定：买方对卖方负有支付其约定价金及受领买得物的义务。如果订约时没有确定价金而依市价约定价金者，则应按清偿时清偿地的市价为标准。如果合同对付款地点没有做出具体的规定，则按一般金钱债务的清偿原则，在债权人即卖方的所在地进行清偿。法国民法典第1 650条规定，买方的主要义务是按照买卖合同规定的时日及地点支付价金。如果买方不支付价金，卖方得要求解除合同。如果在买卖时，对于支付价金的时间和地点没有做出具体规定，则买方应在卖方交货的时间及地点支付价金。《法国民法典》还规定，关于商品及动产的买卖，如买方逾期不受领买得物，为了卖方的利益，不经催告，买卖即当然解除。

《英国货物买卖法》对买方的义务作了相当详细的规定。该法第27条规定，买方有义务按照合同的规定接受货物和支付价金。根据货物买卖法的规定，除当事人另有协议外，卖方交付货物和买方支付价金是对流条件(concurrent condition)，两者应当同时进行。同时，英国货物买卖法把买方接受货物的义务与对货物的检验权结合起来。根据其《货物买卖法》第34条的规定，当卖方提交货物时，除另有协议外，买方有权要求让他有合理的机会检验货物，以便确定它们是否与合同的规定相符。凡是事先未曾检验过货物的买方，都不能被认为是已经接受了货物；货物买卖法把买方收到货物(receipt of goods)与接受货物(acceptance of goods)区别开来。收到货物不等于是接受货物。买方一旦接受了货物，就丧失了拒收货物的权利，而如果仅仅是收到了货物，则日后如买方发现货物与合同不符仍可以拒收。

《美国统一商法典》的一个特点，是把买方的付款义务与接受货物的义务同检验货物的权利结合在一起。根据统一商法典第2—513条的规定，除另有约定外，买方在支付货款和接受货物之前，有权对货物进行检验；检验的时间、地点和方法应按合同的规定进行。如合同对此没有做出规定，则在由卖方负责运送货物至目的地的情况下，应在货物的目的地进行检验。在其他情况下，则应在合理的时间、地点，以合理的方法进行检验。如检验的结果表明货物与合同相符，检验费用应由买方负担；如证明货物与合同不符，则应由卖方负担检验费用。如果合同规定买方必须在检验货物之前付款，则买方按合同要求付款并不构成对货物的接受，也不影响买方检验货物的权利或采取各种补救措施的权利。

《国际货物买卖合同公约》第53条规定，买方必须按照合同和公约的规定支付货物的价金和收取货物。具体而言，买方的义务是：

(1) 按合同约定向卖方支付价款。买方应当按照合同约定的方式、时间、地点、数量进行。支付的方式有汇付、托收、信用证等，可以使用现金或票据作为支付工具。买方如不能按约定的时间付款，要负迟延支付的责任，除应继续支付价款外，还要负担利息。对于付款地点，应在合同中约定，如无约定则应根据合同法有关规定条款来确定。

(2) 接受标的物的义务。买方应按照合同的时间、地点和方式接受标的物，因买方过错未及时接受标的物造成卖方损失的，买方应负赔偿责任。在多数情况下，标的物的交付与接受是划分风险承担的界限，如果买方迟延接受标的物，风险往往转由他来承担。买方在接收标的物之后，经检验如果发现不符合约定，这足以使他有权拒绝接受。他有权通知卖方将标的物退回，但在接收期间，他负有妥善保管和处理标的物的义务，但由此而支出的费用，可以请求卖方予以补偿。

(3) 及时检验出卖人交付的标的物。买受人收到标的物时有及时检验义务。当事人约定检验期间的，买受人应当在约定期间内，将标的物的数量或质量不符合约定的情形通知出卖人，买受人怠于通知的，视为标的物的数量或质量符合约定。当事人没有约定期间的，买受人应当在发现或者应当发现标的物数量或质量不符合约定的合理期间内通知出卖人。买受人在合理期间内未通知或者自标的物收到之日起两年内未通知出卖人的，视为标的物数量或质量符合约定；但对标的物有质量保证期的，适用质量保证期，不适用该两年的规定。出卖人知道或应当知道提供的标的物不符合约定的，买受人不受前款规定的通知事件的限制。

(4) 暂时保管及应急处置拒绝受领的标的物。在特定情况下，买受人对于出卖人所交付的标的物，虽可做出拒绝接受的意思表示，但有暂时保管并应急处置标的物的义务。

同样，我国《合同法》第 159 条规定了买受人的基本义务，即买受人应当按照约定的数额支付价款。对价款没有约定或者约定不明确的，适用本法第 61、62 条第 2 项的规定。① 同时，在该法第 160 条规定了支付价款的地点，在第 161 条规定了支付价款的时间。在第 157 条规定了买受人的检验义务，即买受人收到标的物时应当在约定的检验期间内检验。没有约定检验期间的，应当及时检验。在第 158 条具体规定了买受人的通知义务及免除，该条第 2 款规定，当事人没有约定检验期间的，买受人应当在发现或者应当发现标的物的数量或者质量不符合约定的合理期间内通知出卖人。买受人在合理期间内未通知或者自标的物收到之日起两年内未通知出卖人的，视为标的物的数量或者质量符合约定，但对标的物有质量保证期的，适用质量保证期，不适用该两年的规定。

11.2.3 违约责任及救济方法

违约责任是指合同当事人因违反合同义务所应承担的继续履行、赔偿损失等的民事责任。违约责任制度是保障债权实现及债务履行的重要措施，它与合同债务有密切关系。合同债务是违约责任的前提，违约责任制度的设立又能督促债务人履行债务。

在买卖合同成立以后，可能会出现各种各样的违约行为，有时是卖方违约，如拒绝交货、延迟交货或所交货物与合同规定不符等；有时是买方违约，如无理拒收货物，或拒绝支付货款等。对于各种不同的违约行为，各国法律都规定了相应的救济方法。如请求损害赔偿、解除合同、请求实际履行等，除此以外，各国在有关买卖的法律中，还针对买卖合同的特点，分不同的违约情况，规定了一些具体的救济方法。

当买卖合同的一方违反合同时，没有违约的一方如何根据相关国家法律的规定选择适当的救济方法，是一个十分重要的问题。如果选择的救济方法不当，则不仅不能维护自身

---

① 《合同法》第 61 条规定了合同的有关内容没有约定或者约定不明确是应根据什么方法和原则来确定的问题，一是当事人协议补充，二是按照合同有关条款或者交易习惯确定。

《合同法》第 62 条从质量、价款或者报酬、履行地点、履行期限、履行方式、履行费用 6 个方面具体规定合同条款约定不明的补充性法律规定。

的利益，而且还会引起进一步的损失，特别是涉及司法诉讼时更是如此。因为在司法诉讼中，如果原告提出的救济方法不当，法院就会驳回原告的请求。在这种情况下，原告就不得不按照法律认为合适的救济方法另行起诉，这就势必增加诉讼的费用，而且会拖延问题的解决。

1. 当卖方违反合同时买方的救济办法

卖方违反合同主要有以下 3 种情况。

1) 不交货(non-delivery)

当卖方拒绝交付买卖合同规定的货物时，各国法律都给予买方一定的救济方法，以保护买方的利益，但各国法律的具体规定有所不同。

(1) 大陆法的有关规定。按照有些大陆法国家民法典的规定，当卖方拒绝交货时，买方有权采取以下救济方法。

① 要求实际履行，即要求卖方按照合同规定履行其交货义务。如《德国民法典》第 241 条明确规定，债权人根据债务关系，有向债务人请求履约的权利。

② 解除合同或请求损害赔偿。在确定民事责任时，大陆法沿袭罗马法的传统，采取过失责任的原则，即不履行合同的一方当事人，只是在他有过失的时候，才承担违约的法律责任。这一原则同样适用于买卖合同。

(2) 英美法的有关规定。

① 英国法有关规定。按照《英国货物买卖法》第 51 条的规定，当卖方拒绝交货时，买方有权以不交货为理由向卖方提起损害赔偿之诉。损害赔偿的数额应为由于违约所直接地、自然地引起的损失。英国法认为，实际履行只是一种辅助性的救济方法，因此，只有在例外的情况下，英国法院才考虑给予买方以执行令状，强令卖方交付合同出售的货物。根据《英国货物买卖法》的规定，只有当合同所出售的货物是特定物或者是已经特定化的货物，而且只有当一般的金钱赔偿不足以弥补买方的损失时，英国法院才会斟酌做出强制执行的命令。

② 美国法有关规定。根据《美国统一商法典》第 2—712 条的规定，如果卖方拒绝交货，买方可以采取以下救济方法：解除合同；请求损害赔偿。美国法同英国法一样，认为实际履行是一种辅助的补救方法，是属于衡平法上的救济，只有当一般的救济方法不能弥补买方的损失时，买方才能提起实际履行之诉。因此，如果合同出售的货物不是具有独特性质的商品，或者如果买方能够在市场上补进同样的货物，则买方就不能提起实际履行之诉。

(3)《国际货物买卖合同公约》的有关规定。根据国际货物买卖合同公约的规定，在卖方拒不交货的情况下，买方可以采取以下 3 种救济方法。

① 要求卖方履行交货义务。

② 在一定条件下可以撤销合同。

③ 请求损害赔偿。

2）延迟交货

在履行买卖合同的过程中，卖方不能按期交货是常有的事。但是，对买方来说，延迟交货有时可能是一个十分严重的问题。特别是在国际贸易中，国际市场行情是经常发生波动的，一旦在交货期届满之后，货物的价格猛跌，买方就会遭到惨重的损失。因此，有的国家从保护买方的利益出发，在法律上对卖方延迟交货的处理十分严厉，而有些国家的法律则比较偏向于维护卖方的利益，对延迟交货的处理采取比较宽容的态度。在资本主义两大法律体系中，英国法属于前一种类型，德国法属于后一种类型，两者对延迟交货所规定的救济办法有着重大的差异。

(1) 英国法的有关规定。英国法把违约分为违反条件与违反担保两种不同的情况，其救济办法也有所不同。因此，当卖方延迟交货时，买方可以采取哪些救济方法，亦须视卖方的此项违约究竟是属于违反条件还是属于违反担保而定。按照英国法律的解释，在一般商业买卖合同中，交货的时间应当推定为合同的要素。如果卖方没有在合同规定的时间内交货，就是违反条件(breach of condition)，买方有权解除合同，并有权请求损害赔偿。但买方也有权把违反条件当做违反担保来处理，即不宣告解除合同，也不拒收迟交的货物，而只就延迟交货所造成的损失向卖方请求损害赔偿。如果买卖合同对交货时间没有做出具体的规定，则卖方应在合理的时间内交货，如果卖方不在合理时间内交货，买方也有权解除合同并可请求损害赔偿。

(2) 德国法的有关规定。按照《德国民法典》的规定，当卖方延迟交货时，买方一般不能立即宣告解除合同。因为德国民法典有一项“催告”制度，当卖方没有及时交货时，只有经过买方的催告而仍不交货者，才于收到催告之时起承担延迟的责任。但如果合同是按日历确定交货时间，而卖方未于约定的日期交货，则无须催告即应负延迟交货的责任。《德国民法典》第326条进一步规定，在双务合同中，当一方当事人迟延履行其承担的给付时，他方得指定一个相当的期间并表示超过这段时间将拒绝受领给付的意思。在此情形下，如给付未于该期限内履行，他方在该期限届满后得请求不履行的损害赔偿或解除合同。换句话说，当卖方不按期交货时，买方可以指定一段宽限时间，让卖方在此期间内履约，如卖方届期仍不交货，买方才可以解除合同或请求损害赔偿。从《德国民法典》的上述规定中，我们可以看出，德国法和英国法在这个问题上主要有以下两点不同。一是按照英国法，只要卖方不按合同规定的期间交货，买方即可解除合同；而德国法则往往需要经过催告程序或者要给卖方另定一段相当的期间，只有当卖方在受到催告之后，或者在另定的相当期间届满之后仍不交货时，买方才可以宣告解除合同。二是按照英国法，买方在宣告解除合同时，仍可请求损害赔偿，而按照德国法，买方只能在解除合同与请求损害赔偿这两种救济中任择其一，不能兼得。

3）货物与合同不符

当卖方所交付的货物在品质、规格、数量或包装等方面与合同的要求不相符合时，买方有权采取哪些救济办法，各国法律有不同的规定，现分别介绍如下。

(1) 德国法的有关规定。根据《德国民法典》第462条的规定，如果卖方所交的货物与合同不符，违反了卖方对货物的瑕疵的担保义务，买方可以采取以下两种救济办法：一是解除买卖合同，二是减少价金。但是，一般来说，按照德国法，买方不能请求损害赔偿，除非卖方答应保证货物具有某种品质，而实际上却不具备此种品质，或者卖方故意隐匿货物的瑕疵，买方才能请求损害赔偿。

减少价金是大陆法对卖方违反货物的瑕疵担保责任的一种重要的救济方法。根据《德国民法典》第472条的规定，当买方采取减少价金的救济办法时，应按出卖时完好货物的价值与有瑕疵的货物的价值为比例，减少价金的数额。

此外，德国法还允许买方要求卖方实际履行合同，即买方坚持要求卖方按合同的规定交货，或向法院提起实际履行之诉。

(2) 英国法的有关规定。按照英国法，当卖方所交付的货物与合同不符时，只要这种不符构成违反条件，买方都可以拒收货物，解除合同，并可请求损害赔偿。根据《英国货物买卖法》的规定，下列情况均属于违反条件：一是卖方所交付的货物在数量上大于或少于合同规定的数量，在这种情况下，买方可以拒收全部货物，也可以接受合同规定的数量而拒收其余的部分，但如果买方接受了货物，他就必须按合同规定的价格支付货款；二是卖方所交付的货物不具备商销品质；三是卖方所交付的货物与合同的说明不一致；四是卖方所交付的货物不适合约定的特殊用途；五是卖方所交付的货物与样品不符；六是卖方所交付的货物与合同规定的品种不同。

凡属以上情况，买方都有权拒收货物，解除合同，并且可以请求损害赔偿。

根据货物买卖法的规定，在某些情况下，即使卖方有违反条件的行为，买方也不能拒收货物，解除合同，而只能作为违反担保来处理。主要有以下两种情况：一是如果该项买卖合同是一个不可分割的合同，而买方已经接受了其中一部分货物；二是如果该合同的标的物是特定物，货物的所有权也已移转于买方。

在以上两种情况下，买方不能拒收货物，而只能以卖方违约为理由请求损害赔偿。

(3) 国际货物买卖合同公约的有关规定。根据国际货物买卖合同公约的规定，在卖方所交货物与合同不符的情况下，买方可以采取以下几种救济办法：一是要求交付替代货物；二是要求对不符合同的货物进行修补；三是要求减低价格；四是撤销合同；五是请求损害赔偿。

2. 当买方违反合同时卖方的救济办法

买方违反合同主要有两种情况：一是不按合同的规定支付货款；二是不按合同的规定受领货物。在这些情况下，卖方可以采取哪些救济办法，各国法律有不同的规定，现分别介绍如下。

1）大陆法的有关规定

根据某些大陆法国家民法典的规定，如果买方不按合同的规定支付货款，或不受领货物，卖方都有权请求解除合同。如《法国民法典》第1654条规定，“如买方不支付价金，卖方得请求解除买卖合同，”其第1657条规定，“关于商品及动产的买卖，如买方未按合同规定的期限受领其买受的标的物者，为卖方的利益计，不经催告，买卖即当然解除。”如果买方未按合同规定的时间支付价金，应支付价金的利息，直至价金的原本金清偿完毕为止。

此外，为了保护卖方的利益，《法国民法典》还规定，在买卖合同成立以后，如果买方陷于破产状况，致使卖方有丧失价金之虞时，即使买方曾同意于一定期间之后支付价金，卖方亦可不负交付买卖标的物的义务，除非买方能提供到期支付货款的保证。根据德国民法典的规定，如买方不支付货款，卖方可以采取以下几种救济方法：

（1）提起支付价金之诉。根据《德国民法典》第241条的规定，债权人有向债务人请求给付的权利。据此，卖方可以向买方提起支付价金之诉，要求买方依照合同规定支付价金。

（2）请求损害赔偿或解除合同。根据《德国民法典》第325和326条的规定，双务合同当事人一方因自己的过失而不能履行其义务时，他方得请求因不履行的损害赔偿或解除合同。但是，在某些情况下，《德国民法典》对卖方解除合同的权利加以一定的限制。如该法典第454条规定，如果卖方已经履行合同，并同意给予买方以相当期限支付价金时，即不能行使第325条第2款及第326条所规定的解约权。在这种情况下，卖方只能向买方提起支付价金之诉或请求损害赔偿而不能解除合同。

此外，《德国民法典》还规定，如买方迟延支付价金时，应支付价金的利息。如合同对买方支付价金的期限没有做出规定时，买方应从自己收取买卖标的物的事实发生时起负担支付价金的利息。

2）英美法的有关规定

英国法规定当买方无理拒收货物或拒绝支付货款时，英国法给予卖方以相应的救济办法。

（1）《英国货物买卖法》第10条规定，除合同中另有意思表示外，买卖合同中有关付款时间的规定不得视作买卖合同的要件（the essence of contract of sale）。这就是说，买方不按合同规定的时间支付货款，只是违反担保（warranty）而不是违反条件（condition），因此，卖方只能请求损害赔偿，而不能解除合同。

（2）当买方拒收货物或拒绝支付价金时，《英国货物买卖法》给予卖方以两种不同的救济方法，一种是债权方面的救济办法（personal remedies），一种是物权方面的救济办法（real remedies）。

债权方面的救济办法与货物所有权的移转相联系。第一，当货物的所有权尚未移转于买方时，如买方拒绝受领货物或拒不付款，卖方一般无权对买方提起价金之诉，只能以买方不接受货物为理由，向买方提起损害赔偿之诉，其损害赔偿的数额以卖方从该合同中本来可以获得的利润为标准。但如合同规定无论何时交货，价金均应于某一确定日期支付，则即使货物的所有权尚未移转于买方，卖方仍有权对买方提起支付价金之诉。第二，如果货物所有权益已移转于买方，可有两种情况，一是买方无理拒受货物，卖方可以以拒收为由请求损害赔偿，也可以提起价金支付之诉；二是买方已接受了货物，但拒绝支付价金，此时，卖方唯一的救济办法是提起价金之诉，要求买方支付货款。第三，当买方预期违约时(anticipatory breach of the contract)，卖方有两种可供选择的救济途径，一是立即解除合同并请求损害赔偿；二是等到卖方应接受货物的日期到来时，再向买方起诉。物权的救济办法是指未收到货款的卖方对货物所享有的权利(right of the unpaid seller against the goods)。其与债权救济办法的区别是，它是对货物的权利，表现的是一种物权；而债权救济办法只能是对债务人(卖方)的权利，表现的是一种诉权，只能通过诉讼方式来实现。依据《英国货物买卖法》，当买方不支付价款，卖方可以对货物行使：第一，留置权(lien)，但留置权只有在卖方保持对货物的占有(possession)时才能行使，一旦货物脱离卖方占有，卖方只能行使中途停运权；第二，停运权(stoppage in transit)，该权利是指未收到货款的卖方在买方无力清偿债务时，把已脱离他的占有但仍处于运输过程中的货物，重新夺取回来的权利，但一旦货物已由承运人交付给买方或其指定的代理人，卖方即丧失其对货物的停运权。

美国法没有把货物的所有权是否已经移转于买方的问题同卖方的救济方法联系在一起，而是根据买方是否已经接受货物，而给于卖方以不同的救济办法：第一，买方接受货物以前，卖方可以采取留住货物、停止生产制造合同项下的货物、请求赔偿损失、或者提起支付价金之诉。第二，买方已经接受货物以后，卖方主要救济办法是提起支付价金之诉，要求买方支付合同约定的价金。

3)《国际货物买卖合同公约》的有关规定

根据该公约第61～65条规定，当买方拒绝付款、拒收货物或不履行其他义务时，卖方可以要求买方实际履行合同义务、请求赔偿损失或者在某些情况下可以撤销合同。

3. 我国合同法中的违约责任及救济方法

我国《合同法》中确立了违约责任的归责原则是严格责任原则，也即无过错责任原则。《中华人民共和国合同法》第107条规定：当事人一方不履行合同义务或者履行合同义务不符合约定的，应当承担继续履行、采取补救措施或者赔偿损失等违约责任。

严格责任的成立不以过错为构成要件，违反合同就应承担责任。合同当事人一方违约行为即使是由于第三人的原因造成的，违约人也应当承担违约责任。

当事人一方的同一行为既构成违约责任，又构成侵权责任时，当事人可以自由选择请求承担违约责任或侵权责任。《中华人民共和国合同法》第122条规定：因当事人一方的违约行为，侵害对方人身、财产权益的，受损害方有权选择依照本法要求其承担违约责任或者依照其他法律要求其承担侵权责任。

《中华人民共和国合同法》第107条规定：当事人一方不履行合同义务或者履行合同义务不符合约定的，应当承担继续履行、采取补救措施或者赔偿损失等违约责任。据此规定并结合《合同法》第114条、115条等的规定，我国合同法有关违约责任的救济办法主要包括如下。

(1) 继续履行合同是指违反合同的当事人不论是否已经承担赔偿金或者违约金责任，都必须根据对方的要求，在自己能够履行的条件下，对原合同未履行的部分继续履行。

(2) 采取补救措施是指违约方所采取的旨在消除违约后果的除继续履行、支付赔偿金、支付违约金、支付定金方式以外的其他措施。《中华人民共和国合同法》第111条规定；质量不符合约定的，应当按照当事人的约定承担违约责任。对违约责任没有约定或者约定不明确的，依照本法第61条的规定仍不能确定的，受损害方根据标的性质以及损失的大小，可以合理选择要求对方承担修理、更换、重作、退货、减少价款或者报酬等违约责任。

(3) 赔偿损失是指债务人不履行合同债务时依法赔偿债权人所受损失的责任。《中华人民共和国合同法》第112条规定，当违约一方不履行合同义务或者采取补救措施后，对方还有其他损失的，应当赔偿损失。违约损失赔偿有两类，即约定赔偿与法定赔偿。

① 约定赔偿。约定赔偿指依当事人的意思而定的损害赔偿。《中华人民共和国合同法》第114条第1款规定"当事人可以约定一方违约时应当根据违约情况向对方支付一定数额的违约金，也可以约定因违约产生的损失赔偿额的计算方法。"当事人有约定的，则应当优先适用依约定予以赔偿。

② 法定赔偿。法定赔偿又分为一般法定赔偿与特别法定赔偿。一般法定赔偿指依法律的一般规定的损害赔偿，比如《中华人民共和国合同法》113条第1款："当事人一方不履行合同义务或者履行合同义务不符合约定，给对方造成损失的，损失赔偿额应当相当于因违约所造成的损失，包括合同履行后可以获得的利益，但不得超过违反合同一方订立合同时预见到或者应当预见到的因违反合同可能造成的损失。"这是我国合同法关于赔偿损失所作的一般性规定。特别法定赔偿，指由法律基于特殊立法政策而特别规定的损害赔偿。比如《中华人民共和国合同法》第113条第2款："经营者对消费者提供商品或者服务有欺诈行为的，依照《中华人民共和国消费者权益保护法》的规定承担损害赔偿责任。"

(4) 支付违约金。《中华人民共和国合同法》第114条规定："当事人可以约定一方违约时应当根据违约情况向对方支付一定数额的违约金，也可以约定因违约产生的损失赔偿额的计算方法。约定的违约金低于造成的损失，当事人可以请求人民法院或者仲裁机构予以增加；约定的违约金过分高于造成的损失的，当事人可以请求人民法院或者仲裁机构予以适当减少。当事人就迟延履行约定违约金的，违约方支付违约金后，还应当履行债务。

(5) 支付定金。《中华人民共和国合同法》第115条规定，当事人可以依照《中华人民共和国担保法》，约定一方向对方给付定金作为债权的担保。债务人履行债务后，定金应当抵作价款或者收回。给付定金的一方不履行约定的债务的，无权要求返还定金；收受定金的一方不履行约定的债务的，应当双倍返还定金。但依《中华人民共和国合同法》116条规定："当事人既约定违约金，又约定定金的，一方违约时对方可以选择适用违约金或者定金条款"。这也表明违约金与定金不能并处。

11.3 货物买卖中的所有权和风险移转

11.3.1 货物买卖中的所有权转移

所有权的转移是指在货物买卖中，货物的所有权从什么时候起，由卖方移转于买方，即买方自何时起取得货物的所有权。这是关系到买卖双方切身利益的重大问题。

1. 关于货物买卖中的所有权转移的各国立法规定

世界各国的法律一般都允许买卖合同的当事人在合同中明确约定货物所有权转移的具体时间，但是，如果当事人在合同中未具体约定时法律又将如何处理与规范呢？在此问题上，各国法律有关所有权转移的法定规则主要有如下3种方法。

(1) 以交货时间(即交付时间)作为所有权移转的时间，这是包括我国在内大部分国家采取的方式。

(2) 以合同成立的时间作为所有权移转的时间，如法国与日本的民法典。

(3) 以货物特定化的时间作为所有权移转的时间，如《英国货物买卖法》规定，货物的风险是随货物所有权的移转而转移的，因此，当货物由于发生意外事故或者遭到损失或灭失时，究竟是由买方或是卖方承担此项损失，就取决于货物的所有权是属于卖方抑或是买方而定。

在这种情况下，确定所有权移转的时间，对于买卖双方则意义重大了。同样，当遇到卖方或买方破产时，货物是否纳入破产清算的财产之列，也取决于货物的所有权是否已经发生了转移。英国货物买卖法在处理所有权移转的问题上，严格区分特定物的买卖与非特定物的买卖，分别予以规定。在特定物或已经特定化的货物买卖中，货物所有权移转给买方的时间，应按双方当事人的意思来决定，如果当事人没有相反的意思表示，法院可以按照下列原则确定当事人的意思。

① 凡属不附条件的特定物买卖合同，而且该项特定的货物已处于适宜于交货的状态者，货物的所有权应于合同成立时起移转于买方。

② 如该合同虽然是特定物的买卖合同，但该项货物尚未处于适宜于交货状态，则在完成这些工作并通知买方以前，货物的所有权不移转于买方。

③ 如特定物买卖合同中的货物已处于适宜于交货的状态，但卖方仍需过重、丈量、检验以便确定其价金者，则在完成上述工作并通知买方之前，货物所有权不移转于买方。

凡属非特定物的买卖，在货物特定化以前，所有权不移转于买方。此外，当事人还可以通过所有权保留的约定对上述规则予以变通适用。

根据《美国统一商法典》的规定，在把货物特定（即拨归）在合同项下以前（identification to the contract），货物的所有权不移转于买方。统一商法典允许当事人在合同中明确规定所有权移转的时间，但如果没有明确约定，一般的处理原则是，货物的所有权应于买方完成其交货义务时起移转于买方。具体而言，有两种不同的情况。

（1）当货物需要运输时，按照合同约定，卖方需要把货物运交买方，但又没有指定具体的目的地，则货物的所有权应于货物装运的时间和地点移转于买方；如果合同要求卖方把货物运到指定的目的地，则货物的所有权应于目的地交货时移转于买方。

（2）当货物无须运输时，如果合同规定卖方必须把代表该项货物的物权凭证（如仓单）交给买方，则货物的所有权应于交付该物权凭证的时间和地点移转于买方；如果货物在订约时已经确定在合同项下，而且也不要求卖方交付任何物权凭证，则货物的所有权应于订约的时间和地点移转于买方。

《法国民法典》原则上是以买卖合同的成立决定货物所有权的移转。[①] 其例外情形为：如果买卖的标的物是种类物，则必须经过特定化之后，所有权才移转于买方，但无须交付；如系附条件的买卖，例如试验买卖，则必须推延至买方确认后所有权才移转于买方。

德国法认为，所有权的移转是属于物权法的范畴，而买卖合同则属于债权法的范畴，买卖合同本身并不能起到移转所有权的效力。依照《德国民法典》的规定，所有权的移转必须订立于买卖合同相分离的物权合同，而且物权合同的生效，如为动产须以交付为条件，如为不动产须以登记为条件。具体就动产买卖来说，其所有权转移须满足以下两个条件：第一，双方当事人除签订买卖合同外，必须另外再就所有权移转的问题成立合意，即还需成立物权合同；第二，必须由卖方将货物或物权凭证交付给买方。[②]

2. 我国货物买卖中的所有权转移的法律规定

我国《合同法》第133条："标的物的所有权自标的物交付时起转移，但法律另有规定或者当事人另有约定的除外。"以交付的完成作为标的物所有权移转的标准，是一般规定，本条同时允许当事人可以做出不同的约定，这是合同自由原则的体现。至于"法律另有规定"，是指在法律对标的物所有权移转做出了强制性规定的情况下，"交付"与当事人的约定的标准即不再适用。在此处主要是指不动产买卖，不动产买卖只有依法办理完毕登记手续后买受人始能取得不动产的所有权。由于我国已就不动产移转作了特别规定，如《城市私有房屋管理条例》第6条规定："房屋所有权移转或房屋现状变更时，须到房屋所

① 《法国民法典》第1583条："当事人就标的物及其价金相互同意时，即使标的物尚未交付、价金尚未支付，买卖即告成立，而标的物的所有权亦于此时在法律上由卖方移转于买方。"

② 《德国民法典》第929条："转让动产所有权需由所有权人将物交付于受让人，并就所有权的转移由双方成立合意。"

在地房管机关办理所有权移转或房屋现状变更登记手续。”新颁布的《中华人民共和国物权法》就不动产所有权的变动同样规定了登记原则。[①] 可见，所有权交付移转的规定只适用于动产。但动产又包括种类物和特定物，而《中华人民共和国民法通则》和《中华人民共和国合同法》均未对其加以区分，这使生活中出现的“一物两卖”现象无法得到有效处理，无法保护善意买受人的合法利益。但现行法律未对特定物专门规定，还应适用于种类物同样的标准。

对于买卖合同标的物的交付，依照《中华人民共和国民法通则》第72条和《中华人民共和国合同法》第133条规定，以及审判实践中的做法，可以遵循如下原则具体处理。

(1) 卖方负责送货上门的，卖方将标的物送到指定地点买方验收后为交付，所有权随之移转。

(2) 卖方代办运输或代邮的，卖方办理完毕托运或邮寄手续后为交付，所有权随之移转。

(3) 买方自提货物的，以卖方通知的实际提货日期为交付时间。

(4) 标的物在订立合同之前已为买方占有的，合同生效即视为交付完成。

(5) 法律要求必须履行特定手续的，以履行完特定手续时为交付，如房屋买卖，须双方到房管机关办理完毕产权手续，买方才能取得房屋所有权。[②]

11.3.2 货物买卖中的风险移转

作为法律术语的风险是指货物所发生的意外损失，即标的物由于不可归责于任何一方当事人的事项而发生的毁损、灭失，如盗窃、失火、非正常的变质以及被征用、没收等。此处标的物的风险与任何一方当事人的意志无关，故不能按过错责任原则来确定风险发生时当事人的责任。由于风险是因当事人意志以外的不可抗力、意外事故所致的，根据民法原理，双方都不应承担民事责任。但是，在货物买卖中，一方标的物的所有权转移对应于另一方的价金交付，这涉及当事人双方而非一方的利益，因此，在当事人没有约定风险由谁承担时，法律必须做出风险分配规则，在公平原则基础上使一方承担不利益，平息当事人之间纠纷。

货物买卖中的风险是指买卖合同的标的物由于不可归责于买卖合同双方当事人的事由毁损、灭失所造成的损失。风险移转是指该损失应由卖方或是买方具体来承担。风险移转的中心问题是时间问题，即从什么时间起，货物的风险由卖方移转于买方。风险移转的问题在现代商业社会中往往比所有权移转更为重要。它直接涉及买卖双方的基本义务，并关

---

① 我国《物权法》第9条、第14条规定：“不动产物权的设立、变更、转让和消灭，经依法登记，发生效力；未经登记，不发生效力，但法律另有规定的除外。”“不动产物权的设立、变更、转让和消灭，依照法律规定应当登记的，自记载于不动产登记簿时发生效力。”

② 李开国：《合同法》，法律出版社，2002年版，第321页。

系到是由卖方还是买方承担货物所遭受的损失。

纵观各国对风险规则的立法规定，主要有这样3种立法体例。

(1) 把风险移转同所有权移转联系在一起，以所有权移转时间决定风险移转的时间。英国法和法国法属于这一类。如英国买卖法规定，除双方当事人另有约定外，在货物的所有权移转于买方之前，货物的风险由卖方承担；但一旦所有权移转于买方之后，货物的风险即由买方负担，至于是否已经交货，则在所不问。如果由于买卖双方中任何一方的过失，致使交货迟延，则货物的风险应由有过失的一方承担。

(2) 把风险转移与合同成立时间相联系，以合同成立的时间为风险转移的时间，如瑞士。

(3) 不把风险的移转同所有权移转联系在一起，而以交付时间(time of delivery)来决定风险移转的时间。美国、德国等国的买卖法都属于这一类。① 风险负担的交付主义具有公平、合理性。因为标的物的占有人维护标的物最为方便和有效，将风险分配给占有人，能促使占有人尽自己最大诚信及努力来保护标的物，从而有效防范风险的发生。基于交付主义的合理性，现代各国和地区普遍采纳这一原则来确定买卖合同标的物的风险转移，《联合国国际货物销售合同公约》采纳的也是交付主义。

我国合同法适应国际惯例，在《中华人民共和国合同法》第142条规定："标的物毁损、灭失的风险，在标的物交付之前由出卖人负担，交付之后由买受人负担，但法律另有规定或者当事人另有约定的除外。"其含义为：如果当事人对标的物风险转移另有约定的，应适用其约定；如果法律对标的物风险的转移另有规定的，如《中华人民共和国合同法》第143条关于迟延交付的规定，第144条关于在途货物的规定，第145条关于运输货物的规定等，则适用法律的规定。除此之外，无论该标的物是动产还是不动产，是种类物还是特定物，一律适用交付主义。

风险负担的交付主义在具体应用时，根据我国《合同法》第143～147条规定应注意以下几个问题。

(1) 出卖人出卖交由承运人运输的在途标的物，除当事人另有约定的以外，毁损、灭失的风险自合同成立时起由买受人承担。

(2) 当事人没有约定交付地点或者约定不明确，标的物需要运输的，出卖人将标的物交付给第一承运人后，标的物毁损、灭失的风险由买受人承担。

(3) 出卖人按照约定未交付提取标的物单证以外的有关单证和资料，但已交付了标的物或提取标的物的单证的，仍发生风险负担的转移。

(4) 因买受人的原因致使标的物不能按照约定的期限交付的，买受人应当自违反约定

① 《德国民法典》第446条第1项："买卖的标的物一经交付，物的意外灭失或者意外毁损的风险即移转于买受人。"

之日起承担标的物毁损、灭失的风险。

(5) 出卖人按照约定或者法律的规定将标的物置于交付地点，买受人违反约定没有收取的，标的物毁损、灭失的风险自违反约定之日起由买受人承担。

(6) 因标的物质量不符合要求，致使不能实现合同目的的，买受人可以拒绝接受标的物或者解除合同。买受人拒绝接受标的物或者解除合同的，标的物毁损、灭失的风险由出卖人承担。

标的物毁损、灭失的风险由买受人承担的，不影响因出卖人履行债务不符合约定，买受人要求其承担违约责任的权利。

11.4 商业买卖中的几种特殊营业行为

11.4.1 交互计算

1. 交互计算概念及意义

所谓交互计算是指当事人约定其相互间交易所发生的债权债务通过定期结算，采用互相抵消的方式，仅支付其差额从而使其间的债权债务得以消灭的契约关系。①

在商事交易中，支付与债权、债务清算常常颇为繁琐与复杂。如果没有一套较为合理与简便的支付或结算方式，商事交易就难达到安全与迅捷。采用交互计算可实现事半功倍的效益。

(1) 交互计算可以简化结算手续，防范流通风险。在双方当事人之间存在着经常性业务往来的情况下，为避免大宗现金的直接流转，防范流通中的风险，双方可以将每一次的款项记入账本，在一定期间内进行一次结算，并仅就结算的余额或差额进行清偿。

(2) 交互计算可以简化商事交易中债权、债务的复杂性。在交互计算中，交易双方都不必考虑自己的全部债权是基于何种债务理由而成立的，不需考虑这是一种买卖之债、租赁之债或其他任何之债。尽管交易双方在一定结算期间内的多次交易中，其交易方式各有不同，所生债权、债务性质多种多样，然而以往的这些债权、债务属性在交互计算中可以忽略不计。交互计算中唯一有价值的是双方对交易差额的认可。这种差额之认可对于债权、债务履行具有权威性意义，从而达到了通过交互计算而实现的债权与债务的新统一，简化其复杂性。

(3) 交互计算具有债权实现的担保功能。当交易当事人一方的单一债权被提出，并用

① 《德国商法典》第355条规定，交互计算为“行为人与商人之间存在着这样一种关系，即对对方业务来往所产生的债权和债务连同利息一并计入帐目，并且通过定期结算和确定一方或另一方的结算余额而实现对债权与债务的清算”。

于与另一方交易当事人的债权进行结算时，鉴于各自的债权，双方都可以通过自己债务的解除而实现自己债权的清偿。通过这种债权、债务相交平衡措施，只要对方有支付能力，债权人就不必担心债务人不履行支付。

此外，由于交互计算省去了交易双方分别、分笔向对方支付价金和多次结算的繁杂手续和不必要的费用，它既可以是单一交易的支付方式，也可以是一揽子结算方式，因而在商事实践中，尤其是银行与其顾客、企业与其固定客户交易或业务往来中，企业与其独立的业务辅助人及人合公司的内部业务往来中，交互计算都有着很大的实用性。

2. 交互计算的法律效力

通过交互计算之约定，在交易当事人之间产生一种新的权利义务关系，并由此直接导致一定的法律后果。这一法律后果充分表现在交互计算这一商行为的各个不同阶段，形成了各个不同阶段的相应权利义务关系及其法律效力。

（1）交互计算设定的法律效力。交互计算设定是指交易双方约定，对于它们之间在交易来往中形成的债权债务以交互计算的方式进行结算。此设定意味着债权债务移转到交互计算之上，由交互计算代替本应存在的债权债务关系，使原有的债权债务转变成一种纯粹的结算项目，原有的债权债务关系成为一种结算关系。

（2）交互计算决算的法律效力。交互计算决算包括账目款项结算和结算差额之确定两个方面的内容。从法律意义上说，决算是交互计算这一商行为的全部过程中，具有重要意义的第二个阶段，但它还不意味着整个商行为的结束。结算所产生的法律效力主要为两个方面。

① 结算直接导致债务清偿。交易双方当事人在一定期限内基于业务来往所形成的债权、债务总额，可以通过结算而相互抵消，原有债权、债务随之亦得以清偿而消灭。

② 一定期间届满，基于双方结算约定而自动实施的账目结算，一方面直接导致了一系列单个债权、债务的清偿，同时，它也逻辑地导致一种基于结算差额而形成的新债权的诞生。如果新债权的提出并不与当事人双方关于交互计算的约定相冲突，新的债权人可以随之处分或支配这种结算后所产生的差额债权。在这种差额债权的处分中，按照商法规定，即使在原来的账目中已经包含了利息，新的债权人仍然可以对结算余额享有利息，这种利息之享受从结算期间结束开始。①

（3）结算差额承诺之法律效力。基于交互计算所产生的结算差额，一方面结束了原来的债权、债务关系，另一方面又逻辑地导致了新的债权、债务关系的产生。德国商法理论认为，在交互计算决算之后，当行为人一方将结算的结果连同结算产生的差额通知另一方，这意味着契约当事人一方提出了新的要约，对方对结算结果和结算差额之认可，便是

---

① 《德国商法典》第355条第1款："……即使在结算中包含了利息，结算后应获余额者，从结算这一天开始，可同时获余额之利息。"

对这种要约的承诺，即一种抽象的债务承诺。交互计算中结算差额之承诺直接产生以下的法律效力。

① 在德国民商法律理论中，通常情况下，债权、债务之确立必具备直接的因果关系，必须基于一个新契约成立。当事人一方对结算余额之承诺，意味着一个新契约成立。基于这一契约，形成了一个抽象的、某种程度上说是失去了债务因果直接联系的差额债权，债权人可以随即主张债权生效。

② 通过债务的承诺，一个新的、明确的法律关系由此形成。根据这种法律关系，抽象的差额债权与一般契约所生债权具有同等法律效力。

3. 交互计算关系的解除

(1) 当事人双方通过约定而解除交互计算关系。

(2) 当事人双方所从事的业务联系，业务来往结束，交互计算法律关系亦随之解除。

(3) 在双方发生争议时，当事人中的任何一方都可以随时提出解除交互计算关系。①

(4) 如果交互计算参与人一方财产发生破产宣告，交互计算关系则可以立即被解除。②

11.4.2 居间买卖

1. 居间买卖的概念

居间买卖是指商主体为获取一定的报酬(佣金)而从事的为委托人与第三人订立合同提供缔约机会或者进行介绍，以促进合同订立的行为。居间是一项重要的商行为，大陆法系国家商法典对居间商及其行为都有专门规定。我国至今没有关于居间商专门立法，只是现行合同法中对居间合同做出了简要规定，这些规定确定了处理居间行为的一般规则。但是，这些规则基本上接受了大陆法系国家民法中关于民事居间的规定，而没有考虑商事居间的特殊性，因此具有一定的局限性。

在大陆法系国家商法中，居间商作为居间买卖法律关系中的当事人一方，是指为了获取佣金而从事契约缔结之促成活动的商人。居间商对于其从事的商事促成活动以及这种活动所导致的结果并不负有义务。与其相应，订约委托人除了在居间商履行了自己的中介活动并达到预期的法律结果之后，才负有义务向居间商支付佣金外，不再负有义务向居间商支付其他费用之补偿。这一规定与大陆法系国家民法中关于民事居间人报酬请求权的规定不一样，也与我国《合同法》第427条关于居间人必要费用请求权不一样。

在现代发达国家，居间商在促进商事交易方面发挥着极为重要的作用。由于居间商仅仅追求行为结果之报酬，因此，它在充分使用已经形成的市场机会和市场机能的过程中，

---

① 《德国商法典》第355条第3款："如果发生疑义，即使在交互计算期间之内，交互计算亦可以随时被解除。与此情形，根据结算应获的差额的人，可以请求差额支付。"

② 范健：《德国商法：传统框架与新规则》，法律出版社，2003年版，第353～365页。

显示出很大的灵活性和专门性。对于委托人来说，其委托行为具有相当的经济意义，它可以通过居间而充分利用居间商所拥有的专门的市场知识，迅速找到交易伙伴或寻求到产品畅销的市场条件，从而使其提高市场竞争力。

按立法体例来看，居间分为报告居间和媒介居间。报告居间是指居间人受委托人的委托，寻觅及提供可与委托人订立合同的相对人，从而为委托人订约提供机会。媒介居间是指居间人介绍双方当事人订立合同，居间人斡旋于双方当事人之间，促进双方达成交易。在大陆法系采用民商分立的国家，一般由民法调整报告居间，由商法调整媒介居间；采用民商合一的国家，则由民法统一对居间活动予以调整。

2. 居间买卖中居间人的权利和义务

居间买卖是双务有偿买卖，居间人为委托人提供劳务，委托人向居间人支付报酬，两者互为对价。我国《合同法》第 23 章以居间合同的形式具体规范了我国居间买卖法律关系。

1）居间人的权利

居间人主要有以下两个方面的权利。

(1) 报酬请求权。居间人的报酬通常称作居间费。委托人是否给付报酬及其数额应由委托人和居间人约定。如果双方当事人以口头或书面形式明确表示应给付报酬或给付多少报酬，则遵从其约定。如果当事人未约定报酬，且依《合同法》第 61 条的规定仍不能确定的，根据居间人的劳务合理确定。

(2) 必要费用返还请求权。居间人实施居间行为所需的费用通常包括在报酬之中，一般而言，居间人不能向委托人请求偿还。但是，如果当事人在居间合同中约定由委托人承担费用或者虽未约定由委托人承担费用，但是居间人支出必要费用而因委托人与第三人合同未成立不得请求报酬，则居间人对其已付的费用有偿还请求权。《合同法》第 427 条实际上确认了居间人费用返还请求权。

2）居间人的义务

居间人主要有以下 4 个方面的义务。

(1) 据实报告及妥为媒介的义务。在报告居间中，居间人对订约的有关情况是无积极调查的义务，但是应就其所知据实报告给委托人，如相对人的信用状况、相对人将用于交易的标的物的存续状态等。居间人不负有将委托人的有关情况报告给相对人的义务。而在媒介居间中，居间人应将订约的有关情况报告给委托人，而且应将委托人的情况报告给相对人。无论居间人是否受相对人的委托，居间人都负有向双方报告的义务，这是因为在媒介居间中，居间费用由双方当事人承担，居间人对双方应持公平态度。在媒介居间中，以媒介订立的合同以将来有履行能力为前提，如果一方当事人为无支付能力之人或无缔约能力之人，居间人不得为其媒介，否则致使委托人或相对人受到损害的，应当负赔偿责任。

(2) 忠实义务。居间人接受委托人之委托为其提供媒介服务并从委托人处获得报酬，因此，对于委托人之利益应特别加以注意，必须依债的本质及诚信原则妥善办理委托事务，否则，他不但不能向委托人请求支付报酬和返还费用，如果因此造成损害的，还应承担赔偿责任。

（3）尽力义务。居间人应依合同约定，积极尽力地促成交易。对于居间人尽力的标准应就居间合同内容并以诚信原则和交易习惯解释。在报告居间中，居间人的任务为报告订约机会，即按委托人的指示寻找依其资格和倾向有希望与委托人订约的人，并向委托人指明该人姓名。在媒介居间中，居间人仅报告订约机会尚未尽力，还需说合双方当事人，排除双方所存的不同意见。

（4）隐名居间中居间人的保密义务及履行合同债务的义务。我国《合同法》未规定隐名居间。隐名居间是指当事人一方指定居间人不得将其姓名或名称告知相对人的居间。在商业活动中，主体一方欲保守商业秘密，不愿显名与相对人的情况时有发生。只要委托人有指示且该指示不违背善良风俗，居间人应当遵守。同时，当隐名当事人之相对人履行合同债务时，居间人有代为受领给付的义务；居间人受领给付后应将受领物返还给隐名当事人，居间人不返还的，隐名当事人可请求居间人赔偿因其不履行债务所产生的赔偿责任。

11.4.3 行纪买卖

1. 行纪买卖的概念及其特征

行纪买卖是商事主体以自己的名义为他人(委托人)购买或销售货物、有价证券，由此获取报酬，并以此作为职业性经营的行为。行纪是一项重要的商行为，它是大陆法系中普遍使用的一个概念。

在罗马法时期尚无专门的行纪所，行纪事务主要通过委托代理的方式完成。到欧洲中世纪，随着国际贸易的发展，代理制度逐渐暴露其弊端，行纪制度应运而生，出现了专门受他人委托以办理商品购入、贩卖或其他交易事务并收取一定佣金的行纪人。行纪人接受他人委托，以自己名义直接与相对人实施交易行为，再将其结果移转给委托人，使委托人可利用行纪人的信用、知识、能力、资产等为其服务，从而便利委托人进行各种贸易活动，特别是需要特殊知识、专门技能的交易活动。并且，委托人无须暴露其身份即可享有与第三人为交易的利益。在我国，自汉代起即有行纪经营业务的行栈，也称牙行或经纪。中华民国《民法》曾设专章对行纪予以规定①。过去很长一段时间，行纪行为在我国的经济活动中是一个颇为陌生的概念，但随着改革开放，人们开始逐渐了解和熟悉了行纪。《中华人民共和国合同法》第22章对行纪进行了专门的规定。我国《合同法》中关于行纪的定义与大陆法系中关于行纪的定义基本相同。

我国《合同法》第414条规定：“行纪合同是行纪人以自己的名义为委托人从事贸易

---

① 叶孝信：《中国民法史》，上海人民出版社，1993年版，第624页。

活动，委托人支付报酬的合同。”在行纪合同关系中，委托方称为委托人，受托方称为行纪人。了解该概念，可从如下特征理解。

(1) 行纪合同主体的限定性。在我国，对行纪合同中的委托人并无特别限制，但行纪人一般只能是经国家有关部门批准经营行纪业务的法人或公民，未经法定手续批准或核准经营行纪业务的法人或公民不得从事行纪业务。

(2) 行纪人以自己的名义，在受托权限范围内处理受托的业务。依行纪合同，行纪人在处理受托业务时是以自己的名义进行的，其与第三人实施的法律行为所产生的权利义务均由行纪人自己享有和承担。委托人与第三人之间不存在直接的权利义务关系，委托人不对行纪人的行纪行为承担责任。

(3) 行纪人为委托人的利益处理受托的事务。行纪合同的行纪人虽与第三人直接发生权利义务关系，但他们间法律行为的后果最终应归于委托人承受，在行纪人与第三人为法律行为时，他应充分考虑到委托人的利益。

(4) 行纪合同的标的为贸易活动。行纪人在行纪合同约定的范围内以进行一定的贸易活动为义务，也因此而享有权利。贸易活动不是一般的提供劳务的行为，它必定与第三人发生一定的权利义务关系，并以买卖等法律行为作为内容，事实行为不能成为行记合同的标的。

(5) 行纪合同是双务有偿合同、诺成合同、不要式合同。行纪人负有为委托人办理买卖或其他商业上交易的义务，而委托人负有给付报酬的义务，二者互为对价，因此行纪合同是双务有偿合同。行纪合同只需双方当事人的意思表示一致即可成立，无需为物的交付或特定行为的履行，故为诺成合同。此外，行纪合同的订立无须以特别的方式位置，故为不要式合同。

在市场经济中，较为常见的行纪合同有代销、代购或寄售合同；外贸代理合同；证券经纪合同；期货经纪合同；委托拍卖合同等。

2. 行纪与其相似概念的辨析

1) 行纪与英美法上的信托

行纪合同有时也被称为信托合同，但与英美法上的信托为全然不同的两种制度。

(1) 英美法上的信托制度是一种财产管理制度，属于财产法(大致与大陆法上的物权法对应)的范畴，它是由一方当事人(信托人)将自己的财产(信托财产)的所有权移转于另一方当事人(受托人)，受托人负有为第三方(信托受益人)的利益而管理使用信托财产的义务，并在信托关系终止时，将信托财产的所有权复归于信托人，而行纪合同是债权合同，由债法规范调整，行纪人并不享有委托物的所有权，也不存在着第三人作为受益人。

(2) 行纪合同为合同关系，只有双方当事人，即委托人和行纪人，而英美法上的信托是一种三方关系，它由三方当事人，即财产授予人、受托人和信托受益人。

(3) 行纪合同中，委托人交给行纪人出售的物品，以及行纪人为委托人购进的物品，都属于委托人所有，而英美法信托的成立，须于财产授予时将信托财产的所有权转托于受托人，并在信托关系终止时，信托财产的所有权复归于原财产授予人。受托人处理信托财产所取得的利益则归属于信托受益人。

(4) 当事人违反行纪合同，须承担违约责任，违反信托合同所负的法律责任为信托责任，其性质不同于合同责任。

2) 行纪与委托

行纪与委托有许多共同的特征，二者都是提供服务的合同，都是以当事人双方的相互信任为前提，委托人的相对人均要处理一定的事务。在某些国家的立法例中，行纪被认为是委托的一种。但依照我国合同法，行纪与委托属于两种独立的有名合同，其区别在于：

(1) 行纪合同中所指的委托事务(亦称行纪事务)是特定的，仅限于购销、寄售等贸易活动；而委托合同中的委托事务是非特定化的，其内容非常广泛，除了贸易活动以外，其他法律行为及各种事实行为也都可称为委托事务。

(2) 行纪合同中，行纪人只能以自己的名义对外活动，因而其与第三人订立的合同不能直接对委托人发生效力；而委托合同中，受托人以委托人的名义对外活动，故其与第三人订立的合同应视为委托人与第三人订立的合同，应由委托人直接承受其效力。

(3) 行纪合同是双务有偿合同，而委托合同也可以是单务无偿合同。

3) 行纪与承揽

行纪合同与承揽合同都属于一方当事人为另一方当事人处理一定事务或完成一定工作的合同。但二者的区别是，在承揽合同中，承揽人只是完成一定工作并交付工作成果，承揽人完成一定工作的行为在性质上属于事实行为而非法律行为；而在行纪合同中，行纪事务则必须是民事法律行为，并且必须是贸易活动。承揽人无须与第三人发生法律关系；而行纪人必须与第三人进行交易。

4) 行纪与代理

行纪又称为间接代理，与之对应，一般的代理则称为直接代理。二者的共同点在于都可发生三方当事人之间的关系，并且都是为他人利益而行为。但在行纪中，行纪人是以自己的名义活动，其与第三人订立的合同直接对自己发生效力；而在直接代理中，代理人是以被代理人的名义活动，他与第三人订立的合同由被代理人直接承受其法律效力。

5) 行纪与经销

在行纪合同中，委托人通过行纪人为其从事贸易活动，包括行纪人为委托人代售商品。在行纪合同中，提供商品的厂商通过经销商在一定地区销售其商品。为代售行为的行纪人是以自己的名义向第三人销售商品，经销商也是以自己的名义向第三人销售商品。行纪人与委托人之间存在信任关系，而经销商与商品提供商之间也存在长期稳定的关系，并且这种关系也基于利益与信任。行纪人应根据委托人的指示从事贸易活动，经销商依经销合同有时也要根据厂商的指示进行商品销售活动。但是行纪人的代售行为与经销在性质上并不相同。“所谓经销，系双方当事人以出卖人和买受人的身份，约定在一定的区域和期间就特定商品继续进行交易的协议。无论一般经销协议或独家经销协议，均属于买卖合同。”① 经销商以自己的名义，从提供商品的厂商销售商处买进商品，然后再转卖给第三人，提供商品的厂商与转卖关系的第三人不发生任何合同关系。经销商依经销合同取得经销商品的所有权，其经销活动的市场风险由经销商自己承担；行纪人以行纪合同并未取得代售商品的所有权，代售商品的市场风险由委托人承担。经销商在经销活动中所取得的利益是商品购入与卖出之间的差价；行纪人在代售活动中所取得的利益是商品卖出后的佣金。

3. 行纪买卖中行纪人的权利和义务

1）行纪人的权利

行纪人主要有以下3个方面的权利。

(1) 报酬请求权。行纪合同是双务有偿合同，委托人应当向行纪人支付行纪报酬作为行纪人实施行纪行为的对价。如果行纪人按照委托人的指示和要求履行了全部合同的义务，有权请求全部报酬；如果行纪人部分完成委托事务的，可以就已履行的部分的比例请求给付相应的报酬。关于报酬的数额，有约定从约定；无约定或约定不明的，可以协议补充；不能达成补充协议的，按照合同有关条款或者交易习惯约定；仍不能确定的，按照订立合同时履行地的市场价格履行。依法应当执行政府定价或者政府指导价的，按照规定履行。

(2) 对委托物的提存权。行纪合同中，如果委托人逾期不支付报酬的，为了保障行纪人债权的实现，除当事人另有确定之外，行纪人依法可以对委托物予以留置，以该财产折价或者以拍卖、变卖该财产的价款优先受偿。

(3) 介入权。行纪人的介入权又称为行纪人自约权，是指委托人委托行纪人出卖或买入有价证券或其他有市场定价的物品，除委托人有相反的意思表示外，行纪人可以以自己的名义充当买受人或出卖人的权利。行纪人行使介入权后，因其买卖有价证券或其他有市场价物品的行为仍属于履行委托事务，因此仍可以请求委托人支付报酬。②

2）行纪人的义务

行纪人主要有以下3个方面的义务。

(1) 遵从委托人的指示进行交易活动。行纪人处理委托事务时，应以委托人的利益为根本出发点。行纪人低于委托人指定的价格卖出或者高于委托人指定的价格买入的，应当经委托人同意。未经委托人同意的，只有在行纪人补足其差额的情况下，该买卖方对委托

---

① 梁慧星：《民法总论》，法律出版社，1996年版，第209页。

② 我国《合同法》第419条第2款，台湾地区《民法》第588条，德国《商法》第984条第3项，瑞士《债务法》第426条第1项。

人产生效力，否则，其法律后果由行纪人自行承担。行纪人高于委托人指定的价格卖出或者低于委托人指定的价格买入的，因委托人获得了超过其预期的更大利益，行纪人可以按照双方的约定要求委托人增加报酬。如无约定或约定不明，可以协议补充；协议不成的，可依交易习惯或合同有关条款确定；仍无法确定的，该利益属于委托人。

在委托物交付给行纪人时有瑕疵或者容易腐烂、变质的情况的，一般只有经委托人同意，行纪人才可处分该物。但如果行纪人不能及时与委托人取得联系，为了委托人的利益，行纪人有权对该物进行合理处分。

(2) 以自己的名义处理委托事务。行纪人在处理委托事务、与第三人交易时，必须以自己的名义进行，并承担由此产生的权利义务。除当事人另有约定之外，行纪人处理委托事务所支出的费用，也由行纪人自行负担。根据行纪合同的性质，该交易结果的最终承受者应当是委托人，所以，行纪人直接享有因交易所产生的权利，承担因交易所产生的义务只是相对于与之交易的第三人而言的。第三人不履行义务致使委托人受到损害的，除行纪人与委托人另有约定外，行纪人应当承担损害赔偿责任。

(3) 占有委托物的，应当妥善保管委托物。委托物包括委托人交由行纪人出卖的物和行纪人为委托人从第三人处购买的物，行纪人对委托物的保管应尽善良管理人的注意。对于委托物的意外灭失，只有在行纪人证明是不可归责于自己的事由所导致的情况下才能免除责任。

理论探讨与实务研究

比较分析两大法系关于买卖的立法体例及其特点

商事买卖也称为商业买卖，是指商事主体以盈利为目的，通过以物易货或者以货易物的形式，从事商品交换活动的交易行为。在现代市场经济条件下，商事买卖是十分重要的商行为之一，是引起商品交换关系变动的最为普遍的法律事实，是实现商品流通、货物所有权或处分权转移的基本法律形式。对买卖、尤其是商事买卖进行专门的法律规制，即买卖法的制定是任何一个市场经济国家都必须认真对待的立法问题。

就买卖法的立法体例问题而言，两大法系有着各自不同的选择，且大陆法系内各国有关买卖法的立法形式也不尽相同。

以法国、德国为代表的大陆法系就商事买卖的立法形式而言，其基本上采用的是二元化的立法模式，即大陆法系国家大都把有关买卖的法律编入到民法典之中，将其作为民法典的有机组成部分。但同时将买卖中的一些特殊问题，即涉及商事买卖的一些特殊规则，又在商法典或商事特别法中予以规定，从法典化运动来说，表现为除民法典之外，还有商法典或商事特别法，形成民商分立的立法形式。

二元化的立法模式形成了在买卖法律或规则在适用上的分而治之的适用格式，即以民法规定买卖的一般活动，以商法规范商事活动的特殊活动。商法作为民法的特别法，在规则适用方面遵循特别法优先于普通法的原则。这反映出民法调整的是买卖的一般关系，商法调整的是买卖的特殊关系。

以英国、美国为代表的普通法系国家，没有法典化运动的立法传统，其一判例为其最为主要的法律形式，但鉴于买卖在其经济发展中的重要地位，就买卖行为的法律规制选择了与大陆法系截然不同的做法，其对买卖行为及其法律关系采用了独立立法的模式，即其有关买卖的法律采用单行法规的形式，各国就其商品经济发展的需要分别制定出了自己的专门的买卖法。

有关商事买卖的立法模式，我国的选择既不同于英美法系，也有别于大陆法系大部分国家的立法模式。作为深受大陆法系影响的我国，既不存在独立的买卖法，也没有用于专门规范商事买卖或商事组织的商法典，有关买卖的法律规定主要见之于我国《合同法》第9章“买卖合同”之中。

推荐阅读

1. 任先行、周林彬：《比较商法导论》，北京大学出版社，2000年版。
2. 潘琪译：《美国统一商法典》，中国对外经济贸易出版社，1990年版。
3. 范健：《德国商法：传统框架与新规则》，法律出版社，2003年版。
4. 梁慧星：《民法总论》，法律出版社，1996年版。
5. 余延满：《货物所有权的移转与风险负担的比较法研究》，武汉大学出版社，2002年版。

思考题

1. 试述商业买卖的原则。
2. 简述我国合同法中的违约责任及救济方法。
3. 简述货物买卖中的所有权和风险移转的关系。
4. 何谓行纪买卖？行纪买卖中行纪人的权利和义务是什么？
5. 试述交互计算及其效力。

第12章 商事特殊交易行为

本章提示

- 本章是商法的商事交易部分，属商行为的特殊交易行为，重点掌握期货交易的概念，了解其他几种新型的交易方式，弄清其交易原理和步骤。
- 商法的商事交易可分为普通交易和特殊交易，普通交易如货物等，可以以其内容条款厘定义务内容，而特殊交易有着自身不同的特点，是新兴的交易形式。
- 特殊交易涉及多个领域，除期货交易外，还包括拍卖、招投投标、分期付款、融资租赁等。
- 特殊交易的形式还会不断发展，要注意新形式的出现。

12.1 期货交易

12.1.1 期货交易的含义

1. 现代期货交易产生的由来

期货交易是商品交易的方式之一，是在现货交易的基础上发展而来的。1848年美国芝加哥期货交易所和1877年英国伦敦有色金属交易所的建立，是现代期货交易的开端。

19世纪初期，资本主义国家采用了先进的生产技术，使生产有了迅猛的发展，为了促进谷物交易的发展，理顺流通，协调谷物供需矛盾，1848年，由82位谷物交易商合力发起组建了世界上第一家期货交易所——芝加哥谷物交易所(芝加哥交易所的前身)，为买卖双方提供了相互直接见面的交易场所，在初期主要进行了远期的合约交易。随着交易规则的不断完善，芝加哥期货交易所用标准的期货合约取代了远期合同，并实行了保证金制度。从此以后，芝加哥期货交易所的交易机制日益完善。目前，已成为拥有3 500家会员的国际性期货交易所，其农产品期货合约的交易量占美国市场的90%。

与美国芝加哥期货交易所的产生相比，英国伦敦金属交易所的建立也经历了类似的过程。在19世纪中期，英国曾是世界上最大的金属锡和铜的生产国，但随着工业需求不断增长，英国逐渐迫切地需要从南美、非洲和远东地区进口原料。为此，金属商们开始在伦敦皇家交易所附近的一些咖啡馆里聚会，并采取公开喊价和货主间直接交易的方式进行交易。到1876年12月，伦敦金属交易有限公司作为最初的伦敦金属交易所正式成立，并于1877年1月开始营业，建立了规范化的交易方式。交易在参加者围成的环形交易圈内以公开估价的方式进行，并沿用至今。有些交易规则，如1899年采用的铜、锡上下午两场的交易方式和期货合约3个月的到货期，也被使用到今天。从20世纪初起，伦敦金属交易所开始公开发布其成交价格并被广泛用作为世界金属贸易的基准价格，在世界金属供求方面起到了“晴雨表”的作用。以金属交易所目前交易的6种金属之一——铜为例，当前世界上全部铜生产量的70%是按照伦敦交易所公布的正式牌价为基准进行贸易的。伦敦金属交易所日前有80%以上的交易会员资格为非英国公司全部或部分拥有，因此，使之成为真正的国际市场。

由以上期货交易产生历史可以看出，期货交易的出现有其深刻的社会经济根源，是适应商品经济发展要求的产物，也是现代化商品生产必不可少的，对商品经济繁荣起到有利的推动作用。

2. 期货交易发展的3个阶段

期货交易的发展是一个渐进的过程，从现货交易开始到期货交易基本上经历了3个阶段。现分述如下：

1）现货交易阶段

这是期货交易发展的起始点和基础。在现货市场中进行交易，买卖双方按照“一手交钱，一手交货”的规划进行货币和实物的交换，双方确定的商品即时价格只能按当时市场上商品供求状况来确定，而且交易的目的在于实现商品实物的交割，使商品所有权从卖方手中转到买方手中。从整个现货市场看，人们的生产和交换受价格状况调节。可就商品生产本身来讲，它是为未来需求进行的预先经济活动，在没有把握未来价格发展趋势情况下，商品生产者只能按市场目前供求状况来安排生产规模和品种，这常常与未来不确定的市场目前供求发生偏离，从而带来市场商品价格的波动。因而，现货市场的价格就产生了如下缺陷。

(1) 滞后性。即时价格不能及时反映市场供求的变化，不能对未来迅速变化的供求关系进行自动调节，因而调节期到来时，显然落后于未来价格形成步调。

(2) 失真性。现货市场的即时价格只是依据当时定价供求信息进行确实的，缺乏未来预定价格的信息，因而对价格反映是不完全的，在一定程度上有失真性。

(3) 局部性。由于现货交易是在分散的各个市场进行，只对形成不同地区的各个市场价格有意义，价格参照也只是此时此地的局部价格，不能从总体上反映某类商品在不同地区的各个市场统一价格，所以较分散，有局部性。

(4) 不连续性。现货市场价格是当时买卖双方达成的交易价格，可价格变化本身却是一个向未来发展的持续的波动过程。所以，尽管当时的现货价格似乎较为明晰，可从一个时期的价格潜在的连续性上看，却是割裂的，缺乏连续性的。

由于这些缺陷，势必使现货交易双方蒙受价格波动的风险。对买方来说，他要考虑商品购进的时间、成本、运输、保管费用，而一旦价格上涨，他不但要支付较多的费用，而且要承担价格风险造成的损失；而对卖方来说，相反的是商品的卖出必须要估计到价格下跌后承担的风险和损失。所以，现货市场的价格机制缺陷不利于未来价格风险的转移的分散。

2）远期合约交易阶段

在这一阶段，交易的最大特征是交易者双方采取签订交易契约合同的形式，共同约定交割日期、交割地点、交易数量和交割时进行结算的价格，到期双方按合同规定的价格结清货款，交付货物。这一交易阶段是适应不断增大的交易规模、交易活动的日趋活跃，交易价格对生产者、消费者和贸易商的市场交易活动影响和制约作用越来越大的需求而产生的。因而也称远期合约交易。这种远期合约交易，早在公元前的古希腊和罗马就已产生了。在农产品收获前，城市商人往往先向农民预购各种农副产品，等到收获季节后，农民才将产品交付。这是最原始的远期合约交易，后被欧洲的商人们所使用。如 1570 年开办的英国皇家交易所，就从事先签合约后交割的远期合约交易。

采用远期合约交易比现货交易更加方便灵活，更适于进行大宗商品交易。同时，在签订远期合约时，签约双方已事先协商确定好了交易的数量、质量、价格和其他条款，这在一定程度上排除了现货交易的偶然性和不确定性，减少了现货价格失真性和不连续性的因素，使得交易双方各享其利。然而，远期合约交易也有缺陷。

(1) 由于在签订时不规范、不确定因素多，即使签约时双方自愿协商一致，可签约会到实际履行的期间内仍有始料不及情况出现，从而导致履行纠纷，且交易成本的要求极大，不利于吸收交易者参与交易。

(2) 远期合约交易仍旧是买卖双方私下进行的，缺乏统一市场，不利于市场的统一集中。

(3) 远期合约的履行缺乏资金保证，往往是双方以信誉作为担保，即使有了第三人作保，也不足以保证合同一定能够到期履行，常常发生违约、毁约，损害买卖双方的利益。

(4) 远期合约的价格预先固定虽然在一定程度上能够转移买卖双方的损失、风险，但仍旧使风险停留在买卖双方之间，阻碍了风险的分散，这种买卖双方私下商议的价格，也反映了交易的个别性和偶然性，不能准确反映价格形成中供求关系的总体变化。它只是现货交易向期货交易的过渡阶段。

3) 现代期货交易阶段

现代期货交易是在远期合约交易的基础上发展而来的。由于远期合约交易手段和履约保证等方面仍存在很多弊病，因此，许多商人在远期合约到期前，根据自身的经营状况和市场供求变化，希望把已经签订的远期合约以较小的代价转让他人，形成了事实上的远期合约买卖。随着这种买卖合约活动的逐步发展，集中的、规范的交易场所——商品交易所开始形成初级的期货市场。在期货交易阶段，买卖双方也需要像远期合约交易一样包含进行预先定价、到期履行交割等内容，但两者重要区别在于期货合约未到期前，双方均可通过一定场所(交易所)来转让或反向买卖合约，以此来解除在其不愿履行合约时的履约义务而无须征得最初交易者的同意。而转手后的新的交易双方，又可依照市场供求重新确定新的交易价格实现价格预测，或者重新进行合理生产决策，避免盲目性，这是远期合约交易所不具备的特点。

为了完善和规范期货交易，与其相适应的交易场所——期货交易所首先从交易程序入手，设计出一种标准化了的期货合约(格式合同)，来取代一直沿用的远期合约形式。合约标准化包括了买卖双方无须争议的统一的数量、质量、等级、规格、交货期等内容。标准化合约充分反映了普遍的商品交易惯例，能使交易双方易于掌握使用，分清了各自的权利义务，认真地加以履行。同时，对于出于转移合约来实现转移风险的买卖双方来说，也能迅速到位，实现平仓对冲或解除履约责任，加速商品流转。其次，期货合约交易也完善了合约的履约保证制度，它采用法定的保证金制度来加强合同的履约力，凡参加交易者均事先交纳或者事后追加一定比例保证金，以此克服远期合约交易中保证制度不健全导致毁约情形的发生。再次，期货合约交易还创立了日常的结算制度和交易规则，为保证交易者的利益，提供盈亏信息记录，方便客户结算，保证日常交易者的利益，提供盈亏信息记录，方便客户结算，保证日常交易的进行等创造了有利条件。

以上情形表明，期货交易的产生，期货价格的形成，有利于促进商品生产和商品交换，为消除市场波动、减少分散市场风险提供了有效途径，是现代交易发展的必然的高级阶段。

3. 期货交易的含义

对于期货交易，可以从不同角度予以定义，大概有以下几种。

(1) 从期货交易的客体或者说标的来说，期货交易是期货交易双方事先预付一定保证金后，通过商品交易所买进或卖出一种特殊商品即期货合约交易活动，这种特殊商品是一种纸上交易，实物交割率极小。

(2) 从期货交易的主体——交易者双方的交易目的和动机来说，期货交易是期货投资者通过在期货市场上买入或卖出与现货市场方向相反，数量相等的期货商品，来实现商品的套期保值或者投机利益的活动。

对于以上两种定义，学者们有不同的看法，因为涉及期货性质的问题。即期货的买卖标的是一种商品，一种权利凭证，亦或是一种合同载体？主张期货买卖对象是商品的意见，重点大概在于把期货交易与现货交易的标的加以对照，认为期货虽不同于现货，但是现货的发展和延伸，且无法脱离有形的商品；坚持期货交易标的是财产权凭证的人认为，期货交易绝大多数不发生实物交割，买入或卖出期货无非是买主和卖主财产权的暂时让渡，因而它与民事中财产所有权让渡相同，旨在通过权利和让渡实现买卖双方的经济权益；认为期货买卖标的为合同的意见为数众多，他们的理由侧重于期货买卖是合同的内容，也就是合同规定的权利和义务本身。如果假定没有合同记载的内容，买卖双方希望到达的权利义务转移的目的就不能实现，“纸面交易”就没有任何实际意义。我们基本同意第三种观点，这不仅是由于它说明了合同内容即权利义务的对买卖双方有实际意义，而且合同的权利义务与一般现货交易中的实物直接联系和对应，只不过运用合同这种载体把它纸面化了，也使有权利凭证的色彩(因为交易者从交易获利保值的目的出发，更常作为的是通过期货买卖获取权利收益而不是承担履行合同的义务)。

由此可见，期货交易作为票物分流的一种商品交易形式，与传统的现货交易完全不同，是现货交易基础上发展起来的商品买卖的高级形式。期货交易双方只须投入一定数额的保证金后，就可通过期货交易所进行数额较大的大宗商品合约买卖，并进行闰仓对冲。因此，期货交易很少进行实物交割(国外约占合约总价值的3%左右)，绝大多数属于买空交易。另外，交易双方所买卖的合约也不同于一般合同，是根据商品交易所的有关规定，在统一数量、统一规格、统一时间、统一地点的基础上，敲定期货合约价格的一种交易契约，是一种事先拟定好的格式合同或者说标准化合约。

12.1.2 期货交易的特点

期货交易的特点是指期货交易与现货交易相比，自身所具有的特殊属性，具有以下几方面。

(1) 期货交易是双方之间间接性交易。现货交易是买卖双方当事人直接通过协商而达成的交易(包括远期交货合同)；期货交易的双方并不直接就合同进行协商，而是通过期货市场进行的交易，没有期货市场(通过交易所)，不能进行期货交易。

(2) 期货合约是标准化合同。期货买卖中的合同是标准的格式合同，当事人只有统一采用或不采用的权利，无权进行协商修改，一般来说，可变要素只有价金，其他标的、质量、数量、履行时间、地点和方式等要素是不能更改的，一般是期货交易所按交易惯例事先规定的，是格式合同。而现货交易中的合同是当事人拟定的，其条款中的标的、质量、数量、价金、履行地点、期限和方式等均可以自愿协商。

(3) 期货交易目的是实现套期保值或投机效益。期货交易双方进行交易的目的是为了通过基差预知将来买卖货物的价格走向，避免货物价格涨落带来的货价风险，实现套期保值或者投机营利。而现货交易的唯一目的是以价金换取货物，买方通过买卖得到货物，卖方目的是获取价金，所以双方进行的是钱货买卖。

(4) 期货交易的标的物有特定性。期货交易的标的从商品角度看仅仅是大宗商品，且标的物主要是特殊的种类物，特定物不能进行买卖。这些种类物一般是可以替代的，具有可分性，可以大批量计价，并且其内在品质可以进行不同等级分类，易于贮存等特点。主要是为了使买卖双方在格式合同中能够统一识别，如金属、谷物等初级产品。而现货交易可以是一切商品，无品种限制。

(5) 期货交易双方进行期货交易必须交付一定的保证金。期货交易的保证金如初始保证金、履约保证金、追加保证金等，起着一种履约信用的作用，以便对将来交易中亏损进行弥补，期货合约中的保证金一般占总货款价格总额的5%～10%左右。而现货交易不必交付保证金，但可以交付定金。(现货交易的定金与保证金不同之处在于它要返还或充抵价款，定金不起信用担保作用)但却可以交付预付款，尔后在总价金中扣除。

(6) 期货交易双方进行期货买卖的，都必须通过期货交易所提供的场所进行交易，除了双方均为该交易所会员之外，其他交易者没有资格直接从事场内交易，而必须要经过专门的期货经纪人代理从事交易，并交付相应的交易费用，经纪人一经委托，需遵守交易规则，按照买主或卖主的指令进行买入或卖出活动，实现交易。而现货交易可以自由交易，场所分散不固定，可委托他人代理，也可以自行交易。

(7) 期货交易双方价款的计算必须通过设在交易所内部的结算所或相应的银行进行，交易后的营利或亏损定期进行计算后输入计算机，并自动记录下来，不直接进行现金的收付，只是交易双方退出该笔买卖时，才能行付款。而现货交易可以随时付现或通过银行结算，且付款无期限的硬性限制，双方可以协商。

(8) 期货交易的合约买卖与其他有价证券一样，是财产权的象征，也要受到利率，汇率等经济因素影响，通常也被划为金融市场的范畴。

12.1.3 期货交易市场的基本功能

前面我们提到，期货交易是商品买卖的高级形式，因而就其本质来说，它能够存在和发展是因为它是市场交易的组成部分，有了期货交易，就必定有期货市场，期货市场是进行标准化期货交易必需的，固定的场所。在期货市场中，商品生产者和经营者可以通过公开叫价促成合同成交的方式来预买预卖商品，并于约定交割日将来实现交割实物或对冲。从期货市场的功能来说，主要有以下几点。

1. 回避风险的功能

给生产者经营者提供一个回避风险的手段，以实现套期保值；套期保值者在买进或卖出现货的同时，在期货市场上按现货市场的相反方向抛出购入同等数量的期货合约，随后在合约期限内和最佳时机(即相应价位)再补进或抛出平仓，从而把在现货市场上的价格风险转移过去，避免现货价格波动引起的损失，用期货交易中的营利弥补现货交易中的亏损；或者在期货市场上出现的亏损，在现货市场上得到弥补或者抵消。因此，套期保值有时也被叫做“对冲”或者“衡抵”(hedging)交易。

套期保值在商品经济发达的国家里，被从事生产(如农产品、金属)加工等行业活动的公司或个人广泛使用，包括农场主、矿主、商人、农业生产合作社、谷物加工者、金属制造商等。他们在生产、加工商品的过程中往往会遇到购买原材料、贮存产品、运输等各方面经济因素影响，从而在相等的生产周期内使成本增加、各种费用上升带来经济上的损失。所以，为了避免现货市场损失，套期保值对他们显得尤为重要，它能够起到转移价格风险的作用。那么，套期保值是如何实现的呢?

套期保值之所以能够起到转移风险的作用，是由于这一业务与期货市场中的某些基本规律相一致。

(1) 期货交易过程中期货价格与现货价格的波动幅度不一致，但变动趋势极为相似，即当特定商品的现货价格趋于上涨时，其期货价格也趋于上涨，特定商品的现货价格趋于下跌时，其期货价值也趋于下跌。从理论上讲，虽然期货市场和现货市场是两种类型的各自分开的不同市场，但对于相同的某一特定商品(如谷物)都会受到同一因素(如自然灾害)的影响。这样，当现货价格上涨或下跌时，期货价格也会上涨或下跌。正因为如此，所以当某套期者在现货市场上买入现货而同时在期货市场上卖出同等数量的期货时，假如价格变化趋于上涨，这个套期者会在现货市场上营利，而在期货市场亏损，营利冲销后，商品价格大致稳定在原来水平上，该套期者便避免了价格风险，实现了保值目的；假如价格趋于下跌，那么他会在现货市场亏损而期货市场营利，从而同样避免价格风险的损失。所以，假如这个套期者在现货市场抛出现货同时在期货市场买入期货，其结果也会相同。

(2) 由于现货价格与期货价格走势相同，到合约期时，两者将大致相等或合二为一。期货价格通常高于现货价格，在期货价格中包含有贮存该商品至交割日为止的一切费用在内，当合约接近于交割日时，这笔费用会逐渐减少乃至完全消失，从而使两个市场的价格合二为一；反之，期货合约期限距交割日越远，这笔费用就越多，两种价格之间的差价就会越大。期货价格高于现货价格时差价是对大部分仓储费用的补偿。因此，当期货市场价格高于现货价格加仓储费时，套期者会大现货市场买入现货而在期货市场卖出期货，因为两种价格最终合二为一时他仍可得到一个差价，从而实现套期值。

(3) 从套期者在期货交易中占据的交易部位是买方位置还是卖方位置，套期保值可以分为两种基本类型，即卖出套期保值(selling hedge)和买入套期保值(buying hedge)，两者做法不尽相同，所起的作用也有区别。

① 卖出套期保值。又称空头套期保值，是指特定有供出售商品的保值者在期货市场中出售期货合约，持有空头交易部位，通过卖空来保护他在现货市场中的多头交易部位，以避免未来商品价格下跌所造成的风险。如果买进现货后，价格下跌，虽然实物交易受到损失，但相应的期货合约部位则可得到营利；如果买进现货后价格上涨，期货交易部位虽然发生了亏损，但现货交易可得到营利，营利可以进行相应的对冲。这种卖出套期保值的方法，可以分散交易风险，对实物拥有户可起到利益安全的保证作用。这种套期保值方法常被加工企业、制造企业、经销商品和贸易商采用。例如：某粮食生产者种植小麦，要到6月份才收获，预计总产量为50吨，而现在是4月份，现货市场小麦价格为360元/吨，该粮食生产者期望将来小麦收获后可卖到这个价格，就采用在4月份出售7月份期货合约的方法来减抵将来收获时可能承受的价格风险。以便最大限度地接近每吨360元的价格，实现目标收益。由于4月到7月间小麦价格必然会发生波动，有可能出现以下几种情况。

期货市场价格和现货市场价格同幅度下降，见表12－1。

表12－1　同幅度下降

现货市场	期货市场
4月1日每吨360元 6月10日15日：收割小麦50吨每吨340元	售出7月份期货合约5张，(每张10吨)每吨370元 购入7月份期货合约5张，每吨350元
与目标相比每吨－20元	每吨＋20元

生产者收益：每吨小麦340＋20元＝360元，如不做期货，收获时只能得到每吨340元，大大低于其目标的收益，可能会发生亏损。

期货市场价格下跌幅度比现货市场价格下跌大见表，12－2。

表12－2 期货市场下跌幅度大

现货市场	期货市场
4月1日每吨360元 6月25日：售出小麦50吨，每吨350元	售出7月份期货合约5张，每吨370元 购入7月份期货合约5张，每吨355元
与目标相比每吨－10元	每吨＋15元

生产者收益：每吨小麦350元＋15元＝365元，其卖出保值收益的结果超出于其目标收益。

期货市场价格下跌幅度比现货市场价格下跌小，见表12－3。

表12－3 期货市场下跌幅度小

现货市场	期货市场
4月1日每吨360元 6月25日：售出小麦50吨，每吨340元	售出7月份期货合约5张，每吨370元 购入7月份期货合约5张，每吨360元
与目标相比每吨－20元	每吨＋10元

生产者收益：每吨小麦340元＋10元＝350元，其期货市场上的盈利不能弥补现货市场价格下跌所造成的损失，没能达到其目标收益，但如不做期货交易，其损失会更大，卖出期货保值交易相对减小了他遭受损失的幅度。

如收割前天气突然变坏，期货市场价格与现货市场价格同时上升，见表12－4。

表12－4 同时上升

现货市场	期货市场
4月1日每吨360元 6月25日：售出小麦50吨，每吨380元	售出7月份期货合约5张，每吨370元 购入7月份期货合约5张，每吨390元
与目标相比每吨＋20元	每吨－20元

生产者收益：收割期现货市场价格上升，农民可获额外利润每吨20元，但因期货市场价格同样上升，其所得仍是目标收益360元。

当然，如果期货市场与现货市场价格上升幅度不同时，也会出现不同的结果：如果现货市场价格升幅比期货市场大，该生产者在现货市场上的获利抵消期货市场上的损失外还有盈余，从而使其实际收益超过目标收益；如果期货市场价格升幅比现货市场大，该生产者将会因现货市场营利低于期货市场损失而发生亏损，如前所述的当现货市场价格下跌而期货市场价格上升情况一样，他就可以选择期货补进以尽早平仓，以减小或者完全避免其损失。

② 买入套保值。又称多头套期保值，是指将来要买进商品的保值者在期货市场中购入期货，即通过买空，持多头交易部位，以保障他在现货市场的空头交易部位，避免价格上涨所造成的风险。即商品供应者在现货市场卖出商品的同时，又在期货市场上买进同等品质数量的期货合约，以防止在卖出后因价格上涨带来的风险。如果卖出现货后，价格上涨，虽然实物交易受到损失，但可在期货市场上利用套期保值交易方式得到营利；如果买进期货后，价格下跌，期货套期虽然发生损失，但在现货交易中却可以得到营利，营亏可以衡抵。这种买入套期保值的方法，常为商品销售商、出口贸易商和农场主等采用。例如：一位棕油加工商 11 月份打算在下一年 2 月份买进 1 000 吨原棕油，预定目标价格为 895 元，按此价格出售的原棕油 3 个月后会有涨落风险，于是为避免未来因价格涨落带来的损失，该加工商 11 月份在期货市场上购入种类相同数量为 40 张的 2 月份期货合约，并于 2 月到期前将合约抛出，从而结束了他在期货市场的多头部位，弥补了 2 月份现货市场的亏损，实现多头套期保值。其情形也有 4 种。

现货价格和期货价格同幅度上涨，见表 12－5。

表 12－5　同幅度上涨

现货市场	期货市场
11 月份目标价格棕油每吨 895 元 2 月份买入 1 000 吨棕油每吨 998 元	买入 2 月份棕油期货合约 40 张，每吨 892 元 出售 2 月棕油期货合约 40 张，每吨 995 元
与目标相比每吨－103 元	每吨＋103 元

加工商收益：期货市场上的每吨 103 元营利弥补了现货市场上的同数量亏损，实现了其目标价格每吨 895 元的收益，如不做实入套期保值，则会亏损惨重。

现货价格上涨幅度大于期货上涨幅度，见表 12－6。

表 12－6　现货价格上涨幅度大

现货市场	期货市场
11 月份目标价格棕油每吨 895 元 2 月份买入 1 000 吨棕油每吨 998 元	买入 2 月份棕油期货合约 40 张，每吨 892 元 出售 2 月份棕油期货合约 40 张，每吨 990 元
与目标相比每吨－103 元	每吨＋98 元

加工商收益：在期货市场上每吨盈利 98 元与现货市场亏损 103 元相抵，仍有 5 元亏损未能得到弥补，但基本接近了目标价格应获收益，在尽可能大的程度上实现了买入套期保值，避免价格风险的目的。

现货价格下跌幅度与期货市场价格下跌幅度相同，见表 12－7。

表 12－7　下跌幅度相同

现货市场	期货市场
11 月份目标价格棕油每吨 895 元 2 月份买入 1 000 吨棕油每吨 865 元	买入 2 月份棕油期货合约 40 张，每吨 892 元 出售 2 月棕油期货合约 40 张，每吨 862 元
与目标相比每吨－30 元	每吨＋30 元

加工商收益：虽然现货价格下跌了，但由于做了买入套期保值，期货价格下跌的情况下仍实现了目标收益，营亏相互衡抵。

期货市场价格上涨幅度大于现货市场价格上涨幅度，见表 12－8。

表 12－8　期货价格上涨幅度大

现货市场	期货市场
11 月份目标价格棕油每吨 895 元 2 月份买入 1 000 吨棕油每吨 990 元	买入 2 月份棕油期货合约 40 张，每吨 892 元 出售 2 月棕油期货合约 40 张，每吨 995 元
与目标相比每吨－95 元	每吨＋103 元

加工商收益：此情形不仅期货交易完全弥补了现货交易的亏损，还有盈余 8 元是最理想的买入套期保值方法。

综上所述，期货市场的首要功能就是能通过套期保值来转够价格风险，有利于生产，交易的合理安排和目标的实现。因此也有人称之为避险功能。当然套期保值还有其他种类，这里仅以最基本的两种作以论述。

2. *价格发现功能*

又称公正价格形成功能。任何一个计划化、封闭化、相互分割化的市场，必然会引起区间内相同类产品价格的巨大差异，难以形成公开、公平、公正的价格竞争机制。加之现货市场商品信息的闭塞，产地价格的时空局限，不能充分地反映社会上商品价格因素的全貌及供求状况，不利于形成公正的统一的商品价格。期货市场克服了上述商品价格形成机制中的缺陷，可以集多方供求信息在一处，形成的价格具有较高的权威性、指导性、使所有的参与者有同等机会，在现有的供求现状下参与交易，以他认为最适当的价格成交，从而使“物流”和“信息流”的运行速度加快，利于公正持续的价格形成，保障交易的安全。

(1) 商品的现货价格与期货价格的构成。我们知道，商品的价格是价值的货币表现，花费了生产资料和人的物化劳动，因而，一种商品的价格由成本加利润组成。当然，成本和利润二者均是变量，受到以下因素影响：①不同商品的比价(指同一市场同一时间不同商品价格之间的比倒关系，如农产品之间的比价，工业品之间的比价和工农业产品之间的比价)要有合理的价格之间的关系，不仅仅以价值为基础，同时也反映当时市场的商品供求量变化。②商品差价。商品差价指同一种商品价格之间的差异，又包括质量差价、购销差价、批零差价、地区差价和季节差价等广泛存在反映出商品自身生产的流通中的花色品种、质量优劣的差别，标志着同种商品所花费的物化劳动的不同。可见，现货市场商品的价格形成有许多不确定的因素，它只能反映某一商品此时此地的个别价格，时间上不连续、空间上的局限性显而易见。所以，势必会造成价格的差异，导致市场供求的混乱和不平衡。

期货交易所内各类上市期货商品的价格，是通过公开竞价形成的。与现货市场价格相比，由于它能将生产、交换、分配和消费环节最大限度地连接在一起，因而产品来源于世界各地，交易者也源于不同国家，并且大多数人是大宗生产加工商，有重要的影响和知名度，也是某种专门行业的行家里手，其交易与其生产决策直接反应世界范围内的供需，是价格参照的“晴雨表”。因而具有权威性，指导性。期货价格是交易者通过公开喊价方式形成的，具有透明度。期货价格的确定也是交易者在这种公开原则下自主形成的，充分反映了买卖双方的交易地位平等，交易对手、交易动机、交易种类、交易价位的选择权，期货价格的灵敏性。期货交易的最大特点是要承担价格风险。由于交易者从事交易是一个较长的过程，在此期间，交易价格也是不断变化的。这种灵敏性对交易者的生产决策，投资方向及利润收益起到举足轻重的点化作用。一个聪明的交易者不会不考虑到价格的灵敏性而进行盲目的期货交易的。

② 期货价格与现货价格的关系。在上面提到过，期货价格是以现货价格为基础，加上期货商品的各种类别的费用构成的。可以用下列公式表示

期货价格＝现货价格＋总维持费用±各总市场要素或者

期货价格－现货价格＝总维持费用±各种市场要素

这里总维持费可理解为现货商品即时交割与期货商品未来交割不同的时间差价。如将该实物贮存到某一时日(期货合约交割日)的各项成本费用，如贮存费、损耗、保险费及利息(资金占用成本)等，如果考虑到期货市场与现货市场的空间关系，即两个市场处于不同的空间地点，还应包括运输成本，即公式为

现货价格－期货价格＝总维持费用＋运费±各种市场要素

以上公式表明，期货价格是以现货价格为基础的，大体包括了生产领域的各种费用以及流通领域里的一些必要的流通费用和风险成本，是现货交易在流通领域里的进一步延伸。

③ 基差的意义。基差(basis)就是某种商品的期货价格与现货价格之间的差价。正常情况下，期货价格会高于现货价格，基差呈正值，称远期升水，反之，呈负值，称远期贴水。基差是由总维持费用、运费和其他市场要素构成的，基差大小成为交易者确定目标利润和目标价格的参考指标，交易者能否达到预期目的，与其说取决于现货市场和期货市场的价格波动，不如说取决于基差变化。因此，基差也是价格确定的基本因素之一。此意义揭示了套期保值行为的最终结果，实际上是避免了现货价格变动这一较大的风险，而接受了基差变动这一较小的风险。因为在套期保值的期间内，现货市场价格和期货市场价格的

变化趋势和变化幅度往往并不完全一致，套期保值往往不能达到完全转移风险的目的，其中对于基差变化的风险，套期保值者是无论如何也无法避免的。因此，套期保值在本质上也可以认为是一种对基差的投机。

3. 远期预测功能

期货交易是在将来某个时期履行交割的，因此，它克服了人们凭现货市场信息，供求关系盲目扩大或缩小生产规模的缺点，对将来一个生产周期的安排、规模、资金投入有预测性，较科学地反映了市场规律，使现货市场指导的上滞后性得以改变。

(1) 价格上的预测。在期货市场中，人们用一些基本方法来分析期货行情，预测价格走势，反映潜在的供求变化，以便形成生产走势合理的价格预测，对那些与确定价格不相关的经济变量做出推定结论。

(2) 投机对于价格预测的影响。期货市场的价格主要是由于未来商品市场供求状况决定的。但是，这并不排除期货市场上的投机行为对市场价格的影响，它在一定程度上反映了人们进行期货投资的目的和心理需求，投机者总是期望能通过在期货市场的买卖行为带来或多或少的营利，于是，他们的买卖行为对期货价格的形成也起了推波助澜的作用。期货市场上的投机就是指投机者通过预测将来价格的变化，以在将来某个时间出售(或再购入)并获得利益为目的，在现时购入(或出售)期货合约的行为。简单地说，就是在期货市场上以牟取利润为目的买卖期货合约的行为。投机者通常在他们认为价格看涨时买进期货合约，这种做法称“买空”或者“多头”；在他们认为价格看跌时，售出合约，待机补进，这种做法称“卖空”或者“空头”。

4. 完善市场体系交易秩序化的功能

现货交易要求有极为严格的履约率和实物交割，一旦管理跟不上，会产生欺诈、毁约、质量不符合等问题。而期货交易建立了保证金制度，并对交易标的物，交易者的资格、资信进行审查，使交易建立在制度化、秩序化、公开化、竞争性的基础上，对完善新的市场经济体系起到促进作用。

5. 合理利用各种闲置资金，节约人力、财力的功能

在经济运行过程中，势必有一定的闲置资金分散在社会上，如居民手中的货币、储蓄资金、未于投资的各种资金。公司未能使用的短期资金等，这些资金的闲置实际上是对财力的未充分利用和浪费。有了期货市场，这些资金就有了投向和利用的可能，可以将其投入期货市场，进行风险投资，获取风险利润。这样期货市场的连续运行消除了这些资金的短期闲置，使闲置资金长期活用，加速了资金的周转速度，无论对于企业还是个人，无疑是提高了经济效益。

6. 促进经济国际化的功能

随着期货市场的不断发展，这一功能表现得越来越突出。20 世纪 80 年代以后，期货

市场在世界各地纷纷建立，打破了地区、国家间限制，使期货市场的公开竞争性、透明度高的优势得以发挥，解决了交易者进入某一些地区交易的困难或依赖于某一产地市场的问题。因为有了集中、大量、公开的交易市场，交易者可以迅速安全地完成交易，并且能获得大量市场信息，促使交易迅速消除区域信息障碍，交易范围迅速扩大。特别是20世纪80年代后期，期货市场成为国际交易中心，已跨越了国界，如芝加哥商品交易所集中了世界绝大部分的农产品期货贸易，约占世界期货交易量的90%，新形成的价格成为国际农产品市场的基准价格，使国际农产品市场进一步国际化。期货市场的国际化推动了经济的国际化，即期货市场新形成的公式的价格对于供求的调节和合理配置资源的范围已超越了国界，正在推到世界经济进一步国际化。

(1) 期货商品的国际化，目前世界上期货商品的品种有许多种类。按照交易标的性质不同，可分为农畜产品、金属及工业原料、货币、利率、指数、期权。

期货商品也称金融期货，是近些年发展起来的新兴品种的期货，而且发展迅速，异军突起，影响面大，把世界金融的发展密切地联系在一起，对世界经济运行起到举足轻重的作用。

(2) 期货交易形成全球全日交易系统——GLOBEX，使全球进入24小时期货交易时代。1992年6月24日，由芝加哥商业交易所、芝加哥期货交易所和路透社共同开发的GLOBEX系统，投入运行使用，这可以看作是存在发展一个多世纪的现代化期货交易所的一次开创性变革。全球全日交易系统是一个全世界各地均可24小时不停地使用电子期货交易的系统，通过这个系统的终端进行24小时交易。它并不取代目前交易所的公开叫价制，而是增加了在原有的交易时间以外的交易处理和加强了交易的现代化管理。在全日交易系统中交易的商品为芝加哥商业交易所、芝加哥期货交易所提供的现有期货期权交易品种，系统的主机可连接几千台智能终端，世界各地的用户在任何时间均可在其终端上输入订单指令进行有关商品的期货期权交易，系统对输入订单的平均反应时间只有3秒钟。同时，系统的软件程序还使得交易所结算会员公司可以监督和限制他们的委托客户。终端的交易活动，加强了风险管理。目前，全球全日交易的商品还只限于货币金融类，但由于它打破了期货交易的地理区域和时间区域的限制，从而展示了期货交易进一步发展的前景，大大地使期货交易走向国际化。

12.1.4 期货交易的机构及运作程序

1. 期货交易的机构设置

1) 期货交易参与者——套期保值者和投机者

在期货市场上，凡直接参加期货交易或通过经纪人间接进行期货交易的人都是期货交易的参与者。但是，严格地说，按照期货交易的目的和动机，可以将之分为套期保值和投机者两大类。

(1) 套期保值是指一些已持有或计划持有某种现货的个人或企业。他们把期货市场当作回避风险的场所，同时也必须在现货市场上买进卖出某种商品。其目的在于他们有了商品之后，会千方百计地利用期货市场去降低价格波动对自己经营带来的风险，以集中力量去从事具体的业务活动，并保障其商品或服务成本被固定在一定范围内，以求获取预期的正常利润。他们进行交易的特点是期货交易最大，在期货市场中买卖位置相对固定，有稳定性，期货合经保持时间较长。

(2) 投机者是指以在期货市场上赚取买卖价差的个人或者企业。他们交易的目的只是借助期货市场的价格波动来赚取利润，而不关心实际商品，而总是在合约到期前对冲其在手的合约，以免除实际交割商品的责任。他们在预计价格上涨时买进合约，下跌时卖出合约从中获利，因而其交易特点是交易量小，不断买进或卖出合约，经常在期货市场上变换买卖部位，合约保留时间较短。

2) 期货交易所

期货交易所是进行期货合约买卖的场所。期货交易所本身不是交易的参加者，也不拥有任何商品，它只是为期货交易者提供市场、设备等各种方便，并制定、公布和实施交易条例规则，以保证公正平等的竞争市场持续存在，使期货市场价格不受操纵，促使参加市场交易者均可获得公平待遇。

期货交易所的功能比较齐全备。但主要有以下作用。

(1) 为期货交易规定专门的交易时间。

(2) 制定标准化期货合约，以减少解决因合约引起的争议。

(3) 为交易提供有组织的场所及各种交易设施，如通信联络和显示功能的设备。

(4) 制定统一的交易规则和其他规章制度来规范交易，保证交易正常进行。

(5) 收集传播交易价格、行情，通知交易场内人、会员。

(6) 为交易所会员提供履约及财务责任的保证。

(7) 调解交易纠纷，提供仲裁程序。

(8) 监督、保证交易秩序。

其特点如下。

第一，期货交易所从组织机构上看，大多采用会员制。通常包括两个系统，即职能委员会系统和日常行政管理系统。商品交易所的最高权力机构是全体会员所组成的会员大会，有关期货交易的大政方针，期货交易的各项交易规则，都是由它做出的。全体会员选举产生交易所的理事会作为会员跑龙套会的常设权力机构，负责贯彻执行会员大会做出的方针政策，执行交易所的各项规章制度，全权处理有关交易所的事务。该理事会通常从会员中选举产生，许多也选举数名非会员理事以便协商调它与其他相关利益集团如银行的关系。交易所理事会不还下设若干职能委员会，处理相应事宜。如会员资格审查委员会、交易行为管理委员会、仲裁委员会、控制委员会、交易新品种委员会、规则委员会、期货结算所委员会。

第二，从交易所行政机构看，有以下一些行政管理部门：核算和调查部、统计部、研究部、报价部、公共关系部。

第三，从交易所会员上来看，交易所会员资格只能为个人拥有，但也有些交易所也允许以企业、公司形式拥有会员资格。会员按是否有权接受非会员的委托为非会员买卖合约来划分，可分为一般会员和全权会员两种。一般会员是只能在期货交易所内从事与自身生产经营业务有关的买卖的会员(可以派自己的全权代表作为场内代表)。全权会员是既能在交易所内为自己从事期货交易，也能接受非会员的委托，代理非会员在期货交易所内从事期货交易(有的称之为商品交易员，以区别于经纪公司的工作人员)。

3) 期货经纪公司

期货经纪公司是期货市场的重要组成部分。由于只有会员才可进入交易所进行期货交易，而且只有全权会员才能接受他人委托，代替别人进行期货买卖，因而有些全权会员就成为专门接受委托，代客户做期货交易收取一定佣金的商品期货交易经纪人。由于客户的交易在交易所里是统一记在该经纪人账户上的，该经纪人要为他所代理的全部期货交易承担责任。而客户所进行的交易商品类别、时间名不相同，为防止差错，期货经纪人需做大量细致记录、结存工作；另外，由于全权会员身份的经纪人常在代客交易的同时为自己人事期货买卖，有可能产生为图私利而侵犯委托人的利益，因而为限制经纪人为自己做交易的权利，使大量交易做到公平有序，就出现了专职的经纪公司，从而能够更好地履行客户代理人的职责。

期货经纪公司一般设有一些职能部门。

(1) 保证金账户部：职责是监督每个客户账户，以确保客户有足够的保证金来支付所持期货合约。

(2) 结算部：负责核对客户每笔交易与结算所的记录，交易的盈亏结算工作。

(3) 信贷部：负责检察新老客户的财力状况，规定其期货合约的最高交易限额，评估期货市场价格波动情况以便调整保证金水平。

(4) 交收部：负责到期合约的实物商品钱货交收以及有关的交收文件和货物往来。

(5) 落盘部：负责把客户的交易订单送到场内经纪人手中，再将成交情况转告客户。

(6) 研究部：负责为客户和经纪人提供市场分析报告，及时掌握期货市场的最新动态，对此变化做出决策等。

4) 期货结算所

又称票据交换所或清算所，是期货市场又一重要机构。其主要职责包括结算和责任担保两个方面。前者包括期货合约到期交割和未到期合约的平仓；后者则是指由结算所负责承担保证每笔交易的清算和保证期货合约购入者最终拥有其所需商品。在美国，结算所以会员公司的形式加入交易所，从而成为交易所下属结算单位，而日本没有专门的结算所，由交易所内部的会计机构承担结算工作。

结算所内部机构是由一名结算总裁主持日常工作。

(1) 登记部：负责派员进驻交易所进行期货交易状况的登记以及整理和保管这些登记资料。

(2) 结算部：负责结算会员之间的交易结算，计算每天未平仓的差价和已平仓的损益。

(3) 经济部：负责管理每位结算会员在结算所内的结算账户，核算其交易状况和资金结存情况，决定各种保证金的收取水平，每日保证金的追收和盈利余返还。

(4) 信息部：负责将每笔成交价格输入计算机，并及时将期货交易成交价格信息有偿地提供给各新闻界。

期货结算方式有3种：即对冲了结、实物交割和现金结算。对冲了结是指期货交易者买入或卖出一份数量相等而性质相反的期货合约，以便与自己手持合约对冲的方式，即多头卖出，空头买入的期货合约对冲结算方式；实物交割是指严格按照期货合约指定的商品数量、质量、时间、地点等条件向买方交运实物商品，而买方则按照期货合约规定的金额付出价款的结算方式；现金结算指合约交易中通过现金了结的一种结算方式。大多数结算是对冲、少数或零额结算用实物交割和现金方式进行。

为保证结算所的担任职责和信誉，各国还规定了严格的会员资格要求。如美国申请者须是以下会员。

(1) 拥有雄厚的资金和良好的财政信誉的商品交易所会员。

(2) 申请者成为结算新会员后依照规定向结算所交纳规定的保证金，而且是现金，以便随时调动，不能任意提作他用。

(3) 会员必须在结算所开设办事处，以保证会员每日收市后通过结算所迅速完成当日所做的全部交易的结算工作。另外，其会员的交易可分为结算所会员进行的和非结算经纪公司进行的，后者必须通过前者才能开展结算业务。

期货结算所的作用在于它的保证作用和交易手续的简化。为了实现这两个功能，它还制定了一系列具体制度。

(1) 登记结算制度：规定每份合约须经结算的登记结算才为合格，制止私下交易。

(2) 每日结算无负债制度：在结算所定出每日结算价格后，以此为标准核算当日每笔交易成交价格的差额，计算出各结算会员当日的盈亏，亏损的会员须补缴差额押金，做到当日无负债。

(3) 最高持仓制度：结算所对每一结算会员在一定时间内拥有期货合约的最高数量加以限制，保证交易客户不被欺诈。

(4) 风险处理制度：即万一结算会员破产或不能履约，结算所采取的组成，即交易所、经纪公司和清算所，它们互相配合，才使期货交易得以顺利进行。

2. 期货交易运作的基本程序

1) 期货交易前的准备工作

期货交易对客户来说是一个连续运作的程序，在这之前，客户应做一些准备工作，以使交易能达到预期目的。

(1) 期货经纪公司的选择。由于期货交易所规定，非商品交易所会员的企业或者个人要从事期货交易必须通过会员进行，所以，一般交易者参与交易，首先要选择适当的经纪公司。这种经纪公司须是拥有会员资格的公司。交易者选择它们进行交易，可以缩短交易流程，减少环节，提高交易速度和效率。对优秀的经纪公司来讲，它一般应具备资本雄厚、信誉好、市场信息灵通、服务质量优异、保证金和佣金收取合理等条件，它们场内交易人员经验丰富，业务熟练，可以保证以尽可能好的价格执行其客户的指令，并尽可能准确、快捷地将交易结果传送到客户手中。

(2) 制定期货交易的计划。期货交易计划是进行交易的全面估价。首先，是在计划中拟定可利用资金的数额，要根据交易者财力大小状况而定，把风险投资限定在企业可以承受的限度内。这样，一旦交易损失了，这个限度便告知企业应该退出市场。当然，如果企业愿意对风险投资更大一些，投资数额亦可定得大一些，但最好是量应折合为交易盘数量，而且必须与保证金数额确定相适应。事先控制好了交易盘面，就会限定损失的金额，防止万一。另外，计划中应明确交易商品品种选择的理由，使企业能密切注意该商品的行情，根据供求行情制定交易指令。

(3) 认真熟悉和了解一些常用的交易规则和交易的基本知识。在交易前可以收集一些交易所的交易规则，通过阅读掌握较为系统和细致的交易知识，如委托手续的办理事项，交易者与经纪人之间的权利和上市时间，交易信息传递和跟踪等。这些知识有利于维护交易者的合法权益，避免失误，使交易按交易者的指令进行，也能使交易者对经纪人的交易进行监督。

(4) 掌握交易信息，认真做好交易记录工作。掌握交易信息应首先了解供求信息。因为期货交易合约的到期是以实物交割为前提保证的，期货市场的价格也完全取决于商品的供应量和需求量的关系，所以供求信息结交易者来说尤其重要。其次，交易者还不能忽略其他方面的信息，如政治的、经济的、技术的、政策的多方面因素，生产、运输、消费等微观方面的因素，也会直接或间接地影响期货的供求关系，从而影响到期货交易本身。再次，交易者要进入交易，也应知悉开盘前的一些数据和开盘期间的信息，好对期货价格走势进行比较分析，确定基价大小和由此带来的利润大小，收集信息的方式可以通过新闻媒介、交易所、经纪公司等途径。对于收集到的交易信息还应记录保存，作为分析资料来帮助交易者决策。

2) 期货交易的加入和进行

(1) 交易者向经纪行下达交易订单。客户在做好交易准备后，即可发出交易指令，签订订单，交经纪人传至经纪公司交收部。交收部收到订单后须在订单上打上接收时间以备查验。在订单未执行前客户可以更改或取消已报的订单。

(2) 经纪公司交收部再将订单传至经纪公司在交易所内的接应员，接应员作时间标记并填写场内交易单，并把它给场内跑单员迅速传到场内经纪人。通过此途径，客户指令传达到交易所内。

(3) 场内经纪人根据订单的内容在交易声内通过公开叫价等竞争方式达成交易。

(4) 回单的发送。买卖双方成交后，经纪人将成交的价格和对方标识登记在指令单上，然后将其交给跑单员，跑单员迅速跑到经纪公司接应员处并由接应员打上标记后送到经纪公司，经纪公司交收部获此信息，将有关交易指令查验后返还给客户，从而完成整个交易指令。

(5) 收市后，交易所将交易情况记录简单整理后报送结算所登记部，由登记部打出每位结算会员当天的交易草表返还结算会员场内经纪人要求核对确认，并及时返还结算所。

(6) 结算按返还的草表打出正式的“每日买卖交易表”交结算会员签字确认，并根据确认返还的交易表结算，计算差价。

(7) 结算所将注册确认过的合约通知书通过经纪行交客户。

至此，期货交易流程全部完成。期货交易简单程序可作图解如图 12.1 所示。

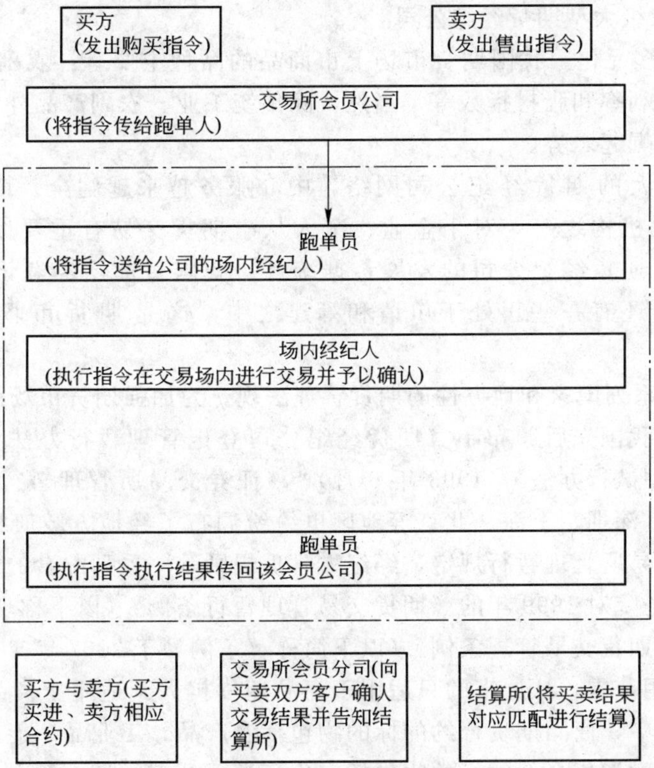

12.1 期货交易流程

12.1.5 有关期货交易的立法

1. 我国期货交易的法制建设

早在1980年我国就提出了探索期货交易。在这之后，期货市场的研究和探索就被提上了议事日程。经过近几年的试点，期货市场体系在中国已经确立，并随着经济改革的不断深入有了长足的发展，表现在以下方面。

(1) 期货交易所纷纷设立。据统计，目前我国已有各种期货交易和类似性质的批发市场近40家、比较正式的有一二十家。其中，有几家期货交易所影响重大。一是1990年10月12日，中国第一家具有期货性质的农产品交易所——郑州粮食批发市场成立，它是中国期货市场建立的标志；二是1992年1月18日成立的深圳有色金属交易所成为我国第一家以期货交易为目标的工业品交易所，随后紧接着于同年5月21日成立的上海金属交易所又成为我国第一个国家级的生产资料交易所，也是目前我国交易额最大的一家期货交易所；三是中国大陆的第一家期货经纪公司——中国国际经纪有限公司于1993年12月14日成为首家国家级大型期货经纪公司。

(2) 交易品种多元化。我国期货市场上市商品的品种主要有：农副产品、有色金属、金融期货、外汇、利率和脂村指数等。当然，除传统工业、农副产品外，后面几种期货商品的品种较新，有崛起之势。

(3) 拥有了较大的期货经纪公司网络，中介服务越来越健全。期货经纪公司是构成期货市场的三大机构之一，对于企业、个人从事期货交易有重要作用。交易者对交易的介入，带动了期货经纪公司的发展，据统计，我国目前已经登记注册一期货经纪公司有400多家，还有一些正处于申请和筹建之中，这是期货市场投资热潮的主要力量。

(4) 颁布了一系列国家和地方性的期货管理法规。为加强期货市场的管理，保证期货市场的健康发展，我国先后颁布了《期货经纪公司登记管理暂行办法》(1993年4月)、《外汇期货业务管理试行办法》(1993年6月)、《证券交易所管理暂行办法》(1993年7月)等法规，郑州、深圳、上海、北京等地区也纷纷颁布了经地方政府批准的商品交易所交易规则，期货交易所管理暂行规定，经纪人管理规则等一系列配套的地方性法规。2007年3月16日，国务院对1999年的《期货交易管理暂行条例》(以下称现行条例)作了全面修订。新修订的《期货交易管理条例》(以下简称《条例》)于2007年4月15日正式施行。《条例》扩大了适用范围，从原来的只适用于商品期货扩大到适用于商品和金融的期货和期权合约交易。其中，商品期货合约的标的物包括农产品、工业品、能源和其他商品及其相关指数产品。金融期货合约的标的物包括有价证券、利率、汇率等金融产品及其相关指数产品。同时还考虑到金融期货推出后证券公司、基金管理公司、商业银行等金融机构将成为重要的市场参与者，期货公司也已明确定位为金融企业，因此删除了金融机构不得从事期货交易、不得为期货交易融资和提供担保的禁止性规定；适应金融期货交易结算的特点，增加了期货交易可以实行现金交割的规定。《条例》所规范的期权合约，是指由期货交易所统一制定的、规定买方有权在将来某一时间以特定价格买入或者卖出约定标的物(包括期货合约)的标准化合约。

2. 我国期货市场及其法制建设中存在的问题

(1) 期货交易所过滥、极不规范，造成交易分散。目前，我国期货交易所的总数已经超过了世界上其他任何一个国家，但在布局上极不合理，出现了一个城市同时兴办几家交易所和同一品种办多家交易所的不正常现象，尤其以有色金属、化工、石油品种的表现尤为突出。这不仅违背了市场经济原则，而且重复建设，给资金、财力的投入造成了浪费，加之为了竞争客户，各交易所不顾交易管理规定，竞物争财，使许多期货市场有场无市、生意清淡、难以为继。

(2) 大量非法的地下期货经纪公司泛滥，缺乏必要的管理和监督，行骗、私下交易的丑现象屡屡发生。更为严重的是，一些经纪公司未经批准，擅自经营外盘期货，不具备外盘期货交易所会员资格，无经营外盘期货交易的经验，往往通过境外期货经纪公司多次转手交易，致使交易处于私下状况，交易往来原始凭证难以查证，钻了我国交易法规不健全的空子，客户的权益得不到保护，给客户造成千上万元的经济损失。

(3) 期货市场管理不力，被少数人利用成为化公为私，侵吞国家资财的场所。

(4) 不规则期货市场的泛滥，已干扰了金融外汇市场的稳定，造成金融市场混乱。金融、外汇期货市场的开通刚刚进步，人们对其了解也很有限。特别是我国的外汇管理制度，要求开办经营此项业务的单位必须遵守严格审批和经营法规规定。而目前的一些金融、外汇期货市场，实际上进行的是非法套汇活动，造成外汇大量流向境外，外汇管理制度遭到破坏。

(5) 没能形成统一的期货市场的管理体制，管理机制不健全，缺乏法律依据。国外的行政管理、协会管理和自律管理机制没能移植到我国期货市场管理中，许多期货市场多头管理，或者和自为政，管理权限不明确，范围不确定，也使混乱现象不能得到及时制止，非法活动有机可乘。甚至一些地方存在着地方保护主义，片面追求经济的表面繁荣，放纵了非法交易者的违法活动。另外，财税法规的不配套也使违法犯罪分子偷税、逃税严重，给国家经济带来巨大损失。

(6) 缺乏一支恪守职业道德、业务素质良好的经纪人队伍。期货经纪人是期货市场中一个非常特殊的主体。一方面，作为经纪公司的职员，应为公司的业务发展努力，使自己的收益随业务的扩展而增加；另一方面，期货经纪人又是客户进入期货市场的受托人，是客户投资命令的执行者和顾问。这一特殊地位要求经纪人必须要有良好的职业道德，较高的专业技术和分析判断问题的能力。在我国，目前经纪人员是通过招聘上岗的，有些人员没有经过专业培训和操作，业务能力差，如上海复旦大学周某诉被告上海

“润丰”商品期货有限公司案，就发生了经纪人未经其指令，误将其他客户委托买进的咖啡合同记入周某账户，从而造成周某账面直接损失计一万美元，又未得到赔付的事件。

3. 严格规范和完善我国期货市场及其法律的构思

我国期货市场的建立是我国市场体制的一大飞跃，它对于我国经济发展，无疑会起到重大作用。但是，如前所述，我国期货市场还不成熟，法规不健全等，这些问题客观上又限制了期货市场的健康发展。因而，迫切解决目前这些问题，就成为人们研究我国期货市场建设的重要课题。大的有3个方面。

(1) 管理体制的完善。主要从以下几个方面着手。

① 期货市场的发展应该纳入到我国整体经济体制改革的环节中。期货市场的发展不仅仅是市场体制的建设问题，还涉及我国经济体制改革的各个方面。因而，对所涉及到的相关领域的改革，也是期货市场生存和发展的条件。

② 价格体制的改革与期货市场价格形成机制的关系。我国对价格体制的改革进行了很长一段时期，除了少数关系到国计民生的专项商品由国家物价部门定价外，大多数商品可以实行议价，由买卖双方自行议定，这为商品的自由流通创造了条件。但是，由于期货交易不同于现货交易，期货交易中的商品也不同于一般现货商品，如质量等级标准统一，易于贮存，可大宗生产，有价格风险存在等。在上市的期货商品中，应严格杜绝不是以上特性的商品加入交易，防止物流损失。

③ 利率与外汇管理体制的改革，是新的期货类型——金融期货发展的必要条件。

(2) 加强期货市场的宏观管理，建立全国统一、结构合理的期货市场体系。适应我国经济发展，吸取和借鉴外期货市场定理经验，我国期货市场应加强宏观管理，尽快结束目前群龙无首、一哄而上的混乱局面，成立权威性的、全国统一的国家管理期货市场的机构。

(3) 加强期货交易所、期货经纪公司的行业性、自律性管理。期货交易所和期货经纪公司是期货管理体制中重要的组成部分，是基本的监管和执行机构。它负有遵守国家法规，依法制定、执行交易所规则，自觉接受政府监管，对期货交易行使监督、管理、保障等职能。其自我监管是期货交易公正、公平、公开进行的重要保证。

总之，在当今世界里，我国的期货市场正逐步向正规，一系列的新出现的问题也会得到解决。我们要在社会主义市场经济的大潮中，把握时机，既要顺应国际市场的共性；又要有自己独创的个性，建立起适合中国国情的期货市场法制体系，为中国期货市场提供可靠的法律保障。我们要以自信地认识到我国期货市场发展具有广阔的前景，它将在改革开放的今天对我国经济建设中产生越来越重要的作用。

12.2 拍　卖

12.2.1 拍卖的概念和特征

1. 拍卖的概念

拍卖是商品经济发展的产物。拍卖一词源于拉丁语 auction，含有增加的意思，在拉丁语中称为公共买卖，所以又叫公卖。它的功能在于使市场交易体系更加完善，它是商品经济条件下一项重要的法律制度。

“拍卖亦称‘竞卖’，公开竞争出价而定价金的买卖方式”①。这一定义主要是从拍卖的方式——“公开竞价”出发的，虽然指出了拍卖的实质特点，但欠周全。《中华人民共和国拍卖法》第 3 条的定义：“拍卖是指以公开竞价形式，将特定物品或者财产权利转移给最高应价者的买卖方式”，这一定义着重从形式、内容和外延 3 个方面进行了概括。

《牛津法律大词典》定义为：拍卖是一种出售或出租的方式，买主不断地出高价竞相购买或租取。拍卖通常是在做过广告之后，由一位特许的出卖者公开进行，他用锤子一敲以表示接受最后的出价或喊价。出售的财产可以在锤子落下之前收回。拍卖出售可以在预定价格下进行……在锤子落下来之前，出价可以收回。在苏格兰拍卖出售土地或建筑经常称为“roup”（拍卖），这完全是一个表述性的定义。

2. 拍卖的特征

拍卖是一种特殊竞争形式的商业行为，它与一般买卖相比有其自身独具的特征，主要包括以下几个特征。

（1）拍卖最突出的特点是以竞价方式进行买卖。它是把竞争机制引入买卖活动中的一种竞争行为，是利用价格杠杆的一种特殊方式。一般买卖的价格是固定的，而且是由卖方竞相压价进行的竞卖行为。这样，在一般买卖中，双方呈现静态状态，而在拍卖中，双方呈现动态状态。

（2）拍卖是一种公卖形式，它区别于私卖。所谓私卖是由买卖双方私下谈判成交，甚至可以秘密谈判，而拍卖在拍卖前必须以公告形式将拍卖的时间、地点、标的物及其他相关事项公之于众，使其众所周知，以便公众届时参加竞买。拍卖不得排斥任何公众竞买者，而货物只能卖给最高出价者。所以拍卖最能体现公平竞争原则，是处理公私财物的最佳方式。

（3）拍卖只能是现货买卖。所以要求拍卖者必须将拍卖物品陈列在拍卖市场向公众进行展示，这是拍卖不同于期货交易和未来合同交易最显著的特点。由此，可以防止买空卖空。

---

① 《法学词典》，上海辞书出版社，1982 年，第 377 页。

(4) 拍卖一般由买卖双方以外的第三方——拍卖行进行。由拍卖行的拍卖师充当出卖人的代理人为出卖人拍卖，同时，在拍卖中的应买人必须是多数，而一般买卖则以自销为主，且不受人数的限制。

(5) 拍卖重形式，是一种特殊要式行为。如拍卖进行时要由拍卖人喊价或做一定手势。成交时拍卖执行人要击槌或做出预先规定的姿势，表示成交。这样既可清楚地表示当事人的意志，又可避免当事人徇私舞弊，便于迅速了结交易。

(6) 拍卖中，应买人只能是拍卖人以外的第三人。各国法律规定，拍卖人不能为自己和代他人购买拍卖物。若无此禁，拍卖人降价自买，出卖人利益必受损害。在一般买卖中应买人则无此限。

(7) 拍卖都是在特定的时间和地点进行的。这是与一般买卖的又一区别。

12.2.2 世界各国关于拍卖的法律规定

从现有的有关拍卖的法律中，无论是大陆法还是英美法，一般都只对拍卖做了一些原则性的制度性的规定，很少有定义性的规定，从一些国家的拍卖法律制度来看，英美法和大陆法也存在一些差异。

1. 英美法

从英美法看，尤其英国早在1893年的《商品买卖法》中对拍卖作了原则性规定，后来在1979年修订的《商品买卖法》第57条中，对拍卖的成立、拍卖的无效以及买受人的恶意串通进一步作了原则性的规定。此外，英国还于1927年、1969年制定了《拍卖报价协议》，1961年专门制定了《虚假拍卖法》。在这些法律中规定，若交易人恶意串通压价，得取消参加拍卖竞买的权利，若当事人唆使、实施或协助进行虚假拍卖，为犯罪行为。这些都是为了净化拍卖市场的需要。

从总体上看，英国法对拍卖规定的很宽松，政府对拍卖干预较少。它的最大特点是：

(1) 在英国没有专门的主管拍卖行业的政府主管部门，这就大大减少了政府的干预。

(2) 在英国设立拍卖企业不必领取执照。

(3) 对拍卖行业的管理主要靠民间性行业协会实行自律性的管理，当事人的权利义务主要由自己协议确定。

(4) 对拍卖师限制少，任何人都可成为潜在的拍卖师。所以英国最大的拍卖行——“克里斯蒂”公司的法律顾问说：“只有政府尽量不干预，才能促成拍卖活动的成功。”该公司1989年拍卖金额达13.29亿英镑。公司总部每天拍卖一场，每次拍卖金额约50万英镑。1990年拍卖凡·高的油画(嘉塞医生画像)，以8 250万美元卖出①。英国一个多世纪以来成为世界的拍卖中心。美国主要在《统一商法典》第2—328条对拍卖作了原则规定，

① 《法规草案的设计与研究》，中国法制出版社，1998年版，第25页。

主要是对拍卖货物的分类、拍卖的成立、拍卖的保留、拍卖的出价等问题作了规定。总的来看也是比较原则、自由和宽松的。

2. 大陆法

从大陆法国家——法国、德国、日本等国看，也都无专门的特别法和专门的法定定义，一般都在民法中加以规定。

(1) 法国。法国在民法典的买卖编第7章以专章对拍卖作了规定，但遗憾的是只简单地规定了3条。另外是在继承编中对拍卖作了些规定。此外，对有关拍卖方式和程序在民事诉讼中做出规定。总的来看，大陆法国家——尤其是法国，由于它们认为拍卖是“特殊行业”，所以对拍卖业，尤其是对拍卖师等实行较严格的管理，一般都有专门的主管部门和专门的登记。所以正如法国人自己说，“这正是法国不能成为世界拍卖中心的原因”。

(2) 德国。德国调整拍卖关系的法律主要是民法和商法。如在《商法典》第376条中，把拍卖作为“定期商业买卖”加以调整，同时在第373条第(4)项中规定：“出卖人和买受人在公开拍卖时可以共同出价”①。有关对拍卖行的处罚和吊销营业执照由有关公法调整，此外，间接涉及拍卖活动的由税法、保险法等调整。德国拍卖法律制度的主要特点如下所述。

① 拍卖的标的物只限于使用过的旧物，新物不得进行拍卖，只有3种特殊情况例外：一是破产财产；二是破产前要降价处理的财产；三是抵押物。

② 在对拍卖业的管理上实行“双轨制”。就是由联邦和州以下的地方政府的相关主管部门(类似于我国的工商行政管理部门)颁发营业执照；另外由工商协会(民间性组织)行使具体业务的监督管理。

③ 拍卖公告上报政府机构，同时要抄送工商协会，并要在拍卖前两周向社会发出。

④ 拍卖师必须具有任职资格。不动产的拍卖师必须达到一定年龄并具有专门知识才能主槌。另外，还要求所有在拍卖场内执行拍卖业务的人员均禁止饮用含酒精类的饮料。拍卖物的展示必须在两小时以上。

(3) 日本。日本的拍卖法律制度，也主要是在民法典中的相关条款中作了一些规定。

(4) 我国台湾地区。我国台湾地区的拍卖法律制度也主要是在《民法典》第391～397条对拍卖的成立、拍卖行为的禁止、拍卖物的拍定、应买表示的效力、价款的支付、违约责任等做出了规定。

12.2.3 拍卖的种类

拍卖从不同角度和标准分为不同种类，常见的有以下几种。

(1) 按拍卖的财产是否由财产所有人自愿做出，分为自愿拍卖和强制拍卖。

---

① 杜景林译：《德国商法典》，中国政法大学出版社，2000年1月版，第177页。

① 自愿拍卖是由财产所有人自愿做出的拍卖行为。主要是一些公司、企业或政府及个人为了推销积货或更新设备所进行的拍卖。拍卖时要经公证。处理公物时要经有关部门批准。

② 强制拍卖主要是债务诉讼、企业破产以及政府有关部门对罚没物资和抵押财产所进行的拍卖。拍卖所得价金主要是用来清偿债务或收归国库。拍卖财产必须是由国家有关机关或债权人事先占有或收缴；拍卖财产的数额一般以债务人应负担的债务额为限。适用法律除有关拍卖法外，主要是强制执行法。

（2）按是否用叫价的方式成交分为有声拍卖和无声拍卖。有声拍卖是由买方叫价；无声拍卖是由卖方叫价，这两种拍卖均属加价拍卖。

（3）按拍卖价格的叫价，是由高到低，还是由低到高的标准，分为减价拍卖和加价拍卖。减价拍卖又称“荷兰式拍卖”，它主要是用于拍卖一些农副鲜活产品。加价拍卖主要用于工业品、艺术品和专利技术的拍卖。

（4）按拍卖是否以投标的方式进行，分为现场拍卖和投标拍卖。投标拍卖又叫“密封邮寄”拍卖。它是事先由拍卖人公布拍卖物的估价，然后由购买者用密封信件把自己的递价寄交拍卖人，经拍卖人比较后，选择递价最高者为应买人。此种方式多用于大宗货物和不动产的拍卖。

（5）按是否可以撤回标的物，分为有保留的拍卖和无保留的拍卖。所谓有保留的拍卖是指所有竞买人的出价都不令拍卖人满意时，拍卖人可以在击槌前撤回标的物，不与任何竞买人成交。所谓无保留的拍卖是指拍卖人的要约不可撤回。这种方式要求在拍卖前必须明示无保留，否则视为有保留的拍卖。

（6）按拍卖人与出卖人的关系分，分为委托拍卖和自己拍卖。委托拍卖是指出卖人委托专门的拍卖行进行的拍卖。多数拍卖是委托拍卖。自己拍卖是出卖人自己为拍卖人，如一些大商业公司自己组织的拍卖，或一些质权人依法自行拍卖质押物。

12.2.4 拍卖标的

拍卖标的是出卖人与拍卖人和应买人之间权利义务所指向的对象。总的来讲，凡可进入市场买卖的物品都可以进行拍卖，但是由于拍卖毕竟是一种特殊买卖，所以它比一般买卖要受更多的限制。

首先，“拍卖标的应当是委托人所有或者依法可以处分的物品或者财产权利”、“法律、法规禁止买卖的物品或者财产权利，不得作为拍卖标的”[1]。尤其是德国法规定得很特殊，如前述，拍卖标的只限于使用过的旧货，大到工厂，小到一般日用品，新物不得拍卖[2]。

---

① 《中华人民共和国拍卖法》第 6 条。

② 《法规草案的设计与研究》，中国法制出版社，1998 年版，第 26 页。

拍卖标的总的分两大类：即有形物品和财产权利。有形物品主要是：艺术品、收藏品、生活用品以及生产用品等。财产权利主要是：专利、专有技术、图文资料、著作稿件等；另外是使用权，如土地使用权、车辆运营权、车辆牌号、电话号码(所谓吉祥号码)使用权等。

依法律、法规需经审批才能转让的物品或财产权利，在拍卖前，应当依法办理审批手续。尤其文物在拍卖前要经拍卖人所在地文物管理部门的鉴定、许可。

拍卖一切罚没物品，要委托财产所在地政府指定的拍卖人进行拍卖。

12.2.5 拍卖当事人

拍卖当事人主要指参与拍卖活动享有权利和承担义务的人。按各国法律和我国拍卖法的规定，主要包括出卖人、委托人、拍卖人、竞买人和买受人。

1. 拍卖人

(1) 拍卖人的概念。拍卖人是指接受出卖人委托，以自己的名义公开拍卖委托人的物品，并收取报酬的人。拍卖人主要是依法成立的各种拍卖行组织。但如果是自己拍卖，拍卖人也就是出卖人自己。

(2) 拍卖人的地位。在委托拍卖中，拍卖人究竟属于什么性质，总的来讲，他处于代理人的地位，但这种代理具有双重性。从拍卖人来说，他是以自己的名义与竞买人发生关系，这在大陆法中叫间接代理或行纪。在英美法中叫隐名代理或不公开本人身份的代理。因此拍卖人实际就是出卖人，当拍卖关系成立后，拍卖人就要承担出卖人的义务，同时享有出卖人的权利。此时出卖人与竞买人之间无直接的权利义务关系。如竞买人向出卖人主张权利，按大陆法的规定，必须经拍卖人的移权，否则无权请求；按英美法规定，竞买人对拍卖人和出卖人有主张权利的选择权。竞买人可以向拍卖人主张权利，也可以向出卖人主张权利。按我国《拍卖法》第61条规定，“拍卖人、委托人未说明标的的瑕疵，给买受人造成损失的，买受人有权向拍卖人要求赔偿；如属于委托人责任的，拍卖人有权向委托人追偿”。[①] 这些关系都是基于委托代理关系而发生的权利关系。

拍卖人与出卖人和竞买人以及买受人之间除有代理关系之外，他与竞买人和买受人之间还有买卖关系的一面。拍卖要通过拍卖活动将拍卖标的出卖给出价最高的买受人，拍卖成交后要将拍卖的标的物移交给买受人，并向买受人收取价金，从而完成拍卖交易。所以拍卖人的权利义务中，既含有代理人的权利义务内容，又含有出卖人的权利义务内容。

拍卖人在我国由于属于企业法人，所以它的成立除应依照《中华人民共和国拍卖法》的规定外，还应遵照《中华人民共和国公司法》的特殊规定。

2. 委托人

(1) 委托人的概念。委托人是指委托拍卖人拍卖物品或其财产权利的公民、法人或其

① 《中华人民共和国拍卖法》第61条。

他组织。[①] 委托人可以是拍卖标的的所有人，也可以是对拍卖标的无所有权，只有处分权的人。

(2) 委托人的权利和义务。委托人实际是拍卖关系中的出卖人，所以他要承担出卖人的义务，同时享有出卖人的权利。委托人的义务主要是：向拍卖人说明拍卖标的的来源和瑕疵；委托人不得参与竞买；向买受人移交拍卖标的；向拍卖人支付拍卖佣金。其权利主要有：确定拍卖标的的保留价并要求拍卖人保密；在拍卖开始前有权撤回拍卖标的。

3. 竞买人

(1) 竞买人的概念。竞买人是指参加竞购拍卖标的的公民、法人或其他组织。[②] 也有人认为是参与竞争出价的要约人。竞买人一般无资格限制，但是法律、法规对拍卖标的买卖条件有规定的。竞买人必须具备规定的条件。

(2) 竞买人的权利和义务。竞买人的权利主要是知情权，如了解拍卖标的的瑕疵，查阅有关拍卖资料。其义务主要是：竞买人一经应价，不得撤回，当其他竞买人有更高应价时，其应价即丧失约束力。另外，竞买人之间，竞买人与拍卖人之间不得恶意串通，损害他人利益。

4. 买受人

(1) 买受人的概念。买受人是指以最高应价购得拍卖标的的竞买人，也就是拍定人。买受人必须是竞买人，但竞买人不一定都是买受人。买受人只是出价最高的竞买人。

(2) 买受人的权利和义务。买受人的义务主要是：按拍定支付拍卖标的价款，如未按拍定支付价款，则要承担违约责任。如因违约再行拍卖，原买受人除应支付第一次拍卖中本人及委托人应当支付的佣金外，还要赔偿再拍卖与原拍卖的价差。买受人还要按约定领取拍卖标的物，否则要支付保管费用。买受人未能按照约定取得拍卖标的的，有权要求拍卖人或者委托人承担违约责任[③]。这条规定实际是采取了英美法的规定。

12.2.6 拍卖程序

拍卖程序总的分两大阶段，即准备阶段和实施阶段。

1. 拍卖的准备阶段

拍卖的准备阶段主要有以下两项任务。

(1) 拍卖委托。其主要是委托人与拍卖人签订书面委托拍卖合同，并要求委托人提供身份、拍卖标的及有关资料的证明。合同中要订明双方当事人的权利义务，尤其要把拍卖标的的名称、规格、质量、数量、拍卖时间、地点、保留价、佣金以及违约责任等内容要

---

① 《中华人民共和国拍卖法》第25条。
② 《中华人民共和国拍卖法》第32条。
③ 《中华人民共和国拍卖法》第40条。

签订清楚，避免发生无效拍卖。

(2) 拍卖人应于拍卖前发布拍卖公告并展示拍卖标的。这是拍卖中的法定程序，也是由拍卖的性质(公卖性)所决定的。至于拍卖前多少时间公告以及展示的最低期限各国规定不同。如我国规定拍卖公告必须在拍卖日 7 日前发布，展示时间不得少于 2 日。而德国规定展示时间不得少于两小时。

从学理上讲，发布公告虽然是拍卖人向公众做出的进行拍卖的意思表示，但这种意思表示只属于要约邀请，在拍卖人与公众之间不具有法律的约束力，但在拍卖活动中，它又是一项法定的必不可少的程序。而在一般买卖活动中，要约邀请是可有可无的。

2. 拍卖的实施阶段

其中主要是开拍、应买、拍定 3 项内容。

(1) 开拍。拍卖，尤其是委托拍卖，必须由拍卖师进行。拍卖师是指经合法统一考试合格，取得拍卖师执业资格证书，并经注册登记的人员①。各国对拍卖师的条件都有较高的要求，尤其对拍卖不动产的拍卖师还有职业年限和年龄的要求，这是保证提高拍卖质量、净化和规范拍卖市场一项重要的准入控制制度。拍卖要按公告规定的时间和地点进行。同时要由拍卖师宣布拍卖规则和注意事项。

(2) 竞买。是竞买人以拍卖公告和宣布的拍卖规则为依据，向拍卖人所发出的以订立拍卖合同为目的的一种意思表示。从学理上讲属于要约或返要约的性质。它的特点是：竞买必须以要约邀请为前提，竞买人的要约只能向拍卖人发出，而且竞买人一经应价，不得撤回。当其他竞买人有更高应价时，其竞买即丧失约束力。要约的形式，除投标拍卖外，都是以约定的姿势表达②。

(3) 拍定。是指拍卖人对于出价最高的竞买人取得拍卖标的的所有权或经营管理权以击槌或者以其他约定方式公开表示买定并予以确认的意思表示。拍定在性质上属拍卖人的承诺行为。它的特点主要是：拍定的形式只限于预定的形式，它是一种要式法律行为；拍卖人的承诺不受竞买人要约的约束；拍卖一经拍卖师拍定，拍卖关系即告正式生效，任何一方都不得反悔，否则要承担违约责任。拍定后，即使有新的更高的应价，也是无效的③。同时还应注意拍卖标的往往有有保留价和无保留价之分。在有保留价时，在竞买人的最高应价未达到保留价时，该应价不发生效力，拍卖人有权不承诺而停止该拍卖标的的拍卖。若应买人所出的最高应买价并未低于保留价，即使债务人反对，亦应拍定。反之，如无保留价时，拍卖人对竟买人的最高出价必须拍定承诺。这说明在拍卖程序中虽然必须要经过要约邀请——要约——承诺 3 个过程，而且最终承诺只能由拍卖人做出。但拍卖人

---

① 《拍卖师执业资格制度暂行规定》第 3 条。

② 《中华人民共和国拍卖法》第 35 条。

③ 如 1993 年 3 月 15 日我国洛阳市发生的无线传呼频率使用纠纷案，就是先以最高应价 22 万元拍定，接着又以应价 24 万元拍定给另一竞买人，酿成纠纷。二审法院最后判定以先一拍定为准。见《法制日报》1994 年 23 日第 5 版。

的承诺无论是有保留价或无保留价都要受到制约。总之，拍卖之后各方都不得以任何理由和借口反悔，并当场办理"拍卖成交确认书"，按时付清价款，及时办理财产移交手续，拍卖即告终止。

12.2.7 拍卖中几项法律制度的比较

(1) 拍卖模式的选择。在拍卖的组织模式上有委托拍卖和自营拍卖之分，英美法和大陆法有不同的选择。英美法国家多是两种形式并存，既有委托拍卖，又允许自营拍卖。如英国，公物、罚没物、不动产的拍卖一般都是委托拍卖。如土地一般都是委托土地主管部门拍卖。因为拍卖是一种技术性很强的活动，不同的拍卖技术往往产生不同的结果，加之公物、罚没物的拍卖都要交国库，因此没有热情去组织拍卖。但是在英国，法律也不剥夺财产所有人以拍卖的方式处分自己的财产。尤其一些大商店，如闻名世界的哈罗德百货公司每年春冬两季都要组织两次大拍卖。在英国对船舶的债务拍卖都是由法院直接进行的，所以他们不禁止自营拍卖。

但是一些大陆法国家，如德国，法律规定任何拍卖活动只能通过委托进行，只有拍卖师才有拍卖资格，尤其政府机关不得从事拍卖业务。因为拍卖属商事活动，政府是不能从事商事活动的。

我国《拍卖法》并未明文禁止自营拍卖，只是规定，凡依法没收的物品，充抵税款和罚款的物品以及充抵罚金的物品和其他物品需要由政府指定的拍卖人进行委托拍卖。如商业性的推销拍卖和个人财富的拍卖是可以自营拍卖的。

(2) 关于委托人和拍卖人是否可以参加竞买的问题，大陆法和英美法也不一样。在英国法律中不限制，如允许拍卖人在不低于底价的情况下参加竞价，但要求必须事先宣布。不过有些拍卖行——如克里斯蒂是不允许委托人和拍卖人参加竞买的。而在德国的法律中，对委托人和拍卖人参加竞买都是不允许的。特别是拍卖行的人不许参加竞买。一旦发现将被吊销执照和处以罚款。我国《拍卖法》第22条和第30条规定，拍卖人和委托人不得参加竞买。

(3) 关于拍卖方式的问题，是有声拍卖，还是无声拍卖；是加价拍卖，还是减价拍卖，各种法律基本无明确限制。原则上由各拍卖行根据拍卖标的的性质予以确定。现在一般都采用无声拍卖和加价拍卖。这对竞买人和拍卖人来说都易于操作和控制。但荷兰人拍卖和对一些农副鲜活产品拍卖时，多采用减价拍卖，它是由拍卖人提出一个价格，然后逐渐降低，直到有买者应买为止。在英国，拍卖可以在点燃的一英寸长蜡烛光下进行，在它熄灭之前，最后一个出价的人是买主。我国《拍卖法》对拍卖方式无严格限制，不过一般都采取无声加价拍卖。

(4) 拍卖中的公证制度是强制公证，还是自愿公证，不论是大陆法国家还是英美法国家，在拍卖活动中都不实行强制公证制度。如在德国、日本、英国、美国都有公证机关，有的还有《公证人法》或《证书法》，但公证只适用于拍卖前对有关拍卖文件资料的公证。而在拍卖实施中都没有引入强制公证监督机制。我国《拍卖法》中也实行自愿公证制度。

(5) 关于拍卖成交生效时间，是以击槌生效，还是以签订拍卖确认书的时间为拍卖生效的时间，有人认为拍卖成交生效，以签订确认书的时间为生效时间，这是不能成立的。从理论上讲，合同生效时间除有些需要经特许批准的合同以外，一般都应以正式承诺的时间为合同的生效时间，在拍卖活动中，拍卖师的击槌是拍卖人对竞买人的应价所做出正式承诺的意思表示。所以它的敲定就不能反悔。至于成交后买受人和拍卖人签署"成交确认书"，只是对拍定承诺所作的事后记录，它只是承诺的后继行为。严格地讲就是不作这种记录，也不能否认拍定的有效性。再从各国立法的法例来讲，无论是英美法还是大陆法，以及我国的立法，都是以击槌的一瞬间作为拍卖成交生效的时间。

总之，拍卖决不是降价销售，它不仅为落市产品找出路，而且还可为畅销商品开辟蹊径。对搞活流通、活跃市场、调整产业结构、提高竞争技能、保护债权人和债务人合法利益、防止徇私舞弊、完善市场体系都是一个重要的买卖机制和法律制度。

12.3 分期付款买卖

分期付款买卖，中外各国古已有之，现在仍然存在。尤其对一些高档耐用消费品和一些大型设备更较普遍采用分期付款方式。这对搞活流通，扩大消费，都是一种有效的机制。分期付款买卖涉及的法律问题较多，但重点是要保护好出卖人的利益。目前我国对分期付款的法律制度，只在《中华人民共和国合同法》第167条作了原则规定。其他一些大陆法国家多在民法典中做出规定。英美法国家在商法中做出规定。

1. 分期付款买卖的概念和特点

1) 分期付款买卖的概念

分期付款买卖是买卖双方约定，卖方把货物交给买方后，由买受人按约定期限分期付给价金的买卖活动。在意大利和德国法律中叫保留所有权的买卖①，在美国叫保留担保权益买卖②。分期付款买卖除具有买卖的共同特点外，还有它自身独具的特点。

2) 分期付款买卖的特点

(1) 分期付款买卖属于"物先交付型"的买卖。即买卖合同成立后，先由出卖人把货物交给买受人，买受人在交货前只要付给出卖人少量的头金(即第一次分期金，如我国现在一般规定为货款的1/6)，就可以把数倍乃至数十倍的货物买到手。

(2) 分期付款买卖是以信用为基础的，特别是买方的信用更为重要。同时它又是滞后

---

① 费安玲译:《意大利民法典》第1523条。赵文秀译:《德国民法典》第455条。

② 潘琪译:《美国统一商法典》第2～401条。

信用和超前信用相结合的，因为分期付款买卖有两种具体方式：一种是本企业向其他企业和消费者进行的分期付款买卖；另一种是其他企业向本企业进行的分期付款买卖，这对本企业来说是一种超前信用买卖。这样便形成人欠我和我欠人的格局。这种买卖形式离开了双方的信用就很难顺利执行。为了保障这种信用制度的顺利实施，必须要由买方提供信用担保或财产担保。

（3）分期付款买卖对卖方风险较大，所以各国立法对卖方利益多加保护。如设头金制度，买方若不履行付款义务，卖方可令买方立即付清全部货款，卖方可收回货物，并可视使用的时间为租用，交付租金，或使用费。若有损坏，还要负赔偿责任。更为重要的是出卖人保留出卖标的物的所有权，要待买受人全部付清货款后，货物的所有权才由卖方转给买方。所以又叫保留所有权买卖。同时还规定在货款未全部付清前禁止将标的物转让、设置、赠与或转租。这样便于促使买受人认真履行债务。

（4）为保护买方利益，许多国家的法律对卖方行使请求权和解约权时也进行了必要的限制。如规定买方迟延支付价金要达两期；迟付金额总数要达总金额的一定的比例，如我国法律规定，“分期付款的买受人未支付到期价款的金额达到全部价款的 1/5 的，出卖人可以要求买受人支付全部价款或者解除合同。”① 同时又规定，“出卖人解除合同的，可以向买受人要求支付该标的物使用费。”② 意大利规定，“如果仅未支付一期不超过价金 1/8 的分期付款，则不发生契约的解除。”这两个条款必须同时具备。墨西哥法律还规定卖方收回货物后，对买方已付价金还要计利息。

（5）分期付款买卖不同于赊销。赊销是将来付货款要一次付清，分期付款买卖是将来付货款分期付清。同时，分期付款要在合同中明确规定分期的期限和每期应付的金额。期限一般以“月”为单位，在国外也有以“周”为单位的。至于分几期，每期应付的金额是多少，由双方协商确定。我国目前的分期付款，一般以月为单位，期限一般以一年为单位。

（6）分期付款的标的物主要是高档耐用消费品，如空调、电冰箱、电视机、录音设备以及其他高档家具。其实，我国现在正在推行的房屋买卖、企业大型设备买卖，都可采取分期付款形式。

2. 出卖人所有权保留的意义及其在法律上的性质

分期付款买卖属于买卖中的一种特殊形式，它在缔约时往往以特约规定，买受人在未付清全部买卖价金以前，标的物的所有权仍保留在出卖人的一方。要待全部价金付清后，标的物的所有权才当然移转于买受人。如《意大利民法典》第 152 条规定，“在保留所有权分期付款中，买受人自支付最后一期价金时起，获得物的所有权。”美国法要求保留货

---

① 《中华人民共和国合同法》第 167 条。

② 《中华人民共和国合同法》第 167 条。

物所有权必须在合同中有明确的协议。这一规定的意义在于借此加强买受人对于价金债务的负荷意识，以促使其按期履行债务。

这种所有权保留在法律上究竟属什么性质，众说纷云。

一是"附停止条件所有权转移"说。此说为德国和日本的通说。他们是按物权独立性原则而立论。认为债权契约本身并不附任何条件，只有所有权移转之物权行为才附条件，如《德国民法典》第455条规定，"动产出卖人在支付价金前保留所有权者，所有权之移转以支付全部为停止。"① 反之，在不承认物权行为独立的法国，则把它解释为所有权移转的效果，同时，也受到买卖契约本身的限制。

二是"租赁买卖"说。认为买受人在付清价款前，只处于承租人的地位，对货物只有占有权、使用权，而无所有权。笔者认为，分期付款买卖与租赁买卖是两种不同性质的买卖，不能混为一谈。分期付款买卖在形式上似租赁，但实质上是买卖。分期付款买卖与租赁买卖在内容上和适用法律上都是不同的。租赁买卖是买卖中的一种，但它是租赁合同，本质上是以租为主，对标的物和当事人的关系都适用租赁法。只有待全部租金付完时，才转为卖。而分期付款买卖是买卖合同，是以卖为主。只不过为了维护出卖人的利益附带设定了在未付清全部价款前暂时保留了标的物的所有权而已。故对于标的物的使用关系，以及对于当事人之间或第三人之间的关系，皆适用于买卖法律规定。过去德国的分期买卖法第6条就规定禁止当事人规避本法而适用租赁法律的规定。

三是"期待权"说。该说认为所有权保留的买卖制度，是出卖人将标的物交付于买受人的同时，所有权的一部分也随之移转于买受人，于是形成出卖人与买受人共有一物的所有权的情形。这种部分性的所有权的移转，乃按部分价金给付的同时所有权作分量上阶段性的逐渐移转给买受人。买受人所期待的是要获得完全的所有权，这种完全所有权的取得需待价金完全付清才能达到。在这个过渡期间，买卖当事人同具有一物的所有权，而又无完全的所有权。但随着分期付款的给付，买受人的所有权权能逐渐被加强，而出卖人的所有权权能逐渐被削弱。该说把买受人所期望得到的出卖人余存部分的权能，称为所有权的期待权。这种理论虽比其他诸说较好，但一物二权论早已过时，同时一物的所有权分属于买卖人之间，在内容上如何划分也是难于实施的。

四是"浮动状态"说。即在分期付款买卖所有权保留过程中，出卖人与买受人均不得说具有完全的所有权，也不能说完全不具有所有权，买受人的地位可视为准所有人或共有人，同时，买受人未按期履行债权时，在一定条件下，允许出卖人有取回权。因此，买受人的权利处于浮动不定，是一种浮动状态的权利。这种观点，具有很大的牵强性，不足取的。

就总体来说，分期付款买卖，实质上应解释为买卖，不单是租赁，也不单是借贷，更

---

① 赵文秀译：《德国民法典》第455条。

不是抵押，而应由买卖法调整。

3. 买受人与出卖人的权利义务关系

分期付款买卖中，出卖人与买受人之间存在着复杂的关系，这些关系总的属合同内部关系。现就几种主要关系作简要论述。

(1) 善良管理义务问题。在分期付款买卖中，出卖人将标的物移转给买受人之后，买受人虽未完全取得标的物的所有权，但财产实际上已归其占有、使用和受益，因此，买受人应对标的物尽善良保管的义务，这种义务应在合同中以特约形式规定。此种规定的目的在于防止买受人因管理或使用不当，致使标的物毁损灭失而引起不能按期支付货款或买受人违约后合同被解除，而不能返还其标的物。

(2) 使用收益权问题。在分期付款买卖中，买受人占有标的物实际上已成为实质上的所有人。这样，当然有对标的物的自由使用和获得收益的权利。至于这种使用收益的理论依据过去有租赁说和借贷说之争，但都认为是使用他人之物而获得使用和收益的权利。然而，这种理论也是不能成立的，买受人使用标的物应视为自己的标的物，而不应视同租赁或借贷使用他人之物。因此所获收益应归买受人所有。在特定情况下，若当事人以特约限制买受人使用收益的手段与方式，买受人的使用收益权也仅只受该项特约的限制而不能被取消。

(3) 关于风险移转问题。分期付款买卖中，风险的转移应采取所有权和风险分离的原则。同时在时间上以标的物交付以后，买受人从接受标的物时起，风险由卖方转给买方。如《意大利民法典》第1523条明确规定，"在保留所有权的分期付款买卖中，买受人自支付最后一期价金时起获得物的所有权，但是风险自交付时起转移。"① 这样买受人不能以标的物的灭失或损坏为理由逃避货款的给付义务。但若因买受人债务不履行而使合同被解除以后，不论是非归责于买受人或非归责于双方当事人之事由而致标的物毁损灭失时，买受人以现存状态返还给出卖人便可。但合同解除后，不论是非归责于买受人或非归责于双方当事人之事由致标的物毁损灭失时，当事人双方皆有恢复原物的义务。特别是价格变动风险，买卖成交后，在分期付款期间，不论是涨价或跌价，都一律以合同规定价为依据进行结算。

(4) 关于税收和其他费用的负担问题。当事人有特约时，按特约执行，如无特约，该费用由买受人负担。若由出卖人承担，则出卖人势必抬高买卖价格，其结果仍转嫁给买受人。但也有少数国家规定(如日本)由买卖双方负连带缴纳的义务。

(5) 关于失权和期限利益丧失的行使问题。在分期付款买卖中，若买受人怠于给付分期付款时，买卖合同自然失效。同时买受人丧失期限利益。不过对出卖人行使这种权利时，都加以严格的限制。如德国在分期付款买卖法和瑞士债务法中都规定买受人必须连续

---

① 费安玲译：《意大利民法典》第1523条。

两期的给付迟延，且迟付之价款已达全部价金百分之一方得主张期限利益之权利。

4. 关于处分权问题

处分权是依法处理所有物(财产)的权利，也是决定财产命运的权利，是所有权的一项重要权能，它不仅涉及当事人的内部关系，同时也涉及当事人与第三人的外部关系。在分期付款买卖中，在所有权保留的情况下，出卖人和买受人是否可以将标的物转售、设置、赠予或转租，学术界有肯定说和否定说之争。

否定说者认为，分期付款买卖中出卖人设所有权保留的目的之一，就在于剥夺买受人对标的物的处分权，在所有权保留的条款里，不论是明示或默示，都内含着处分禁止之意旨。若买受人擅自处分标的物时，原则上会丧失期限利益或被解除合同。

肯定说者认为，分期付款买卖中买受人未完全付清货款时，对标的物的处分属于“期待权”的处分，这种处分是可以的，而且已被一些国家审判实践所认可。买受人不仅可以把期待权进行转让，而且还可以将期待权为他人设定质权。这样期待权得具有独立让与权。它是在效力未定的理论指导下进行的，期待的处分是将期待权让与债权人，而自己仍占有标的物，这样使期待权与标的物的占有使用权两不相碍，同时也不违反原买卖合同禁止标的物移转的规定。

在分期付款买卖中，买受人和出卖人对标的物原则上都负有不能处分的义务，但若出卖人和买受人违反该义务将标的物处分给第三人时，将会发生更复杂的关系。

1）出卖人的处分

出卖人若违反规定，将标的物再让与第三人时，这样会产生所有权二重让与。由此在出卖人、买受人和第三人之间将产生复杂的权利义务关系。并根据标的物是动产和不动产以及标的物是否现实交付而有所不同。若标的物为动产时，通常于买卖合同成立时，便把标的物当即交付买受人占有，此时买受人已为实际上的控制人，出卖人只保留形式上的所有权。倘若出卖人以指示命令的方式要求买受人要将标的物移转第三人时，该第三人不得以物的所有人身份来对抗原买受人。买受人有权拒绝物的交付。倘若买受人并未取得物的现实交付，而出卖人又把它再让与第三人，且完成物的现实交付，第三人取得的权利得以对抗原买受人。这时的买受人只能向出卖人交涉合同不能履行或侵权行为的损害赔偿。

2）买受人的处分

买受人的处分分期待权的处分和标的物的处分。

(1) 期待权的处分。在分期付款买卖中，买受人未全部付清货款前，货物的所有权仍保留在出卖人之手，买受人所享有的还是一种期待权。对这种期待权除当事人有特约外，买受人可以将标的物的占有与期待权一并让与第三人。但若因买受人不履行债务致使分期付款买卖合同被解除时，第三人所取得的权利也会随之丧失其效力。再者，当事人若以特约禁止买受人对标的物的转让以及供他人使用等，违反特约所进行的转让是无效的。

(2) 标的物的处分。按通常的说法，因买受人尚未取得标的物的最终所有权，故买受人对标的物的处分为无效。但现实生活中也有不同的做法：一是以动产为标的物时，买受人即使取得标的物，这时买受人若转让标的物给第三人时，对出卖人无任何请求权可言；二是若标的物为有登记制度，不论动产或不动产，出卖人对第三人请求登记，在买受价金未完全付清以前，出卖人有权拒绝；反之，在价金完全付清后，则应承认；三是若买受人违反禁止处分的特约，将标的物转让给第三受让人，若第三人对标的物已及时取得，这时出卖人不能请求第三人返还标的物。尤其是动产免登记制度的情况下更是如此；四是若买受人违反禁止处分的规定，将标的物移转给第三人，而第三人又未及时取得标的物，出卖人可向原买受人主张期限利益之丧失，还可请求及时付清全部价款，甚至解除合同，取回标的物。若出卖人不顾买受人或第三人全部付清货价，而坚持要解除合同，取回标的物，则会导致权利滥用。

5. 关于保留所有权对第三人的抗辩效力

分期付款买卖的标的物，究竟属买受人的责任财产，还是出卖人的责任财产，认识很不统一。有人认为既然所有权保留于出卖人，因此应属出卖人的责任财产，这样出卖人的债权人对该标的物享有抗辩效力，即享有强制执行效力。这样对买受人极为不利。因为分期付款买卖，虽然出卖人对标的物保留所有权，但这种所有权只是形式意义上的所有权，实际上只不过是为确保价金债权的担保而采取的手段，已不属出卖人的财产。因此出卖人的债权人不能直接对该标的物强制执行。否则买受人对强制执行的行为享有抗辩效力。出卖人的债权人只能对出卖人的残余货款债权具有强制执行的效力。另外，就出卖人来说，他毕竟保留所有权。所以他对第三买受人又享有抗辩权。如《意大利民法典》第 1524 条规定，“如果买卖契约以机械为标的物且价格超过 3 万里拉，则保留所有权可抗辩第三买受人。但以保留所有权的贷款在对机械物有司法管辖权的法院文书室的特别登记簿上进行了登记为限。”①

在分期付款买卖中，标的物在交付后虽实际上成了买受人的责任财产，但他所享有的权利——尤其是所有权是不完全的，出卖人仍保留所有权，尤其是“在扣押前由有明确日期的书面文件产生的保留所有权，对买受人的债权人具有抗辩力”②。这充分体现了对出卖人利益的保护，同时也体现出保留所有权的价值所在。

买受人的债权人对“期待权”是否可执行，当然应持肯定态度。但由于“期待权”是一种较虚幻的权利，单独没有现实的实际意义，往往需要把期待权与标的物结合起来，这样就形成了双重执行。在这种情况下，为保护出卖人的利益，出卖人有权对执行所得的价金有优先受清偿的权利。

此外，买受人破产时，出卖人是否对标的物有取回权，这要看合同是否解除，如因以

---

① 费安玲译：《意大利民法典》第 1523 条。

② 同上。

债务不履行为由而解除合同，出卖人当然有权取回。若合同关系尚存，买受人宣告破产，出卖人不得行使取回权，仅能行使“别除权”，要求就拍卖价金优先受偿。反之，出卖人破产时，出卖的清算人也不能以此为由将买受人处的标的物作为破产财产。出卖人只能将买受人未付清的买卖价金作为破产债权。

第三人侵害标的物时，出卖人和买受人是否都有请求救济的权利，这需分情况对待。对于占有的保护，只有买受人可以行使。这种情况出卖人和买受人对第三人的侵权行为则形成连带债权，或者比照债权关系中质权人与债务人的关系进行处理。

总之，分期付款买卖中的法律问题较为复杂，而且随着市场经济的发展，分期付款买卖愈来愈多，纠纷也相应增多，为适应形势发展的需要，在商事立法中应加快这方面的立法。

12.4 招标、投标买卖

12.4.1 招标投标立法体例的比较

招标投标买卖是各国国内法和国际一项重要的法律制度，是最具公平竞争和最具经济效益的制度。但由于各种原因，各国在这一法律制度中从概念到体例及内容都有所差异。

1. 招标投标法的概念

世界上推行招标、投标买卖的国家首推英国，主要是由于政府采购制度的推行。英国于 1782 年就设立了文具公用局，专门负责采购政府部门的办公用品。后来英国于 1803 年颁布法令推行招标、投标承包制。此后这一制度被其他国家效仿。在政府机构采购数量较大的货物、公共工程时，纷纷采用招标、投标制。后来英国为规范这一制度，于 1991 年颁布了《公共工程合同规则》，在该规则中把招标合同称为“授予合同”，并在该规则的术语中明确指出，“本规则中的‘授予合同’是指对某一以订立合同为目的的招标的承诺”①。这是一个很简练而又很宽泛的定义。同时他们所称的招标合同，主要是各种公共工程合同，所以直接以“公共工程合同”的概念命名。之所以如此规定，是因为英美法重合同的约因(consideration)。因为“公共工程合同”，就其合同的约因而言，是因由招标当局邀请投标，并按招标程序所订立的合同，所以由该规则统一进行调整。

美国的招标制度也较早，也是基于政府采购的需要而发展起来的。美国早在内战时期由于政府要采购大量的军用物资，政府采购中的丑闻不断发生，所以于 1861 年联邦政府通过法案，规定超过一定金额的联邦政府的采购，都必须以公开招标的方式进行。

德国招标投标制度，原来在 1993 年颁布的《财政预算原则法》中第 57a～59c 条作了

① 全国人大法工委研究室：《中华人品珐和国招标法译义》，人民法院出版杜，1999 年版，第 328 页。

原则规定。之所以纳入该法调整，是基于从保护国家公共预算资金能经济节约地予以使用出发，但是这一思路从一开始就忽视投标企业的权利和招标人应遵守的义务，并忽视通过司法手段对投标企业权利的保护。所以欧盟委员会认为这种制度有悖于欧共体的有关指令，在欧共体的干预下，德国议会于 1998 年 8 月把招标法的规定从财政法范畴取出来，纳入《反限制竞争法》的第 4 章进行调整。在内容上由原来的 3 条扩大到 35 条。该法所称招标为公共招标。所谓"公共招标是公共招标人依照规定通过竞争方式以透明的招标程序购置货物、建筑工程和服务为营业范围的有偿合同"。① 这是德国法对招标的定义。

我国《招标投标法》未对招标、投标下定义。所以只有学理上的定义。在理论上，招标、投标买卖是指招标人对要买卖的标的物的条件，以特定的形式公开或者邀请投标人在规定的期限内进行投标竞争，由招标人择优选择中标人的一种买卖活动。也有的对招标、投标分别下定义的。招标、投标买卖不仅包括政府采购，而且包括各项工程建设中对重要设备、材料的采购。因为按我国《招标投标法》第 3 条的规定，"对大型工程建设中的重要设备和材料的采购，必须进行招标"。在我国，调整规范招标投标买卖的法律，除《中华人民共和国招标投标法》、《中华人民共和国建筑法》、《中华人民共和国合同法》外，还有有关主管部门颁布的有关招标投标的一系列管理规章。

对重要和大宗物资的采购实行招标，不仅在国内进行，而且在国际上已普遍采用。并制定了《国际竞争投标准则》。如世界银行、泛美开发银行、亚洲开发银行以及其他国际基金组织等，他们为使银行的贷款能保证发挥经济和效率的作用，凡使用银行贷款进行采购的，都要用公开的国际竞争性投标来采购货物和劳务。如世界银行规定，凡从世行提供的贷款，他都将借款人的需求通知世行所有成员国，所有成员国都有平等的竞争机会参与投标。《亚洲开发银行章程》第 14 条规定，"银行的……任何贷款的款项……只能用于在成员国购买成员国所生产的货物或劳务(虽有例外，是极个别的特殊的情况)。"这就是在贷款协议中规定的限于在被称为"合格来源国"的供应商中进行采购的条款。同时银行要求所贷给的款项只能为贷款的用途而使用。在国际竞争性投标中，每一个重要阶段都需经银行审核并批准，也就是采购的全过程都要受银行所制定的采购准则"约束"。

2. 招标投标立法体例和制度的比较

(1) 在立法体例上，有的实行单独立法，有的实行综合立法。如英国、德国都是综合立法，即把有关招标投标的规定规定在其他法中，如英国规定在《公共工程合同规则》中，德国规定在《反限制竞争法》中，我国采取单独立法，除在《中华人民共和国建筑法》、《中华人民共和国合同法》中作了原则规定外，另外，于 1999 年 8 月单独制定了《中华人民共和国招标投标法》。

(2) 在立法的理念上，普遍由原来的节约公共资金为主，转向以维护和确立公平竞

① 《德国反限制竞争法》第 79 条。

争，追求经济效益为主。这在银行领域推行的“国际竞争性投标准则”中体现得最为明显。我国在招标投标法宗旨(第1条)中也明确规定了以保护招标投标当事人合法权益，提高效益为主要目标。

(3) 在内容上，欧盟各成员国都受欧共体理事会1992年2月25日颁布的92/13EWG指令(即《欧共体关于协调招标指令》)支配。所以在一定程度上都具有统一性。如目前欧盟规定的招标项目的界限值为：建筑工程项目为500万欧洲货币单位；采购供货和服务招标项目为20万欧洲货币单位。只有达到或超过欧共体统一规定的界限值的项目，才适用招标法的规定。对低于此价值的项目，以及用于劳动合同，根据国际协定与军队有关适用特别程序招标的项目，需要保密的项目，由饮用水、能源供应、交通、电信在其行业内部招标的项目等，都由另外的相关的法律调整，一般不适用专门招标法。这在德国、英国都有明确的规定，所以在这些国家便形成招标法的“双轨制”。我国在招标法中虽也有工程项目规模大小的区分，但凡属招标项目，都适用统一的招标法的规定，所以以“单轨制”为主。

(4) 在技术规格标准方面，欧洲各国都执行欧洲规格、欧洲标准、欧洲技术认可。我国一般实行的是国家标准、行业标准以及协议标准。

(5) 在监督体制上，许多国家(如德国)都由原来的纯行政监管改为由行政和司法共同监管。如德国过去在对招标的审查，过去虽也是二审制(一审由招标审查机构进行，二审由招标监督委员会进行)，但这两种机构都是行政机构。现在在行政监督方面在联邦与州的卡特尔局内专门设立了统一的招标庭，负责审查和解决招标中的纠纷。其主审人员必须由具有法官任职资格的人担任。招标中的纠纷可由招标庭直接依法进行审查。如果对招标庭的决定不服，现在改为向当地州最高法院申诉。我国对招标投标的监管，依《中华人民共和国招标投标法》第7条规定，由有关行政监督部门依法对招标投标活动实施监督，依法查处招标投标中的违法行为。但我国没有统一的管理部门，采取的是分散管理办法。如基本建设大中型项目由国家计委部门主管；机电设备的招标投标由经委部门监管；水利、铁路、公路建设的招标投标由各主管部门管理。这样不利于形成统一的招标投标市场。

3. 招标投标的特点

(1) 招标投标就其性质来说，是一种法律行为。它所产生的法律关系属合同关系。在这种合同关系中，主要体现为招标(要约邀请)——投标(要约)——中标(承诺)三大行为。在这种关系中必须有要约邀请——要约——承诺3个过程。在一般买卖活动中，要约邀请可有可无，而且承诺可由买方做出，也可由卖方做出。而在招标投标中，要约邀请是不可少的，而且要约邀请和承诺都只能由招标人做出。

(2) 招标投标最突出的特点和优点是把竞争机制引入生产经营和管理活动中去。它的主要竞争方式是通过买者、卖者、承包者的“竞价”活动，从中择优选择买者、卖者和承包者。但是这种“竞价”制，按国际惯例，它不受“最低价”的约束。

(3) 招标投标最能体现法律的正义观、公平观和效率观。因为招标投标重程序，要求必须按法定程序进行。违反法定程序的招标是无效的。而法律的正义、公平、效率主要是体现在法律的程序中，尤其是英美法更是如此。所以实行招标投标制是在经济活动中弘扬法治精神的重要体现。

(4) 招标投标买卖与拍卖相比，虽然两者都是以"竞价"方式进行，但两者"竞价"的效力不同，拍卖要受竞买人最高报价的限制，拍卖必须把拍卖标的拍卖给报价最高的竞买人。这是拍卖必须遵守的"价格优先"原则。而在招标买卖中，投标人报价的高低不是招标人决定中标的唯一条件，在招标买卖中，招标人不受最高价和最低价的约束。他要对中标人的条件进行综合考虑，以避免投标人的投机行为和减少风险。另外在集中程度以及合同的履行的时间上也都不一样，如拍卖必须是现货买卖，而招标买卖不限于现货。

(5) 招标投标在方式上一般都通过承包制来进行。

12.4.2 招标投标的形式

招标投标的形式各国的规定有所不同。如英国 1991 年《公共工程和同规则》第 5 条规定，本规则仅适用于招标当局邀请招标的公共工程合同。但在第 10 条又规定在邀请投标时，可以采用公开招标，第 12 条又规定可采取有限定范围的招标，第 13 条又规定，还可采用谈判招标[①]，这样英国的招标形式就有邀请招标、公开招标、限定性招标和谈判招标 4 种形式。

德国在《反限制竞争法》第 101 条"招标方式"中规定，分为公开程序招标、不公开程序招标和谈判程序招标。[②] 在德国无邀请招标概念。除公共招标必须采用公开招标外，其他情况招标人可以自由选择。

我国《招标投标法》第 10 条规定，"招标分为公开招标和邀请招标"。

1) 公开招标

是指招标人(招标当局)以招标公告的方式邀请不特定的法人或其他组织以及个人进行投标的活动。公开招标又称"无限竞争性招标"。它的最大特点是其竞争的充分性。招标当局通过较权威的传播媒介。发布招标公告，在尽可能大的范围内，让尽可能多的供应商、承包商和服务机构知晓招标事宜，积极参与投标竞争，使招标当局可以在众多的投标者中择优选定中标者，以实现招标的最大效益。这种方式由于竞争性强、公开化程度高，能取得较好的效益，所以被各国和国际组织及国际银行机构广泛采用。公开招标一定要反对暗箱操纵，否则就失去了意义。

2) 邀请招标

① 全国人大法工委研究室：《中华人民共和国招标法释义》，人民法院出版社，1999 年版，第 342 页。

② 全国人大法工委研究室：《中华人民共和国招标法释义》，人民法院出版社，1999 年版，第 363 页。

是指招标人以投标邀请书的方式邀请特定的法人或其他组织及个人进行投标的括动。邀请投标又称"有限性竞争投标"。主要特点如下。

(1) 邀请招标的对象是特定的人(即特定数量的客商)，而公开招标的对象是不特定的人。

(2) 邀请招标是以发出投标邀请书的方式向被邀请人发出邀请，而不是以公告的方式发出邀请。

(3) 邀请招标的投标人较公共招标的投标人要少，所以招标规模也较小，招标成本也较低。

(4) 邀请招标的内容要受法律或其他主客观条件的限制，如我国规定，国家重点项目和地方重点项目，不适宜公开招标的，经批准可进行邀请招标，另外，有些采购产品，只出产于某地或某些厂商，在这种情况下也只能进行邀请招标；

(5) 英国1991年公共工程合同规则规定，本规则只适用于招标当局邀请投标的公共工程合同。

3) 谈判招标

按德国《反限剩竞争法》的规定，"是由招标人通过或者不通过事先公开邀请参与投标的方式寻找经过选择的企业，以便同一个或数个企业就招标条件进行谈判"①，而达成招标协议。

4) 分阶段招标

主要是对一些技术复杂、规模大、工期长的一些采购或工程项目分阶段进行。第一阶段一般是先就各种技术指标和设计图纸进行谈判。第二阶段着重是对价格及其他条件按通常招标程序进行正式招标。这种招标方式在美国等国较为盛行。另外，招标还可按地域进行划分，分为国际招标(ICB)和国内招标(LCB)。随着经济日益国际化和一体化，国际性招投标活动愈来愈多。如过去我国修建云南鲁布格水电站(位于云南交界处)就采用国际性招标。有日本、意大利、德国、挪威、法国等国8个公司参加投标，国内还有几个公司参加投标，最后由日本大成公司中标。后来甘肃"引大入秦"水利工程也采取国际性招标，最后由日本雄谷组株式会社和意大利CM公司及国内铁道建设公司共同中标。以后长江三峡工程、二滩水电站、小浪底水利枢纽等大型工程都采用国际性招标。国际性招标要在外商容易看到的媒体上发布招标公告，要按国际标准编制招标文件，并要严格按国际通行招标程序进行。一般都委托国际招标代理商办理招标事宜。所以国际招标成本较高，而且会失去一部分市场，但在价格、服务费用、质量和功效上都是有效益的。在国际性招标中，我国也有一些公司在国外获得中标，也取得很好的效益。

国内招标只面向国内的供应商或承包商。招投标程序都按国内法规定进行，一般时间

① 《德国反限制竞争法》第101条。

短、费用少。在实践中究竟采用哪种招标方式，要因事、因地从实际出发，综合衡量得失利弊，不要一概而论。

12.4.3 招标投标买卖的程序

招投标一般包括4个阶段：即准备阶段、招标阶段、投标阶段和监督履约阶段。具体程序是：招标——起草招标文件——发出招标公告或邀请——进行资格预审——发售招标文件——组织现场考察——介绍情况——投标——开标——评标——中标——签约——监督实施。

1. 准备阶段

首先招标人应具备招标的基本条件。不同性质的招标有不同的条件。就货物采购和建设工程项目的招标来说，应具备以下条件。

(1) 先要有合格的招标主体——即招标人。所谓招标人是“依招标法的规定提供招标项目，进行招标的法人或其他组织”①。在我国只有法人或其他组织才享有招标权，个人无招标权。

各国的法律都有这样的限制，只是各国的称谓不同，如英国叫“招标当局”。英国在《公共合同规则》中规定，“本规则所称‘招标当局’是指：皇室大臣、政府部门、下议院、上议院、北爱尔兰议会、地方当局、警察、消防当局、地方所设任何组织、工商性质的法人团体及各种联合体等。②”也是各种组织，而不包括个人。

德国法规定，本章所指之公共招标人是：地域性公法团体及其特别财产；其他公法法人或私法法人；由前两项所规定的团体或法人成员组成的联合会等国③。德国法虽允许私法上的自然人为招标人，但有严格限制。之所以这样规定，是因为招标要花费巨大的财力、人力。所以极少有自然人出于个人生活需要而进行招标的商业交易活动。

(2) 应有经国家批准的招标项目，并应当先履行专门的审批手续。

(3) 有经政府主管部门批准的初步设计和概算。

(4) 采购、建设资金必须落实，其他配套条件均已具备。

(5) 招标文件已编好，标底已确定，并经复核。

凡具备招标条件的单位，可向所属主管部门申请准予招标，经审查合格，发给招标核准书。实践证明，准备工作的好坏对招标的成败至关重要。

2. 招标

招标(tender)是招标人(买方)先提出货物、工程或者服务需求的条件和要求，以发布

① 《中华人民共和国招标法》第8条。

② 《英国1991年公共工程合同规则》，第1章，第3节。

③ 《德国反限制竞争法》98条。

招标公告或邀请书的方式邀请众多潜在的可能的投标者(卖方)参加投标竞争，招标人再按事先规定的程序从中选择条件最优者为中标人，并与之订立交易合同的法律行为。关于招标性质前面已经说过，它既有事实行为的性质，又具有法律行为的性质。招标与货物买卖、拍卖等市场交易行为一样，也是一种市场交易方式。这种交易方式最大的特点是竞争性强，对优化市场资源配置和提高经济效益的作用更大。

招标可以委托招标代理机构办理招标事宜，也可由招标人自行办理招标事宜。如果招标人采取委托招标的形式，招标代理机构由招标人自己选择，任何单位和个人不得以任何方式为招标人指定招标代理机构。同样任何单位和个人也不得强制其招标代理机构办理招标事宜。招标代理机构是依法设立的，从事招标代理业务并提供相关服务的社会中介组织。招标代理机构应当在招标人委托的范围内办理招标事宜，并遵守招标法关于招标人的规定及相关法律规定。招标过程中主要是要编制好招标文件，确定好标底和发布招标公告，及对投标人的资格进行预审。

1）招标文件

又称招标书，是招标人拟定的具有一定约束力的招标方案。总的要求是要根据招标项目的性质、特点和需要进行编制。招标项目种类繁多，有采购招标、工程招标、服务招标等。各项招标的内容和要求差别很大，所以一定要根据各项招标的具体性质和需要去进行编制。但也有总的应遵守的基本原则和基本内容的要求。如招标文件必须包括：

(1) 招标项目的技术要求。如凡有国家统一技术标准的都应以国家规定的统一技术标准为准。在国际招标中，多数都执行国际性的统一技术标准。其中主要是质量、性能、安全度、生产技术工艺和方法、运转效率、技术水平等级等。

(2) 对投标人资格审查标准。在招标文件中，招标人应根据招标项目本身的要求，对投标人的资质情况和业绩情况提出要求，并进行资格审查。

(3) 投标报价要求。主要包括投标价格定位、价格计算依据和计算方法以及所采用的币种等。

(4) 评标标准要求。主要是通过什么机构、以什么方式和标准进行评标等。

(5) 其他实质性要求和条件以及拟签订合同的主要条款。如投标保证金额，以及履约保证金额或其他担保方式；提供货物、服务、工程竣工的日期；投标人需提供的资格证明文件等。只有把在招标中所有实质性要求都在招标文件中明确、具体清晰地体现出来，才能使投标人能做出一一的对应。此外，在招标书中还应有“招标人不受最高报价和最低报价约束的声明”。这也是招标的邀请性所决定的。因为有的投标人虽报价很高，但由于报价过高，今后亏损的可能性就大，会导致不能履约。有的虽报价低，但技术能力、质量很差。所以招标人不能单纯从报价高低去选择中标人，而要综合全面考虑。这样可使招标人掌握择标的主动权。招标人对已发出的招标文件如要进行必要的澄清或修改，应在投标截止时间至少15日前，以书面形式通知所有招标文件的收受人，该澄清或修改的内容为招标文件的组成部分。

2）标底的确定

在编制招标文件中，确定“标底”至关重要，它是招标人欲达到的目的、期望值，是整个招标书中的核心内容，是招标工作的综合反映。标底应做到合理，应根据已批准的概算进行计算，不能过高，也不能过低，否则影响中标。同时标底要绝对保密，不准泄露，否则要负法律责任。

标底有几种不同的形式。

(1) 固定总价。又称死价，是一次性报价和封闭式报价，又称交钥匙价格。这种方式适用于规模小工期短的项目。这种价格一般偏高，而且单纯从标价上选择中标者，所以往往难以成交。这种价格在招标中，如投标人的报价低于标底5%～10%以内，称为合理标价；如高于标底5%的要分析原因。除此之外的属于废标。

(2) 调价。就是中标后，如出现工料成本增加的应相应调整总价。这种情况要由招标人承担提价风险。

(3) 固定单价。就是只承包分项工程单价，按实际完成的工作量进行结算。

以上(2)、(3)两种都属封闭价和半活价。

(4) 成本加酬金价。是一种敞开价，这种标价又称活标。投标单位的报价作为100%，同规定工程的最高费用(如120%)及最低费用(如70%)相比，当中标单位实际完成的成本介于报价成本和最低成本之间，招标人便支付实际成本和一定的利润；若实际成本低于最低成本时，招标人在支付实际成本和利润之外，再支付一定的酬金；若实际成本超过报价成本，招标人仍按实支付。这就意味着承包商不盈不亏。若超过最高费用，招标方只按最高费用支付。在这种情况下，承包商就会出现亏损，至于利润和酬金多少由招标单位和承包商双方商定。这种方式主要在图纸不充分、单价不确切的情况下采用。

另外，标底的确定要注意如下几个方面的内容。

① 直接费用应根据定额和当地价格计算。

② 间接费用应按国家现行规定计算。

③ 利润和技术装备费，既应根据国家现行规定，又要使承包商经过努力可以获得合理的利润。

④ 人员调遣费、运输装卸费、三通费、临时设施费和不可预见费均应根据采购、工程项目的实际需要合理计价。

总之，标底过高，会浪费投资；标底过低，会使承包商受损。所以标底一定要进行科学核算。标底确定后，还要报主管部门审定复核，经审核后，就可发布招标公告，进行招标。

3）招标公告

是招标人采用公开招标时，将招标的具体内容和信息，通过特定的媒体告知给公众，让潜在的符合条件的投标人积极参与投标竞争的报价邀请或报价的照会。公告的形式原则上由招标人根据自己招标的需要进行选择。但是对依法必须进行招标的项目，公告必须在国家指定的报刊、信息网络或其他媒体发布。英国、德国法也规定，公共工程的招标公告，应在“官报”上刊登。另外，公告的方式也多种多样。如采购机关为政府时，多数在政府公报或政府报纸上刊载；如向国外采购时，可向驻当地国外使领馆通报，再由其向国内报告，或由其采购机构向驻外使领馆通报，再由其公布。

招标公告的内容一般包括：招标人的名称、地址、招标项目的性质、数量、质量、交货或竣工期、付款条件、实施地点和时间、获取招标文件的办法、应缴押票保证金额、中标后应缴的履约保证金额以及投标条件、投标日(即投标截止日)等内容。招标人必须合理确定投标日。我国《招标法》规定凡依法进行招标的项目，自招标文件开始发出日起至投标人提交投标文件截至之日止。最短不得少于 20 日。英国规定不得少于 52 日，而且规定可以延长，也可缩短为 36 日。总之，招标虽不是完全意义上的要约，但也是一种具有一定法律约束力的行为，所以要谨慎行事。

关于招标公告的性质问题，我国《合同法》第 15 条规定，寄送的价目表、拍卖公告、招标公告、招股说明书、商业广告等，均属要约邀请。不过，在此问题上，大陆法和英美法存在不同的观点。以德国为代表的一些大陆法国家认为招标纯属要约邀请，属事实行为，无法律意义。因为要约在合同法原理上属意思表示，这种意思表示一旦被相对人接受就构成承诺，合同关系就成立。而招标公告仅是诱发相对人参与投标，投标人是否中标还要经招标人择优选择。尤其认为在招标公告中，标底是不公开的，因此不具备订立合同的主要条件。同时招标按惯例不受最高价和最低价的约束。所以它只属要约邀请，不具备要约的法律性规则的效力。

英美法虽也认为招标属要约邀请，但是它具有法律意义。其理由是，招标公告一经发出，就在招标者与投标者之间产生招投标关系。尤其所规定的招标方式、招标期限，对招标人和投标人都有约束力，而且具有法律效力。所以招标不仅是事实行为，而且是法律行为。这在美国合同法学界，许多人都主张这一观点。在法律上亦有这样的规定。

笔者认为，不论从事实上和法律上看，招标公告不同于一般商业广告，因为，绝大多数商业广告都不具有要约的法律属性。招标公告虽然标底是不公开的，不具备要约的主要条件，但不能因此就否认它全部的法律意义。如招标公告发出后，招标人不能否认符合投标条件的投标人的投标竞争权。招标公告中规定的招标方式、投标时间、地点，都不许招标人随意改变，更不允许擅自宣布招标公告作废。此外，招标中还有许多禁止性的规定，如不允许招标人与代理人、投标人串通进行投标。招标中的保密性更强。尤其招标与一般商业广告不同之处是：商业广告完全是一种任意行为。厂商和经营商是否做广告，完全采取自愿，法律上无任何硬性的要求，而招标具有很强的法律强制性。如《中华人民共和国招标法》第 4 条明确规定，“任何单位和个人不得将依法必须进行的招标的项目化整为零或者以其他任何方式规避招标。”可见招标具有法律的强制性。所以它本身就是一种法律行为。因此，招标公告既不完全属要约，又不同于商业广告性的要约邀请。它是居于要约与要约邀请之间的特殊合同法律行为。总之，不能笼统地说它是一般的要约邀请。

3. 资格预审

为保证招标项目能交给可靠的合格的承包商，必须对申请投标的单位进行资格预审。首先审查其是否具有法人地位，如获得部颁标准的企业证书或获得某一国际组织认证的证书等。然后审查其是否符合技术投标资格标准，如资产负债情况、经营管理经验、技术条件以及生产供应能力等。资格预审一般采取分发“资格预审调查表”，招标人根据投标人提供的数据，进行分项评分与评估，只有预审合格，才能取得投标资格。但招标人不得以不合理的条件限制或者排斥潜在投标人，不得对投标人采取歧视态度。

4. 投标

1）投标的概念

投标(bid tender)又称“应标”或“参标”。投标是投标人按招标人提出的要求，用竞价方式参与投标竞争的意思表示——即向招标人发出的要约。

参加投标者为“投标商”。投标人必须具备承担招标项目的能力；国家对投标人的资格条件或招标文件对投标人资格条件有规定的，投标人必须具备规定的资格条件。

2）投标的特点

(1) 主体特征。在招标投标买卖中，招标人即是买主，投标人即是潜在的卖主。而买主只有一人，而且这一人多为政府机构和企业法人及其他组织；而卖主(即投标商)则为多人。这种情况下必然形成 buyer’s market，对买方有利。而卖主由于是多数，加之招投标都不受地域和部门的限制，所以投标，尤其是国际性投标更是典型的 buyer’s market，竞争更激烈。为了维护投标市场秩序，许多国家和地区推行“one area，one tender，one marker”制度(如有贸易商加入，还要加上 one trader)。同时对投标人还有最低人数的要求。如投标人少于 3 人的要重新招标。

(2) 时间特征。投标必须是在投标截止日之前将投标文件送达到投标地点。在招标截止日之后送达的投标文件作为废标，招标人有权予以拒收。一般买卖当事人何时向对方发出要约是无时间限制的。

(3) 权利特征。投标主要是为了获取一定的权利，作为买卖投标主要是为了获得货物的所有权。如是工程建设投标，主要是为了获取勘探、设计、施工权以及经营管理权。

(4) 投标虽也属一种买卖行为，但它与一般商品买卖，以及与期货买卖、拍卖均有所不同。它不实行时间优先、价格优先原则。它虽然是根据招标人的要约邀请而做出的响应，但不要求这种响应必须与招标人的要求完全一致，事实上也不可能完全一致。如投标人的报价与标底相比，它总是高于或低于标底，碰标的情况是很少见的。就是招标人的最后承诺也不要求与投标人要约完全一致。

3）投标的方式

投标可以以电报或电话投标；也可以以报价单投标；可以单独投标，也可以联合投标；可以由厂商本人亲自投标；也可委托贸易商代为投标。

对投标条件简单的，多采用电报或电话投标。不过在拍电报后，宜另缮制确认书，并以最佳方式送达招标机构。对投标条件复杂者，大多采用报价单投标。采用此种方式投标宜提前付邮，否则如因邮递延误，就会丧失交易机遇。为防备万一，还可同时拍发电报或电话告知。

对于一些大型采购或工程项目，可以由两个以上的法人或其他组织组成一个联合体共同投标。但联合体各方成员均应具备投标资格条件，并应签订共同投标协议，就中标项目向招标人承担连带责任。

4）投标程序

（1）根据招标文件和招标公告的要求选择符合自己能够买卖的货物或承包的工程，报名参加投标。

（2）向投标单位提交投标的资格证明文件和其他有关资料(买卖投标可以不要)。

（3）向招标机构购买招标文件和资料。

（4）到现场勘察了解现场及招标人的情况。

（5）研究制定投标方案，编制投标文件。

（6）修改落实投标方案和标价。

（7）填写标书，并按规定的时间密封报送招标单位。

（8）参加开标、评标和决标。

（9）中标后与招标人订立书面合同以及提供履约保证。

（10）非中标单位各自按时退回招标文件和投标文件及相关资料。

投标中要重点编制好投标文件。投标文件和招标文件是招投标活动中最基本最重要的文件，是招标人和投标人各自用书面形式做出的意思表示。编制投标文件应注意以下几点。

（1）在内容上应当对招标文件中提出的实质性要求和条件一一做出回答，并在投标书中要一一载明。

（2）招标项目如属建设工程项目，要对项目负责人和主要技术人的简历、业绩和设备的配备如实载明。

（3）投标文件的格式要符合招标文件的要求，并要由法定代表人签署。

（4）要载明完成任务的方法、措施、方案及形象进度以及网络进度计划。

（5）说明中标后即对投入工程的财产和人员向保险公司进行保险，并向主管部门提出施工保证。

（6）投标人不能在投标文件中附有任何先决条件或保留意见，否则以废标论处。

投标文件还应有综合说明。此外，对国际性招标，投标文件使用的语言，投标报价的货币以及适用的法律等，也都应符合招标文件的规定。总之，按国际惯例，投标文件必须对招标文件做出“实质性响应”。如由联合国贸易法委员会制定的《采购示范法》规定，“采购实体只把符合招标文件全部规定的投标看做是符合要求的投标。”世界银行制定的《贷款采购指南》也规定。“如果一个投标实质上未达到要求，即与招标文件所列的条款、条件及规格有着实质性的偏离或保留，则不应对该投标作进一步考虑。”当然在实际投标中要根据具体项目的具体情况而定。

5. 开标

1）开标的概念

开标(opening of tenders)是招标人在规定的开标日(即投标日)将所有投标文件在规定的地点公开拆封以揭示全部投标内容的行为。

2）开标的要求

开标主要要求要做到以下几点。

(1) 开标时间，我国规定应在事先规定的投标日，即提供投标文件截止时间同一时间进行。即开标时间具有法定性，这是各国的通行做法。如联合国贸法会采购示范法、世界银行贷款采购指南、亚洲开发银行采购准则都规定开标时间与投标截止日相一致。这样及时开标可防止标情泄露和对标书的涂改。不过也有的国家规定开标可在投标截止日后若干天内开标。

(2) 开标方式要求应当由招标人推选的代表或委托的公证人对所有投标文件的密封情况进行检查，确认无误后，当众公开拆封，并当众宣读投标人名称、投标报价和投标文件的其他主要内容，以便所有参加开标的人都能及时了解整个投标情况。如发现招标单位私自拆封标函，要承担责任。当然也有在开标时，采取不公开的(closed)，或仅公开第一标的，即最低标。

(3) 开标的地点应当是招标文件中事先指定的地点。

(4) 开标要由招标人主持，并邀请所有投标人参加。

(5) 开标前要安排专人对开标时间、地点、参加人员、检查标书的密封情况，以及拆封宣读的主要内容等全过程，都要做出书面记录，并存档备查。

6. 评标

评标(jointly assess tender)是由招标人依法组建的评标委员会，按确定的评标标准和方法，对投标文件进行评审和比较，以便准确选择中标人的行为。评标是招投标过程中重要的一环。它直接关系到中标人的选定。评标由评标委员会负责，是贯彻公平、公开、公正原则的组织保证。评标委员会由招标人的代表和有关技术、经济等方面的专家组成，成员人数为5人以上的单数，其中技术、经济等方面的专家不得少于成员总人数的2/3。并要求这些专家必须是从事相关领域工作满8年并且有高级职称。这样就能使专家内行在保证中标质量方面发挥关键性的作用。

为保证评标委员会能公正评标，要求对评标委员会要做好“两保密、一排除”。一是对评标委员会的成员要保密，以防止投标人拉关系，搞不正之风；二是要求整个评标过程要在严格保密的情况下进行，以防止各种干扰；三是要排除各种非法干预，任何单位和个人不得非法干预，影响评标的过程和结果。

评标要按招标文件确定的评标标准和方法进行评定。这就要求评标委员会的评标不是随意进行的。要在事先确定的标准和方法的基础上，再根据自己的知识、经验加以科学的评价。在评标时，应重点对标底进行科学的审核，以便确定标底的合理性，同时也是评定投标人提出的报价是高还是低的主要依据。可以说评标的首要问题是对报价的高低做出科学的评估。评标委员会对投标文件中含义不明的内容可以要求投标人进行解释或者说明，甚至可以进行投标答辩，通称为"澄清含义"。

评标委员会完成评标后，应当向招标人提出书面评标报告，并推荐合格的中标候选人。

评标委员会经评审，认为所有投标都不符合招标文件要求的，可以否决所有投标。这种情况一般是：最低标价大大低于标底或大大超过市场的平均价；或投标内容与招标内容相差甚远；或实行竞争性投标的，投标人少于3人的。此时，招标人应重新组织招标。

评标委员会不是常设机构。按一标一组，在评标时成立，评标完成时解散。

总之，评标委员会成员应当客观、公正地履行职责，遵守职业道德，对所提出的评审意见要承担个人责任。

7. 中标

中标(accepted bid tender)是招标人对投标商所发出的要约经过评标后，从中择优选定中标单位所做出的承诺，又称决标。

中标人必须符合法定的标准，这是国际上通行的做法。国际上规定的中标标准主要有两种。一是以综合评标价最低的投标中标，又称"最具经济优势"标准。它不是单纯以投标报价最低的投标为决标的唯一依据，而是除了考虑投标报价因素外，还应综合考虑质量、交货或竣工时间、设备、技术水平、运输条件、付款条件、产品的知名度、投标商的资信，以及环境效益和售后服务等诸因素。而且把这些因素量化为一定的货币额，以便能客观公正地确定综合评标报价的最低投标。二是以报价最低的投标为中标对象。联合国国际贸法会采购示范法、欧共体有关招标采购指令和英国、意大利、瑞士、韩国的法律规定，对某些投标，可以仅以投标报价最低作为中标标准。瑞士还具体规定，采购标的如标准化的货物，中标标准仅按最低报价确定。此外，欧共体有关《招标采购指令》、《英国公共工程合同规则》也规定，如果一项最低报价比其他投标者的报价异常低廉，招标方要求投标人做出解释，并且认为解释不合理时，可以拒绝该项投标。但若招标文件已规定以最低报价为中标条件的，招标方应将其拒绝理由报告给财政部，并由其转交欧共体委员会①。日本规定，"对报价过低的投标者，招标方经过调查。认为其不能全面履行合同的，

① 《英国1991年公共工程合同规则》第20条第6项和第7项。

可以拒绝其投标，但须报政府有关管理部门同意，并将有关调查材料及拒绝该最低报价的理由报大藏大臣和会计检察院。"[①] 参考国际上的规定，我国规定中标人的投标应当是：

(1) 能够最大限度地满足招标文件中规定的各项综合评价标准。它强调综合性，也是"最具经济优势"标准。

(2) 能够满足招标文件的实质性要求，并且经评审的投标价格最低(但投标价格低于成本的除外)。这条标准强调的是标价的最低性，这也是招标人所追求的期望值要最优。

招标人或评标委员会确定中标后，招标投标买卖关系即正式成立。此时，中标人确定后，招标人应当及时向中标人发出中标通知书。并同时要将中标结果通知所有来投标的投标人。中标通知书对招标人和投标人都具有法律效力。中标通知书发出后，招标人改变中标结果的，或者中标人放弃中标项目的，就违背了诚实信用原则，应当都要依法承担法律责任。在实践中，为保证投标人在中标后能及时签约，招标人在招标时可要求投标人交纳一定数额的签约金，作为订约的担保。任何一方违约，按定金担保规定处理。但应注意：招标投标的法律关系，应是以确定中标人的时间为生效时间。中标通知书只是对中标拍定这一事实事后所做出的书面记载或书面确认。它与拍卖关系中以拍定作为关系成立的道理一样。

8. 签约

签约(written to contract)指中标人确定后，招标人和中标人应当自招标通知书发出之日起 30 天内，按照招标文件和中标人的投标文件正式订立书面合同。该买卖合同的条款根据前面第 9 章所讲的商事买卖合同的条款去签订。但合同的具体内容不得与招标文件和投标文件的内容相背离，更不得再行订立背离合同实质性内容的其他协议。为了保证合同的履行，招标文件中要求中标人提交履约保证金的，中标人应当按约定提交。日本和韩国规定，政府招标采购中，保证金额为合同总金额的 10%，并以现金交付。当投标人中标后不履行合同规定的义务时，保证金收归国库所有。

12.5 融资租赁

租赁(lease)制度在人类已有悠久的历史，而且法律制度也较完备。但融资租赁(financial leasing)则是现代市场经济制度下发展起来的集融资与融物在一起的新型的租赁交易制度。现普遍认为融资租赁是美国人 H·杰恩费尔于 1952 年 5 月在旧金山首创世界上第一家融资租赁公司(现为美国国际租赁公司)。此后这一新的经济交易形式在世界范围内得到迅速发展。租赁的对象包括生产用的各种机械设备，汽车、船舶、飞机、石油钻井平台、电子计算机、人造卫星等贵重设备。到 20 世纪 70 年代以来，美国、欧洲一些国家

① 全国人大法工委研究室：《中华人民共和国招标法释义》，人民法院出版社，1999 年版，第 81 页。

电子计算机用户的80%～90%，美国和英国建筑机械用户的50%，英国拖拉机用户的30%都采用了融资租赁方式。现在这一制度在发达国家和发展中国家都视为一种“朝阳产业”，得到快速发展。跨国融资租赁业大力发展起来。我国在改革开放以后，也开展了一些国际性的融资租赁活动。但遗憾的是，就国际范围来看，这方面的立法还相对滞后。所以加强这方面的立法研究十分必要。

12.5.1 融资租赁的概念

融资租赁(financial leasing)一般来说是指出租人融通资金按承租人提供的规格向第三人(供应商)去购买或租赁承租人所需的设备，并以租赁的形式将设备出租给承租人使用，由承租人向出租人支付租金的集融资与融物在一起的一种新型的租赁交易行为。但究竟什么是融资租赁，至今还未有一个权威性的统一定义，各国的认识还存在一些差异，现就一些有代表性的定义介绍如下。

1）美国

在美国有关融资租赁问题，在“UCC”和“FASB”(会计准则)中作了规定。美国在1987年《UCC》的修订本第2A－103条(8)款中规定：融资租赁是指具有条件的租赁。

①出租人不选择、制造或者不提供(租赁)货物；②出租人因租赁而取得货物或者货物的占有权和使用权；③具有以下情况之一时：承租人在签署租赁合同之前收到出租人据此取得货物或货物的占有权和使用权的合同副本；承租人批准出租人据此取得货物或者货物的占有权和使用权的合同系租赁合同生效之条件；承租人签署租赁合同之前收到一份指明由租赁货物的供货人根据出租人据此获得租赁货物或货物占有权和使用权的合同或者作为合同之部分而向出租人提供的允诺和担保以及对担保的否认，对救济或违约金的限制或变更的准确而完整的声明；融资租赁是非消费租赁。在对该条的正式评注中，认为融资租赁是三方交易产物。① 三方是指供货人、出租人、承租人。首先是供货人按承租人提供的规格或购货订单，去制作或提供租赁货物，在预期的融资租赁商定之后，再由出租人作为买方或第一承租人向供货人发出购货订单，签订买卖协议或租赁协议，然后由出租人与承租人再缔结货物租赁或货物转租协议。

另外，美国财务会计准则委员会(FASB)制定的《会计准则》中规定，融资租赁要满足以下4个条件之一项或数项条件。

(1) 在租赁期结束时将租赁的所有权转移给承租人。

(2) 租赁合同中包含有承租人廉价购买选择权的条款。

(3) 租期等于租赁物预期经济寿命的75%以上。

(4) 在租期之始，最低租金支付的现值等于或超过租赁物市场公平价值95%，如果租

---

① 孙新强：《美国统一商法典》，中国人民大学出版社，2004年版，第266页。

期始于资产剩余的25%经济寿命的，则标准(3)和(4)可以不考虑。[①] FASB对融资租赁的界定，其中心思想是看承租人是否最终享有租赁物的所有权和是否有对租赁物的实质权利，以及是否为此支付了租赁物的主要价款。同时FASB对融资租赁的界定与UCC的界定，虽然两者都采取的是条件式的定义，但由于FASB的规定是由一些职业会计师制定的，所以可操作性、适用性更强一些。

2) 英国

英国也没有独立的融资租赁的立法，有关融资租赁交易制度是由英国设备租赁协会(ELA)和会计业务委员会制定的《会计准则》第21号(即SSAP21)中分别作了规定。

ELA的定义认为融资租赁又称为全部付清租赁。应标明下列主要特征。

(1) 承租人(而不是出租人)从设备制造商或销售商处选择设备。

(2) 出租人保留设备所有权。

(3) 承租人在按时支付租金并履行其他义务的情况下，在租期间内对承租设备享有占有和使用权。

(4) 在租赁期租赁公司以租金来补偿投资资本支出和获取边际利润。

(5) 设备折旧负担完全由承租人负担。

(6) 租赁对象通常以商业性为主，而不是消费性交易。

(7) 由于设备是按承租人的要求由出租人购进，因此设备是否能满足承租人的需求，出租人不承担责任。

(8) 在租赁期间，设备的维修和保险由承租人负责。

(9) 租赁协议期满后，承租人有权要求降低租金继续租赁。

“SSAP21”不是采取列举方式，而是从实质意义上的方式定义。认为“融资租赁所指的是实质上将与资产有关的所有权的风险和收益转移给承租人的一种租赁。”如果在租赁开始最低租金支付的现值在90%以上，则可认为风险与收益一并转移给承租人。[②]

英国融资租赁与美国相比有两点需要注意：一是英国始终坚持租赁概念的特点是承租人无权在租期终了时取得设备的所有权，出租人仍保留设备的所有权；二是在融资租赁中不允许承租人对设备购买享有选择权。因为允许购买选择权的存在，会使融资租赁关系失去租赁的性质而成为一种租购协议。它的直接后果会导致租赁当事人不能享有融资租赁在税收上的优惠。

3) 法国

在法国，融资租赁称“cred it bail”。1966年法国专门为融资租赁通过了一项法律。[③] 该法第3条将融资租赁定义为：“融资租赁是一项涉及资本性货物和工具性设备的租赁，

---

① *FASB Statement*，No. 13，Juanl，1982。

② SSAP21 (1984)，*Accounting for leases and Hire Purchase Contracts*，para. 15。

③ *Law* No. 66～445，July 2，1966。

为此租赁目的而购买设备的公司是租赁物的所有人，同时根据事前确定的价格(至少要部分考虑租金的支付)，该交易中承租人享有购买全部或部分租赁物的选择权。”

另外法国 1986 年月 1 月 6 日的法律还对商业营业资产的融资租赁作了专门规定，商业资产、手工业营业资产品，以及这些资产的无形组成部分，可实行融资租赁活动，[①] 认为这种做法主要是为了方便取得营业资产的资金筹措。它的做法是，商人和手工业者首先将营业资产出租给信贷机构。但这时的出租活动并不是简单的租赁经营。一方面信贷机构并不自己经营，也不必须遵守任何期限。另一方面资产经营者所要支付的款项有一部分是租金，另一部分是为了取得资产而应当支付的部分价款。融资合同到期时，经营者可以采用象征性的价格就能够取得营业资产。[②] 以上可以看出，法国融资租赁有以下特点。

(1) 融资租赁是一种三方交易，出租人应从第三方购得、租得融资设备或营业资产，而且回租交易也被认为是融资租赁交易。

(2) 融资租赁既适用于商业上的动产租赁，也适用于不动产租赁，(如商用场所的租赁但不适用于消费租赁)。

(3) 承租人对租赁设备有选择权，但对商用场所租赁，租约延展权属于融资出租人，而不属于融资承租人，这是法国与英国最大的差别。

(4) 承租人的购买价格要考虑到租金的支付。

4)《国际会计标准》

《国际会计标准》(IAS171982)中对融资租赁的定义：“融资租赁指的是实质上将与资产所有权有关的一切风险和和收益转让与承租人的一种租赁，租期结束后所有权可以转让给承租人，亦可不转让”。这是一个较明确的定义，与美国会计准则中的定义基本一致，应该注意的是国际会计准则委员会(IASC)于 1997 年 10 月对 IASC17 号进行了修改，再不区分融资租赁和经营租赁，而是将租赁分为普通租赁和信贷租赁。凡超过 12 个月的租赁称为信贷租赁。这实质上是用定量方式来代替原来的定性分析法，从而确定对租赁的分类。

5)《国际融资租赁公约》

《国际融资租赁公约》中的定义。该公约在第 1 条中采用叙述性的方式从 4 个方面对融资租赁作了界定：

(1) 本公约管辖第 2 款所指的融资租赁交易，在这种交易中，一方(出租人)根据另一方(承租人)提供的规格，与第三方(供应商)订立一项协议(供应协议)。根据协议，出租人按照承租人在与其利益有关的范围内所同意的条款取得工厂、资本货物或其他设备，并且与承租人订立一项协议(租赁协议)，以承租人支付租金为条件授予承租人使用设备的权利。

---

① [法] 伊夫·居荣著，罗结玲、赵海峰译：《法国商法》，第 1 卷，法律出版社，2004 年，第 776～777 页。
② 同上。

(2) 前款所指的融资租赁交易系统包括以下特点的交易：承租人指定设备并选择供应商，并不主张依赖出租人的技能和判断；出租人取得的设备与一租赁协议相联系，并且供应商知道这一租赁协议业已或将要在出租人和承租人之间订立；租赁协议规定的应付租金的计算特别考虑到了摊提设备的全部或大部分成本。

(3) 无论承租人已经取得或以后取得购买设备或者在更长期间内为租赁而继续持有设备的选择权，亦无论是否支付名义上的价金或租金，公约均适用。

(4) 本公约适用于与任何设备有关的融资租赁交易，但主要供承租人个人、家人或家庭使用的设备除外。

从以上界定中可以看出，公约对融资租赁交易，首先强调的在主体方面是三方当事人的交易。这一特点从而使融资租赁既与一般买卖关系相区别，又与普通租赁关系相区别。第二，公约第 1 条第 2 款实际是对第 1 款的具体说明，第 2 款是进一步规定了融资租赁的基本特征。第三，关键是第 3 款，涉及承租人的购买选择权和续租权的问题，由于英美法与大陆法在此问题上分歧较大，为了协调矛盾，扩大融资租赁和公约的适用范围，公约既未将购买选择权作为融资租赁的必要条件，也未将之绝对排除在融资租赁交易之外，而是采取了折中弹性的规定，无论承租人有选择权或无选择权，本公约均适用。另外，公约对融资租赁的定义不是一个僵死的概念。它只是就融资租赁中的一些典型形式作了抽象概括的规定。在实践中出现的一些变种——如杠杆租赁，在公约说明中也加以承认。这说明一个定义包括现实生活中所有情形是不可能的，也无必要。只要符合公约中所界定的基本交易运作机制和基本构成要件，就可归于融资租赁范畴，所以公约的定义是一个既有基本内涵和外延的确定性，又有一定灵活性的宽松的概念。

6）我国的定义

我国至今尚无单独的融资租赁法，只是在《中华人民共和国合同法》中第 14 章对融资租赁合同作了规定。其中第 237 条规定，“融资租赁合同是出租人根据承租人对出卖人、租赁物的选择，向出卖人购买租赁物，提供给承租人使用，承租人支付租金的合同”。从本条规定看，融资租赁是指以出租人作为买受人，根据承租人对出卖人、租赁物的选择，向出卖人购买租赁物，提供给承租人使用，承租人支付租金的特殊交易行为。从我国的规定看，对融资租赁的界定，基本与《国际融资租赁公约》的界定相吻合。另外，我国《澳门商法典》在第 3 卷、第 16 编、第 8 章专门对“融资租赁”作了规定。其中第 889 条对融资租赁概念定义为：融资租赁是一合同，据此，当事人一方有义务将一物供他方暂时享益而收取回报，该物系从承租人本人或按承租人指示从第三人取得，或按该承租人指示建造，而该承租人在约定期间届满后，得以合同上已确定之价金或可透过合同订立之准则之单纯适用而确定价金，购买该物。”① 这一定义与大陆法国家和《国际融资租赁公约》的

① 《澳门商法典》，中国政法大学出版社，1999 年，第 248～249 页。

定义接近。它的特点是对融资租赁的标的规定较宽。任何可作租赁之财产都可作为融资租赁合同的标的(第890条)。

从以上定义可以看出，由于各国的国情不同，价值追求不同，标准不同，所以定义各异。不过从整体看，是异中有同，同中有异，同是主导的。尤其随着《国际融资租赁公约》的制定，各国对此问题的认识逐渐趋同，公约的影响力在逐渐扩大。在立法模式上，虽有的采取综合立法，有的采取单独立法，但目前单独立法的国家在逐渐增多，如俄罗斯、巴西、埃及、荷兰、罗马尼亚等国家。

12.5.2 融资租赁的特点

1. 融资租赁是融资与融物相结合的现代交易形式

通俗地说，它是“借鸡生蛋”的经营理念的产物。企业进行生产经营都要进行融资。但传统融资多数是采取借贷方式或采取发行债券、股票的方法。而融资租赁是利用租赁的形式以达到融资的目的。实际就是“借鸡生蛋”，“以蛋还鸡”。这里的“鸡”，就是租赁物，而“蛋”就是承租企业所创造的经营利润。承租人用这种利润去支付租金，从而换取对租赁物的使用权。从表面上看，是为了获取租赁物的使用权，但隐蔽在获得租赁物使用权的背后的同时，也获得了在生产经营中所需的资金。因此融资租赁是在所有权与使用权相分离的基础上以融资与融物相结合的一种信用形式。①

由此可以看出，融资租资既不同于传统租赁，在信用内容上也不同于传统商业信用和银行信用。传统租赁只存在单纯的融物，不存在融资。商业信用虽然也可以解决资金和租赁物的使用问题，但它仅仅是一种买卖交易活动。银行信用它是一种还本付息的权利义务关系，它不存在对借贷人的设备货物的使用权的问题。

2. 融资租赁交易关系涉及三方交易当事人

融资租赁交易关系涉及三方交易当事人，即出租人(买受人，又是出资人)、承租人(使用受益人)和供应商(出卖人)。承租人要求出租人为其融资，并根据承租人提供的规格，向承租人选定的供应商去购买承租人所需的设备，然后由供应商直接将设备交给承租人。由此也可看出，融资租赁既不同于经营租赁，也不同于买卖租赁和传统的租赁。在这些租赁中都只涉及两方当事人。

3. 融资租赁的期限较长

融资租赁的期限较长而且在租期内，除特殊情况外，出租人和承租人双方不得中途解约。这主要是由于租期过短，对出租人来说，不容易收回投资成本和获取利润；对承租人来说，租期过短，承担租金的压力也就很大。因此融资租赁的租期一般以设备预期的有效

① 凌宗全等：《金融租赁与实践》，立信会计出版社，1999年版，第3页。

使用期限(即经济寿命)或大部分的预期经济寿命(90%以上)来确定。所以租期短了对双方当事人都不利。尤其中途解约对双方都会造成较大的损失。

4. 在融资租赁中要涉及两个合同关系

一是出租人与承租人之间的租赁合同关系。在这一合同中，由于租赁设备完全是按承租人提示的规格和选定的供应商去融资购买的，所以出租人对设备的性能、物理性质、故障风险、设备的缺损、延迟交货概不负责。而且设备的维修、保养、保险、均由承租人负责。二是出租人与供应商之间的合同关系。在这一关系中出租人是买主，当然也就是付款人。供应商是卖主，他要按约定将买卖的标的物直接交给承租人。

5. 租赁设备的所有权与使用权在租赁期间是分离的

从法律上讲，租赁是以不转移租赁物的所有权为特征。承租人只享有租赁物的占有、使用权和受益权，融资租赁仍保留这一特点。

6. 融资租赁的标的物

融资租赁的标的物一般只限于动产物，而且以设备为主。不动产一般不适用于融资租赁(有的国家和地区有例外，如我国澳门)，同时它把经营租赁和消费租赁排除在融资租赁之外。

7. 租赁期满的处理

在租赁期满时，承租人对租赁物享有购买、退还、续租的选择权。通常是出租人通过收取名义货价的形式，将租赁设备的所有权转移给承租人。

8. 融资租赁不同于分期付款买卖

前面已介绍过分期付款买卖在本质上属买卖的范畴；而融资租赁在本质上属融资与融物的活动。虽然也有买卖的行为，而且有两次买卖行为，但它第一次的买受人是出租人，他是为“租”而买。第二次买受人是承租人，但承租人的买不是必然行为，而是具有选择权，他可以购买、也可以续租，也可以将租赁物退还给出租人。而分期付款买卖，当买方在付清最后一笔价金时，货物的所有权就自动归买受人。另外，分期付款买卖中所付的价金与融资租赁中所付的租金在性质上也是不同的。

9. 融资租赁中租金的特点

融资租赁中虽也有租金，但它与传统的直接租赁中的租金在内涵是不同的。在直接租赁中的租金只体现为对租赁物的一种使用费，不是租赁物成本的全部，更不包含利息和利润。而融资租赁中，由于出租人是专门的商事融资公司，所以出租设备的租金不仅包括购进该租赁设备的成本原价，还包含此项投资贷款资金的利息、营业费用及经营此业务应获得的合理利润这几项内容。

10. 融资租赁与普通租赁关系一样，既存在债权关系，又存在物权关系

在一般情况下，物权(所有权)具有对抗债权的性质。但是在租赁情况下，租赁权具有

对抗物权的效力，此即租赁权之物权化(债权物权化之一种)。① 这表明租赁权物权化虽属债权范畴，但具有物权的对抗力。这主要体现在两个方面：一是当租赁物所有权发生变更的情况下，承租人仍可以主张租赁权的继续存在，直到租期结束，在此占有期间，若第三人对其占有权侵害时，承租人亦可请求侵权赔偿；二是承租人对租赁物有优先购买权。

12.5.3 融资租赁的法律性质

由于融资租赁交易既涉及融资，又涉及租赁，还涉及买卖，所以关系较为复杂，自然人们对这种交易关系的性质会产生不同的认识，归纳起来主要有以下几种观点。

1. 特殊租赁论

此说的主张者认为，融资租赁虽然在形式上和内容上都与租赁有所不同，但是在本质上仍与租赁相同，都属于寄托(bailler—法语)法范畴，尤其在所有权与使用权的分离上与租赁是相同的。所不同的只是融资租赁的所有权未必自然就归出租人，它有可能将所有权转让给承租人，这说明它只是一种特殊的租赁。

这一观点的提倡者主要是在德国、日本和我国台湾地区的学者较多。特殊租赁论主要是建立在所有权与使用权分离，这一点上与传统租赁相似。其实这仅是融资租赁一个小的方面的特点。显然不能以此一点来掩盖融资租赁其他复杂的关系和特性。所以多数国家的学者不同意此说。

2. 借贷融资交易说

此说的主张者认为融资租赁名义上是租赁，实质上是一种融资交易。② 法国学者Calon也认为，在融资租赁交易中，承租人所支付的租金并非与租赁的使用对价，而是用以偿还出租人购买租赁物所支付的成本及其在租期内的利息，因而将有关融资性租赁理解为金钱消费借贷。③ 他们认为融资租赁不具备租赁的基本特征。此种交易名为融物，实质是一种融资交易，出租人在此交易中纯粹只是一个融资人，形成此项交易的基础是出租人要有雄厚货币资本。无资本作前提，融资租赁交易不可建立，融物只是一个有形的影子，融资才是它的经济实质。

但是此种主张并未提示出融资租赁最主要的法律特征，也未阐明交易各方面当事人的权利义务关系，更重要的是忽视了融物在此交易中的地位和作用。从实质上看，融资租赁交易与单纯建立在银行信用基础上的传统借贷融资有很大的差别，从目的上讲，在融资租赁中，承租人并不是以获得出租人的货币使用权为目的，出租人也不以要求承租人到期还本付息为条件；融资的终极目的是为了获得设备的使用权，而不是货币的使用权。从相互

---

① 史尚宽：《债法各论》，是中国政法大学出版社，2000 年，第 14 页。

② ［日本］西川知雄：《国际融资契约手册》，第 6 页。

③ 梁慧星：《融资性租赁法律问题研究》载民法学说判例与立法研究，第 207 页。

关系来说，融资是单纯的债权关系；而融资租赁交易除债权关系外，更重要的还包括物权关系，而且物权的效力要优于债权，从效力上讲，在融资租赁中，承租人对租赁设备享有购买、续租和归还的选择权，这是单纯的融资交易所不具备的，所以借贷融资说犯有瞎子摸象的缺点。

3. 附条件买卖说

此说认为，融资租赁并不是真正意义上的租赁，其实质是借租赁的形式所为一种附条件的买卖。因为承租人是以租金的形式分期付款，在租金全部付完后，再支付一定数额的名义价金后，出租物的所有权便转移给承租人所有。这一主张以我国台湾地区以此观点所作的判例为代表。① 其实融资租赁与附条件买卖是不同的。前已论及，在此不再赘述。

4. 选择权决定说

此说认为融资租赁交易其法律性质到底属租赁(寄托)还是属买卖，要以承租人最后行使选择权而定。这一主张主要是受印度最高法院在一起涉及双方当事人的租购案的审判所影响而确立起的主张。② 在印度通常是把租购当成就是融资租赁的三方当事人的交易。

在该案中，原告(上诉人)是一家融资公司，为交通工具提供融资租赁，并在租赁协议中规定了承租人的购买选择权。被告是税收官员。被告辩称此交易是两个不同的买卖交易，要分别征收销售税。而融资公司则认为他们与承租人之间的交易是租赁交易，不属于税法中应予征收销售税的买卖交易。为此双方发生争执，并向马德拉斯高等法院起诉。法院认为在融资租赁中存在两个买卖。第一个买卖是汽车制造商或经销商与出租人之间的买卖。因此法院判决认为，在融资租赁交易中确实有两个因素，一个是寄托，一个是买卖，并非如出租人所主张的仅涉及寄托的租赁交易。法院还进一步分析认为，在大多数的租购交易中，承租人在分期交完租金后都会行使购买选择权。一旦承租人选择了购买租赁物，此种交易就变成了一种新的买卖。如果承租人不行使购买选择权，则出租人与承租人之间的交易仅是一种寄托(租赁)关系。因此，税务当局是否对此交易征收两次销售税，就要视具体情况而定。如果承租人选择了购买选择权，租赁关系就转变为买卖关系，这时承租人就要以分期支付的租金总和缴纳销售税。

融资公司对此判决不服，上诉到印度最高法院，最后法院同意马德拉斯高等法院的观点，但认为后一个买卖与分期付款买卖不同。分期付款买卖从一开始就属买卖交易，买方在付完最后一次价金后，财产所有权就自然归买方所有，不存在选择权问题。而在融资租赁中，承租人在未行使购买选择权前，始终是一种租赁关系。这时税务当局无权以买卖关系向融资公司征收销售税。只有承租人行使了购买选择权之后，税务当局才有权向融资公司征收销售税。更为重要的是要征收销售税，在计算应税额上也不应以分期支付的税金总

① 吕海荣：《契约类型。信托行为》，台北蔚理法律出版社，第74～76页。

② 程卫东：《国际融资租赁法律问题研究》，法律出版社，2002年版，第40～42页。

额作为应税额进行计算。因为在租金中，已包含出租人的利润在内，实际是承租人已缴纳了这部分的销售税，如果再按租金总额纳税，势必形成双重纳税，所以应将利润部分剔除。

关于在融资租赁交易中存在租赁和买卖选择权两种因素，在大陆法国家法律中认为这两种因素并非对立，而是可以在融资租赁中得到有机的统一。但在英美法国家及受其影响的国家中，则认为选择权与租赁是矛盾的。因此在英国的融资租赁中是不包括购买选择权的，否则将视为一项买卖。印度并未将购买选择权排除在融资租赁之外，而是视承租人的行为而定，这是一大进步。但印度最高法院对融资租赁中两个相关联的交易的法律并未作充分的说明。

5. 独立交易说

此说认为融资租赁交易是为适应市场经济发展的新需要，特别是在租赁交易基础上发展起来的一种新型的独立交易制度。这一交易制度既不同于传统的买卖，也不同于传统的租赁，同时还不同于传统的借贷融资。欧洲设备租赁联合会(Leaseurope)，更认为现代融资租赁既非分期限付款买卖，也非债权担保的一种形式，也不是单纯的设备租赁和回避风险的手段，而是在一种合同的基础上成立的一种自成一类的三边交易。① 国际统一私法协会，在制定《国际融资租赁公约》时，也吸收了 Leaseurope 的观点。认为融资租赁交易中有两个因素特别重要：第一，是承租人在此交易中扮演了积极主动和关键性的作用，出租人降到了纯粹只是为回收投资资本的融资人的地位；第二，租金不仅是对租赁设备使用所付的对价，而且也是出租人摊提成本的担保。围绕这两大特征所构建起来的融资租赁是自成一类的租赁交易。这一交易形式既容纳了租赁特质，又容纳了买卖特征，同时也充分利用融资手段，可以说它是诸因素的合成体，是一个新的、复杂的、独立的市场交易制度。独立交易对发展国内、国际融资租赁事业都具有积极意义，已被《国际融资公约》所肯定，也日益为多数国家所接受。

12.5.4 融资租赁的特殊类型

融资租赁除具有以上共同特点外，还存在各种特殊的融资租赁制度。

1. 杠杆租赁

杠杆租赁(leveraged lease)又称为借贷租赁或平衡租赁。它与单一融资租赁相比，是一种更加复杂的租赁形式。在单一融资租赁中，是由出资人单独融资购买租赁物，并将租赁物出租给承租人使用。而杠杆租赁与单一融资租赁不同，出租人不需要由自己一人付出购买设备的全部资金。通常出租人只需付出购买设备资金的20%～40%。其余所需资金由融资公司以出租设备作抵押，再向其他融资机构贷款，然后用该设备的资金来偿还贷

① 吴光炳等：《现代租赁概论》，中国财政经济出版社，1998年，第93页。

款。通常这种抵押贷款可以达到抵押物的60%～80%。这样，出租人仅付出设备价格的20%～40%就可办成一项租赁业务。这对各方当事人都有利。不过这一租赁业务比较复杂，要涉及出租人、贷款人和受托人等。这一租赁经营主要用于一些租赁物金额较为庞大的项目。出租人也需要分散租赁风险，同时还可以快速得到基于所有权所获得的收益，并可享受到税收上的优惠。不过杠杆租赁虽然在一些发达国家不断兴起，但这一租赁形式如在承租人违约或其他意外情况下，出租人只需就其所支出设备款承担责任。贷款人的贷款性质也属无追索权的贷款，即贷款人未获得清偿的债务不得向出租人追索。因此出租人和贷款人的风险都较大，所以通常只对信誉良好的承租人开展此业务。

2. 经营租赁

经营租赁(operating leasing)又称服务租赁，还有的称操作性租赁。它的特点是，从事该项租赁业务的公司都是一些为承租人提供特殊服务的专业性很强的一些专业公司。租赁物多属一些技术含量很高、需要专业技术人员进行维修管理、通用性较强、技术更新又很快的设备，如电子计算机、船舶、车辆、一些精密设备，以及专门的库房等。在这种租赁中，对设备的保养、维修和管理工作以及设备的意外风险都由出租人负责。而且承租人在支付一定的费用后通过一定时间的预告可中途解约。出租人可向多个不定的承租人出租，通过反复出租获利，收回投资。由于这些原因所致，这一租赁的租金一般较高，因此租期都较短。经营租赁虽与传统租赁不同，但是国际上又普遍认为它是融资租赁以外的又一租赁。

3. 回租

回租(sale and leaseback)又称售后回租。回租是设备的所有人把自己的设备卖给租赁公司，然后再将设备租回使用。这种情况主要是由于设备所有人因缺乏流动资金，但又需要使用这些设备的情况下，所采取的一种变通融资的方法。这一租赁交易方式的好处是：一方面可以使固定资产流动化，使设备所用的资金再次转化为现金；另一方面又保证了企业对原有设备的使用权，使企业的生产经营继续进行。此外，此种方式还有利于企业在一定情况下可转移投资，从而提高了资金的使用率。[①] 回租从当事方来说虽然只有两方，但它却既含融资又含融物，而且双方都具有双重身份，作为租赁公司，它既是设备的买方，又是设备的出租人。作为回租方，它既是设备的出卖人，又是同一设备的承租人。但设备的所有权已发生变更。由于这些特点，所以许多国家都把它视为融资租赁之列。

4. 转租赁

转租赁(sub-lease)又称再租赁，是指出租人从制造厂商或租赁公司租进设备转租给另一承租人。有些出租人专门从事转租业务。有些情况是承租人在租期内因不再需要租来的

① 吴光炳等：《现代租赁概论》，中国财经出版社，1998年版，第98页。

设备，而将它租出去，以减少损失或赚取利润，这实际上是在同一设备上形成的租赁关系。这一租赁形式在国际租赁中经常采用。如A国的租赁专业公司向本国的出租人承租某设备，然后再将该设备转租给B国的承租人使用。这样A国的租赁专业公司便兼有双重身份，它既是承租人，又是出租人。而且这一过程存在两次租赁。它的当事人也存在三方交易，它虽然以融物为主，但从它的连续性和经济性上看，也有融资的属性。

5. 真实租赁

真实租赁(true lease)又称节税租赁(tax-oriented lease)。在英美国家中只有真实租赁才能享有税收上的优惠，如承租人支付的租金可以从应税额中扣除。而出租人则可以按法律的规定实行加速折旧，从而获得投资减免税。但这种租赁结束后，承租人不能通过支付名义价格获得租赁设备的所有权和续租，这是各国真实租赁的共同点。

从以上的这几种特殊租赁形式可以看出，它们与融资租赁在有些方面在存一定的差异，但在经济实质上都存在资本融通性质或资本租赁。尽管各国法律制度上存在一定的差异，而且约定俗成形成一些不同概念。但有时不同的概念却表现为相同的内容，如回租杠杆租赁、经营租赁。有的国家可能被界定为融资租赁承包，因此不能单纯从术语上去判断某项交易的性质，更重要的是要从具体内容看是否具备某项租赁的特征。

12.5.5 国际融资租赁交易合同中一些主要事项的规定

1）融资租赁合同的成立、生效和解除的特殊管理程序

首先要明确融资合同是由三方当事人、两个合同所构成的，程序较为特殊。一般要经过以下过程。

(1) 首先由承租人寻找供应商并与之商定买卖设备公司合同的条件。

(2) 然后由承租人向出租人提出租赁该设备的申请。

(3) 出租人同意后，承租人与出租人订立租赁合同。

(4) 然后出租人与供应商订立租赁设备买卖合同。

(5) 然后由供应商直接向承租人交货，并由承租人验收。

(6) 承租人收货后要向出租人开交物件受领证，并支付第一期租金。

(7) 然后由出租人向供应商支付货款。

由此可见，租赁契约与买卖契约是紧密相连相互依存的。如果租赁契约不成立，物件尚未交付，出租人与供应商之间的买卖合同可以解除，或者因默示条件成就而自动失效，但若物件交付后，买卖合同不受影响，若买卖契约不成立、无效或解除时，租赁契约亦可解除，或者因默示解除条件成就而自动失效。

同时要对租赁设备作详细说明，在融资租赁交易中租赁设备是否能满足承租人未来的需求是关注的焦点，而租赁设备也是连接出租人、供应商和承租人的纽带。因此在融资租赁合同中必须要对租赁物作全面详细的说明，如下所述。

(1) 设备的名称、规格、性能、型号、外观款式以及商标和设备编号等。

(2) 供应商的名称(商号)、营业地址，营业执照注册登记情况，尤其要明确设备供应商是谁选定的，因为这对融资租赁中的权利关系的确定有直接影响。

(3) 要说明租赁物的交付地点和使用地点，这涉及法律的适用和双方的权利义务的划分以及运输等诸多领域的法律问题。

(4) 要特别说明出租人所出租的设备是应承租人的要求，由出租人出资购买专门用以出租给承租人使用的，这一说明既体现出融资租赁合同与其他合同的关系，同时也可确定出租人、供应商、承租人三方的权利义务关系。

2) 租期的规定

租期的长期直接影响租金的多少。租期一般是指首期租金支付日至届满日的一段时间。起租日不同对双方当事人的利益都有影响。起租日早，对出租人有利，对承租人不利，起租日迟，对承租人有利，对出租人不利。起租日的确定在实务中各有不同，一般有：出租方开出信用证日、提单到达日、设备交付日或验收日或设备安装调试正式使用日等，一般由双方协商确定，起期日的确定对设备存在缺陷的情况下会产生一定的影响，如根据《国际融资公约》的规定，承租人对交付的设备存在的瑕疵可以对抗出租人，这样如采用设备交付日后作为起租日这对承租人就为有利。

租期的长短更关重要。如果租期短，对出租人来说，收回投资较为有利，但对承租人来说租金负担就较重。反之，如果租期过长，承租人的租金负担较分散，而出租人收回投资的时间也较长。同时，租期的长短与设备的折旧也有密切联系的规定。租期的长短多数国家未作规定，而是根据设备预期经济使用寿命由当事人约定。

3) 对租金的支付要作详细的规定

这一条款要注意以下内容。

(1) 租金的构成。一般来说融资租赁租金的构成包括：购买租赁设备的价金、融资费用(主要是为进行融资租赁的贷款利息和其他费用，及出租人的利润。如果租赁设备由出租人保险租金中还包括保险费。我国《合同法》第243条规定，融资租赁合同的租金，除当事人另有约定外，应当根据购买租赁物的大部分或全部成本以及出租人的合理利润确定。《国际融资公约》的第1条第2款(3)规定，“租赁协议规定的应付租金的计算特别考虑到了摊提设备的全部或大部分成本。”这里的全部或大部分，一般为成本的90%。同时成本除货价外，还包括运费、进口关税、保险费等。至于合理利润一般相当于同类贷款的利润。总之，租金总额是平衡双方当事人利益的一个砝码。不过对于租金的高低，双方都还可以利用所享受的税收优惠进行自我调节。

(2) 租金支付的货币和地点，这在国际融资租赁中也是一个重要内容。这主要关系到汇兑和汇率的风险。因此对支付货币的种类在合同中应明确约定。一般为出租人购买设备支付的货币同一种类。不过当事人也可另行约定。支付地点一般为承租人的营业所所在地。

(3) 租金支付方式，一般为银行托收。至于支付的期间、次数均由当事人约定。期间可按月、按季、半年或一年支付。期间长、支付的次数少，但一次支付的金额多，反之则相反。期间约定后，还关系到是期初支付，还是其末支付，都要约定。另外在支付方式上，是等额支付还是非等额支付(即递增还是递减支付)，这些问题都关系到双方利益分配，都要约定清楚。

(4) 有关租赁物的交付、验收和索赔的特殊规定

在融资租赁合同中虽然有出租人与承租人之间的租赁合同，但并不由出租人直接向承租人交付租赁物，而是由“出卖人按照约定向出租人交付标的物，承租人享有与受领标的物有关买受人的权利”。《中华人民共和国合同法》239 条，《国际融资租赁公约》第 10 条都做出此规定。这样出租人对标的物的交付义务就变成了非现实意义上的直接交付，而只是观念意义上的交付。同时承租人与出卖人(供应商)之间虽无直接的买卖合同的关系，但由于在实践中他实际享有买受人的权利，因此，当“出卖人不履行买卖合同义务的由承租人行使索赔的权利。

在融资租赁设备的交付中，由于是由供应商将设备直接交承租人，所以为了进口报关，在交付条款中同样要说明属融资租赁交付。交付的时间和地点由承租人决定。并且在两个合同中这一条款要一致。承租人在收到租赁设备经验收后要向出租人出具验收证明和其他证明文件。出租人凭此证明书向供应商支付货款。同时在此条款中还必须要明确规定在交付中对设备的瑕疵出租人概不负责。同时承租人不能因此免除不付租金的义务，也不能因此而解约。但若此瑕疵是由于出租人过失或可归责于出租人，则不能免责。

5) 租赁设备的维护与保管规定

在融资租赁中与传统租赁和经营租赁不同的是，对租赁物的维护、保管由承租人负责。而传统租赁和经营租赁中，租赁物的维修义务由出租人负责。我国《合同法》第 247 条也规定，”承租人应妥善保管、使用租赁物。承租人应该履行占有租赁物期间的维修义务。“为什么这样规定，这主要是由于瑕疵担保责任的负担有所不同所致。在传统租赁和经营租赁中，出租人对出租物负有瑕疵担保责任，所以出租人对租赁物负有维修义务。而在融资租赁中，出租人对租赁物不负瑕疵担保责任，所以出租人对租赁物无维修义务。

6) 租赁设备的保险

由于租赁设备通常价值大，为避免风险，所以都必须进行保险。这种保险分为两个阶段：一是在设备交付前，一是在设备交付后。在设备交付前的保险，主要是设备在交付运输中的保险，最好在合同中约定由出租人投保。在设备交付后，因租赁物的所有权归出租人，所以也应由出租人投保。不过保险费用都记入租金总额，最终还是由承租人负担。保险金额应为设备的全部置换成本。保险期限应与租赁期限一致。保险的币种应与租金交付的币种相同。

7）承租人的履约保证金和担保

在融资租赁中，出租人承担的风险较大，所以在通常情况下，承租人都要向出租人提供保证金。以此防止承租人在交付租赁物前和交付租赁物后违约。如果承租人违约就可用保证金进行抵扣。如果保证金不足以抵偿违约损失，还可另外索赔。保证金的数额通常为租金的10%。保证金由于是承租人的诚用保证，所以在租期内不计利息。如承租人未违约，在租期届满时应全额返还给承租人，也可用于抵交租金。因保证金数额较小，所以除保证金外，还常要求承租人提供保证人类的担保。

8）关于租赁权的转让问题，也必须在合同中事先明确规定

一般来讲，出租人可以将其合同项下的权利全部或部分转让给第三人。如将租金转给他人收取，或将租赁物抵押给他人，都不需承租人同意，但必须将转让、抵押情况告知承租人，否则新的权利人无权向承租人主张权利。同时，如因出租人在转让权利后影响了承租人对租赁物的平静占有，出租人要负责任。当然承租人也有转让的权利，如将租赁物转租给他人使用，租金转由他人支付，但必须经出租人同意，而且一般要在合同中事先加以规定。

9）“瑕疵担保免责”特约

融资租赁契约中，通常订有“瑕疵担保免责”的特约，即出租人不承担瑕疵担保责任。如《中华人民共和国合同法》第244条规定：“租赁物不符合约定或者不符合使用目的的，出租人不承担责任。”《国际融资租赁公约》第8条也规定，“除本公约或租赁协议另有规定外，出租人不应对承租人承担设备方面的任何责任”。

之所以作如此规定，主要有如下理由。

(1) 受法理学中任意性理论支配。在民、商法中瑕疵担保责任的规定为任意性规定，允许合同当事人以特约予以约定。

(2) 由融资租赁交易制度的本质所决定。融资租赁的主要经济职能是在于出租人向承租人提供融资。出租人的真实目的不在于追求租赁的占有、使用，虽保留有所有权，也只是为今后收回租金作担保之用。出租人更不想卷入因租赁物质量所产生的纠纷中。出租人所关心的主要是能否按约定收回租金。在此种情况下，若要求出租人承担租赁物的瑕疵担保责任，显然有悖于融资租赁当事人的初衷和该制度的本质要求。

(3) 从权利与义务的对称一致来说，在融资租赁中，租赁物的选择——包括制造厂、标的、数量、规格、商标、牌号都是由承租人自己做出选择，出租人只是按照承租人的规定予以购买，因此按照“利益之所在即危险之所在”的法理，承租人自然应对自己行使选择权的不利后果承担责任。当然，也有例外规定：如承租人依赖出租人的技能确定租赁物，而不是承租人自己选择的标的物，或出租人干预了承租人选择标的物，承租人也应承担相应责任。

10）“危险负担免责”特约

融资租赁合同中，常订有“危险负担免责”的特约。如《中华人民共和国合同法》第246条规定“承租人占有租赁物期间，租赁物造成第三人的人身伤害或者财产损失的，出租人不承担责任。”《国际融资租赁公约》第8条第(2)款也规定，出租人不应该以其出租人的身份而对第三人承担由于设备所造成的死亡、人身伤害或财产损失的责任。这样规定的理由如下。

(1) 法理学中危险负担属于任意性规定，允许当事人以特约排除其适用。

(2) 从物权角度考虑，出租人只是租赁物形式上的所有人，而承租人是该物的真实占有者、使用者、受益者，所以在义务分配上由使用者、受益者承担较合理。

(3) 按产品责任的规定，因租赁物本身的缺陷造成他人人身或财产损害的，由出卖人承担责任或出卖人与使用人承担连带责任。

(4) 按《中华人民共和国民法通则》相关规定，高危险作业致人损害的赔偿责任由承租人承担；建筑物上的搁置物、悬挂物致人伤害的，由承租人承担责任。

(5) 若由承租人操作不当造成环境污染，责任由承租人承担；若由于租赁物本身缺陷造成的环境污染，由出卖人承担责任。从以上情况可以看出，出租人不承担责任，于理于法的规定都有理有据。

11) 关于承租人破产时的规定

融资租赁中，“承租人破产时，租赁物不属于破产财产”(《中华人民共和国合同法》第242条)。《国际融资租赁公约》第7条第(1)款也规定，“出租人对设备的物权应可有效地对抗承租人的破产受托人和债权，包括已经取得扣押或执行令状的债权人”。这是因为在融资租赁中出租人对租赁物始终拥有所有权。承租人只享有占有、使用和部分受益权，而无处分权，所以在承租人破产时，出租人对租赁物享有取回权，因此租赁物不应算作破产财产。

12) 在租赁期未满之前中止解约的禁止特约

融资租赁合同通常订有在租赁期未满之前中途解约的禁止特约。如《国际融资租赁公约》第10条规定，”不应使承租人有权不经出租人同意终止或撤销供应协议“。这是基于诚信原则的要求，在融资租赁交易中，租赁物是承租人自己选定的，不应出尔反尔。同时租赁物一般不具通用性，即使返还给租赁公司，也不易销售出去或再出卖给他人。尤其中途解约停付租金，会使租赁公司难以收回投入成本，就是出租人解约也要受到严格限制。

13) 租赁期满租凭物的归属

融资租赁中，租赁期满租赁物的归属由出租人和承租人约定，是购买、续租或归还由承租人选择。如对租赁物的归属没有约定或约定不明确，依《中华人民共和国合同法》第61条的规定处理。若仍不能确定的，租赁物的所有权归出租人(见《中华人民共和国合同法》第250条)。若“当事人约定租赁期届满租赁物归承租人所有，承租人已经支付大部分租金，但无力支付剩余租金，出租人因此解除合同收回租赁物的，收回租赁物的价值超过承租人欠付的租金以及其他费用的，承租人可以要求部分返还”(《中华人民共和国合同法》第249条)。

14）违约救济内容

融资租赁中双方当事人的违约及其救济办法，多数从约定。所以事先应在合同中做出明确规定。

15）争议解决的规定

其中主要约定以什么方式解决，是以仲裁还是以诉讼方式。尤其国际租赁纠纷，仲裁地和诉讼地及其机构的选择是一个重要的法律问题，因为它涉及到法律的适用，应谨慎行事，事先约定。

16）其他

国际融资租赁中涉及的问题很多。如承租人对租赁物的平静占有问题、合同生效问题、融资租赁中的物权问题、冲突法问题等，都应根据具体情况做出相应规定，做到未雨绸缪。

理论探讨与实务研究

1. 期货的功能，到底是以规制和指导现实市场为主，还是以未来市场为主。目前学术界多数人主张以指导未来市场为主。

2. 招标投标法的价值理念追求到底是保护招标人的利益为主，还是以投标人的利益为主，目前学术界主张以保护投标人的利益为主。因为投标人与招标人相比，投标人处于弱势地位。

3. 对融资租赁性质的认识上，学术界有特殊租赁说，借贷融资说、动产担保交易说及独立交易说。多数人主张独立交易说。

推荐阅读

1. 贾秀岩等：《期货交易原理与实务》，天津出版社，1993年版。
2. 李明良：《期货市场风险管理的法律机制研究》，北京大学出版社，2005年版。
3. 杨永清：《期货交易法律制度研究》，法律出版社，1998年版。
4. 马续田：《期货交易实务》，中国经济出版社，1993年版。
5. 程卫东：《国际融资租赁法律问题研究》，法律出版社，2000年版。

思 考 题

1. 什么是期货和现货？它们有哪些区别？
2. 什么是拍卖法？它有哪些步骤？
3. 拍卖的法律特征有哪些？
4. 招投标买卖的概念和特点及其程序是什么？
5. 什么是分期付款买卖？特征如何？
6. 融资租赁的概念、特点和学说是什么？

第13章 商业秘密

本章提示

- 本章是商主体的无形财产权保护部分，属于其他类型的知识产权的一种。学习本章，着重掌握商业秘密的概念及其构成要件，商法中对其保护的方式等。
- 商业秘密是不为公众所知悉的、能为权利人带来经济利益的、具有实用性并经权利人采取保密措施的技术信息和经营信息。
- 商业秘密保护的各国立法规定和国际条约。
- 商业秘密保护的方式及其民事、行政和刑事责任的承担。

13.1 商业秘密概述

13.1.1 商业秘密的概念和特征

1. 商业秘密的概念

（1）商业秘密的法理学概念。商业秘密是指不为公众所知悉的、能为权利人带来经济利益的、具有实用性并经权利人采取保密措施的设计资料、程序、产品配方、制作工艺、制作方法、管理诀窍、客户名单、货源情报、产销策略等技术信息和经营信息。其中，不为公众知悉是指该信息是不能从公开渠道直接获取的；能为权利人带来经济利益、具有实用性是指该信息具有可确定的可应用性，能为权利人带来现实的或者潜在的经济利益或者竞争优势；权利人采取保密措施包括订立保密协议、建立保密制度及采取其他合理的保密措施。

（2）商业秘密的立法概念。我国《反不正当竞争法》第10条规定："商业秘密是指不为公众所知悉、能为权利人带来经济利益、具有实用性并经权利人采取保密措施的技术信息和经营信息。"

2. 商业秘密的基本特征

商业秘密具有以下4个基本特征。

（1）秘密性。商业秘密首先必须是处于秘密状态的信息，不可能从公开的渠道所获悉。《关于禁止侵犯商业秘密行为的若干规定》规定："不为公众所知悉，是指该信息是不能从公开渠道直接获取的。"即不为所有者或所有者允许知悉范围以外的其他人所知悉，不为同行业或者该信息应用领域的人所普遍知悉。

（2）实用性。商业秘密与其他理论成果的根本区别就在于，商业秘密具有现实或潜在的实用价值。商业秘密必须是一种现在或者将来能够应用于生产经营或者对生产经营有用的具体的技术方案和经营策略。不能直接或间接使用于生产经营活动的信息，不具有实用性，不属于商业秘密。

（3）保密性。外国法律也将其称为设有屏障性、加锁性，即权利人采取保密措施，包括订立保密协议、建立保密制度及采取其他合理的保密手段。只有当权利人采取了能够明示其保密意图的措施，才能成为法律意义上的商业秘密。

（4）价值性。是指该商业秘密自身所蕴含的经济价值和市场竞争价值，并能实现权利人自己利益的目的。

上述4个特征是商业秘密缺一不可的构成要件。只有同时具备4个特征的技术信息和经营信息才属于商业秘密。

这里有一则案例，是有关杜邦公司商业秘密的。杜邦公司20世纪70年代投产了一条甲醛生产线，为此，杜邦采用了一些限制措施来保护自己的工艺参数、流程、生产秘密，但是没想到一位工业间谍突发奇想用直升机航拍的方法来探测，于是杜邦起诉该摄影师，被告律师辩称：一是被告在公共领域飞行，自由拍摄是被告的宪法权利；二是杜邦未有实际行动表述公司不允许航空参观如盖大棚，或建立高射机枪阵地。最后法院驳回了被告的辩解，认为：一是被告的理由分开来都是合理的，但是合在一起却明显有不正当的目的；二是保密措施犹如一道“栅栏”，足以使善意者不能一步跨入或警告其不可进一步把脚踏入，要求企业建一座堡垒是不合适的①。

总之，面对一桩宣称有商密要保护的诉讼，首先要判断它是否同时满足商业秘密的4个基本特征，如果同时满足以上诸条件后，才能将诉讼进一步进行，否则只能将这项诉讼给驳回。

13.1.2 商业秘密的范围

商业秘密的范围即商业秘密包括哪些内容，这在司法实践中，以至于理论上是一个非常重要的问题，它关系到什么样的信息、具有何种表现形式可以取得法律保护。根据我国《反不正当竞争法》的规定，商业秘密的范围包括技术信息和经营信息。

1. 技术性信息

技术秘密即狭义的商业秘密，是指应用于工业目的的没有得到专利保护的、仅为有限的人所掌握的技术和知识。技术秘密在60年代最早出现于国际经济贸易中，对它的定义可以在有关国际组织文件中找到。我国最早使用技术秘密是在对外经济贸易领域，1985年5月国务院发布的《技术引进合同管理条例》及其《实施细则》规定了专有技术的引进。其中专有技术特指，“未公开过、未取得工业产权法律保护的制造某种产品或者应用某项工艺以及产品设计、工艺流程、配方、质量控制和管理方面的技术知识”。

值得一提的是，技术秘密和非专利技术两者之间的关系。在工业发达国家的现行相关法律条文中，找不到与“非专利技术”对应的概念。我国的技术合同及其他法律中也并未对这一概念做出明确界定。在最初使用这一概念时，人们一般是将它与技术秘密等同起来认识的，以为两者所指向的对象属于同一事物。但实际上，非专利技术和技术秘密不是同一个概念。非专利技术是指不涉及专利权的技术之总和，它包括被排除在专利保护范围以外的技术、未申请专利而处于保密状态的技术、专利保护期届满后进入公有领域的现有技术。技术秘密只是非专利技术中的一部分，范围明显窄于非专利技术。在我国技术市场开放初期，为了加强科技成果的应用和推广，国家既提倡转让最新的先进技术，也鼓励转让现有的适用技术。某些行业或单位已经公开地适用技术，只要接受方需要，都允许转让。与此相适应，我国技术合同法使用了“非专利技术”而不是“技术秘密”一词。1999年1月通过的《中华人民共和国合同法》技术合同一章中，以“技术秘密转让”取代了“非专利

① 孔祥俊：《商业秘密保护法原论》，中国法制出版社，1999年版，第60页。

技术转让”。这一更改不仅反映了十几年来我国技术市场逐步成熟，技术创新和技术推广应用的水平大大提高的巨大进步，同时也说明我国对技术知识的保护范围趋于确定和明了。

2. 经营信息

经营信息是指能够为经营者带来经济利益或竞争优势的用于经营活动的各类信息。国家工商行政管理局1995年11月发布实施的《关于禁止侵犯商业秘密行为的若干规定》(下称《若干规定》)第2条第5款所列举的“管理诀窍、客户名单、货源情报、产销策略、招标投标中的标底及标书内容”均属于典型和常见的经营信息。除此之外，与经营者的金融、投资、采购、销售、财务、分配有关的信息情报，如企业投资方向、投资计划、产品成本和定价、进货及销售渠道等都属于经营信息的范围。

经营信息和技术秘密作为商业秘密都是能够产生经济效益，带来竞争优势的经验类信息。两者的主要区别有两点：一是技术信息侧重于指工业中的技术知识和经验，经营信息则是指企业、事业在经营管理中的知识和经验，除了工业、制造业外，还涉及商业、服务业、旅游业、金融业等广义的产业领域；二是技术秘密比起商务秘密具有更明显的财产价值。对技术秘密的认定相对来说比较容易，而经营信息在构成条件和范围上存在较多不易确定的地方。

商业秘密的范围在理论和立法上有日益扩大的趋势。从世界范围看，商业秘密保护先是财产特征明显的技术秘密，随后逐步扩大到技术秘密以外的经营性信息。与此发展趋势同步的是，商业秘密含义的界定由外延式列举到高度概括性地揭示内涵。最能反映这一历史沿革的是美国的《侵权法重述》到《统一商业秘密法》的变化。

随着各国之间经济科学技术交流的不断发展，随着世界经济一体化格局成形，对商业秘密认识的差异在逐步缩小。《知识产权协议》第39条关于商业秘密的规定，就是各国已达成的共识的充分体现。1996年世界知识产权组织制定的《反不正当竞争保护的示范法》第6条内容及其注释再次证明了这一认识存在的事实。

与理论上扩大范围的倾向形成对照，司法实际中商业秘密保护范围远没有达到理想的宽度。行政执法机关和法院处理的案件大多数是技术秘密的，经营信息案件所占很少。究其原因，是因为实际中左右商业秘密认定的，不是定义本身而是法定构成条件。经营性秘密在构成条件的认定上难以把握，具有很大的不确定性，这使得经营类信息想要按照当事人的主张形成一项确定的权利困难很大。

13.2 商业秘密的法律保护

13.2.1 世界主要国家对商业秘密的保护

对商业秘密保护的历史至少可以追溯到罗马法时期，但商业秘密真正引起人们广泛的关注、步入法律殿堂还是在近代工业革命之后。现代商业秘密法源于19世纪的英格兰，1820年，英国衡平法院准许了一项禁止使用和泄露商业秘密的禁令，美国则在1837年Vickeyv. Weich和1854年Deming v. Chapman等一系列案件的审理过程中继受了英国有关商业秘密保护的法律制度，至19世纪末，现代商业秘密法的基本特征已经确立。大陆法系国家商业秘密法律保护制度的发展则相对滞后，而且主要是通过对英美法的继受来进行相关立法和司法活动的，如法、德两国虽然在19世纪中叶就在刑法典中规定了对于未经许可泄露工厂秘密的惩处，但直到1909年，德国制定的不正当竞争法才给予商业秘密的受侵害人以私法救济①。

进入20世纪之后，商业秘密保护的理论研究和立法、司法实践进入一个新的发展阶段，并逐渐趋于成熟和完善，而其中又以美国最为突出，其1939年《侵权行为法第一次重述》、1979年《统一商业秘密法》、1995年《反不正当竞争法第三次重述》和《1996年经济间谍法》以及大量的司法判例构筑起十分完备的商业秘密保护法律体系。美国《统一商业秘密法》将商业秘密定义为特定信息，包括配方、样式或编辑、产品、程序、设计、方法、技术或工艺等信息，该信息由于未能被可从其披露或使用中获取经济价值的他人所公知且不采用不正当手段不能获得，因而是具有实际或潜在的独立经济价值，且在特定情势下已尽合理保密努力的对象②。与1939年《侵权行为法第一次重述》相比，保护范围大为拓展，并全面规定了侵占商业秘密的各种形式以及对商业秘密权利人的针对性很强的救济措施。《1996年经济间谍法》加强了对商业秘密的刑法保护。受美国影响，英美法系国家的英国和加拿大也分别于1982年和1987年提出了《保护秘密权利法草案》和《加拿大统一商业秘密法草案》。

大陆法系国家——瑞典于1983年提出制定专门的商业秘密法并随后颁布施行，世界知识产权组织在1994年称瑞典是当时世界上唯一有单行商业秘密法的国家。德国、日本等则通过制定或修订其反不正当竞争法来加强对商业秘密的法律保护。1909年德国《反不正当竞争法》就规定了对侵占商业秘密行为的刑事处罚。东德与西德统一后，德国进一步加强了对商业秘密的保护，权利人可以通过提起民事诉讼获得禁令救济和损害赔偿，德国法还规定了商业秘密侵权中的第三方责任。根据德国法，商业秘密包括“具有商业价值、未进入公共领域且其所有人表现出明显保密意图的信息”。1990和1993年，日本两次修订其《不正当竞争防止法》，对商业秘密及商业秘密侵权做出界定。修订后的日本《不正当竞争防止法》第2条第3款规定：“本法所称的商业秘密，是指在商业活动中使用的制造方法、销售方式或者其他任何技术或者经营信息，该信息作为秘密进行保持，且不为公众所知悉。”并进而规定了6种有关商业秘密的行为属于不正当竞争行为。法国刑法

① 商业秘密法制丛书编委会：《商业秘密法律现状分析及预测》，中国法制出版社，1995年版，第32页。
② 唐海滨：《美国是如何保护商业秘密的》，法律出版社，1999年版，第22页。

典 1844 年就规定了盗窃商业秘密罪，如今在法国商业秘密权利人也可以通过民事诉讼寻求禁令救济和损害赔偿并能够追究第三方责任。法国法认可制造秘密、技术诀窍和保密经营信息等 3 种商业秘密。

此外，意大利、墨西哥、巴西、印度、新加坡、韩国和中国香港等国家和地区都纷纷建立起自己的商业秘密保护法律体系。主要内容大都包括“商业秘密”的界定、侵占商业秘密行为的构成、第三方责任和救济措施等，这些国家和地区一般都综合运用民事、行政和刑事手段加强对商业秘密的法律。

13.2.2 国际公约对商业秘密的保护

正如上文所述，进入 20 世纪后，各国纷纷进行商业秘密保护立法或修法活动，截至 20 世纪末，世界上各主要国家都建立起了自己的商业秘密法律保护制度，这就为商业秘密保护的国际化奠定了基础。20 世纪下半叶，一些双边或多边的国际协议和国际组织制定的相关条约都有关于商业秘密法律保护的规定，而其中尤为引人注目的是，由于西方国家特别是美国的推动和有关国际组织的努力，Trips 将商业秘密纳入知识产权的体系中给予保护，由于世界贸易组织广泛的代表性，商业秘密保护已呈现出全球化的趋势，与经济知识化和全球化的大潮互为因应。

且不说 20 世纪六七十年代国际商会(ICC)的有关文件和世界知识产权组织《建立世界知识产权组织公约》都以不同的方式表示商业秘密可以包含在知识产权中给予国际性的保护。单说 20 世纪 90 年代以后就有许多国际性的法律文件专门规定了商业秘密的法律保护制度，主要有：《中美知识产权谅解备忘录》、《日美知识产权谅解备忘录》、《Trips》、《北美自由贸易协定》及《世界知识产权组织反不正当竞争示范法》等。

这里需要提及的是，作为世界上商业秘密法律保护制度最先进最完备的国家，美国在促进商业秘密的国际保护方面起了重要的作用。美国社会普遍认为，商业秘密是极具商业价值的无形财产，是知识产权的重要组成部分，一些重要的商业秘密甚至被美国公司视为企业的生命，因此，商业秘密保护水平往往被美国企业看成是衡量投资环境好坏的重要标志，也就是说一个国家要想获得先进技术的转移，就必须首先对商业秘密给予充分的保护。美国认为，其国内有着比较高的商业秘密保护水准，因而政府应把注意力放到如何在国际社会中保护美国公司的商业秘密方面去。1986 年，在后来导致世界贸易组织成立的关贸总协定(GATT)谈判中，以美国为首的发达国家提出了在 GATT 构架中保护商业秘密的议案。保护发达国家的商业秘密，意味着发展中国家在国际技术经济合作中又多了一个不利因素。因而发展中国家与发达国家进行了激烈的斗争，最终妥协，达成了 Trips 协议中的相关条款。因此，Trips 是斗争与妥协的产物，但总的来说，它更有利于保护发达国家的利益，因为发展中国家技术经济都大大落后于发达国家，其所拥有的商业秘密无论是数量上还是质量上(后者决定一个商业秘密的价值)都远远低于发达国家，商业秘密的保护赋予发展中国家更多的是义务，而带给发达国家的则主要是权利和利益。这是由经济全球化对发展中国家而言所具有的两面性所决定的，发展中国家要想处于与发达国家完全平等的地位，唯一的出路是尽快发展国内经济技术。

Trips 第 39 条对“未披露信息”即商业秘密的保护作了如下规定：

(1) 在确保依《巴黎公约》1967 年文本第 10 条之 2 的规定，为反不正当竞争提供有效保护的过程中，成员应该依照以下第 2 款保护未披露的信息，应该依照以下第 3 款保护向政府或者政府的代理机构提交的信息。

(2) 只要有关信息符合下述条件，则自然人和法人应有可能禁止他人未经允许以违背诚实商业行为的方式，披露、获取或者使用处于其合法控制下的信息。

① 其在某种意义上属于秘密，即其整体或者要素的确切体现或组合，未被通常涉及该信息有关范围的人普遍所知或者容易获得。

② 由于是秘密而具有商业价值。

③ 是在特定情势下合法控制该信息之人的合理保密措施的对象。

(3) 当成员要求提交未披露的实验或其他数据，作为批准使用新化学成分的药品或农用化学产品上市的条件时，如果该数据的原创活动包含了相当努力，则成员应该保护该数据，防止不正当的商业使用。同时，除非有保护公众的必要，或者已经采取措施保证该信息受到保护免于不正当商业使用，否则成员应该保护该数据防止泄露。

Trips 关于商业秘密的规定可以概括为以下 3 个方面。一是从整体上界定了商业秘密及商业秘密权作为一种知识产权的法律属性。二是第 39 条第 2 款规定商业秘密的构成要件，包括“其在某种意义上属于秘密，即其整体或者内容的确切体现或组合，未被通常从事有关信息工作的人所普遍所知或者容易获得”；“由于是秘密而具有商业价值”；“合法控制该信息的人，为保密已经根据有关情况采取了合理措施”。三是第 39 条第 3 款专门规定了向政府或政府的代理机构提交的医用或农用化工产品相关数据的保护。

在 Trips 之后的《北美自由贸易协定》和世界知识产权组织《反不正当竞争示范法》似乎不可能走得更远，其有关商业秘密的内容基本上继承了 Trips 的规定，是对商业秘密法律保护国际化和全球化趋势的进一步强调和推动。

13.2.3 我国法律对商业秘密的保护

我国的商业秘密保护经历了一个保护范围不断扩大的过程。20 世纪 80 年代，技术引进合同管理条例及其实施细则对专有技术的概念作了界定，1987 年实施的技术合同法是我国有关商业秘密法律保护的第一部法律，技术合同法对技术秘密作了规定①。1991 年《中华人民共和国民事诉讼法》首次作为法律用语使用了“商业秘密”一词，根据《最高

① 孙鸥著：《商业秘密概述及诉讼保护》，知识产权出版社，2000 年版，第 143 页。

人民法院关于适用中华人民共和国民事诉讼法若干问题的意见》第154条，商业秘密主要是指技术秘密、商业情报及信息等，如生产工艺、配方、贸易联系、购销渠道等当事人不愿意公开的工商业秘密。民事诉讼法对审判活动中所涉及的商业秘密的保护还作了规定。

1992年1月17日，中、美两国政府签署《关于保护知识产权的谅解备忘录》，其中第4条规定如下。

(1) 为确保根据《保护工业产权巴黎公约》第10条之2的规定有效地防止不正当竞争，中国政府将制止他人未经商业秘密所有人同意以违反诚实商业惯例的方式披露、获得或使用其商业秘密，包括第三人在知道或理应知道其获得这种信息的过程中有此种行为的情况下获得、使用或披露商业秘密。

(2) 只要符合保护条件，商业秘密的保护应继续下去。

(3) 中国政府的主管部门将于1993年7月1日前向立法机关提交提供本规定保护水平的议案，并将尽最大努力于1994年1月1日前使该议案通过并实施。

作为对该备忘录的回应，1993年9月颁行的《中华人民共和国反不正当竞争法》较为全面地规定了商业秘密。第10条明确规定："商业秘密是指不为公众所知悉，能为权利人带来经济利益、具有实用性，并经权利人采取保密措施的技术信息和经营信息。"根据《国家工商行政管理局关于禁止侵犯商业秘密行为的若干规定》，技术信息和经营信息包括设计、程序、产品配方、制作工艺、制作方法、管理诀窍、客户名单、货源情报、产销策略、招投标中的标底及标书内容等信息。第10条规定，经营者不得使用下列手段侵犯商业秘密。

(1) 以盗窃、利诱、胁迫或者其他不正当手段获取权利人的商业秘密。

(2) 披露、使用或者允许他人使用以前项手段获取的权利人的商业秘密。

(3) 违反约定或者违反权利人有关保守商业秘密的要求，披露、使用或者允许他人使用其所掌握的商业秘密。

第三人明知或者应知前款所列违法行为，获取、使用或者披露他人的商业秘密，视为侵犯商业秘密。1997年修订的《中华人民共和国刑法》规定了侵犯商业秘密罪。应该说，我国有关商业秘密的立法活动取得了举世瞩目的成就，至今已基本建立起商业秘密法律保护体系。

可见，我国商业秘密的保护范围在短短几年间经历了由专有技术、技术秘密、工商业秘密到商业秘密的发展过程，反不正当竞争法中的"商业秘密"这一概念包括了以往法律规定中的专有技术、技术秘密和工商业秘密，在内涵和外延上基本上与国际趋势保持了一致。

尽管如此，我国法律对商业秘密构成上的要求还是要严于Trips和美国等国家相关法律的要求，郑成思先生就指出："在商业秘密领域，合格的受保护信息并无'实用性'要求，是Trips明文规定的。"我国《反不正当竞争法》却明确规定商业秘密应"具有实用性”。在今后的立法中，我们应作相应修订，使之与Trips和国际通行法律规定趋同。目前，正在起草的我国《商业秘密保护法(送审稿)》似乎意识到了这一点，其第1条第1款规定：“本法所称商业秘密，是指具备下列条件的技术信息、经营信息：(1) 不为该信息应用领域的人所普遍知悉；(2) 具有实际或潜在的商业价值；(3) 经权利人采取了合理的保密措施。送审稿的规定将反不正当竞争法所要求的“能为权利人带来经济利益，具有实用性”变更为“具有实际或潜在的商业价值”，这一做法值得肯定。

此外，我国商业秘密法还存在以下问题：一是缺乏明确的民事责任规范；二是我国现行法律未规定向政府或政府的代理机构提供的商业秘密的保护问题，存在立法空白；三是对商业秘密保密期限的有关规定不合理；四是执法水平不高。凡此种种都亟待解决。

总之，世界各国对于商业秘密的保护经历了从不保护到保护、从粗疏的保护到越来越周密的保护、从范围狭窄到范围宽泛的保护、从内国法保护到双边条约和国际条约直至全球性公约保护的历程，而内国法和国际法对商业秘密的保护力度越来越大。

13.3 对商业秘密保护的方式和法律责任

13.3.1 侵犯商业秘密概述

1. 侵犯商业秘密的概念

侵犯商业秘密是指行为人未经权利人(商业秘密的合法控制人)的许可，以非法手段获取商业秘密并加以公开或使用的行为，这里讲的行为人包括：负有约定的保密义务的合同当事人；实施侵权行为的第三人；侵犯本单位商业秘密的行为人。所谓非法手段则包括：直接侵权，即直接从权利人那里窃取商业秘密并加以公开或使用；间接侵权，即通过第三人窃取权利人的商业秘密并加以公开或使用。

2. 侵犯商业秘密的方式

根据我国《反不正当竞争法》和《关于禁止侵犯商业秘密行为的若干规定》，侵犯商业秘密的行为表现为以下5种方式。

(1) 以非法手段获取权利人商业秘密的行为，具体表现如下。

① 以秘密窃取的手段获取商业秘密的。所谓秘密窃取的手段获取商业秘密，包括单位内部人员盗窃、外部人员盗窃、内外勾结盗窃等手段。

② 以利益引诱的手段获取商业秘密的。所谓以利益引诱手段获取商业秘密，通常指行为人向掌握商业秘密的人员提供财物或其他优惠条件，诱使其向行为人提供商业秘密。

③ 以威胁、胁迫的手段使掌握商业秘密的人向其提供商业秘密。所谓以威胁、胁迫手段获取商业秘密，是指行为人采取威胁、强迫手段，使他人在受强制的情况下提供商业秘密。

④ 以“其他不正当的手段”获取商业秘密的。所谓以其他不正当手段获取商业秘密，是指上述行为以外的其他非法手段，例如，通过商业洽谈、合作开发研究、参观学习等活动套取他人的商业秘密等。

(2) 以非法手段处置第一项手段获取的权利人商业秘密的行为，具体表现如下。

① 向他人或社会披露权利人商业秘密的。

② 非法获得权利人商业秘密后，自己使用并且从中获利的。

③ 允许他人使用权利人的商业秘密，包括有偿使用和无偿使用。

(3) 与权利人有业务关系的单位和个人违反合同约定、或者违反权利人保守商业秘密的要求，披露、使用或者允许他人使用其所掌握的商业秘密的行为。所谓披露是指将权利人的商业秘密向第三人透露或向不特定的其他人公开，使其失去秘密价值；所谓使用或允许他人使用，是指非法使用他人商业秘密的具体情形。以非法手段获取商业秘密的行为人，如果将该秘密再行披露或使用，即构成双重的侵权；倘若第三人从侵权人那里获悉了商业秘密而将秘密披露或使用，同样构成侵权。

(4) 权利人的职工违反合同约定、或者违反权利人保守商业秘密的要求，披露、使用或者允许他人使用其所掌握的权利人的商业秘密的行为。合法掌握商业秘密的人，可能是与权利人有合同关系的对方当事人，也可能是权利人的单位工作人员或其他知情人，上述行为人违反合同约定或单位规定的保密义务，将其所掌握的商业秘密擅自公开，或自己使用，或许可他人使用，也构成对商业秘密的侵犯。

(5) 第三人明知或者应该知道前 4 种侵犯商业秘密的违法行为，仍然获取、使用或者披露他人的商业秘密，视为侵犯商业秘密。善意第三人通过受让方式取得商业秘密的，可以继续使用，但应当向权利人支付合理的使用费并承担保密的义务。

13.3.2 侵犯商业秘密的举证责任

在司法实践中，如何认定商业秘密侵权行为一直是一大难题。一般来讲，认定侵权所需证据的提供应当遵循“谁主张、谁举证”的原则。但是，在商业秘密侵权案件中，由于商业秘密自身的秘密特性，必须坚持“谁主张、谁举证”和“举证责任倒置”相结合的原则。[①] 根据《中华人民共和国反不正当竞争法》、最高人民法院《关于民事诉讼证据的若干规定》和国家工商行政管理局《关于禁止侵犯商业秘密行为的若干规定》，侵犯商业秘密的举证责任分别如下。

1. 权利人承担的举证责任

权利人认为其商业秘密受到侵害，向工商行政管理机关申请查处或者向人民法院诉讼时，应当提供商业秘密及侵权行为存在的下列有关证据。

① 黄勤南：《知识产权法》，法律出版社，2000 年版，第 410 页。

(1) 权利人具有《中华人民共和国反不正当竞争法》规定的商业秘密，即权利人应当证明其拥有不为公众所知悉、能为权利人带来经济利益、具有实用性的技术信息和经营信息，同时权利人必须证明其采取了适当的保密措施。

(2) 侵权人实施了《中华人民共和国反不正当竞争法》规定的侵害其商业秘密的行为。

(3) 侵权人主观上具有过错。

(4) 侵权人的行为给权利人造成了损害。

(5) 侵权人侵犯商业秘密的行为与权利人的损害具有因果关系。

2. 被控侵权人承担举证责任

被控侵权人承担举证责任的前提是，权利人必须证明被控侵权人曾经管理、使用、开发其商业秘密；同时应证明被控侵权人的侵权产品与其产品相同或类似。在这种情况下，被控侵权人应承担举证责任。

(1) 证明被控侵权的商业秘密与权利人的商业秘密不同。

(2) 证明被控侵权人的商业秘密来源合法，商业秘密获得的合法途径包括赠与、转让、合营、继承、兼并、反向工程以及其他科技研制开发。

(3) 证明被控侵权人是在不明知或不应知的情况下获取、使用他人使用不正当手段获取的商业秘密。

13.3.3 侵犯商业秘密侵权人应承担的责任

1. 侵犯商业秘密侵权人应承担的民事责任

1) 侵犯商业秘密的民事责任构成要件

侵犯商业秘密的民事责任是基于侵权人实施了侵犯商业秘密的行为。该责任的构成应当同时具备以下 4 个要件。

(1) 行为人实施了侵犯商业秘密的行为。这是行为人承担民事责任的前提。如果行为人没有实施前述几类侵犯商业秘密的行为，则行为人就不应当承担侵犯商业秘密的民事责任。

(2) 行为人给商业秘密权利人造成了损害。这种损害可以是物质的，也可以是非物质的；既包括权利人经济利益的减少，竞争优势的削弱或丧失，又包括权利人名誉、荣誉、商誉的受损。

(3) 侵权行为与损害事实之间有因果关系。侵犯商业秘密行为的存在并不必然地导致民事责任的承担。只有权利人受到的损害是由行为人的侵权行为造成，二者之间存在内在的、必然的联系，行为人才需承担民事责任。

(4) 行为人主观上有过错。侵犯商业秘密民事责任的归责原则是过错责任原则，主观过错是行为人承担民事责任的实质要件。该过错既包括故意，也包括过失。无过错则不承担民事责任。

2）侵犯商业秘密的民事责任方式

根据我国《民法通则》、《合同法》以及《反不正当竞争法》的规定，侵犯商业秘密的民事责任主要包括如下。

（1）赔偿损失。赔偿损失是指侵权行为人依人民法院的判决、调解，给付对权利人造成的财产或精神损失进行赔偿。具体表现为：其一，违约责任。当事人根据保密合同造成权利人损失的，应当根据保密合同中约定的损失赔偿额承担赔偿责任；若合同没有约定的，可根据实际损失赔偿，但赔偿额不得超过双方签订合同时所预见的损失。其二，侵权责任。侵权责任是指权利人因被侵权而造成的损害，侵权人应承担的民事责任。权利人的损失难以计算的，赔偿额为侵权人在侵权期间因侵权所获得的利润。同时承担被侵权人因调查侵权行为所支付的合理费用。

（2）支付违约金。当事人应当依合同约定履行保密义务，因未履行保密义务或没有完全履行保密义务，是违反合同约定的，无论该行为是否造成权利人实际损失，均应按合同约定的违约责任支付违约金。

（3）停止侵害。停止侵害是为防止权力人的损失扩大，最大限度减少权利人损失，人民法院向侵权人发出的警示，责令侵权人立即停止侵权行为。如停止生产和销售、责令销毁侵权产品等。

（4）其他民事责任。除以上 3 种民事责任外，侵权人应根据《中华人民共和国民法通则》第 134 条规定承担其他民事责任，如排除妨害；恢复名誉、荣誉等。

其中，司法实践中最常用的是赔偿损失和支付违约金。在赔偿损失方面，我国法律坚持“赔偿直接损失原则”，权利人的间接损失一般不予赔偿。《中华人民共和国反不正当竞争法》第 22 条规定：“经营者违反本法规定，给被侵害的经营者造成损失的，应当承担损害赔偿责任，被侵害的经营者的损失难以计算的，赔偿额为侵权人在侵权期间因侵权所获得的利润；并应当承担被侵害的经营者因调查该经营者侵害其合法权益的不正当竞争行为所支付的合理费用。”根据这一规定，侵犯商业秘密民事赔偿额的确定应根据实际情况而定：受到侵害的权利人的损失可以计算的，赔偿额即为该损失额；损失额难以计算的，赔偿额为行为人在侵权期间因侵权所获利润；损失额和利润均难以计算的，应坚持客观、公平、合理的原则，参照同类经营者、同类信息的平均获利情况，实事求是地确定赔偿数额。同时，商业秘密侵权人还应当承担被侵害的权利人因调查其侵犯商业秘密行为所支付的合理费用。违约金的适用以当事人之间存在合同关系为前提，如果一方违反了合同中的保密条款，应根据合同约定或法律规定承担违约责任①。当事人之间的合同主要包括技术开发合同、技术转让合同以及劳动合同。违约金的数额依当事人在合同中的约定而定，合同未约定或约定不明的，依照法律规定的规定。

① 宋大勇：《商业秘密侵权诉讼之归责原则分析》，法律出版社，2004 年版，第 70 页。

2. 侵犯商业秘密侵权人应承担的行政责任

根据我国《行政处罚法》、《反不正当竞争法》和《关于禁止侵犯商业秘密行为的若干规定》，侵犯商业秘密侵权人应承担的行政责任主要有：

1）停止侵权行为

对于侵权行为，县级以上的工商行政管理机关有权监督检查，责令侵权人停止侵权行为。发生侵权行为后，权利人应该主动向工商行政管理机关请求查处；在紧急情况下，权利人也可以请求工商行政管理机关采取强制措施，包括如下。

(1) 扣留侵权人以不正当手段获取权利人的载有商业秘密的图纸、软件及其他有关资料。

(2) 责令侵权人停止销售使用权利人商业秘密生产的产品。

2）罚款

负责监督检查的工商行政管理机关可以视情节轻重处以1万元以上20万元以下的罚款。工商行政管理机关处以罚款时考虑的因素包括如下。

(1) 侵权手段是否恶劣。

(2) 商业秘密的经济价值。

(3) 侵害后果是否严重。

(4) 侵权人是否采取了补救措施。

(5) 侵权人的主观态度。

3）侵权物品处理

对于侵权物品，工商行政管理机关作以下处理。

(1) 责令并监督侵权人将载有商业秘密的图纸、软件及其他有关资料返还给权利人。

(2) 监督侵权人销毁使用权利人商业秘密、流入市场会造成商业秘密公开的产品，但权利人同意收购、销售或其他处理方式的除外。

对于侵权人拒不执行工商行政机关做出的行政处罚，继续侵犯权利人商业秘密的行为，应视为新的侵权行为，工商行政机关应从重予以处罚。

3. 侵犯商业秘密构成犯罪的刑事责任

1）我国关于商业秘密刑法保护的立法沿革

我国对商业秘密的刑法保护始见于1979刑法典，但没有明确规定侵犯商业秘密罪。1988年，全国人民代表大会《关于惩治泄露国家秘密犯罪的补充规定》规定：“为境外的机构、组织、人员窃取、刺探、收买、非法提供国家秘密的，处5年以上10年以下有期徒刑；情节较轻的，处5年以下有期徒刑、拘役或剥夺政治权利。”1994年6月，最高人民检察院、科学技术委员会联合发布的《关于办理科技活动中经济犯罪案件的意见》规定：“对于非法窃取技术秘密，情节严重的，以盗窃罪追究刑事责任。”1994年10月，最高人民法院发布的《关于进一步加强知识产权的司法保护的通知》指出：“对盗窃重要技术成果的，应当以盗窃罪依法追究刑事责任。”1997 年 3 月 14 日，第八届全国人民代表大会第五次会议审议修订的《刑法典》第 219 条，设立了侵犯商业秘密罪，它对于准确有力地打击破坏社会主义市场经济秩序的犯罪，保障商业秘密的有偿转让和促进公平竞争环境的形成都具有极其重要的意义。

2）我国关于侵犯商业秘密罪的构成要件的法律规定

我国《刑法》规定，以盗窃、利诱、胁迫或其他不正当手段获取权利人的商业秘密，或者非法披露、使用或允许他人使用其掌握或获取的商业秘密，给商业秘密的权利人造成重大损失的，构成侵犯商业秘密罪。本罪是 1997 年修订刑法新增加的罪名，其主旨在于更有力地保护商业秘密权利人的合法权益，维护市场经济中公平竞争的经济秩序，促进科学技术的发展。本罪是以违反《中华人民共和国反不正当竞争法》为前提的，它与侵犯商业秘密的民事侵权行为有某些共同特征。因此，在实践中要分清犯罪与侵权行为的界限，必须掌握刑法第 219 条规定的本罪的构成特征。

（1）本罪的主体，可以是任何年满 16 周岁、具有刑事责任能力的自然人、法人和非法人组织。其自然人包括商业秘密所有者单位的外部人员和内部一般职工以及因工作关系掌握商业秘密的专业人员。

（2）刑法规定，本罪行为在客观方面有 3 种表现形式：其一，以盗窃、利诱、胁迫或者其他不正当手段获取权利人的商业秘密；其二，披露、使用或者允许他人使用以前项手段获取权利人的商业秘密，这一行为是前一行为的延续；其三，违反约定或者违反权利人有关保守商业秘密的要求，披露、使用或者允许他人使用其所掌握的商业秘密。以上 3 种行为所涉及的商业秘密，都是指行为人以正当或者不正当的手段直接从权利人处获得的，属于对他人商业秘密的直接侵犯，也是最主要的侵犯商业秘密的犯罪形式。此外，刑法还规定：“明知或者应知前款所列行为，获取、使用或者披露他人商业秘密的，以侵犯商业秘密论。”这是指第三人明知或者应知系他人以前述方式获取的商业秘密，而获取、使用或者披露，属于间接侵犯商业秘密的行为。所谓“应知”，是指司法机关根据行为人的主观与客观情况判断，其是应当和能够知道所涉及的商业秘密的上述情况的。不能借口不知实情而作为辩解其上述行为无罪的理由。

根据刑法规定，无论是行为人直接实施或者是教唆、指使、帮助他人实施前述任何一种行为，并且给权利人造成重大损失的，都构成本罪。没有造成重大损失的，只能按一般侵权行为处理。但是，在法律上没有规定也不可能规定某种单一的数额作为判断损失程度的标准。这是司法实践面临的较困难和复杂的问题。一般认为，重大损失包括直接损失和间接损失，有形损失和无形损失，其损失程度要考虑多种因素，综合判断，如开发、研制该项商业秘密的成本；使用该商业秘密现实和预期占有市场的大小，以及因侵权而带来的损失；侵权人的生产能力，以及使用该商业秘密所获得的利益；权利人使用其商业秘密预期可能获得的利益，以及因被侵权而损失的经济利益，以及其他因素等。

(3) 本罪在主观方面，多数是故意犯罪，但是，对于间接侵犯商业秘密而言，出于过失也可构成本罪。

3）我国关于商业秘密罪的刑罚处罚

商业秘密权利人在已采取商业秘密保护措施和符合商业秘密条件的情况下，认为其商业秘密受到侵害并造成重大损失的，向公安机关申请，要求追究侵权人的刑事责任。公安机关侦查后，认为侵权人给商业秘密权利人造成重大损失的，对侵权人追究刑事责任的，由人民检察院依法提起公诉。人民法院依据《中华人民共和国刑法》和《最高人民法院最高人民检察院关于办理侵犯知识产权刑事案件具体应用法律若干问题的解释》的有关规定，对侵权人追究刑事责任。

对实施刑法第 219 条规定的行为之一，给商业秘密的权利人造成损失数额在 50 万元以上的，属于“给权利人造成重大损失”，以侵犯商业秘密罪判处 3 年以下有期徒刑或者拘役，并处或者单处罚金。

给商业秘密的权利人造成损失数额在 250 万元以上的，属于刑法第 219 条规定的“造成特别严重后果”，以侵犯商业秘密罪判处 3 年以上 7 年以下有期徒刑，并处罚金。单位实施刑法第 213～219 条规定的行为，按照本解释规定的相应个人犯罪的定罪量刑标准的 3 倍定罪量刑。

对明知他人实施侵犯知识产权犯罪，而为其提供贷款、资金、账号、发票、证明、许可证件，或者提供生产、经营场所或运输、储存、代理进出口等便利条件、帮助的，以侵犯知识产权犯罪的共犯论处。

对经县级保密委员会的上级保密工作部门或市级科学技术委员会确定为国家秘密的科学技术被以窃取、刺探、收买方法非法获取的，处 3 年以下有期徒刑、拘役、管制或者剥夺政治权利；情节严重的，处 3 年以上 7 年以下有期徒刑。并对非法持有属于国家秘密中绝密、机密文件、资料或者其他物品的，且拒不说明来源与用途的及从事间谍活动的追究刑事责任。

4. 不认定是侵犯商业秘密罪的行为

(1) 独立开发获得。

(2)“反向工程”，即从已知产品开始，向相反方向作业以发现产品的开发方法，已知产品是通过正当和诚实的方法取得，如购买。

(3) 接受许可。

(4) 观察公开使用或公开展示的物品得来。

(5) 从出版物。

(6) 善意取得，其在从第三人取得商密时没有注意到其属于秘密且第三人的披露违反对他人的义务，或者行为人因错误获知商密，没有注意到秘密性和存在错误，这两个限制均要求在权利人通知之前，或已为此(指商密)支付对价。

理论探讨与实务研究

关于商业秘密和临近概念如专利、专有技术的区别，总体说来商业秘密概念应该比专有技术宽泛。另外，我国急需制定完善的《商业秘密保护法》，其立法框架可以研究商榷。

推荐阅读

1. 南振兴、刘春霖：《知识产权学术前沿问题研究》，中国书籍出版社，2003年版。
2. 万鄂湘：《知识产权理论与适用(论文集)》，人民法院出版社，2004年版。
3. 冯小青：《知识产权法理论与实践》，知识产权出版社，2002年版。
4. 吴汉东、胡开忠：《无形财产权制度研究(修订版)》，法律出版社，2005年版。
5. 1979年作为州立法模本的《统一商业秘密法》(UTSA)。
6. 1994年《与贸易有关的知识产权协议》(TRIPS协议)第7节关于“未披露的信息的保护”的规定。

思考题

1. 简述商业秘密的概念和特征。
2. 商业秘密的类型有哪些？
3. 如何保护商业秘密？
4. 侵犯商业秘密的法律责任有哪些？

参考文献

[1] [英] 托马斯·孟. 英国得自对外贸易的财富 [M]. 北京：商务印书馆，1978.

[2] [英] 施米托夫. 国际贸易法文选 [M]. 北京：中国大百科全书出版社，1993.

[3] [英] 托马斯·孟. 贸易论(三种) [M]. 北京：商务印书馆，1997.

[4] [英] 梅因·哈特. 欧洲十二国公司法 [M]. 李功国编译. 兰州：兰州大学出版社，1988.

[5] [爱尔兰] 理查德·坎蒂隆. 商业性质概论 [M]. 北京：商务印书馆，1997.

[6] [美] 小艾尔弗雷德·D·钱德勒. 看得见的手——美国企业的管理革命 [M]. 北京：商务印书馆，1987.

[7] [美] 哈罗德·丁·伯尔曼. 法律与革命 [M]. 北京：中国大百科全书出版社，1993.

[8] [美] 泰格·利维. 法律与资本主义兴起 [M]. 上海：学林出版社，1996.

[9] [美] 保罗·萨缪尔森，威廉·诺德豪斯. 经济学 [M]. 北京：北京经济学院出版社，1996.

[10] [美] 哈罗德·德姆塞茨. 企业经济学 [M]. 北京：中国社会科学院出版社，1999.

[11] [美] 孟罗·斯密. 欧陆法律发达史 [M]. 北京：中国政法大学出版社，2003.

[12] [美] 斯蒂芬·加奇. 商法 [M]. 北京：中国政法大学出版社，2004.

[13] [法] 孟德斯鸠. 论法的精神(下册) [M]. 北京：商务印书馆，1991.

[14] [法] 费尔南·布罗代尔. 资本主义论丛 [M]. 北京：中央编译出版社，1997.

[15] [法] 克洛德·商波. 商法 [M]. 北京：商务印书馆，1998.

[16] [法] 伊夫·居荣. 法国商法 [M]. 北京：法律出版社，2004.

[17] [德] 罗伯特·霍恩. 德国民商法导论 [M]. 北京：中国大百科全书出版社，1986.

[18] [德] 赫尔曼·海因里希·戈森. 人类交换规律与人类行为准则的发展 [M]. 北京：商务印书馆，1992.

[19] [德] 罗伯特·霍恩. 楚建译. 德国民商法导论 [M]. 北京：中国大百科全书出版社，1996.

[20] [德] 黑格尔. 法哲学 [M]. 北京：商务印书馆，1997.

[21] [德] 马克斯·韦伯. 论经济与社会中的法律 [M]. 北京：中国大百科全书出版社，1998.

[22] [德] N·霍恩. 法律科学与法哲学导论 [M]. 罗莉译. 北京：法律出版社，2005.

[23] [德] 鲍尔·施蒂尔纳. 德国物权法 [M]. 张双根译. 北京：法律出版社，2006.

[24] [德] 迪特尔·施瓦布. 民法导论 [M]. 郑冲译. 北京：法律出版社，2006.

[25] [德] C·W·卡纳里斯. 德国商法 [M]. 北京：法律出版社，2006.

[26] [德] C. W. 卡纳里斯. 德国商法 [M]. 杨继译. 北京：法律出版社，2006.

[27] [德] 阿尔贝特·桑塔·马里维. 欧盟商法 [M]. 单文华，蔡从燕译. 北京：北京大学出版社，2007.

[28] [日] 龙田节. 商法略说 [M]. 谢次昌译. 兰州：甘肃人民出版社，1985.

[29] [日] 上柳克郎. 商法总则·商行为法 [M]. 东京：日本有斐阁，1993.

[30] [日] 松波仁一郎. 日本商法论 [M]. 北京：中国政法大学出版社，2002.

[31] [日] 松波仁一郎. 日本商法论 [M]. 郑钊译. 北京：中国政法大学出版社，2005.
[32] [比利时] 亨利·皮雷纳. 中世纪的城市 [M]. 北京；商务印书馆，2006.
[33] [苏] 纳雷什金娜. 资本主义国家民商法 [M]. 北京：中国政治大学出版社，1989.
[34] 上海社会科学院法学研究所编译室. 各国宪法制度和民商法要览 [M]. 北京：法律出版社，1986.
[35] 董安生. 英国商法 [M]. 北京：法律出版社，1991.
[36] 潘琪，译. 美国统一商法典 [M]. 北京：中国对外贸易出版社，1993.
[37] 马育民. 法国民法典 [M]. 北京：北京大学出版社，1982.
[38] 金邦贵. 法国商法典 [M]. 北京：国际文化出版公司，1995.
[39] 罗结珍. 法国公司法典 [M]. 北京：中国法制出版社，2007.
[40] 郑冲. 贾红梅. 德国民法典 [M]. 北京：法律出版社，2001.
[41] 杜景林. 卢谌译. 德国商法典 [M]. 中国政法大学出版社，2000.
[42] 丁耀堂译. 日本商法典 [M]. 北京：法律出版社，1982.
[43] 王书江译. 日本商法典 [M]. 北京：中国政法大学出版社，2000.
[44] 卞耀武，付黎旭，吴民译. 日本商法典 [M]. 北京：法律出版社，2001.
[45] 吴日焕译. 韩国商法典 [M]. 北京：中国政法大学出版社，1999.
[46] 费安玲译. 意大利民法典 [M]. 北京：中国政法大学出版社，1992.
[47] 史尚宽. 债法各论 [M]. 台北：荣泰印书馆股份有限公司，1981.
[48] 张国健. 商事法论 [M]. 台北：台湾三民书局，1980.
[49] 百川. 最新六法全书 [M]. 台北：台湾三民股份有限公司，1981.
[50] 潘维达. 英美法导读讲义 [M]. 瑞兴图书公司，1998.
[51] 张锦源. 贸易契约理论与实务 [M]. 台北：台湾三民书局，1988.
[52] 郑玉波. 商事法论文选辑 [M]. 台北：台湾五南图书出版公司，1997.
[53] 郑玉波. 公司法 [M]. 台北：台湾三民书局，1996.
[54] 梁宇贤. 商事法论 [M]. 北京：中国人民大学出版社，2003.
[55] 黄国雄. 现代商学通论 [M]. 北京：人民日报出版社，1994.
[56] 江平. 西方国家民商法概要 [M]. 北京：法律出版社，1984.
[57] 商业秘密法制丛书编委会. 商业秘密法制现状分析及预测 [M]. 北京：中国法制出版社，1995.
[58] 沈宗灵. 比较法总论 [M]. 北京：北京大学出版社，1987.
[59] 王中立. 比较会计制度 [M]. 北京：中国审计出版社，1992.
[60] 沈大明，冯大国. 国际商法 [M]. 北京：对外贸易出版社，1992.
[61] 王春旭，罗斌. 港澳台民商法 [M]. 北京：人民法院出版社，1993.
[62] 范键. 德国商法 [M]. 北京：中国大百科全书出版社，1993.
[63] 赵旭东. 企业法律形态论 [M]. 北京：中国方正出版社，1994.
[64] 董安生. 中国商法总论 [M]. 长春：吉林人民出版社，1994.
[65] 姚成海. 连锁业经营与管理 [M]. 北京：中国社会出版社，1994.
[66] 江平主. 商法全书 [M]. 北京：经济日报出版社，1995.

[67] 段亚林. 商务代理 [M]. 北京：中国经济出版社，1995.
[68] 梁慧星. 民法总论 [M]. 北京：法律出版社，1996.
[69] 寇志新. 商法学 [M]. 北京：法律出版社，1996.
[70] 钟健华. 国际货物买卖合同中的法律问题 [M]. 北京：人民法院出版社，1996.
[71] 孔祥俊. 公司法要论 [M]. 北京：人民法院出版社，1997.
[72] 高而森. 英美合同法纲要 [M]. 天津：南开大学出版社，1997.
[73] 吕鹤云. 彭真明. 商务代理通论 [M]. 北京：经济科学出版社，1998.
[74] 吴志忠. 美国商事法研究 [M]. 北京：武汉大学出版社，1998.
[75] 孔祥俊. 商业秘密保护法原论 [M]. 北京：中国法制出版社，1999.
[76] 唐海滨. 美国是如何保护商业秘密的 [M]. 北京：法律出版社，1999.
[77] 徐学鹿. 商法总论 [M]. 北京：人民法院出版社，1999.
[78] 张新宝. 买卖合同与赠与合同 [M]. 北京：法律出版社，1999.
[79] 石静遐. 买卖合同 [M]. 北京：中国法制出版社，1999.
[80] 胡康生. 中华人民共和国合同法释义 [M]. 北京：法律出版社，1999.
[81] 杨良宜. 国际货物买卖 [M]. 北京：中国政法大学出版社，1999.
[82] 周谷成. 世界通史 [M]. 石家庄：河北教育出版社，2000.
[83] 江平主. 民法学 [M]. 北京：中国政法大学出版社，2000.
[84] 崔建远. 合同法 [M]. 北京：法律出版社，2000.
[85] 刘春田. 知识产权法 [M]. 北京：中国人民大学出版社，2000.
[86] 徐学鹿. 商事代理法 [M]. 北京：人民法院出版社，2000.
[87] 张艳. 商事代理法 [M]. 北京：人民法院出版社，2000.
[88] 李玉璧. 商法原理 [M]. 兰州：兰州大学出版社，2000.
[89] 黄勤南. 知识产权法 [M]. 北京：法律出版社，2000.
[90] 孙鸥. 商业秘密概述及诉讼保护 [M]. 北京：知识产权出版社，2000.
[91] 马强. 合伙法律制度研究 [M]. 北京：人民法院出版社，2000.
[92] 任先行，周林彬. 比较商法导论 [M]. 北京：北京大学出版社，2000.
[93] 蒋大兴. 公司法的展开与评判——方法、判例、制度 [M]. 法律出版社，2001.
[94] 赵万一. 商法学 [M]. 北京：法律出版社，2001.
[95] 赵承壁. 进出口合同的履行及违约救济 [M]. 北京：对外经贸大学出版社，2002.
[96] 吴兴光. 合同法比较研究 [M]. 广州：中山大学出版社，2002.
[97] 徐康平. 企业知识产权的保护 [M]. 北京：中国物资出版社，2002.
[98] 吴汉东. 走向知识经济时代的知识产权法 [M]. 北京：法律出版社，2002.
[99] 冯晓青. 知识产权法理论与实践 [M]. 北京：知识产权出版社，2002.
[100] 余延满. 货物所有权的移转与风险负担的比较法研究 [M]. 武汉：武汉大学出版社，2002.
[101] 王保树. 中国商事法 [M]. 北京：人民法院出版社，2002.
[102] 李黎明. 商法教程 [M]. 北京：首都经济贸易大学出版社，2002.
[103] 张民安. 商事法学 [M]. 广州：中山大学出版社，2002.
[104] 覃有土. 商法学 [M]. 北京：中国政法大学出版社，2002.

[105] 范健. 商法 2 版 [M]. 北京：北京大学出版社，高等教育出版社，2002.
[106] 顾功耘. 商法教程 [M]. 上海：上海人民出版社，2002.
[107] 赵万一. 商法基本问题研究 [M]. 北京：法律出版社，2002.
[108] 范健. 德国商法：传统框架与新规则 [M]. 北京：法律出版社，2003.
[109] 徐学鹿. 什么是现代商法 [M]. 北京：中国法制出版社，2003.
[110] 赵中孚. 商法总论 [M]. 北京：中国人民大学出版社，2003.
[111] 王晓川. 商事法学 [M]. 北京：对外经济贸易大学出版社，2003.
[112] 石惠荣. 商事制度研究 [M]. 北京：法律出版社，2003.
[113] 夏乐书. 资本运营理论与实务 [M]. 大连：东北财经大学出版社，2003.
[114] 吴建斌. 现代日本商法研究 [M]. 北京：人民出版社，2003.
[115] 覃有土. 商法学 [M]. 北京：高等教育出版社，2004.
[116] 美国法学会，美国统一州法委员会. 美国统一商法典及其正式评述 [M]. 孙新强译. 北京：中国人民大学出版社，2004.
[117] 赵旭东. 商法学教程 [M]. 北京：中国政法大学出版社，2004.
[118] 官欣荣. 商法原理 [M]. 北京：中国检察出版社，2004.
[119] 柳经纬，刘永光. 商法总论 [M]. 厦门：厦门大学出版社，2004.
[120] 甘培忠. 企业与公司法学 [M]. 北京：北京大学出版社，2005.
[121] 倪才龙. 商业秘密保护法 [M]. 上海：上海大学出版社，2005.
[122] 任尔新，石旭雯. 商法理论探索与制度创新 [M]. 北京：法律出版社，2005.
[123] 施天涛. 商法学 3 版 [M]. 北京：法律出版社，2006.
[124] 谢怀栻. 外国民商法精要（增补版）[M]. 北京：法律出版社，2006.
[125] 季立刚. 民国商事立法研究 [M]. 上海：复旦大学出版社，2006.
[126] 赵旭东. 公司法学 [M]. 北京：高等教育出版社，2006.
[127] 高在敏，王延川，程淑娟. 商法 [M]. 北京：法律出版社，2006.
[128] 樊涛，王延川. 商法总论 [M]. 北京：知识产权出版社，2006.
[129] 夏雅丽. 有限责任制度的法经济学分析 [M]. 北京：法律出版社，2006.
[130] 王妍. 中国企业法律制度评判与探析 [M]. 北京：法律出版社，2007.
[131] 李新天. 商事总论 [M]. 大连：东北财经大学出版社，2007.
[132] SELECTED COMMERCIAL STATUTES 1999 EDITION WEST GROUP. ST. PAUL MINN 1999 Anderson，Fox，Twomey BUSUINESS LAW Principles Cases Legal Environment-Elevents Edition.
[133] The legal Andreculafory Environment of business nnfhedition
[134] Antony w. dres. *The Econmics Of law*. International Thomson Business Press，1996
[135] Antony D. calman. *The Practice and Procedure of the commercial Court*，2nd Edition，LLOYD's of London Press LTD，1986
[136] Thomas W Dunfee，Frank F Gibson，John D. Blackburn. *Modern Business Law and the Regulatory Environment*，3 rd Edition. McGraw-hill，1996.